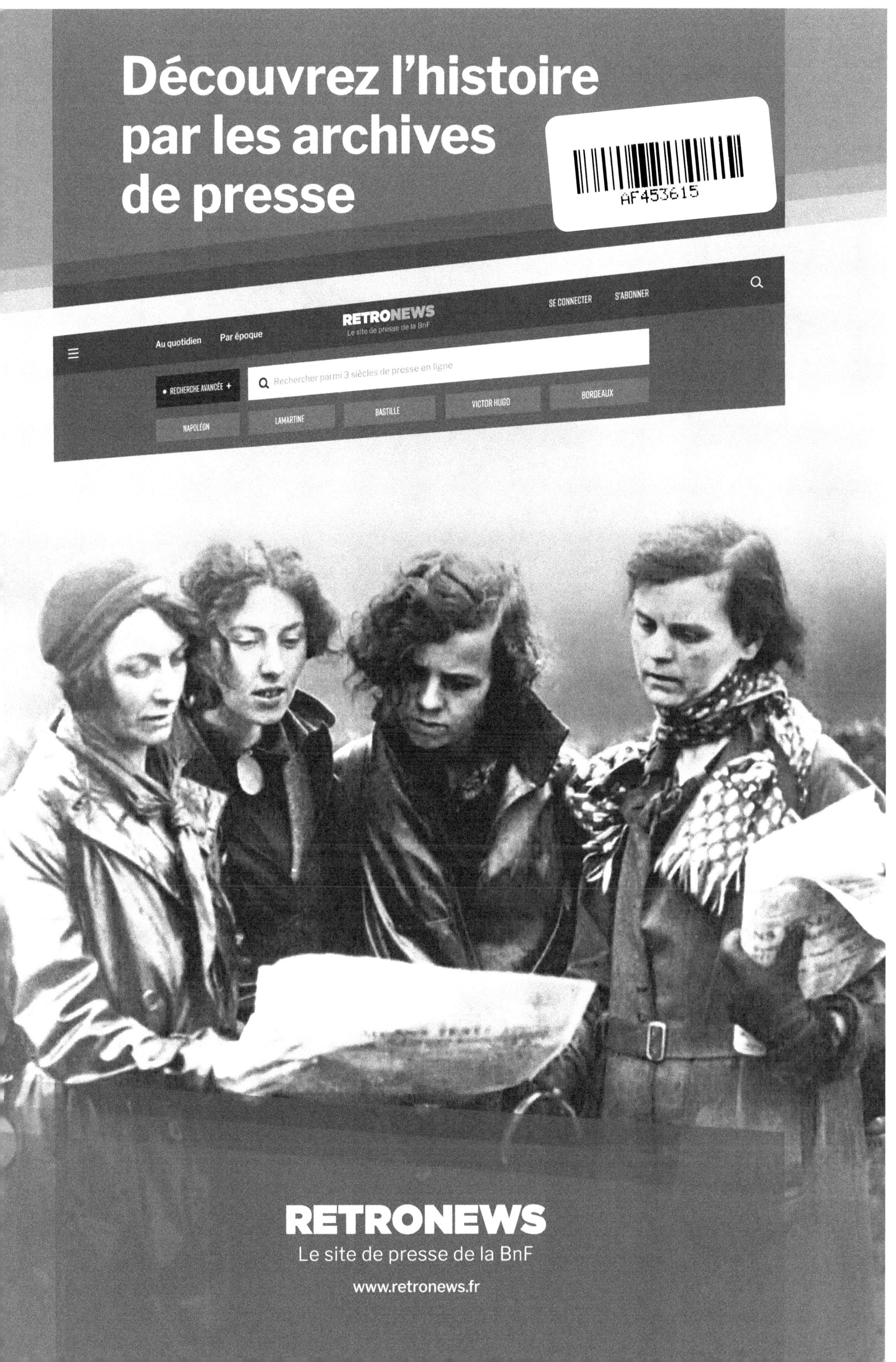
Découvrez l'histoire
par les archives
de presse
AF453615
RETRONEWS
Le site de presse de la BnF
Au quotidien
Par époque
SE CONNECTER
S'ABONNER
• RECHERCHE AVANCÉE +
Rechercher parmi 3 siècles de presse en ligne
NAPOLÉON
LAMARTINE
BASTILLE
VICTOR HUGO
BORDEAUX
RETRONEWS
Le site de presse de la BnF
www.retronews.fr

Dimanche 12 Janvier 1840. DEUXIÈME ANNÉE. 1er Trimestre. No 59.

PRIX D'ABONNEMENT :

NANTES.
TROIS MOIS .... F. 3
SIX MOIS 6
UN AN 12

DEHORS
TROIS MOIS .. F. 5
SIX MOIS 10
UN AN 18
AFFRANCHIR..

Prix du numéro, 15 c.

PRIX D'ANNONCES :

30 c. à la page d'avis; 1 fr. dans
le corps du journal. Remise du
tiers aux abonnés.

LE BUREAU EST SITUÉ
Chez HÉRAULT, Imprimeur, rue
de Guérande, No 3.

ON S'ABONNE :
Au Bureau;
Chez GUÉRAUD, Libraire, Basse
Grande Rue et passage
Bouchaud,
PLANÇON, Libraire, place
Grasliu.

SE TROUVE CHEZ :
M. SCIREAU, Lib.re, rue Crébillon,
Et M. PLESSIER, Relieur, idem.

A PARIS,
ISIDORE PESRON, rue Pavée-Saint-
André, No 13.

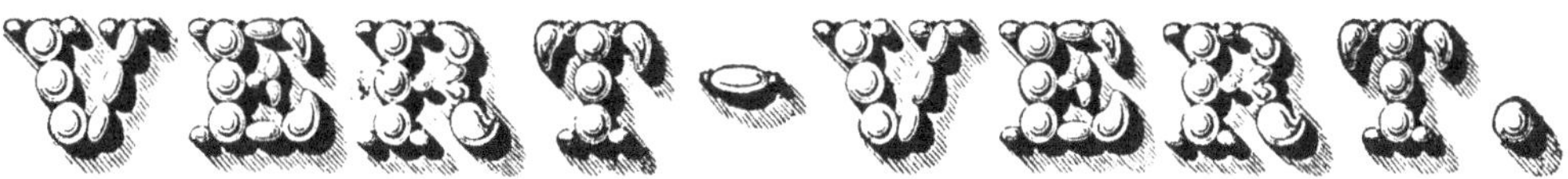

VERT-VERT.

JOURNAL DES SALONS ET DES THEATRES.

GRAND THÉATRE.

CHRONIQUE DRAMATIQUE

La Chronique théâtrale de cette semaine se réduit à consigner que la direction a employé tout son temps à la répétition des *Huguenots*, montés avec tout le soin que mérite ce grand ouvrage, et qu'elle compte jouer mardi prochain. Mme Prévost-Colon est chargée du rôle de *Valentine*, c'est un moyen sûr de plaire au public, car elle y déploiera toute l'âme et toute la sensibilité que ce beau rôle comporte ; elle y mettra cette chaleur sans laquelle on ne peut peindre la passion, et ce sera pour elle une nouvelle occasion de faire applaudir sa voix vibrante et accentuée. L'ensemble de cette pièce ira mieux que *Guillaume-Tell*. C'est Mme Bizot qui est chargée du rôle ingrat de *Marguerite*, et qui le fera avec toute la grâce que nous lui connaissons. A mardi donc ; attendre, c'est presque jouir.

BRUXELLES, 26 décembre. — Mlle Nathan a abordé une seconde fois le rôle de Rachel. Son succès a été aussi pompeux et aussi étourdissant qu'à la première représentation.

La justice voulait qu'Albert Dommange partageât l'ovation de Mlle Nathan, et Éléazar a reparu avec Rachel, pour céder aux vœux du public. Il y a de la cruauté de la part d'Albert Dommange de s'efforcer chaque jour à ajouter aux vifs regrets que son départ doit bientôt nous laisser. Bruxelles prendra le deuil quand Toulouse, héritant de notre perte, se montrera fière de l'acquisition de MM. Albert et Renault, qui ont peu d'émules en province.

M. Guérin, directeur du théâtre de Toulouse, a fait adresser également de séduisantes propositions à Mme Casimir, qui les a refusées, dit-on.

Mlle Nathan s'est montrée dans les *Huguenots*. Nous ne parlerons pas de la deuxième représentation.

Le chœur : *Rataplan* et *la Huguenote*, du troisième acte, chantée par M. Soyer, ont été applaudis, et jamais il ne l'avaient été ainsi depuis l'apparition des *Huguenots* à Bruxelles.

Le succès de la pensionnaire de l'Opéra a été porté au plus haut degré d'enthousiasme ! Jamais pareille affluence n'avait inondé la salle et ses abords. Talma, Ad. Nourrit eux-mêmes n'avaient pas excité à ce point l'empressement et la curiosité. L'administration a, chaque fois, refusé des billets à trois et quatre cents personnes. Albert Dommange et Renault ont été rappelés avec Mme Treillet-Nathan, après les représentations des *Huguenots*.

Notre premier ténor, dont le zèle égale le talent, a bravé, vendredi, une ophthalmie intense pour venir chanter le rôle de Raoul, et ne pas nous priver de la quatrième et dernière représentation de l'artiste étrangère, qui avait irrévocablement fixé son départ à samedi, en dépit de toutes les sollicitations.

Albert Dommange a sans cesse progressé dans le fini de ses rôles.

Sans exagération, Renault et lui formaient un entourage digne de Mlle Nathan, qui doit vous être revenue fort satisfaite de l'accueil qu'elle avait reçu chez les Bruxellois.

On parle de la visite de Duprez à la mi-Carême ; votre héros viendrait prendre part à un grand concert que l'une de nos principales Sociétés organise en ce moment.

Nous apprenons à l'instant que Mme Casimir est remplacée ; le nom de l'artiste engagée est inconnu.

Il en est de même de M. Duprez, le premier comique, qui, dit-on, va au Vaudeville.

M. Hanssens rentre, dit-on aussi, comme chef d'orchestre.

THÉATRE IMPÉRIAL DE ST-PÉTERSBOURG.

Mademoiselle Taglioni. — *L'Ombre*, ballet en trois actes.

La *Revue de Paris* donne les détails suivants sur la première représentation de *l'Ombre*, donnée le 4 décembre au théâtre impérial de Saint-Pétersbourg :

« Le pas que danse en commençant Mlle Taglioni au premier acte, s'appelle le pas du bouquet. Ce n'est pas encore l'ombre dansante, ce n'est pas encore la vision mystérieuse qui laissera son lumineux sillon dans l'espace, tout-à-l'heure, comme un rayon du soleil ; non, c'est la fiancée modeste et rougissante, dont le front s'épanouit, dont l'œil pétille d'une pudique ivresse, dont l'innocente poitrine se soulève sur un cœur palpitant. Dans les nobles attitudes de cette jeune fille, ne lisez-vous pas qu'elle aime ; dans ces bonds étourdissants, qu'elle est heureuse comme l'oiseau qui chante sur le buisson fleuri ? Oui ; mais quelque chose en elle ne vous apprend-il pas aussi que sa dernière heure est proche ? Voyez ! par intervalles sa taille s'incline douloureusement, effet d'une soudaine défaillance ; on dirait une rose de mai à peine éclose dont une bise froide courbe la belle tige sans pitié. Quoi ! cela est-il bien vrai ? La mort ne se laissera-t-elle pas fléchir par tant de charmes ? La destinée sera-t-elle inexorable, et pourra-t-elle bien trancher une vie si pure et si limpide ? Un ange de Dieu ne descendra-t-il pas pour sauver cette vierge pleine de grâces ? Prières inutiles ! vain espoir !

Mlle Taglioni s'est fait particulièrement applaudir dans ce pas du bouquet, les excellentes qualités dont elle a déjà si souvent fait preuve ailleurs, et qui semblent néanmoins toujours nouvelles, chaque fois qu'elle les montre ; je veux dire la noblesse du port, l'élégance des mouvements, l'aisance aux moments les plus difficiles, la décence enivrante de la pantomime, la netteté générale et perpétuellement irréprochable de l'exécution.

Mais, où elle a été plus que jamais incomparable, où elle s'est surpassée elle-même, où elle est arrivée à toutes les hauteurs d'une création qu'on peut appeler à bon droit surnaturelle, c'est dans le pas du second acte ; un pas qu'elle danse sur des fleurs. Je vous prie de prendre mon mot au pied de la lettre. Dans un beau jardin, Mlle Taglioni, dégagée de la forme terrestre, vient se livrer à ses doux ébats. J'ignore de quelle manière sont les fleurs que la scène représente ; ce que je sais bien, c'est que l'illusion est complète, et qu'on voit positivement la divine danseuse courir sur des camélias, sur des lys, sur des jonquilles que son passage ne fait pas même frisonner. Vous vous rappelez Mlle Taglioni dans la *Fille du Danube* et dans la *Sylphide ;* comme tout le monde, vous pensiez alors, en la voyant, que le corps humain ne pouvait arriver à une légèreté plus grande ; le miracle que vous déclariez impossible, Mlle Taglioni l'a pourtant accompli. Ce n'est plus une nymphe, ce n'est plus une Sylphide qui danse ; c'est une ombre véritable, c'est une âme ! et la blanche plume tombée du col du cygne, emportée au loin par le vent qui la berce, ne serait ici qu'une faible comparaison. Rien de ce qui touche le moins du monde à la réalité ne saurait donner idée de la merveille, vous dis-je ! Figurez-vous donc, si vous le pouvez, une vaporeuse créature qui, s'éloignant lentement de la scène, où elle s'est balancée long-temps sans toucher terre, finit par s'évanouir à l'horizon, comme une apparition céleste, en dansant sur l'eau ! Assister à pareil spectacle, c'est faire un rêve. Avez-vous remarqué, quelquefois, par une nuit claire et calme, ces longs fils d'or qui vont et viennent sur la cime des arbres, qui se jouent capricieusement, rapides et impalpables, sur le front obscur de quelque église muette ; telle est la juste image de la danse immatérielle inventée en cette occasion par Mlle Taglioni. Je ne vous dis rien du pas de trois, que Mlle Taglioni danse au dernier acte, et pendant lequel elle demeure insaisissable pour son amant, aux yeux de qui seul elle est visible ; ce pas est conçu tout naturellement, dans les mêmes données que le pas qui précède. Il vous suffit de savoir que Mlle Taglioni le danse avec la même perfection.

Avec tant et de si rares éléments, je vous laisse à penser, monsieur, si le succès de l'*Ombre* a dû être immense. Ainsi a-t-il été. Pour mon compte, j'avoue que c'est la plus belle solennité dramatique à laquelle j'ai assisté de ma vie. En songeant qu'il ne s'agissait pas seulement, le 4 décembre, d'une première représentation, mais encore d'une représentation au bénéfice de Mlle Taglioni, vous imaginerez facilement quelle foule le ballet de l'*Ombre* avait attiré au Théâtre-Impérial. La salle était comble. Toute l'aristocratie de Saint-Pétersbourg s'était donné rendez-vous, ce soir-là, pour applaudir la grande artiste, enfant gâtée de l'Europe. L'impératrice elle-même qui, retenue dans ses appartements par une maladie au sujet de laquelle on concevait d'abord des craintes graves, n'était pas venue au théâtre de l'hiver ; l'impératrice avait voulu compléter, par sa présence, le triomphe de sa danseuse favorite, et plusieurs fois elle a donné le signal des applaudissements. L'enthousiasme qu'ont excité les trois grands pas de Mlle Taglioni, et particulièrement le pas du second acte, si j'entreprenais de vous le décrire, vous me taxeriez d'exagération. Je me contente de vous dire qu'il n'est pas resté, dans les loges, un seul des bouquets que tant de blanches mains avaient apportés. Durant le cours de la représentation Mlle Taglioni a été rappelée dix fois sur la scène pour écouter les bravos de la salle entière, et M. Taglioni quatre fois.

Le lendemain, l'empereur, comme témoignage de sa satisfaction personnelle, a envoyé à M. Taglioni une très-belle bague, et une magnifique parure en diamants et en turquoises à M.lle Taglioni. C'est là une manière d'applaudir qui en vaut bien une autre ! »

Être artiste comme Taglioni, c'est plus que princesse.

<hr>

UNE OMBRELLE.

M. Samuel Siears, de Londres, achève en ce moment une ombrelle destinée pour la reine d'Angleterre. Elle est couverte en magnifique satin blanc, la poignée se compose d'une perle très-belle, bien taillée, avec des yeux d'or. Une couronne d'or massif termine l'ombrelle, entourée d'un anneau d'argent avec des glands du même métal ; les branches sont en argent. L'ombrelle doit être renfermée dans un étui de velours cramoisi et recouvert de maroquin écarlate.

<hr>

Pendant l'année 1859, il a été donné 295 pièces sur les 17 théâtres de Paris.

L'Opéra en a donné 5 ; les Français 9 ; l'Opéra-Comique, 10 ; le théâtre Italien, 2 ; la Renaissance, 28 ; le Gymnase, 18 ; les Variétés, 21 ; le Palais-Royal, 24 ; la Gaîté, 18 ; la Porte-Saint-Martin, 11 ; l'Ambigu, 22 ; le Cirque-Olympique, 6 ; la Porte-Saint-Antoine, 45 ; les Folies-Dramatiques, 18 ; le Panthéon, 28 ; et le Théâtre Conte 7.

Les auteurs qui comptent le plus de succès sont MM. Scribe, Desvergers et Laurencin, qui ont produit chacun 9 pièces ; puis viennent pour 8, MM. Bayard, Théaulon et Paul Dupont.

<hr>

Mlle Rachel a couru un grand danger dans la nuit de dimanche ; à quatre heures du matin, le feu s'est déclaré dans un des magasins de la maison Aubert, placés immédiatement au dessous de l'appartement de la célèbre tragédienne, qui s'est éveillée à la fumée de son parquet qui brûlait. Les magasins remplis d'albums et d'objets d'étrennes, présentaient un facile aliment à la flamme ; mais on est parvenu à se rendre maître de l'incendie, et tout s'est borné à une grande frayeur et à un plafond écroulé.

<hr>

M. Pébant, jeune poète distingué, qui s'est déjà fait connaître par un joli recueil de poésie fines et délicates par le choix des sujets et la manière dont ils les a traités ; M. Pébant veut bien nous procurer quelques-unes de ses productions, que nous insérerons avec infiniment de plaisir, persuadé qu'elles seront agréables à nos lecteurs.

A Mme ★★★
Sonnet.

Il fait froid, le vent siffle, et le ciel est souillé
De lourds nuages gris qu'aucun soleil ne perce ;
Au caprice de l'air, tantôt tombe une averse,
Tantôt le givre pend au rameau dépouillé.

Pauvre oiseau frissonnant que la pluie a mouillé,
Dans les sillons blanchis qu'en criant je traverse,
Je cherche un peu du blé que le semeur y verse ;
Mais sous la neige, hélas ! j'ai vainement fouillé.

Vous que n'endurcit pas un bonheur sans alarmes,
Vous qui, sans les sécher, ne pouvez voir de larmes,
Sauvez le jeune oiseau qui se confie à vous.

Et lorsque le printemps refleurira la terre,
Le soir, l'écho des bois, où je vis solitaire,
M'entendra vous bénir dans mes chants les plus doux.

EMILE PÉHANT.

<hr>

UN BAHUT AU SEIZIÈME SIÈCLE.
LE LENDEMAIN DES NOCES.

I.

Le manoir de Camsilion, dont on peut à peine aujourd'hui découvrir quelques vestiges, était encore, au XVIe siècle, la maison seigneuriale de Mesquer. C'était un magnifique château fort, flanqué de bastions et de tourelles, et dont le front, hérissé de créneaux, ne semblait craindre aucune attaque.

Au mois de décembre de l'année 1589, Camsilion et les environs présentaient un air de gaîté peu ordinaire. Tout annonçait qu'une fête venait d'avoir lieu, et les sons du bigniou et de la cornemuse se faisaient encore entendre dans les cours voisines du château. C'est qu'en effet, un événement solennel venait de se passer, le mariage de François Tornemine, sire de Camsilion, avec illustre dame Odette Goulard, fille d'une des maisons les plus anciennes et les plus conséderables du Poitou. [1]

Si, laissant les varlets exhaler librement leur joie au milieu des hanaps de bierre et des cruches de cervoise qui circulent autour d'eux, nous entrons dans le salon lambrissé et doré du château de Camsilion, une scène plus intéssante va se présenter à nos regards indiscrets.

[1] Voir Ogée.

Sur un bahut en bois de chêne, sculpté dans le goût du temps, est accoudée une jeune fille d'une beauté toute ravissante et toute céleste. Ses cheveux d'un blond cendré, à reflets d'or, tombent en boucles le long de ses joues veloutées ; ses yeux sont grands et vifs, sa bouche est mignonne comme celle d'un enfant. Il règne dans tous les traits de sa figure une telle perfection, qu'il semble que la nature ordinairement si avare, se soit plue à lui prodiguer ses plus riches trésors, pour en faire un type en quelque sorte exclusif. Elle est vêtue d'une robe de satin blanc brodée d'hermines, qui dessine avantageusement sa taille élancée et ses formes gracieuses. Sa tête est coiffée d'un hennin, suivant la mode de l'époque.

— Mon seigneur et maître, disait-elle à un jeune homme placé à côté d'elle, et qui la contemplait pour ainsi dire en extase, avouez que toutes ces prétendues réjouissances étaient bien fades, et que ce n'est pas là que se trouve le bonheur.

Le jeune homme, pour toute réponse, prit la main effilée de la jeune fille, et y déposant ses lèvres, — Tenez, Odette, dit-il, je les aurais toutes cédées pour ce baiser-là.

La jeune fille sourit.

— Savez-vous bien, reprit-elle, en montrant le Bahut sur lequel elle s'était accoudée, que vous m'avez fait là, messire, un cadeau charmant, et que je ne sais trop quoi je préférerais, du meuble ou de ce qu'il contient ?

En même temps, elle regardait avec un intérêt singulier toutes les scènes sculptées sur le Bahut. Ici c'étaient des sujets tirés de l'Écriture Sainte : Agar, dans le désert, Joseph, triomphant des séductions de la femme de Putiphar ; au-dessus, des sujets mythologiques : Neptune, monté sur un triton et apaisant les flots ; aux angles du Bahut, des Cariatides, des têtes de lion, des génies ailés ; sur les faces latérales, d'un côté, un Pélican qui se saigne pour ses petits ; de l'autre, une Salamandre au milieu des flammes : dans tout cela, une vie et une finesse de ciseau vraiment rare. Enfin, la jeune fille, après avoir tout examiné minutieusement, regarda son nouvel époux avec des yeux pleins d'amour.

— Vous ne savez pas, Francois, lui dit-elle, ce qui me plait le mieux dans tout cela ?

— Voyons, dites, Odette, repartit en souriant le sire de Tornemine, je serais enchanté de connaître votre goût.

— Eh bien ! dit naïvement la jeune fille, ce que je préfère, c'est cette corne d'abondance que voici, placée entre les deux scènes bibliques, il me semble, mon ami, que c'est un présage du bonheur qui nous est réservé à tous deux !

— Oh ! tu as raison, Odette, reprit le seigneur exalté : comment n'être pas heureux avec toi ? tu es si aimante ! tu es si belle !

— Et vous êtes si beau, messire !

Alors, comme par un mouvement sympathique de tous deux, leurs lèvres se rapprochèrent instinctivement et s'effleurèrent dans un baiser..... Il ne nous est pas permis de comprendre tout ce qu'il y avait en ce moment de bonheur et de délices dans l'âme des deux époux.

GUSTAVE B.
(La suite au prochain numéro.)

LA FORÊT DU GAVRE. — 1793.

Dans cette nuit d'erreur, la vie est un sommeil,
La mort conduit au jour, et j'aspire au réveil.
GRESSET.

(SUITE.)

Un long évanouissement, puis ensuite un sommeil léthargique suspendirent toute la nuit la douleur d'Estelle. L'homme de Dieu profita de ces instants pour transporter le corps du marquis au cimetière de la petite ville du Gàvre. Là, il creusa, de ses mains, une fosse, y déposa le cadavre, et planta une croix. Lorsqu'il revint la jeune fille sommeillait encore. Pauvre Estelle ! Peut-être était-elle heureuse lorsque ses yeux étaient fermés, peut-être de doux songes voltigeaient sur ses paupières ! Hélas ! le réveil devait être pour elle le commencement de nouvelles douleurs. Lorsqu'elle recouvra ses sens, elle se vit couchée sur une natte, que le bon Pasteur avait étendue à terre, dans un coin de la caverne : il était près d'elle. A son aspect, la mémoire lui revint, cependant elle passa la main sur ses yeux, comme pour s'assurer si elle ne dormait point encore ; se rappelant que son père n'était plus : elle questionna le saint homme, il lui dit tout. Pauvre Estelle ! Elle se reprit à pleurer. Quelques instants après, elle quitta la caverne et s'en alla par la forêt. Elle avait faim, mais elle ne songea point à aller demander du pain ; une fièvre brûlante l'altérait, mais elle ne songea point à aller à la source puiser de l'eau. Svelte et légère, elle fuyait par les rochers, s'arrêtant de temps en temps pour essuyer une grosse larme qui voilait ses yeux. Oh ! si vous l'aviez vue, vous auriez eu pitié de cette frêle enfant ; chaussée de légères pantoufles, vêtue d'une simple robe de lin, marchant contre le vent, au milieu des épines et des graviers ; pauvre fille ! Où allait-elle donc comme cela ?

Elle allait dans un de ces enclos funèbres qui entourent les murailles d'une simple et pauvre église de campagne. Là, il n'existe point de monument pompeux ; mais de toutes petites croix portant au bras une couronne de myrte ou de laurier, et des fleurs des champs, des coquelicots, des bluets, des marguerites jetées sur des tombes en terre qui conservent l'humidité des larmes et l'empreinte des genoux.

C'était dans un de ces cimetières qui virent souvent, pendant la nuit, passer le vieux Pasteur évangélique portant à un agonisant l'hostie sainte renfermée dans un pauvre ciboire en étain ; et le saint-ciboire était en étain, parce que l'argent des quêtes, au lieu de s'en aller chez l'orfèvre, s'en était allé chez les pauvres malades du village.

La jeune fille était bien fatiguée lorsqu'elle arriva : sa course avait été longue. Un frisson agita tout son corps, quand elle entra dans ce saint lieu ; elle avait peur de tout, elle tressaillait pour le buisson qui s'attachait à sa robe, pour le lézard qui se cachait sous l'herbe, ou l'oiseau de proie qui croassait dans la tour de l'église antique. Elle se mit à courir ; arrivée au bout du cimetière, elle tourna à gauche, c'était de ce côté que le Pasteur lui avait dit, elle eut bientôt reconnu la tombe de son père ; la croix qui y avait été plantée portait cette simple inscription : *Ici repose un Proscrit.* Elle entoura cette croix de ses deux bras comme si c'eût été son père lui-même.... C'était là.

Dès qu'elle se fût attachée à tout ce qui restait à la surface de la terre de son père, qu'elle avait tant aimé, la peur l'abandonna. Qu'elle était touchante dans cette position, la pauvre fille ! qu'elle était majestueuse dans sa douleur et son abattement ! Elle passa la journée à prier ; elle ne songea à quitter le cimetière que lorsqu'elle entendit la voix éloignée des pâtres qui rappelaient les troupeaux, et le son des clochettes des vaches qui rentraient à l'étable. Elle se leva, et, d'un dernier regard, elle semblait dire adieu à son père, mais elle apperçut près d'elle un jeune homme qui l'examinait attentivement : craintive, elle s'enfuit et disparut. Arrivée à la caverne, il était nuit noire, elle ne retrouva pas le père Simon, le saint homme était allé chercher, chez quelques bons paysans, la nourriture du soir et du lendemain ; il ne tarda pas à rentrer. Après la collation, le Pasteur ouvrit la Bible, et lut pendant long-temps.

Chaque jour, Estelle retournait au tombeau de son père, et chaque jour, elle retrouvait sur ses pas le jeune homme qu'elle n'avait fait qu'entrevoir la première fois. Arthur de **...., c'était son nom, issu d'une des bonnes familles de Bretagne, ayant perdu ses père et mère quelques années auparavant, se trouvait possesseur d'une fortune assez considérable. Vivant seul dans un château, ne s'occupant que de la chasse, de botanique et de science ; il ne semblait aucunement redoutable aux révolutionnaires, ignoré, on respecta sa maison et ses propriétés.

— Jusqu'alors, Arthur n'avait osé adresser la parole à Estelle, cependant il brûlait d'envie de lui parler, cette jeune fille excitait vivement sa curiosité. Un jour, entraîné par un mouvement involontaire, il fut droit à elle, et la salua tout d'abord ; la jeune fille se sentit troublée, mais vertueuse, bientôt elle devint confiante. Arthur lui dit : Lorsque je vous ai vue pour la première fois vous acquitter d'un pieux hommage, j'ai cru voir une intelligence céleste pleurant une de ses compagnes ; mon cœur ne put se défendre d'un sentiment de respect qui touchait de bien près à l'adoration. Elle le remercia d'un sourire, et lorsqu'elle quitta le cimetière, Arthur alla sur la montagne voisine, il la suivit des yeux, la vit traverser le vallon et gagner la forêt. Rentré chez lui, il éprouva une émotion indéfinissable ; il parcourait ses appartements à grands pas ; il voulut essayer de prendre du repos, mais le repos le fuyait ; il eut recours à ses livres de sciences, mais ils ne purent un seul instant fixer son attention ; il avait demandé à Estelle si le lendemain il la verrait au cimetière, et la jeune fille avait répondu que chaque jour elle venait y prier.

Le lendemain, à la même heure, Arthur se dirigea vers l'endroit où il devait retrouver Estelle. Il avait fait une matinée toute enivrante, toute dorée de soleil ; le jour semblait s'être levé comme si quelque fête se célebrait là-haut, comme si le ciel avait revêtu sa robe de splendeur. Il attendit long-temps. Estelle n'arrivait pas. Impatient, il recherchait dans sa mémoire chaque mot que la jeune fille avait prononcé, il parcourait tous les lieux où il s'était trouvé avec elle. Ce qu'il éprouvait pour cette jeune fille, c'était un mélange d'admiration et d'amour, c'était un sentiment doux et délicieux qui pénétrait son âme, et qu'il n'aurait pas échangé contre les plus vifs transports. Par fois, il désirait savoir quelle était sa famille, sa demeure, son nom, et bientôt après, il se disait : que m'importe tout cela? Fût-elle réprouvée de la terre entière, je la veux telle qu'elle est ; et quand, la veille, il l'avait vue fuir dans la forêt, il s'était cru un instant sous le beau ciel de l'Arcadie, entouré des divinités de la fable, ou bien, dans nos climats, au milieu des jeunes druidesses armées de leurs faucilles d'or et des velléda tressant les couronnes prophétiques.

Enfin, elle arriva.....

(*La suite au prochain numéro.*)

C. de L.

—————◦≍◦—————

Nous nous empressons d'annoncer aux dilettanti qui nous lisent la présence à Nantes de MM. Richelmi, professeur de chant, et Lecorbeiller, violoniste. Ces artistes distingués donneront, mercredi prochain, un grand Concert vocal et instrumental, dont le programme suit. Définitivement, cette semaine sera celle des solennités musicales, à mercredi donc.

SOIRÉE MUSICALE

DONNÉE PAR

M. RICHELMI,

Directeur de l'Athénée Royal et Professeur de
Chant de Paris,

ET

M. LECORBEILLER,

VIOLONISTE DE PARIS ;

*Mercredi, 15 Janvier, à 7 heures du soir,
dans la Salle de la Mairie.*

PREMIÈRE PARTIE.

1° *Quintette de Beethoven*, par MM. GIORGIS et N : N.
2° *Bords chéris de la Seine*, musique de M. BERAT, romance chantée par M. RICHELMI.
3° *Endors-toi* (chant de BERCAUSE), chanté par le même.
4° *Grandes variations* (pour le violon) composées par M. DE BÉRIOT et exécutées par M. LECORBEILLER.
5° Air de *Robert-le-Diable*, *Grâce! grâce!* chanté par Mlle NÉRET.
6° Air italien de *Lucia di Lammermoor*, chanté par M. RICHELMI.
7° Air de *Robert-le-Diable* (*Va, dit-elle*), arrangé pour le violon et exécuté par M. LECORBEILLER.

DEUXIÈME PARTIE.

8° *Quintette de Beethoven*, par N. N.
9° *L'Echo du Val de Chamouni*, romance avec accompagnement de hautbois, exécutée sur le violon, par M. LECORBEILLER et chantée par M. RICHELMI.
10° *Solo de piano*, composé par DOELER, et exécuté par M. FLANDRY.
11° *Madona Maria*, romance d'ARISTIDE DELATOUR, chantée par M. RICHELMI.
12° *Jenny la Vaudoise*, chansonnette de Mme GARDEF, chantée par le même.
13° *Grande Fantaisie*, sur des motifs de NORMA, composée et exécutée par M. LECORBEILLER.
14° *La Jeune Batelière de seize ans*, musique de F. BERAT, chantée par M. RICHELMI.

PRIX D'ENTRÉE : 3 FR.

On trouvera des billets du Concert chez MM. LÉTÉ et SICARD, marchands de musique, ainsi que chez MM. SÉBIRE et BUROLLEAU, libraires.

GRAND THÉÂTRE.

—————

Aujourd'hui DIMANCHE, *12 janvier 1840, à cinq heures 1/2:*

On commencera par

L'AUBERGE DES ADRETS,

Drame-vaudeville en 2 actes.

Distribution. Robert Macaire, M. Oudinot ; Bertrand, M. Blanchard ; Dumont, M. Ferdinand ; Germeuil, M. Bertin ; Charles, M. Laute ; Pairie, M. Legaigneur ; Roger, M. Montaland ; un garçon, M. Sarazin ; un notaire, M. Delehel ; un Gendarme, M. Claive ; 2e Gendarme, M. Duchâteau ; Marie, Mme Hess ; Clémentine, Mme Augustine.

DOMINO NOIR,

Opéra-comique en trois actes, par M. SCRIBE, *musique de* M. AUBER.

DISTRIBUTION. — *Juliano*, M. Legaigneur ; *Horace*, M. Bizot ; *lord Elfort*, M. Becquet ; *Gil Perèz*, M. Lemonnier. *Angèle*, Mme Prévost-Colon ; *Hyacinthe*, Mme Saint-Firmin ; *Brigitte*, Mme Olivier ; *Ursule*, Mlle Debroux ; *Gertrude*, Mme Hess.

MARDI PROCHAIN, LES HUGUENOTS.

═══════════════════════

SALLE DES VARIÉTÉS.

CIRQUE OLYMPIQUE

DE M. COLOMBIER, RÉUNI A LA FAMILLE MAZURIER.

On commencera à 6 heures 1/2.

Aujourd'hui Dimanche, 12 Janvier 1840.

POUR LE DÉBUT DU JEUNE BORDELAIS,

LE COURRIER DE SAINT-PÉTERSBOURG,

Sur plusieurs petits chevaux.

Le Jardinier Fleuriste,

Par M. Colombier.

Le Travail en Force du jeune Intrépide,

Qui franchira plusieurs objets, et terminera par le double Saut du Tonneau.

GRANDE MANŒUVRE

DE

CAVALERIE,

Par tous les sujets de la troupe.

LES PYRAMIDES CHINOISES,

sur plusieurs chevaux, par MM. Philibert, Adolphe et Ernest.

UN PAS GRACIEUX,

Par la jeune Louise.

SPECTACLE MAZURIER,

Par toute la famille Gazielly.

ROSITA L'ESPAGNOLE,

Ballet Divertissement, en un acte.

Pas de Deux, par M. Petipa et Mlle Thérèse — *Boléro*, par M. Pizzarello et Mlle Ferdinand. — *Final*, MM. Pizzarello, Petipa, Duchâteau, Mlle Armande, Thérèse et Giraudier.

On chantera deux romances et

LE VOYAGE DE M. ET Mme DENIS.

IMPRIMERIE D'HÉRAULT, *Rédacteur en chef.*

Dimanche 26 Janvier 1840.   DEUXIÈME ANNÉE.   1er Trimestre. N° 61.

PRIX D'ABONNEMENT :

NANTES. { TROIS MOIS.... F. 3
          SIX MOIS....   6
          UN AN.......   12

DEHORS. { TROIS MOIS.. F. 5
          SIX MOIS....   10
          UN AN.......   18
          AFFRANCHIR..

—

Prix du numéro, 15 c.

—

PRIX D'ANNONCES :

30 c. à la page d'avis ; 1 fr. dans le corps du journal. Remise du tiers aux abonnés.

LE BUREAU EST SITUÉ
Chez HÉRAULT, Imprimeur, rue de Guérande, N° 3.

ON S'ABONNE :
Au Bureau;
Chez GUÉRAUD, Libraire, Basse Grande-Rue et passage Bouchaud;
PLANÇON, Libraire, place Graslin.

—

SE TROUVE CHEZ :
M. SUIREAU, Lib.re, rue Crébillon,
Et M. PLESSIER, Relieur, idem.

—

A PARIS,
ISIDORE PESRON, rue Pavée-Saint-André, N° 13.

VERT-VERT.

JOURNAL DES SALONS ET DES THEATRES.

GRAND THÉATRE.

CHRONIQUE DRAMATIQUE.

La dernière représentation des *Huguenots* a été une véritable solennité dramatique.

Le public, si bon connaisseur et si bon juge; si hostile aux méchantes pièces, mais aussi si enthousiaste du beau, s'était porté en foule à la représentation de jeudi. La salle était comble, et pourtant, parmi ces nombreux spectateurs, il n'y en avait pas un peut-être qui n'eût déjà vu les *Huguenots*, et applaudi l'admirable partition de Meyerbeer, c'est que le privilége de ce qui est véritablement bien est de ne point vieillir, et de commander chaque jour une nouvelle admiration. Les beautés qui étincellent dans ce chef-d'œuvre ne se révèlent pas toutes à une première audition, et, à chaque représentation, on s'étonne d'en découvrir une foule d'autres qu'on n'avait pas même soupçonnées.

Que de richesses, d'élévation, de poésie dans cette magnifique composition ! avec quelle puissante énergie chaque situation y est rendue ! avec quelle large profusion et pourtant avec quel art les images sont multipliées dans ce style nerveux et éloquent ! Avec quel bonheur le poète musical y passe du grave au doux ! L'harmonie y est tellement imitative, qu'il semble qu'à la simple audition de la musique, on comprendrait chaque scène, on traduirait l'action toute entière.

Ecoutez ces sons joyeux, ces notes vibrantes, capricieuses, folles : n'est-ce pas là le bruit de l'orgie, du choc des verres, des chansons à boire? de cette réunion de jeunes seigneurs qui boivent à leurs maîtresses et devisent d'amourettes? puis écoutez cette harmonie sauvage, bruyante, lugubre, qui vous serre le cœur, ces sons qui vous arrivent saccadés et confus, comme des cris d'alarme ; vous devinez qu'il y a là des combats, des meurtres, du sang !...et au milieu de ce tableau si largement conçu, un chant d'amour, un chant d'inéfable douceur vous arrive comme un écho du ciel. C'est ce duo si mélancolique et si tendre de ces deux amants qui n'ont pu être unis sur la terre, mais qui le seront du moins dans l'éternité : cette belle antithèse est d'un effet prodigieux.

Nos acteurs se sont montrés les dignes interprètes de Meyerbeer.

Parler de Madame Prévost-Colon, c'est signaler un nouveau succès, enregistrer un triomphe de plus ; cette cantatrice distinguée comprend et crée ses rôles d'une manière toujours originale et profondément vraie, mais nous ne l'avons guère vue aussi belle, aussi pathétique, aussi déchirante que dans cette représentation des *Huguenots* : nous connaissons comme un autre la valeur des mots, et nous osons affirmer que Mme Prévost-Colon est véritablement *admirable* dans la belle scène du 4e acte, où elle emploie toutes les voix de la tendresse et de la passion, toutes les ressources de la séduction pour retenir Raoul, qui brûle de voler au secours de ses frères, qu'on égorge. Avez-vous vu sa belle figure se contracter tour à tour sous l'empire des sentiments divers qui l'assiégent? Avez-vous vu ses grands yeux noirs, tantôt étinceler d'un feu sombre, et tantôt sourire avec une expression indicible de sollicitude et d'amour ? Avez-vous entendu de quelle voix, brisée par le désespoir, elle dit à son amant : *Je t'aime*..

Si vous n'avez ni vu ni entendu Mme Prévost-Colon dans les *Huguenots*, nous vous invitons à profiter du peu de temps qui vous reste ; allez donc, courez la voir et l'entendre, car nous ne nous chargeons pas d'exprimer tout le plaisir qu'elle fait éprouver dans cet opéra.

Les applaudissements ne lui ont pas manqué, mais ils nous ont semblé encore trop froids ; pour rendre hommage à son beau talent, il aurait fallu, selon nous, lui jeter des fleurs à pleines mains.

Mme Prévost-Colon a d'ailleurs été très-bien secondée par M. Adrien, qui a su habilement tirer parti de toutes les ressources que son rôle comportait, et a fait preuve d'un véritable talent.

Nous n'oublierons pas la gracieuse reine, madame Bizot, qui, elle aussi, est la favorite du parterre et de tous ceux qui sentent et jugent bien ; elle a su faire oublier la sécheresse de son rôle, et provoquer sa bonne part d'applaudisements ; elle a dit surtout, avec une finesse et une grâce charmantes, le couplet : *Si j'étais coquette*.

En somme, chacun a fait tous ses efforts, le public a été content, et il l'a prouvé.

—

Vendredi, M. Blés s'est fait entendre sur la clarinette. Cet habile artiste a su donner à cet instrument des propriétés inconnues jusqu'à lui, et le son des échos qu'il en tire est si doux, si suave, que l'on douterait qu'il sortît d'une clarinette, si l'on ne le voyait absolument. Les applaudissements généraux de l'auditoire, confirment tout éloge qu'on en a pu faire, et nous dispensent d'une plus longue apologie.

Samedi, second Bal paré-masqué.

DIRECTION

DU THÉATRE

DE NANTES.

La municipalité fait savoir que la direction du Grand Théâtre sera vacante le 20 avril 1840.

Les personnes qui seraient dans l'intention de concourir pour obtenir cette Direction, sont invitées à se faire connaître avant le 25 février prochain, délai de rigueur.

Le cahier des charges, clauses et conditions de l'entreprise est déposé au secrétariat-général de la mairie, où toute personne pourra en prendre connaissance ; en voici au surplus les principales conditions :

1° La ville assure au directeur une subvention annuelle de CINQUANTE MILLE FRANCS, et son logement gratuit dans la salle, à des conditions déterminées, etc, etc;

2° La salle, le café intérieur qui en dépend, les décors et tous les objets et ustensiles qui en font partie lui sont donnés en jouissance gratuite, à la charge de les entretenir et de les rendre en bon état à la fin de son privilège ;

3° L'année théâtrale ouvrira du 10 au 15 mai 1840, pour finir le 20 avril 1841, et comprendra 16 ou 18 représentations par mois, selon la saison ;

4° La troupe devra être formée de sujets de talent, ayant déjà été accueillis sur des théâtres de même ordre que celui de Nantes, et composée de manière à pouvoir jouer l'*Opéra*, le *Vaudeville* et la *Comédie* de genre ;

5° La rétribution due aux pauvres se paie par représentation, à un prix très-modéré, au moyen d'un abonnement avec le bureau de Bienfaisance ;

6° Le directeur doit pourvoir les magasins du théâtre de tous les objets d'habillement, musique, pièces, et enfin de toutes choses nécessaires à son exploitation, et qui restent sa propriété, ainsi que les décorations qu'il fait confectionner pendant la durée de son privilège.

Il salarie le machiniste, le peintre décorateur, le concierge et tous ouvriers et garçons de théâtre nécessaires au service.

7° L'administration municipale désire, sans cependant en faire une obligation, que la troupe soit administrée suivant le système de société; elle traiterait de préférence avec un directeur qui adopterait ce mode d'administration.

8° La troupe devra être formée le 31 mars au plus tard, et le directeur devra en justifier à cette époque;

9° L'administration n'admettra comme concurrents, que ceux qui justifieront par pièces authentiques de leur moralité, de leur solvabilité et de leur capacité. Sa proposition pour la nomination du directeur reste, au surplus, subordonnée à la décision de l'autorité supérieure.

Le présent sera adressé à MM. les maires des principales villes du royaume, qui sont priés de lui donner la plus grande publicité possible.

En mairie, à Nantes, le 20 février 1840.

Le Maire, FERDINAND FAVRE.

Sonnet.

Je montais le désert de la grande Chartreuse,
Sous un soleil ardent qui brûlait le rocher;
La chaleur m'obligea bientôt à me coucher
A l'ombre, au bord d'une eau claire quoique pierreuse.

Mille songes dorés rendaient mon âme heureuse,
Quand un aigle, en criant, passe, et va se percher
Au sommet d'un sapin qui, comme un noir clocher,
Cachait dans le brouillard sa cîme vaporeuse.

Devant un vol si fier, que l'homme était petit !
De ma lèvre indignée un blasphème sortit,
Mais j'eus bientôt regret de ma plainte insensée;

Car dépassant d'un, bond, la montagne au front bleu,
Et le sapin, et l'aigle, et les airs, ma pensée,
Par le blasphème même, arrivait jusqu'à Dieu.

EMILE PÉHANT.

GUSTAVE ET MARIE.

En 1828, l'École de droit de Toulouse brillait encore de tout son éclat et fournissait au barreau des sujets aussi distingués que sa sœur aînée de Paris. Par prudence où par économie, bien des parents préféraient envoyer dans la capitale de la Gascogne le fils objet de toutes leurs espérances. Entre tous, Gustave D... se faisait remarquer par les excellentes qualités de son caractère, par ses connaissances approfondies et par la justesse de son jugement. Sa position, qu'il était loin de vouloir cacher, était un titre de plus à notre attachement pour lui. Il était l'idole d'une mère pauvre qui l'avait élevé au prix des plus dures privations, et, il nous l'avait dit bien souvent, tous ses désirs, toute son ambition, était de procurer à sa mère les jouissances que le monde lui avait toujours refusées, de la voir un jour heureuse, riche et entourée de soins; il ne souhaitait la gloire que pour elle. Aussi, combien cette idée lui inspirait d'ardeur pour le travail! Il ne quittait l'étude que pour céder à nos pressantes sollicitations, alors que nous venions le supplier de présider à une partie de plaisir que nous avions préparée, et qui, sans lui, nous aurait paru tout-à-fait incomplète. Chacun de nous recherchait son amitié, et son opinion pour toutes choses était respectée. Dans les disputes, dans les duels, son intervention ne manquait jamais d'apporter la paix et le raccommodement. Les plus turbulents même subissaient l'influence de son esprit et écoutaient ses décisions.

Un soir, que Gustave rentrait chez lui, en traversant la place Lafayette, il entendit comme l'écho vague d'accents plaintifs et de cris de souffrances. Son âme bonne et compatissante s'émut, il dirigea ses recherches vers l'endroit d'où semblaient partir ces plaintes, et bientôt il découvrit une jeune fille, que la misère et le froid avaient clouée au pied d'un arbre ;

son cœur n'hésita pas à céder aux devoirs d'une bonne action, il s'empressa d'emmener chez lui la pauvre souffrante pour pouvoir mieux la secourir, et lorsque à l'aide de la chaleur bienfaisante d'un bon feu et de quelque nourriture, la jeune fille eut retrouvé un peu d'animation, elle eut honte tout d'abord de se voir ainsi dans la chambre d'un jeune homme. Gustave put admirer tout ce qu'il y avait en elle de beauté céleste. Un petit bonnet rond encadrait un visage de la plus séduisante régularité, et laissait retomber derrière de longues boucles de cheveux blonds dont la senteur exalait un parfum enivrant; ses yeux, d'un bleu langoureux, étaient tout le mirage d'une âme pure et innocente, et ses belles lèvres roses s'ouvraient délicieusement pour laisser apercevoir deux rangées de perles, d'où s'échappaient les flots d'une haleine divine.

Gustave interrogea Marie (c'est ainsi qu'elle s'appelait), et elle lui apprit qu'elle était orpheline; son père, son pauvre père, qu'elle aimait tant, était mort depuis trois jours, elle avait épuisé toutes ses ressources, elle avait vendu à vil prix sa dernière robe et sa dernière chemise pour le faire enterrer. Presque étrangère à Toulouse, car il n'y avait que deux mois qu'elle était venue l'habiter, elle ne connaissait pas un seul ami véritable, et elle ne savait à qui s'adresser pour obtenir de l'ouvrage; trop fière pour tendre la main et demander l'aumône, elle préférait se laisser mourir d'épuisement.

Il y avait tant de charmes à entendre ainsi ce triste récit par cette belle enfant tout en pleurs, que Gustave s'était agenouillé involontairement à ses pieds et recueillait avidement ses larmes brûlantes. Marie, de son côté, se sentait si bien avec lui, qu'elle lui ouvrait toute son âme, et lui parlait avec le même entrainement, le même abandon que si elle l'avait toujours connu. Leurs deux cœurs se comprenaient parfaitement, et, lorsque l'étudiant demanda à Marie si elle voulait, à partir de ce jour, l'accepter pour son frère, la jeune fille se jeta dans ses bras sans pouvoir répondre; long-temps, les battements de leurs cœurs se mêlèrent et semblèrent vouloir briser leurs poitrines pour mieux se réunir. Tous deux ignoraient encore les premiers frémissements de l'amour; tous les deux prenaient pour les épanchements de l'amitié les adorables prestiges de cette fièvre brûlante.

Gustave loua pour Marie une petite chambre garnie où il allait la voir tous les jours, où il lui apportait de l'ouvrage, et, pour faire face aux nouvelles dépenses qu'il s'était imposées, il prit sur le temps de ses études quelques heures pour donner des répétitions dans des maisons bourgeoises; mais ces caresses, ces baisers, qu'ils s'accordaient avec tant de confiance, mirent en duel la chasteté de leurs pensées et les désirs de leurs sens, et dans un moment de vertige, Marie devint la maitresse de Gustave. Ce titre là lui rendit encore plus chère; il était loin d'avoir pour elle ces procédés brusques qui sont le propre des étudiants ; il ne permettait jamais la moindre plaisanterie sur elle. Nous l'aimions trop pour ne pas éviter avec soin toute occasion de lui causer la moindre peine, et d'ailleurs Marie n'inspirait-elle pas un saint respect à tous ceux qui la connaissaient ?

Bonne comme l'ange ; toutes ses pensées étaient pour Gustave, tous ses soins étaient de lui rendre le bonheur qu'il lui avait donné. Jamais elle ne sortait de chez elle ; son plaisir le plus grand était de se livrer toute entière aux minutieux tracas, aux occupations de son petit ménage : sa vie passait pauvre d'événements, mais riche d'amour. Au bout de quelques mois, Marie se sentit souffrante ; une douce pâleur remplie de mélancolie vint ajouter à sa beauté si admirable ; elle était enceinte.

Cette nouvelle apporta la joie et la crainte dans l'âme de Gustave. Le souvenir de sa mère l'inquiétait un peu ; mais son affection, son amour pour Marie n'en souffrirent point ; au contraire, ses caresses redoublèrent auprès d'elle. Elle lui paraissait si belle dans cet état, où se révèlent toute la dignité de la femme, toutes les anxiétés de la mère ! Pourquoi une autre idée venait-elle troubler le bonheur de songer qu'il allait devenir père d'un enfant de Marie ? Sa mère pouvait-elle condamner une union que le ciel même semblait approuver ? Gustave renvoya toujours l'aveu de sa position, et le terme des affreuses souffrances de l'enfantement arriva insensiblement pour Marie. Alors Gustave interrompit toutes ses occupations, toutes ses études, pour veiller lui-même auprès de son amante. Ses douleurs furent longues et horribles, et chaque cri de la pauvre femme trouvait un écho horrible dans le cœur de l'étudiant, et le déchirait par lambeaux. Il fut nécessaire d'avoir recours à la violence pour accomplir l'accouchement qui, en donnant à Gustave un enfant qui promettait d'être beau comme sa mère, laissait la pauvre Marie presque dans les raides étreintes de la mort. L'étudiant eut peur en la voyant inanimée ; il maudit peut-être l'enfant dont la vie allait causer la mort de sa bien-aimée.

La réunion de tous ces malheureux incidents mit Gustave dans une position effrayante ; ses faibles moyens d'existence furent bientôt épuisés ; l'entretien de son enfant et la maladie de son amante le jetèrent dans la plus accablante misère : il vendit tout ce qu'il avait pour adoucir les souffrances de Marie ; mais, hélas ! ses ressources étaient bien peu de chose, et bientôt il se trouva dans le dénuement le plus complet. Un instant, son âme sembla perdre toute son énergie ; son abattement devint tel, qu'il ne se sentait plus vivre, lorsqu'une crise affreuse de son amante vint l'arracher de sa léthargie. Oh ! ce fut un moment plein d'horreur que celui où Gustave se ressouvint qu'il n'avait rien pour secourir cette femme, que la mort torturait impitoyablement ; son esprit parut tout-à-coup absorbé par une pensée qui donnait à ses traits l'expression la plus hideuse ; il sortit précipi-

tamment ; quand il revint, deux heures après, sa figure semblait éclairée par un rayon d'espérance ; il apporta toute espèce de médicaments qu'il avait achetés ; mais quand il voulut regarder son amante, il la trouva froide et livide ; elle avait succombé pendant son absence.

Il est impossible de décrire toute la douleur de Gustave ; il rugissait comme un lion horriblement blessé ; il embrassait avec frénésie le cadavre de Marie, comme s'il avait espéré la réchauffer, lorsque des agents de police se présentèrent dans la chambre où se passait cette épouvantable scène, et entraînèrent l'étudiant avec eux.

L'indignation nous prit au cœur en voyant notre ami promené dans les rues comme un criminel ; nous étions loin de croire au vol dont on l'accusait, et lorsqu'au bout de trois mois, il comparut sur la sellette des assises, nous fûmes bien étonnés de l'entendre avouer lui-même que, dans un moment de délire, il était allé forcer la caisse d'une maison où il donnait des répétitions. Il fut condamné à quinze ans de travaux forcés, et lorsque sa mère, qui avait appris l'accusation qui pesait sur son fils, arriva à Toulouse, elle fut témoin de sa condamnation. Ce fut pour elle un coup mortel qui l'entraîna bientôt au tombeau. Quant à Gustave, il est encore dans les bagnes, mêlé aux parricides, et son enfant est élevé dans un hospice de charité.　　　　VERGNIOLLE.

A Mlle MARIE.

Cher objet de mes feux constants !
Pensez à moi quand vient l'aurore ;
Pensez à moi le soir encore :
Je veux remplir tous vos instants.
Dans sa frénésie insensée,
L'amour, jaloux, veut tout pour soi :
Vous, qui régnez dans ma pensée,
　　　Pensez à moi !

Si quelquefois, d'un air rêveur,
En brodant, vous froissez l'ouvrage,
Si vous sentez votre visage
Soudain s'enflammer de rougeur,
Si votre poitrine palpite,
Si, sans que vous sachiez pourquoi,
Votre joli sein bat plus vite,
　　　Pensez à moi !

La nuit, quand des songes heureux
Viendront caresser votre couche,
En dormant, si de votre bouche
S'échappe un murmure amoureux ;
Si, sur le duvet solitaire,
Votre jeune cœur en émoi
Rêve un époux imaginaire,
　　　Pensez à moi !

Pauvre enfant ! déjà le malheur
A soufflé sur votre jeunesse,
Et déjà la sombre tristesse
Vous a mis ses soucis au cœur ;
Mais si la fortune ennemie
Vous fait sentir sa dure loi,
Vous avez une sympathie :
　　　Pensez à moi !

Hélas ! peut-être, quelque jour,
Un autre vous voyant si belle,
Plus aimable, mais moins fidèle,
Viendra m'enlever votre amour !...

Alors, si, blasé sur vos charmes,
Ingrat, il violait sa foi,
Quelque jour, en versant des larmes,
　　　Pensez à moi !

　　　ENVOI.

Quand, loin de nos Argus jaloux,
Seule avec vos pensers intimes,
Vos yeux charmants liront ces rimes,
Pensez à moi, je pense à vous.
　　　　　　JULES F....

UN BAHUT AU SEIZIÈME SIÈCLE.

II.

LE DUC DE MERCŒUR.

Trois mois tout au plus après la scène conjugale que nous avons décrite dans notre dernier article (au n° 59), une scène toute différente se passait au manoir de Camsilion.

La terreur était évidemment peinte sur tous les visages, et les gens du château allaient, couraient, emportant des armes et jetant partout le cri d'éveil.... Camsilion venait d'être cerné par les gens du duc de Mercœur.

C'était alors, comme on sait, l'époque où les guerres de la ligue étaient plus animées que jamais. Henri IV assiégeait Paris, et chacun avait pris parti dans la rixe, selon son opinion et sa conscience.

Le sire de Tornemine, que son père avait fait baptiser, encore tout enfant, par un prêtre protestant de la Roche-Bernard *, avait embrassé avec ardeur la religion dans laquelle il avait été élevé, et, par conséquent, la cause du prince du Béarn. Dans ces mêmes temps, Philippe-Emmanuel de Lorraine, duc de Mercœur, qui avait été nommé par Henri III, gouverneur de la Bretagne, se fit chef de la ligue dans cette province. Ce général, après avoir livré une infinité de petits combats, où l'avantage fut constamment disputé, s'était replié sur Mesquer, et avait placé le siège devant Camsilion qui, d'ailleurs, était depuis quelques années déjà l'un des principaux boulevards de l'hérésie en Bretagne.

L'arrivée du duc de Mercœur à Mesquer fut le signal d'une consternation générale. Le moyen de résister à une armée considérable et disciplinée comme celle du général catholique ?...

Le sire de Tornemine eut des peines infinies à ramener le courage dans le cœur de ses gens désespérés. Pourtant, quand ils le virent s'exposant le premier aux dangers et marchant à leur tête, sans rien craindre, son exemple les fit rougir, et bientôt même s'exaltant par degrés et dépouillant enfin leur reste de crainte, ils le suivirent déterminés..... Mort pour mort, se disaient-ils, il valait encore mieux périr en combattant.

Quant à Odette, la pauvre jeune fille ne comprenait pas que son bonheur fût interrompu si vite ; elle qui, nous l'avons vu,

---

(*) Nous avons suivi pour les détails de cette histoire le Dictionnaire d'Ogée, et l'Histoire de Bretagne de Lobineau. — Que cela soit dit une fois pour toutes.

se rêvait une vie si pleine et si heureuse, ne pouvait pas s'imaginer que le charme en fût brisé déjà... Beauté, jeunesse, amour, tout ce qui peut embráser le cœur, tout ce qui peut promettre une félicité sans bornes, tout cela n'était donc qu'une déception affreuse! Le bras tristement appuyé sur ce même Bahut, témoin quelques mois auparavant, de ses rêves chimériques, elle se laissait aller à mille pensées désespérantes, à des terreurs qui la glaçaient d'effroi. Et son mari, qu'allait-il devenir? Comment pourrait-il échapper à la mort qui le poursuivait partout? car elle ne pensait pas à elle..... C'est le propre d'un amour véritable de s'oublier dans le danger, pour ne penser exclusivement qu'au péril que court celui qu'on aime.

Cependant, le sire de Tornemine, après avoir confié son épouse chérie à la garde d'un de ses plus dévoués serviteurs, le fidèle Ivan, se mit en devoir de répondre à l'attaque du duc de Mercœur par une défense vigoureuse. Ses efforts furent couronnés de succès, car, au bout d'un mois, le général de la ligue n'était pas plus avancé dans le siége qu'il ne l'était au premier jour. Mais les vivres commençaient à manquer au château, et le sire de Camsilion sentit qu'il fallait un coup décisif pour chasser le duc; il l'entreprit. Une nuit donc, à la suite d'un léger avantage que Mercœur avait remporté sur les troupes de Camsilion, comme les soldats ligués dormaient tranquilles sur la foi de leur victoire, Tornemine et les siens tombent à l'improviste sur le camp ennemi, tuent les sentinelles avant qu'elles aient eu le temps de donner l'éveil, font dans l'armée un carnage immense (quelques historiens font monter le nombre des morts à 6,000), puis rentrent victorieux au château sans avoir perdu un seul homme.

Le lendemain, le duc de Mercœur désespéré, levait le siége, sans toutefois renoncer à son entreprise. Il alla camper à une demie-lieue du château, sur les terres dépendantes de Camsilion, réparer les pertes de son armée et lui donner quelque repos.

Quelques instants après, le sire de Tornemine pressait Odette dans ses bras, et racontait avec enthousiasme à son épouse, qui pleurait de joie, le succès de la veille et l'heureux résultat qu'il avait eu.

GUSTAVE B.

(La fin au prochain numéro.)

Mlle Ida Mansui, fille de M. Mansui notre compatriote, l'habile artiste professeur de piano, dont le talent et les succès sont gravés dans le souvenir des dilettanti nantais, organise en ce moment à Bordeaux, une matinée musicale qui aura lieu à une heure, au Casino, dimanche 26. Cette merveilleuse enfant, à peine âgée de sept ans et demi, chante déjà les grands airs de nos opéras, avec un naturel, une pureté et un charme qui tiennent du prodige, tant l'exécution de ces morceaux est complète et irréprochable. Tous les Bordelais veulent entendre cette jolie petite fille si miraculeusement organisée pour le chant.

GRAND THÉATRE.

Aujourd'hui DIMANCHE, 26 janvier 1840, à cinq heures 1/2:

On commencera par

LES DEUX JEUNES FEMMES,

Drame en cinq actes, par M. de Saint-Hilaire.

DISTRIBUTION.

Le comte de Montalègre, M. Toudouze; Fernand, M. Cazaubon; Henry Hubert, M. Montaland; Biroteau, M. V. Henry; Dupré, M. Delehel; Gros-Jacques, M. Famin; François, M. Duchâteau aîné; Un domestique du comte, M. Sarrazain; Louis, domestique de Birotteau, M. Duchâteau jeune; la marquise de Roubigné, Mme Roche; Louise, sa fille, Mlle Laignelet; Marianne, Mme Saint-Firmin; Jeannette, Mme Neuville.

LES TREIZE,

Opéra-comique en trois actes, de M. Scribe.

DISTRIBUTION.

Hector, colonel, M. Bizot; Odoard, aide-maréchal, M. Garbet; un aubergiste, M. Legaigneur; un vigneron, M. Duchâteau jeune; Isolla, jeune couturière, Mme Bizot.

SALLE DES VARIÉTÉS.

CIRQUE OLYMPIQUE

DE M. COLOMBIER, RÉUNI A LA FAMILLE MAZURIER.

On commencera à 6 heures 1/2.

Aujourd'hui Dimanche, 26 Janvier 1840.

TROISIÈME DÉBUT DE

LA FAMILLE LAMBERT,

ET DE

M. HENRI RIMBERT, DE NANTES,

Ex-pensionnaires de MM. Franconi frères, de Paris.

MAZANIELLO,

Scène historique, exécutée par M. Colombier.

LES

Exercices des Demoiselles LAMBERT.

LE RETOUR DE LA NOCE,

Scène comique, par M. Lambert fils.

Les deux Alcides à cheval,

Par MM. Colombier et Ernest.

LA BERGÈRE DES ALPES,

Par la jeune Louise.

LA RÉCRÉATION DES INDIENS,

Par M. Adolphe.

LES ANGLAIS AU MANÉGE,

Par tous les sujets de la troupe.

SPECTACLE MAZURIER,

Par toute la famille Gazielly.

IMPRIMERIE D'HÉRAULT, Rédacteur en chef.

Dimanche 1er Mars 1840.   DEUXIÈME ANNÉE.   1er Trimestre. No 66.

PRIX D'ABONNEMENT :

NANTES. { TROIS MOIS .... F. 3
          SIX MOIS   6
          UN AN.......   12

DEHORS { TROIS MOIS.. F. 5
         SIX MOIS.....   10
         UN AN.......   18
         AFFRANCHIR..

Prix du numéro, 15 c.

PRIX D'ANNONCES :

30 c. à la page d'avis; 1 fr. dans le corps du journal. Remise du tiers aux abonnés.

LE BUREAU EST SITUÉ
Chez Hérault, Imprimeur, rue de Guérande, No 3.

ON S'ABONNE :
Au Bureau;
Chez Guéraud, Libraire, Basse-Grande-Rue et passage Bouchaud;
Plançon, Libraire, place Graslin.

SE TROUVE CHEZ :
M. Suireau, Lib.re, rue Crébillon,
Et M. Plessier, Relieur, idem.

A PARIS,
Isidore Pesron, rue Pavée-Saint-André, No 13.

VERT-VERT.

JOURNAL DES SALONS ET DES THEATRES.

GRAND THÉATRE.

CHRONIQUE DRAMATIQUE.

Encore une crise politique, encore une défection complète du ministère, et un nouvel ébranlement dans la grande machine de l'état; mais au milieu de cette incertitude pénible, où tant de passions murmurent, où tant et de si hauts intérêts sont menacés, et où l'avenir d'un grand peuple semble compromis, devinez un peu ce que fait le grand peuple ? Il va aux bals masqués et aux spectacles !...... O français, aimables fous que vous êtes ! votre humeur sera donc toujours égale dans la bonne comme dans la mauvaise fortune ! *Orbis impavidos ferient ruinæ*.

Notre correspondant de Paris nous écrit que jamais les bals masqués n'y on été plus nombreux et plus brillants, et les spectacles plus suivis ; c'est un délire, une frénésie, et comme on nous a menacés de la fin du monde pour cette année, nous en concluons que *Momus* pourrait bien être l'Antechrist précurseur de la débâcle universelle.

Quoiqu'il en soit, nous nous empressons d'annoncer à nos lecteurs le succès immense de la nouvelle comédie de M. Scribe (*La Calomnie*) jouée ces jours derniers à Paris ; ce triomphe, nous assure-t-on, doit faire époque dans la vie littéraire du célèbre dramaturge. Puissions-nous bientôt applaudir à Nantes cette nouvelle création.

Mais revenons à notre mission, et parlons de notre théâtre ; le répertoire de l'administration s'épuise : *Diane de Chieri* et *Les deux Jeunes Femmes*, *Les deux Jeunes Femmes et Diane de Chieri*, voici en quoi se résume la semaine. Puisque nous avons parlé des *Deux Jeunes Femmes*, signalons un fait qui a passé inaperçu, et qui pourtant est d'une haute portée.

On se rappelle qu'on devait donner, mardi, une représentation de ce drame, et on l'a en effet essayé ; l'indisposition de Mlle Laignelet n'a pas permis qu'on achevât cette représentation ; ceux qui étaient présents, ont pu remarquer l'altération de la voix de cette actrice, et l'effort pénible qu'elle faisait pour dissimuler son indisposition, disons plus, sa souffrance. Croirait-on pourtant qu'un coup de sifflet élevé contre elle est venu consacrer la plus profonde injustice ? Eh quoi ! vous ne tiendrez point compte à l'acteur de l'éternelle abnégation qu'il s'impose pour vos plaisirs ! Vous ne lui tiendrez point compte du sacrifice de sa vie entière, qu'il vous abandonne ! vous ne savez donc pas ses veilles constantes et si laborieuses, ses déceptions, ses souffrances, son dur apostolat d'artiste ? Vous ne savez donc pas de combien de larmes il a souvent arrosé la couronne que vous lui jetez ? Ah ! c'est déjà bien assez du mépris dont l'abreuve une société mal organisée, un monde plein d'absurdes préjugés, sans que vous veniez encore, égoïstes ingrats, ajouter à tant d'injustice ! Hâtons-nous de dire d'ailleurs qu'un murmure unanime d'indignation a protesté contre le malencontreux sifflet. Mlle Laignelet est au surplus trop haut placée dans l'opinion pour que cet outrage puisse l'atteindre.

Nous signalons l'apparition d'une nouvelle étoile sur notre scène lyrique.

Mlle Constance Lyon, qui est comme on sait une élève de M. Bizot, fait certainement honneur à son maître. Elle a débuté avec succès dans le rôle d'*Irma*, qu'elle a chanté avec beaucoup de goût et avec une méthode souvent brillante, et si on fait la part à l'émotion compagne inséparable d'un début, on reconnaîtra que Mlle Constance a mérité les nombreux applaudissements qu'elle a reçus : ce succès est d'autant plus remarquable, qu'il a été consacré par un public d'élite. Viendrons-nous maintenant, chroniqueurs fâcheux, jeter l'épine de la critique dans la couronne que Mlle Lyon a conquise? Loin de nous cette pensée, pourtant après avoir fait l'apologie de la débutante, qu'elle nous permette, à nous qui serons de ses amis, de lui faire observer que sa voix d'ailleurs sonore, manque souvent de flexibilité et de moelleux, surtout dans les notes hautes ; que son débit n'est pas toujours assez nuancé : ce qui se conçoit à un début, et que sa prononciation est quelquefois défectueuse.

Ces légers défauts ne tiendront pas contre le travail opiniâtre de l'élève, et les savantes leçons du maitre.

On sait comment nous faisons le compte rendu des *Huguenots* : Succès complet; il faudra toujours en dire autant du *Domino Noir*.

Le public nantais commence à sentir ce qu'il va perdre, en perdant Mme Prévost-Colon : elle a été couverte de bravos et d'applaudissements. On lui a jeté un bouquet, aussi jamais triomphe ne fut plus légitime.

Nous tenons de la meilleure source que le sceptre de la Direction de notre scène pour 1840-1841, est passé aux mains de M. Lafeuillade, directeur associé des Théâtres de Rouen, et déjà si avantageusement connu.

Si nous sommes bien informés, on chercherait à retenir à Nantes Mme Prévost-Colon, engagée au théâtre de Marseille. Dieu veuille qu'on réussisse ! et puissions-nous tellement l'enlacer dans des chaînes de fleurs, que cette charmante captive ne nous échappe jamais !

Nous avons dit plus haut que le répertoire s'épuise ; mais, d'un autre côté, l'administration nous promet plusieurs nouveautés, entre autres un charmant opéra-comique, *La Reine d'un Jour*, dont on dit beaucoup de bien ; espérons que cette reine éphémère régnera plus d'un jour sur notre scène !

PORTRAITS ET CARACTÈRES.

Le Hâbleur.

De Paris au Pérou, du Japon jusqu'à Rome,
Le plus sot animal, à mon avis, c'est.... *le Hâbleur.*

Le Hâbleur est un des animaux les plus généralement répandus sur notre globe, et je ne sais trop pourquoi on a attribué aux bords de la Garonne une fécondité exclusive. On le retrouve en grande quantité dans l'ancien et le nouveau monde ; le capitaine Cook assure en avoir rencontré en Océanie ; Froger en a vu chez les Patagons, et Cuvier, dans ses fossiles antédiluviens, lui a consacré un chapitre encore inédit, ce qui prouve que cette famille a existé de tous les temps. Elle a envahi toutes les professions, et s'est guindée à chaque degré de l'échelle sociale, elle s'est disséminée dans la magistrature, dans la finance, dans le barreau, surtout dans la diplomatie, et Dieu sait si elle a fait son chemin dans la littérature. Les Hâbleurs se subdivisent encore en une infinité de catégories plus ou moins nuancées, mais on en remarque surtout deux classes parfaitement distinctes, à savoir : le Hâbleur vulgaire et immoral, depuis Thersyte jusqu'à Robert-Macaire, et le Hâbleur civilisé et de bon goût, tel que M. A. D. ou M. V. H.

La Hâblerie, comme le génie, a ses gloires, ses hommes émérites, ses illustrations de genre, ses célébrités, mais de tous les Hâbleurs antiques et modernes, la palme vous est due, ô monsieur X. Tous les membres de votre grande famille doivent baisser pavillon devant vous ; vous êtes le *quò non prestantior alter*, car qui peut se vanter de connaître aussi bien que vous le grand art de mentir, de broder un conte avec autant de richesses et d'illusions et d'entourer la blague d'autant de charmes, d'autant d'esprit ? C'est vous qui le premier, parodiant les paroles du plus rusé despote, avez proclamé cette grande maxime : *qui ne sait pas mentir est un sot.* Vous joignez à cette belle théorie une brillante pratique, ô monsieur X ! Vos contemporains vous doivent des couronnes, et si la postérité, qui doit la vérité aux morts, selon Voltaire, est juste envers vous, quand vous ne serez plus, elle vous érigera un somptueux mausolée avec cette inscription : *Ci-gît le plus habile menteur des quatre parties du monde.*

M. X. a cinquante ans, et il n'a jamais dit la vérité de sa vie ; écoutez-le, c'est l'homme universel, propre à tous les emplois, la spécialité de toutes les circonstances, la science infuse ; il est inutile de vous faire observer qu'un vrai Hâbleur n'est jamais modeste. Avez-vous besoin d'un homme de cœur pour un coup de main ! allez le trouver. Etes-vous impliqué dans une affaire difficile, inextricable, perdu dans une dédale sans fin ? il se présente pour vous en tirer, il a le fil d'Ariane, vous n'avez qu'à le suivre, et fermer les yeux.

C'est lui qui fait mouvoir indirectement la grande machine de l'état, par les conseils qu'il donne à un employé du ministère de ses amis, lequel les transmet au sous-chef, qui les rapporte au chef de division. Celui-ci les souffle au président du conseil, qui les développe au système . . . . . lequel ne les écoute pas. Il fait d'ailleurs tout cela par pure patriotisme et avec un désintéressement bien rare de nos jours ; il a refusé sept fois la croix, et cent fois sa part du budget et des fonds secrets ; ventre saint-gris ! quel Cincinnatus !

Il occupe à lui seul les cent voix de la renommée. Point d'affaires d'honneur, dans lesquelles il ne se soit trouvé second, point d'aventures scandaleuses dont il n'ait été le héros. Qui pourrait dire tous les torts qu'il a redressés, tous les chevaliers à qui il a fait mordre la poussière, tous les géants qu'il a pourfendus ?

Il joue un jeu d'enfer, et perd ou gagne dix mille écus en trois coups d'écarté.

Il mène grand train, il a des équipages, des châteaux, des amis, des maîtresses, oh ! des maîtresses surtout, toutes les femmes en raffolent. C'est son nom qu'elles soupirent tout bas ; depuis les riches boudoirs jusqu'aux humbles mansardes des grisettes, c'est lui que leurs désirs appellent le jour ; c'est de lui qu'elles rêvent dans leurs songes les plus doux. Voyez cette jeune fille aux grands yeux bleus, avec sa ravissante tête d'ange, avec son visage si blanc et si pur ; avec son âme chaste et innocente, que l'amour n'a point encore effleurée, que la volupté n'a point encore fait rêver sur sa couche, et qui est vierge encore du moindre désir, en la voyant passer, vous vous inclinerez devant elle, vous qui croyez à la vertu, vous l'entourerez, d'un culte respectueux à l'égal des choses saintes, et à peine oserez-vous porter un regard profane dans cette atmosphère virginale dont elle semble voilée de peur de déflorer même de la pensée cette jeune rose si touchante et si fragile. Pauvres gens ! Que vous êtes bien de votre pays ! Cette femme devant laquelle vous alliez tomber à genoux, comme devant une vision du ciel, cette femme..... Votre crédulité me fait vraiment pitié ! Cette femme, c'est la maîtresse du Hâbleur, et il s'en vante, car cette femme n'a point d'appui, point d'amis, point de frères pour poignarder cet homme, qui est venu, détestable harpie, salir la réputation de cette pauvre jeune fille, qui n'avait peut-être au monde que cela de fortune, que cela pour patrimoine et pour dot !....

Et cette jeune épouse, si pudique et si tendre, dont l'exemple touchant ferait adorer aux plus sceptiques la sainte institution du mariage ; cette femme qui entoure son mari et ses enfants de tant d'amour ; elle qui, si jeune encore et si belle, a renoncé pour eux aux plaisirs et aux joies du monde, pour se renfermer dans l'obscurité de son ménage : inviolable sanctuaire, où elle florit dans la pratique de toutes les vertus privées, où elle passe les jours sans regrets et sans envie près du berceau de son nouveau né ; où chaque pensée, chaque désir, se rattachent à son pieux devoir d'épouse et de mère ; où elle s'est fait, cette jeune femme, un monde à elle, un monde exclusif qu'elle n'a peuplé que des objets de sa chaste sollicitude. Pauvres sots ! Cette femme si fidèle, cette Lucrèce si hostile aux Tarquins.... C'est une adultère ; elle a violé honteusement la foi sainte jurée aux autels, elle a brisé, Messaline brutale, les liens intimes qui l'attachaient au berceau de ces petits enfants, que la parjure berçait tout-à-l'heure avec un semblant de sollicitude.... C'est la maîtresse du Hâbleur.... Il le dit, mais tout bas, mais au coin du feu, à l'oreille d'un petit nombre d'amis dévoués, car cette femme a un mari.

Vous croirez sans peine que tant de prouesses ont valu au Hâbleur l'admiration de tout ce qui l'entoure. Aussi, quand on veut citer un superlatif, c'est son nom qui se présente naturellement. C'est le Lovelace en amours, le Talleyrand en diplomatie, le foudre de guerre dans les combats, c'est l'homme doué de toutes les prérogatives, de toutes les perfections ; pour vous, c'est un demi-dieu. Aussi n'êtes-vous pas peu étonnés, lorsqu'un soir vous entrez sans être attendu, de trouver chez lui ce prodige, paisible et humble s'il en fut oncques, le chef orné d'un bonnet de coton, causant sentimentalement au coin du feu avec sa vieille Babet ! *Le masque tombe, l'homme reste*, vous retrouverez le menteur dans l'état positif et réel, car vous ne l'aviez vu jusqu'à ce jour qu'à travers le prisme d'une grosse blague. *Nascetur ridiculus mus.*

J. F.....

PENSÉES D'AMOUR ET RÊVES DE GLOIRE,

DE

PERSICO JAFFRÉ.

A toi tout mon amour, à toi tout mon délire
Jeune fille ! sais-tu ce que c'est que souffrir ?
Sais-tu tous les tourments que cause ton sourire ?
    Tiens, je voudrais mourir !

Mourir ! ou bien toujours entendre ta voix chère,
Ecouter haletant, un mot, un mot bien doux :
Ce mot que tu disais l'autre jour à ta mère,
    Assise à ses genoux !

Mourir ! ou dans tes yeux m'enivrer à toute heure
Du charme séduisant que cause ton regard,
Ou soutenir tes pas, quand loin de ta demeure
    Tu marches au hasard ;

Cueillant la blanche fleur, le long de la coline,
Joyeuse, poursuivant le léger papillon,

A l'heure où l'astre roi, dans les cieux d'or décline,
　　Et fuit sous l'horizon.

Ton écharpe d'azur, si légère et si frêle,
Que la valse soulève en replis grâcieux,
A mes yeux fascinés, semble de loin une aile
　　T'emportant dans les cieux.

Laisse-moi, jeune fille, entends ces cris : aux armes !
Plus de rêves d'amour pour énerver le cœur,
Je préfère un laurier ! des combats ! des alarmes.
　　Aux camps est le bonheur.

Car j'aime les guerriers, j'aime leurs camps, leurs
　　　　　　　　　　　　　　[tentes ,
Leurs faisceaux rayonnants au lever du soleil ,
Les cuirassiers couverts d'armes étincelantes.
　　Le canon du réveil.

J'aime à voir onduler des armes dans la plaine.
J'aime le roulement des belliqueux tambours,
L'œil ardent des coursiers qui dévorent l'arène
　　Mille fois en un jour.

Quand je lance au galop mon bon cheval de guerre,
Volant comme un éclair au-devant des canons,
Alors je suis heureux ; mon large cimeterre
　　Ouvre les bataillons.

Quand l'ennemi vaincu fuit devant nos phalanges,
Sur mon coursier fumant j'use les éperons ;
Mon cœur se brise, il bat de voluptés étranges
　　Aux accords des clairons.

Ces jeux-là valent bien des sourires de femme ,
Ces accords belliqueux ont plus de volupté ,
Ils font vibrer plus fort les fibres de mon âme
　　Qu'un chant doux, qu'un chant velouté.

<hr>

UN MOYEN DE SÉDUCTION.

M. Ernest Ribaud , maître de dessin , fait assigner Mᴵˡᵉ Émilie Baudrand en paiement de deux mois de leçons.

Mᴵˡᵉ Émilie. — Vous m'avez donné des leçons , vous ?

M. Ernest. — Comment ! vous ne vous en souvenez pas ?

Mᴵˡᵉ Émilie. — Des leçons de quoi ?

M. Ernest. — De dessin , parbleu , c'est mon art.

Mᴵˡᵉ Émilie. — Laissez-moi donc tranquille , nous ne sommes pas venus ici pour plaisanter.

M. Ernest. — Mais je ne plaisante pas, je suis très-sérieux.

Mᴵˡᵉ Émilie. — Il y tient. Vous voulez donc que je dise le fin mot à M. le juge ?

M. Ernest. — Qu'entendez-vous par le fin mot ? Dites-le , votre fin mot ; je m'en moque pas mal de votre fin mot.

Mᴵˡᵉ Émilie. — Apprenez donc , M. le juge, que cet être informe...

M. Ernest. — Comment ! informe ?

Mᴵˡᵉ Émilie. — Je dis informe comme je dirais disgracié de la nature. Est-ce que vous avez la prétention d'être beau ! (A l'auditoire.) Croyez-vous que monsieur puisse soutenir la prétention d'être beau. (On rit.)

M. Ernest. — Passons.

Mᴵˡᵉ Émilie. — Je vous dirai donc que ce jeune magot...

M. Ernest — Je ne puis pourtant pas souffrir... Certainement.

Mᴵˡᵉ Émilie. — Ne nous emportons pas , Nicolas ; mettons que vous soyez un jeune homme charmant , et n'en parlons plus.

Le juge. — Arrivez au fait.

Mᴵˡᵉ Émilie. — C'est pour vous dire que ce vilain *masque*. (Grande hilarité.) Pardon , cet amour d'homme fit ma connaissance au bal du *Prado* ; tout le monde sait ce que c'est que le bal du Prado ; généralement, on n'y va pas pour donner des leçons de dessin. Monsieur commence par me parler de la pluie et du beau temps.

M. Ernest. — J'en suis incapable.

Mᴵˡᵉ Émilie. — Oh ! bien alors, si vous avez aussi la prétention d'avoir une causerie très-variée, vous allez me faire de la peine ; car enfin, vous n'êtes pas beau, c'est vrai, mais vous y ajoutez la bêtise.

M. Ernest. — Je demande la parole.

Mᴵˡᵉ Émilie. — Qu'en feriez-vous? (On rit.) Donc, après quelques mots en l'air, il me confia qu'il était *artiste* ; je me dis : Bon , c'est un coiffeur. Puis enfin , il me proposa de m'apprendre à manier le crayon ; alors je revins de ma première idée, et je fus plus aimable ; le fait est que depuis long-temps , j'avais l'idée de me lancer dans la peinture des fleurs, qui est un genre abordé avec succès par les femmes en général. En conséquence, j'acceptai la proposition de Monsieur, mais, là, de bonne amitié , sans rétribution , ça va sans dire ; tout ce que vous offre un cavalier au Prado, c'est *gratis*, c'est-à-dire *gratis*, pas tout-à-fait, mais enfin vous comprenez bien ce que je veux dire.

M. Ernest. — Je comprends pas.

Mᴵˡᵉ Émilie — Ça ne m'étonne pas, votre intelligence s'y refuse.

M. Ernest. — Je vous ai fait faire des *yeux* pendant trois semaines, est-ce vrai?

Mᴵˡᵉ Émilie — C'est-à-dire que c'est vous qui m'avait fait l'œil pendant ce laps de temps.

M. Ernest. — Je ne comprends pas.

Mᴵˡᵉ Émilie. — Allez toujours, ça ne fait rien.

M. Ernest. — Pendant les quinze jours suivants, je vous ai fait faire des *nez*.

Mᴵˡᵉ Émilie. — C'est un procédé délicat auquel je suis sensible ; mais on se lasse de tout, même de faire des nez, et comme je vous ai planté là, aujourd'hui, c'est vous qui le faites, votre nez. (Rires.)

M. Ernest. — Je ne comprends pas.

Mᴵˡᵉ Émilie. — Vous l'entendez, toujours même jeu ; est-il bête ! Au Prado, on appelle ça un *melon*.

M. Ernest, furieux. — Mademoiselle.....

Mᴵˡᵉ Émilie. — Ah ! il a compris.

M. Ernest. — Savez-vous bien, mademoiselle, que.......

Mᴵˡᵉ Émilie — Quoi?

M. Ernest, décontenancé. — Enfin , n'importe.

Mᴵˡᵉ Émilie. — Mon cher, vous avez tort de parler en public, ça ne vous va pas.

Le Juge. — Revenons aux leçons de dessin.

Mᴵˡᵉ Émilie. — Je ne puis pas les payer, puisque c'était un moyen de séduction employé par monsieur, les moyens de séduction, ça ne se paie pas.

M. Ernest. — Je ne vous ai pas séduite.

Mᴵˡᵉ Émilie. — Ça , c'est vrai, et je m'en flatte, mais vous avez voulu....

M. Ernest. — J'ai voulu vous enseigner...

Mᴵˡᵉ Émilie. — L'amour, n'est-ce pas ? mais vous ne vous étiez pas levé assez matin pour ça. (On rit.)

Le Juge à M. Ernest. — Enfin, monsieur, pouvez-vous établir l'intention qu'avait mademoiselle de vous payer vos leçons?

Mᴵˡᵉ Émilie. — Je lui défie bien d'établir ça.

M. Ernest. — Pas précisément, mais cependant... attendu que... vous voyez bien que ce doit être comme ça.

Mᴵˡᵉ Émilie. — Qu'est-ce qui chante, qu'est-ce qui chante? Avez-vous compris? c'est égal, ce garçon-là doit être bien fort sur le dessin, car il est bien *embêtant* dans la conversation.

Mᴵˡᵉ Émilie ayant nié sa dette par serment, M. Ernest est débouté de sa demande.

<hr>

BEAUX-ARTS.

On lit dans *Les Papillons Noirs* :

Le Musée de Versailles est tout en émoi : on a débaptisé quatre de ses statues royales. Voici en peu de mots la grande aventure qui a jeté la terreur dans l'âme de tous les employés des Galeries historiques.

Un monsieur, qui avait acheté un livret à la porte, et qui regardait avec une édifiante attention tous les objets catalogués , sans se faire grâce d'un seul , allait et venait d'un air inquiet dans les salles du rez-de-chaussée, aile du Nord , où sont couchées et debout quelques statues de plâtre moulées sur les originaux de l'église de Saint-Denis.

Les gardiens, observant la promenade incohérente de ce curieux , s'imaginèrent qu'il guettait le moment de mettre dans sa poche un roi ou une reine de France. On le cerna, on l'entoura, on l'aborda :

— Vous semblez méditer quelque chose de sinistre? lui demanda le gardien en chef du rez-de-chaussée. Je vous arrête....

— Je me suis arrêté moi-même assez long-temps ici, répondit tranquillement cet honnête et consciencieux visiteur, pour m'assurer que Saint-Denis et Versailles ne s'accordaient pas entr'eux.

— Qu'est-ce à dire? Serait-ce une allusion politique ?...

— Je viens de constater, messieurs, que votre Hermentrude , femme de Charles-le-Chauve, que votre roi Robert, que votre Eudes et quelques autres rois ou reines, non moins recommandables , portaient à Saint-Denis, par malice sans doute, des noms tout différents....

— Vous êtes un républicain, monsieur, et vous vous raillez de la majesté historique de Versailles.

On mène l'indiscret observateur chez le gouverneur du château, et là il subit un interrogatoire en forme, d'où il appert que les mêmes statues se trouvent à Versailles et à Saint-Denis avec des noms diamétralement opposés.

— Mon Dieu ! monsieur, dit le candide et bienveillant étranger (c'était un habile statuaire anglais), ce n'est là qu'une erreur de titre : je me rappelle avoir vu, en 1816, dans la salle publique de la mairie d'une petite commune de France, un cadre représentant l'empereur Napoléon à cheval sur un champ de bataille, et l'on avait écrit au-dessous, avec de la craie, cette légende monarchique : *Sont halletés rouaile mosaigneux duch Dangolem ; Vif leu roa !*

L'avis donné à l'administration des Musées, on envoya un ambassadeur à l'architecte-abbé de Saint-Denis, M. Debret, qui avoua le fait, en racontant qu'il avait découvert, par hasard, dans la restauration et le nétoyage des statues originales, leur véritable nom inscrit par l'artiste même sur la plinthe de ces statues, nom différent, il est vrai, de celui que la tradition leur avait imposé à faux depuis trois ou quatre siècles.

De là, vive rumeur partout Versailles, On voulait fermer les Galeries jusqu'à ce que l'erreur fût réparée. Mais comment réparer une erreur sanctionnée par trois années de publicité et par la vente de quarante mille catalogues?

Nécrologie.

Les arts viennent de faire des pertes sensibles dans la personne de M. Robineau-Bertrand, sculpteur et professeur de dessin, homme aussi modeste qu'instruit dans sa profession, et de M. Donné, peintre distingué, qui a si souvent orné le salon d'exposition de ses jolies compositions et de ses nombreux portraits.

Les restes de ces deux artistes sont déposés au cimetière dit du Grand-Brigandin. Ils laissent l'un et l'autre un souvenir douloureux et honorable par l'élévation de leur mérite artistique, leur modestie et l'aménité de leur commerce dans la vie privée. M. Robineau-Bertrand avait 60 ans, et M. Donné n'en avait que 42.

M. Scheult, dit Le Romain, vient d'être enlevé à sa famille et à ses nombreux amis presque inopinément. Il était malade, il est vrai, mais son état n'annonçait rien d'alarmant; cependant il a succombé cette nuit.

C'était un architecte de premier mérite, à qui l'on doit une partie des embellissements de notre ville.

M. Scheult, pendant la tourmente révolutionnaire de la République, était allé en Italie, perfectionner ses études d'artiste, et c'était sans contredit un des hommes les plus distingués de la province. M. Scheult jouissait d'une belle fortune, fruit de ses travaux, et il en usait très-honorablement. Son neveu, qu'il se plaisait à doter de ses lumières et de ses conseils, ainsi que sa famille, sont inconsolables d'une perte si inattendue, et nous nous honorons de partager leurs regrets.

IMPRIMERIE D'HÉRAULT, *Rédacteur en chef.*

Dimanche 8 Mars 1849.   DEUXIÈME ANNÉE.   1er Trimestre. N° 67.

PRIX D'ABONNEMENT :

NANTES. { TROIS MOIS .... F. 3
        SIX MOIS 6
        UN AN 12

DEHORS { TROIS MOIS.. F. 5
        SIX MOIS 10
        UN AN 18
        AFFRANCHIR..

Prix du numéro, 15 c.

PRIX D'ANNONCES :

30 c. à la page d'avis; 1 fr. dans
le corps du journal. Remise du
tiers aux abonnés.

LE BUREAU EST SITUÉ
Chez HÉRAULT , Imprimeur, rue
de Guérande , N° 3.

ON S'ABONNE :
Au Bureau;
Chez GUÉRAUD , Libraire, Basse-
Grande-Rue et passage
Bouchaud,
PLANÇON , Libraire, place
Graslin.

SE TROUVE CHEZ :
M. SUIREAU, Lib.re , rue Crébillon,
Et M. PLESSIER, Relieur, idem.

A PARIS ,
ISIDORE PESRON, rue Pavée-Saint-
André , N° 13.

VERT-VERT.

JOURNAL DES SALONS ET DES THEATRES.

GRAND THÉATRE.

CHRONIQUE DRAMATIQUE.

O Carnaval ! puissant enchanteur, que tu sais
bien justifier les choses les plus ridicules! En vain
la sagesse réprouve tes folies , sa voix fâcheuse
n'est plus exécutée; tu chasses à coups de marotte
tous ces censeurs profanes qui refusent de subir
ton empire , et tu mets les rieurs de ton côté !
Rien de si absurde que ta faveur ne fasse passer;
la mort, qui décime parfois les 40 immortels,
laisse-t-elle un fauteuil d'académie vacant? qui
l'occupera ? Châteaubriand tend la main à
Béranger , Thiers appele Victor Hugo , et
parmi tant de beaux noms, tu t'en vas choisir...
Childebrand, ò Carnaval ! voilà de tes coups !

L'administration te doit un beau cierge.
N'est-ce pas toi encore qui fis passer voire
même appaudir , mardi dernier, *Les Trois
Épiciers* ? qui eût osé les siffler , c'était un
plat de ta façon , offert le jour de ta fête?

Il faut avouer pourtant que c'est quelque
chose de bien lourd et bien indigeste que ce
vaudeville qui est à vrai dire beaucoup moins
une pièce de théâtre qu'une série d'épisodes
assez mal cousues les unes au bout des autres,
vous y chercheriez vainement une action principale. Figurez-vous trois pauvres maris
successivement trompés (des maris trompés ,
vous voyez que cela n'est pas du neuf), mais
tous trois parfaitement tranquilles sur le
compte de leur motié, croyant avec la meilleure
foi du monde à la fidélité de leurs Lucrèces;

et chacun plaignant à part soi l'infortune de
son ami , c'est à qui ne verra pas la poutre
qui lui crève les yeux , à qui ne voudra pas
reconnaître qu'il est lui même.... *le dernier
roman de Paul de Koc* , tant les maris
s'abusent volontiers sur ce point; du reste , pas
de dénouement ; il paraît que cela n'est plus
de rigueur aujourd'hui. Bref , c'est une véritable parade de carnaval. Ceci posé , on sent
que la critique aurait mauvaise grâce à y
fourrer le nez , aussi nous abstiendrons-nous
de signaler les invraisemblances qui pullulent
dans cette pièce, et les gravelures parfois un
peu croquantes dont elle est pleine. Quoiqu'il
en soit, on a ri de bon cœur, et c'est tout ce
qu'on pouvait faire de mieux.

M. Henri a revêtu son rôle de *Leturc* de
toute l'originalité et de toute la verve qu'on lui
connaît.

M. Blanchard a été très-plaisant dans le rôle
d'*Athanase* ; ces messieurs peuvent certes
s'attribuer exclusivement les applaudissements
du parterre, dans de pareilles pièces, les acteurs
font tout, aussi ne sommes-nous point étonné du
succès de cette bluette, à Paris, avec des
Épiciers tels que MM. Lepeintre.

L'administration fera bien , d'ailleurs, de ne
pas perdre de vue que le règne du carnaval est
passé, et que cette pièce, donnée à une autre
époque, serait un anachronisme qu'on ne goû-
terait pas long-temps.

Que nous aimons bien mieux notre Molière ,
si profond dans ses plus folles plaisanteries !
si savant dans ses bluettes les plus futiles !...
Quand quelques mois voient éclore et mourir
sans retour , dans notre époque, tant de drames,
d'opéras, de comédies et de vaudevilles, on
applaudit, après tantôt un siècle, son *Malade*

Imaginaire échappé sans effort à sa plume ,
dans un moment de gaîté et comme un délas-
sement de cette imagination puissante qui
enfanta le *Tartuffe* et le *Misanthrope*. La
reprise du *Malade Imaginaire* a eu un succès
à désespérer tous nos *Diafoirus* et nos *Purgons*
modernes ; mais qu'ils se consolent, Molière ne
renaîtra pas.....

Jeudi, *La Juive*, au bénéfice de Mme Prévost-
Colon , a encore été un triomphe pour cette
belle *Rachel*, qu'on ne se lasse point d'admirer. Des couronnes de fleurs lui ont encore
été jetées : le jour de la justice est enfin venu
pour elle; mais c'est quand nous la per-
drons pour toujours ! L'éclatant succès de
Mme Prévost-Colon doit la rendre d'autant
plus fière, qu'il a été consacré par ce public
nantais si réservé , si froid, qui ne décerne
ses couronnes qu'aux talents véritablement
supérieurs, et qui ne prodigue pas volontiers ses
bravos.

M. Adrien s'est surpassé dans le rôle d'*Eléa-
zard* , il a chanté avec une puissance et une
pureté d'organe fort remarquable.

N'oublions pas M. et Mme Bizot, qui ont eu
leur bonne part du succès.

Mlle Ernest-Girard, élève du Conservatoire,
s'est fait entendre samedi, dans deux inter-
mèdes, et le petit nombre d'amateurs qui
étaient présents, ont très-favorablement accueilli
sa voix fraîche de contralto, sa méthode (du
Conservatoire) et sa manière , qui montre de
l'intelligence et beaucoup d'expression; Mlle
Girard, par son talent, promet aux amateurs
de la bonne musique des sensations nouvelles
et délicieuses ; à mercredi donc. MM. Louel
ont eu une bonne idée de faire participer cette
jeune artiste à leur concert de mercredi pro-

chain ; c'est un moyen de plus de piquer la curiosité publique , et de l'enchaîner par l'attrait du plaisir.

Nous ne terminerons pas sans faire une petite observation dont l'administration devra tenir compte. Depuis la révolution des costumes, opérée si heureusement par Talma, les anachronismes n'ont plus osé se remontrer sur la scène ; on ne vit plus Agamemnon en culotte courte et en perruque à marteaux, ni Achille en manchettes. Pourquoi donc un figurant n'a-t-il pas senti qu'un pantalon façon Rayteghem était déplacé dans la *Juive*? Il ne faut pas perdre de vue que le spectateur tient à la plus complète illusion possible.

TRÉCITHARPÉIDE.

Le TURÉCITHARPÉIDE est un nouvel instrument de musique, inventé par M. Hippolyte LOUEL, et pour lequel il vient d'obtenir un brevet.

CONCERT

[illegible],

DONNÉ PAR

MM. LOUEL FRÈRES,

MERCREDI 11 MARS,

Dans la Salle de la Mairie, à sept heures du soir.

Programme :

1re PARTIE.

1 Fantaisie pour Violon, composée et exécutée par M. LOUEL.

2 Pensées religieuses (mélodie), paroles et musique de Mlle ERNEST-GIRARD, * chantées par l'auteur.

3 Souvenirs du pays, dédiés au Nantais, de Mlle ERNEST-GIRARD, chantés par l'auteur

4 Solo de Flûte de Tulou, exécuté par M. HOFER, chef de musique au 20e de ligne.

5 Air de *Robin des Bois*, chanté par Mlle CONSTANCE LYON.

6 Duo de TRÉCITHARPÉIDE et Violon , par MM. LOUEL.

2e PARTIE.

7 Air portugais, varié et exécuté sur le Violoncelle , par M. LOUEL.

8 Air de *Robert le Diable* , chanté par Mlle LYON.

9 Solo de Cor, avec orchestre , exécuté par M. NICOLAY.

10 Duo de Piano et Violon, exécuté par MM. DARDENNE et LOUEL.

11 Hymne en l'honneur de Jeanne-d'Arc , de Mlle ERNEST-GIRARD, chanté par l'auteur.

12 Nouvelle Cachucha pour le TRÉCITHARPÉIDE , par M. LOUEL.

BILLET D'ENTRÉE, 3 FRANCS.

On peut s'en procurer à l'avance chez les marchands de musique et chez le concierge de la Mairie.

* On trouve les jolies romances nouvelles de Mademoiselle Ernest-Girard, chez MM. Sicard et Lethé, Marchands de musique.

[illegible]

Une Demoiselle.

C'était dans l'entr'acte ; je promenais depuis quelques minutes ma lorgnette du parquet aux premières, des premières aux secondes , des secondes aux troisièmes, et successivement ainsi dans chaque recoin de la salle, lorsque tout-à-coup , derrière un groupe de jeunes filles, je vis se détacher une charmante figure fraîche et rose , encadrée dans un petit chapeau de velours noir : il y avait tant d'harmonie dans les traits de cette ravissante tête , son front était si pur, ses sourcils étaient si fins et si soyeux , ses grands yeux noirs étaient si doux, sa bouche si petite et si rose, ses dents si blanches, l'ovale et gracieux visage si parfait , que je fus curieux de voir de plus près cette merveille ; en un instant je fus auprès d'elle, et si près, que j'effleurais la mantille de satin noir dans laquelle elle s'enveloppait avec une délicieuse coquetterie. Elle se retourna timidement pour regarder ce nouveau voisin , qui était ainsi venu s'établir si brusquement auprès d'elle , et je fus véritablement frappé de la beauté de cette jeune fille. La plupart des femmes gagnent , comme on sait, à n'être contemplées qu'à travers le prisme de l'éloignement, quant à ma jolie voisine , je vous assure qu'elle y perdait au contraire , et que je la trouvais plus belle encore , s'il est possible , en la voyant de près. C'était une de ces beautés si rares qui soutiennent l'examen le plus sévère, le plus minutieux détail de l'observateur : il y avait dans toute cette physionomie d'ange quelque chose de vaporeux, de céleste, qui rappelait les visions d'Ossian ; mais je ne sais quelle mélancolie voilait pourtant son charmant regard, qu'elle tournait de temps à autre vers moi, comme pour me demander un appui. Elle était seule en effet, inconnue sans doute de toutes ces grisettes assises près d'elle, et qui chuchotaient tout bas en souriant avec indifférence. Point de mari, point de père pour veiller sur mon inconnue ; j'étais-là seul, pour la protéger, pour l'aimer peut-être , je l'aimais déjà , j'étais presque jaloux : insensé! Quels droits avais-je acquis sur cette femme dont, il n'y a qu'un instant, j'ignorais encore l'existence? Qu'importe? raisonne-t-on quand le cœur est pris? et, en vérité, le mien l'était s'il en fut jamais. Du reste, c'était un amour dégagé de tout sentiment matériel, il y avait sur tout son être comme un parfum d'innocence qui commandait le respect , et j'osais à peine la regarder, comme si mon regard eût pu profaner cette virginité si touchante , dont sa gracieuse figure portait comme un reflet.

On a dit qu'il ne fallait point juger sur l'apparence , et je crois qu'en cela on a pu se tromper. C'est le plus souvent, selon moi, de l'apparence que dérivent certaines inductions plus ou moins rationnelles , plus ou moins vraisemblables, qui sont du plus grand secours pour la recherche de la vérité ; quoiqu'il en soit, je jugeai par l'inspection de la toilette de ma jeune fille qu'elle devait être , sinon pauvre , du moins peu riche. En effet, son chapeau était quelque peu passé, les fleurs qui l'ornaient , un peu flétries, sa petite robe de soie puce quelque peu usée , et la dentelle de sa mantille échancrée en plus d'un endroit, puis un simple ruban de velours ceignait , en guise de collier, son cou blanc comme la neige. Cela me paraît bien modeste. Bon ! dis-je , elle n'est pas riche, tant mieux ; elle n'en est que plus intéressante. Et , pendant mon inspection, le spectacle s'était avancé (inutile de vous dire je ne m'en occupais guère), et de temps en temps, son grand œil noir se tournait de mon côté ; j'étais déjà ivre, fou d'amour. Je ne lui avais pas dit un seul mot pourtant. Il me semblait qu'elle m'avait déjà compris, et qu'un lien secret mais intime unissait déjà nos deux âmes. Enfin la toile tomba. mon inconnue se leva en me lançant un long regard qui me sembla tout de flamme, et, machinalement, je la suivis et je descendis derrière elle, et, machinalement encore, je me trouvai derrière elle dans la rue. Bientôt la foule s'écoula, nous étions seuls. Je ne lui dis pas une parole, mais je la suivais toujours : il y avait toujours comme une attraction puissante qui m'attirait vers elle ; elle traversa plusieurs rues, longea plusieurs places, et je marchais toujours à quelque distance , la suivant de l'âme et des yeux , le corps roide, retenant mon haleine et craignant à chaque instant de la voir s'envoler, s'évanouir comme une vision. Enfin, elle s'arrêta rue...... devant une maison de très-modeste apparence , ouvrit doucement une porte, et avant qu'elle eût eu le temps de la refermer ni de m'adresser un seul mot, j'étais dans un corridor obscur , et j'escaladais après elle un quatrième étage ; enfin, je ne puis vous dire comment il se fit que sans nous être parlé l'un ni l'autre , nous nous trouvâmes elle et moi dans une chambre très-simplement meublée, et qu'éclairait encore à demi la lueur incertaine d'un âtre mal couvert.

En me voyant, elle fit un petit cri de surprise, et parut indignée de mon indiscrétion. Je balbutiai quelques excuses, le désir de protéger sa retraite, la crainte qu'à une heure si avancée, seule, dans des rues tortueuses et mal éclairées, elle ne fût l'objet de quelque insulte, et quelques autres raisons que j'alléguai à propos, firent peu-à-peu disparaître la petite moue sérieuse que mon aspect imprévu lui avait fait faire, et ne laissa plus sur sa délicieuse figure que la mélancolie douce et rêveuse qui m'avait tant charmé. J'osai lui faire quelques questions. Elle y répondit avec naïveté et modestie ; j'étais au comble du bonheur! Je pressais avec énergie une jolie petite main qu'on m'abandonnait assez volontiers, enfin , le lieu, l'heure , la solitude, et quelque diable aussi me poussant, j'enlaçai de mes deux bras sa taille souple et élancée, et je déposai sur ses lèvres entr'ouvertes le baiser le plus brûlant qu'on ait jamais donné à une femme. Tout-à-coup, elle se débarrassa de mes bras avec force, et, se grandissant de toute son indignation, arrêtez! me dit-elle, vous m'avez confondue, je le vois, avec ces femmes qui se donnent volontiers à qui veut les prendre; vous vous êtes trompé, Monsieur! oh! reprit-elle en fondant en larmes, je ne suis pas encore une femme perdue!.... Elle pleura quelques instants en silence. Son accent m'avait paru si vrai, sa douleur si profonde, et elle était si touchante ainsi, que j'eus honte en moi-même d'avoir écouté une passion charnelle devant cet être angélique; elle vit mon repentir, et parut m'en savoir gré, sa tristesse disparut graduellement, ses beaux yeux noirs se séchèrent, elle se rapprocha de moi avec confiance, et me regardant avec un sourire triste et doux : C'est bien! dit-elle, je suis contente de vous, vous avez compris votre faute, et je vous la pardonne; je m'explique d'ailleurs votre conduite : une jeune fille sans amis, sans famille, égarée dans la foule, sans un bras pour la guider et la défendre, a dû vous paraître d'une moralité suspecte, et vous l'avez rabaissée bien vite au niveau des femmes avec lesquelles vous me confondiez tout-à-l'heure : cela devait être ainsi, et pourtant, Monsieur, je vais vous prouver, j'espère, combien vous m'aviez mal jugée :

Je suis née à Rennes, d'une famille honorable; mon père, vieux soldat de l'empire, mourut peu de temps après ma naissance, ne laissant pour seule ressource à sa veuve qu'une faible pension de retraite, qui était loin de suffire à nos besoins. Toutefois, ma mère, pour m'élever, n'eut pas honte de se livrer à des travaux mercenaires, et parvint ainsi à me procurer une éducation plus soignée que notre position semblait le permettre. Hélas! il ne lui fut pas donné de continuer son ouvrage, et de poursuivre la tâche qu'elle s'était imposée dans sa sollicitude; elle mourut, me laissant, à 15 ans, orpheline, sans appui et sans secours. Avant d'expirer, elle fit appeler un voisin qui avait semblé prendre pour nous le plus vif intérêt, et lui recommanda ce qu'elle avait eu de plus cher au monde, le rêve unique de sa vie, sa fille.... L'infâme promit de me tenir lieu de père, et à peine le cadavre de ma mère était-il refroidi, qu'il chercha à me séduire! Vous frissonnez, Monsieur, cela est vrai pourtant, et, non content de violer avec tant d'infamie le serment fait au lit de mort de la pauvre mère, outré de mes refus, il m'ôta, par les plus odieuses calomnies, les moyens de trouver quelqu'emploi. Je quittai Rennes, et vins m'établir ici, dans l'espoir d'être admise dans quelque atelier de lingerie ou de modes : mais, hélas! l'orpheline n'a été nulle part accueilli·! En effet, qui voudra recevoir une pauvre jeune fille sans recommandations, isolée dans cette grande ville, où personne ne me prendra sous sa sauve-garde, et ne dira mes malheurs à quelqu'âme compâtissante. Enfin, désespérée de l'inutilité de mes démarches, je me confinai dans cette chambre, avec la résolution d'y mourir, car il ne me reste plus rien, rien... dit-elle, en sanglottant, qu'une petite

croix d'or qui a appartenu à ma mère, et que je ne puis me résoudre à vendre. Oh! j'ai eu de ces instants de souffrance et de désespoir, où le suicide est venu à ma pensée, et le courage m'a manqué; d'autres fois, j'ai cru, Dieu me pardonne cette tentation horrible! j'ai cru que, pour vivre, je vendrais mon corps, mon âme, ma vie à qui voudrait les acheter; j'ai cru qu'il n'était pas infâme de se jeter dans le vice pour échapper à la faim!.. Oh! ne frémissez pas, Monsieur, cette funeste idée... je l'ai repoussée avec énergie, et j'aurai la force de mourir plutôt que de succomber. Et pourtant qui oserait me maudire? Me jeter la première pierre? A moi, pauvre femme, pour avoir failli, quand le besoin m'étreignait? Oh! sans doute ces prudes sévères auraient déversé sur moi l'ignominie amère; elles peuvent impunément se targuer de vertu, elles, que la faim n'a jamais atteintes; elles qui, dans le sein de l'opulence, pratiquent une vertu facile, dont elles parlent à leur aise. Dites-moi, vous qui semblez bon, si vous ne m'auriez pas pardonné une faute, pour laquelle pourtant la société m'aurait réprouvée, flétrie, sans égard pour la nécessité, pour cette alternative affreuse de faillir ou de mourir de faim? Ma présence au spectacle pourra vous étonner, maintenant que vous connaissez mon état précaire; mais, vous le savez, Monsieur, quand on est malheureux et qu'on souffre, on cherche à s'étourdir; et puis, je vous l'avouerai, j'espérais vaguement y rencontrer quelqu'un qui fût bon et sensible, et qui prit pitié de l'orpheline abandonnée!!!! En achevant ses mots, sa jolie tête se pencha tristement sur son sein, et ses grands yeux noirs se remplirent encore de larmes. J'étais ému, j'éprouvais pour cette femme une sympathie profonde, et pourtant désintéressée. Rien ne rend si respectable que l'adversité, et cette pauvre enfant, si faible et si malheureuse, me sembla quelque chose de sacré. Je lui pris la main avec tendresse, et la serrai avec force; mais désormais c'était un sentiment épuré, mêlé d'admiration et de piété profonde que je ressentais pour elle. Je lui promis de m'intéresser à son sort et de revenir souvent la voir et la consoler. Elle m'assura de sa reconnaissance, et je lui dis au revoir, non sans avoir discrètement déposé sur sa cheminée la faible offrande du poète.

Vous vous doutez bien que je pensai toute la nuit à la jolie enfant, et que, dès le lendemain, je me rendis rue de...., leste et joyeux comme un homme qui fait une bonne action. Je montai ses quatre étages, je prêtai l'oreille, et j'entendis de grands éclats de rire et des mots obscènes qui arrivaient à travers le bruit du choc des verres et d'une orgie complète, pourtant c'était bien la porte de mon inconnue, rêvais-je ou étais-je bien éveillé? Ce ne peut être là, n'importe, frappons. Je frappai légèrement, une voix flûtée et gracieuse, que je reconnus d'abord, me cria, est-ce toi Jenny? Attends, je vais t'ouvrir. Elle ouvrit en effet, et, j'en rougis encore quand j'y pense, je vis autour d'une

table deux joyeux compères qui achevaient de vider leurs verres, et qui me regardaient de l'air le plus impertinent du monde. Une autre femme était assise près d'eux. Je ne sais si la prévention m'aveugla, mais elle me sembla le vice incarné, son visage bourgeonné, ses yeux hardis, son accent brusque ne m'auraient d'ailleurs laissé sur son compte aucune incertitude, si j'avais pu douter de sa condition. Ceci s'était passé dans l'espace d'une seconde; j'étais pétrifié; la jeune fille était restée immobile, et me riait au nez; mais ce n'était plus la même femme que j'avais vue hier encore : il n'y avait plus sur cette figure toujours ravissante, cette timidité, ce cachet d'innocence qui m'avait enchanté, ces grands yeux noirs n'étaient plus voilés d'une douce mélancolie, ils ne respiraient plus que la lubricité et l'ivresse... Bref, je compris clair comme le jour que j'avais été la dupe d'une courtisane artificieuse, mais de la plus habile syrène qui se soit jamais vue. Je redescendis promptement les quatre étages de cette maison maudite, jurant, mais un peu tard, qu'on ne m'y prendrait plus, et réfléchissant à part moi sur l'organisation inexplicable de la femme, cet admirable Caméléon, qui sait si bien revêtir toutes les formes, et contracter toutes les couleurs.

Jules F.

A MON AME.

Lorsque la nature
Sort de son tombeau,
Que le ciel s'épure
Et perd son manteau :
Lorsque le Zéphyre
S'éveille et soupire,
Et que l'on voit luire
Un soleil plus beau;

Quand, comme à la rose,
Ce temps enchanté
Rend à toute chose
Jeunesse et beauté,
Lorsque tout proclame
Sa féconde flamme,
A toi, dis, mon âme,
Qu'a-t-il apporté?

Tu sais, notre joie
Dure peu d'instants;
Tout devient la proie
Des sombres autans :
Ce temps, dans l'année,
N'est qu'une journée.
Bientôt est fanée
La fleur du printemps.

Ta part est meilleure :
Tu peux ici-bas
Faire une demeure
Où tu régneras
Sans craindre l'orage,
Et que le passage
Du sombre nuage
N'obscurcira pas.

Quand tout à la vie
Renaît à la fois;
Lorsque la prairie
Fleurit; que le bois
Reprend sa verdure,
Le champ sa parure,
Le flot son murmure,
Et l'oiseau sa voix;

Lorsque l'innonce
Et la paix, sa sœur,
Régnant en silence,
Habitent un cœur,
On voit, avec elles,
Fleurs toujours nouvelles,
Eaux pures et belles
Et douces fraîcheur,

Chaque jour des anges,
Se donnant la main,
Mènent leurs phalanges

Dans ce frais jardin ;
L'âme recueillie,
Écoute, ravie,
La douce harmonie
Qui charmait Eden.

Ce jardin , mon âne,
Je veux te l'ouvrir ,
Je veux que ta flamme
Puisse s'y nourrir ,
Et qu'après l'aurore,
Qui viendra le clore ,
Du printemps encore
Tu puisses jouir.

Par feu Auguste ARNAUD.

LE DANGER DES CANCANS.

Heureusement ce mot là n'a pas besoin de définition, car nous serions fort embarrassé d'en donner une tant soit peu exacte et rigoureuse. Tous les cancans n'ont pas la même gravité ; mais il en est une classe nombreuse que la justice qualifie de diffamation , et qu'elle punit parfois de peines fort sévères. La réputation, l'honneur, le crédit des citoyens , sont choses dont il ne faut pas se jouer à la légère : « Coup de langue peut faire plus de mal que coup lance. »

Du temps des Grecs et des Romains , les barbiers partageaient déjà avec les baigneurs la fabrication et la propagation des cancans : nos barbiers n'ont pas dégénéré, et n'écorchent pas moins la réputation que le menton du prochain.

Chez un perruquier donc entre un chiffonnier en passant, et tout en se faisant raser : Savez-vous la nouvelle ? — Non, quoi ? — Le charcutier d'en-face, qui vend du cheval , de l'âne et du chat en saucisse. — Bah ! vrai ? — Oui, le commissaire a fait une descente dans sa cave.

Le garçon perruquier s'en va faire la barbe à l'épicier du coin, et tout en affilant le rasoir : Dites donc , savez-vous ce qui arrive au charcutier ? — Non, quoi ? Eh bien ! le commissaire a saisi dans sa cave je ne sais combien de chevaux et de chiens morts : son affaire n'est pas bonne.

L'épicier se donne à peine le temps de se débarbouiller, il monte chez une voisine, femme de ménage de son état.

— Vous ne savez pas ce qui se passe ? Le charcutier qui est condamné à six mois de prison et 600 fr. d'amende ; tout son cochon prétendu n'est que du cheval mort, du chien enragé. La nouvelle dite à l'oreille d'une femme de ménage, je vous demande si elle fut longtemps à courir le quartier.

Or, de tout cela, il n'y avait pas un mot de vrai, ainsi que l'atteste un certificat très-explicite du commissaire. Le charcutier, se souciant peu de poursuivre la femme de ménage, le chiffonnier, ou le garçon perruquier, a choisi pour adversaire le malencontreux épicier , lequel s'est vu condamner à 50 francs d'amende, 200 fr. de dommages-intérêts, et à l'affiche du jugement à 10 exemplaires.   (Droit.)

LE TROUBADOUR FOLIGNON.

Foligon prend place sur le banc de la police correctionnelle. Il est vêtu d'un pantalon bleu clair garni d'un large galon de cuivre rouge , d'une veste rouge avec des brandebourgs gris, et d'une casquette basque, ayant , au lieu de gland , un bouchon de paille suspendu à une ficelle. La figure ronde et rouge du prévenu est animée d'un sourire perpétuel, et c'est en fredonnant qu'il s'assied devant le tribunal.

M. le président. — Quel est votre état ?

Folignon. — Simple troubadour.

M. le président. — Vous êtes prévenu d'avoir chanté en public sans autorisation.

Folignon. — Je l'ai demandée, cette autorisation , et je chante en l'attendant.

M. le président. — C'est précisément ce qui vous constitue en état de contravention.

Folignon. — J'étais loin d'avoir compris la chose de cette manière ; je chantais parce que le chant charme les ennuis de l'attente, et puis un peu aussi parce qu'il faut manger , sous peine de mourir de faim.

M. le président. — Faites autre chose, en attendant qu'on vous ait accordé une permission.

Folignon. — Je ne sais rien faire que chanter ; je suis né d'un père qui n'a fait que ça pendant soixante ans, et qui est mort en ne me laissant que sa guitare et trois termes à payer... J'ai méprisé les trois termes, j'ai recueilli la guitare, et c'est avec elle que je charme mon existence et les oreilles de mes concitoyens.

M. le président. — Vous êtes prévenu aussi d'un fait plus grave : vous avez outragé l'agent qui vous a arrêté.

Folignon. — Pourquoi vient-il me subtiliser, votre agent ? Je venais de chanter *Le retour du printemps et les bons pissenlits sauvages* , agréable romance que je pince avec un certain chic... La dernière note mourait dans mon gosier et sur la chanterelle de mon instrument, un individu se présente, et me demande si je veux recommencer pour son agrément particulier. Volontiers, que je lui dis. J'accorde ma guitare , et me v'là à moduler !

Chant' moi le r'tour du printemps,
Les bons pissenlits sauvages,
Des z'hannetons dans leurs bocages....

Arrivé à ce vers, le particulier me dit : « C'est assez comme ça... À mon tour, tu vas m'accompagner. — Avec ma guitare ? que je lui demande. — Non, avec tes flûtes. » C'était tout bonnement un sergent de ville dans la peau d'un bourgeois. Je vous prie de croire que j'ai été fort peu satisfait, et que je l'y ai exprimé.

M. le président. — C'est le tort que vous avez eu.

Folignon. — C'est fait , que voulez-vous que j'y fasse ; mais qu'on me donne ma permission et qu'on me rende ma guitare, je n'y en voudrait plus.

Le tribunal condamne Folignon à huit jours d'emprisonnement et aux frais.

Folignon. — Pour les frais, pas possible.... Je vous chanterai quelque chose pour ça.

(*Gazette des Tribunaux*.)

GRAND THÉATRE.

Aujourd'hui DIMANCHE, *8 Mars* 1840, *à six heures* 1/4 :

DIANE DE CHIVRI,

Drame en 4 actes, par M. Frédéric Soulié.

Distribution. — Léonard Asthon , ancien officier de la garde royale , M. Oudinot ; M. de Chivri , pair de France, M. Toudouze ; Georges, fils de M. de Chivri, M. Garbet ; Philippe , fils de M. de Chivri , M. Laute ; Martial, fils de M. de Chivri, M. Montaland ; Valérien, garde-chasse, M. Henry ; Delaunay, capitaine de cavalerie, M. Cazaubon ; De Larcy , ami de Léonard , M. Préval ; De Vigneul , ami de Léonard , M. Legaigneur ; De Presle , ami de Léonard , M. Duchâteau jeune ; De Vigner, ami de Léonard, M. Schmitd ; Le procureur du roi, M. Bertin ; Louis, domestique d'Asthon, M. Granger ; Henry , domestique de Madame de Kermic, M. Duchâteau aîné ; Pierre , domestique , M. Sarazain ; Madame de Kermic, belle-mère de M. de Chivri, Mme Hess ; Diane de Chivri, fille de M. de Chivri, Mlle Laignelet ; Marthe, femme de charge de Mme de Kermic , Mme Cochèze.

La scène se passe à Ancenis et à Nantes.

LES TROIS ÉPICIERS,

Vaudeville en 5 actes.

Distribution. — Bardou, épicier, M. Granger ; Lapie, épicier, M. Pàris ; Leture, épicier, M. V. Henry ; Bichu, garçon épicier, M. Laute ; Athanase, garçon épicier, M. Blanchard ; Madame Bardoue, Madame Saint-Firmin ; Madame Lapie, Madame Hess ; Rose, Madame Augustine.

LA MARQUISE,

Opéra-comique en 1 acte.

Distribution. — Le Duc, M. Garbet ; Clerval, M. Bizot ; un Domestique, M. Duchâteau aîné ; la Marquise, Madame Olivier ; Paquitta, Madame Bizot.

LA CACHUCHA,

Dansée par Mlle Ferdinand (Armande).

IMPRIMREIE D'HÉRAULT , *Rédacteur en chef.*

Dimanche 15 Mars 1840. DEUXIÈME ANNÉE. 2e Trimestre. N° 62.

PRIX D'ABONNEMENT :

NANTES. { TROIS MOIS .... F. 3 / SIX MOIS .... 6 / UN AN........ 12

DEHORS. { TROIS MOIS.. F. 5 / SIX MOIS.... 10 / UN AN........ 18 / AFFRANCHIR..

Prix du numéro, 15 c.

PRIX D'ANNONCES :

30 c. à la page d'avis; 1 fr. dans le corps du journal. Remise du tiers aux abonnés.

LE BUREAU EST SITUÉ
Chez HÉRAULT, Imprimeur, rue de Guérande, N° 3.

ON S'ABONNE :

Au Bureau;
Chez GUÉRAUD, Libraire, Basse-Grande-Rue et passage Bouchaud,
PLANÇON, Libraire, place Graslin.

SE TROUVE CHEZ :
M. SCIBEAU, Libre, rue Crébillon,
Et M. PLESSIER, Relieur, idem.

A PARIS,
ISIDORE PESRON, rue Pavée-Saint-André, N° 13.

VERT-VERT.

JOURNAL DES SALONS ET DES THEATRES.

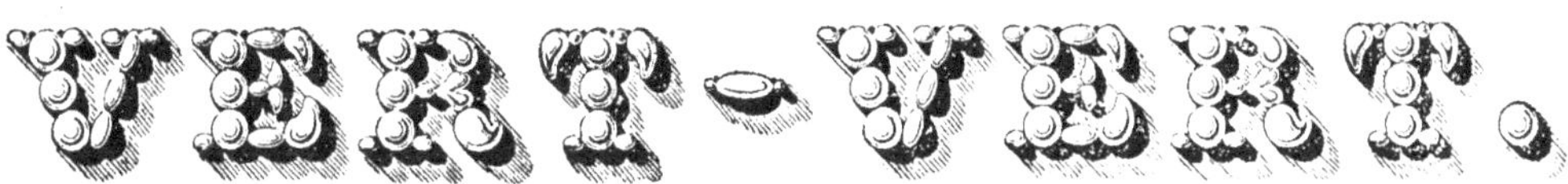

GRAND THÉATRE.

CHRONIQUE DRAMATIQUE.

LA REINE D'UN JOUR.

On croit généralement que la possession d'un diadème est l'apogée du bonheur d'ici-bas, de là, cette comparaison passée en proverbe : Heureux comme un Roi, et pourtant je vous assure qu'il n'en est rien. On se rappelle l'épée de Damoclès, et chacun connait cette touchante réponse du jeune Dauphin, fils de Louis XVI, à une femme du peuple qui, lui présentant un placet, lui assurait que si sa demande était accueillie, elle serait heureuse comme une Reine : heureuse comme une Reine! dit-il : Hélas ! j'en connais une qui ne fait que fait pleurer ! En effet, l'expérience nous a démontré que le bonheur ne s'assied pas toujours au seuil des palais dorés, et que le sommeil des potentats, est souvent moins doux sur leur somptueux duvet que celui de l'ouvrier sur sa couche indigente. Combien d'ambitieux regretteraient l'obscurité de leur condition première, si la fortune prenait la peine de réaliser les beaux rêves de leur orgueil! Allez plutôt voir la *Reine d'un Jour*, de M. Scribe.

Nous sommes en 1660, à cette époque de sang et d'anarchie pour l'Angleterre, où l'artificieux Cromwel s'assied en protecteur sur les débris du trône de son souverain. L'infortuné Charles Ier vient d'être décapité, et son fils, Charles II, proscrit par le parlement, s'est réfugié en Écosse. La princesse de Portugal, son épouse, veut quitter Lisbonne, et aller par-

tager les destins de son auguste époux, mais le trajet est difficile : Comment tromper la surveillance des espions du protecteur ? Toutefois, un seigneur Portugais, parent de la jeune Reine et commandant un navire de guerre, va lever cet obstacle ; et, tandis que la véritable Reine abordera en Écosse, inaperçue, dans une barque de pêcheurs, le commandant portugais appellera toute l'attention du parlement sur une Reine fictive qu'il prendra à son bord, et à qui il fera rendre tous les honneurs dûs au rang qu'elle occupera un jour. Mais il faut trouver cette femme : Or, M.me Benjamin, marchande de modes à Calais, a, parmi ses ouvrières, une certaine gentille Francine, qui se laisse volontiers faire les yeux doux par un certain Marcel, jeune matelot qui serait fort de son goût, n'était sa pauvreté, car Francine a de l'ambition, elle voudrait de l'or, des équipages, des châteaux, elle fait des rêves à perte de vue : où diable la cupidité va-t-elle se nicher! Quoiqu'il en soit, Marcel désespéré des refus de Francine, va, par dépit, faire la cour à la nièce d'un cabaretier de Brigthon. Sur ces entrefaites, le commandant Portugais arrive à Calais, le hasard lui a fait rencontrer Francine, et c'est cette jeune fille à l'âme ardente, qui sera la Reine feinte qu'il cherchait; il faut qu'elle consente à s'embarquer avec le beau seigneur, et 60,000 livres tournois seront le prix de sa confiance et de sa discrétion pendant un seul jour : une jeune fille, et une modiste encore, discrète tout un jour ! Cela est difficile, mais enfin cela n'est pas impossible, surtout quand on a un beau denier en perspective. Aussi, après quelqu'hésitation, Francine consent-elle à tout. La voilà donc Reine d'Angleterre, épouse de Charles II, et naviguant en cette qualité à bord d'un vaisseau de guerre portugais, qui la

dépose à Brigthon, là-même où le pauvre Marcel est venu, depuis quelques jours chercher l'oubli de ses rigueurs aux genoux de la jolie Simonne. Le hasard veut que Sa Majesté pour rire, accompagnée du commandant Portugais, qui passe pour son chevalier d'honneur, vienne précisément s'établir dans l'hôtellerie de Simonne. Vous vous doutez de la surprise de Marcel, en retrouvant sa Francine dans la Reine d'Angleterre ; il ne peut en croire ses yeux, mais quelques gestes, quelques paroles échappés à la Reine Francine, qui veut envain se couvrir d'une royale dignité, ne laissent bientôt plus de doute à Marcel ; cependant, la présence à Brigthon de la reine d'Angleterre a fait bruit. Tous les nobles qui sont restés fidèles à la cause du roi, viennent la complimenter, et tout le monde est ravi de la manière dont elle fait les choses. Voulez-vous des honneurs, des cordons, des titres, demandez, ne vous gênez pas ; vous n'avez qu'à tendre la main, notre Reine en est prodigue, cela lui coûte si peu! Toutefois, indépendamment des harangues qu'elle a à souffrir, et des diners d'apparat auxquels elle est obligée de s'asseoir, notre Reine finit par s'ennuyer de sa condition qui, à vrai dire, n'est plus tenable. Être près de son Marcel, et ne pouvoir lui dire je t'aime! Rencontrer toujours, entre elle et lui, cette froide dignité à laquelle elle est contrainte, voilà ce qui finit par la dégoûter complétement de son métier de Reine, et elle prend l'extrême parti de déclarer hautement qu'elle n'est rien moins que la Reine d'Angleterre, mais tout bonnement Francine, ouvrière en modes, chez M.me Benjamin, de Calais, au Nœud-Galand ; mais, par une fatalité déplorable, voilà qu'on ne la croit plus ; et, bon gré malgré, il faut qu'elle reste Reine. Ajoutez à cela que le parlement, informé de ce qui se passe à Brigthon, a envoyé des soldats qui gardent à vue la pauvre Reine d'un jour ; farouches puritains qui ne parlent de rien moins que de tuer leur prisonnière. C'est alors que la pauvre Francine a tout lieu de regretter Calais et le Nœud-Galand, et le comptoir de Mme Benjamin, et l'amour du bon Marcel. Je ne sais trop ce qu'elle aurait fait de son diadème, la pauvre enfant, si, par bonheur, la cause du roi n'ayant triomphé, tout se découvre ! et, à son grand ravissement, elle redevient Francine, la modiste comme devant.

Ce charmant opéra-comique a été très-goûté par notre public et, à part quelques longueurs, il le méritait de tout point.

La musique de M. Adam n'a rien, il est vrai, de très-saillant ; nous avons même cru y retrouver des réminiscences de quelques-unes de ses compositions. Cependant, nous avons remarqué, surtout dans le 1er acte, plusieurs motifs d'une grâce et d'une naïveté charmantes ; et, en résumé, on peut dire que cet œuvre fait honneur au poète et au musicien.

Madame Bizot est délicieuse dans le rôle de *Francine*, il semble avoir été fait pour elle ; elle y trouve à chaque instant l'occasion de mettre en évidence son esprit et sa finesse, et la remarquable flexibilité de son brillant talent.

M. Bizot n'a pas eu un moins beau succès ; il a constamment chanté avec une pureté d'organe et une délicatesse exquises, et plus d'une fois, un frémissement universel de plaisir a couvert ses finales d'une ineffable douceur.

L'irréparable perte de M. et Mme Bizot, est déjà bien vivement sentie, leur triomphe dans la *Reine d'un Jour* doit mettre le comble à nos regrets.

Ce n'est plus seulement de l'admiration qu'on éprouve ici pour Madame Prévost-Colon, c'est une sorte de frénésie étourdissante : les fleurs pleuvent sur sa tête à chaque représentation. Jeudi, on lui a décerné l'honneur qu'on n'accorde qu'à peine aux artistes distingués de la capitale ; elle a été rappelée après les *Huguenots*, au milieu d'unanimes applaudissements, et c'était justice.

BEAUX-ARTS.

Depuis long-temps, il nous manquait un de ces établissements dont les cités s'enorgueillissent à juste titre, et nous gémissions d'avoir à porter envie, sur ce point, à des villes bien moins importantes que la nôtre. Nous voulons parler d'une école de Peinture. M. Donné, nous assure-t-on, avait compris le besoin d'une pareille institution, et y avait songé ; mais une mort prématurée, en nous privant de ce beau talent, ne lui a pas laissé le temps d'exécuter ce projet, qui eût été un véritable bienfait pour notre ville ; et en déplorant la perte de cet artiste, qui promettait une illustration de plus à la Bretagne, nous nous demandions quel homme dévoué viendrait réaliser son rêve : cet homme s'est rencontré.

Depuis quelques années, un artiste végète ignoré dans un modeste appartement de la rue Casserie, et à l'exception de quelques familles, dont il a reproduit les portraits avec talent, nul ne sait son nom, car il est étranger à Nantes, sans recommandation et sans appui, et d'un trop noble caractère pour aller mendier d'humiliantes protections.

M. Curty, puisque nous l'avons nommé, est un de ces Peintres qui ont voué à leurs profession un culte exclusif et désintéressé, et qui, écartant toute idée cupide ou mercenaire, travaillent par amour de l'art. C'est une belle religion que cette abnégation profonde, que ce noble apostolat d'artiste, qui n'a au monde qu'un rêve, qu'une ambition, qu'un but unique, l'art ! Assez d'autres, dans notre siècle positif ont immolé les Muses à l'argent, pour qu'il nous soit permis de signaler ici un homme qui ait su échapper à la corruption.

M. Curty travaille depuis son séjour à Nantes, à vaincre la fatalité qui s'attache à l'artiste ignoré, et cette prévention déplorable qui le juge toujours sans examen. Certes, il faut bien de la vertu pour se consumer ainsi dans des veilles et des travaux infructueux, pour dévorer sans se plaindre tant de déceptions, et pour résister au découragement qui naît de l'inutilité de ses efforts. Et pourtant voilà les obstacles qu'il a à surmonter ; voilà ce que M. Curty souffre chaque jour, sans perdre courage, mais aussi sans qu'une voix généreuse se soit élevée pour lui rendre justice.

Nous ne sommes pas assez connaisseur pour apprécier le talent de M. Curty, mais nous voudrions moins d'indifférence et plus de protection pour les arts. Ce n'était pas ainsi que le divin Platon voulait qu'on les accueillît dans sa république : s'il nous vient des artistes, disait-il, honorons-les, jetons des fleurs sur leur passage, afin que la récompense qu'on accorde à leur talent les porte à exécuter de grandes choses !

M. Curty a étudié les flamands, et ses compositions rappellent souvent l'énergie et la méthode large de cette école ; mais on peut dire qu'il ne s'est attaché exclusivement à aucun genre ; il peint selon le caprice de son cœur et de ses impressions, persuadé que comme la Poésie, dont elle est sœur, la Peinture vit des inspirations de l'âme. Nous invitons les amateurs à visiter son atelier, qui sera ouvert au public dans quelques jours, et nous espérons que, lorsque M. Curty sera connu, son projet, d'élever à Nantes une école de Peinture, trouvera de nombreux partisans.

Nous le répétons, nous ne nous piquons pas de grandes connaissances en Peinture, et notre intention n'est point de prodiguer à M. Curty un encens que l'opinion publique seule a le droit de lui décerner si elle l'en juge digne ; mais nous voulons qu'on le connaisse, car s'il n'a point ici de recommandation ni d'appui, le devoir de la presse est de lui venir en aide.

JULES F.

L'atelier de M. Curty est établi rue Casserie, 9.

COUR D'ASSISES.

Un mot sur l'Infanticide.

Parmi les crimes hideux que les lois divines et humaines stigmatisent au plus juste titre ; il en est un surtout, odieux, épouvantable, qui fait frissonner la nature et révolte l'humanité ; nous voulons parler de l'infanticide, cette inconcevable frénésie qui porte une mère, une mère entendez-vous ! à immoler de ses propres mains le tendre fruit de son flanc. Et pourtant cette monstruosité qui épouvante la pensée, cette férocité sans nom, est devenue commune de nos jours, et à chaque session de la Cour d'assises, le jury est appelé à juger plus d'une mère dénaturée, et à lui demander compte (cela est horrible) du sang de son enfant ! Nous avons entendu plus d'une fois le peuple, témoin du scandale infâme de pareils débats, se récrier contre la modération des juges, qui n'appliquent d'ordinaire, dans ce cas, qu'une pénalité peu rigoureuse. Cependant leur clémence s'explique, car ils ont su, dans leur haute sagesse, remonter à la source de ce crime, et ils l'ont trouvée dans notre organisation sociale, si vicieuse à tant d'égards. Ce n'est pas nous qui nous ferons l'apologiste de l'infanticide, et qui chercherons à le justifier ; mais, nous l'avouerons, nous admettrons presque toujours des circonstances atténuantes, et nous plaindrons la mère coupable plus encore peut-être que nous ne la haïrons. Nous avons dit qu'il fallait chercher dans la société la cause de ce crime, et nous allons prouver qu'on l'y trouve en effet.

Prenons une jeune fille, pauvre, sans famille, dans une condition servile ou mercenaire (car c'est dans cette classe surtout que l'infanticide est le plus fréquent) ; donnons à cette femme des passions vives, dotons-là d'une âme ardente, d'une imagination impressionnable ; remarquez bien que nous ne voulons pas même exclure les qualités du cœur, cette femme sera, si vous le voulez, douce et bonne, sensible, aimante, en un mot aussi accomplie que vous le voudrez et que le peut être une personne que l'éducation n'aura point polie.

Puis jetons-la, cette femme, au milieu du monde, sans appui, sans parents, sans tuteur pour la protéger et la défendre, et pour diriger dans la bonne voie ce jeune cœur où couvent déjà les passions. Un homme se présente à cette faible femme, qui a à lutter contre ses désirs et sa propre faiblesse ; un homme se présente avec ses artifices, ses séductions, ses captieuses paroles, son or !.... Comment résistera-t-elle, la pauvre femme, à ce leurre brillant qui l'abuse ? comment se défendra-t-elle de cet amant si passionné, si tendre, qui lui promet protection et secours, et qui jure à ses pieds, le lâche ! un éternel amour? Pauvre victime! tu hésites, sans doute, car il y a dans la femme un sentiment inné de pudeur qui la défend des premières attaques. Mais il faut tant de vertu pour soutenir une lutte prolongée ; les dehors de cet amour qu'on t'a promis sont si séduisants ; cela est si doux, une voix qui dit je t'aime, un cœur qui s'offre fidèle et dévoué ! tu succombes, car tout était contre toi, et tu étais si faible, seule contre ton cœur, avec tes passions énergiques qui bouillonnaient, seule contre la séduction qu'on multipliait autour de toi, seule enfin contre la nature, tu succombes ; et dès le lendemain, cet homme, qui t'avait tout promis, cet infâme suborneur à qui tu t'es donnée corps et âme, cet homme qui t'avait élevée jusqu'à lui, te rejette dans la fange, comme un vil instrument qu'on brise après s'en être servi !.. et de tous ces rêves si doux, de toutes ces illusions charmantes, dont l'amour t'avait bercée, parjure à la foi sainte, cet homme ne t'a plus laissé que la honte et le désespoir.... Mais il t'a rendue mère ; et lui, qui abusa ainsi de ta jeunesse et de ton inexpérience ; lui, qui t'a ravi le seul bien que tu eusses au monde, il aura pitié de toi, sans doute ; il t'accueillera, car c'est pour lui un impérieux et sacré devoir ; et, s'il t'a tout enlevé, il te tiendra lieu de tout du moins. Non ; il t'abandonne sans retour, sans regrets, sans remords .. Que deviendras-tu ainsi, pauvre femme? Iras-tu affronter les regards et le mépris du monde, toi qui rougis devant toi-même? De quel front entendras-tu cette voix sévère et inflexible, qui te demandera compte de ton honneur ; car pour toi, fille infortunée, sans l'honneur, il n'y a point de salut dans la société, point de pitié, point de clémence, et tu n'as point d'or pour l'acheter comme tant d'autres ! Alors, quand l'exemple de ton amant t'aura appris à fouler aux pieds la délicatesse et la vertu, quand tu auras pu croire que les sentiments les plus saints sont de vains mots sur la terre, quand le vice et l'adversité t'auront dégradé le cœur, lorsqu'enfin il ne te restera plus pour alternative que le crime ou la mort, tu choisiras..... le crime. Et, je vous le demande à vous, rigoristes austères, que rien ne peut fléchir, n'aurez-vous point de pitié pour cette femme? Jetez-lui donc la première pierre, vous qui croyez que cette mère est venue de gaîté de cœur immoler son enfant, comme s'il ne fallait pas une nécessité tyrannique, irrésistible et toute puissante, pour étouffer en elle la sainte voix de la nature !

Ah ! nous le disons hautement, le moyen d'empêcher de pareils crimes n'est pas tant de les punir rigoureusement, que de plaindre, sans les haïr, les pauvres femmes que le mépris et la réprobation qui les attendent portent à ces affreuses extrémités, et qui seraient bonnes mères peut-être, sans l'injustice profonde de notre société, qui comprend si mal la charité de l'Évangile, et qui ne pardonne pas à un moment de faiblesse.

JULES F....

BOUFFÉ ET L'ENFANT DE TROUPE.

Il faut savoir d'abord que la dernière nouveauté du Gymnase parisien, *les Enfans de Troupe*, est un vaudeville charmant, dans lequel l'inimitable Bouffé a fait une création délicieuse, comme vous l'en croyez capable.

Un soir, vers neuf heures, un piéton, enveloppé dans un large paletot, la figure à demi-voilée par une bande d'étoffe qu'on a improprement appelée du nom de cache-nez, sortait du couloir qui conduit aux coulisses du Gymnase.

Un enfant de douze à treize ans, portant la capote d'un régiment de ligne, la tête coiffée de la casquette adoptée pour les campagnes d'Afrique, vient à la rencontre du personnage que nous avons signalé, et faisant le salut militaire, commence la conversation que nous allons daguerréotyper.

L'Enfant se dandinant sur ses hanches. — Pardon, excuse, bourgeois, si je vous arrête dans votre itinéraire, mais faudrait que je sache où que demeure M. Bouffé le comédien, ou bien que je lui cause, si c'est possible, de dessus son théâtre.... pour affaire, même que j'ai eu pour cela une permission de retard à la caserne.

L'Homme au paletot. — Mon ami, M. Bouffé n'est plus au théâtre, et je doute que vous puissiez lui parler chez lui ce soir, car il est fatigué et un peu malade, et je pense qu'il se couchera aussitôt rentré.

L'Enfant, se grattant l'oreille. — Fichtre ! bourgeois, ça dérange les choses... Mais le connaissez-vous, vous, M. Bouffé... vous qu'avez l'air d'être de la maison, et de flâneur, là, en voisin.

L'Homme au paletot — Je le connais.

L'Enfant. — Eh ben, vous pourrez peut-être bien faire ma commission.. C'est pas un secret, je suis chargé de remettre à M. Bouffé une récompense nationale. (L'Homme au paletot sourit). V'là la chose, les enfants de troupe de la caserne de la Nouvelle-France..... La Nouvelle-France, c'est le haut du Faubourg-Poissonnière ; donc, les Enfants de troupe de cette caserne ayant vu sur l'affiche qu'on allait les jouer à la comédie, ont eu le bonheur que la vivandière, qu'est un bon garçon, les mène voir le spectacle.... Oh ! comme il est fameux le *Trim* qu'est M. Bouffé... Oh ! que c'est ça!.. L'tambour-major, qu'était avec nous, riait comme un bossu... Et nous, j'pleurais. En sortant de là, l'enfant de troupe véritable, c'était plus un homme ; nous pleurions à verse.... Comme il vous pince ce rôle-là, ce M. Bouffé.... Une idée nous est venue de lui offrir queuque chose d'amical ; si nous pouvions donner une croix d'honneur, j'y aurais apporté ; mais le maître-tailleur a dit qu'un bonnet de police-d'honneur, ça valait mieux, et que c'était plus chaud... On s'a cotisé, on a fourni l'étoffe, un ancien a brodé un B, couronné d'une feuille de laurier avec ces mots au-dessous, toujours brodé :

Les enfans de troupe de la Nouvelle-France à celui du Gymnase.

Et voilà.

(L'Enfant de troupe ouvre sa capote et présente un joli bonnet de police.)

L'Homme au paletot, ému. — Mon ami, ce cadeau fera bien plaisir à M. Bouffé ; je lui remettrai... je le connais, mais comme vous ne me connaissez pas... voilà une pièce d'or en en garantie de ma fidélité....

L'Enfant de troupe. — Une pièce d'or.... eh ben, excusez... j'ai pas envie de m'acheter un remplaçant.... merci, j'en veux pas.

A ce moment, la voix de l'homme au paletot prit une de ces inflexions qu'on reconnaît sans s'y méprendre quand on les a entendues une fois ; le réverbère jeta sa clarté sur la figure de l'interlocuteur de l'enfant de troupe, et celui-ci poussa un cri de joie en disant : la récompense nationale est à son adresse.... adieu, M. Bouffé.., adieu le camarade Trim ; vive Trim... et il se sauva.

En rentrant chez lui, Bouffé se coiffa du bonnet de police, et dit en souriant ;

« Voici une couronne d'hiver qui ne sera pas fanée demain matin ! »

M. PHILIBERT.

Un petit bossu dont la tête énorme, couverte d'une forêt de cheveux grisonnants, atteint à peine le niveau du bureau du greffier, vient devant la police correctionnelle rendre compte de ses fredaines. Au moment où l'audiencier appelle son affaire, il traverse le prétoire en deux enjambées. « Présent Philibert, dit-il, voici mes papiers. » Puis se tournant vers l'auditoire : « Mam' Philibert, crie-t-il d'une voix de Mayeux, Mam' Philibert, avancez, vous n'êtes pas d'trop. Vous allez dire à ces messieurs comme quoi l'autorité nous a méconnus. »

M. le président. — Vous êtes seul prévenu d'outrages envers un agent de l'autorité. Votre femme n'a que faire ici.

Philibert. — Pardon, excuse, mon président ; on a insulté mon épouse ; on m'a insulté également. Il n'appartient pas à un homme d'uniforme de m'appeler *bombé*. N'est-ce pas, Mam' Philibert, que le sergent m'a appelé *bombé?* J'aime à rire et je roule ma bosse, c'est possible ; mais si je veux bien que les amis m'écornent, je n'accorde pas ce privilége au chapeau à trois cornes du gouvernement.

Cela dit, Philibert rit aux éclats en ouvrant une large bouche uniformément démantelée, et se tourne vers l'auditoire avec un air de complète satisfaction ; puis s'apercevant de l'hilarité qu'il excite, il reprend son sérieux et dit : « Riez tant que vous voudrez ; je voudrais bien savoir ce qu'ils viennent faire ici tous ces *propres à rien*. C'est pour voir M. Mayeux à la correctionnelle, à ce qu'il paraît. C'est jour de spectacle gratis ; voyez donc un peu ces têtes, pour rire du monde...

M. le président. — Gardez le silence, ou nous allons vous faire sortir.

Philibert. — Parbleu, je ne demande pas mieux, si vous croyez! Mam' Philibert, allons nous-en.

L'audiencier s'approche du prévenu et l'invite à se taire. «Vous devez, lui dit-il, respect au tribunal.»

Philibert. — Et je paie ce que je dois, Monsieur, je respecte infiniment le tribunal, parole d'honneur.

M. le président. — Vous étiez ivre, à ce qu'il paraît, le 27 janvier dernier, et comme dans cet état vous provoquiez les rires de quelques enfants, vous avez brutalement saisi l'un d'eux, et vous l'avez maltraité. Un sergent de ville étant survenu, vous lui avez adressé des injures et porté des coups.

Philibert. — Et voilà comme on écrit l'histoire! Je demande la parole; faites-moi d'abord l'amitié de regarder le calendrier. Le 27 janvier était un lundi. Depuis le 15 décembre, Mam' Philibert et moi nous n'avions pas pris un jour de repos....

M. le président. — Quel est votre état?

Philibert. — Je travaille dans la broderie; le plumetis, le cannetis, l'application, le genre guipure, tous les genres Nancy, me sont également familiers. La nature ne m'a pas créé pour porter la hotte ou pour être tambour-major; je brode donc, et je ne crains aucune personne du sexe dans ma partie. Or donc, le lundi en question, nous nous sommes dit, mam' Philibert et moi (pas vrai, mam' Philibert?) nous nous sommes dit : Christi! faut nous amuser! Nous avons été à l'*Ile d'Amour*, et nous nous sommes offert un petit dîner *chouette*, que j'peux dire; nous avons bu sans compter, et mam' Philibert avait beau dire : « Adolphe, tu vas te faire mal, » j'allais toujours. Bref, je descendais la barrière avec mon épouse, chantant l'ode de M. Jacques Vincent sur le *picton* de la barrière, lorsque des muscadins, des mirliflores à grosses cannes ont insulté mon épouse, que j'avais laissée marcher quelques pas en avant et pour cause. Je suis petit, c'est vrai, mais *crapu* et rageur, comme dit c'l'autre, et voyant que les polissons s'en mêlaient, que j'étais en spectacle à une population désordonnée, j'ai empoigné le premier venu, et je lui ai offert quelques soufflets et mon pied..... vous m'avez compris.

M. le président. — On conçoit jusqu'ici votre irritation; mais pourquoi avez-vous insulté et frappé un sergent de ville?

Philibert. — C'est là le second acte de mes malheurs. Le sergent m'a appelé méchant bombé. J'étais monté, j'étais comme un lion, et il y aurait eu une patrouille qu'elle aurait eu affaire à moi, nom d'un p'tit bonhomme!

M. le président. — Vous avouez donc avoir frappé un agent de l'autorité?

Philibert. — Je suis capable de tout quand on m'ostine; autrement je suis la bête du bon Dieu. Pourquoi aussi le sergent m'a-t-il interpellé de *bombé*, et ma femme, mam' Philibert, de madame *Bombé*?

Le sergent de ville. — Je suis incapable du fait. J'étais d'ailleurs accouru pour protéger cet homme, auquel on voulait faire un mauvais parti, à raison de sa brutalité envers un enfant.

M. le président. — Est-il vrai qu'on l'avait insulté et qu'on avait tourné son infirmité en dérision?

Le sergent de ville. — On me l'a dit, et je le crois sans peine. La chaussée de la Courtille est constamment couverte le lundi de tous les mauvais sujets de Paris. Ils ont dû nécessairement s'amuser aux dépens d'un bossu ivre.

Philibert. — Vous voyez qu'il m'insulte encore. Pourquoi m'appelle-t-il bossu? Je suis bossu pour ceux qui me plaisent, entendez-vous? et pour les autres, je suis M. Philibert, gros comme le bras.

M. le président. — au témoin : Vous a-t-il frappé?

Le sergent de ville. — Il a essayé, et pendant que je le tenais, il remuait bras et jambes, et m'a frappé par-ci par là, mais sans conséquence. Par exemple, sa femme qui est survenue, m'a donné un coup de parapluie.

Philibert. — Mon épouse m'a protégé, elle a fait son devoir. Mam' Philibert, vous avez fait votre devoir!

Le tribunal condamne Philibert à trois jours d'emprisonnement.

On écrit de Paris :

C'est toujours demain samedi 14 mars qu'aura lieu la représentation au bénéfice de Mlle Falcon. Le spectacle se compose des deux premiers actes de la *Juive* et du 4e acte des *Huguenots*, dans lesquels la bénéficiaire chantera les rôles de *Rachel* et de *Valentine*. Les autres rôles seront remplis par Duprez, Mme Dorus-Gras, Massol, Dérivis, Alexis Dupont, et autres principaux artistes. Entre les deux opéras, il y aura un divertissement composé des plus jolis pas du répertoire, et exécuté par Mmes Noblet, Alexis Dupont, Louise Fitzjames, Blangy, Adèle et Sophie Dumilâtre; MM. Petipa, Mabille, Corali et Mérante.

Mme MEYNIER,

Née Zoé COSTE,

Dont le père a professé la Peinture à Nantes pendant 12 ans, et dont les tableaux sont exposés pendant 8 jours, maison de l'Isle, rue du Chapeau-Rouge, 19, près celle du Calvaire, ouvrira un cours de Dessin et de Peinture pour les dames, le 17 mars 1840, jour où finira l'exposition publique de ses tableaux.

Elle fera également des portraits dont on pourra d'avance connaître le prix par analogie avec ceux qui sont exposés dans son atelier.

Les jours et heures du cours seront fixés par la majorité des dames inscrites, et le prix sera le même que celui des autres professeurs.

GRAND THÉÂTRE.

Aujourd'hui DIMANCHE, 15 *Mars* 1840, *à six heures 1/4* :

UN VAUDEVILLISTE,

Vaudeville, en un acte.

Distribution. — Émile Beaumanoir, vaudevilliste, M. V. Henry; Athanase Giraumon, son collaborateur, M. Blanchard; M. Mirancourt, notaire à Abbeville, M. Préval; Albert Dumesnil, amant de Valentine, M. Cazaubon; Jenny, femme d'Émile, Mme Neuville; Valentine, fille de Mirancourt, Mme Debroux.

LA REINE D'UN JOUR,

Opéra-comique en 3 actes, paroles de MM. Scribe et St-Georges, musique de M. Adam.

Distribution. — Le comte d'Elvas, seigneur portugais, M. Legaigneur; Marcel, matelot de la marine marchande, M. Bizot; Trim-Trumbell, tavernier à Brigthon, M. Pâris; un Shérif, M. Bertin; un soldat, M. Constant; Lady Pekimbrook, noble dame de Brigthon, Mme Hess; Francine, marchande de modes françaises, Mme Bizot; Simonne, cabaretière, Mlle Debroux; une modiste, Mme Augustine.

LES TROIS ÉPICIERS,

Vaudeville en 5 actes.

Distribution. — Bardou, épicier, M. Granger; Lapic, épicier, M. Pâris; Leture, épicier, M. V. Henry; Bichu, garçon épicier, M. Laute; Athanase, garçon épicier, M. Blanchard; Madame Bardou, Madame Saint-Firmin; Madame Lapic, Madame Hess; Rose, Madame Augustine.

IMPRIMERIE D'HÉBAULT, *Rédacteur en chef.*

Dimanche 22 Mars 1840.   DEUXIÈME ANNÉE.   2e Trimestre. N° 69.

PRIX D'ABONNEMENT :

NANTES.
- TROIS MOIS .... F. 3
- SIX MOIS 6
- UN AN 12

DEHORS.
- TROIS MOIS .. F. 5
- SIX MOIS 10
- UN AN 18
- AFFRANCHIR..

Prix du numéro, 15 c.

PRIX D'ANNONCES :

30 c. à la page d'avis; 1 fr. dans le corps du journal. Remise du tiers aux abonnés.

LE BUREAU EST SITUÉ
Chez HÉRAULT, Imprimeur, rue de Guérande, N° 3.

ON S'ABONNE :

Au Bureau;
Chez GUÉRAUD, Libraire, Basse-Grande-Rue et passage Bouchaud;
PLANÇON, Libraire, place Graslin.

SE TROUVE CHEZ :

M. SCIREAU, Lib.re, rue Crébillon,
Et M. PLESSIER, Relieur, idem.

A PARIS,
ISIDORE PESRON, rue Pavée-Saint-André, N° 13.

VERT-VERT.

JOURNAL DES SALONS ET DES THEATRES.

GRAND THÉATRE.

CHRONIQUE DRAMATIQUE.

Mlle ANNETTE LEBRUN.

Mme Prévost-Colon avait disparu, et avec elle l'un des éléments essentiels de la prospérité de l'administration, et la foule, qui ne retrouvait plus son idole, allait peut-être oublier le chemin du Théâtre, lorsque Mlle Annette Lebrun est venue reprendre le sceptre de notre scène lyrique, et ramener après elle l'enthousiasme et les bravos. Mlle Lebrun avait à soutenir l'espoir que promet un beau nom, et, hâtons-nous de le dire, elle a justifié ce qu'on avait le droit d'en attendre : son début, dans la *Pie Voleuse*, a été pour elle un éclatant succès. Mlle Lebrun a une voix de contr'alto remarquablement belle ; sa méthode est brillante, et sa vocalisation pure et sonore sait trouver à propos des notes d'une délicatesse et d'une douceur infinies ; elle fait mouvoir, avec une intelligence parfaite, les puissants ressorts de son organe : écoutez-la quand elle phrase un mélancolique adagio; ne diriez-vous pas qu'il y a des larmes dans cette voix tour-à-tour profonde et voilée? Veut-elle exprimer de grandes passions, elle se colore, s'anime et se grandit de la plus véhémente énergie.

La *Pie Voleuse*, montée tout exprès pour elle, offrait sans doute à Mlle Lebrun l'occasion de développer une grande partie de ses moyens; mais malgré le succès complet de son début, nos dilettanti, pour se prononcer, l'attendaient dans un grand opéra, où la voix doit à chaque instant parcourir tous les tons de l'échelle diatonique, et c'était surtout dans les notes aigues du soprano qu'ils voulaient l'entendre.

Mlle Lebrun a chanté la *Juive*, et dès-lors l'opinion a été fixée et son triomphe a été proclamé à l'unanimité. Il ne fallait pas un médiocre talent pour cueillir encore, à pleines mains, des fleurs dans ce champ si bien moissonné par Mme Prévost-Colon, dont le souvenir tenait encore tous les spectateurs sous son charme puissant. On l'avait vue si belle, si pathétique, si entraînante dans la *Juive*, que la comparaison était à craindre pour toute autre que Mlle Lebrun; et pourtant, à côté du triomphe encore palpitant de sa devancière, Mlle Lebrun a élevé un triomphe non moins éclatant.

Le bénéfice des demoiselles Armande et Thérèse Ferdinand a eu lieu hier; l'assemblée était nombreuse et la représentation attrayante. Les bénéficiaires ont été charmantes, et le public leur a témoigné sa satisfaction par des bravos et des bouquets, dignes récompenses des efforts qu'elles font pour lui plaire.

La double transformation d'une actrice en danseuse et d'une danseuse en actrice, a complètement réussi. M lle Néret a bien dansé, Mlle Armande Ferdinand n'a pas mal joué dans *Les vieux péchés*, le public a été satisfait.

La signora Caremoli a été entendue avec un grand intérêt dans un entr'acte, cette cantatrice italienne, qui s'est aussi fait entendre au cercle des Beaux-Arts, doit donner un concert très-incessamment.

POÉSIE.

Mlle ARMANDE FERDINAND.

Quand, dans un calme heureux la nuit plongeant votre
Vous envoie un sommeil doré d'illusion,   [âme,
Vous avez vu passer, dans un rêve de flamme,
    Quelque céleste vision,

Quelque blanche péri, fantôme poétique,
Qui voltigeait sur vous en vous parlant d'amour,
Ombre qui se perdait légère et fantastique
    Dans les premiers rayons du jour,

Eh bien! ce doux follet du pays des mensonges,
Qu'en ses enchantements la nuit parfois vous rend,
Cette forme sans nom qui traverse vos songes,
    C'est la charmante Ferdinand.

La voici, riante et jolie,
Elle ondule en orbes moëlleux,
Voyez de quelle poésie
S'empreint son abandon heureux.

D'une grâce toujours nouvelle,
Elle pare encor sa beauté,
Et semble répandre autour d'elle
Comme un parfum de volupté.

Et l'œil suivant la bayadère
Dans ses délicieux ébats
Interroge toujours la terre,
Et cherche des fleurs sous ses pas.

Sa danse revêt un langage
D'amour de joie ou de bonheur,
Et sait reproduire l'image
De tous les sentiments du cœur.

Ici c'est la vierge naïve,
Qu'effarouche l'œil d'un amant,
Et qui, d'une pudeur craintive,
Colore chaque mouvement.

Et là c'est la brune espagnole
Belle d'orgueil et de désir,
Qui déroule, lascive et folle,
Les secrets brûlants du plaisir.

Puis, féconde en métamorphoses,
C'est la Sylphide d'Ossian
Qui se balance sur des roses,
Ou qui glisse sur l'Océan......

Mais le rideau jaloux s'abaisse,
Le charme vous est enlevé,
Et sortant d'une vague ivresse
Votre âme croit avoir rêvé.

JULES F.

LA SÉPARATION.

Les drames du peuple se passent dans la rue, et ils se dénouent en cour d'assises ou à la police correctionnelle. Dans le monde, on choisit mieux son terrain, on calcule, on attend et on s'arrange de façon à ce que le public ne soit pas confident des mystères du salon ou de la chambre à coucher : ce sont des révolutions de sérail dont les détails échappent d'ordinaire à tout le monde, ou ne sont connus que de quelques intimes, sauf les indiscrétions de la médisance et les exagérations de la calomnie. Avec le temps, néanmoins, l'anecdote se découvre et le récit se fait jour, car tout se sait tôt ou tard ; mais le procureur du roi n'est pas intervenu, on s'est fait justice à soi-même, et, si les détails deviennent enfin publics, ils passent inaperçus à l'abri d'une date ancienne et sont bien étouffés par les événements du jour. Le fait que nous allons raconter est de ceux-là ; les héros de cette histoire eux-mêmes ne pensent peut-être que rarement aujourd'hui à l'événement qui les a séparés :

Vers le milieu de janvier 1839, Mme de Meyran était seule dans sa chambre à coucher, assise devant sa cheminée, dans un de ces grands fauteuils qui vous enveloppent de tous côtés et vous placent absolument dans la position du petit oiseau tapi dans le duvet de son nid. Sur une table de travail était une lampe dont le réflecteur circulaire contenait la lumière de telle manière, que l'appartement était dans l'obscurité, tandis que toute la clarté inondait la petite table et le tapis. La pendule de bronze marquait une heure ; une femme de chambre entra :

— Madame la comtesse veut-elle se coucher ?

— Non, Louise, rentrez dans votre chambre et attendez, j'aurai peut-être besoin de vous.

La femme de chambre se retira. Mme de Meyran quitta son fauteuil, et ouvrant un prie-dieu gothique qui était au pied de son lit, en tira un poignard richement ciselé, arme curieuse dont la lame avait brillé plus d'une fois dans les mains de quelques filles jalouses des maisons de Bragance ou d'Aragon ; elle en examina la pointe, puis, repoussant avec précaution la lame dans son fourreau de velours, elle entr'ouvrit sa camisole brodée, y cacha l'instrument de mort, et se rejeta dans son fauteuil. Qu'allait-elle faire ? Comment une jeune femme qui, une heure auparavant, brillait aux Italiens de tout l'éclat de la richesse et de la beauté, pouvait-elle se disposer ainsi

à un meurtre ? Mme de Meyran se faisait à elle-même ces questions, tandis que sa main pressait son poignard ; puis elle se disait tout haut :

— Pourquoi ne pas y envoyer un valet?.. Non, moi seule ai le droit de frapper.

Elle se leva d'un seul mouvement, tira le poignard de son sein, et jeta au loin le fourreau comme ces guerriers qui sont décidés à vaincre ou mourir ; et, sortant de la chambre par une porte dérobée, elle prit un corridor glacial, et gagnant un escalier de service, elle se trouva dans l'anti-chambre de son mari, qui habitait le second étage de l'hôtel ; prit dans sa poche une petite clef, et ouvrit la porte sans bruit. C'était l'appartement de garçon de M. de Meyran, qui depuis quelques mois négligeait sa femme, et avait pris les allures commodes d'un jeune homme qui ne s'est pas courbé sous le joug matrimonial. Le feu de la cheminée était éteint ; mais dans cette petite pièce, éclairée seulement par une lampe de nuit, se trouvait un de ses calorifères inventé par Chevalier, qui entretiennent, là où ils sont placés, une chaleur si douce et si égale, et font épanouir si suavement dans l'air le plus léger parfum ; cette femme outragée, qui pénétrait nuitamment dans un asile qu'on avait cru inviolable, fut comme enivrée par la senteur qui embaumait cette chambre, et elle se demanda si elle y mêlerait l'odeur du sang ; elle fit un pas en arrière ; puis allongeant la tête, elle put voir une des personnes, qui étaient dans un lit dont les rideaux étaient ouverts... Elle vit un cou blanc, quelques cheveux dorés qui s'échappaient d'une cornette... D'un bond elle fut au pied du lit le poignard levé. Aussi muette que la chatte qui guette sa proie, elle couvait du regard sa blanche rivale ; le poignard se balançait dans sa main.

— Je vais teindre en pourpre tout cet ivoire, se disait-elle.

Enfin l'horreur du meurtre l'emporta sur la passion, et, plaçant un de ses doigts sur le front de la jeune dormeuse, Mme de Meyran la réveilla.

— Levez-vous et suivez-moi... Si vous le tirez de son sommeil, s'il fait un mouvement, vous êtes morte.

Ces mots glissèrent entre ses lèvres plutôt qu'ils ne furent prononcés.

La jeune femme tremblante obéit ; elle se laissa couler hors du lit sans soulever les couvertures, et ses deux pieds tombèrent doucement dans ses pantoufles, tandis qu'elle suivait d'un œil effrayé la lame du poignard toujours levé sur sa tête.

— Venez ! lui dit Mme de Meyran, sans lui donner le temps de prendre ses vêtements.

— Quand je serai loin d'Adolphe, vous me tuerez, dit la jeune femme, d'une voix entrecoupée.

Adolphe ! Ce prénom échappé mal à propos faillit lui coûter cher. Les sourcils de Mme de Meyran se croisèrent, le buste fit un mouvement en arrière comme si le bras allait frapper ;

mais elle prit de l'empire sur elle-même, et dit tout bas :

— Au contraire, vous n'êtes en péril qu'ici, si Adolphe... si cet homme se réveille. Une fois que vous aurez dépassé le seuil de cette chambre, vous ne risquerez plus rien... Marchez donc !

La jeune femme demi-nue obéit encore ; Mme de Meyran referma doucement la porte ; et, prenant dans sa main tremblante la main tremblante de sa rivale, elle lui fit descendre le petit escalier, et de détours en détours, la conduisit dans son appartement ; et là, enlevant la garde-vue qui couvrait sa lampe, elle la considéra à l'aise. C'était une jeune fille de dix-huit à vingt ans, petite, blonde et extrêmement jolie ; mais, d'un coup-d'œil, Mme de Meyran vit ce que cette beauté avait de défectueux : le bras était maigre, la main commune, le cou mal attaché sur des épaules étroites, et les traits du visage même, quoique gracieux et piquants, manquaient de cette finesse, de ce fini qui donnent à la beauté quelque chose d'intelligent et de divin ; la comtesse se leva alors, et, jetant un coup-d'œil dans la glace de sa cheminée, elle regarda avec complaisance sa belle chevelure noire, son front développé, ses traits fins, délicats, et l'ovale parfait de son visage ; elle dépassait sa rivale de toute la tête, et cependant on aurait pu prendre sa petite main blanche et effilée pour une main d'enfant.

— Mais, mon Dieu ! s'écria-t-elle, vous avez froid, mademoiselle, vous grelottez... Louise ! Louise !

La femme de chambre parut.

— Donnez-un de mes jupons de dessous à mademoiselle, passez-lui une de mes robes de chambre ouatées, entourez-la d'un châle ; cette jeune fille a froid.

Quand Louise se fut acquittée de ses fonctions, Mme de Meyran la renvoya d'un geste.

— Comment vous nommez-vous? dit-elle à la jeune fille debout devant elle.

— Adèle Nicaut.

— Depuis combien de temps connaissez-vous M. de Meyran ?

— Adolphe ?

— M. de Meyran, mademoiselle, M. Adolphe de Meyran, mon mari.

— Votre mari? lui ? un étudiant qui loge rue de la Harpe, qui depuis trois mois....

— Ah ! il y a trois mois. Où l'avez-vous rejoint cette nuit? car vous ne vous croyez pas, je pense, rue de la Harpe ?

— Non, madame.... c'était au bal de la *Renaissance*, où Adolphe m'avait donné rendez-vous.....

— Encore Adolphe... Quand vous êtes entrée dans cet hôtel, que vous avez vu un concierge qui veillait pour attendre le retour de son maître, une cour entourée de remises, un chien qui, loin d'aboyer quand M. de Meyran est rentré, est allé sans doute le caresser, n'avez-vous pas compris que vous n'étiez pas chez un étudiant?

— Il m'a dit qu'il me menait chez un ami parti de la veille pour la chasse, et qu'il lui avait confié la clé de son appartement.

— Vous étiez chez moi, mademoiselle... chez la comtesse de Meyran, la femme de M. Adolphe ; et savez-vous ce que vous avez risqué en venant chez moi cette nuit? votre vie... Oui, chez moi, dans ma maison, j'avais le droit de vous tuer, de tuer cet homme qui dort tranquillement après vous avoir exposée au danger. Si, à l'heure qu'il est, le poignard que vous voyez-là vous eût frappés, vous et lui, j'aurais ouvert mes portes, j'aurais appelé tous mes gens, j'aurais fait venir un magistrat, et tout eût été dit : la place que vous occupiez aurait suffi pour m'absoudre ; je me serais assise à ce chevet sanglant, et la loi serait passée devant moi sans toucher à un de mes cheveux. M. Adolphe l'étudiant.... votre étudiant l'ignore-t-il? Ne savez-vous pas qu'un homme qui surprend sa femme comme je vous ai surprise avec M. de Meyran tue l'adultère et le suborneur, et qu'alors le sang efface le ridicule? Cette loi est pour nous comme pour eux. Que ne vous a-t-il conduite dans la rue de la Harpe, au lieu de venir souiller mon hôtel?

Cependant plus cette femme outragée considérait sa rivale, plus elle se félicitait de ne s'être pas abandonnée à sa colère ; évidemment, Mlle Adèle Nicaut était au-dessous du rôle important, quoique passif, qu'elle jouait cette nuit-là. C'était une jeune fille rieuse, aimant les plaisirs par instinct, le luxe par paresse, et M. Adolphe parcequ'il était jeune, joli garçon et que le hasard l'avait jeté sur ses pas ; elle ne comprenait pas bien pourquoi le mari de Mme de Meyran était plus coupable de l'avoir conduite dans son hôtel que d'avoir regagné avec lui la rue de la Harpe. Cette femme, debout devant elle et la figure encore pâle d'émotion, lui rappelait la mère grondeuse dont elle avait fui les remontrances et les coups ; peut-être même s'attendait-elle à être battue. Maintenant qu'elle n'avait plus peur, qu'elle était à l'aise dans une robe bien chaude et qu'un châle soyeux recouvrait ses épaules, elle regardait avec curiosité la belle chambre de Mme de Meyran, et ses yeux s'arrêtèrent enfin sur le manche curieusement ciselé du poignard qui lui avait fait tant de peur une heure auparavant. Rien de tout cela n'échappait à Mme de Meyran.

— Grand Dieu! pensa-t-elle, à qui suis-je sacrifiée? Comme les femmes sont malheureuses !

La pendule marquait trois heures.

— Vous pouvez vous asseoir, mademoiselle, dit-elle à la jeune fille.

— Si vous vouliez me faire rendre mon domino, dit Adèle Nicaut, je retournerais chez moi.

— Non, j'ai besoin de vous encore.

— Taisez-vous.... Louise! Louise!

— C'est qu'il n'est pas à moi, et j'ai donné des arrhes qui.....

Louise, qui sans doute n'avait pas perdu un mot de cette étrange scène, parut aussitôt, et Mme de Meyran commença sa toilette. Cette opération fut longue : tout ce que la coquetterie la plus raffinée, tout ce que le luxe le plus délicat ont de plus exquis fut employé. Jamais, peut-être, Mme de Meyran n'avait mis plus de soin dans l'arrangement de sa chevelure, dans le choix de sa chaussure et de sa robe de voyage ; elle recouvrit ses beaux cheveux d'un chapeau de castor, et, quand tout fut terminé, elle chargea Louise de dire au cocher d'atteler et au valet de chambre de réveiller M. de Meyran ; puis elle se remit dans son fauteuil et, sans s'occuper le moins du monde d'Adèle qui regardait l'aiguille des secondes, voltiger sur l'émail du cadran, elle tomba dans une méditation profonde.

Deux ans auparavant, elle avait épousé M. de Meyran ; elle l'aimait, et lui feignait ou ressentait la passion la plus vive ; belle et d'autant plus ardemment courtisée qu'on savait depuis long-temps que son mari la négligeait, jamais un mouvement de son cœur n'avait été pour un autre que pour cet homme infidèle et parjure, dont elle avait fait la fortune ; cet homme qui s'était bientôt lassé d'une femme spirituelle, généreuse et délicate, dont l'amour banal descendait tous les jours d'un cran plus bas, et qui venait enfin, sans raison, seulement par **mépris des choses honnêtes**, de violer envers elle toutes les lois de convenances, de pudeur et de morale. Les yeux de la pauvre femme s'humectèrent de larmes ; elle pleura son bonheur perdu, son amour trahi, sa vie troublée ; elle frémit des excès sanglants auxquels elle avait été sur le point de se porter, et, aussi faible qu'elle venait d'être courageuse, ses genoux tremblèrent ; elle voulut se lever pour éviter l'entrevue qu'elle avait demandée ; dans ce moment là son mari entra. C'était un homme de vingt-six ans, dont la figure juvénile n'en accusait que vingt ; il arriva avec un air dégagé et vêtu d'une robe de chambre bien connue de Mme de Meyran, et qui rappelait des jours plus heureux. A une heure du matin, un parfum doux avait amolli le cœur de la comtesse : la vue de cette robe de chambre sécha ses larmes. Etrange et inexplicable effet des choses physiques !

— Monsieur le comte, lui dit-elle, avant que celui-ci eût eu le temps d'ouvrir la bouche, j'espère que vous éviterez tout éclat, et que vous donnerez à mon notaire la demande en séparation qu'il exigera de vous... S'il en était autrement, les faits parlent et j'ai des témoins. Vous sortirez de cet hôtel qui est à moi... Mon bien est à moi, il n'y a donc point de discussion possible..... Du reste, comme il faut des épingles à mademoiselle, je vous ferai une pension... convenable... Adieu, monsieur.

Elle sortit à ces mots, et, quelques moments après, la calèche quitta la cour de l'hôtel.

— Elle s'en va! eh bien, tant mieux! dit Adèle Nicaut ; sais-tu qu'elle m'a fait une belle peur cette nuit, avec son poignard? Dis donc, Adolphe, tu me rendras mon domino?

MARIE AYCARD.

<hr>

Paris, 14 mars 1840.

ACADÉMIE ROYALE DE MUSIQUE.

Représentation extraordinaire au bénéfice

de Mlle FALCON.

Cette représentation, depuis si long-temps annoncée, et si souvent remise, n'était pas une de ces vulgaires représentations à bénéfice que la cupidité impose trop souvent, et pour lesquelles on réunit dans un même spectacle les éléments les plus hétérogènes et les bizarreries dramatiques les plus excentriques, afin d'arriver à exciter la curiosité d'un public fort avide de nouveautés, mais aussi fort habile à calculer si on ne lui fait pas payer son plaisir beaucoup plus qu'il ne vaut. La représentation donnée au bénéfice de Mlle Falcon, était une solennité artistique, une sorte de jury composé de la haute société de Paris, appelé à venir décider de l'avenir d'une grande cantatrice, digne à tant de titres de l'intérêt des amateurs de l'Opéra.

Cette solennité ne pouvait manquer d'exciter au plus haut degré la généreuse sympathie de tous les amis des arts. Tant de souvenirs se rattachent à l'intéressante bénéficiaire ! Elève de Nourrit, de cet homme qui était si grand artiste, et dont la haute science faisait de si grands artistes ; douée elle-même d'une de ces intelligences instinctives et supérieures dont Mlle Rachel seule, depuis, nous a révélé l'étonnant secret. Mlle Falcon, dès ses débuts, se plaça tout de suite au premier rang. Tandis que d'autres conquièrent laborieusement leur renommée et n'obtiennent qu'à grand peine et à force d'études, le succès, douce récompense d'efforts incessants, Mlle Falcon devint à son premier pas l'objet de la faveur générale : il y avait chez elle tant d'âme et de passion, tant de charme et d'énergie, tant de force et de douceur ; elle se servait de ces précieuses qualités avec tant de puissance, qu'elle ne put rencontrer que des approbateurs : Le succès qu'elle obtint dans Alice de *Robert-le-Diable*, malgré la manière éclatante dont Mme Dorus-Gros avait créé ce rôle, ne put s'amoindrir devant le pâle rôle de la comtesse d'Ankastrom de *Gustave*. Mais la *Juive* plaça Mlle Falcon dans toute sa gloire, et le rôle de Valentine, des *Huguenots*, vint encore ajouter aux triomphes de ce rare talent. Nourrit partit ; son élève nous resta pour nous consoler ; mais bientôt Mlle Falcon tomba malade, et sa voix s'altéra. Cette voix si pure, si vibrante, si étendue, s'est voilée tout-à-coup, et le théâtre de sa gloire lui fut interdit, et, depuis deux ans; nous regrettions d'être privés de son grand talent, lorsque l'annonce de sa représentation et peut-être de sa rentrée sont venues nous rendre l'espérance. Cette représentation, deux fois annoncée et deux fois remise, par des causes accidentelles, a eu lieu le 14. C'était un public d'élite, un de ces publics rares aujourd'hui, un public tel que Mlle Falcon pouvait le désirer.

A peine a-t-elle paru, que les plus vifs applaudissements, les bravos les plus prolongés, les fleurs, les bouquets ont éclaté et plu de toutes parts : et en présence de cet accueil tout sympathique, tout mérité, la bénéficiaire a été tellement émue, que ses jambes ont fléchi sous elle, et que Duprez, qui la soutenait avec un intérêt qui fait honneur à son cœur d'artiste, a été forcé de l'entraîner dans la coulisse, où elle est tombée évanouie. Cette émotion n'a fait qu'augmenter la bienveillance des spectateurs. Tel était l'état nerveux de l'actrice, qu'elle redoutait autant une brillante réception qu'un froid accueil, et que la reconnaissance a étouffé sa voix comme aurait pu le faire l'amour-propre blessé. Sa poitrine s'est gonflée, des torrents de larmes ont inondé son beau visage, il ne lui est plus resté que la force de remercier le public, et elle s'est évanouie.

Le spectacle a été interrompu pendant quelques instants : ce n'était que le premier épisode d'un supplice cruel qui devait durer quatre heures. Peu après, la pièce a continué, et Mlle Falcon a pu rentrer à sa réplique. Dès les premiers sons qu'elle a fait entendre, on s'est aperçu que sa voix était fort altérée, au moins par la crise nerveuse qu'elle venait d'éprouver. Elle s'est remise peu à peu, et elle a bien chanté tout le premier acte; elle a même eu quelques traits brillants qui lui ont valu de justes applaudissements. — Au second acte, où son rôle prend une grande importance, où l'on a pu croire que l'émotion avait tout-à-fait disparu, on attendait la cantatrice pour la juger : elle a chanté avec l'âme et le goût qu'on lui connaît, la jolie romance : *Il va venir.* Mais on s'est aperçu avec peine que les notes élevées et les notes graves se sont seules conservées pures; quelques notes du registre intermédiaire sont restées voilées. L'actrice a dissimulé ce défaut avec beaucoup d'art, mais il a été sensible dans le duo : *Lorsqu'à toi je me suis donnée.* Néanmoins la beauté de son jeu et l'énergie de son geste, dans le beau trio de l'anathème : *De ce cœur sacrilége,* ont rappelé, à la salle entière, l'admirable Rachel d'il y a cinq ans.

Les mêmes qualités et les mêmes défauts, avec plus de fatigue, se sont reproduits dans le quatrième acte des *Huguenots;* Valentine n'a pas mieux retrouvé son *medium* que Rachel; mais, en revanche, l'exécution dramatique a été complètement belle, surtout dans le duo : *Eh bien donc! Si ma voix vainement te supplie.* Le public entier a soutenu l'actrice de toute la puissance de l'intérêt qu'il lui portait :

les applaudissements ne lui ont pas manqué, les bouquets, les couronnes lui ont été jetés avec profusion; mais hélas! il y avait au fond de tous ces hommages bien touchants, un sentiment profond et pénible.

Duprez n'avait jamais mieux chanté, et il est juste aussi de signaler l'intérêt dont il n'a cessé d'entourer Mlle Falcon. Il la rassurait, il l'encourageait : Nourrit lui-même n'aurait pas été plus attentif, et Duprez a mérité dans cette soirée, à la fois pour le haut talent qu'il y a déployé, et par la conduite noble qu'il a tenue, des éloges qu'on ne refusera jamais quand il y aura, comme ici, lieu de les décerner complétement.

L'opéra ne doit pas renoncer trop légèrement à l'avenir de Mlle Falcon, sujet d'un si grand prix pour ce théâtre, il doit tenter en sa faveur d'autres épreuves. Il y a évidemment de la ressource dans une organisation jeune et puissante, avec une femme dans toute la force de l'âge et avec une voix dont les sons aigus et les sons graves se sont conservés si brillants : espérons que ce qui lui manque, le ciel de l'Italie le lui rendra.

On avait ajouté aux fragments de la *Juive* et des *Huguenots*, quelques pas de ballets, pour servir d'intermède au spectacle. Les délirants *Boléro de Cadix*, que les deux sœurs Noblet dansent avec la *furia andalusa*, le pas styrien et un joli pas de deux, que M. Petipa et Mlle Fitz-James ont dansé à ravir, ont agréablement coupé en deux, par une heure de danse, trois heures de musique.

La recette a produit vingt mille francs.

A. J. — J. T.

GRAND THÉÂTRE.

Aujourd'hui DIMANCHE, 22 *Mars* 1840, *à six heures* 1/4 :

LA PIE VOLEUSE,

Opéra-comique en 3 actes, musique de M. Rossini.

Distribution. Fabrice, M. Pâris; Philippe, M. Legaigneur; Ferdinand, M. Garbet; Le bailli, M. Becquet; Jacob, M. Blanchard; Georges, M. Quillet; Bertrand, M. Sarazain; Duretête, M. Delchel; Petit-Jacques, Mme Olivier; Ninette, Mlle Annette Lebrun; Claudine, Mme Hess.

La seconde représentation de

L'OUVRIER,

Drame en cinq actes, par M. *Frédéric Soulié.*

Distribution. Mathieu Lombard, menuisier, M. Toudouze; Auguste, M. Roche; Victor, M. Montanland; M. de Monnerais, M. Préval; Jules de Monnerais, M. Cazaubon; Roussillon, M. V. Henry; Jacques, M. Ferdinand; un domestique, M. Duchâteau; Mme Dégèvres, Mme Roche; Eugénie, sa petite fille, Mlle Debroux; Julienne, Mlle Laignelet.

IMPRIMERIE D'HÉRAULT, *Rédacteur en chef.*

Dimanche 29 Mars 1840.　　DEUXIÈME ANNÉE.　　2ᵉ Trimestre. Nᵒ 70

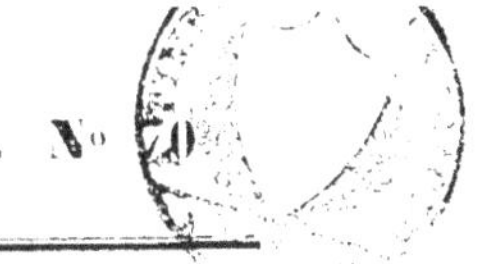

PRIX D'ABONNEMENT :

NANTES. { TROIS MOIS .... F. 3
SIX MOIS 6
UN AN 12

DEHORS. { TROIS MOIS .. F. 5
SIX MOIS 10
UN AN 18
AFFRANCHIR..

—

Prix du numéro, 15 c.

—

PRIX D'ANNONCES :

30 c. à la page d'avis ; 1 fr. dans
le corps du journal. Remise du
tiers aux abonnés.

LE BUREAU EST SITUÉ
Chez HÉRAULT, Imprimeur, rue
de Guérande, Nᵒ 3.

ON S'ABONNE
Au Bureau ;
Chez GUÉRAUD, Libraire,
Grande Rue et passage
Bouchaud ;
PLANÇON, Libraire, place
Graslin.

SE TROUVE CHEZ :
M. SCIREAU, Lib.ᵉ, rue Crébillon,
Et M. PLESSIER, Relieur, idem.

—

A PARIS,
ISIDORE PESRON, rue Pavée-Saint-
André, Nᵒ 13.

VERT-VERT.

JOURNAL DES SALONS ET DES THEATRES.

GRAND THÉATRE.

CHRONIQUE DRAMATIQUE.

Au milieu de ces enchantements qu'on multiplie autour de nous, parmi toutes ces nouveautés dont l'administration devient prodigue,
quel sera le texte de notre chronique? Aussi
bien nous n'avons que l'embarras du choix,
dirons-nous ; la représentation au bénéfice de
Mˡˡᵉ Ferdinand, ces deux charmantes jeunes
filles dont le public rafole, et la métamorphose
de Mˡˡᵉ Armande, la délicieuse Bayadère, se
faisant intelligente actrice ; vous parlerons-nous
de la belle signora Carémoli avec sa taille de
sylphide, avec ses longs yeux noirs, avec sa
ravissante tête et ses magnifiques cheveux
bruns, surtout avec sa voix si fraîche, son
timbre si pur et si plein de mélodie. Ou, si vous
préférez les tableaux de l'Album, nous vous
montrerons la jolie mademoiselle Neret, trans-
formée en danseuse andalouse, exécutant un
bolero avec Mˡˡᵉ Armande ; nous vous repro-
duirons ce luxe de féerie et d'illusions, cette
foule immense et muette suivant de l'âme et
du regard ces deux créatures vaporeuses,
fantastiques images qui se meuvent et voltigent
harmonieusement devant elle, comme deux
génies du paganisme.

Puis, si de cette sphère idéale, nous rentrons
dans le monde matériel, nous rencontrons
l'Ouvrier, drame nouveau de M. Soulié ; mais
nous ne nous y arrêtons guère, car nous voyons
d'abord que c'est encore de l'ouvrage à *tant la
toise*, édifice jeté sur le sable, et qui sera
écroulé demain. Toutefois, nous devons savoir
gré à l'auteur de nous avoir épargné les em-
poisonnements et les adultères. Il a fait preuve
de sagesse en cela : pas le plus petit coup de
poignard, pas le plus mince homicide ; tout s'y
passe au mieux, c'est un progrès à signaler.
Mais si nous ne trouvons rien dans cette pièce
qui puisse ajouter au renom de M. Soulié, nous
y trouverons du moins l'occasion de donner à nos
acteurs de justes et unanimes éloges. M. Roche
y a fait preuve d'un beau talent, et a reproduit
en traits vrais et profonds le noble caractère de
l'ouvrier, admirable de résignation et de dévoûment dans la mauvaise fortune, et inaccessible
à la corruption des grandeurs. Mᵐᵉ Roche est toujours l'actrice intelligente et sensible qui remue
selon son caprice toutes les passions.

M. Henry a été très-naturel dans le rôle de
Roussillon, et a rendu avec bonheur cette âme
insoucieuse et dépravée, dont le vice est l'é-
lément, et qui consomme le crime sans regrets
et sans remords.

Mais, nous en croyons notre propre cœur,
ce sont de plus douces et plus délicates sensations qu'il vous faut ; parlons donc de musique
et d'harmonie, c'est-à-dire de Mˡˡᵉ Lebrun.
Jeudi dernier, elle a reparu dans le rôle de
Valentine des *Huguenots*, et, comme de coutume, son succès a été immense. Elle a presque
toujours chanté d'une manière irréprochable ;
elle s'est montrée remarquablement énergique
et sensible, dans la belle scène du quatrième
acte, mais par malheur elle a manqué l'effet
du fameux *je t'aime* ; on se rappelle qu'à ce
mot, prononcé par Mᵐᵉ Prévost-Colon, des
applaudissements frénétiques éclataient de tous

les points de la salle. C'est que ce mot, qui
tombe et s'échappe douloureux, brisé, confus,
comme un sanglot du cœur de cette pauvre
jeune femme déchiré par tant de passions
contraires, ne doit point être *chanté* comme
l'a fait Mˡˡᵉ Lebrun. Il s'agit bien vraiment ici
de rythme et d'harmonie ; elle a, du reste, admirablement dit : *Ils te tueront, reste, Raoul!*
c'est ainsi que la voix de l'âme devait parler.
Le triomphe de Mˡˡᵉ Lebrun est mérité, incontestable ; mais, nous n'hésitons pas à le dire,
nous croyons que l'avantage, dans cette lutte
de nos deux tragédiennes, est resté à Mᵐᵉ Prévost-Colon.

JULES F.

CONCERT

DONNÉ PAR

Mˡˡᵉ CAREMOLI,

DANS LA SALLE DE LA MAIRIE,

Lundi 30 Mars, *à huit heures précises
du soir.*

Première Partie.

1ᵒ Octuor.
2ᵒ Romance d'*Othello*, chantée par Mˡˡᵉ CARE-
MOLI.
3ᵒ La *Jeune Fille au Désert* (scène de
Chéret), chantée par Mᵐᵉ HEINNE.
4ᵒ Solo de Violon, par M. GIORGIS.
5ᵒ Air de *Robert-le-Diable* (Grâce, grâce),
chanté par Mˡˡᵉ CAREMOLI.

Deuxième Partie.

1° Morceau du *Fidèle Berger* (musique d'A-
dam), chanté par Mme HEINNE.
2° Solo de Guitarre, par M. LE DUC.
3° Rondo, chanté par Mlle CAREMOLI.
4° Romance, chantée par M.···
5° Le grand air de *Roméo et Juliette*, chanté
par Mlle CAREMOLI.

PRIX DU BILLET : 3 FRANCS.

*On trouve des billets à l'avance, chez
MM. Sicard et Lété, marchands de musique,
Buroleau et Sébire, libraires.*

NOTA. Mme HENNE, dont la voix a fait une vive
impression dans un cercle d'amateurs distingués,
où elle a chanté récemment, et qui doit débuter
prochainement sur le Grand-Théâtre de Nantes,
sera entendue pour la première fois en public dans
le concert de Mlle CAREMOLI.

SERMENT D'AMOUR.

Il y avait une fois (mais ce début frise trop
les contes de Perrault, et j'ai à vous raconter
une histoire, hélas! trop véritable.) Donc, en
l'an de grâce 1839, il y avait à Nantes, au
4me étage d'une vieille maison de la rue D....
la plus jolie grisette qu'on ait jamais vue.
Céline ou Marceline, c'est, je crois, ainsi qu'elle
s'appelait, avait perdu ses parents dès le
berceau, et était restée sous la tutelle et la
sauve-garde d'une vieille grand'tante, qui l'avait
élevée avec la sollicitude d'une mère, et qui
l'aimait tendrement. Céline avait dix-sept ans, si
j'avais à vous peindre une héroïne de roman, je
m'ingénierais peut-être à la doter de toutes les
grâces de la beauté et de l'esprit; il me serait
facile d'en faire une femme accomplie, cela
coûte si peu; mais je vous l'ai déjà dit, ce n'est
point un roman que j'écris, c'est l'histoire d'une
pauvre jeune fille de ce monde matériel, qui
exclut toujours l'idée de la perfection. Or, ma
Céline n'était point parfaite, mais s'il suffit pour
plaire d'avoir un gracieux visage, deux grands
yeux bruns, avec une longue et soyeuse chevelure, avec une taille svelte et élancée, avec
un pied mignon, et une toute petite main bien
blanche et faite à ravir, je puis vous assurer
que la jeune fille avait tout cela. Quant aux
qualités du cœur, elle était extrêmement douce,
bonne, sensible, timide, et singulièrement
impressionnable; l'idée de tout ce qui est noble
et beau exaltait sa jeune âme, le récit d'une
action d'héroïsme ou de vertu l'attendrissait
jusqu'aux larmes. Jusqu'alors, renfermée dans
l'obscurité de sa mansarde avec sa vieille
grand'tante, son imagination ne s'était jamais
élancée au-delà de cette étroite sphère; sa
mansarde était tout son monde à elle, et elle

ne concevait rien au-delà de cette vie monotone
et tranquille, qui coulait pour elle, ignorée,
comme un ruisseau sous des fleurs. La vieille
grand'tante n'avait jamais voulu permettre que
sa Céline eût d'autre compagne qu'elle-même,
car elle se défiait de toutes ces petites amies,
coquettes, frivoles, qui, faisant peu de cas de leur
propre réputation, compromettent légèrement
celles des autres jeunes filles qu'elles hantent.
La bonne vieille disait souvent à son élève :
évite le monde, mon enfant, il y a une épidémie de corruption qui se gagne, et la
vertu la plus pure y trouve souvent des écueils
où elle échoue. Sois prudente, et souviens-toi
bien que tu n'as que ton honneur pour dot et pour
fortune, et que l'honneur d'une jeune fille est
comme un miroir qu'un souffle peut ternir, et le
monde flétrit tout ce qu'il touche.

Je ne vous dirai pas où ni comment la vieille
grand'tante avait acquis cette expérience du
monde, et surtout cette haine des hommes qui,
à l'entendre, ne valent pas tous, tant qu'ils sont,
le quart d'une obole; cela n'est pas mon affaire :
c'est l'histoire de la jeune fille et non de la vieille
tante que j'écris. Quoiqu'il en soit, les secours
de celle-ci avaient porté d'heureux fruits, et la
gentille grisette était restée à dix-sept ans
innocente et pure comme les anges; tout son
plaisir était d'accompagner la bonne vieille dans
ses promenades du matin au retour du printemps, et de folâtrer dans les prairies émaillées,
et de courir en riant après les papillons aux
ailes diaprées, puis de revenir avec sa capture
auprès de la vieille, qui l'embrassait tendrement
en essuyant son frais visage tout en sueur. Le
dimanche, elles partaient dès le matin, emportant avec elles un panier qui contenait les repas
pour la journée, et elles allaient diner sur les
rives verdoyantes de la Loire, ou sur les bords
pittoresques de l'Erdre; là, la grand'tante
s'asseyait à l'ombre, la jolie enfant à ses côtés,
et toutes deux devisaient, oubliant les heures
qui passent si rapides pour les heureux. La bonne
vieille faisait observer à sa fille les magnificences
de la nature, si riche d'enchantement, si féconde
et si splendide avec sa gracieuse couronne de
verdure et de fleurs, et, dans l'extase profonde
où ce spectacle les plongeait, elles aimaient à remonter à son auteur, et à le bénir dans ses grandes
œuvres, car la contemplation de la nature ramène
naturellement vers Dieu, et malheur à celui qui
doute encore à l'aspect de tant de merveilles !
Puis, la vieille, après avoir bu deux doigts de vin
pur, racontait à l'enfant l'histoire des époques
qu'elle avait parcourues; mais elle avait toujours
soin d'en écarter tous les épisodes qui pouvaient
parler aux sens de la jeune fille, et éveiller les
passions qui dormaient encore dans cette âme
innocente, et lorsque le soleil commençait à
décliner, la grand'tante prenait le bras de son
Antigone, et elles revenaient ensemble à pas
lents, et regagnaient la mansarde sans regrets
et sans envie.

Jusque-là tout allait au mieux, mais le diable
est si malin! il découvrit par hazard cette tou-

chante fleur, qui croissait en beauté et en
grâces à l'ombre de la vieille grand'tante, et
comme il est jaloux de tout ce qu'il y a de beau
et de bons sur la terre, il jura de perdre la
pauvre enfant.

Un matin, la vieille grand'tante s'éveilla plus
gaie que de coutume, et proposa à la jolie fille
une promenade beaucoup plus longue que celles
qu'elles avaient faites jusqu'alors, il ne s'agissait de rien moins que de pousser jusqu'au
rocher de Barbebleue, et d'aller diner dans le
petit bois qui ombrage la rive fort élevée en cet
endroit.

La partie acceptée avec joie, on garnit le
panier selon l'usage, on y joint quelques gâteaux,
car la vieille est friande, et on part : la journée
promettait d'être superbe, le ciel d'un bleu pur
et profond n'était voilé d'aucun nuage, et le
soleil, qui se levait, embrasait au loin l'horizon;
un vent tiède agitant les aubépines en fleurs, re-
portait à nos voyageuses les parfums exquis; la
jeune fille quittait de temps à autre le bras de
la vieille pour cueillir des violettes qui bor-
daient le chemin, ou pour courir après un papillon
qui lui semblait plus brillant que les autres, et
insensiblement elles arrivèrent au terme de leur
course. On s'assied sur l'herbe et on commence
à déjeuner, mais voici que la vieille grand'tante
se sent tout à coup mal à l'aise; son visage se
couvre d'une sueur froide, elle devient pâle
comme la mort, et avant qu'elle ait pu expliquer à la jeune fille la cause de son mal, elle
tombe froide et inanimée entre ses bras.

Je ne vous dirai point l'épouvante et le désespoir de la pauvre petite, ni ses cris inutiles
pour appeler du secours, car elle est loin de
toute habitation, et cependant le danger est im-
minent; il est possible sans doute de sauver la
bonne vieille, car elle respire encore; mais
dans un instant sans doute il ne sera plus temps,
et personne n'entend, et personne ne vient, et il
est impossible d'abandonner la mourante pour
courir au hameau qu'on n'aperçoit que de
bien loin. Que faire dans une telle perplexité?
La pauvre enfant, pleurant à chaudes larmes,
n'attendait plus que du ciel le miracle qui sauverait les jours de sa vieille grand'tante.

Mais je vous ai averti que le diable voulait
perdre la jolie grisette, donc il saisit cette
occasion, et pour produire un grand mal, il
sentit qu'il fallait faire un peu de bien. Or, ce
fut lui qui sauva la vieille grand'tante, car il fit
que, dans le temps où la petite jetait des cris
de désespoir, un jeune homme, que je ne suis
pas autorisé à nommer d'un autre nom que celui
de Paul, qui chassait aux beccasines, sur les
bords de l'Erdre, et qui, venant d'en manquer
une, allait à la remise de ce côté, entendit la
voix de la jolie enfant, et y courut; voyez de
quoi dépend quelquefois un grand événement,
du caprice d'une beccasine qui vole ici plutôt
que là! Trouvez donc étonnant, après cela,
que faute d'un point, Martin ait perdu son âne...

(La suite au prochain numéro.)

MARIAGE DE LA REINE D'ANGLETERRE.

Qand régnait l'empereur Napoléon, il y avait toujours à la broche, au château, un poulet pour S. M., afin qu'elle n'attendît pas une minute quand elle demanderait à manger. Dès qu'on retirait un poulet, on en mettait un autre.

Il en est de même pour les princes de Cobourg : — on en tient toujours un à la broche très *tendre,* tout plumé, tout rôti, tout bardé, tout prêt à épouser les reines d'Angleterre.

S'il y a dans le monde une position indigne d'un homme de cœur, c'est celle du mari de la reine d'Angleterre.

En effet, au renversement des lois divines et humaines, dans une semblable alliance, c'est l'homme qui doit soumission et obéissance à sa femme, la femme protection à son mari.

L'acte de naturalisation qu'il a obtenu, lui donne le titre de citoyen anglais, et le fait sujet de sa femme. — Jolie situation que celle d'un mari dont la moindre infidélité peut être considérée comme une *haute trahison,* — et que sa femme a le droit de faire pendre pour *incompatibilité d'humeur !*

Aux termes des lois, jamais le prince Albert ne pourra commander les armées, jamais il ne pourra être conseiller légal de la reine, jamais il ne pourra siéger au parlement.

L'aristocratie anglaise lui a refusé la préséance sur les princes du sang royal.

Ses fils, s'il en a, et il en aura, ou il sera pendu, — marcheront devant lui dans les cérémonies. La chambre des communes a rogné l'allocation qu'on demandait pour lui.

Une femme indignée a dit à quelqu'un qui le défendait : vous avez beau dire, ce n'est jamais qu'un prince *entretenu.*

Dans les discours qu'on lui a adressés, on ne lui a parlé que des enfants qu'il *doit* faire à la reine. Voici son humble réponse à l'adresse du maire et de la corporation de Douvres.

« Je joins mes prières les plus ferventes aux vôtres, afin que l'événement heureux qui vient de m'unir si étroitement à l'Angleterre soit *suivi des résultats que vous désirez* — et je mettrai *constamment mes soins* et toute mon *étude* à répondre à vos espérances. »

Il faut qu'on aime bien *les honneurs* pour les payer ainsi du prix de *l'honneur.*

(Guêpes de Mars.)

Un Mariage Chinois.

Extrait d'un Voyage autour du monde
par L'ASTROLABE.

Pendant notre séjour à Macassar, la ville a été mise en rumeur par les fêtes et cérémonies d'un mariage Chinois. Un Chinois est, vous le savez, la plus singulière chose qui soit au monde. Le Chinois diffère en tout des autres peuples, par sa figure, son costume, sa religion, sa langue, son écriture, ses usages, son industrie... Il a pris à tâche de ne rien faire comme les autres hommes, même quand il se marie. Le Chinois est très-avare ; mais, il faut lui rendre cette justice, que, s'il aime l'argent à l'excès, il se donne en revanche un mal infini pour l'acquérir : il fait tous les métiers, exerce toutes les industries, exploite toutes les branches de commerce pour gagner de l'argent. Le Chinois, malgré son avarice, dépense pour ses noces et ses funérailles une grande partie de sa fortune, souvent même il se ruine. Venez donc avec moi vous régaler chez l'honnête Chinois qui veut bien devenir honorable et même prodigue une fois en sa vie.

Écartons cette foule de Malais et Boughis, au teint bronzé, à la mine sauvage, qui assiégent la maison du marié, comme une troupe de chiens à la porte d'un restaurateur ; voyez venir à vous deux personnages graves, au teint jaunâtre, visage rond, yeux obliques, nez camard, vraie figure de *bool-dog* ; vêtus de longues camisoles blanches et de larges culottes de même couleur, tête rasée, sauf une queue respectable qui descend jusqu'aux talons (la mesure étant de rigueur, on l'allonge, s'il le faut, avec des tresses en soie), une queue pour laquelle chaque Chinois paye un tribut d'une piastre (5 fr. 40 c.) chaque année... Ces deux Chinois, qui vous tendent une main amie, sont les commissaires de la fête. Vous êtes introduit dans une longue galerie qui traverse une cour, depuis la porte extérieure jusqu'à la maison. Là sont disposées plusieurs tables, dont la grandeur, la forme et les services sont calculés suivant l'âge et l'importance des conviés. A droite et à gauche, sont des pavillons pour la musique ; au bout de la galerie, sous le péristyle de la maison, est la table nuptiable, élevée de quelques degrés au-dessus de toutes les autres. Plus bas, sont celles des personnes de distinction ou des parents, et enfin vient celle du public ; car, à l'exception du bas peuple, tout le monde est reçu chez le nouveau marié. Après avoir circulé autour de ces tables, et en avoir admiré l'ordonnance et la propreté, vous acceptez quelques rafraîchissements, des confitures, des gâteaux... arrosés d'une bonne tasse de thé (tohax) et d'un verre de vin du Rhin ou de Bordeaux (le Chinois connaît fort bien ces deux crûs), et vous quittez la maison nuptiale enchanté des bonnes manières des Chinois et de leur hospitalité. 20 jours se passent ainsi à recevoir les visites du public, après quoi arrive le jour du mariage. Ce jour-là, tout le quartier Européen et Chinois de Macassar retentit d'un effroyable vacarme. C'est la musique du gong et du tamtam et le roulement des voitures qui portent les conviés. Les bannières, les globes en papier et autres emblèmes chargés de devises et de sentences (le tout dans le goût le plus chinois) se réunissent à la porte du marié. On voit accourir plusieurs pelotons de jeunes gens de 20 à 25 ans, de 12 à 15 et 6 à 10, tous vêtus uniformément et de la plus grande propreté. Grandes robes de soie à larges manches, écharpes de crépon, grandes chaînes d'or autour du cou, chapeau conique en paille de riz et pantoufles en satin ou ve-

Tandis que vous contemplez l'air recueilli et la gravité de tous les convives, même des jeunes enfants, qui en cela sont infiniment mieux élevés que les nôtres, les sons redoublés du gong (grand bassin de cuivre, qui est le principal instrument de la musique orientale) annoncent l'apparition du nouveau marié, qui sort de ses appartements, escorté par son père, deux garçons d'honneur et le prêtre. Tous sont parés du costume général ; le prêtre seul porte une écharpe rouge. Après les bénédictions et les saluts au public, nos personnages prennent place à leur petite table, qui a été servie avec un soin tout particulier ; on n'y remarque que les mets les plus exquis, tels que les nids d'oiseau, les gelées de toute espèce et les tripangs. Tout est grave, mesuré et silencieux dans ce triste festin, qui ressemble plutôt à un repas funèbre qu'à un festin nuptial. Je n'en finirais pas, si je vous racontais toutes les cérémonies ou l'étiquette de ce singulier repas ; mais il faut abréger.

Le marié se lève, tend les deux mains en s'inclinant vers sa maison pour saluer ses parents, puis à droite et à gauche pour saluer les parents et amis, et donne enfin le signal du départ.

Le cortège s'est formé en bon ordre dans la rue, et défile déjà vers la maison de la mariée, où doit avoir lieu la première entrevue des deux époux qui ne se connaissent pas encore. La marche de cette espèce de procession a été si lente, qu'il ne lui a pas fallu moins de deux heures pour faire un trajet de 4 à 500 pas (sans s'arrêter.) Rendu enfin dans la maison de la future, le jeune homme, après forces salutations, s'est assis sur un fauteuil, faisant face à la porte d'entrée, et a attendu patiemment les messages d'amour qui se sont succédés avec une lenteur désespérante. Le Cupidon chinois est un petit enfant dont le rôle consiste à venir saluer l'époux (toujours sans mot dire) et à lui offrir successivement trois petites tasses de thé. L'époux répond à ce compliment muet en adressant à sa future trois petits papiers roses qui servent d'enveloppe à autant de pièces de monnaie. Après une bonne heure d'attente, on annonce enfin à l'heureux époux qu'il peut entrer chez sa future. Les parents, amis et commissaires de la fête, annoncent au public que tout est terminé : mais ce n'est pas assez pour nous, qui voulons voir la cérémonie jusqu'au bout ; nous nous ruons donc à la suite de l'époux, et malgré les cris de toute la gent chinoise, nous nous précipitons à la porte de la chambre nuptiale, dont nous avons cependant respecté l'inviolabilité. Nous voulions à tout prix voir la mariée, qui était encore voilée de la tête aux pieds et surchargée de chaînes, de colliers en pierreries ou verroteries autant que peut l'être une madone.

Après la présentation faite par le prêtre, les deux époux, séparés par la longueur de l'appartement, se mirent à marcher l'un vers l'autre avec une lenteur telle qu'il faut être Chinois pour s'y soumettre, et avoir vu cette marche pour s'en faire une idée. Enfin les voiles tombent, et la figure impassible de la mariée se montre aux regards stupides de son époux, qui ne paraît pas moins impassible qu'elle. Après quelques autres cérémonies, les deux époux finissent par avaler une tasse de thé ou de tout autre breuvage, et les portes de l'appartement se ferment au nez du public indiscret. »

Nouvelles diverses.

HENRI MONDEUX.

Nous annonçons avec plaisir l'arrivée du jeune pâtre mathématicien de la Touraine. Cet enfant extraordinaire ne le cède en rien à son émule, le jeune Vito Mangiamelle; mais plus que celui-ci, il doit exciter notre intérêt, car c'est un petit compatriote.

Nous dirons à nos lecteurs le jour de la séance que le professeur du jeune Henri se propose de donner ici, et nous les invitons à aller applaudir cet intéressant enfant.

— A Pyrmont, dans la principauté de Waldeck, a eu lieu un duel qui mérite d'être signalé. Un des combattants se trouvait sur le territoire de la principauté de Lippe, son adversaire sur celui de la principauté de Waldeck; l'un des seconds sur celui de Hanovre, et les balles furent trouvées dans le duché de Brunswick. Le théâtre du duel a donc été borné par cinq limites.

— La maison rue Richelieu, 38, où Molière est mort (le 17 février 1683), a été vendue. L'adjudication a eu lieu le samedi 21 mars, à l'audience des criées du tribunal de première instance de la Seine, au prix de 220,500 fr., c'est-à-dire 60,500 fr. au-dessus de sa mise à prix.

Faillites Théâtrales.

THÉATRE DE BRUXELLES.

« Jeudi, 18 mars 1840, il y a eu assemblée générale des actionnaires. Après l'examen des comptes, il a été reconnu qu'il ne restait en caisse qu'une somme de 5,000 fr.

» L'administration ayant dû dans le courant du mois faire face à divers engagements qu'elle avait contractés, il manquait donc quarante mille francs, rien que pour payer le mensuel des artistes. Les actionnaires déclarèrent que le cas était désespéré, et qu'ils se retiraient.

» Les artistes furent convoqués le lendemain; l'avocat de l'administration leur exposa la situation de la caisse, et leur avoua qu'ils ne seraient pas payés. Là-dessus, rumeurs, interpellations, colère même, mais peu après le calme se rétablit, et on nomma une commission chargée de faire des démarches auprès du roi et de la régence, pour combler ce déficit. »

Le directeur failli a fait écrire à ses correspondants à Paris de ne donner aucune suite aux engagements pour l'an prochain; ainsi plusieurs de nos artistes de Nantes, qui devaient aller à Bruxelles le mois prochain, vont être obligés de chercher d'autres engagements.

Le passif de l'administration du Théâtre de la Porte-Saint-Martin, qui vient de fermer et pour cause, n'est pas de moins de 400,000 francs.

Celui de l'administration de Bruxelles n'est que de 60,000 francs.

GRAND THÉATRE.

Aujourd'hui DIMANCHE, *22 Mars* 1840, *à six heures* 1/4 :

La seconde représentation de

LES VIEUX PÉCHÉS,

Comédie-vaudeville en un acte, par MM. *Scribe et Melesville*

Distribution. — Girard, ancien danseur de l'Opéra, M. Blanchard; Hilarion, son valet, M. Laute; Fraisi, notaire, M. Duchâteau; Mme de Champagnolles, Mme Saint-Firmin; Oscar son neveu, Mme Martin Ninnette, danseuse de l'Opéra, Mlle Armande Ferdinand.

LES HUGUENOTS,

Grand opéra en 5 actes, paroles de M. Scribe, musique de M. Giaccomo Meyerbeer, décors de M. Rivière, danses de M. Pissarello.

Distribution. — Saint-Bris, M. Lemonnier; Nevers, M. Becquet; Raoul, M. Adrien; Marcel, M. Garbet; Cossé, M. Oudinot; De Retz, M. Bizot; Tavannes, M. Legaigneur; Thoré, M. Blanchard; Méru, M. Laute; Chevreuse, M. Bertin; Bois-Rosé, M. Néret; Maurevert, M. Pâris; Un quartenier, M. Constant; Un valet de Nevers, M. Duchâteau jeune; 1er moine, M. Toudouze; 2me moine, M. Henry; 3me moine, M. Delehel; Marguerite, Mme Bizot; Valentine, Mlle Annette Lebrun; Urbain, Mme Olivier; Une dame d'honneur, Mme Hess; 1re bohémienne, Mlle Néret; 2me bohémienne, Mlle Debroux; 3me bohémienne, Mme Neuville; 4me bohémienne, Mme Saint-Firmin; 5me bohémienne, Mlle Augustine.

Au deuxième acte,

PAS DE TROIS,

Exécuté par Mlles Armande, Thérèse Ferdinand et Giraudier.

Au troisième acte,

PAS DE CINQ,

Exécuté par MM. Pissarello, Duchâteau; Mlles Armande, Thérèse Ferdinand et Giraudier.

Au cinquième acte,

MENUET,

Exécuté par MM. Pissarello, Duchâteau jeune, Mlles Armande, Thérèse Ferdinand et Giraudier.

IMPRIMERIE D'HÉRAULT, *Rédacteur en chef.*

Lundi 1er juin 1840.　　DEUXIÈME ANNÉE.　　3e Trimestre. No 74

PRIX D'ABONNEMENT :

NANTES. { TROIS MOIS .... F. 3
SIX MOIS.... 6
UN AN....... 12

DEHORS { TROIS MOIS.. F. 5
SIX MOIS.... 10
UN AN....... 18
AFFRANCHIR..

Prix du numéro, 15 c.

PRIX D'ANNONCES :

30 c. à la page d'avis ; 1 fr. dans le corps du journal. Remise du tiers aux abonnés.

LE BUREAU EST SITUÉ
Chez Hérault, Imprimeur, ru de Guérande, No 3.
—
ON S'ABONNE :
Au Bureau ;
Chez Guéraud, Libraire, Basse-Grande-Rue et passage Bouchaud ;
Plançon, Libraire, place Graslin.
—
SE TROUVE CHEZ :
M. Scireau, Lib.re, rue Crébillon, Et M. Plessier, Relieur, idem.
—
A PARIS,
Isidore Pesron, rue Pavée-Saint-André, No 13.

VERT-VERT.

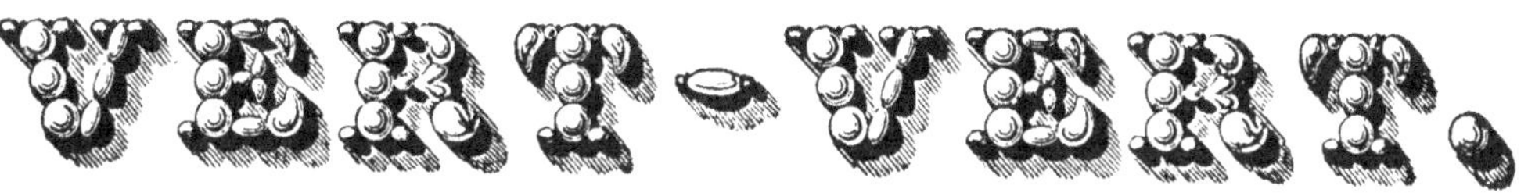

JOURNAL DES SALONS ET DES THEATRES.

DISCOURS DE RENTRÉE.

VERT-VERT, *à tous ceux qui les présentes liront, salut :*

Messieurs,

C'est toujours avec un nouveau plaisir.... Mais pardon ! ceci est une vieille réminiscence : je voulais dire, mes chers messieurs, que je suis heureux de me retrouver au milieu de vous, et de renouer très-serré notre ancienne connaissance. Peut-être, je n'ose pourtant m'en flatter, avez-vous été un peu inquiets sur mon compte, peut-être m'avez-vous cru mort d'une indigestion de dragées, et, soupirant mon oraison funèbre, vous avez dit : Pauvre *Vert-Vert! Sic transit...* La mort, qui n'épargne ni les rois, ni les bergers, ni les grues, ni les perroquets, l'aura atteint dans son vol, et précipité aux sombres bords... Pauvre *Vert-Vert!* et vous vous consoliez peut-être de ma perte, car de quoi ne se console-t-on pas avec le temps? Mais rassurez-vous, je me porte à merveille ; je viens de prendre mes vacances, j'ai fait la sieste, et, paresseux comme un moine de Citeaux, il y a un mois que je m'enivre du *dolce far niente* des rentiers.

Mais quoiqu'il en soit, je n'ai pas perdu le temps à dormir, j'ai fait des courses, des visites à mes amis et à mes maîtresses, j'ai voyagé comme Anacharsis, pour mon instruction : aussi, depuis un mois, j'ai vu et appris bien des choses ; j'ai eu le secret de bien des infortunes, j'ai découvert bien des infamies, j'ai surpris bien des coquetteries d'épouses, bien des infidélités de maris ; mais un jour je vous conterai

tout cela, car j'achève en ce moment-ci mes *Impressions de voyage.*

Que de changements dans un mois ! le temps a marché vite, et, quand j'y pense, il me prend quelquefois des velléités de philosophie, et je me rappelle la réflexion de mon ami Horace : *Fugit irreparabilie tempus !* Un mois a vu s'éteindre une direction, et une autre surgir M. Lemonnier a fait place à M. Lafeuillade, qui lui-même, fera sans doute place à quelqu'autre, et successivement, comme les hommes de notre époque seront remplacés par d'autres hommes, comme les générations futures succèderont aux générations présentes, car rien d'ici-bas n'est immortel ! Mais je vous demande mille pardons, messieurs, je m'aperçois que je philosophe, où diable ai-je gagné cette maladie si peu naturelle à mes pareils? Je disais donc que M. Lafeuillade succède à M. Lemonnier ; que dit-on de l'un? se souvient-on de l'autre? Moi qui, grâce à mes ailes, ai le don de l'ubiquité, voici ce que j'ai su : la direction, je veux dire la troupe de M. Lemonnier a laissé des souvenirs : on n'a point oublié Mme Prévost-Colon, cette pathétique *Rachel,* cette déchirante *Valentine,* ce ravissant *Domino noir,* dont, plus heureux que nous, les marseillais font aujourd'hui leurs plus chères délices ; on se rappelle toujours M. et Mme Bizot, l'un, comédien charmant et savant musicien, l'autre, si gracieuse, si spirituelle, si originale dans la création de ses rôles, tous deux acteurs d'un vrai talent, et tous deux surtout d'un commerce agréable et d'un noble caractère ; voilà des qualités qu'on n'oublie pas. Et à propos de M. Bizot, qui a été gravement malade, ses nombreux amis apprendront avec plaisir qu'il est aujourd'hui parfaitement rétabli.

Quant à M. Lafeuillade, on dit, et je le crois, qu'il a tout ce qu'il faut pour réussir : mais il y a aussi des contradicteurs (car cette engeance se fourre partout). Ceux-là prétendent qu'il a eu le tort de conserver trop d'anciens acteurs, et que leur présence devient monotone à Nantes, mais cette contradiction est mal fondée ; et d'abord, M. Lafeuillade n'a engagé que celles de nos vieilles connaissances dont le talent n'est pas contesté, et qui ont mérité, pendant la dernière campagne, les faveurs et les applaudissements du public ; or pourquoi n'en serait-il pas de même cette année? *ubi cadem ratio ibi idem jus.* Vous criez à la monotonie, eh! songe-t-on à remplacer sur la scène des théâtres de Paris des acteurs qui en sont en possession depuis vingt ans? et le public ne revoit-il pas toujours avec plaisir ce qui est bon et bien? Qui voudrait faire un crime à M. Lafeuillade de nous avoir conservé notre gracieuse sylphide, Mlle Armande Ferdinand, MM. Roche, Oudinot, Toudouze, Henry et Blanchard, l'élite de l'ancienne troupe?

Au surplus, en voilà beaucoup trop sur la nouvelle direction, laissons-la se dévoiler, et si elle n'a point encore acquis de droits à notre indulgence, qu'elle puisse au moins compter sur notre justice. Ainsi Messieurs, croyez-moi, point de cabale, c'est la ressource des faibles, et vous êtes au contraire les forts ; point de coalition pour écraser un pauvre acteur qui ne peut trouver que dans votre équité son existence et son avenir, et souvenez-vous bien qu'il vous sera beaucoup pardonné dans le ciel, si vous avez été indulgents sur la terre.

Agréez,

VERT-VERT.

Nouvelles Théâtrales.

ACADÉMIE ROYALE DE MUSIQUE.

Mme Dorus est partie pour Londres moissonner des guinées. Duprez est à Bordeaux pour tout le mois de juin. Au premier juin, M. Léon Pillet sera directeur; M. Duponchel reprendra la mise en scène; M. Édouard Monnais passera commissaire royal. Le privilége de l'*Académie royale de musique*, qui n'avait plus que deux ans, est prolongé de cinq années, M. Halévy donne sa démission de maître de chant, et va se livrer exclusivement à la composition.

— Il y a aujourd'hui quinze jours, l'OPÉRA voulait donner *Robert-le-Diable*, et Mario était malade. On a couru partout, et on a fini par trouver M. Wermelen, naguère premier ténor à Rouen, et en ce moment en disponibilité. Ce chanteur s'est risqué, non sans hésitation, sur notre première scène, et le succès a couronné son audace. Il a de grands défauts, il a besoin d'étudier l'art du chant sous un habile professeur, et d'apprendre à poser sa voix ; mais ses qualités sont précieuses. Il est doué, comme comédien, d'une si rare intelligence, que nul, excepté Nourrit, n'avait jusqu'ici compris aussi bien dans son ensemble la vaste conception de cette double nature qui procède du ciel et de l'enfer. Il a joué avec un grand talent la scène du 3e acte, où il n'a rien à dire, mais beaucoup à faire, alors qu'il est entouré par les nonnes maudites. Le cinquième acte a été encore, pour M. de Wermelen, l'occasion d'un nouveau triomphe. Si l'Opéra l'engage, l'Opéra fera une bonne affaire.

RETRAITE DE Mlle DUPONT.

Le talent est si rare aujourd'hui, qu'on ne saurait lui prodiguer trop d'encouragements quand il commence à se révéler, trop de regrets quand il s'éloigne et va disparaître pour toujours. Aussi aime-t-on à parler de mademoiselle Dupont, cette joyeuse et franche comédienne, qui vient de s'éclipser subitement de la première scène, et de laisser vacante une place qui, de long-temps, ne pourra être remplie. Maintenant, il ne reste plus à la *Comédie Française* que le souvenir d'un de ses plus précieux talents et de sa dernière soubrette.

Représentation à son bénéfice.

Cette représentation a été digne de la bénéficiaire, pour sa composition, et de l'assistance honorable qu'elle avait réunie, entre Polyeucte et Tartuffe, MM. Duprez, Levasseur, Massol et Wartel se sont fait entendre et applaudir dans un intermède musical. Duprez s'est rendu avec beaucoup de bonne grâce aux désirs du public, et a chanté deux fois son air favori : *Ah! quel plaisir d'être soldat!* Puis la fête des adieux a commencé avec le Tartuffe. Dès que Dorine a paru, les bravos les plus unanimes ont éclaté à plusieurs reprises du parterre au cintre. Une fois remise de son émotion, bien naturelle, mademoiselle Dupont a repris toute sa verve et a justifié ce bon accueil qu'on venait de lui faire en méritant de nouveaux applaudissements, qu'on ne lui a pas marchandés. Au troisième acte, des couronnes tombaient sur la scène, et quand, à la fin du spectacle, mademoiselle Dupont a reparu pour sa dernière ovation, une pluie de bouquets s'est abattue à ses pieds : triste rosée d'automne qui, pour la bénéficiaire annonçait la fin des beaux jours.

SALLE FAVART.

La nouvelle salle Favart n'est pas seulement la plus somptueuse salle de Paris, elle est encore un chef-d'œuvre de confortable, dont aucun théâtre en Europe, ne peut offrir l'équivalent. Elle aurait été construite pour un public de princes, qu'on n'aurait pas poussé plus loin les recherches du goût et de la commodité, et les prévisions de bien-être : une pareille salle rend désormais impossible les salles de spectacle à loges étroites, à banquettes étriquées, à stalles resserrées, auprès desquelles le lit de Procuste eût été un paradis.

Aujourd'hui, la nouvelle salle de l'Opéra-Comique peut défier la Scala de Milan et le Queen's-Théâtre de Londres, San Carlo de Naples et le Théâtre de la Porte de Carinthie à Vienne ; il peut venir à Paris des rois de tous les pays, des ambassadeurs de toutes les puissances, des banquiers de toutes les capitales, des agents de change de toutes les bourses, et même des épiciers de tous les quartiers, ils s'y trouveront mieux que chez eux. Ils auront de bons fauteuils, bien étoffés, bien rembourrés, bien élastiques, pour entendre, sans gêne, la musique d'Auber et d'Halévy; et de moëlleux divans pour aller causer ou dormir, lire ou prendre des sorbets pendant une scène ennuyeuse, ou une cavatine mal chantée. Les loges royales ne sont pas plus commodément établies que les loges de l'Opéra-Comique, et, aujourd'hui, les régents de la Banque, les danseuses de l'Opéra, les journalistes ou les membres du jokey-club, sont aussi bien logés à l'Opéra-Comique que Louis-Philippe ou M. Rothschild. Eh! vite, qu'on mette le feu à toutes les salles de Paris, et qu'on nous les rebâtisse sur le plan de la salle Favart, auprès de laquelle l'Opéra est une écurie et les Français un galetas. Le progrès ne peut pas rester stationnaire, il faut qu'il aille du boulevard Italien à la rue Lepelletier, et de la rue Lepelletier à la rue Richelieu : car ce serait une barbarie de ne pas accorder à Meyer-Beer ce qu'on accorde à M. Adolphe Adam; et à Molière ce qu'on accorde à M. Planard : serait-il raisonnable de mieux loger le *Perruquier de la Régence* que *Robert-le-Diable*, et le *Postillon de Lonjumeau* que *Polyeucte*.

La première inauguration de la nouvelle salle a été faite au bénéfice des pauvres, par le chef-d'œuvre d'Hérold, le *Pré aux Clercs* ; la seconde inauguration a été dévolue à MM. Scribe et Auber, ces deux providences de l'Opéra-Comique moderne. On avait réservé leur opéra de *Zanetta* pour cette solennité. En effet, que pouvait-on trouver de mieux que les trois noms et les trois talents réunis de MM. Scribe, Auber Mme Damoreau. C'est donc dans la plus belle salle de l'Europe, devant un public composé de toutes les sommités sociales, et de toutes les plus jolies femmes de Paris, éblouissantes de toilettes élégantes, que le rideau s'est levé pour la pièce nouvelle, promise et attendue depuis six mois.

Zanetta a inauguré dignement par un beau et brillant succès, la nouvelle salle de l'Opéra-Comique. Le public n'a plus, dès aujourd'hui, de prétexte pour ne pas se porter en foule à un théâtre où tous les genres de confortables sont réunis, depuis le confortable de la musique jusqu'au confortable des fauteuils.

Pendant que l'*Opéra-Comique* prenait possession de la nouvelle salle Favart, le *Vaudeville* allait faire élection de domicile dans la salle de la place de la Bourse. En douze jours, grâce à une activité sans exemple, la salle a été remise à neuf; elle est aujourd'hui pimpante et coquette comme une salle neuve. C'est là que Ferville a fait son début, dans une comédie fort agréable de M. Émile Souvestre, intitulée *Aînée et Cadette*, Ferville s'est montré au Vaudeville comme au Gymnase, toujours excellent comédien, plein de chaleur, de franchise et de vérité; il a joué avec toutes les qualités de son talent, le rôle comique et touchant à la fois, de *Girardot*. La pièce a fait grand plaisir; c'est un tableau de la vie de famille, plein d'heureux traits de mœurs, et d'une morale douce et usuelle, ce qui ne gâte rien, dans un temps où la morale est ce dont on s'occupe le moins au théâtre. Cette pièce, dont le succès a été complet, a le mérite d'être très-bien jouée par Ferville, Amand, Mmes Guillemin et Thénard. Ce succès donnera le temps d'attendre *Marcelin*, drame sur lequel on compte beaucoup, pour les débuts de Laferrière, et la rentrée de la gracieuse et spirituelle Mlle Brohan.

BORDEAUX. — Effrayée des orages qui troublent les premiers jours de l'année théâtrale, Mme Nathan-Treillet est allée chercher un refuge aux pieds de la sainte patronne de la musique, sous la voûte harmonieuse du Casino. Ainsi l'on voit, à l'approche d'une tempête, les oiseaux se cacher avec effroi au plus épais de la feuillée, continuer, sous cet abri protecteur, leurs chants joyeux commencés aux plaines de l'air.

On sait combien le talent de Mme Nathan est éminemment dramatique, combien ses traits ont d'expression et de noblesse, combien son geste est à la fois simple et animé ; on sait quelle est l'ampleur et l'énergie de sa déclamation, quels mouvements sublimes elle doit aux inspirations d'une sensibilité communicative, parce qu'elle est vraie. Personne n'ignore tout ce que l'illusion théâtrale peut ajouter de prestige au charme d'une belle voix habilement conduite.

Les applaudissements et l'admiration du public lui ont prouvé qu'elle avait assez de puissance dans son talent pour se soumettre impunément à une pareille épreuve. Les deux soirées où nous avons entendu Mme Nathan au Casino, ont été pour elle deux véritables triomphes. Tout le monde a admiré l'étendue de sa voix, l'éclat, la sûreté, la justesse toujours irréprochable de ses cordes élevées ; sa méthode si large et si belle, la vigueur et la hardiesse de son chant, en même temps que sa douceur et sa pureté parfaite. Quel cœur froid ne s'est pas ému aux accents de cette voix si profondément expressive ? Chez Mme Nathan, en effet, le talent musical a toujours autant de vérité que de profondeur. Tant d'autres dépassent le but, ou ne peuvent pas l'atteindre, qu'il est rare, mais qu'il est beau de savoir ainsi tout à la fois charmer l'oreille et trouver le chemin du cœur !

Marguerite et *l'Ave Maria*, *l'Ave Maria* surtout, ont produit la plus vive impression. Quelle sollicitude et quelle tendresse dans la voix de cette mère qui prie pour son fils ! Quelle ferveur dans sa prière, lorsqu'elle croit ses jours menacés ! Comme sa reconnaissance monte en accents sublimes au trône de la reine des anges, de la consolatrice des affligés, lorsqu'elle n'a plus de crainte pour la vie de son fils ! Et dans ce petit drame en trois strophes, quelle expression saisissante, disons mieux, qu'elle admirable éloquence ! que d'amour maternel ! quelle foi religieuse ! quel enthousiasme de reconnaissance et de bonheur !

Mme Nathan n'a pas été moins remarquable dans la belle cavatine de *Guido*, *Quand renaitra la pâle aurore*. Le caractère de cette musique touchante et passionnée convient merveilleusement au talent expressif de la brillante émule de Falcon, de la digne élève de Duprez.

L'opéra n'est pas encore constitué d'une manière définitive, et cependant il y a urgence à sortir du provisoire. Sans baryton, sans deuxième baisse-taille, sans première chanteuse, comment organiser les représentations de Duprez, annoncées pour les premiers jours du mois de juin ?

——————

BRUXELLES. — Les artistes de Bruxelles réunis en société exploitent le Théâtre du Parc avec succès, et à l'aide des chemins de fer, ils vont à Louvain donner des représentations qui leur procurent des recettes confortables. MM. Bouchez, Duprez, Graffetot, Luguet, et mesdames Desroches et Bouchez font tout ce qui dépend d'eux pour la réussite de leur entreprise, en attendant la décision de la régence à leur égard.

——————

En Vente chez LÉTÉ, marchand de Musique.

LES MARTYRS, opéra en quatre actes, de Donizetti ; la partition avec accompagnement de piano, les airs de chant détachés, les quadrilles et divers morceaux de piano.

LA FILLE DU RÉGIMENT, opéra en trois actes, de Donizetti ; en airs détachés, ouverture et quadrille pour le piano.

CARLINE, opéra en trois actes, d'Ambroise Thomas ; les airs détachés, ouverture et quadrille pour le piano.

LA PERRUCHE, opéra en un acte, de Clapisson ; les airs détachés avec accompagnements de piano.

JEUX DE CARTES MUSICALES, pour apprendre la musique aux enfants, en jouant à la bataille. Prix : 1 fr. 50 cent.

GRAND THÉÂTRE.

——————

Aujourd'hui LUNDI, 1er juin 1840, à sept heures :

OUVERTURE DE L'ANNÉE THÉÂTRALE.

Pour le premier début de M. *Lafeuillade*, grand premier ténor en tous genres ; de M. *Hermann-Léon*, première basse chantante ; de M. *Gellas*, premier ténor léger et seconds dans le grand opéra ; de Mlle *Elisa-Cundell*, grande première chanteuse en tous genres ; et de Mlle *Victorine Saint-Charles*, jeune première chanteuse,

ROBERT LE DIABLE,

Grand opéra en cinq actes, paroles de M. SCRIBE, musique de MEYER-BEER, danses réglées par M. CONSTANT-TELLE.

M. *Lafeuillade* remplira le rôle de Robert ; M. *Hermann-Léon*, celui de Bertram ; M. *Gellas*, celui de Raimbaut ; Mlle *Elisa-Cundell*, celui d'Isabelle ; et Mlle *Victorine Saint-Charles*, celui d'Alice.

DANSES.

Au 2me acte,

PAS DE TROIS.

Exécuté par M. Marius-Petipa, Mlles Armande et Thérèse-Ferdinand.

Au 5e acte,

SCÈNE DES NONNES,

Exécutée par Mlles Armande, Thérèse, Santi, et Mesdames des chœurs.

——————

THÉÂTRES DE NANTES.

ANNÉE DRAMATIQUE 1840-41.

Prospectus.

Messieurs,

Les années précédentes n'ont que trop prouvé combien il est difficile de maintenir à Nantes une entreprise dramatique avec l'espoir d'un résultat avantageux : il y a donc quelque témérité à vouloir se charger de cette direction. Cependant, l'expérience que j'ai acquise, et l'affection que m'ont conservée tous les artistes avec lesquels j'ai été en rapport, m'ont engagé à me mettre au nombre des candidats ; et j'ai eu le bonheur d'être agréé par les magistrats chargés de faire un choix sous l'approbation de M. le ministre de l'intérieur. Je dis *j'ai eu le bonheur*, parce que j'ose penser que mon zèle et mon activité me mériteront votre précieuse bienveillance, et me prépareront des chances favorables.

Vous voudrez bien reconnaitre, Messieurs, qu'à l'époque avancée où j'ai acquis la certitude d'obtenir le privilége, presque toutes les troupes étaient formées, et qu'il m'a été impossible de choisir dans un grand nombre de sujets.

Malgré cet obstacle, que vous voudrez sans doute bien prendre en considération, je suis parvenu à former une troupe complète dans tous les genres, et à préparer un bon ensemble pour les représentations que j'aurai l'honneur de vous offrir.

J'aurais voulu pouvoir garder Mme Prévost-Colon, et je me résignais à des sacrifices pour conserver au public nantais un sujet qu'il aime à si juste titre ; mais cette actrice avait contracté avec Marseille, et avant la publication de la vacance de la direction de Nantes, un engagement impossible à rompre.

J'ai engagé, de l'ancienne troupe, les sujets que j'ai cru pouvoir conserver sans déplaire aux habitués du spectacle ; j'ai acquis la certitude que plusieurs d'entr'eux sont honorés de la faveur du parterre : il m'aurait d'ailleurs été pour ainsi dire impossible de renouveler presque entièrement le personnel.

Je n'ai pas essayé une économie mal entendue sur les nouveaux artistes qui vont réclamer vos suffrages ; je crois avoir fait de bons choix, des choix dignes du public devant lequel ils se présenteront.

Cependant, Messieurs, si je m'étais trompé, si vous vous détermixiez à quelque acte de sévérité, je m'empresserais de remplacer au plutôt les sujets qui n'auraient pas obtenu votre agrément : le directeur présente, et le public accepte ou refuse.

L'intérêt de vos plaisirs et mon intérêt propre exigent que j'apporte dans le répertoire toute la variété désirable. Je mettrai souvent à contribution le nouveau répertoire, je prendrai dans l'ancien des ouvrages qui ont joui de quelque célébrité. Les productions nouvelles, opéras, comédies, drames, vaudevilles ou variétés, seront montées avec tous le soin qu'elles exigent; je ferai tous mes efforts pour que la mise en scène ne laisse rien à désirer dans aucune de ses parties.

J'ai pris avec la Mairie l'engagement de donner au Grand Théâtre seize représentations par mois en été, et dix-huit en hiver; mais je compte dépasser ces deux nombres, si le public m'accorde sa protection et daigne me prêter son concours.

(Ici, pour satisfaire au désir du public, M. Lafeuillade a supprimé les dix représentations abonnements supendus qu'il s'était réservées. Ce sacrifice lui méritera sans doute la bienveillance de MM. les abonnés du théâtre.)

Pendant le séjour d'un acteur étranger à la troupe, il pourra être donné deux représentations *abonnement suspendu* dans le même mois; hors de là, il n'en sera joué qu'une.

Les concerts, même ceux annoncés dans la salle Graslin, ainsi que les représentations qui seront données dans la salle des Variétés, ne feront point partie de l'abonnement.

Ces réserves me sont indispensables, si je veux tenter d'élever le théâtre de Nantes à la hauteur du public éclairé dont je sollicite la faveur. Les leçons du passé, et le désir de pouvoir au moins balancer mes comptes de recettes et de dépenses rendent ces mesures absolument nécessaires.

L'ouverture de la campagne aura lieu le 1er juin, et la clôture ne se fera que le 3o avril prochain : de sorte qu'il y aura onze mois de spectacle.

J'apporte au milieu de vous, Messieurs, le fruit de mes travaux et de mes études : secondé par des artistes de conscience et de zèle, j'espère donner à la scène nantaise une importance digne de cette grande cité. Pour réussir dans cette tâche pénible et périlleuse, j'aurai besoin de vos suffrages quand je ferai bien, de votre indulgence quand je ferai mal; mais j'ai surtout besoin que vous soyez d'avance convaincus ed ma bonne volonté et de mon ardent désir de conquérir votre estime.

Nantes, 16 mai 1840. LAFEUILLADE,
Directeur privilégié des Théâtres de Nantes.

ADMINISTRATION. — MM. Lafeuillade, directeur privilégié; Bertin père, régisseur général; Chessent, second régisseur, chargé de parler au public; Rivière, peintre décorateur; Brabant, machiniste.

ORCHESTRE. — MM. Hasselmans, premier chef; Lefèvre, second chef; M. Germain, troisième chef et répétiteur; 40 musiciens.

EMPLOYÉS. — MM. Clermont, caissier; Tessier, contrôleur en chef; Grosleau, tapissier; Lauge; magasinier; Calcina, bibliothécaire; ***, souffleur; Frédéric Laval, coiffeur; Huchon, luminariste.

PERSONNEL DE LA SCÈNE.

ACTEURS.	OPÉRA.	COMÉDIE.	VAUDEVILLE.
MM.			
Lafeuillade	Grands 1ers tén. en tout genre.		
Gellas	1ers tén. légers, 2e de gr. opéra	Jeunes 1ers rôles et jeunes 1ers	Jeunes 1ers rôles et jeunes 1ers
Oudinot	Ténors (Philippe-Gavaudan).	Grands 1ers rôles.	Premiers rôles.
Stéphane	2mes ténors, au besoin des 1ers.	Des jeunes 1ers.	Des premiers amoureux.
Constant	3mes ténors et des 2mes		
Bervilliers	Baryton.		
Hermann-Léon	1res basses chantantes.		
Lavillier	1res basses comiq. et 2mes nobl.	2mes premiers et 3mes rôles.	Des Fervilles et rôles annexés.
Paris	Larcette et des basses comiq.	Grimes et paysans.	1ers comiques marqués.
Granger	Laruette.	Grimes.	Grimes.
Vor de Planck	3mes et 2mes basses au besoin.	Rôles de convenances.	Rôles de convenances.
Blanchard	Ténors comiques (trial).	2mes comiques.	1ers comiques.
Duchateau jeune	Ténors comiques (2mes trial).	1res et 2mes comiques.	2mes comiques.
Roche		1ers rôles j.ne, forts j.ne 1ers.	Rôles annexés.
Constant		2mes amoureux.	2mes amoureux.
Toudouze		1ers rôl. marq., pères nobl., r.r	Des Fervilles.
Charles		Financiers et grimes.	Financiers et grimes.
Ferdinand		Des pères et des financiers.	Des pères et des financiers.
Henri		1ers comiques.	1ers comiques.
Cazaubon		2mes amoureux.	2mes amoureux.
Quillet		3mes et 2mes comiques.	3mes et 2mes comiques.
MMmes			
Elisa Cundell	Gdes 1res cha.tes en tout genre.		
Vve St-Charles	Jeunes 1res cha.tes et fort. 2mes		1res amoureuses chantantes.
Olivié	1res dugazons.	Des jeunes premières.	1res amoureuses.
Constance	2mes dug. et des 2mes chant.tes	2mes amoureuses et des 1res.	2mes amoureuses et des 1res.
Viler	3mes dugazons.	3mes amoureuses.	3mes amoureuses.
Saint-Firmin	1res duègnes.	Caractères.	Duègnes.
Hess	Mères dugaz. jeunes duègnes.	Rôles de convenances.	Rôles de convenances.
Roche		Grands 1ers rôl., mères nobles	Rôles annexés.
Jolly		J.es 1ers rôl et des fortes j.es 1res	Premiers rôles.
Debroux		Ingénuités, jeunes premières	Ingénuités, jeunes premières
Neuville		Soubrettes.	Soubrettes, des Desjazet.
Cochèze		Duègnes, caricatures.	Duègnes, caricatures.

DANSE.

MM.	Mlles
Marius Petipa, premier danseur.	A. Ferdinand, première danseuse.
Constant Telle, 2me danseur, réglant les divertis.	T. Ferdinand, deuxième danseuse.
Duchateau jeune, danseur comique, rôles mimes.	N. . . . troisième danseuse

PRIX ET CONDITIONS DES ABONNEMENTS,

A partir du jour de l'ouverture, qui aura lieu le 1er juin 1840, et finira le 30 avril 1841.

ABONNEMENTS A L'ANNÉE
A TOUTES LES PLACES (LOGES, STALLES ET BAIGNOIRES EXCEPTÉES.)

Pour les hommes, 160 fr., payables en 4 termes.

Savoir :
En s'abonnant.......... 40 f.
Du 1er au 15 Novembre. 40
Du 1er au 15 Août...... 40
Du 1er au 15 Février.... 40
} 160 f.

Pour les Dames, 120 fr., payables en 4 termes.

Savoir :
En s'abonnant.......... 30 f.
Du 1er au 15 Août...... 30
Du 1er au 15 Novembre. 30
Du 1er au 15 Février.... 30
} 120 f.

LOCATION DE LOGES
POUR LES HOMMES ET POUR LES DAMES.

Baign. et premières loges, à 4 places, 800 fr.

Savoir :
En s'abonnant........ 200 f.
Du 1er au 15 Août..... 200
Du 1er au 15 Novembre 200
Du 1er au 15 Février... 200
} 800 f.

Loges grillées, 1res loges de face, à 6 pl., 1200 f.

Savoir :
En s'abonnant....... 300 f.
Du 1er au 15 Août..... 300
Du 1er au 15 Novembre 300
Du 1er au 15 Février... 300
} 1200 f.

Baign. et premières loges, à 5 places, 1000 fr.

Savoir :
En s'abonnant........ 250 f.
Du 1er au 15 Août..... 250
Du 1er au 15 Novembre 250
Du 1er au 15 Février... 250
} 1000 f.

Stalles de Parquet, 200 francs.

Savoir :
En s'abonnant....... 50 f.
Du 1er au 15 Août..... 50
Du 1er au 15 Novembre. 50
Du 1er au 15 Février... 50
} 200 f.

ABONNEMENT D'HIVER
A DATER DU 15 SEPTEMBRE.

Pour les Hommes, 130 fr., payables en 2 termes.

Savoir :
En s'abonnant..... 70 fr.
Au 1er Janvier..., 60
} 130 f.

Pour les Dames, 80 fr., payables en 2 termes.

Savoir :
En s'abonnant..... 50 fr.
Au 1er Janvier..... 30
} 80 f.

ABONNEMENT AU MOIS
A TOUTES PLACES (LOGES, STALLES ET BAIGNOIRES EXCEPTÉES.)

Pour Hommes.......... 20 fr.   Pour Dames.......... 15 fr.

Le nombre des représentations pour l'abonnement à l'année sera de 16 par mois pour la saison d'été, et de 18 pour la saison d'hiver.

Les abonnés auront le droit de conduire une dame aux premières, avec un billet de secondes.

Les redoutes, bals et concerts, ne font point partie de l'abonnement.

Les abonnements sont personnels. L'administration ne peut reconnaître qu'un seul locataire ou titulaire de loges, comme responsable du prix fixé.

L'abonnement au mois se compte toujours à partir du dernier jour de chaque mois.

MM. les locataires de Loges et Baignoires de l'année précédente sont invités à faire savoir au bureau des abonnements, jusqu'au 25 mai courant, s'ils sont dans l'intention de les conserver.

Dimanche 7 juin 1840.   DEUXIÈME ANNÉE.   3e Trimestre. N° 75.

PRIX D'ABONNEMENT :

NANTES. { TROIS MOIS .... F. 3
{ SIX MOIS 6
{ UN AN....... 12

DEHORS { TROIS MOIS.. F. 5
{ SIX MOIS.... 10
{ UN AN....... 18
{ AFFRANCHIR..

—

Prix du numéro, 15 c.

—

PRIX D'ANNONCES :

30 c. à la page d'avis ; 1 fr. dans
le corps du journal. Remise du
tiers aux abonnés.

LE BUREAU EST SITUÉ
Chez HÉRAULT, Imprimeur, rue
de Guérande, N° 3.

ON S'ABONNE :

Au Bureau ;
Chez GUÉRAUD, Libraire, Basse-
Grande-Rue et passage
Bouchaud ;
PLANÇON, Libraire, place
Graslin.

SE TROUVE CHEZ :

M. SUIREAU, Lib.re, rue Crébillon,
Et M. PLESSIER, Relieur, idem.

A PARIS,
ISIDORE PESRON, rue Pavée-Saint-
André, N° 13.

VERT-VERT.

JOURNAL DES SALONS ET DES THEATRES.

GRAND THÉATRE.

CHRONIQUE DRAMATIQUE.

ENFIN il s'est levé, le jour solennel des débuts, jour plein d'intérêt pour le public arbitre né dans la grande question, qu'il doit résoudre ; jour redouté pour les acteurs qui se présentent à la barre, et qui ne doivent espérer de leur inflexible juge qu'une équité rigide, inaccessible à toutes recommandations, et même à toute indulgence.

C'est devant cette haute cour que sont venus comparaître, lundi, les sommités lyriques de la troupe de M. Lafeuillade, au milieu desquelles il tient lui-même le premier rang.

Nous ne dirons rien de cette première représentation, et nous nous tiendrons sur cette réserve, que tout le monde comprendra, jusqu'à la fin des débuts.

Robert-le-Diable ouvrait l'année théâtrale, et M. Lafeuillade remplissait le rôle de *Robert*. Nous ne dirons point si M. Lafeuillade a ou non joué avec talent, et quelles précieuses qualités cet artiste possède, attendons pour cela le jour du jugement définitif ; mais si nous nous abstenons d'exprimer aujourd'hui notre pensée sur le talent des débutants ; nous ne croyons pas devoir passer sous silence quelques circonstances que nos lecteurs apprécieront.

Les applaudissements n'ont pas manqué à M. Lafeuillade, était-ce justice ? nous osons le croire, car ces applaudissements ont été décernés par une majorité imposante, or la majorité, c'est le peuple, et on sait la maxime : *Vox populi, vox Dei.* Mais comme il n'y a point de triomphes sans détracteurs, car selon l'expression du plus grand poète de notre époque :

De tout laurier, un poison est l'essence.

Quelques siffleurs isolés ont protesté contre ces bravos presque universels. A coup sûr, siffler est un droit, un droit reconnu, un droit proclamé par M. Lafeuillade de lui-même, dans quelques mots qui lui ont valu à juste titre une nouvelle bienveillance ; mais nous voudrions que ce droit restât, du moins, dans de justes limites ; *siffler*, c'est protester contre ce qui est mal ; mais il ne faudrait pas siffler *quand même*, car alors il y aurait mauvaise foi, et c'est déjà bien assez pour un artiste d'avoir à vaincre les préventions, sans avoir à lutter contre l'injustice. Sans doute, parmi les siffleurs, quelques-uns eussent été bien embarrassés de dire ce qu'ils sifflaient dans M. Lafeuillade. Cela nous rappelle le mot de cet athénien, votant pour le bannissement d'Aristide : « Ce n'était pas qu'Aristide fût un mauvais citoyen, mais c'est qu'on s'ennuyait de l'entendre appeler le juste !!! »

Nous avons revu nos idoles, Mlles Ferdinand, et leur rentrée a été un triomphe de plus ; c'est qu'il est difficile d'être plus jolies et plus gracieuses que ces deux jeunes filles, qui ne laissent point après elles de monotonie, parce que les grâces et la beauté ont le privilége de ne point vieillir.

En somme, cette soirée a dû prouver à M. Lafeuillade une estime dont il peut être fier. Nous dirons bientôt si cette estime est fondée.

Origine de la Petite Vérole.

J'ai cru long-temps, sur la foi de nos docteurs, et d'après les dissertations si longues et si savantes des Facultés, que les anciens ne connaissaient point le fléau terrible qu'on appelle de nos jours *petite vérole*, par corruption du mot variola *variole*, qui est le mot propre : mais je viens de découvrir que nos docteurs se sont trompés, plût à Dieu que ce fût la première fois !

Il est bien vrai que cette maladie était connue des Grecs bien avant Hyppocrate, quoique celui-ci n'en ait point parlé. Il y a quelques jours, dans une de mes excursions littéraires, j'ai trouvé, sous un vieux comptoir, dans une très-antique maison de la rue de.... habitée, de père en fils, par des épiciers, un manuscrit Grec que je suis enfin parvenu à déchiffrer à grand renfort de bésicles, comme dit maître Rabelais : C'est une sorte de petit poème que j'appellerais *nouvelle*, si ce nom pouvait s'appliquer à une antiquité.

Cette traduction, que j'en donne ici, aura le double avantage de rectifier l'anachronisme commis par nos Facultés, et d'assigner une cause quelconque à une maladie que, moins heureuse que moi, lesdites Facultés n'ont encore pu expliquer. *Felix qui rerum potuit cognoscere causas ?*

On célébrait à Gnide la fête de Vénus, le temple était orné de feuillages et de fleurs, l'encens brûlait en l'honneur de la déesse, dans cent cassolettes d'or, la foule était nombreuse ; les jeunes garçons et les jeunes filles soupiraient tout bas de brûlantes prières, dont le recueillement était parfois interrompu par un doux regard échangé ou surpris : les vieillards n'avaient plus de vœux à former, mais ils s'épanouissaient au souvenir de leur jeunesse, et bénissaient en secret la divinité de Gnide, qui avait semé leur printemps de tant de jours de volupté et de tant de nuits d'amour.

Tout-à-coup il se fit un profond silence, la jeune prêtresse s'avança sur les marches de l'autel, et déposa son offrande. Tous les regards se tournèrent vers elle, puis un murmure d'admiration s'éleva : Ianthé, la prêtresse, venait d'atteindre son troisième lustre, et depuis un an, elle avait été consacrée au culte de Vénus. C'était la plus belle de toutes les jeunes filles qui allaient cueillir des fleurs sur les rives du Céphée ; elle était blonde comme Vénus, la volupté respirait dans ses longs yeux d'azur, sa taille souple et fine se dessinait en contours gracieux sous la blanche draperie dans laquelle elle s'enveloppait avec une coquetterie charmante, son sourire était plein de finesse et de passion. Ianthé prit la lyre sacrée, et faisant voltiger sur les cordes de soie et d'or ses petits doigts effilés et blancs, elle chanta, en s'accompagnant, ces vers passionnés :

Jeunes amants, couronnez-vous de roses et sacrifiez à Vénus ; rien, sur la terre, n'est si doux que l'amour !

La vie est courte, le bonheur est fugitif, hâtons-nous de jouir, car nos beaux jours passent et ne reviendront plus !

Jeunes amants, couronnez-vous de roses et sacrifiez à Vénus ; rien, sur la terre, n'est si doux que l'amour !

L'amour, c'est l'âme qui vivifie la nature, c'est par lui que tout s'embellit, c'est lui qui donne un souffle harmonieux à la brise du bocage, un parfum au gazon que l'amant a effleuré, une voix à tous les objets qui l'entourent, pour soupirer son nom bien-aimé.

Jeunes amants, couronnez-vous de roses et sacrifiez à Vénus ; rien, sur la terre, n'est si doux que l'amour !

Sans lui, qu'importent les grandeurs et la fortune ; le riche s'endort sur des coussins deux fois teints de pourpre, il boit dans des coupes d'or le meilleur vin de Chypre ; mais, au milieu des délices dont il s'enivre, ses jours se traînent dans une oisiveté pénible, si une douce voix ne lui dit point je t'aime, si une bouche rose ne lui sourit point au réveil, s'il ne dort point sur le sein d'une jeune fille.

Jeunes amants, couronnez-vous de roses et sacrifiez à Vénus, rien, sur la terre, n'est si doux que l'amour !

Aimons donc, aimons avec frénésie, pour être heureux ici bas, car le bonheur est dans la volupté. Et toi, reine de Gnide et d'Amatoulhe, protège les jeunes amants, cache aux profanes leurs enivrantes caresses, que leur jours coulent dans le plaisir et la joie, et que leurs nuits soient pleines d'amour !

Jeunes garçons et jeunes filles, sacrifiez à Vénus, rien n'est si doux que l'amour !

Ainsi chanta l'aimable prêtresse, puis elle tira un rideau de soie qui cachait le sanctuaire aux profanes, deux jeunes fiancés y entrèrent en rougissant, le sanctuaire se referma sur eux, et bientôt on entendit par intervalle des soupirs de volupté se mêler aux frémissements de la multitude : le doux sacrifice était accompli ; le peuple se retira en chantant les louanges de Vénus, et, pour la première fois, inquiète et rêveuse, la jeune prêtresse Ianthé retourna à pas lents à sa demeure. Innocente enfant, elle avait célébré l'amour, et elle ne le connaissait point encore. Si jeune et si belle, bien des hommages lui avaient été adressés, mais son cœur n'avait point rencontré parmi tous ces jeunes hommes celui qu'elle avait imaginé dans ses rêves de flamme, celui qu'elle avait créé si tendre et si beau, dans sa pensée de jeune fille, et en attendant cette idole, elle avait refusé tous les vœux qu'on lui avait offerts ; mais, au milieu de la multitude, elle venait d'entrevoir cet amant idéal, dont les beaux yeux s'étaient fixés sur les siens, elle avait vu cette apparition fugitive lui sourire au moment où elle chantait, et ce regard et ce sourire lui avaient dit je t'aime ! Voilà pourquoi Ianthé autrefois si rieuse et si folle, vient de sortir du temple, pensive et rêvant du beau Lycidas.

Lycidas avait deux ans de plus que la jeune fille, il était d'une si grande beauté qu'il avait servi de modèle au sculpteur Phérès, pour sa belle statue d'Apollon. Lycidas avait jusqu'alors passé ses jours à poursuivre à la chasse les bêtes fauves des forêts voisines ; dédaigneux et fier, il avait méprisé l'amour ; mais, lorsqu'il eût vu Ianthé, l'amour fut vengé. Depuis ce moment, il ne prit plus plaisir à parcourir les forêts, et une voluptueuse mélancolie remplaça son enjouement. Le jour, il s'amusait à faire des vers pour Ianthé, et la nuit, il rêvait de la jeune fille ; envain il était retourné au temple, il n'avait point revu la prêtresse, et il invoquait Vénus et l'amour, pour la revoir encore, et pour pouvoir tomber à ses pieds, et lui dire l'excès de sa passion.

Un jour qu'il se promenait sur le rivage du Céphée, il aperçut devant lui une jeune fille qui suivait le cours du fleuve. Elle s'amusait à jeter une à une dans les eaux les fleurs qui composaient sa couronne, puis elle s'arrêtait, et semblait verser des larmes, cette touchante allégorie attendrit Lycidas. Il s'approcha de la jeune fille, et lorsqu'il fut tout près d'elle, et qu'elle eût tourné son gracieux visage, il reconnut la prêtresse de Vénus. Ianthé rougit et baissa ses grands yeux bleus vers la terre, mais son émotion venait de trahir un secret charmant ; Lycidas comprit son bonheur, il prit une de ses petites mains blanches et potelées, et tombant aux genoux de la jeune fille : ô vous, que je ne sais comment nommer, divinité ou mortelle, le cœur de Lycidas est à vous pour toujours ! Ne détournez pas de moi vos yeux si doux, ô ma beauté ! Contemplez à vos genoux un esclave qui vous adore et qui mourra si vous le repoussez, car quiconque vous a vue une seule fois, doit mourir si vous le fuyez. Souvenez-vous, prêtresse de Vénus, que rien n'est si doux que l'amour !

Les jeunes filles n'étaient point cruelles à Gnide, Ianthé fut bientôt vaincue, et Lycidas fut heureux. Enivrez-vous de baisers, couple charmant, épuisez la coupe des voluptés, hâtez-vous de jouir, car les grâces qui vous couvrent de leurs ailes ne vous sauveront pas de la jalousie d'une grande déesse !

Un jour, l'infidèle Vénus, lasse des fougueux transports de Mars, et dégoûtée du séjour de l'Olympe, eut la fantaisie d'essayer, par passe-temps de l'amour de la terre, elle fit donc atteler ses colombes, et se fit conduire à Gnide. Après avoir vainement cherché parmi les plus beaux garçons, n'en trouvant pas un qui lui parût digne d'elle, elle allait quitter Gnide pour visiter ses autres domaines, lorsque, dans le bois sacré qui avoisine son temple, elle aperçut un jeune homme d'une beauté merveilleuse, occupé à graver un chiffre sur l'écorce d'un jeune myrte. Elle le prit d'abord pour un demi-dieu ; mais bientôt sa pénétration divine lui fit découvrir que ce n'était qu'un mortel ; ce jeune homme était Lycidas, qui s'amusait à tracer sur tous les arbres du bois des *Iota* et des *Lambda* enlacés, tandis que sa belle maîtresse était allée célébrer dans le sanctuaire les cérémonies mystérieuses du culte de la déesse. Le beau Lycidas plut à Vénus, et pour la première fois depuis le trépas d'Adonis, elle sentit qu'elle pouvait encore aimer. Elle descendit de son char, jalouse de plaire par ses seuls attraits, elle se dépouilla de sa ceinture et de tous les attributs de sa divinité, prit la figure d'une simple Gnidienne, et s'approchant du jeune homme avec un sourire plein de charmes, je me suis égarée dans ce bois, dit-elle, j'ai perdu la trace de mes compagnes, qui sans doute sont retournées à Gnide, indiquez-moi, je vous prie, le chemin de la ville, et que Vénus protège vos amours ! Lycidas se retourna, et fut frappé de la beauté de la jeune étrangère ; mais il n'éprouva que cette froide admiration que commanderait une belle statue de marbre, chef-d'œuvre de quelque sculpteur habile, et il ne fut point ému, car toute sa tendresse, tous ses désirs, toute son âme étaient concentrés sur une seule idole, Ianthé, sa maîtresse adorée. Il répondit avec un sourire gracieux : non-seulement, ma belle, je vous indiquerai le chemin, mais je vous conduirai moi-même hors des sinuosités de ce bois, et en disant cela, il prit la main de Vénus, et marcha avec elle vers la grande avenue, et en marchant, la déesse lançait au jeune garçon des regards charmants et pleins d'amour, et sa divine main pressait doucement la main de Lycidas ; mais le jeune homme sembla ne point s'apercevoir de ces aimables protestations ; il continua de conduire la déesse avec une froide complaisance, et quand il la quitta, il ne lui dit point qu'il la trouvait belle, et ne lui demanda point où il pourrait la revoir.

Cette froideur irrita Vénus, ou plutôt elle piqua son amour propre. Les femmes dédaignent d'ordinaire les conquêtes faciles, tandis que les obstacles leur plaisent, parce qu'ils leur fournissent l'occasion de mettre en œuvre toutes les ressources de leur coquetterie, d'ourdir de charmantes ruses, de dresser des plans d'attaque et de combiner la victoire, comme un général d'armée, pour faire enfin tomber dans leurs lacs l'amant hautain qui refusait le joug. Vénus était femme, sa passion pour le beau Lycidas s'irrita de l'indifférence du jeune homme; elle fit naître et trouva plusieurs occasions de se retrouver près de lui, mais ce fut sans succès; alors Vénus, furieuse d'avoir été dédaignée, se dit: le cœur de Lycidas appartient à une autre, car il n'aurait point résisté à mes charmes; mais je le saurai, et malheur à ma rivale! malheur aux deux amants! qu'ils tremblent, la colère de Vénus est terrible!

La jalouse déesse épia tous les pas de Lycidas, et qu'elle fut sa rage, lorsqu'elle le surprit un jour, sous un berceau de myrte, dans les bras d'une jeune fille, dont la beauté la fit frémir de honte et de jalousie. Les deux amants, ivres de volupté, se disaient de tendres paroles et se prodiguaient des baisers pleins de flamme. Qu'ils étaient loin de prévoir le malheur qui les menaçait!

Ianthé passant ses jolis petits doigts dans les boucles blondes de la chevelure de son amant:

Lycidas, tu es le plus beau des garçons de Gnide, le plus beau de tous les garçons de l'univers; mon Lycidas, combien je suis fière de ton amour!

Et Lycidas, en baisant la bouche fraîche et rose de la jeune fille, répondit: Ianthé, tu es plus belle que Vénus même! En ce moment, un léger bruit agita le feuillage, et Lycidas aperçut la jeune fille qu'il avait dédaignée, qui s'enfuyait rapidement.

VENGEANCE DE VÉNUS.

Vénus reprit sa première forme, remonta sur son char, et pleine de désirs de vengeance, elle prit aussitôt son vol à travers les airs. Ils apprendront, disait-elle en elle-même, ce que peut Vénus! Les impies! mépriser les dieux! Comparer leurs formes grossières à notre beauté divine! ils seront punis, j'en jure sur le Styx! Mais cette rivale odieuse, il faut qu'elle meure!... mais non, ce serait trop peu! qu'elle vive au contraire pour souffrir, qu'elle devienne un objet de dégoût; ôtons-lui cette beauté qui fait mon supplice, et dont ils sont si fiers, et lorsque ma vengeance sera complète, que Lycidas compare encore sa maîtresse à Vénus! En achevant ces mots, elle arriva aux portes du Tartare, et alla trouver l'Envie. Après s'être exhalée en imprécations contre sa rivale, elle ordonna à l'affreuse déesse de lui préparer quelque philtre qui détruisit sans retour les charmes de l'amante de Lycidas. L'envie courut aussitôt cueillir au bord du Phlégéton, une certaine herbe (le Toxicodendrum) qui a la vertu d'enlaidir les personnes qu'on en touche; Vénus la saisit, et après avoir remercié l'Envie, elle reprit aussitôt vers Gnide. Lorsqu'elle arriva, c'était l'heure où Ianthé, renfermée dans le temple, célébrait les secrets mystères; la déesse lui envoya un profond sommeil, et pendant que la jeune prêtresse dormait, elle approcha d'elle, et exprima sur son gracieux visage le suc de la plante impure qu'elle avait apportée, puis elle se retira! Hélas le lendemain la jeune victime était en proie à une fièvre brûlante; un mal inconnu jusqu'alors s'était déclaré, et, quelques jours après, Lycidas cherchait envain sur le visage défiguré de la jeune fille cet heureux mélange de lys et de roses, qui l'embellissait naguère, et ce teint d'albâtre dont on admirait la merveilleuse pureté.

On dit que Lycidas, ne pouvant se guérir de son amour, se rendit à Lesbos, et fit le saut de Leucade. Quant à la pauvre Ianthé, elle mourut de chagrin et de honte quelques mois après.

Depuis ce temps, ce mal nouveau, si hostile au beau sexe, fit son invasion sur la terre, et prit le caractère d'une épidémie qui semblait attaquer de préférence les plus jolies femmes; et quand quelque beauté avait succombé à ses cruelles atteintes, on disait Vénus en était jalouse, elle s'en est vengée.

NOTA. Ce manuscrit est signé COURVA.

Je ne sais si cette faible traduction aura le don de te plaire, ô M***. Mais si tes jolis yeux la lisent avec intérêt, et surtout si comme moi tu es convaincue que ce n'est point ici une vaine fable, si tu te rappelles combien tu es belle, tu trembleras sans doute que Vénus ne soit encore jalouse; cache donc, ô mon Ange, cache bien à ses regard des charmes qui lui feraient envie. Mais s'il arrivait que l'irascible déesse te punit de l'emporter sur elle en attraits, du moins il me resterait ton âme si aimante et si tendre, ton âme plus belle encore, s'il est possible, que ton admirable corps, et je croirai n'avoir rien perdu!

VERT-VERT.

LES RAYONS ET LES OMBRES,
ou
VOLTAIRE ET VICTOR HUGO.

Rangé, comme provincial, dans les parias de la littérature, par le pamphlétaire *Timon*, qui n'accorde de place au soleil de l'inspiration qu'aux beaux esprits de Paris, ce m'est une grande audace de prétendre dire mon mot sur les *Rayons et les Ombres* de M. Hugo. Que voulez-vous! il est dans ma nature de ne me prosterner devant aucune idole. Je vis en dehors de l'époque, et je n'ai pas l'esprit de l'actualité. Placé dans un petit coin du parterre, je me contente de rire, en voyant passer sur la scène du monde toutes ces marionnettes qu'un fil d'or fait mouvoir. Je m'amuse beaucoup de ces fabricants de littérature et de poésie, établis dans la capitale, qui, à la faveur du monopole, livrent à la province des produits pareils aux marchandises de pacotille que l'on expédie aux colonies. On pourrait dire qu'il en est du monopole de la littérature, dont Paris a le privilége, comme du monopole du tabac: le premier nous condamne à lire de mauvais livres, et le second, à prendre de mauvais tabac. Ces réflexions me sont venues à l'esprit, au milieu *des ténèbres départementales*, où nous plonge sans façon *M. Eugène Briffault*, le scintillant feuilletoniste du *Temps* à propos du voyage de Mlle Rachel en province. Nous nous estimerions bien heureux si cette actrice célèbre pouvait dissiper aussi les épais brouillards qui enveloppent les pensées de M. Hugo, dans les vers que nous allons offrir à nos lecteurs, et leur donner un peu de cette mélodie racinienne si douce aux oreilles que n'ont point endurcies des vers tels que ceux-ci:

Mais toi, rien ne t'efface, amour! Toi, qui nous charmes,
Toi qui, torche ou flambeau, *luit* dans notre brouillard;
Tu nous tins par la joie et *surtout* par les larmes:
Jeune homme on te maudit, on t'adore vieillard.
. . . .
. . . .
Quand notre âme, en rêvant, descend dans nos *entrailles*,
Comptant dans notre cœur, qu'enfin la glace atteint,
Comme on compte les morts sur un champ de *bataille*,
Chaque douleur tombée et chaque songe éteint.

Ce serait le lieu de s'écrier avec Juvénal:

Vexatus toties ranci theseide codri.

Pour moi, il me semble entendre la voix aigre et stridente d'un sacristain de village chantant pour son curé le *Domine salvum fac regem*, depuis les trois glorieuses. Heureusement, par fois, les saillies bouffonnes de M. Hugo nous dédommagent de son âpre harmonie, qui nous rappelle les cuivres de notre orchestre. En voici la preuve:

On a pavé la route âpre et mal aplanie,
Où dans le sable pur se dessinant si bien,
Et de sa petitesse étalant l'ironie,
Son pied charmant semblait rire à côté du mien.

Ces vers rivalisent de bonne plaisanterie avec ceux que nous a laissés Chassinet, de l'école de Ronsard. Les voici:

Par toi le mol zéphir, aux ailes diaprées,
Refrise d'un air doux la perruque des prées.

La muse de M. Hugo excelle aussi dans ses descriptions. Nous parle-t-elle de la chambre de Mlle Bertin, qui prêta un instant sa lyre à *Esmeralda*, voici comment elle s'exprime:

Dans votre chambre, asile illustre et respecté,
C'est ainsi que, sereine et simple, vous *parlâtes*.
Votre front, au reflet des damas écarlates,
Rayonnait, et pour moi, dans cet instant *profond*
Votre regard levé fit un ciel du plafond.

Cette description *des damas écarlates* est bien supérieure à celle du carrosse couleur amarante que nous fait Trissotin dans les *Femmes savantes*:

. . . . . Et pour moi, dans cet instant profond,
Votre regard levé fit un ciel du plafond.

Mlle Bertin, en entendant ces vers, a dû s'écrier avec Philaminte:

. . . . . Admirable, nouveau!
Et personne jamais n'a rien fait de si beau.

Nous regrettons de voir M. Hugo quitter la chambre de Mlle Bertin, pour s'élancer dans la mansarde, avec le dessein d'y faire un petit cours de morale à l'usage des grisettes, aux dépens de Voltaire. L'auteur de *Zaïre* devait avoir quelques droits à l'indulgence du poète qui nous donna *Marion Delorme*. Nous sommes fâchés de voir M. Hugo se livrer à une déclamation furibonde et de fort mauvais goût. Quand on se fait dévot, on devrait avoir plus de charité.

Plein de ces chants honteux, dégoût de la mémoire,
Un vieux livre est lâchant, sur une vieille armoire,
Par quelque vil passant dans cette ombre oublié;
Roman du dernier siècle! œuvre d'un homme!
Voltaire alors reprit, ce singe de génie,
Chez l'homme en mission par le diable envoyé.

Frêle barque assoupie à quelque pâle gouffre!
Prends garde l'enfant, cœur tendre où rien encor ne souffre!
O pauvre fille d'Ève! O pauvre jeune esprit!
Voltaire le serpent, le doute, l'ironie,
Voltaire est dans un coin de ta chambre honnie!
Avec son œil de flamme, il t'espionne et rit.

Oh! tremble, ce sophiste a sondé bien des fanges!
Oh! tremble, ce faux sage a perdu bien des anges!
Ce démon, noir milan, fond sur les cœurs pieux,
Et les brise, et souvent, sous ses griffes cruelles,
Plume à plume j'ai vu tomber ces blanches ailes,
Qui font qu'une âme vole et s'enfuit dans les cieux.

Il compte de ton sein les battements sans nombre,
Le moindre mouvement de ton esprit dans l'ombre,
S'il penche un peu vers lui, fait resplendir son œil,
Et comme un loup rôdant, comme un tigre qui guette,
Par moments, de Satan, visible au seul poète,
La tête monstrueuse apparaît à ton seuil.

Le malin vieillard de Ferney, s'il était encore de ce monde, rirait beaucoup des vers de M. Hugo, et surtout de l'apostrophe du nouveau missionnaire à l'héroïne de la *Mansarde*:

Sois pure dans les Cieux, comme l'onde et l'aurore,
Comme le joyeux nid, comme la tour sonore,
Comme la gerbe blonde, amour du moissonneur,
Comme l'astre incliné, comme la fleur penchante,

Comme tout ce qui rit, comme tout ce qui chante,
Comme tout ce qui dort dans la paix du Seigneur.

Si de pareils vers arrivent dans l'autre monde, et qu'ils tombent sous les yeux de Voltaire, le caustique Vieillard est capable de s'écrier : « On ne joue donc plus en France les » *Précieuses ridicules*, et l'hôtel Rambouillet » triomphe ! Les Welches, je le vois, ont » démoli mon *Temple du goût !* » Pour le calmer, je voudrais pouvoir déposer à ses pieds l'humble hommage des vers que m'a inspirés la colère de M. Hugo contre celui qui, descendu dans l'empire des ombres, *rayonne* encore sur l'Europe de tout l'éclat de son génie.

SUR LES RAYONS ET LES OMBRES,

De M. Victor Hugo.

Que béni soit l'Enfant sublime !
Car c'est ainsi que l'appela
L'illustre père d'Atala,
Ce grand pélerin de Solyme,
Chez lui tenant en magasin
La véritable eau du Jourdain.
De l'auteur du *Roi qui s'amuse*,
Qui le croirait ?... la chaste Muse,
Éprise d'un transport soudain,
Contre Voltaire, hélas ! s'escrime ;
Le traitant sans nulle pitié,
Du Diable elle en fait l'envoyé.
Vous croiriez, au feu qui l'anime,
En voyant son pieux dessein,
Que Hugo s'est fait capucin.
Ne craint-il pas, l'enfant sublime,
Dans son dévot emportement,
De nous rappeler le serpent
Usant sa langue sur sa lime ?
Je vois La Fontaine qui rit ;
J'entends Voltaire qui lui dit :
» Contente-toi du ridicule
» De rimailler en faux bourdon,
» Et dans tes vers d'être l'émule
« De Chapelain et de Pradon.
» Je suis un *Singe de génie !...*
» Le compliment est de bon ton :
» Pour moi, je vois, dans ta manie,
« Le triste singe de Fréron.

***

Nouvelles Théâtrales.

THÉATRE DE NANTES.

Il résulte de la lecture de tous les journaux, que partout et principalement dans les grandes villes, les débuts des acteurs ont été orageux cette année : à Bordeaux, à Toulouse, à Rouen, au Hàvre comme à Nantes, la tempête à renversé des sommités qui semblaient bien établies ; mais nous n'avons à ne nous occuper que de Nantes. Il y avait eu de l'orage lundi et jeudi ; samedi, il y a eu tempête, par le seul défaut de s'entendre. Mlle Cundell, objet d'une forte antipahtie, ne veut faire son second début que dans un rôle qui lui convienne. elle veut aussi se remettre de l'émotion que lui a causée sa première apparition, et que le public modère la sévérité de son jugement, en daignant l'écouter : c'est son droit.

D'un autre côté, l'administration, sans première chanteuse, est privée de faire marcher le spectacle, et de donner suite aux débuts des autres artistes, si elle n'emploie pas un moyen-terme : elle a cru pouvoir confier le rôle de *Fenella* de *Mazaniello* à la deuxième chanteuse, que deux débuts avaient favorablement accueillie, et Mlle Saint-Charles s'en est chargée, pour son malheur. Ce n'est pas qu'elle s'en soit mal acquittée, car on ne l'a pas entendue du tout.

Le public n'a pas voulu souffrir que cette *seconde* chanteuse remplaçát la *première* : voilà la cause du bruit. Des sifflets ont donc accueilli à son entrée Mlle Saint-Charles, et l'ont accompagnée pendant toute la pièce. Les abonnés sifflaient et promettaient de siffler toute l'année. En vain a-t-on appelé le régisseur, le directeur ; ni l'un ni l'autre ne paraissant, le bruit s'est changé en tumulte, il y avait une vigoureuse opposition de la part de ceux qui voulaient jouir du spectacle ; des provocations ont eu lieu, des coups de poings et des soufflets ont été échangés, sans que cela ait amené de solution aucune. La police a laissé faire, et cette mansuétude est bien la seule cause du désordre.

Car, au 4e acte de *Mazaniello*, après que les artistes ont été abreuvés d'outrages qu'ils ne méritaient pas, et que M. Lafeuillade eut été insulté d'une manière ignoble, il s'est avancé sur la scène, et a dit : « Messieurs, je respecte trop le public pour être resté si longtemps sans répondre à sa demande ; mais j'en ai été empêché par l'autorité, à laquelle je dois obéissance. » Ces paroles sages ont produit un effet magique, et l'on a vu ceux qui vociféraient avec le plus de violence se calmer aussitôt : c'est une justice qu'on leur doit, et la fin de la pièce seule a été entendue. Il y a donc à parier que si l'on eût tout d'abord donné des explications, on eût évité, et les rixes entre particuliers, et la fâcheuse impression que cela cause aux artistes et au public.

On ne cesse de le répéter : quand le public comprendra-t-il que, pour faire des observations et qu'elles soient entendues, il faut se dispenser d'injurier et d'outrager les artistes, hommes comme nous, et qui comme nous aussi sont sensibles à l'honneur ; des artistes de l'autre sexe, qui n'ont que leurs larmes pour se défendre.... il y a si peu de générosité à les blesser ainsi, que nous ne donnerons aucune qualification à des actes qu'aucun de ceux qui les commettent ne voudraient avouer dans le particulier.   H.

Nouvelles Diverses.

OPÉRA. — Jeudi 4 juin, a eu lieu le début de Marié, dans la *Juive* : c'est un événement pour le monde dillettante. Mme Roulle a rempli le rôle de *Rachel*, ce qui a donné à la représentation un intérèt tout particulier. C'est le 3 seulement, après une audition brillante, que le début de Mme Roulle a été décidé. Si le succès de cette chanteuse répond à ce que l'on attend d'elle, et si des propositions convenables lui sont faites par l'administration de l'Opéra, elle usera de la clause de son engagement avec la direction de Lyon, et restera à Paris. Sinon, elle se mettra en route pour la seconde ville de France, où l'attendent 28,000 francs à gagner en dix mois et demi.

— La nouvelle de la mort de M. Allan, est démentie, il est sur le point de revenir en France passer ses deux mois de congé. Allan a renouvelé son engagement à Saint-Pétersbourg pour quatre ans. Espérons que cette nouvelle est la bonne et la vraie. La présence d'Allan sera, d'ailleurs, le meilleur démenti possible.

— M. Ch. Courcy, du théâtre du Vaudeville, vient de partir pour Saint-Pétersbourg, où il est engagé. Les voyages forment les jeunes artistes qui ont de l'intelligence et le désir de parvenir.

BORDEAUX. — M. Duprez a commencé ces représentations, par le rôle d'*Asthon* de *Lucie de Lamermoor*. Heureux Bordelais !...

LILLE. — Mme Anna Thillon y a eu un succès complet. Bouquets, couronnes, bravos et trépignements, rien n'y a manqué ; les Lillois sont dans l'enchantement.

GRAND THÉATRE.

Aujourd'hui DIMANCHE, 7 juin 1840, *à sept heures :*

SANS DÉBUT.

MADEMOISELLE DE BELLE-ISLE,

Drame en cinq actes, par M. ALEXANDRE DUMAS.

Distribution. — M. le duc de Richelieu, pair de France, M. Oudinot ; M. le chevalier d'Aubigny, gentilhomme breton, lieutenant aux gardes du roi, M. Roche ; M. le duc d'Aumont, capitaine aux gardes. M. Cazaubon ; M. le chevalier d'Auvray, lieutenant des maréchaux de France, greffier du point d'honneur, M. de Cressant ; M. de Chamillac, Victor de Planck ; Un seigneur, M. Alphonse ; 1er laquais de la marquise de Prie, M. Duchàteau jeune ; 2e laquais de la marquise, M. Sarrazain ; Germain, laquais du duc de Richelieu, M. Famin ; Mme la marquise de Prie, Mme Roche ; Mlle Gabrielle de Belle-Isle, Mme Jolly ; Mariette, femme de chambre de la marquise, Mme Neuville.

En attendant le remplacement du 1er ténor léger, et pour faciliter cette représentation, M. *Gustave Stéphane* remplira, pour cette fois seulement, le rôle de DANIEL.

LE CHALET,

Opéra-comique en un acte, par M. *Scribe*, musique de M. *Adam*.

Distribution. — Max, M. Hermann-Léon ; Daniel, M. Gustave Stéphane ; Betly, Mme Olivier. Soldats.

Un divertissement composé de

UN PAS DE TROIS,

Exécuté par M. *Constant-Tell*, Mlles *Thérèse-Ferdinand* et *Lanti*.

LE PAS STYRIEN,

Dansé par M. *Marius Petipa* et Mlle *Armande Ferdinand*.

IMPRIMERIE D'HÉRAULT, *Rédacteur en chef.*

Dimanche 14 juin 1840.   DEUXIÈME ANNÉE.   3e Trimestre. No 76.

PRIX D'ABONNEMENT :

NANTES. { TROIS MOIS .... F. 3 / SIX MOIS .... 6 / UN AN........ 12

DEHORS { TROIS MOIS.. F. 5 / SIX MOIS .... 10 / UN AN........ 18 / AFFRANCHIR..

Prix du numéro, 15 c.

PRIX D'ANNONCES :

30 c. à la page d'avis ; 1 fr. dans le corps du journal. Remise du tiers aux abonnés.

LE BUREAU EST SITUÉ
Chez HÉRAULT , Imprimeur, rue de Guérande , No 3.

ON S'ABONNE :
Au Bureau ;
Chez GUÉRAUD , Libraire, Basse-Grande-Rue et passage Bouchaud ;
PLANÇON , Libraire , place Graslin.

SE TROUVE CHEZ :
M. SCIREAU, Lib.re, rue Crébillon ,
Et M. PLESSIER, Relieur, *idem*.

A PARIS ,
ISIDORE PESRON , rue Pavée-Saint-André , No 13.

VERT-VERT.

JOURNAL DES SALONS ET DES THEATRES.

GRAND THÉATRE.

CHRONIQUE DRAMATIQUE.

MM. LAFEUILLADE ET HERMANN-LÉON ;
Mlle SAINT-CHARLES.

NFIN le temps orageux des épreuves est passé, pour une partie des artistes de la nouvelle direction, et trois noms ont échappé à ce triste naufrage, où sont venus s'abîmer Mlle Cundell, et MM. Gellas et Blanchard. Aujourd'hui, qu'aucune considération ne nous arrête plus , nous pouvons exprimer librement notre opinion sur chacun de ces trois élus : et disons d'abord que le public s'est montré sévère, inflexible même, c'était son droit. Mais le privilège du vrai talent, c'est de commander les convictions les plus indociles, d'imposer silence aux cabales, de détruire les préventions les plus enracinées ; aussi voyez, en présence de MM. Lafeuillade et Hermann, quel changement magique s'opère tout-à-coup dans cette masse naguère si turbulente et si hostile ; les murmures s'apaisent, les siffleurs sont désarmés, et la saisissante énergie de ces deux vocalisations puissantes s'emparant de tous les spectateurs, la salle retentit d'applaudissements frénétiques, il n'y a plus qu'un cri de plaisir, d'enthousiasme , d'admiration.

M. Lafeuillade possède un magnifique organe, dont il sait diriger les ressorts avec une intelligence profonde ; sa voix pleine , énergique,

vibrante, se plie merveilleusement à tous les caprices de la partition, et parcourt avec une égale facilité tous les tons de l'échelle diatonique ; musicien savant et comédien sensible , il fait passer dans sa voix son âme tout entière ; c'est elle qui tonne avec un si noble accent contre la tyrannie, dans *Mazaniello*, elle qui flotte, incertaine et pleine de passions, entre le crime et la vertu, entre l'amour de la terre et du ciel, dans *Robert ;* elle encore qui soupire avec une mélancolie si touchante , une émotion si vraie, une tendresse si douce , dans la *Juive*. Peut-on chanter avec plus de sentiment que M. Lafeuillade, ce motif qui fait couler des larmes : *Rachel, quand du Seigneur*, etc. ? avec une plus haute inspiration que lui le morceau : *Fille chère* , etc. ? Mais si nous voulions énumérer une à une les précieuses qualités de cet artiste remarquable, nous ne taririons pas, et que dirions-nous d'ailleurs qui valût ces bravos universels, cet enthousiasme, cet amour, dont tous les spectateurs sans réserve l'ont constamment entouré ? En écoutant M. Lafeuillade, nous avons plus vivement regretté que jamais la perte de Mme Prévost-Colon, ces deux beaux talents étaient faits pour s'entendre. Espérons que M. Lafeuillade trouvera une première chanteuse plus digne de lui que Mlle Cundell.

Venons à M. Hermann, c'est après M. Lafeuillade celui que le public entoure de plus de faveur, et il le mérite à tous égards ; on peut trouver des voix de basse plus profondes et plus vibrantes que celle de M. Hermann ; mais on n'en trouvera pas communément de plus flexibles, de plus pures et même de plus harmonieuses, de même qu'on trouvera difficilement un artiste qui en exploite plus habilement les ressources ; mais le caractère qui distingue particulièrement le talent de M.

Hermann, est surtout une prodigieuse netteté de vocalisation , une souplesse remarquable et une douceur qu'on aurait cru inconciliable avec la voix de basse. Il phrase chaque note avec une délicatesse extrême, et sait merveilleusement éviter la monotonie qui s'attache souvent au genre d'organe dont il est doué.

M. Hermann a été admis avec acclamations. C'était justice.

Il nous reste maintenant à parler de Mlle Saint-Charles, et notre tâche sera douce à remplir. Mlle Saint-Charles est une charmante jeune fille, au gracieux visage , à la taille de Sylphide que , sans pitié pour sa gentillesse, des siffleurs, que Vénus confonde ! ont horriblement maltraitée ; mais qui , grâce à une imposante majorité qui a crié au vandalisme, a été définitivement admise. Nous ne voulons point faire ici le procès aux siffleurs, mais nous les engagerons à se défaire de cette malheureuse prévention qui fait qu'on juge souvent sans entendre.

Mlle Saint-Charles est loin d'être digne de la réprobation dont on a voulu la frapper ; nous croyons, au contraire, à son talent, et beaucoup à son avenir : cette jeune artiste est douée de qualités précieuses, que la sévérité avec laquelle on l'a accueillie ne lui a pas permis de développer entièrement ; son timbre est frais et pur, sa vocalisation facile et quelquefois pleine de mélodie, surtout dans les notes hautes, ses fioritures sont souvent d'un goût exquis, et si elle parvient à surmonter la timidité que lui a inspirée l'accueil de son troisième début, et à se convaincre qu'elle a pour elle une immense majorité, nous ne doutons pas de son succès.

Et maintenant, ô notre aimable virtuose, recevez l'amende honorable que nous vous offrons, nous qui professons une douce sympathie pour votre talent et vos charmes, en expiation de l'injustice des siffleurs, de ces coupables de lèze-beauté que vos jolis yeux n'ont point désarmés : qu'ils soient maudits des Grâces et de l'Amour ! Que leurs femmes deviennent coquettes, que leurs maîtresses soient infidèles, et qu'ils apprennent, par une punition terrible, à respecter désormais ce qu'il y a de plus doux sous le ciel, un joli minois et deux beaux yeux !!!

MAIRIE DE NANTES.

POLICE DES SPECTACLES.

Nous Maire, etc.

Considérant que depuis l'ouverture de l'année théâtrale, quelques spectateurs troublent les représentations, lesquelles n'ont pu souvent être achevées ; qu'il en est résulté des provocations et même des collisions ;

Considérant que, si des manifestations admises par l'usage peuvent être tolérées pendant les débuts, pour l'admission ou le renvoi d'un acteur, il convient à la dignité du public d'une grande cité de laisser à cet acteur le temps d'être apprécié par ses juges ;

Cédant au vœu général de nos concitoyens, péniblement préoccupés des désordres qui se passent au spectacle, et voulant, dans l'intérêt de la tranquillité et de la décence, régulariser les débuts *sans préjudicier en rien aux droits du public, dont les arrêts doivent être respectés* ;

ARRÊTONS ;

Art. 1er. — Chaque acteur nouvellement engagé et ayant plus d'un an d'absence du théâtre de cette ville, fera, comme par le passé, les trois débuts d'usage.

Art. 2. — Les deux premiers débuts sont exclusivement consacrés à l'audition ; le dernier est réservé au public pour l'épreuve définitive d'admission ou de refus du débutant. Ce refus ne pourra se manifester qu'au dernier acte de la pièce où le début aura lieu.

Art. 3. — En conséquence, il est expressément défendu de troubler, de quelque manière que ce soit, les deux premiers débuts.

Art. 4. — L'acteur qui aura fait partie de la troupe précédente, sera reçu ou refusé définitivement à sa rentrée.

Art. 5. — Les contrevenants au présent règlement seront poursuivis conformément aux lois.

Art. 6. — Le présent arrêté, dont une expédition est adressée au Préfet du département, sera mis à exécution immédiatement après sa publication, par les soins de M. le commissaire en chef et les commissaires de police.

Signé, FERDINAND FAVRE.

Vu et approuvé, en Préfecture, à Nantes, le 11 juin 1840.

Signé, MAURICE DUVAL.

MARIÉ.

OPÉRA. — M. Léon Pillet a deviné le talent de Marié. Marié à l'Opéra-Comique n'était pas sur son terrain ; M. Crosnier a consenti à une résiliation, et Marié, libre par cette concession, est venu à l'Opéra aborder le rôle d'Eléazar de la *Juive*. C'est une étrange destinée que celle de Marié ! Élève instrumentiste au Conservatoire, il y obtient un prix de contrebasse et parvient à se caser modestement à l'Opéra ; bientôt il quitte l'Académie Royale de Musique et entre à l'Opéra-Comique, comme choriste et *utilité* ; on lui faisait faire le métier auquel étaient assujettis autrefois Allaire, Granger, Louvet et plus tard Belnie ; Marié sentait en lui quelque chose qui lui disait qu'il était destiné à arriver ; quand son engagement expira, il offrit, si on voulait lui donner 15 ou 1,800 fr., de signer un nouveau traité de cinq ans ; il fut repoussé avec dérision ; il demanda à se faire entendre dans le rôle de Couderc, du *Chalet* ; on lui rit presque au nez, tant on trouva son audace grande ; de guerre lasse, Marié partit, parce que le théâtre de l'Opéra-Comique ne voulait pas lui donner la modeste existence qu'il ambitionnait. Un directeur de province eut plus d'habileté que les directeurs de Paris. Il engagea Marié d'emblée pour remplir à Metz l'emploi de premier tenor d'opéra. A Metz, Marié fit révolution. On venait de vingt lieues à la ronde pour l'entendre. Il ne faut pas croire que le public de Metz soit un mauvais juge ; il y a là tous ces jeunes élèves de l'École polytechnique, qui préludent à la carrière militaire, et qui arrivent chaque année, la tête remplie de l'effet que les grands talents de Paris ont produit sur eux. C'est ce public là qui a fait la réputation de Marié, et auquel Marié doit une éternelle reconnaissance pour en avoir été si bien compris.

Sur ces entrefaites, M. Anténor Joly, ce directeur si actif et qui méritait un meilleur sort, entendit parler de Marié, fut l'entendre, et l'engagea. Alors à l'Opéra-Comique on comprit qu'on avait eu tort de ne pas croire au talent de Marié. On lui fit des propositions ; il montra son engagement. Pour l'amener à composition, on lui parla d'une clause du privilége de M. Joly, laquelle portait que le directeur de la Renaissance ne pouvait engager un artiste sortant des théâtres royaux que trois ans après l'expiration de son engagement. Marié trembla pour son avenir compromis, et il signa avec M. Crosnier un engagement conditionnel. A Paris, en effet, les tribunaux cassèrent le traité passé avec M. Joly, et Marié rentra triomphalement à l'Opéra-Comique, non plus aux appointements de 15 ou 1,800 fr., mais avec un traitement de 13 ou 18,000 fr. Quand ces événements se sont présentés, j'ai été sévère pour Marié, non pas relativement à son talent, mais relativement à la conduite qu'il avait tenue. En examinant bien l'affaire, je vois qu'il a été mal conseillé, et j'aime à lui rendre aujourd'hui la justice que j'avais cru devoir lui refuser.

Marié à l'Opéra-Comique n'était pas au bout de ses épreuves. La *Symphonie* le montra d'abord sous un jour favorable, et voici ce que je disais de lui, le surlendemain de son début, dans mon feuilleton du 14 octobre :

« La figure de Marié est aussi expressive que celle de Nourrit, sa sensibilité aussi grande, son intelligence aussi rare ; ses muscles agissent continuellement sous la préoccupation du sentiment qu'il est chargé d'exprimer. Il ne parlerait pas qu'on le comprendrait. Ses gestes sont nobles et bien composés ; il a à se débarrasser d'une pétulance qu'il ne sait pas encore assez maîtriser, mais tel qu'il est, il est supérieur déjà, comme comédien, à tout ce que possèdent nos théâtres lyriques, sans exception ; c'est la vieille école qui revient, la bonne et saine école, celle que Nourrit avait reçue de Talma et de Baptiste aîné, et dont Marié a surpris le secret avec une rare sagacité. Sa voix est belle et pure, touchante et passionnée ; on a abusé encore pour lui des sons de tête ; mais il corrigera de lui-même ce défaut. Depuis long-temps une aussi importante acquisition n'avait été faite par un théâtre. L'art n'est pas perdu ! l'art est immortel ! et quand on le croit tué, il suffit d'un bon interprète pour le relever. Cette tâche est échue à Marié, qui la remplira glorieusement. Qu'il ne se laisse point égarer par les éloges : qu'il ne croie pas avoir tout fait, il lui reste beaucoup à faire ; il a mis le pied sur le chemin que Nourrit a parcouru avec tant de gloire ; qu'il aille jusqu'au bout. »

Malheureusement, Marié ne trouva que cette occasion de faire valoir son talent. Dans la *Fille du Régiment*, on fit de lui une sorte de Colin ridicule, et dès-lors on crut qu'il n'était bon à rien. Étrange aveuglement ! on ne comprit pas qu'il en était de Marié comme de Mlle Rachel : mauvaise au Gymnase, elle est admirable au Théâtre-Français. Pour moi, le lendemain de la *Fille du Régiment*, je dis à M. Édouard Monnais ce que je lui avais dit le lendemain de la *Symphonie* : « Si vous tenez à avoir un excellent artiste, prenez Marié. » L'échec de Marié lui a été favorable en ce sens, que M. Crosnier l'a cédé plus facilement aux directeurs de l'Opéra.

Marié, dans la *Juive*, a réalisé tout ce qu'il avait promis dans la *Symphonie*. Ce serait me répéter que de redire ce que j'écrivais il y a huit mois, car mon opinion n'a pas varié. Marié a eu quelques-unes de ces intentions de comédie fines et délicates qui ravissent les amateurs éclairés, et qui rappellent les plus beaux temps de la littérature dramatique. Nourrit n'aurait pas dit avec plus d'intelligence le trio du Collier, au second acte, et dans le morceau de la Pâque, il a déployé, comme chanteur, toutes les ressources de la belle voix qu'on avait déjà appréciée avec enthousiasme au final du premier acte. Seulement ; il faut que Marié se tienne en garde contre sa tendance à ralentir son chant. Toutefois, je dois dire qu'il a un peu moins ralenti, le second jour, la cabalette de l'air du quatrième acte ; mais elle a besoin d'être encore un peu plus précipitée : en vouant Rachel à la mort, Eléazar accomplit un acte de fanatisme : or le fanatisme est brusque de sa nature ; c'est une fièvre qui ne laisse pas réfléchir celui qu'elle absorbe ; que la réflexion se fasse jour, et au lieu du fanatisme, ce n'est plus qu'un acte de froide cruauté. Nourrit avait, au second acte, un geste que Mlle Falcon s'est approprié lors de la représention à son bénéfice, et que Marié fera bien de prendre. Au moment de l'anathème, Nourrit se grandissait sur la pointe des pieds ; par un mouvement spontané, son bras s'élevait vers le ciel pour implorer l'Eternel, et redescendait ensuite sur la tête de Léopold, comme s'il ramenait d'en-haut la malédiction qu'il avait demandé à Dieu de sanctionner.

L'acquisition de Marié est précieuse pour l'Opéra. On l'annonce dans *Guillaume-Tell*, où sans doute il aura le même succès que dans la *Juive*. Marié a raison d'aborder le rôle sur lequel Duprez a laissé une sorte de prestige. Après ce coup hardi, le reste du répertoire sera pour Marié une suite naturelle de triomphes mérités.

Dans cette soirée mémorable, nous avons entendu aussi Mme Roulle-Peignat, qui débuta avec éclat à l'Opéra-Comique en 1833, et y resta jusqu'en 1835. La voix de Mme Roulle-Peignat est belle et étendue ; elle a chanté Rachel avec âme et talent, et c'est grand dommage que l'Opéra et cette artiste n'aient pu s'entendre sur la question d'argent. Mme Roulle-Peignat est partie pour Lyon, où la faveur publique ne lui faillira pas plus qu'à Paris, et j'espère que ce qui est différé n'est pas perdu, car elle serait une excellente acquisition pour notre Académie Royale de Musique, où sa place est marquée.

(Feuilleton de la France, du 11 juin 1840.)

LES DEUX ROSES.

C'est du printemps que date le différend soumis à l'appréciation de M. le juge du quatrième arrondissent, et les objets de la contestation sont deux roses blanches dont les feuilles sèches ont depuis long-temps été balayées par le vent.

Mme Gallien, couturière. — Je réclame 30 francs de dommages-intérêt à Mlle Flora Minville, parce qu'elle m'a fait manquer une commande de 150 fr.

Le juge. —Expliquez les faits qui ont motivé votre réclamation ?

Mme Gallien. —Voici, Monsieur. Il y a environ deux mois, que Mlle Léontine de Grille s'est mariée avec le prince de Clermont-Tonnerre ; la corbeille et le trousseau devaient être magnifiques... J'obtins la commande de la robe de bal de la mariée ; c'était un chef-d'œuvre à faire... de la dentelle à flots, des perles, des guipures, toutes les merveilles de l'art s'y trouvaient réunies ; mais il fallait quelque chose de plus rare à cette époque : il fallait une rose blanche naturelle... une rose à la fin de février !...

Le juge. — Ce fut Mlle Flora qui se chargea de vous la procurer?

Mme Gallien. — Oui, Monsieur ; elle cultivait depuis long-temps des fleurs, et elle en vend souvent les primeurs aux grandes modistes de la capitale. Je m'en fus la trouver, et elle s'engagea à me fournir l'une des deux roses qu'elle possédait, moyennant 25 francs payés à la livraison ; j'ai compté sur sa promesse, et cependant elle n'a pas été tenue fidèlement, car la rose ne m'a point été livrée, et par ce fait, on a refusé la robe de noces.

Le juge (à Mlle Flora). — Pourquoi n'avez-vous pas effectué la livraison?

Mlle Flora (timidement). — Il n'y a pas de ma faute, allez.... La veille du jour auquel j'avais promis la rose blanche à Mme Gallien, une pluie survenue pendant mon absence la fit épanouir, et quelques heures après, il n'en restait plus que la tige !.... Ce que je vous dis est bien vrai !....

Le juge. — Je le crois, mon enfant.... mais la seconde, vous pouviez la livrer....

Mlle Flora (les larmes aux yeux). — Oh! pour celle-là, elle n'était pas promise ... j'aurais bien pu la faire accepter à Mme Gallien, car c'était la plus belle des deux... mais je n'ai pas voulu... elle était destinée à ma mère....

Le juge. — C'était le jour de sa fête?

Mlle Flora (avec tristesse.) — Non, monsieur ; c'était le jour de sa mort.... (Profonde sensation dans l'auditoire). — Tous les ans, j'ai le soin de faire transporter sur son tombeau, au cimetière Montmartre, une de ces roses blanches qu'elle aimait tant.... Cette année, j'ai fait de même.... Je me suis dit : La mariée sera tout aussi belle avec une fleur de moins, et ma pauvre mère aura encore aujourd'hui sa rose favorite....

Ici, Mlle Flora verse d'abondantes larmes. Mme Gallien s'approche d'elle pour la consoler.

Mme Gallien (au juge.) — Rayez la cause, Monsieur le juge, car c'est mal à moi de poursuivre cette pauvre enfant pour une bonne action.... N'en parlons plus, Mlle Flora, c'est un malheur, et voilà tout.... Tout ce que je souhaite pour compensation, c'est d'avoir une fille comme vous.

Le juge-de-paix, d'une voix attendrie, renvoie les parties sans jugement.

POÉSIE.

LE CLERC
ET
LES DEUX GÉNIES.

..........*Quærendo pecunia primùm est
Musæ post nummos!* HOR.

C'était l'heure où la nuit, au milieu de son cours,
Appelle au rendez-vous le crime et les amours.
Où le clerc échappé du banc de la chicane,
Loin des dossiers poudreux et du client profane,
Secouant ses ennuis, goûte un juste loisir ;
Je dormais, je rêvais d'espoir et d'avenir ;
Le sommeil gracieux, père des doux mensonges,
Soufflait à mon chevet les plus aimables songes.
Soudain, près de mon lit, je vis avec effroi
Un spectre décharné se dresser devant moi :
Il semblait amaigri par un double carême,
Les sourcils inquiets ridaient sa face blême,
Le bonnet des docteurs couvrait son front chagrin,
Et pour dernier insigne un code armait sa main.
Étonné, j'observais ce spectre rachitique,
Lui, se penchant vers moi, dit : Je suis la Pratique,
Bâtarde de Thémis, née au siècle de fer,
Je procède à la fois du ciel et de l'enfer,
Je connais le grand art d'obscurcir toutes choses,
Et de jeter de l'ombre aux plus lucides causes :
C'est moi qui, secourant les juges aux abois,
Subtile pythonisse, interprète les lois ;
Moi qui, dans leur travaux, souffle au cœur des notaires
La science du rôle et l'esprit des affaires.
Ô toi que je chéris parmi mes nourrissons,
Donne-moi tous tes sons, médite mes leçons ;
De mes écrits abstraits fais ton unique étude ;
De Barthole et Cujas nourris ta solitude ;
Qu'aux Muses aux beaux arts ton esprit soit fermé ;
Vis pour ma seule gloire, ô mon fils bien-aimé !
Et si d'illusions ton jeune cœur avide,
Ne trouve point de fleurs sur le chemin aride,
Songe que quelque jour, pour prix de tes travaux
Plutus, assis au but, t'ouvrira ses caveaux !
Souviens-toi qu'ici-bas, gloire, vertus, courage,
Passent inaperçus, sans culte et sans hommage,
Et qu'on n'est estimé, qu'en raison de son or...
Le fantôme, à ces mots, fit briller un trésor :
Et je ne vis plus rien ; mais dans mon âme émue
Vibra long-temps un bruit de sacs d'or qu'on remue...
Puis, il me sembla voir, du milieu d'un ciel pur,
Descendre à mon chevet dans un rayon d'azur,
L'une de ces houris aux formes vaporeuses,
Telles qu'ingénieux en fictions heureuses,
Au bruit des ouragans mariant ses accords.
Le barde de Morven en rêva sur ses bords
Et je tendais les bras à l'aimable génie.
Mais lui, me souriant : Je suis la Poésie,
Dit-il, et de sa voix l'accent mélodieux,
M'arriva comme un son tombé du chœur des Cieux
La déesse reprit : Mon domaine est le monde,
Je règne dans le ciel, sur la terre, sur l'onde,
Tout ce qui porte un cœur subit ma douce loi,
Tout ce qui sait sentir s'incline devant moi.
C'est moi dont les accents stygmatisent l'esclave,
Moi qui jette des fleurs sur le cercueil du brave,
Moi qui d'un vers puissant flagelle les méchants,
Moi qui, dans leur orgueil, marque au front les tyrans,
Et soulevant contre eux l'inexorable histoire,
Attache au pilori leur vie et leur mémoire ;
Puis chargeant mes pinceaux de légères couleurs,
Je dis la paix des champs, le printemps et les fleurs,
La touchante amitié, l'amour et son martyre,
Et ses tendres fureurs et son brûlant délire......
Viens, je te conduirai dans un nouvel Eden,
Que jamais, ici bas, n'entrevit d'œil humain.
Où mes élus, bercés d'une sainte harmonie,
Se nourrissent sans fin de gloire et d'ambroisie.
Tu ne trouveras point dans mes sacrés sentiers
Ce métal odieux dont les esprits grossiers,
Honteux spéculateurs, poursuivent la conquête,
Et que doit noblement mépriser le poète.
Moi, j'ai d'autres faveurs ; ce que je viens t'offrir,
C'est l'honneur d'un beau nom, vainqueur de l'avenir.
A peine elle avait dit, que déployant ses ailes,
Je la vis remonter aux voûtes éternelles :
Et moi je m'éveillai tremblant d'émotion.
Cherchant encor des yeux la douce vision.
Et mon âme en rêvant de l'aimable syrène ;
Entre la gloire et l'or, s'arrêtait incertaine ;
Lorsqu'un vieux procureur, blanchi sous le harnais,
Qui n'a que deux amours, l'argent et les procès,
Et pour qui, Muses, Arts, Sciences, Poétique
Sont termes inconnus et langage hébraïque,
Me donna ce conseil : je te veux quelque bien.
Dit-il ; tu fais des vers, or tu ne feras rien :
A quoi bon, de l'état citoyen inutile,
User à rimailler ta jeunesse stérile?
Crois-moi, l'amour des vers est un penchant fatal
Qui conduit tôt ou tard son homme à l'hôpital ;
Congédie Apollon, abandonne les Muses.

Sottes divinités, vains mots dont tu t'abuses,
Fictions sans valeur, poids, ni titre ni cours,
Qui pour un ventre à jeun seraient d'un vain secours;
Pour quiconque a vécu, la gloire est un mot vide,
L'or seul pèse son poids, et lui seul est solide:
Donne donc à ce dieu ton amour et tes soins,
Sois homme de bon sens, mon fils, ni plus ni moins.

JULES F.....

Nouvelles Théâtrales.

Bordeaux, 11 juin.

La deuxième et la troisième représentation de Duprez ont été très-brillantes. Le célèbre chanteur n'a pas obtenu moins de succès dans *la Muette* et *la Juive* que dans *Lucie de Lammermoor*. Il a su se montrer créateur dans des rôles qui n'avaient pas peu contribué à la réputation de Nourrit.

Il est fâcheux que Duprez n'ait pas mieux été secondé dans la *Juive*. Mme Pouilley était assez mal disposée; Cornelis jouait pour la première fois un rôle au-dessus de ses moyens ; les chœurs chantaient un peu plus faux qu'à l'ordinaire. En un mot, les détails et l'ensemble laissaient beaucoup à désirer, et cependant Duprez a excité à plusieurs reprises l'enthousiasme du public, qui l'a rappelé après le quatrième acte et à la fin du spectacle.

— Mlle RACHEL a commencé ses représentations à Rouen. Elle a étonné. La pressé de la localité a jugé son talent avec une grande sagacité.

— Mme TONY, ex-artiste du théâtre du Palais-Royal, où elle tenait l'emploi des duègnes, vient de mourir. Elle avait commencé la comédie à l'ancien théâtre des Jeunes Élèves, situé au coin de la rue de Lancry.

— M. LEGAIGNEUR, artiste de mérite, venant de Nantes, qui a débuté avec succès à l'Opéra-Comique, reste cette année à Paris sans prendre d'emploi, pour se livrer à de sérieuses études. C'est la preuve d'une volonté tout artistique.

— Mme TERRAS, première chanteuse, qui de son plein gré et pour cause de santé a rompu son engagement avec la direction de La Haye, après des débuts favorables, est maintenant à Paris, et libre d'engagement.

LA LOIRE HISTORIQUE,

PUBLIÉE EN 200 LIVRAISONS A 30 CENTIMES.

Chez SUIREAU, Libraire-Éditeur,

Rues Crébillon et Contrescarpe, à Nantes.

Le premier volume de cette remarquable publication est terminé; près de 3,000 souscripteurs le possèdent, et peuvent juger de l'importance de cette œuvre, si consciencieusement faite, et par l'auteur et par l'éditeur. M. Suireau a bien loyalement rempli les conditions de son prospectus; il a même dépassé ses promesses, car il annonçait 200 vignettes dans le texte, ou 50 par volume, et le premier en contient 80 : donner plus qu'on ne promet, cela est fort rare chez les éditeurs, aussi félicitons-nous M. Suireau de cette manière aimable de tromper ses souscripteurs. Il a compris, en homme habile, que ce n'est pas seulement par un prospectus pompeux qu'on gagne la confiance, mais bien en disant au public qui a eu foi dans ses promesses : voilà ce que j'avais promis, voilà ce que je donne, comparez. Nous prédisons à M. Suireau que cette manière d'agir lui sera fructueuse, car bon nombre de personnes s'empresseront de souscrire à sa publication qui, sous tous les rapports, mérite d'être encouragée. La *Loire Historique* n'est ni une simple promenade aux bords de ce fleuve, ni une histoire d'étroite localité, mais bien un livre reproduisant avec d'amples détails, souvent inédits et toujours curieux, les fastes historiques, la description géologique, agricole, industrielle, scientifique, littéraire, artistique, morale et biographique des douze départements qu'arrose la Loire, cette partie de la France où l'histoire se montre si opulente de fastes et d'illustrations depuis César jusqu'à nous ; c'est enfin un livre qui doit trouver une place honorable dans toutes les bibliothèques.

LA COMMUNE
ET
La Milice de Nantes,
PAR

Camille Mellinet, Imprimeur.

CONDITIONS DE LA SOUSCRIPTION.

Cet ouvrage formera plusieurs volumes in-8°, imprimés en caractères neufs, sur papier grand-raisin, au prix de 6 fr. le volume. — On pourra cesser sa souscription après la 1re série, qui formera un ouvrage complet en 4 ou 5 volumes, la publication ne devant ensuite continuer qu'annuellement.

On souscrit à Nantes,

Chez CAMILLE MELLINET, Imprimeur, place du Pilori; chez SUIREAU, Libraire-Éditeur, rues Crébillon et Contrescarpe, et chez tous les Libraires de Nantes.

LA SYLPHIDE,
Journal des Modes,
LITTÉRATURE BEAUX-ARTS.

Paris, rue d'Hanovre, N° 4.

La SYLPHIDE paraît tous les samedis par livraison, de seize pages de texte. Une gravure accompagne chaque numéro. Tout souscripteur pour six mois aura droit à un cadre destiné à contenir les gravures; ce cadre a le double avantage d'en conserver la fraîcheur et de les réunir, afin de pouvoir facilement les consulter : l'administration ne se charge pas de les envoyer à domicile, elle les tiendra seulement à la disposition des abonnés.

AVIS IMPORTANT.

Tout abonné aura la faculté de s'adresser à l'administration pour les objets consignés dans le journal et qu'il voudrait acquérir ; l'employé chargé de la spécialité Modes, en fera l'expédition immédiatement. Ces envois seront payables à un mois.

CONDITIONS DE L'ABONNEMENT :

POUR PARIS :

1 an, 28 fr.; 6 mois, 15 fr.; 3 mois 7 fr. 50 cent.

POUR LES DÉPARTEMENTS :

1 fr. 50 cent. de plus par trimestre.

A Nantes, on s'abonne chez M. Hérault, rue de Guérande.

GRAND THÉATRE.

Aujourd'hui DIMANCHE, 14 juin 1840, On commencera à six heures.

SANS DÉBUT.

ESTELLE, OU LE PÈRE ET LA FILLE,

Comédie-Vaudeville, en un acte, par M. Scribe.

Distribution. — M. de Soligny, M. Oudinot; M. Fumichon, M. Toudouze; Raymond, M. Cazaubon ; Renard, M. Famin; Estelle, Mme Olivier.

MAZANIELLO

OU

LE PÊCHEUR NAPOLITAIN,

Opéra comique en quatre actes, paroles de MM. Moreau et Lafortelle, musique de Caraffa.

Distribution. — Mazaniello, M. Lafeuillade; Ruffino, M. Hermann Léon; Torellas, M. Gustave Stephane; Le gouverneur, M. Oudinot; Matéo, M. Blanchard; Jacômo, M. Pàris; Calatravio, M. V. Deplanck ; Un charlatan, M. Salomon; Léonora, Mlle Saint Charles; Thérésia, Mlle Hortense Viller.

Un nouveau Divertissement composé de

UN PAS DE DEUX

Exécuté par M. Constant Telle et Mlle Santi.

PAS DE TROIS ESPAGNOL

Exécuté par M. Marius Petipas, Mlles Armande et Thérèse Ferdinand.

Ordre du Spectacle : 1°. Estelle. — 2°. Mazaniello. — 3°. Divertissement.

IMPRIMERIE D'HÉRAULT, *Rédacteur en chef.*

Dimanche 21 juin 1840. DEUXIÈME ANNÉE. 3e Trimestre. N° 77.

PRIX D'ABONNEMENT :

NANTES. { TROIS MOIS .... F. 3
{ SIX MOIS 6
{ UN AN....... 12

DEHORS { TROIS MOIS.. F. 5
{ SIX MOIS.... 10
{ UN AN....... 18
{ AFFRANCHIR..

[Prix du numéro, 15 c.

PRIX D'ANNONCES :

30 c. à la page d'avis ; 1 fr. dans le corps du journal. Remise du tiers aux abonnés.

LE BUREAU EST SITUÉ

Chez HÉRAULT, Imprimeur, rue de Guérande, N° 3.

ON S'ABONNE :

Au Bureau ;
Chez GUÉRAUD, Libraire, Basse-Grande Rue et passage Bouchaud ;
PLANÇON, Libraire, place Graslin.

SE TROUVE CHEZ :

M. SCIREAU, Lib.re, rue Crébillon,
Et M. PLESSIER, Relieur. idem.

A PARIS,

ISIDORE PESRON, rue Pavée-Saint-André, N° 13.

VERT-VERT.

JOURNAL DES SALONS ET DES THEATRES.

GRAND THÉATRE.

CHRONIQUE DRAMATIQUE.

M. STÉPHANE, Mme JOLLY.

DEUX nouveaux noms ont encore trouvé grâce devant le public de Nantes, si peu gracieux cette année. M. Stéphane, notre deuxième ténor, qui n'a pas été trop maltraité, et Mme Joly jeune première, qui l'a été beaucoup plus que de raison ; un mot sur ces deux clus :

M. Stéphane n'est pas, ce nous semble, au-dessous de son emploi, et soutient avantageusement la comparaison avec M. Legaigneur, son prédécesseur. Cependant nous dirons, avec notre impartialité ordinaire que M. Stéphane laisse beaucoup à désirer ; il y a malheureusement dans son organe un vice essentiel, radical, que ne rachètent pas même facilement les plus précieuses qualités, nous voulons parler du défaut de sonorité. Ce n'est pas que cet artiste ne tire habilement parti des ressources qui lui restent. Il chante avec un goût sûr, et phrase la musique avec méthode et précision ; sa manière décèle une étude sévère et consciencieuse et un respect religieux pour les bonnes traditions ; mais par malheur sa voix, d'une excessive faiblesse, sent la fatigue, et manque absolument de fraîcheur et d'harmonie ; on ne retrouve point dans sa vocalisation ces notes pures, faciles, brillantes, ces sons pleins de sève et de vie, qui distinguent si éminemment M. La feuillade, et qu'on désirerait rencontrer quelquefois même dans l'emploi de M. Stéphane.

Toutefois, la faute en est tout entière à la nature, et nous aurions mauvaise grâce à en accuser M. Stéphane, qui en est la victime et qui d'ailleurs a assez de talent pour racheter autant que possible ce défaut, et le faire même oublier quelquefois.

Puisque nous en sommes sur le compte de M. Stéphane, nous lui conseillerons de se défaire actuellement de la timidité dont il ne nous a pas semblé assez maître dans ses débuts.

Il faut qu'il se laisse aller à sa sensibilité, qu'il soit moins froid et plus chaleureux, qu'il s'accoutume à rendre la passion avec plus de verve et d'énergie, en un mot, qu'il soit plus comédien ; il a tout ce qu'il faut pour cela, et c'est parce que nous le croyons, que nous lui recommandons d'oser développer toutes ses ressources ; nous ne doutons pas qu'il n'y réussisse.

Mme Jolly a donc enfin été admise, après une opposition faible par le nombre, mais opiniâtre et prolongée. Nous avons vu avec plaisir un immense suffrage consacrer le triomphe du talent de notre jeune première, et imposer silence à quelques rares siffleurs qui ont enfin eu le bon esprit d'amener pavillon.

Disons-le hautement, Mme Jolly est une excellente acquisition pour notre scène, comédienne intelligente et sensible, elle sait toujours trancher à propos la passion, sa diction est pleine de naturel et de grâce, sa pose a de la dignité, son organe a de l'énergie, son jeu est presque toujours plein de finesse, et si on ajoute à cela une physionomie expressive, mobile et spirituelle, qui donne aux moindres paroles une intention de bonne comédie qu'on n'avait pas même soupçonnée, on se demandera comment il se fait que ceux qui ont applaudi l'année dernière Mlle Laignelet, viennent siffler

aujourd'hui Mme Jolly ; cette contradiction bizarre n'a au surplus rien qui étonne, n'est-ce pas le propre de l'esprit humain d'être capricieux et versatile ? Heureux encore s'il savait toujours se défendre de la mauvaise foi et de l'injustice....

M. Lafeuillade a rappelé dans *Fra-Diavolo* le comédien charmant, et le chanteur habile dont l'Opéra-comique a fait long-temps ses délices.

Mlle Saint-Charles s'est montrée pleine de gentillesse et de grâce dans le rôle de *Zerline* ; qu'elle dépose tout-à-fait un reste de timidité, qui tient d'ailleurs à son extrême jeunesse, et nous lui promettons qu'elle sera bientôt l'idole du public.

DES INDUSTRIELS.

NOUVELLE.

Les détails d'une aventure qui occupe en ce moment la capitale de la Hollande, nous ont paru assez amusants pour être communiqués à nos lecteurs ; ils les intéresseront d'autant plus que nous pouvons en garantir l'authenticité.

Des abonnés de la *Gazette des Tribunaux* n'ont peut-être pas oublié un certain procès assez scandaleux porté devant le tribunal de police correctionnelle de Paris, dans lequel figurait, comme principal personnage, une jeune et belle femme du nom d'Emma Quaie. Elle était prévenue d'avoir soustrait à sa propre femme de chambre une reconnaissance de 8 à 900 fr. qu'elle lui avait donnée pour sûreté du paiement de ses gages. On se rappellera que pour principal et unique témoin à décharge, comparut un anglais tenant aux plus hautes notabilités financières de la Grande-Bretagne,

M. Baring, qui, en sa qualité de protecteur de la belle Emma, se chargea plus tard de désintéresser la partie plaignante ; Or, ce sont ces deux individus, Baring et Emma Quaie, accompagnés d'un second anglais, qui sont les auteurs principaux de la scène dont le dénouement aura lieu en police correctionnelle.

Il y a environ une quinzaine de jours, Emma Quai, Baring et son acolyte, arrivèrent à Rotterdam, et descendirent à l'hôtel des Pays-Bas ; au dîner, ils lièrent connaissance avec un des habitués de la table-d'hôte, anglais d'origine et établi depuis plusieurs années à Rotterdam comme amateur. M. Campbell, c'est le nom de ce dernier, passe pour un grand amateur du beau sexe, et comme il est garçon, jeune et riche, aimant les beautés faciles, sous ce rapport, il jouit d'une réputation toute faite. Placé à table-d'hôte auprès de la belle Emma, il fut fort empressé, et le dîner n'était pas achevé qu'il lui avait déjà proposé de faire une infidélité au pauvre Baring, mais ce fut en vain. Les trois voyageurs partirent pour la Haye et descendirent à l'hôtel de Bellevue. Dès le lendemain matin, soit effet du hasard, soit autrement, M. Campbell était aussi à l'hôtel de Bellevue, et avait une chambre à côté de celle d'Emma.

La connaissance commencée à la table-d'hôte de Rotterdam continua à celle de Bellevue, et après ce dîner, probablement encore par l'effet du hasard, Baring et son acolyte sortirent, laissèrent Emma seule dans sa chambre et Campbell dans la sienne. Deux ou trois heures après, on entendit des cris perçants et les sonnettes s'agitèrent à tout briser : à ces cris : *au secours! au secours!* les passants s'arrêtèrent, et le maître-d'hôtel suivi de ses garçons courut en toute hâte à la chambre d'Emma. Ils trouvèrent cette belle tout en désordre, les cheveux épars et réclamant justice contre les violences dont elle avait failli être l'objet de la part de M. Campbell.

Le maître-d'hôtel entre furieux dans la chambre de ce dernier, qu'il traite d'abord assez cavalièrement ; mais il se radoucit bientôt, lorsque celui-ci se fut expliqué : Je n'ai point fait violence à madame, dit Campbell ; c'est très-volontairement qu'elle est restée deux heures avec moi, dans ma chambre, et il ne s'est levé de querelle entre nous que lorsqu'elle m'a réclamé *mille francs* pour prix des deux heures de *conversation* que nous avons eues ensemble. J'ai refusé de donner ces mille fr., de là son emportement. Mais la police avait été prévenue, et Campbell, comme à la Haye, avait quitté l'hôtel de Bellevue et s'était retiré à l'hôtel des Deux-Villes, espérant éviter toute esclandre nouvelle ; mais à peine était-il installé dans son nouveau logement, que Baring et son acolyte y arrivèrent, montèrent à sa chambre, et sans autre explication, le rouèrent de coups de poings.

La police dut encore intervenir, mais cette fois emmena chez le directeur la nouvelle Hélène, cause de la querelle ; ses deux champions et Campbell. Ce fut dans cette comparu-

tion que le directeur de la police crut reconnaître que le signalement qui lui avait été adressé de Francfort d'une nommée Victorine Vautier, qui avait fait escompter à plusieurs banquiers de cette ville de fausses lettres de change, s'appliquait à la personne qui se présentait sous le nom d'Emma Quaie. Il ordonna en conséquence son arrestation. Quant aux deux Anglais, il les envoya à la disposition de M. le procureur du roi, qui rendit plainte contre eux et les fit renvoyer en police correctionnelle comme auteurs des voies de fait commises sur M. Campbell.

Mais Emma Quaie soutint qu'elle n'était pas la personne signalée par la police de Francfort, et comme elle voyageait sous son nom véritable, porté sur le passe-port de M. Baring, et que rien ne prouvait qu'effectivement elle fût la même que Victorine Vautier, on la relâcha en la surveillant de près, sachant qu'elle ne pourrait partir tant que le passe-port de Baring serait retenu par la justice. Pendant ce temps la police a adressé à celle de Francfort le résultat de sa découverte. On ignore ce qui s'en suivra. Quand à Baring et à son acolyte, on semblerait croire que ce qui s'est passé à l'hôtel de Bellevue est le résultat d'un concert entre les trois voyageurs pour extorquer de l'argent à Campbell. Toute cette scandaleuse affaire se dénouera devant le tribunal correctionnel, à l'audience de jeudi prochain. C'est un aliment fourni à la curiosité des oisifs de La Haye, qui s'en réjouissent d'avance.

(*Courrier du Havre*, 14 juin.)

NÉCROLOGIE.

LEMERCIER.

DISCOURS DE M. DE SALVANDY.

Les obsèques de M. Népomucène Lemercier, membre de l'Académie-Française, ont eu lieu mercredi, à onze heures et demie, à l'église Saint-Thomas d'Aquin. Le service a été célébré par M. de Latour, curé de la paroisse. Les coins du poêle étaient tenus par MM. de Salvandy, Villemain, de l'Académie-Française; Arago et Thénard, de l'Académie des Sciences.

M. de Salvandy, directeur de l'Académie-Française, a prononcé le discours suivant :

« Messieurs,

» Ce n'est pas une douleur officielle que j'apporte sur cette tombe. Étranger, il y a peu de temps encore, à l'excellent, à l'illustre confrère que nous avons perdu, j'ai appris, au sein de la compagnie, à aimer l'homme que j'honorais. Bien que séparés peut-être par ce qui sépare le plus les hommes dans les temps tels que les nôtres, personne ne m'a donné plus que lui tout ce que promet ce nom heureux de confrères qui nous lie. Je me rappelle avec émotion que si j'ai l'honneur de payer aujourd'hui à sa mémoire, au nom de l'Académie-Française, le tribut de l'estime et de la douleur communes, il l'a voulu.

» Combien rapidement, messieurs, cette tombe qui nous rassemble, s'est ouverte! Il y

a peu de jours encore, il prenait sa part de nos travaux, avec son incomparable assiduité, son zèle pour les intérêts des lettres, sa parole ingénieuse et ferme, son esprit indépendant et sage. Vous vous rappelez quels sujets il traitait au milieu de nous dans nos dernières assemblées. Il semblait plein de vie. Qui nous eût dit que la compagnie fût menacée de si près en lui ! Quel sujet de méditation, messieurs, et de regrets !

» Nous ne faisons pas une perte commune : nous perdons un caractère. C'est chose rare, à une époque où les événements ont roulé comme un torrent, précipitant, entraînant, brisant les empires, les idées, les institutions, les renommées. Les cinquante ans qui viennent de s'écouler ont compté des noms puissants, des talents admirés et des vertus qui brillent à travers ce drame immense pour être la consolation et l'honneur des générations contemporaines. Mais combien de caractères l'histoire comptera-t-elle ? Combien d'âmes supérieures et fermes qui aient voulu la même chose, professé la même foi toujours, ne se laissant pas emporter au-delà de leurs pensées par l'entraînement des partis et des événements, ne s'en laissant pas détourner par les difficultés de l'entreprise, par le découragement des mécomptes, par les séductions de la naissance, les mêmes dans la variété infinie des vicissitudes publiques, modérés et simples dans l'action, résolus et persévérants dans le repos, inspirant une considération universelle dans la retraite et dans l'obscurité? Tel fut Népomucène Lemercier. Il a vécu cinquante ans dans une révolution qui a porté tout le monde aux affaires, où tout le monde a voulu le pouvoir et y a mis la main. Il est resté cinquante ans étranger à tout! Lui seul de nos contemporains n'a jamais accepté des honneurs, jamais participé au gouvernement, jamais paru sur la scène politique ! Et cependant il a un rôle dans nos révolutions ; il a une place dans l'histoire. Il a une place dans la pensée de son pays. Il l'a, messieurs, par son caractère.

» Entré dans la vie sous la plus noble des tutelles royales, celle de deux princesses, de deux victimes augustes, la reine Marie-Antoinette et madame la princesse de Lamballe, son esprit précoce, son jeune cœur s'attachent à la cause des idées de 1789; il aime déjà, il veut de ce jour la liberté ; il la voudra toute sa vie. Il la veut contre le gouvernement populaire, il la veut contre la gloire couronnée. Quand ce grand nom de liberté est arboré sur les échafauds, il lance aux passions régnantes le *Tartufe révolutionnaire* : le talent sert chez lui à révéler l'homme de cœur, l'homme de bien à son pays.

» Plus tard, Napoléon s'annonce ; il exerce sur Népomucène Lemercier la première des séductions d'un grand homme, celle de son amitié ; il en espère une autre. Le héros vient de sauver la France de cette anarchie sanglante contre laquelle protesta l'écrivain. Mais Lemercier ne se méprend pas. C'est au-delà de l'ordre qu'on l'entraîne, et on en cherche les conditions loin d'un régime auquel il croit encore, parce que la vertu en est le principe, et que ce principe, il le porte en lui. Il repousse la dictature, il abdique l'amitié de cet homme à part, si grand, que c'est également un honneur dans l'histoire d'avoir été son ami, d'avoir pu être son ennemi.

» Peut-être Lemercier a-t-il trop oublié que les nations ne vont pas droit au terme voulu comme le philosophe, qu'elles avancent comme on gravit un sommet escarpé, en paraissant quelquefois s'éloigner du but permanent de leurs efforts et de ceux de l'humanité. Mais s'il a tort de l'oublier, il honore cette sublime erreur par sa constance et sa probité. Et il est bon qu'il y ait dans le monde de ces erreurs généreuses qui empêchent que le droit ne soit prescrit, et finissent par lui donner raison avec le secours du temps.

» Sans doute, je pardonne à Napoléon le coup d'état réparateur du 18 brumaire, quand la révolution n'avait été, sous le Directoire comme sous la Convention, qu'un long et inépuisable coup-d'état. Sans doute, je lui pardonne d'avoir été roi quand je veux un roi pour mon pays, et qu'il a su l'être. Mais je suis bien aise, pour la révolution française, pour la génération d'hommes et d'idées de 1789, pour cette cause de la liberté véritable, qui est plus grande que le monde, qu'il se soit rencontré, en face de l'empire, un homme croyant encore, après l'anarchie révolutionnaire, ce qu'il professait auparavant, ne soumettant pas son jugement à la tyrannie des événements accomplis et de leur mensongère fatalité, protestant enfin pour les droits comprimés de la pensée humaine.

» Au milieu de toute cette gloire guerrière et civile de l'empire, qui a préparé, qui a fait, qui a rendu possible notre liberté présente, je sais gré à Lemercier d'avoir maintenu sans bruit, mais sans faiblesse, la seule gloire dont Napoléon ne tint pas compte, celle de l'indépendance de la raison et de la conscience. Cette gloire, messieurs, je la revendique pour les lettres; je remarque qu'elle fut le privilége de quelques esprit d'élite, qui sont l'honneur de la littérature et de la France. C'est une race libre au fond, que celle des gens de lettres; elle n'est pas faite pour plier; elle représente quelque chose d'immuable, de saint et d'immortel.

» Messieurs, l'honneur de M. Lemercier, dans cette lutte du poète modeste contre le potentat, c'est de n'avoir pas tiré profit de la victoire; de n'avoir pas cédé à l'entraînement des réactions qui survivent, ni pour les idées, ni pour sa situation : c'est là qu'il fallait une vraie force d'âme. Là eût été l'écueil d'une vertu commune; son indépendance était réelle, elle survécut. Il resta lui-même, ne tirant pas vanité de sa constance, parce qu'elle ne lui avait rien coûté ; et ne demandant rien au régime nouveau, qui lui aurait tout offert, parce qu'il ne voulait rien que pour ses principes, pour sa foi intérieure : il ne voulait que la liberté.

» Tel il était entré dans la vie, tel il l'a traversée, tel il la quitte. Quand Napoléon sort de la tombe, il y descend, comme si ces deux hommes, qui s'aimèrent dans leur jeunesse, qui s'encouragèrent à leurs débuts dans leurs succès différents, qui parlèrent ensemble littérature, théâtre, gloire des arts et de la pensée, dans les allées de la Malmaison et de Saint-Cloud, avaient été irrévocablement séparés par ce qui d'ordinaire rapproche et enchaîne les hommes, l'accident du triomphe et de la royauté.

» Vous le remarquerez, Messieurs, c'est de l'homme seulement que je vous ai entretenus. Ailleurs, nous honorerons l'auteur d'*Agamemnon* et de *Pinto*, cet esprit indépendant vis-à-vis de l'art comme vis-à-vis de la puissance ; mais ayant droit de l'être, parce qu'il est original, d'une originalité vraie, celle qui a des idées, et cherche une forme pour les produire. Ici c'est l'homme seulement qui devait m'occuper ; c'est lui que nous osons louer, dans cette enceinte, c'est lui que nous pleurons dans ce moment, quand notre pensée suit notre ami en la présence de Dieu. Lorsque nos cœurs seront plus libres, nous parlerons de ses talents, de ses travaux, de ses succès. Ici, qu'est tout cecla ? Il n'y a qu'une chose qui reste grande devant le cercueil, grande et digne d'envie ; c'est le sentiment qui lui a dicté, quand déjà sa voix mourante se refusait à exprimer sa pensée, cette simple épitaphe pour son tombeau :

« *Il fut homme de bien, et cultiva les lettres.* »

TEL VIN, TEL LATIN.

Un bon curé de campagne fut invité à dîner chez son évêque.

Au rôti, les vins fins commencèrent à circuler, et l'on servit d'abord un petit Beaune agréable, mais léger : notre curé vida la moitié de son verre en profond connaisseur ; et, après une demi-minute de réflexion, il dit à haute voix : *Bonus vinus.* — Les érudits se regardèrent avec une pantomime qui voulait dire : Notre pauvre curé n'est pas fort.

Bientôt le Bordeaux succéda au Bourgogne, et un excellent Médoc, premier crû de la comète, ayant été offert au curé, il recommença le même geste, en posant son verre sur la table : *Bonum Vinus !* s'exclama-t-il. Oh ! oh ! se dirent ses voisins, voilà une plaisante variante.

Enfin, au dessert, une vieille bouteille d'extra-vieux Lacryma-Christi parvint, en circulant, jusqu'à notre homme, qui n'eût pas plus tôt trempé ses lèvres dans ce délicieux nectar, qu'il s'écria d'une voix ferme, sûre : *Bonum vinum !*

L'évêque avait suivi la marche progressive de la latinité de son convive, et lui en demanda l'explication.

« Monseigneur, il faut traiter chacun selon » ses œuvres — *Tel vin, tel latin.* »

Rossini et la Dinde truffée.

Le grand maestro, l'illustre Rossini mériterait d'avoir comme homme d'esprit une réputation égale à celle qu'il s'est acquise comme compositeur. Nul n'a la repartie plus fine et plus vive, nul n'a le trait plus heureux. Remarquons en passant que l'homme qui, de nos jours, a poussé le plus loin l'art musical et qui a le plus d'esprit comptant, ouvre la liste des êtres privilégiés qui comprennent la Gastronomie. Cette spécialité est trop flatteuse pour qu'on n'en fasse pas l'objet d'une observation toute particulière.

Un soir, au foyer des Bouffes, Rossini fit avec un petit prince italien un pari dont l'enjeu devait être une dinde truffée. Rossini gagna, et comme il n'y avait rien au monde qu'il oubliât moins qu'une dinde truffée, il attendait avec l'impatience la plus vive que le prince indiquât le jour qu'il aurait choisi pour s'exécuter. Cet heureux moment n'arrivant pas, le maestro porta une botte au perdant qui, peu pressé de payer et pris au dépourvu, ne put que balbutier que, connaissant le goût exquis de son convive, il s'était renseigné, et avait appris que la truffe n'avait point encore acquis tout le degré de maturité et tout le parfum désirables. — Mi caro, lui répondit Rossini, prenez garde, ce sont les dindons qui font courir ce bruit-là.

Le coup porta, et la dinde était à la broche le lendemain.

Un fait d'une haute importance va bientôt s'accomplir. Dans quelques mois, les dépouilles de Napoléon seront rendues à notre patrie. Pour célébrer, comme il convient un événement qui doit rester attaché aux plus belles pages de l'histoire, il faut que le gouvernement, s'il comprend la mission toute nationale qu'il s'est imposée, se montre dans cette circonstance aussi grand que généreux. Tout ce qui se rattachera à cet éclatante cérémonie, doit avoir un caractère grandiose. Il faut que des hommes de génie seuls aient le droit d'attacher leur nom à cette fête pieuse qui réunira les sympthies de l'Europe entière.

La musique doit avoir une large part dans le tribut d'admiration offert à la mémoire de Napoléon. Si nous étions gouvernement, nous dirions ; Il y a en Italie un compositeur dont les ouvrages vivront peut-être aussi long-temps que les glorieuses conquêtes du guerrier qui a dominé l'Europe entière. Ce compositeur se repose sur ses triomphes passés ; il est jeune encore, et il attend que l'heure soit arrivée pour venir de nouveau étaler aux yeux du monde son immense génie. Si nous étions gouvernement, nous dirions à Rossini : Vous êtes digne d'inscrire votre nom auprès du nom de Napoléon ; l'artiste vaut le guerrier. Faites pour la translation des dépouilles de l'exilé une composition religieuse ; faites-la pour la France, qui veut vous honorer ; faites-là pour l'art, qui attend impatiemment votre réveil ; faites-la enfin pour la mémoire de l'empereur, qui vous aurait rendu riche comme lui, s'il eût connu vos chefs-d'œuvres. Nous paierons cent mille francs et plus s'il le faut, mais nous voulons que Rossini ne reste pas silencieux.

Voilà comment nous voudrions honorer Rossini vivant et Napoléon mort.

(*Gazette musicale de France.*)

Nouvelles Théâtrales.

Voici la saison des concerts : tous les grands artistes quittent la capitale. MM. Inchindi, Franchomme et Vogt sont partis pour Poitiers ; ils vont prendre part aux fêtes du congrès musical qui réunira dans cette ville l'élite des artistes et des amateurs de l'ouest et du midi. Inchindi doit chanter plusieurs morceaux de l'ancien et du nouveau répertoire yrique. Ce sera le prélude des succès qui l'attendent sur la scène de l'Opéra. — Mlle Honorine Lambert, qui n'avait pas encore voyagé, vient de se décider à faire une tournée musicale. Elle est actuellement à Orléans. Elle visitera Tours, Angers, Nantes, Brest, Rennes, Avranches, Caen. Ce sera une bonne fortune pour toutes ces villes.

— On a repris à l'Opéra-Comique les répétitions de L'Opéra a la Cour. Mme E. Garcia est tout-à-fait en état de chanter. Lorsque Mme Thillon en a été instruite, elle s'est empressée de rendre à la célèbre cantatrice le rôle qu'elle devait chanter à sa place. Mme Thillon a fait là un acte de bon goût. — C'est dans la Neige, un des plus délicieux opéra d'Auber, que la transfuge du théâtre de la Renaissance paraîtra pour la première fois sur la scène de la salle Favart. M. A. Adam sera ensuite chargé d'écrire pour elle un ouvrage en trois actes. — MM. Monpou et Brunswick font dans ce moment un ouvrage pour Mme E. Garcia. Il sera prêt pour l'automne prochain. — On répète un opéra en un acte du prince de la Moscowa, intitulé : les Cent Suisses. Puisque M. Crosnier admet sans difficulté le premier essai d'un musicien du grand monde, il ne ferait peut-être pas mal de rendre plus facile aux Lauréats de Rome l'accès de son théâtre.

— La méthode de chant de M. Manuel Garcia fils, qu'il ne faudra pas confondre avec celle de M. Manuel Garcia père, est dans ce moment à la gravure. Cet ouvrage, dont nous connaissons le plan général et plusieurs fragments, fera certainement une grande sensation. Tout le monde sait que la méthode de Garcia père est un travail très-incomplet; celle du fils sera un vaste monument qui réunira les plus belles pages théoriques qu'on ait encore écrites sur le chant, aux exemples les mieux choisis du répertoire musical, ancien et moderne.

— Mme Roulle a définitivement accepté l'engagement qui lui avait été proposé pour Lyon. Elle débutera très-prochainement sur le théâtre de cette ville. Nous sommes plus que jamais convaincus que la place de cette artiste était à l'Opéra, et il est probable qu'elle y viendra.

Rouen. — Mlle Rachelle poursuit ses représentations et les débuts des acteurs se font péniblement. Le public a, depuis quelque temps, un défaut préjudiciable pour les artistes. Il s'est divisé en deux camps : l'un siffle, l'autre applaudit, et ce qu'il y a de bizarre, c'est que les partis semblent s'être donné le mot en se disant : dès que tu siffleras, j'applaudirai; et dès que tu applaudiras, je sifflerai. Il suit de là qu'au lieu de laisser l'acteur à lui-même et prendre son à-plomb, on le taquine, on ne lui passe pas la plus petite erreur: en revanche, on ne lui dit rien quand il fait bien, de manière qu'il est toujours assuré d'être sifflé et rarement applaudi. D'après cela, on comprend à merveille que les artistes se fassent payer chèrement, car il faut bien pour eux que l'argent compense les désagréments de la scène.

M. Wimphen, premier ténor de grand opéra, et Mme Hébert sont admis.

BRUXELLES. — Théatre du Parc.

Jeudi, la société des *Artistes-Réunis* a donné sur ce théâtre la première représentation d'une petite pièce de circonstance, à l'occasion de l'heureuse délivrance de S. M. la Reine. Cette bluette a obtenu un succès complet. Il est seulement malheureux que le public ne se soit pas rendu en plus grand nombre à cette représentation, car il devrait au moins encourager le zèle et l'activité que n'ont cessé de déployer les artistes, et les remercier aussi de ce qu'ils nous offrent un spectacle aussi varié que possible pendant la fermeture du grand théâtre. Pour en revenir à l'*Heureuse Naissance*, tel est le titre de la pièce nouvelle, elle sort de la ligne de ce genre d'ouvrages; l'auteur a su y semer de très-jolis détails, et a trouvé le moyen d'y introduire un des défenseurs de Mazagran, qui, après avoir contribué à la victoire de Teniach, revient en Belgique, félicite son pays d'avoir été dignement représenté dans l'Algérie, par la belle conduite de MM. Lahure, Blanc, Nypels, Dupré, Ghys, Nalinnelai etc. Les jolis couplets en l'honneur de notre auguste Reine ont été vivement applaudis, ainsi que ceux sur Mazagran.

On savait d'avance dans le public à qui était due cette jolie bluette; le nom de l'auteur était sur toutes les lèvres; néanmeins, après la chûte du rideau, le parterre a voulu que son nom fût proclamé au bruit des applaudissements, et M. Luguet s'est avancé sur la scène, a fait avec un sérieux de glace les trois saluts d'usage, et a dit : Messieurs, notre camarade Edouard Duprez, désire garder l'anonyme. Cette plaisanterie a beaucoup fait rire.

La société des *Artistes-Réunis* vient de traiter, pour plusieurs représentations avec M. Odry, le célèbre Odry, l'auteur du mirifique poème des *Gendarmes*, le comique par excellence des théâtres des Variétés, celui enfin qui, chaque soir, excite à Paris un rire inextinguible.

— Rien n'est encore décidé, en ce qui regarde les affaires du théâtre. Le conseil communal s'est réuni à huis-clos, pour discuter la question relative à l'acquisition du matériel appartenant au roi Guillaume. (*Correspondant.*)

GRAND THÉATRE.

Aujourd'hui DIMANCHE, 21 *juin* 1840, *On commencera à six heures.*

SANS DÉBUT.

LOUISE DE LIGNEROLLES,

Drame en 5 actes, par MM. Prosper Dinaux, et Ernest Legouvé.

Distribution. Henri de Lignerolles, M. Roche; Lagrange, M. Toudouze; Le colonel de Givry, M. Oudinot; Le prince Miré, M. Lavillier, Un aide-de-camp, M. Cazaubon; Charles, M. Deplanck; Etienne, M. Famin; Antoine, M. Sarrazain; Un juge-de-paix, M. Ferdinand; Louise de Lignerolles; Mme Jolly; Céline de Givry, Mme Olivier; Joséphine, Mme Cochèze; Marie, La petite Léontine.

FRA-DIAVOLO,

OU

L'HOTELLERIE DE TERRACINE,

Opéra comique en trois actes, par M. Scribe, musique de M. Adam.

Distribution. — Fra-Diavolo, M. Lafeuillade; Milord Kockbourg, M. Blanchard; Lerenço, M. Stéphane; Mateo, M. Deplanck, Giacomo, M. Pàris; Beppo, Duchâteau; Un carabinier, M. Delehel; Un paysan, M. Despioux; Zerline, Mlle Saint Charles; Pamela, Mme Olivier.

Divertissement composé de

PAS DE TROIS,

Exécutée par M. Constant-Telle, Mlle Thérèse Ferdinand, et Santi.

LA CHACHUCHA,

Exécuté par M. Maruis Petitpa et Mlle Armande Ferdinand.

Ordre du Spectacle : 1°. Louise de Lignerolles. — 2°. Fra-Diavolo. — 3°. Divertissement.

Imprimerie d'Hérault, *Rédacteur en chef.*

Dimanche 28 juin 1840.   DEUXIÈME ANNÉE.   3ᵉ Trimestre. Nᵒ 78.

PRIX D'ABONNEMENT :

NANTES. { TROIS MOIS .... F. 3
         { SIX MOIS   6
         { UN AN   12

DEHORS   { TROIS MOIS .. F. 5
         { SIX MOIS   10
         { UN AN   18
         { AFFRANCHIR..

Prix du numéro, 15 c.

PRIX D'ANNONCES :

30 c. à la page d'avis ; 1 fr. dans le corps du journal. Remise du tiers aux abonnés.

LE BUREAU EST SITUÉ
Chez Hérault, Imprimeur, rue de Gueraude, Nᵒ 3.

ON S'ABONNE :
Au Bureau ;
Chez Guéraud, Libraire, Basse-Grande-Rue et passage Bouchaud,
Plançon, Libraire, place Graslin.

SE TROUVE CHEZ :
M. Sireau, Lib.ʳᵉ, rue Crébillon,
Et M. Plessier, Relieur, idem.

A PARIS,
Isidore Pesron, rue Pavée-Saint-André, Nᵒ 13.

VERT-VERT.

JOURNAL DES SALONS ET DES THEATRES.

GRAND THÉATRE.

CHRONIQUE DRAMATIQUE.

Es représentations de la semaine ont eu lieu paisiblement. Les ouvrages les plus importants offerts à la curiosité du public étaient *Don Juan d'Autriche* et *la Muette*. Dans la comédie, Mᵐᵉ Joly a très-bien dit, et a mérité les applaudissements dont on l'a saluée. Les autres artistes nous étaient connus, et ils ont joué avec dignité et ensemble, comme dans la campagne dernière. *La Muette* a été bien rendue ; Mˡˡᵉ Ferdinand a très-bien joué *Fénella* ; M. Lafeuillade a fait saillir d'une manière brillante le beau rôle de *Mazaniello*, et Mᵐᵉ Saint-Charles a conquis la bienveillance des plus obstinés de ses opposants, par le charme qu'elle met dans sa manière de jouer et de chanter. Les chœurs ont laissé à désirer, et c'est étonnant, car ordinairement ils sont rendus avec beaucoup d'ensemble et se font applaudir.

Espérons que les représentations prochaines offriront encore plus d'attraits, quand nous aurons Mˡˡᵉ Bultel, qui doit commencer ses débuts mardi, dans la *Juive*, et jeudi, dans les *Huguenots* ; quand nous aurons Mˡˡᵉ Clara Stéphanie, jeune première de la comédie et première amoureuse du vaudeville, et le ténor léger promis au public.

En attendant donc le complément de la troupe, et pour désassombrir les représentations, M. Lafeuillade a traité avec M. et Mᵐᵉ Lemesnil, artistes du théâtre du *Palais-Royal*, qui sont chargés de nous désopiler la rate et de nous faire oublier les tribulations causées par les débuts.

LE SIFFLEUR MODÈLE ET SON VOISIN.

Sibila lambebant linguis vibrantibus ora.
(Énéide liv. II.)

LE VOISIN AU SIFFLEUR.

On voit que du sifflet monsieur a l'habitude.

LE SIFFLEUR.

Parbleu, je le crois bien : je sifflais au berceau ;
Le sifflet fut toujours ma principale étude.

LE VOISIN.

Je comprends maintenant : monsieur est lionceau.

LE SIFFLEUR.

Le mot, je vous l'avoue, est piquant et bizarre,
Et, pour l'apprécier, je veux lire Buffon.

LE VOISIN.

Dans le règne animal, c'est une espèce rare.
Il porte des gants blancs, longue barbe au menton ;
Près des dames il fume un éternel cigare,
Et siffle à leurs côtés par suprême bon ton.
De siffler sa manie est vraiment singulière :
Nous l'avons entendu souvent siffler Molière.

LE SIFFLEUR, *ricanant*.

Molière est vieux, le fait est très-certain ;
Mais, au surplus, siffler est mon destin.
Ma nourrice, autrefois, qui présageait ma gloire,
M'apportait, pour joujoux, des sifflets de la foire.

LE VOISIN.

Vous fûtes un sublime enfant ;
Maintenant, homme de mérite,
D'un air capable et triomphant,
Vous avez, siffleur émérite,
Le droit d'insulter au talent.

CONCERTS.

La soirée musicale de mercredi dernier, donnée par M. G. Foignet et Mᵐᵉˢ Candell, est une des plus attrayantes auxquelles nous ayons assisté. Trois solos et un duo avec piano ont fait briller tous les caractères du talent de M. Foignet, qui unit la vigueur à la grâce, et l'éclat à la netteté.

Mˡˡᵉ Elisa Candell possède une justesse parfaite d'intonation et une excellente méthode ; sa voix pleine de pureté et de charme dans les notes élevées, se marie agréablement avec le timbre plus nourri de Mˡˡᵉ Hélène ; dans un passage sans accompagnement du duo de la *Norma* et dans le spirituel nocturne de *Gabussy*, la réunion de ces deux voix conduites avec autant de goût que de science, a produit le plus délicieux effet. M. Hermann-Léon a fait goûter la puissance et l'ampleur de ses belles cordes basses, aussi bien que ses qualités de bon musicien.

—Le peu de monde qu'a réuni le concert de M. Foignet, serait bien fait pour décourager tout virtuose qui se proposerait de se faire entendre dans cette saison, s'il n'y avait dans l'artiste une confiance qui le fortifie et le fait oser ce que nul autre ne voudrait tenter, c'est-à-dire de lutter contre l'indifférence ; car il n'est pire sourd que celui qui ne veut pas entendre. Cependant Mˡˡᵉ Lambert, une des premières pianistes de Paris se présente : Son talent est tel, que les amateurs les plus distingués de Nantes et les artistes s'empressent de lui rendre visite pour lui offrir leur concours dans le concert qu'elle se propose de donner au premier jour. Mˡˡᵉ Lambert a une réputation toute faite, son beau talent est connu, et il est peu d'amateurs qui voudront se priver du plaisir de l'entendre.

— Nous apprenons avec plaisir que Mᵐᵉ Picard, harpiste, dont la réputation est justement acquise, vient de se livrer à Nantes à l'enseignement de la harpe. Les souvenirs récents que cette dame nous a laissés, permettent d'espérer beaucoup des élèves qu'elle va former. Ce bel instrument, que nous regrettions tant de voir presqu'entièrement abandonné, va donc revivre en notre ville.

On nous fait espérer que Mme Picard se fera entendre, l'hiver prochain dans, quelques concerts.

ANECDOTE CURIEUSE.

Il y a deux ans, M. Victor Hugo reçut de l'entrepôt une lettre d'avis lui annonçant que six fûts de tafia des îles étaient arrivés à son adresse. Notre poète accepta cet hommage anonyme d'une admiration d'outre-mer, comme un homme habitué à de pareils présents; il alla retirer les six fûts, et paya 400 fr. de droits d'entrée. Le tafia fut distribué aux amis de M. Hugo, et l'on sait qu'il n'en manque pas. Dernièrement, notre poète s'attendait peut-être à quelques nouvelle expédition, lorsqu'il reçut la visite d'un M. *Valère* Hugo, négociant en vins, qui venait réclamer les fûts malencontreusement expédiés à M. *Victor* Hugo, poète. Le tafia était bu, et M. *Valère* pria M. *Victor* de lui payer la différence entre le prix des tafias et le prix d'entrée que ce dernier avait soldé, c'est-à-dire 1,100 fr., ni plus ni moins. Refus de M. *Victor* Hugo, assignation de M. *Valère* Hugo, le négociant, qui attaque l'entrepôt pour avoir remis les tafias à un faux destinataire. Demande récursoire, c'est-à-dire en garantie, par l'entrepôt à M. *Victor*, le poète. Le jour de l'audience a lui la semaine dernière, et le plus singulier conflit a égayé le tribunal du commerce.

M. Victor Hugo : Je repousse la compétence du tribunal, attendu que je n'ai jamais fait trafic de ce genre d'esprit, qui se met en fûts et bouteilles.

M. Valère Hugo : Je réclame contre cette étrange prétention. Peu m'importe que M. Hugo ait fait ou n'ait pas fait commerce d'esprit; il a reçu celui qui m'était destiné; il faut qu'il me le rende, ou qu'il m'en paye la valeur.

M. Victor Hugo : Monsieur est un peu brutal; il devrait pourtant reconnaître que je dois souffrir quelque peu d'une homonymie assez désagréable, car elle rapproche la poésie du négoce.

M. Valère Hugo : Il n'est pas moins désagréable pour mon commerce de se trouver ainsi rapproché de la poésie.

M. Victor : Eh! Monsieur, il y a plus que compensation entre les deux tafias que j'ai bus à tort ou à raison et les calices amers que vous me faites vider. Je sais de vos hauts faits; je connais les abus dont vous vous rendez coupable en province et à l'étranger, en raison de la conformité de notre nom propre et de l'initiale qui le précède. Dites, Monsieur le négociant, n'allez-vous pas recueillant, butinant çà et là les hommages des hommes et des femmes qui admirent mon génie?

M. Valère Hugo : On m'entoure d'hommages,

cela est vrai, mais c'est à cause de la bonté de mes vins, et non de l'excellence de vos poèmes.

M. Victor Hugo : Vous vous attribuez mes pièces.

M. Valère Hugo : Vous êtes ici pour vous être emparé des miennes.....

M. Victor Hugo : Vous vous appuyez en tous lieux sur la base solide de ma réputation.

M. Valère Hugo : La mienne est liquide, et elle vaut bien la vôtre.

M. le président : Trève à ces personnalités.

M. Victor Hugo : Je prie le tribunal de ne pas oublier qu'il y a ici une question de bonnefoi évidente. Ma réputation est européenne. Je puis dire sans vanité, que de toutes parts on m'envoie des présents, justes témoignages de l'admiration des peuples pour mon génie. J'ai bien reçu un jour deux vases venus en droite ligne du Japon; n'ai-je pas pu croire que l'on m'expédiait, six fûts de tafia des îles?

Nous prions nos lecteurs de croire à l'exactitude de ce dialogue judiciaire. Le tribunal a remis à huitaine le prononcé du jugement.

(*National.*)

— La présence de Fanny Essler à New-York continue à donner matière aux puffs les plus ébouriffants. Un des journaux de l'endroit raconte que pour aller voir la célèbre danseuse, il y a des gens qui paient *soixante-quinze francs* des places de *trente sous.*

CONGRÉS DE POITIERS.

Les fêtes ont été extrêmement brillantes; MM. Inchindi, Vogt, Franchomme, de Creuzé, Montois, Mme la comtesse de Sparre, Genséin et Mlle Chauveau, ont fait tous les honneurs de la partie musicale; nous reviendrons sur cette magnifique solennité.

Nouvelles Théâtrales.

THÉATRES DE PARIS.

ACADÉMIE-ROYALE. — Marié continue ses débuts, et, sans rester à la hauteur de sa première apparition dans la *Juive*, il s'annonce comme pouvant tenir avec quelque bonheur la doublure de Duprez, qui est à Bordeaux, où on l'applaudit avec enthousiasme. — On a repris *Fernand Cortès*, malgré l'opposition judiciaire formée par M. Spontini. Il est probable qu'en agissant de la sorte, M. Léon Pillet a calculé les suites de son coup-d'état. Au reste, cet opéra, qui nous a rendu Mlle Nau, depuis quelque temps absente, et Dérivis, dont la voix et la méthode gagnent de jour en jour, n'a eu aucun succès, et ne reparaîtra plus sur l'affiche, j'en suis sûr. M. Pillet, d'ailleurs, ne s'était permis cette petite bravade envers l'ordonnance de référé de M. Debelleyme, que parce que la notification en avait été, dit-on, mal faite. Ainsi, M. Pillet n'aura pas à payer les six mille francs de dommages-intérêts, et les deux écailles de l'huître seront pour M. Spontini.

THÉATRE-FRANÇAIS. — Les choses vont de mal en pis. Il va paraître dans une de nos revues, qui a repris depuis quelques mois une place fort importante en littérature, un article sur M. Buloz, qui fera, je l'imagine, un petit scandale bien amusant. — Mlle Mars est malade, et voici que commence à circuler le bruit qu'elle ne reparaîtra plus sur la scène. On apprête quelques créations à la charmante Mlle Doze. — Mlle Rachel est à Rouen, où elle occupe beaucoup le public, qui l'applaudit et quelques critiques d'estaminet qui s'évertuent à lui trouver des défauts. Pendant ce temps, les débuts se poursuivent sur notre première scène, à la faveur de la canicule. Les élèves du Conservatoire et les réputations de province paraissent tour à tour, et décidément le Conservatoire n'est pas heureux. On nous a présenté cette semaine M. Riché, Mlle Denain et Mme Baptiste, pour l'emploi des reines; nous avions eu occasion d'apprécier le talent de Mme Baptiste à Bruxelles, et, à vrai dire, dans les derniers débuts, il n'y a guère que le passage de cette dame, pourvue d'un embonpoint qui rappelle celui de Mlle Leverd, qu'on a remarqué. — — Vous savez que nous allons avoir de nouveaux drames de MM. Victor Hugo et Alfred de Vigny.

THÉATRE-ITALIEN. — Ce théâtre est gros de papier timbré et de procès. MM. Alexandre Dumas et Laurey, qui prétendent avoir des droits sur la direction, viennent de mettre le feu à la mèche, et voici que chaque partie engagée fait choix de son avocat; outre M. Dumas et Laurey, il y a en cause MM. Viardot, Jules Lecomte et Roqueplan. On est encore plus embarrassé de trouver une salle qu'une conclusion amiable au procès. On ne veut plus de l'Odéon, qui consommerait la ruine de ce pauvre théâtre qui a tant envie de mourir. On prétend que la salle de la Renaissance est trop petite; on parle bien un peu de réunion à l'opéra; on ne dit plus rien de l'Opéra-Comique qui, assurait-on naguère, avait été construit pour les Bouffes. Au milieu de cette complication d'événements, Lablache ne se sent pas très-disposé à revenir, et Rubini, qui a chanté, la semaine dernière, avec la reine Victoria et le prince Albert, tiendra certainement plus que jamais à la croix que certaines gens lui ont promise, et que, je l'espère bien, M. de Rémusat ne lui donnera pas, car, puisqu'il est ici question de décoration, avant de décorer des artistes étrangers, nous avons un morceau de ruban rouge à donner à Duprez, qui le mérite au moins autant que Rubini, et qui est notre compatriote.

L'OPÉRA-COMIQUE achève tranquillement toutes ses construction intérieures au milieu du succès de *Zanetta* et des représentations productives de petits opéras en un acte, tels que l'*Ecolier de Presbourg*, la *Perruche*, et le *Cent-Suisse* de M. le prince.... (tout le monde sait son nom), où il y a vraiment de fort jolies petites intentions. M. le prince...., qui ne fait pas métier de compositeur, n'a prétendu qu'à un succès de fantaisie.

Variétés. — *Les Deux Systèmes* ont obtenu du succès, et d'ailleurs, en l'absence d'Odry, les chansonnettes de Levassor sont là pour égayer le répertoire et pour remplir la jolie salle du boulevart Montmartre, qui vient de changer de directeur ; M. Jouslin de la Salle a cédé la place à M. Chapisot, qui avait précédemment dirigé un théâtre en province

Palais-Royal. — Voici encore un nouveau succès dû à M. Dumanoir : *Iphigénie*, qui rappelle par son titre un de nos chefs-d'œuvres classique, appartient encore (par le fond) à la tragédie. Il est question dans cet acte de toutes les horreurs de l'adultère, de l'inceste et du drame sanglant, et puis, vers le dénoûment, le vaudeville, sortant sans qu'on s'en doute de cette donnée épouvantable, s'épanouit de toutes ses forces dans le comique le plus bouffon. Vainement Iphigénie a commis de ces fautes que M. Dumanoir appelle avec une pudeur britannique, des *antécédents*, elle n'en trouve pas moins un mari à la fin de la pièce. Sainville et Bernard Léon font rire aux larmes dans cette excellente parade. (*La Sylphide.*)

— Virginie Déjazet est à Caen, et, à en juger par l'accueil qu'elle y reçoit, les Normands ne sont pas très-disposés à nous la rendre.

Bordeaux, 17 juin. — Grand-Théâtre. — Les représentations de M. Duprez, malgré une très-forte augmentation du prix des places, et 31 degrés de chaleur, attirent toujours une affluence extraordinaire de spectateurs de Bordeaux et des villes environnantes. C'est un coup-d'œil ravissant que toutes ces guirlandes de femmes et de fleurs qui entourent notre salle de spectacle. — Le grand artiste a déjà donné dix représentations, et toujours ce sont les mêmes ovations, les mêmes trépignements d'enthousiasme. Dans *Lucie* il a été rappelé quatre fois !... La *Juive*, *Guido*, *Guillaume Tell*, ont été pour lui de véritables triomphes. Après le grand air : *Asile héréditaire*, la salle croulait d'applaudissements..... Maintenant on ne s'aborde plus qu'en se demandant : avez-vous entendu Duprez ?... venez-vous entendre Duprez ?... C'est le mot d'ordre de la ville. Notre premier ténor assiste à toutes les représentations ; c'est un sujet d'études pour lui, et tout le monde croit, avec juste raison, que le séjour parmi nous du roi de l'opéra, loin d'être préjudiciable à M. Raguenot, fera apprécier davantage les qualités qui distinguent cet artiste, bon chanteur et parfait comédien. — Boucher, notre excellente basse, n'a pas cédé un pas à Duprez dans tous les opéras où il chantait à son côté. — C'est le plus grand éloge que nous puissions faire de lui. — Mme Pouilley a été, comme toujours, chanteuse irréprochable. — M. Pauly, qui a débuté comme baryton, n'a pas été admis ; c'est un artiste de mérite que nous recommandons à Messieurs les directeurs. — M. Lacroix, deuxième basse, s'est retiré devant une très-forte opposition. — Mlle Elisa Bellon, première danseuse, a eu de forts beaux débuts : c'est la femme qu'il fallait pour tenir le sceptre que

quittait Mme Guy-Stéphan. — Mlle Bazire n'a pu faire partie de notre troupe de comédie. — Mme Alexis n'est pas remplacée.

Toulouse, 14 juin. — Mme Clara Margueron n'a tenté que deux épreuves ; nous concevons que cette chanteuse ait voulu ménager sa voix qu'une grave maladie de larynx avait altérée, et ne se soit pas obstinée à forcer ses moyens pour suffire, avec une indisposition non encore guérie, aux exigences d'un premier rôle lyrique. La direction n'a pas perdu de temps pour combler ce vide et désenrayer le répertoire. Mme Prévost-Colon, qui n'est engagée à Marseille que pour la saison de septembre, doit remplir l'*intérim*. C'est là l'essentiel ; pendant deux ou trois mois de recherches, M. Guérin aura toute la latitude pour nous découvrir quelque part, avec son habileté et son tact ordinaires, une première chanteuse digne de figurer à côté de ces deux artistes, Albert et Renaud ! Cependant avec de si beaux éléments, malheureusement rendus boiteux par la retraite de Mme Clara Margueron, de Mlle Pauline Gobert et la chute de Mme Inès Garcia, cette habileté, dont nous parlons, a su former, en attendant l'arrivée de Mme Prévost-Colon, plusieurs représentations attrayantes. *Mazaniello* et *Guillaume Tell*, ont deux fois comblé la salle. Notre premier ténor et notre première basse ont, pour aller d'abord à ce qu'il y a de plus beau dans l'œuvre de Caraffa, chanté le duo du quatrième acte avec une supériorité dont nous n'avions pas l'idée sur notre scène. La barcarolle d'Albert au premier acte, et le grand air de Renaut, nous avaient dignement préparés par la perfection de leur exécution à ce couronnement parfait des deux rôles. *Guillaume Tell* a été, pour Albert, l'occasion d'un nouveau triomphe, comme la première fois qu'il a rempli le personnage d'Arnold. Chartret et Renaut l'ont secondé à merveille. Belnie, qui a pris les Massol, et qui reste toujours le plus excellent des trials ; Bellecour, seconde basse ; Illac, troisième basse, qui nous est revenu de Rouen avec sa belle voix, rendaient l'ensemble très-satisfaisant. Nous devons rendre un pareil témoignage en faveur de Cossas, qui a chanté la romance du *Pêcheur*, au premier acte, avec une voix qui serait aussi juste que fraîche, sans une timidité que nous ne concevons pas. M. Inès Garcia se rend utile à nos plaisirs, en attendant son remplacement.

Mais la solennité de la semaine, c'est la représentation des *Huguenots* que nous n'avions pas vus depuis si long-temps, Mme Prévost-Colon a fait son apparition dans le rôle de Valentine. On lui a généralement trouvé de la voix et du talent, son jeu est dramatique et dénote l'habitude de la scène et des grands ouvrages. De vifs applaudissements ont accueilli cette chanteuse. Nous sommes sûrs maintenant d'avoir nos plaisirs assurés, jusqu'à l'impatronisation définitive d'une remplaçante de Mmes Miro et Roulle, que nous regretterons toujours. Albert qui se révélait à nous dans un

nouveau rôle ainsi que Renaut, particularité qui ont suffi pour faire chambrée complète, a chanté la romance du premier acte, le septuor du duel, le duo du quatrième acte, comme on s'y attendait, avec une perfection inouie. Renaut, dans le rôle de Marcel, s'est montré acteur et chanteur, comme il s'est montré dans Bertram, c'est tout dire, ces deux beaux rôles ont en lui un digne interprète. Il y a eu rappel après la pièce pour lui, Albert et Mme Prévost-Colon, c'était justice. Chartrel faisait son troisième début en qualité de baryton, dans le personnage du comte de Nevers, il a été admis sans contestation aucune. Il nous tarde maintenant qu'il puisse, dans un rôle important de son emploi, prouver combien sa voix est belle et savamment conduite. Bellecour a eu du désagrément dans le pénible rôle de Saint-Bris.

Le drame et le vaudeville ne chôment guères, malgré la maladie de Jean-Paul qui est hors de danger après avoir, croyait-on, créé son dernier rôle, Dieu, merci ! nous le reverrons bientôt *Maria l'esclave*, malgré le jeu intelligent et énergique de Mme Rolland (Maria), malgré Grandel et Cossas, à cause enfin de la musique par trop ambitieuse dont ce petit drame est lardé, n'a guère réussi, il en est de même de la *Nouvelle Geneviève de Brabant*, plate absurdité, sans esprit, que Dumesnil lui-même n'a pu faire entendre deux fois. L'*Ange dans le monde* et le *Diable à la maison*, nouvelle pièce sur une très-vieille idée, fera plaisir long-temps, grâce au talent de Grandel et à la grâce pétulante que met Mme Girardot dans ses emportements. M. Rolland est un digne amoureux à la suite ; je ne connais rien de plus agaçant, de plus grinçant, de plus faux, que la manière dont la vieille Mme Dengis remplit sa partie dans toutes les pièces possibles, y compris celle-ci : *Yelva*, qui a été jouée hier pour la première fois, comme l'ont été, cette semaine même les trois autres pièces nommée plus haut, nous offre Mme Rolland sous un aspect aussi gracieux, aussi passionné qu'à l'ordinaire. La pièce parait froide en dépit d'elle et de Grandel et Cossas, il faut donc qu'elle soit mauvaise.

Le drame, proprement dit, n'a pas encore débuté dans la personne du premier rôle de femme. (F. C.)

— Près de 550 exécutants ont figuré dans la seconde fête musicale qui a eu lieu à Aix-la-Chapelle, le 8 juin. On y a exécuté l'*Oratorio* de Mozart ; *David pénitent*, l'*Oraison dominicale*, composition lyrique de Spohr, et une grande symphonie de Beethoven.

411 personnes ont chanté le solo ; 94 soprano ; 73 alto, 111 ténors, 124 basses. Presque toutes les villes des provinces rhénanes avaient fourni chacune leur contigent de chanteurs.

L'orchestre était composé de 134 instrumentistes. Les instruments à cordes se sont particulièrement distingués. Les artistes belges et surtout ceux appartenant au conservatoire de musique de Liége se sont fait remarquer par une excellente exécution et ont mérité des éloges flateurs. Les Muller de Brunswick ont soutenu leur réputation d'artistes renommés.

———

LONDRES.

C'est à tort que l'on accuse communément le peuple anglais de ne pas aimer la musique, et de ne pas cultiver cet art. Nulle part je n'ai rencontré autant d'institutions lyriques que dans ce pays. Ce ne sont pas des établissements fondés par les gouvernement, mais bien par des particuliers; car ici l'État ne fait rien pour l'art ni la science. Voici les principales sociétés qui entretiennent et propagent en Angleterre le goût de la musique, et, sans elles, il est à présumer que les artistes étrangers auraient grand peine à se faire jour : le CLUB DES MÉLODISTES, les sociétés des MADRIGAUX, de l'HARMONIE SACRÉE, des CHŒURS SACRÉS, de PHILHARMONIE, de l'HARMONIE, de l'ANCIEN CONCERT, de la MUSIQUE ANCIENNE, ROYALE DES MUSISIENS, ROYALE DES MUSICIENNES, et tant d'autres dont les noms m'échappent, sont des institutions qui, par leur réunion et leurs efforts, étendent de plus en plus le goût musical.

Il ne faut pas croire que les anglais soient aussi dépourvus que nous le croyons sur le le continent, de sentiments musicaux. Ils chantent généralement assez bien en partie; il n'est pas rare de rencontrer quelques enfants rassemblés qui, sans aucun accompagnement, ne vous étonnent pas moins par la simplicité de la mélodie, que par la richesse des parties diverses qu'ils exécutent. C'est ordinairement un psaume de Marcello, ou un chant d'Haydn, ou un motif de Palestrina. Ces chants, ils les ont appris à l'école ; car là ils chantent tous la gloire du Seigneur ; ils la chantent, non pas à l'unisson, mais en parties. Quelques auteurs ont adapté, et entre autres W. Gardener, des paroles anglaises aux grandes compositions pieuses de Haydn, Mozart, Palestrina, Beethowen ; et ainsi, sans beaucoup de travail, ils élèvent l'enfance avec une belle musique qui l'impressionne et laisse dans son âme un germe qui se développera plus tard.

Parlons un moment, non pas des concerts, mais bien des concertants ; car des premiers que pourrais-je vous dire, sinon qu'ils se composent d'une masse plus ou moins compacte, perchée ou nichée, pour 25 francs, sur une planche plus ou moins large, plus ou mois raboteuse, et décorée du nom de banquette ; il est de si bon ton de se trouver dans telle ou telle réunion, que la femme la plus riche et la plus élégante ne se plaint pas, si elle peut parvenir à être fichée dans un coin, les jambes sans point d'appui, les reins sans soutiens... (Les ouvreuses et les petits bancs ne sont pas encore importés.) Le concert de Bénédict est ordinairement la plus brillante solennité musicale de la saison. N'avoir pas été au concert de Bénédict, ce serait se donner un ridicule d'une année. Aussi, dès le moment où les portes de la salle ont été ouvertes, elle a été garnie jusqu'aux combles, et bien avant l'heure de commencer, on entendait réclamer PLUS D'AIR, et demander l'ouverture des fenêtres.

Les honneurs de cette matinée ont été pour Mme Dorus. Aussi jamais elle n'avait chanté avec plus d'âme l'air italien composé par M. Burgmuller, qui accompagnait ; mais où elle a été ravissante et applaudie à outrance, c'est à son air du Serment. L'écho a été pour les anglais une chose incompréhensible ; mais aussi jamais je n'avais entendu Mme Dorus l'exécuter avec autant de talent et autant de bonheur. Le succès de Mme Dorus prouve que la musique française, que l'on disait peu goûtée en Angleterre, y trouve au contraire un bel accès. On demande à Ketly, dans un vaudeville de M. Scribe, si elle craint le mariage : « Ce n'est pas le mariage qui me fait peur, mais bien les maris que l'on veut me donner. » En Angleterre, ce n'est pas la musique française que l'on n'aime pas, mais bien les faibles interprètes qu'elle avait ici pour la représenter. Comme on pourrait nous accuser de partialité envers Mme Dorus, je réunis les dires des journaux anglais, et je les publierai.

— Le concert Musard, conduit par M. Laurent, est déjà mort. Mais le roi est mort, vive le roi ! Il vient de s'en monter un autre, et celui-ci ouvre lundi prochain à Drury-Lane ; il est composé de 80 musiciens, conduits par Julien. Il y a de bons solos, au premier rang desquels figure Frich, la flûte.

GRAND THÉATRE.

———

Aujourd'hui DIMANCHE, 21 juin 1840, On commencera à six heures.

SANS DÉBUT.

LA MUETTE DE PORTICI,

Grand opéra en 5 actes, de M. Scribe, musique de M. Auber.

Distribution. — Mazaniello, M. Lafeuillade ; Alponse, M. Stéphane ; Piétro, M. Dervilliers ; Borella, M. Deplanck ; Lorenzo, M. Salomon ; Selva, M. Delehel ; Un pêcheur, M. Lamotte ; Elvire, Mlle Saint-Charles ; Fenella, Mlle Armande ; Une dame d'honneur, Mme Hess.

Danses.

Au premier acte, PAS DE DEUX,

Exécuté par M. Marius Petipa et Mlle Thérèse Ferdinand.

Au troisième acte, LA TARENTELLE,

Exécutée par MM. Marius Petipa, Constant Telle, Mlles Thérèse Ferdinand et Santi.

On commencera par

Mademoiselle de Belle-Isle,

Drame en cinq actes (du Théâtre-Français), de M. ALEXANDRE DUMAS.

Distribution. — M. le duc de Richelieu, pair de France, M. Oudinot ; M. le chevalier d'Aubigny, gentilhomme breton, lieutenant aux gardes du roi, M. Roche ; M. le duc d'Aumont, capitaine aux garde, M. Cazaubon ; M. le chevalier d'Auvray, lieutenant des maréchaux de France, greffier du point d'honneur, M. Cressac, M. de Chamillac, M. Victor De Planck ; Un seigneur, M. Alphonse ; 1ᵉʳ laquais de la marquise de Prie, M. Sarrazin ; 2ᵉ laquais de la marquise, M. Duchâteau aîné ; Germain, laquais du duc de Richelieu, M. Famin ; Madame la marquise de Prie, Mme Roche ; Mlle Gabrielle de Belle-Isle, Mme Joly ; Mariette, femme de chambre de la Marquise, Mme Neuville.

IMPRIMERIE D'HÉRAULT, *Rédacteur en chef.*

Dimanche 5 juillet 1840.   DEUXIÈME ANNÉE.   3ᵉ Trimestre. Nᵒ 79.

PRIX D'ABONNEMENT :

NANTES.	TROIS MOIS	F. 3
	SIX MOIS	6
	UN AN	12

DEHORS	TROIS MOIS ..	F. 5
	SIX MOIS	10
	UN AN	18
	AFFRANCHIR..	

Prix du numéro, 15 c.

PRIX D'ANNONCES :

30 c. à la page d'avis ; 1 fr. dans le corps du journal. Remise du tiers aux abonnés.

LE BUREAU EST SITUÉ

Chez Hérault, Imprimeur, rᵘ de Guérande, Nᵒ 3.

ON S'ABONNE :

Au Bureau ;
Chez Guéraud, Libraire, Basse-Grande-Rue et passage Bouchaud ;
Plançon, Libraire, place Graslin.

SE TROUVE CHEZ :

M. Soireau, Lib.ʳᵉ, rue Crébillon,
Et M. Plessier, Relieur, *idem*.

A PARIS,

Isidore Pesron, rue Pavée-Saint-André, Nᵒ 13.

VERT-VERT.

JOURNAL DES SALONS ET DES THEATRES.

GRAND THÉATRE.

CHRONIQUE DRAMATIQUE.

LORSQUE tous les débuts de l'opéra seront terminés, nous donnerons un compte rendu de leurs résultats et une critique sage et loyale sur les sujets admis et rejetés de la scène nantaise ; mais jusque là, nous nous abstiendrons de donner des avis, de peur d'intimider ceux dont la confiance n'est pas encore entièrement revenue, et nous nous contenterons de généraliser nos observations sur quelques représentations que le calme du parquet nous a permis d'écouter avec fruit. C'est ainsi que nous avons pu remarquer dans la *Muette*, jouée dimanche dernier, une amélioration sensible, grâce au changement d'un seul personnage, et, en effet, ce personnage ayant redonné de la confiance aux autres, la pièce a mieux marché, elle a été jouée avec plus de verve et chantée avec plus d'ensemble. Mazaniello avait la voix plus assurée, Elvire a mieux dit son air du premier acte, et Piétro était vraiment l'homme du peuple pris au coin d'une rue. Ce serait à tort qu'on reprocherait à M. Hermann le carretère qu'il a donné à son rôle ; selon nous, il était dans le vrai ; car, bien que camarade de Mazaniello, cet homme grossier n'a qu'un but, celui de renverser ce qui existe, sans s'inquiéter de ce qu'on mettra à la place : tous les moyens pour y parvenir lui sont bons, témoin l'assassinat de son ami, parce que celui-ci

n'égorge pas à son gré autant de victimes, parce qu'il le trouve trop humain. D'ailleurs, où serait l'opposition des caractères, si Piétro ressemblait à Mazaniello ? Le poëme et le chant n'indiquent-ils pas suffisamment la nuance bien tranchée entre ces deux hommes ? Fénella a bien rendu la scène du premier acte ; il était impossible de ne pas comprendre les jestes si bien en rapport avec la musique. Somme toute, si cet ouvrage n'était pas si usé, il ferait encore d'excellentes recettes, joué comme nous l'avons vu dimanche dernier. Quant au *Barbier de Séville*, nous n'en parlerions pas, s'il n'avait servi à faire juger en dernier ressort deux artistes dont l'un conservait encore quelqu'espérance, qu'il a du perdre totalement, et l'autre dont le talent insuffisant s'était déjà fait juger dans deux représentations précédentes. Nous devons remercier notre nouveau directeur de son empressement à remplir plus que ses engagements envers le public, car son prospectus ne faisait point mention de sujets supérieurs pour le vaudeville, et sa comédie se trouve plus complète qu'à Bordeaux, Rouen et autres grandes villes. Lui tiendra-t-on compte de tous ses sacrifices ? et sera-t-il récompensé de ses efforts à satisfaire toutes les exigence, même en perdant soixante-cinq mille francs, ainsi que MM. Ponchard et Guérin dans leur première année de direction ? Nous n'oserions lui garantir le contraire, espérons pourtant que Messieurs les juges se montreront plus équitables à l'avenir, ils ont déjà fait un pas dans la représentation du *Barbier*, et le résultat sans scandale a été selon leur désir. En effet, toutes les fois qu'on se montrera juste envers les acteurs, bons ou médiocres, la masse des pectateurs, avec son bon sens naturel, se rangera du côté

des critiques impartiaux, et tout le monde sera satisfait.

M. et Mᵐᵉ Leménil, du théâtre du *Palais-Royal*, ont paru dans cinq ouvrages, et sous des caractères différents. Ces artistes distingués, pleins d'entrain et de verve, animent et égayent notre notre scène, et font une heureuse diversion à l'espèce de bouderie du public par suite des débuts. M. Leménil, qui a fait ses premiers essais sur notre scène, a voulu témoigner au public, par un à-propos, ses remerciments de l'encouragement qu'il en reçut autrefois, et il s'est exprimé ainsi :

Dans ce logis, débutant autrefois,
J'ai rencontré bonté, sollicitude ;
Ce que je suis, messieurs, je vous le dois,
Et je viens vous offrir le fruit de mon étude.
Vous égayer et vous plaire en ce jour,
Tel est mon but et ma seule espérance,
Ce soir, messieurs, bien heureux en retour,
Si l'on me traite en vieille connaissance.

Le public a accueilli et agréé cet hommage de reconnaissance par de bien vifs et très-sincères applaudissements, qui honorent l'artiste auxquels ils s'adressent, et il était aisé de voir l'heureuse émotion que M. et Mᵐᵉ Leménil ressentaient de ces témoignages de bienveillance, douce récompense du travail et de l'intelligence, que devraient ambitionner tous ceux qui se livrent à l'exercice de la scène.

Notre prima dona, Mˡˡᵉ Bultel, est arrivée jeudi, et après quelques jours de repos nécessaires, nous aurons le plaisir de jouir de ses débuts, qui commenceront par la *Juive*.

LA NOUVEAUTÉ ET [illegible].

Maintenant et autrefois sont deux époques bien distinctes. Autrefois, on était déraisonnable par boutades ; maintenant, on est ridicule par système. Aujourd'hui, c'est une espèce de mérite que de jouer au monde renversé. Les manies ont été de tous temps en possession de la vogue en France, parce qu'on y est poli et qu'on les appelle des originalités. Malheureusement pour les inventeurs, le nom ne fait rien à la chose ; un titre pompeux ne dissimule jamais un mauvais livre, une jolie étiquette ne bonnifie pas un mauvais vin ; la sottise a beau se parer, elle sera toujours comme le Diable : ses cornes paroîtront quoiqu'elle essaie pour les déguiser. Où se font beaucoup de sottises, le fou est dans son élément, a dit Kotzebue. Que de gens doivent se bien trouver de vivre à Paris !

Qand Rome énervée commença à s'en aller par lambeaux, les sybarites du Colysée firent du jour la nuit et de la nuit le jour. Ces épicuriens, à défaut de corsets, se couronnèrent de roses, portèrent des bagues à tous les doigts, et prirent des bains de lait. Quelques-uns mirent à la mode d'avoir sous le manteau un miroir d'acier poli, à l'aide duquel ils arrangeaient les boucles égarées de leur coiffure avant d'entrer dans le temple de Vénus. Ce fut alors la décadence de cette belle Rome antique ; devenue vieille et décrépite ; elle sentait la nécessité de se farder pour cacher ses rides ; tant de gloire n'était plus qu'un rêve, la parodie succédait à la sublime mélopée !

Nous ne sommes pas des Romains, tant s'en faut, et nous ne savons trop pourquoi notre plume a tout-à-coup pris son vol pour aller se poser sur la ville des César. Il y a si peu de rapport entre nos élégants du boulevart des Italiens et les merveilleux du Forum que, si ce n'était la coïncidence des miroirs portatifs, des douches à la crème et des fleurs à la boutonnière, nous aurions honte de notre petit accès d'érudition.

A l'exemple des voluptueux anciens, les raffinés de nos jours se sont étudiés à jouer les travestis ; ils ont tant fait, que les hommes se sont efféminés avec un rare bonheur, et que les femmes sont parvenues à se masculiniser avec une habileté inouie. Les uns se sont d'abord emmaillottés dans des houppelandes semblables à des douillettes, moins les falbalas ; les autres ont ensuite enfourché des robes qui avait tout l'air de pantalons, plus les dentelles.

Une fois sur cette route, on a jugé à propos de ne plus s'en écarter. L'innovation était en effet trop attrayante ; la multiplication de ses formes diverses, l'extravagance infinie de ses variétés devait séduire les esprits et les têtes des Christophe Colomb des absurdités humaines. Ce fut alors à qui donnerait son nom à ces petits mondes ridicules qui gravittent autour du bon sens, de la sagesse et de la raison.

La grande-prêtresse de ce culte nouveau, puisqu'il faut la désigner par sa qualification moderne, c'est la femme libre. Libre dans ses propos, libre dans ses actions ; la femme libre s'affranchit du joug des convenances, de la dignité personnelle, des prérogatives conjugales, du respect humain et du qu'en dira-t-on. Elle saute à pieds joints par-dessus la considération ; l'indépendance est sa devise, le laisser-aller son oriflamme ; c'est le clown de la civilisation de 1839. Le progrès ne pouvait faire moins, pour égayer les esprits sérieux, graves et pensants qui nous restent encore, que de créer la femme libre.

Depuis que cette constellation brille parmi nous, depuis qu'elle a soufflé de toute la force de ses poumons athlétiques ses croyances et ses maximes, nos habitudes sont renversées, nos mœurs vont contre le courant, et nos usages marchent à rebours. Le désarroi est complet. Les jeunes personnes négligent leurs études de bonne ménagère pour se livrer à la gymnastique ; les femmes de trente ans abandonnent les soins de la famille pour le culte du sans-façon.

Une demoiselle est fort considérée lorsqu'elle lève six cents à bras tendus ; les nouvelles mariées jurent par la sembleu? et jouent du bancal et du bâton comme un prévôt d'armes ; les veuves cultivent la chibouque et escamotent des bols de punch sans sourciller ; les femmes en puissance de mari boxent avec leurs domestiques, chantent à gorge déployée les chœurs bachiques des *Huguenots*, et distribuent à tout venant de cavalières poignées de mains.

La poignée de main est le signe caractéristique de la femme libre. Elle fraternise ainsi avec ses amis en place publique. Jadis il était de bon goût parmi les hommes d'un salon de baiser la main aux dames ; à présent, il est reçu parmi les femmes de donner dans la rue des poignées de main aux hommes. Le comble du raffinement consiste aussi à les tutoyer sans les connaître. C'est beaucoup plus libre et de meilleur ton.

Comme on le voit, les rôles sont changés, les emplois son entièrement intervertis. Il ne restait plus à la femme émancipée qu'un pas à faire, et il est fait ; le chevaleresque de la poignée de main était le Rubicon à franchir, et il est franchi. Nous devions signaler ce progrès à notre siècle, qui marche sans trop s'arrêter souvent aux choses qui achèvent la physionomie d'une génération. La poignée de main, mise en vigueur dès aujourd'hui, sera le socle sur lequel on élèvera cette gigantesque statue dont la tendance subversive a passé insensiblement de dessus nous en nous, du fait à la parole, de l'habit au geste, du physique au moral, et dont l'influence maligne s'est répandue dans l'air que nous respirons.

Pendant ce temps, que font les hommes ? Ils tricotent des bas de laine ; ils écument les confitures et allaitent les enfants au biberon. Décidément la suprématie masculine tombe en quenouille. L'homme de notre époque est une étoile qui file ! E. B. C. (*Aujourd'hui*.)

L'AMOUR ET LA DISCIPLINE.

Julia est une belle fille à l'œil bleu foncé, aux épaules d'albâtre. Sa petite main nerveuse se tord dans un gant blanc. Admirez la vivacité de son regard, la pétulance de ses mouvements et les ondulations gracieuses de son sourcil d'ébène, puis écoutez :

M. le juge. — Pourquoi mademoiselle Julia se refuse-t-elle de payer à M. Baudimont les 90 francs réclamés ?

Julia. — Parce que je ne les dois pas... Il n'a pas tenu ses engagements... Je vais vous conter tout simplement ce qui en est. Je suis brunisseuse, j'ai un amoureux, c'est un guerrier du 67e de ligne, un beau brun, qui porte les épaulettes de voltigeur. Il y a six mois que nous sommes en relations.

Le juge. — Abrégez, mademoiselle.

Julia. — Abréger nos relations ? Non, monsieur, il me convient à tous égards, mon Polyte, quoi qu'il soit un peu jaloux. L'autre jour, ne s'est-il pas avisé de ne pas rentrer à la caserne ?... Comme vous pensez bien, je ne l'ai point laissé coucher sur une borne. J'ai logé pour cette nuit le soldat du Roi, mais la discipline n'a pas été si indulgente que l'amour ; comme c'était la troisième fois qu'il oubliait le chemin de l'appel du soir, on lui a infligé un mois de prison et l'ordinaire de simple soldat...

Le juge. — C'est de cette incarcération que datent vos arrangements avec le restaurateur Baudimont. ?

Julia. — Dam ? c'est naturel... Je me suis dit : Je vas faire passer à mon Polyte des munitions de bouche. Pour cela, je vais trouver Baudimont, et j'lui dis : « Vous m'avez vendu bien des fricandeaux au lard rance, bien des lièvres nourris de souris, et dont les têtes avaient désiré conserver l'anonyme, mais je vous pardonne, et si vous exécutez ce que je vais vous dire, je jette un voile sur le digéré. Il s'agit de suspendre un panier plein de verres et de vins à la ficelle que Polyte vous jettera. La croisée grillée du cachot donne sur la rue ; il videra le panier qu'il aura fait monter en tirant la corde, et il vous le rendra. Faites attention que si vous vous laissez voir, je ne paie rien ; ça suffit. C'est entendu, qu'il me répond.

Le juge. — Il paraîtrait, d'après votre refus, qu'il n'a pas été assez fin pour tromper l'œil des chefs?

Julia. — Dam ! d'abord ça allait très-bien, mais un adjudant qui s'étonnait de voir un guerrier au bouillon clair engraisser à vue d'œil, se douta de quelque chose. Un soir, il vit la corde qui pendait le long du mur... Que fait-il ? Son logement étant sur le même front que la prison, il jette une seconde corde par sa propre fenêtre pour embarrasser le pâtissier traiteur.

Baudimont. — Oui, mon juge, je ne savais pas qu'il y en avait deux, il était neuf heures, il faisait noir... le panier monte, quand tout-à-coup une femme furieuse se jette dessus, et rentre subitement.

Julia. — C'était la femme d'un capitaine, logée sous l'adjudant, aussi jalouse que mon Polyte. Jugez de sa colère quand elle aura lu le billet que j'avais mis dans un pâté.

« Quand viendras-tu, mon bon ami, je sais que
» tu m'aimes et les pigeons farcis aussi, je t'envoie
» mon cœur et ces volatiles par le roulage ordinaire. »

Baudimont. — Ce panier a mis le quartier en émoi, la femme du capitaine était furieuse, on avait reconnu mes plats. On m'a appelé au quartier, pour me faire une énorme semonce. Aujourd'hui, pour achever la sauce, on ne veut pas payer les mets saisis.

Le tribunal condamne la gentille Julia à payer le diner destiné à son fourrier.

(Audience.)

Suicide d'un Négociant ruiné par un vol. — Funérailles. — Apparition. — Arrestation du voleur. — Le mort vivant. — Aveux et condamnation de l'accusé.

Il y a environ six mois que le sieur Frénois (Clodomir), riche Négociant de l'île Maurice, appartenant aujourd'hui aux Anglais, fut trouvé, dans son habitation, mort et horriblement mutilé. Son cadavre gisait à terre, sa figure avait été entièrement brisée par une arme à feu, et sur le sol se trouvait un pistolet avec lequel le suicide avait été opéré. On trouva sur la table, à côté du suicidé, la lettre suivante :

« Je suis ruiné...un escroc m'emporte 25,000 livres terling... il ne me reste que le déshonneur, et je n'y veux point survivre... Je laisse à ma femme le soin de distribuer à mes créanciers les biens qui nous restent, et je prie Dieu, mes amis et mes ennemis, de me pardonner ma mort.... Encore une minute, et je serai dans l'éternité ! »

Signé : Clodonir FRÉNOIS.

Grande fut la consternation que causa cet événement. Sa veuve, en proie à une douleur inconsolable, deux mois après l'affreuse fin de son époux, entra dans le couvent des Pénitentes, laissant à un neveu de son mari, médecin, le soin de répartir le restant de l'actif.

Cependant, les héritiers privilégiés de Frénois apprirent, par des lettres reçues de Portsmouth (Angleterre), qu'un vol commis chez lui avait provoqué sa fin; on fit des recherches, et on découvrit que la date de ce vol coïncidait avec l'époque de la disparition du nommé John Moon, ancien employé de sa maison, dont on n'avait plus entendu parler. Quelque temps après le partage des biens, John Moon reparut dans l'île, et interpellé sur le but de sa fuite, il soutint qu'il avait reçu la mission de son maître d'aller en France, pour y recouvrer des créances, qui du reste étaient périmées, et que si Clodomir Frénois avait fait peser dans sa corres-pondance sur lui d'injurieux soupçons, c'était

pour trouver un prétexte de justifier un déficit dont lui seul était l'auteur

Cependant, il y a environ quinze jours, M. William Burnett, principal créancier de feu Clodomir Frénois, entendit à cinq heures du matin quelqu'un frapper à sa porte. Il fit ouvrir, et sa servante lui annonça qu'un étranger qui avait le plus grand intérêt à garder l'incognito, désirait l'entretenir en secret. L'honorable M. Burnett se leva, et descendit au parloir.

L'étranger, qui tenait en main un numéro du Morning-Post, et qui lui tournait le dos en lisant, s'était jeté dans un fauteuil, comme aurait fait un ami de la maison.

Sir, lui dit Wiliam Burnett, qu'y a-t-il pour votre service ?

L'étranger se retourna, et salua avec courtoisie. Au même instant, M. Burnett poussa un cri perçant !...

Il venait de reconnaître Clodomir Frénois, son débiteur, qu'il avait vu mort et mutilé, aux funérailles duquel il avait assisté !...

Ce qui se passa entre l'inconnu, Burnett et sa servante pendant cette matinée resta enveloppé dans le plus grand secret... On vit sortir plusieurs fois William Burnett agité, et ceux qui le suivirent, le virent entrer chez le magistrat chargé des procès criminels.

Le lendemain, au moment où John Moon prenait le thé sous les palmiers de son jardin, avec une Circassienne qu'il avait achetée depuis peu, les policemen l'arrêtèrent et le conduisirent à la prison d'état.

Peu de temps après, John Moon paraissait devant la cour criminelle, prévenu de vol de confiance avec effraction commis chez feu Clo-domir Frénois. Il souriait avec l'assurance d'un homme qui n'a rien à craindre.

Le président lui ayant demandé s'il avouait son crime, celui-ci répondit que l'accusation était absurde; que, pour qu'il fût condamné, il fallait un témoignage certain, et que, ni la veuve du défunt, ni aucun autre employé n'avaient entendu parler du prétendu vol.

Le président. Affirmez-vous votre innocence?

Moon. Je la proclamerais devant le cadavre même du défunt, mon maître, si cela était nécesssaire !

Le président, d'un voix émue: Eh bien ! John Moon, faites-le, puisque telle est aussi notre volonté, et que Dieu sauve votre âme.

En ce moment, une porte s'ouvrit, et Clo-domir Frénois, le suicidé, s'avança vers la barre en fixant sur l'accusé de terribles regards.

Un murmure d'horreur s'éleva de l'assemblée, toutes les femmes s'enfuirent....... John Moon tomba sur ses genoux et avoua son crime. Au même instant, sir Johnes West, avocat de l'ac-cusé, se leva, et demanda que l'on fit constater l'identité du témoin à charge. « Les aveux arra-chés à la peur, dit-il, ne sauraient être recon-nus sincères, et le juge sur son siége ne doit pas se laisser impressionner par des ressem-blances de physique et d'organes, difficiles mais possibles à trouver. Avant de nous accuser en qualité de négociant lézé, prouvez qui vous

êtes, et par quel hasard la tombe qui vous re-çut broyé par les balles, vous a rendu plein de force et de santé. »

CLODOMIR FRÉNOIS LE SUICIDÉ : Voici l'historique du passé, il suffira pour établir ma qualité. Lorsque je m'aperçus du vol commis par l'accusé, il avait fui; et toute tentative faite pour l'atteindre eût été infructueuse. Je résolus d'en finir avec la vie pour ne pas voir mon déshonneur.... Il était sept heures du soir, j'écrivis la lettre qui fut trouvée sur ma table, et j'armai mon pistolet. Après avoir fait une courte prière, je mis l'arme dans ma bouche, et le doigt sur la détente, quand.... j'entendis des coups à la porte de ma rue. Je cachai l'arme.... j'allai ouvrir.... Il entra un homme que je reconnus pour le gardien des morts.... Il portait dans ses bras un cadavre destiné à mon neveu le médecin, car le tribunal sait la rareté des corps destinés à la dissection.... il fut d'abord fâché de me rencontrer.

Est-ce mon neveu qui vous a demandé cela ? lui dis-je. — Non, monsieur, mais je lui en offre quand il s'en trouve; de grâce n'en parlez pas, je perdrais ma place de garde des tombes... Il venait de me poindre une idée.... je donnai deux pièces d'or au résurrectionniste, en lui disant que cela suffisait, et je portai le mort jusqu'à mon cabinet. Il était de la même taille que moi, brun comme moi; c'était le corps d'un pêcheur que sa famille avait abandonné moyennant une misérable redevance. O reste du pauvre, lui dis-je, en me signant, pardonne si je te brise.... C'est pour empêcher la ruine de vingt familles.... Vienne le succès, et, je le jure, ta famille sera la mienne, et nous dor-mirons tous les deux dans la tombe que tu auras occupée le premier... (Emotion bruyante dans l'assemblée.)

Alors je me dépouillai de mes habits, j'en revêtis le mort, puis appliquant mon pistolet sur la face du cadavre, je lâchai le coup qui m'était destiné, et presque toute la figure fut emportée... Il était impossible de reconnaître la substitution. (Mouvement prolongé.)

Après cet acte accompli, je pris d'autres habits très-simples. Je me rasai les favoris et les sourcils, et le matin me voyait sur un vais-seau français faisant voile vers le continent. Ce que j'ai prévu est arrivé. Mon indigne commis, à la nouvelle de ma mort, s'est cru en sûreté; il ne savait pas que tandis qu'il vivait insou-cieux à l'île Maurice, je découvrais les place-ments de mes fonds qu'il avait faits en France; enfin la fraude s'est dévoilée.... et grâce aux soins de mon honorable ami Wiliam Burnett, qui a reçu ma première visite, la justice sera satisfaite.

La cour de justice, sans désemparer, a condamné John Moon à une détention perpé-tuelle.

La foule a accompagné chez lui, au bruit de mille acclamations, M. Clodomir Frénois et sa femme, relevée de ses vœux ecclésiastiques.

———

Nouvelles Théâtrales.

Ligier a dû quitter Paris jeudi, pour se rendre à Bordeaux.

— Mlle Rachel sera à Lyon avant le 15 juillet; elle y est attendue avec grande impatience.

— On lit dans la *Gazette des Théâtres :*

Nous avons été oublieux à Nantes pour les représentations de la troupe de M. Lafeuillade. Nous n'avons pas nommé celui de tous les artisste qui est le plus zélé, en même temps qu'il est un des plus aimés du public. M. Oudinot a pourtant fait d'une façon brillante sa rentrée dans *Richelieu* de *Mlle de Belle-Isle*, et depuis ce jour, il n'a cessé d'être applaudi. Ces bravos-là l'ont déjà vengé de notre involontaire négligence.

Il est bien de rendre ainsi justice au mérite joint à la bonne volonté d'un artiste aussi distingué que M. Oudinot.   (*N. du R.*)

— Des artistes débarqués par la *Nathalie*, de ce port, sont arrivés à Nantes ces jours-ci, de la Nouvelle-Orléans : ils regrettent la perte de plusieurs de leurs camarades, qui ont succombé à la fièvre jaune.

BORDEAUX. — Duprez nous a fait, mercredi, de magnifiques adieux. Sa représentation de clôture se composait du quatrième acte de *la Juive*, du quatrième acte des *Huguenots*, et de la dernière scène de *Guillaume Tell : Asile héréditaire*. On voit qu'il avait eu à cœur de réunir les scènes où son admirable talent produit le plus d'effet. Jamais l'enthousiasme excité par le grand artiste n'avait été plus vif, plus spontané, *plus soutenu*. Redemandé à la fin de chaque acte, Duprez a été rappelé deux fois de suite, après la scène de *Guillaume Tell* qui terminait le spectacle. Aucun artiste, à notre connaissance, n'avait obtenu jusqu'à présent, à Bordeaux, le double honneur d'une pareille ovation. Dans ce moment, la salle offrait un coup-d'œil ravissant. Toutes les mains applaudissaient; des acclamations triomphales saluaient le célèbre chanteur : des fleurs et des couronnes tombaient de tous côtés sur la scène. Jamais l'admiration et les regrets ne s'exprimèrent avec plus de chaleur et d'énergie.

Mme Nathan-Treillet, si belle dans le rôle de Valentine, a été rappelée, ainsi que Duprez, après le duo du quatrième acte des *Huguenots*. Des applaudissements unanimes lui ont prouvé combien le public appréciait son talent si dramatique, combien on lui savait gré de son empressement à paraître encore une fois à côté de son illustre maître dans cette représentation solennelle.   (*Guienne.*)

Paris. — Théâtre des Variété.

Les *Deux Systèmes*, vaudeville en deux actes, par M. DARTOIS.

M. Bequet, marchand cordonnier, est depuis long-temps en ménage; quand la légèreté de sa femme inquiète sa sollicitude conjugale, il s'arme de son tire-pied, et grâce à cet argument *ad feminam*, il fait promptement rentrer sa volage moitié dans le devoir, et son honneur domestique dans la sécurité la plus parfaite. — Premier système.

M. Béloutre, marchand chapelier, se marie aujourd'hui-même; il est amoureux, mais jaloux; bon cœur, mais mauvaise tête ; si sa femme ne parle qu'à lui, ne regarde que lui, ne pense qu'à lui, tout ira bien. Mme Béloutre sera heureuse entre les plus heureuses; mais à la première pensée, au premier regard, à la première parole qui ne s'adressera pas à lui directement et incontestablement, le chapelier tuera sa chapelière ; dans le fond de la corbeille de mariage, Il a glissé six paires de *pistolets-Robert*, à son usage personnel. — Second système.

Malgré l'expérience du tire-pied, et la perspective du pistolet, Mesdames Bequet et Béloutre pourront bien, ce qui, je crois, est fait pour l'une, et ce qui ne tardera pas pour l'autre, donner quelque coup de canif dans la moralité du contrat.

Quant à celle de la pièce, la voici: entre le pistolet et le tire-pied, il existe un milieu respectable, et dont la garantie est préférable à toute autre, c'est d'aimer sa femme et de s'en faire aimer. Ce moyen est le plus sage, puisque la plus belle moitié du genre humain, après l'homme, comme dit Odry, est protégée, selon le couplet final, par le bon sens et le Code civil.

GRAND THÉATRE.

IMPRIMERIE D'HÉRAULT, *Rédacteur en chef.*

Dimanche 12 juillet 1840.   DEUXIÈME ANNÉE.   3e Trimestre.   No 80.

PRIX D'ABONNEMENT :

NANTES. { TROIS MOIS .... F. 3
         { SIX MOIS   6
         { UN AN   12

DEHORS { TROIS MOIS.. F. 5
        { SIX MOIS   10
        { UN AN   18
        { AFFRANCHIR..

[Prix du numéro, 15 c.

PRIX D'ANNONCES :

30 c. à la page d'avis ; 1 fr. dans
le corps du journal. Remise du
tiers aux abonnés.

LE BUREAU EST SITUÉ
Chez Hérault, Imprimeur, rue
de Guérande, No 3.

ON S'ABONNE :
Au Bureau;
Chez Guéraud, Libraire, Basse-
   Grande-Rue et passage
   Bouchaud;
Plançon, Libraire, place
   Graslin.

SE TROUVE CHEZ :
M. Scireau. Lib.re, rue Crébillon,
Et M. Plessier, Relieur, *idem.*

A PARIS,
Isidore Pesron, rue Pavée-Saint-
   André, No 13.

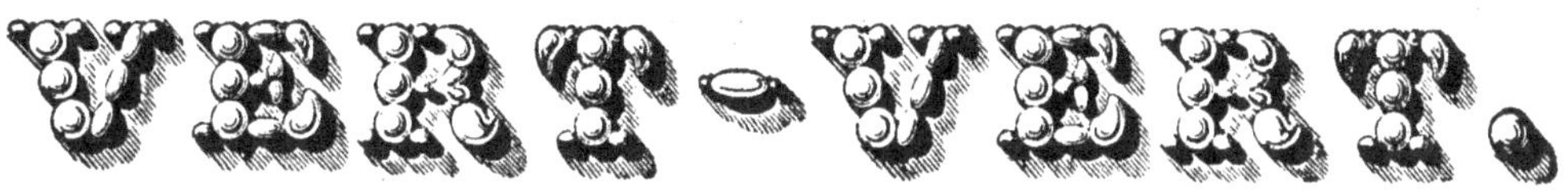

VERT-VERT.

JOURNAL DES SALONS ET DES THEATRES.

GRAND THÉATRE.

CHRONIQUE DRAMATIQUE.

Mme *Bultel*, notre prima dona, a fait son premier début lundi dernier. Une belle voix, pleine, suave, d'une grande étendue, promettant de beaux jours à notre scène lyrique. On ne saurait trop applaudir à la sagesse avec laquelle elle a rendu le personnage si intéressant de *Rachel*, la simplicité qu'elle a mise dans les deux jolies romances du second acte, et l'énergie noble qu'elle a déployée dans sa scène avec le Cardinal. Elle s'est montrée on ne peut plus dramatique au cinquième acte, quand elle fait ses adieux à *Éléazar*, en marchant à la mort.

Jeudi dernier, M. Damoreau neuveu a fait sa première apparition comme ténor d'opéra-comique. Cet artiste a une voix fraîche et timbrée, qu'il conduit avec méthode : malgré la timidité sous laquelle il se trouvait, on peut concevoir dès-à-présent les espérances les plus favorables. Il a paru samedi pour son second début dans le *Postillon de Longjumeau.* Ce joli rôle est dans sa voix : ce qui manque à M. Damoreau; comme comédien, lui viendra par la pratique ; il paraît doué d'intelligence et du désir de bien faire, puis il n'est pas dépourvu d'avantages physiques.

M. et Mme Leménil continuent le cours de leurs représentations, que le public accueille toujours *avec un nouveau plaisir.*

CONCERT DE Mlle LAMBERT.

Certainement, on n'aime point la musique, me disait, mercredi dernier, un étranger placé à côté de moi, au concert de Mlle Lambert ; car, d'après les annonces de vos journaux, cette demoiselle, qui jouit d'une brillante réputation, n'a pas eu le don d'attirer seulement une centaine de vos amateurs. Pour une cité qui se pique de s'y connaître, d'aimer les arts, voilà qui est bien singulier, et en même temps significatif.

Je me hâtai de prendre la défense de mes compatriotes, en alléguant la saison avancée qui enlève annuellement la majeure partie du public des concerts ; j'ajoutai, qu'à de rares exceptions près, il en était toujours ainsi pendant l'été, à quoi mon interlocuteur, qui paraît connaître aussi bien que moi ma ville natale, me repliqua : qu'à plusieurs voyages où il eut l'occasion d'entendre des artistes de la capitale, il en fut de même, en hiver comme en été. Le premier morceau du concert vint heureusement me tirer de peine, car je voyais qu'il m'était difficile de trouver de bonnes raisons pour justifier l'indifférence de mes concitoyens. Le quintette de Kalbrenner vint couper court à notre conversation, et nous écoutâmes avec un plaisir étonnant cette œuvre du maître, exécutée avec une rare perfection par son élève. Mlle Lambert ne se dirait point élève de Kalbrenner, qu'on le reconnaîtrait à sa manière de jouer, surtout à son chant élégant et pur, à cette jolie manière de phraser ses périodes ; à son style, qui décèle le grand artiste, et cet admirable trio de Beethoven, en *mi-bemol*, dont elle n'a joué que la première partie. Pour exécuter de semblables chefs-d'œuvres, il faut sentir, il faut être en état de comprendre la science unie

à la mélodie la plus suave... et ces variations sur l'air de Rossini *di tanti palpiti*, qui ont été rendues avec une grâce, une légéreté charmantes ! On ne peut réellement désirer rien de mieux. Chaque morceau mériterait une mention particulière ; mais si Mlle Lambert se fait entendre une seconde fois, ainsi qu'on nous le fait espérer, ce sera avec un véritable plaisir que nous reprendrons la conversation de mon inconnu, qui ne se lassait pas plus que moi d'admirer un si beau talent. Nos artistes ont parfaitement secondé Mlle Lambert dans les trois morceaux qu'ils lui ont accompagnés. On désirerait voir un tel ensemble dans l'orchestre du théâtre.

LE CHATEAU DE MURAT.

Murat était le siége d'une ancienne châtellenie faisant partie du domaine des premiers sires de Bourbon. Ils y construisirent un vaste château, dont on voit encore les ruines, couvrant la surface d'un rocher isolé de toutes parts et baigné au midi et à l'ouest par l'Aumance. Une épaisse muraille flanquée, dit-on, de vingt-sept tours cylindriques enveloppait le rocher dans toute sa circonférence, et ne présentait qu'une entrée, au midi. Dans cette formidable enceinte étaient renfermés les bâtiments d'habitation et la chapelle. Presque toutes ces constructions avaient été faites par le duc Louis II ; et ce château l'un des plus grands du Bourbonnais, fut démantelé, mais non détruit entièrement, après la défection du connétable de Bourbon.

Murat fut aussi une ville : elle est si déchue, que sa population ne s'élève pas aujourd'hui à 700 individus. Là, les légendes et les contes de fées y sont en crédit : vous ne sortirez pas de ce lieu, sans qu'on vous ait raconté l'histoire de la *Fée de Murat*. Elle s'était éprise d'une violente passion pour le jeune Arnold de Vieure, qui fut insensible à ses soupirs, bien qu'elle se révélât à lui belle comme la fille des anges. Mais Arnold aimait d'un amour véritable une jeune châtelaine, nommée Bonne-du-Mont. Les puissances fantastiques s'irritent des rivalités comme celles de la terre : la fée, en proie aux fureurs de la jalousie, jura qu'elle romprait ce lien. qu'elle abhorrait. Un jour, que le beau seigneur s'était endormi sur la rive ombreuse de l'Aumance, elle lui apparut en songe, et lui dit qu'un trésor immense était enfoui dans un souterrain du château de Murat. Arnold s'éveille altéré de richesses, et quoique ce fût l'heure à laquelle il allait ordinairement tenir de doux propos d'amour, il sauta sur son léger coursier, et se dirigea en toute hâte vers la forteresse de Murat. Il suivit un sentier escarpé qui s'offrit à lui tel qu'il l'avait vu dans son rêve, et ne tarda pas à découvrir l'entrée de la caverne qui recélait les trésors. Mais, au moment où le noble jeune homme essayait d'y pénétrer, il entendit près de lui des rires moqueurs : c'étaient ceux de la maligne fée. Puis elle appela les mauvais génies qui lui obéissaient ; et l'infortuné fut traîné trois fois autour de l'enceinte crénelée que je vous ai décrite comme Hector autour des murs de Troie, teignant de son sang les pics des rochers, se déchirant le visage et les mains aux ronces sauvages. Enfin, les démons familiers de la jalouse fée le laissèrent meurtri, sanglant, presque sans vie au bord de la rivière. Cependant Bonne-du-Mont ne voyant pas arriver son amant à l'heure accoutumée, s'inquiète et se désespère. La mauvaise fée se montre à elle, et lui apprend qu'Arnold gît mourant au pied du château de Murat. Pleurer et se lamenter n'est que d'une âme sensible et tendre ; s'armer de courage pour voler au secours de ce qu'on aime, voilà le vrai témoignage d'un amour puissant. La jeune fille, oblieuse de l'obscurité et des dangers de la nuit, s'élance hors du manoir pour courir à la recherche de son amant : la cruelle fée, par un raffinement de vengeance, guide la pauvre enfant à travers les ténèbres, et la fait bientôt arriver au lieu où le désespoir l'attend. Haletante, pâle, échevelée, elle se précipite sur le corps de son amant : hélas ! elle arrive à temps pour recevoir un adieu déchirant, et se faisant jour à travers le dernier soupir d'Arnold, avec cette sentence d'une sagesse trop tardive : « Une fidèle amie est un trésor si précieux, que c'est une folie sacrilège d'en chercher un autre. » Au point du jour, le pâtre matinal aperçut sur la rive fleurie de l'Aumance, les deux amants couchés l'un auprès de l'autre ; il crut qu'ils dormaient, et ne se trompait pas ; mais leur sommeil ne devait pas finir.

Voulez-vous une histoire plus gaie, le conteur rustique de Murat ou des environs vous chantera la ballade d'un pauvre moine, qui crut avoir trouvé le chemin du cœur d'une *belle jolie*

Dame, et qui, après avoir été bafoué par elle, lui laissa sa défroque entre les mains. Il me prend envie de rapporter cette ballade, traduite de la langue romane en patois Bourbonnais, et qui, dans cet idiôme, ne manque pas de traits piquants ; vous en jugerez, la voici :

Ou était un moine qui s'appelait Timon ;
La belle jolie dame voulut savoir son nom,
En li disant : bon père Nicoulas,
Venez ce soir à ma porte,
Quand mon mari n'y sera pas.

Le poure moine, la porte li a éta :
La belle jolie dame la porte li a ouvra,
En li disant : bon père Nicoulas,
Posez la voutà grand'robe,
Et l'argent, si y en a.

Le poure moine sa robe li a posa,
La belle jolie dame la li a pria,
En li disant : bon père Nicoulas,
Regardez voir à la porte
Si mon mari n'y vient pas.

Le poure moine, la porte li a éta,
La belle jolie dame la porte li a frema,
En li disant : bon père Nicoulas,
Comptez les clous de la porte,
Vous saurez combien y en a.

Hélas ! madame, rendez-moi mes habits ;
Ouest des habits d'église vous n'en pouvez servir,
Elle répond : bon père Nicoulas,
En les faisant à réteindre
Mon mari s'en servira.

Hélas ! madame, rendez-moi mon poure argent,
Pour me déconduire dans mon cher couvent !
Elle répond li disant : bon père Nicoulas,
Tant que toun argent durera,
Mon mari s'en servira.

Le poure moine son couvent a éta ;
Les autres moines s'en sont tretous bien moqua,
Tretous en li disant : bon père Nicoulas,
Dieu bénisse la commère
Qui t'a joué cau tour là.

Si vous trouviez cette citation ultrà-historique, je vous prierais, cher lecteur, de rappeler à votre souvenir ce mot d'un grand moraliste :

L'ennui naquit un jour de l'uniformité.

(*Loire Historique.*)

LES DEUX PETITS CHAPEAUX.

Un célèbre bibliomane, après trois années de voyages en Allemagne, en Suisse et en Italie, rentra triomphant et radieux dans sa patrie et dans sa maison. — Ma chère amie, dit-il à sa femme, je ne te quitterai plus, je ne te laisserai plus seule au logis comme Pénélope ; Ulysse a trouvé ce qu'il cherchait.

Et le bibliomane, ouvrant une cassette toute bardée de fer et protégée par un triple cadenas, montra d'un air joyeux un vieux petit bouquin, crasseux sur tranches, et vêtu d'une reliure déguenillée.

— Voilà, continua-t-il, voilà le trésor qui m'a coûté trois années de recherches et de voyages pénibles. Mais je ne me plains pas, puisque le succès a couronné mes efforts. Ce livre m'a été cédé pour cent louis par son propriétaire. C'est un excellent marché que j'ai fait là.

En prononçant ses paroles, le bibliomane s'approcha de la cheminée, et fit avec les pincettes un lit de braise sur lequel il coucha le petit livre. Puis il regarda en souriant sa femme stupéfaite, et lui dit :

— Vous me prenez pour un fou ? Mais le sacrifice que j'accomplis en ce moment était nécessaire, et maintenant que le livre est en cendres, je puis dire que j'ai vraiment fait une bonne affaire. Regardez dans ma bibliothèque, à droite, sur le troisième rayon, vous y verrez un volume absolument semblable à celui que je viens de brûler. Il n'y avait au monde que deux exemplaires de ce précieux ouvrage ; ils valaient cent louis chacun ; à présent, il n'y en a plus qu'un seul, et il est sans prix.

Tous les amateurs d'objets rares pensent comme ce bibliomane, et font comme lui, quand ils le peuvent. Il y a eu ainsi bien des livres brûlés, bien des médailles fondues par de fanatiques numismates. La passion jalouse ne s'accommode pas d'un objet que d'autres possèdent, et en toutes choses, il lui faut des exemplaires uniques.

Dans une petite ville du comté de Sussex, vivaient deux hommes, possédés chacun d'une manie ruineuse. L'un, sir Edouard Kinnisdale, faisait collection de curiosités historiques ; l'autre, Henry Butler, était un bibliophile forcené. Comme leurs passions étaient différentes, rien ne troubla la bonne harmonie qui régnait entre eux ; ils s'aidaient mutuellement de leur bourse dans les circonstances difficiles, ils se prêtaient assistance dans les entreprises délicates ; Sir Edouard admirait volontiers les livres de Butler, et Butler vantait de bon cœur le cabinet de sir Edouard.

Cet état de choses dura dans toute sa sérénité jusqu'au mariage des deux amis. Le grave Butler n'avait pas trouvé dans ses livres de préservatif contre les séductions d'une jeune Miss, dix-septième fille d'un pasteur indigent, et il l'épousa. Sir Edouard trouva un beau jour qu'il manquait à sa collection une curiosité bien précieuse et bien rare. — une femme coquette ; et il épousa Miss Arabelle Maccawie. Nos deux maniaques furent loin d'être parfaitement heureux sous le joug de l'hyménée, et il y eut dans leur ménage diverses scènes dramatiques qui portèrent une rude atteinte au bon ordre et à l'économie de leurs collections. Mistriss Butler et Mistriss Kinnisdale aimaient également la parure et le bal ; elles avaient le même faible pour l'uniforme de dragon, très-galamment porté par les jeunes officiers de la garnison. Cette sympathie dans leurs goûts les brouilla mortellement, et elles rompirent toute relation entre les deux maris. Une petite ville de province est un royaume trop étroit pour être partagé entre deux femmes supérieures, qui aspirent à la souveraineté et qui ne veulent pas de concurrence dans leurs intrigues.

Les hommes comme Butler et sir Edouard sont des maris d'un prix inestimable. Tout entier à une seule passion, leur esprit s'ouvre rarement à la jalousie, et, quoi qu'il arrive, ils prennent aisément leur parti. Un jour,

Butler s'étant avisé de vouloir chapitrer sa femme, celle-ci entra dans une colère nerveuse, et s'emparant d'une douzaine de volumes, soigneusement arrangés sur une table, elle les jeta par terre, les foula aux pieds et les mit en pièces. Cet acte de vandalisme fut accompli avant que l'infortuné bibliomane eût le temps de sauver son trésor. Il s'était précipité aux pieds de sa femme, en poussant des cris plaintifs; mais malgré ses prières et ses efforts, il ne ramassa que des débris. Cette leçon était plus que suffisante, et dès ce moment, Butler ne se permit plus aucune remontrance sur la conduite légère de son épouse.

Mistriss Kinnisdale, en semblable occasion, employa le même moyen avec un égal succès. Son mari l'ayant surprise en tête à tête avec le capitaine Janders, et ayant osé prononcer le mot de conversation criminelle, l'épouse outragée fit aussitôt éclater une terrible tempête. Battant en retraite devant cet orage étourdissant, le pauvre mari se réfugia dans son cabinet; mais cet asile sacré fut violé par l'impétueuse Mistriss Kinnisdale qui, après avoir épuisé son éloquence et sa voix, et avant de terminer son discours par la sublime péroraison d'une attaque de nerfs, saisit un vase de porcelaine et le lança sur le parquet, où il se brisa.

Sir Édouard jeta un cri de douleur. Ce vase, le premier qui eût été fabriqué en Saxe, avait été offert en 1676 par l'inventeur, le baron de Bœtcher, au roi Charles II.

— Hélas! s'écriait sir Édouard, dans son désespoir, quelle perte! et comment la réparer! c'était un morceau unique.

— De quoi vous plaignez-vous, lui répondit froidement sa femme; au lieu d'un morceau vous en avez cent.

L'amateur de curiosités se promit bien de ne plus troubler les conférences de Mistriss Kinnisdale, aimant mieux la laisser converser avec tous les capitaines du monde, que de s'exposer à une seconde mésaventure de ce genre.

Cependant, la Providence prit en pitié ces deux maris si cruellement éprouvés; ils devinrent veufs presqu'en même temps. Chacun d'eux possédait, à titre de dédommagement, un gage précieux d'une union malheureuse : Butler avait un fils, et sir Édouard une fille.

Brouillés par leurs femmes, les deux amis ne renouèrent pas le lien étroit qui les avait unis jadis. Le temps avait mis de la froideur dans leur âme; ils étaient devenus trop égoïstes pour sentir encore le prix de l'amitié. D'ailleurs, depuis quelques années, une notable différence de position s'était établie entre eux. Sir Édouard, qui avait déjà sur Butler l'avantage d'être gentilhomme, recueillit un héritage qui le rendit très-riche, tandis que Butler, ruiné par sa femme et par ses livres, se trouvait réduit à une extrême médiocrité de fortune.

Mais le bibliophile avait des goûts modestes, le trésor de ses livres suffisait à ses jouissances, et il remerciait le ciel de lui avoir laissé assez de bien pour subvenir à l'éducation de son fils. Le jeune Edmond Butler, élevé avec soin et favorablement traité par la nature, était à dix-neuf ans un jeune homme accompli. Il se destinait au barreau, et son père voyait en lui un futur lord-chancelier d'Angleterre.

En attendant l'accomplissement de ces hautes destinées, Edmond, qui avait le cœur aussi bien ouvert que l'esprit, devint amoureux; de qui? — de Miss Henriette Kinnisdale.

Henriette était digne de cette passion. Il n'y avait pas dans le comté de Sussex une jeune personne plus jolie et plus gracieuse. Elle possédait les attraits de sa mère, sans avoir sa coquetterie ni son caractère léger et emporté. Elle eût affronté les plus grands malheurs plutôt que de causer le moindre dommage au trésor amassé par son père, et le costume de dragon lui était tout-à-fait indifférent; au plus brillant uniforme elle préférait la simple robe d'avocat, pourvu toutefois que cette robe fût portée par Edmond Butler.

C'est-à-dire que l'amour d'Edmond était partagé. — Un matin, le jeune homme entra chez le bibliophile, qui était dans sa bibliothèque, délicieusement plongé au milieu de ses chers livres, et il lui dit :

— Vous ne vous apercevez de rien, mon père?

— Au contraire, reprit Butler, je viens d'apercevoir dans cet Abraham Elzévir une coquille qui n'avait jamais été remarquée jusqu'ici.

— Vraiment, reprit Edmond, en souriant, ce n'est pas sur le chapitre de vos livres que je conteste votre perspicacité; mais sans doute les impressions de mon âme sont plus difficiles à déchiffrer sur mon visage que les menus caractères d'Elzévir sur les pages jaunes de ce volume; car, mon cher père, vous n'avez pas encore remarqué que je suis amoureux.

— Allons donc! amoureux? Et c'est à moi que tu viens conter ces balivernes?

— A qui donc voulez-vous que je m'adresse, et quel autre que vous, mon père, peut demander pour moi la main de la femme que j'aime?

— Quoi! tu voudrais te marier? Ah! mon fils, crois-moi, ne fais pas cette folie!

Le bibliophile eut beaucoup de peine à réparer le mauvais effet de ces paroles imprudentes. Son éloignement pour le mariage chercha vainement à combattre la vive et brûlante passion d'Edmond; mais ce fut bien autre chose lorsque son fils lui nomma Miss Henriette Kinnisdale.

— La fille de sir Édouard! s'écria Butler; mais, malheureux! tu n'as donc pas songé à la distance qui vous sépare?

— Entre deux cœurs qui s'aiment, il n'y a point de distance, répondit simplement le docteur en droit.

— Mais le rang? mais la fortune?... Comptes-tu cela pour rien?

— Absolument, puisqu'on n'a pas besoin de cela pour être heureux.

— Fort bien, si tous les pères avaient ta philosophie.

Le débat fut long; mais enfin le père céda comme cela devait être, et au bout d'une heure, après avoir fait une toilette convenable, Butler se rendit à Kinnisdale-House, chez son ancien ami. — Il était parti plein de courage et d'ardeur pour présenter nettement sa requête; il revint triste et abattu.

— Eh bien?.. lui demanda son fils, d'aussi loin qu'il l'aperçut.

— Eh bien! répondit le bibliophile, ce que je prévoyais est arrivé. Sir Édouard ne te trouve pas un parti suffisant pour sa fille.

— Lui avez-vous dit qu'elle m'aimait, mon père?

— Pur enfantillage, a-t-il répondu; les petites filles aiment toujours l'impossible, ce qui ne les empêche pas de prendre le mari qu'on leur donne.

Edmond se désespérait : — Peut-être tout n'est-il pas perdu, lui dit son père; demain, je retournerai chez sir Édouard; d'ici là, de bonnes réflexions peuvent s'emparer de son esprit.

Pendant une semaine entière, Butler fit chaque jour une visite de deux heures à sir Édouard, qui finit par avoir recours aux plus dures impolitesses pour se débarrasser de ces importunes sollicitations. La dernière fois qu'il revint de Kinnisdale-House, Butler, qui avait presque été mis à la porte, avait pourtant meilleur visage qu'à l'ordinaire.

— Mon cher Edmond, dit-il à son fils, sir Édouard est plus intraitable que jamais; ce diable d'homme a pris de l'ambition avec les années, et il veut que sa fille épouse un baronnet. Mais cela ne sera pas! A force de rôder dans la place, j'ai découvert le faible de l'ennemi et l'endroit où il faut faire brèche. Sans ma funeste passion pour les livres, qui m'a coûté si cher, tu serais peut-être assez riche pour que sir Édouard sacrifiât en ta faveur ses prétentions à la noblesse; mais grâce au ciel, le père d'Henriette a aussi sa manie, qui ne l'a pas ruiné, lui, mais qui servira peut-être mes projets. C'est à moi de réparer le mal que je t'ai fait en dissipant ton patrimoine. Voici quel est mon plan : Tu vas retourner à l'Université, où tu resteras trois mois; de mon côté, je vais partir pour Londres, et de là me rendre sur le continent. Dans trois mois, je serai de retour, nous nous retrouverons ici, et je frapperai le dernier coup. Avec l'aide de Dieu, j'espère que la victoire me restera.

Le père et le fils s'embrassèrent et se dirent adieu. Deux jours après, Butler entrait à Londres avec un simple bagage et une caisse dans laquelle il avait renfermé ses livres les plus précieux.

A son retour, au bout des trois mois, Butler donna une petite fête à laquelle il eut soin d'inviter sir Édouard, qui n'y vint pas. Cela devait être, et le bibliophile pressentait bien le sort de son invitation; mais la fête n'en fit pas moins beaucoup de bruit, on en parla dans toute la ville, et on sut que Butler avait voulu célébrer et montrer à tous ses amis une précieuse acquisition qu'il avait faite en France.

— Quelque vieux bouquin! dit dédaigneusement sir Édouard.

— Non, répondit le schérif, un objet très-rare, très curieux, et dont vous ferez grand cas : le petit chapeau que Napoléon portait au passage du Mont-Saint-Bernard.

Ces paroles firent bondir sir Edouard. De toute sa collection de curiosités historiques, l'objet le plus précieux, celui qu'il estimait le plus et qui seul valait tous les autres, était un petit chapeau de Napoléon. Sir Edouard avait payé cette relique fort cher, et avant de l'acquérir, il s'était assuré par des documents et des preuves irrécusables, que non-seulement son petit chapeau était authentique, mais encore qu'il était le seul existant, aucune autre coiffure du grand homme n'ayant été conservée.

— C'est un faux chapeau ! s'écria Edouard. Il y en a beaucoup de pareils dans le commerce, et bien des sots y ont été pris.

— Je vous ferai observer, reprit le shérif, que M. Butler est muni de preuves et de témoignages tout aussi respectables que les vôtres. Le chapeau lui a été vendu par un ancien valet de chambre de l'empereur.

Immédiatement après cet entretien, sir Edouard, emporté par sa passion, se rendit chez Butler. Le bibliophile le reçut gravement, et lui demanda quel était le motif de sa visite.

— Vous détromper sur la valeur d'une prétendue relique. Vous avez été dupe de quelque intrigant, mon cher ami !

Mais sir Edouard demeura confondu lorsqu'il vit le formidable dossier d'attestations et de certificats qui accompagnaient le petit chapeau de Butler.

— Deux chapeaux ! s'écria-t-il ; ah ! c'est trop !..... Combien voulez-vous gagner avec moi sur votre marché ? mon vieil ami.

— Moi me dessaisir de cette relique ? jamais !

— Si je vous en donnais le double de ce qu'il vous a coûté ?

— Vous m'offririez la moité de votre fortune que je n'accepterais pas.... D'ailleurs ce chapeau n'est plus à moi.

— Comment ! vous l'auriez déjà vendu !

— Non. Je l'ai donné à mon fils ; ce sera sa dot.

— Sa dot ?.... Eh bien donc, je l'accepte pour gendre, dit sir Edouard après un instant de réflexion ; mais à condition que cette noble relique m'appartiendra.

La condition n'était pas de nature à soulever la moindre résistance de la part d'Edmond. — J'accepte ! dit-il.

— Vous êtes un brave et digne garçon, dit sir Edouard ; Henriette est à vous avec quinze mille livres sterling..... Et nous, mon vieux Butler, reprenons notre ancienne amitié, maintenant que nos deux familles n'en feront plus qu'une, et que nos deux chapeaux n'en feront plus qu'un !

Eugène Guinot.

(Semaine Littéraire.)

Nouvelles Théâtrales.

L'Opéra a fait des propositions d'engagement à Mlle Cerito, la belle danseuse qui obtient dans ce moment les plus grands succès à Londres. Il n'y a rien encore de terminé, mais il y a lieu d'espérer que les négociations commencées seront conduites à bonne fin.

— Duprez est arrivé de Bordeaux, et Mme Gras-Dorus de Londres. Le retour de ces deux grands artistes déterminera peut-être l'administration de l'Opéra à ne pas fermer les portes du théâtre, comme elle en avait le projet.

Zanetta, le nouvel et délicieux opéra d'Auber, va être mis en vente. Nous ne saurions trop recommander cet ouvrage à tous les amateurs de musique gracieuse et spirituelle ; c'est au piano surtout qu'on saisit bien tous ces détails qui distinguent l'auteur célèbre de la Muette, de la Fiancée, de Fra-Diavolo, du Domino noir, et de tant de chefs-d'œuvres, et qui donnent à ses compositions un cachet inimitable. L'ouverture seule de Zanetta est un brillant morceau de piano que nous entendrons cette année dans tous les salons.

GRAND THÉATRE.

Aujourd'hui DIMANCHE, 12 juillet 1840, On commencera à six heures et demie.

LA JUIVE,

Grand opéra en cinq actes, paroles de M. Scribe, musique de M. Halévy.

Distribution. Eléazar, M. Lafeuillade; Brogni, M. Hermann-Léon ; Léopold, M. Damoreau neveu; Ruggiero , M. Lavillier; Albert, M. Deplanck ; un Crieur, Salanson; Eudoxie, Mlle Saint-Charles; Rachel, Mme Bultel.

Au premier acte,

PAS DE QUATRE,

Exécuté par MM. Marius Petipa, Constant Telle, Mlles Armande et Thérèse Ferdinand.

Au troisième acte,

PAS DE CINQ,

Excuté par MM. Maruis Petipa, Constant Telle, Mlles Armande, Thérèse Ferdinand et Santi.

SALLE DES VARIÉTÉS.

Aujourd'hui DIMANCHE, 12 juillet 1840, On commencera à 5 heurs 3/4.

POUR L'OUVERTURE.

M. et Mme LEMÉNIL

Premiers sujets du théâtre du Palais-Royal, à Paris.

PREMIÈRE REPRÉSENTATION DE

LA PEAU DE CHAGRIN,

OU

LE ROMAN EN ACTION,

Extravagance romantique en trois chapitres, par MM. Simonnin et Théodore Nezel.

Première chapitre.

LA PEAU.

Deuxième chapitre.

FEMME SANS CŒUR et L'HOMME SANS TÊTE.

Troisième chapitre.

L'AGONIE et le MARIAGE.

M. Leménil remplira le rôle de Raphaël, et Mme Leménil, celui de Pauline qu'ils ont créés à Paris. Les autre rôles seront remplis par MM. Blanchard, Deplanck, Duchâteau, Famin, Mmes Olivier. et Laure.

LA CHANOINESSE,

Vaudeville en un acte, par MM. Scribe et Francis Cornu.

Distribution. Le général Bourgachard, M. Toudouze; Henri, M. Arthur ; Anastase, M. Famin; Mlle Héloïse, Mme Foignet ; Gabrielle, Mme Olivier.

GUGUSTE, ou le MOUTARD DE PARIS.

Chansonnette du Théâtre du Palais-Royal, paroles et musique de M. Donvé, chantée par M. Leménil.

LE MARIÉ,

Chansonnette du Théâtre du Palais-Royal, paroles et musique de M. Frédéric Bérat, chantée par M. Lemenil.

Thomas l'Egyptien,

Vaudeville en un acte, par MM. Coignard frères.

M. Leménil remplira le rôle de Thomas l'Egyptien, et Mme Leménil celui le Picciola.

Distribution. — Thomas l'Egyptien, M. Leménil ; le général, M. Oudinot; Chabrack, M. Toudouze; Grégoire, M. V. Deplanck; un hussard, M. Famin ; un autre hussard, M. Sarrazain; un sergent, M. Delehel; Gaëtana, Mme Neuville; Picciola, Mme Leménil.

TIRE LA FICELLE, MA FEMME,

Scène comique mêlée de chant, paroles de M. Bourget musique M. Masip, exécutée par M. Leménil.

INDIANA ET CHARLEMAGNE,

Vaudeville en un acte, par MM. Bayard et Dumanoir.

M. et Mme Leménil rempliront les rôles de Charlemagne et d'Indiana.

Imprimerie d'Hérault, Rédacteur en chef.

Dimanche 19 juillet 1840. DEUXIÈME ANNÉE. 3e Trimestre. N° 81.

PRIX D'ABONNEMENT :

NANTES.
TROIS MOIS.... F. 3
SIX MOIS.... 6
UN AN....... 12

DEHORS
TROIS MOIS.. F. 5
SIX MOIS.... 10
UN AN....... 18
AFFRANCHIR..

Prix du numéro, 15 c.

PRIX D'ANNONCES :

30 c. à la page d'avis ; 1 fr. dans le corps du journal. Remise du tiers aux abonnés.

LE BUREAU EST SITUÉ
Chez Hérault, Imprimeur, rue de Guérande, N° 3.

ON S'ABONNE :
Au Bureau ;
Chez Guéraud, Libraire, Basse-Grande-Rue et passage Bouchaud ;
Plançon, Libraire, place Graslin.

SE TROUVE CHEZ :
M. Scireau, Lib.re, rue Crébillon, Et M. Plessiel, Relieur, idem.

À PARIS,
Isidore Pesron, rue Pavée-Saint-André, N° 13.

VERT-VERT.

JOURNAL DES SALONS ET DES THEATRES.

GRAND THÉATRE.

CHRONIQUE DRAMATIQUE.

ET MUSICALE DE LA SEMAINE.

Dans notre dernier numéro, nous n'avons dit qu'un mot du *Postillon de Longjumeau*, joué samedi pour le second début de M. Damoreau, ténor léger. Nous devons ajouter que Mme Bultel s'est montrée excellente comédienne dans le rôle de Madeleine, qu'elle a eu de la gaîté, de la rondeur au premier acte, de la noblesse au second, et qu'elle a parfaitement rendu cette scène nocturne au troisième acte, lorsqu'elle joue alternativement les deux personnages de Madeleine et Mme de Latour. Le lendemain, dimanche, nous avons eu la *Juive* au grand théâtre, M. et Mme Leménil au théâtre des Variétés, et dans l'une et l'autre salle, le public a été généralement satisfait. La voix de notre première chanteuse n'a jamais été plus belle ni plus puissante que ce soir-là ; nous nous en étonnions d'autant plus, que l'on nous avait prévenu que Mme Bultel était très-souffrante ; aussi l'effort qu'elle a fait pour ne pas interrompre le spectacle, a-t-il gravement compromis sa santé, qui n'est pas même à présent rétablie ; sans cela, nous eussions eu, jeudi dernier, *Lucie de Lammermoor.*

Le succès de nos acteurs de Paris a été complet, dimanche et lundi, aux Variétés ; puis mardi, ils nous ont fait leurs adieux, au milieu des bouquets et du rappel. M. et Mme Leménil doivent être satisfaits de l'accueil des Nantais, car on s'est plu à leur reconnaître beaucoup de talent, et si la salle n'a pas été constamment remplie pendant le cours de leurs représenta-

tions, il ne faut l'attribuer qu'à la nature du répertoire du *Palais-Royal*, qui est un tant soit peu égrillard.

M. Arthur a échoué, hier, à son troisième début. Quant à Mlle Stéphany, notre nouvelle première amoureuse de vaudeville et de comédie, nous la regardons comme une heureuse acquisition pour M. Lafeuillade : talent et gaîté résument ce que nous en disons pour aujourd'hui.

Jeudi, pendant les entr'actes de *don Juan d'Autriche*, nous avons entendu, avec infiniment de plaisir, deux jeunes artistes de la capitale ; l'un qui joint au mérite d'organiste et de pianiste excellent, celui de compositeur. Hier surtout, sous ce rapport, M. Lefébure-Wely a fait les frais du concert : la première romance chantée par M. Damoreau était de lui ; la fantaisie sur les motifs de *Lucie* aussi, et les échos des montagnes, nous ont prouvé que ce jeune artiste est destiné à fournir une belle carrière ; il est impossible de toucher avec plus de délicatesse, soit du piano, soit du poïkilorgue, de nuancer avec plus de goût.

Le choix des thèmes, qu'il a si parfaitement variés, qu'il a su si bien lier par un enchaînement de modulations heureuses, dénote une grande facilité et une belle organisation. Qu'on se figure ce jeune homme appelé à quatorze ans à succéder à son père, à Saint-Roch, en qualité d'organiste, et remportant, à l'âge de dix-sept ans, deux premiers prix au Conservatoire ! l'un, sur le piano, comme élève de Zimmermann ; l'autre, sur l'orgue, comme élève de Benoist, notre compatriote, et l'on se fera une juste idée du brillant avenir de M. Lefébure-Wely. Quant à M. Triebert, c'est un hautbois des plus distingués ; il joue avec une pureté, une netteté extraordinaires les passages

les plus difficiles à cet instrument ; il monte aux notes les plus élevées, qui font le désespoir des hautboïstes, avec une grande facilité et une justesse parfaite. Les échos des montagnes ont été rendus, jeudi et hier soir, avec un ensemble ravissant. Quel dommage que la salle Graslin se trouvât presque vide !

Le choix des morceaux de chant, dans le Concert, n'était pas heureux : tous se ressemblaient par la tristesse. M. Damoreau, qui a ouvert la séance, a chanté avec sentiment et une voix fraîche, ses deux romances, dont la seconde est extraite du premier opéra qu'a composé le fils de Boïeldieu, de *Marguerite*, joué il y a quelques années, à l'*Opéra-Comique*. L'air de la *Reine d'un jour*, qu'avait choisi Mlle Saint-Charles, n'est pas un morceau de concert ; et des deux romances qu'a chantées M. Hermann, l'une a été bien rendue, parce qu'elle est composée pour une basse, mais la seconde, de *Labarre*, ne convient qu'au soprano.

Le Poïkilorgue, que nous ne connaissions en France que sous le nom d'orgue expressif, inventé et perfectionné par Muller, en 1834 ou 1835, semble avoir subi quelque modification : c'est un joli instrument très-portatif, très-commode. Il n'a pas toutes les ressources du piano, mais il a l'avantage sur lui d'augmenter et de diminuer ses sons.

Il n'a que deux pédales, qui servent à faire mouvoir un soufflet qui distribue l'air dans des espèces d'anches munies d'une petite languette de cuivre ; ce qui produit, selon l'épaisseur de ces languettes, la diversité et la nature de ses sons, qui ressemblent à ceux des instruments à vent : c'est une heureuse découverte dont l'inventeur doit s'applaudir. Le Poïkilorgue peut servir dans une église comme dans un salon, il est bien placé partout.

ROLAND A RONCEVAUX.

—

Chronique d'Aquitaine.

Vers quel peuple le puissant empereur des Gaules veut-il donc tourner ses armes? Pourquoi cette innombrable armée qui se déroule comme une vaste mer? Je vois briller en tête l'élite des preux de France et de Bretagne. Ici, c'est le noble Hoël, comte de Nantes; là, le brave Régnaud de Montauban; plus loin, les courageux ducs de Bourgogne et de Guienne; et par-dessus tous, se balancent le panache ondoyant et le casque terrible de l'intrépide Roland, comte de Blaye.....

Quelle nation veulent donc anéantir tant de braves conjurés pour sa perte. Ils marchent vers l'Espagne. C'est sur les Sarrazins que le vainqueur des Saxons veut abaisser la pesanteur de son bras; le petit-fils de Charles-Martel veut écraser les descendants d'Abdérame!

Pampelune succombe sous l'intrépide valeur des Français.... Eigoland, le chef Maure, est abattu par Régnaud. Les infidèles sont repoussés, renversés, et l'étendard impérial flotte sur les murs de la ville. Avez-vous vu avec quelle audace les Français ont marché au combat? Comme le cimeterre gaulois a balayé en un instant toute cette race d'Amalécites?

Qu'entends-je? Le calife de Babylone a appris le désastre de ses frères... il en a frémi! 20,000 Turcs sont partis aussitôt, pour se joindre aux Maures d'Espagne, et ranimer leur courage ébranlé. Les voilà qui arrivent..... les voilà qui entrent dans les murs de Nadres.... Dieu! quel est cet énorme géant qui marche devant eux? Est-ce quelqu'un de la race humaine, ou quelque Titan dégénéré? Sa tête élevée se perd dans l'espace; il dépasse de tout le corps les Turcs qui l'entourent; on dirait un chêne immense parmi des arbustes. Il brandit dans l'air, par-dessus les têtes des Arabes, un énorme tronc d'arbre déraciné, cela lui sert de massue; c'est sa seule arme. Ferragu est le nom de ce prodigieux colosse.

Les Français n'ont pas reculé devant l'armée turque et devant son effrayant général. Ils ont marché droit aux murs de Nadres. Mais le siége est long et opiniâtre. A chacune de ses sorties, Ferragu fait un immense carnage des Français. Roland a vu les pertes de l'armée gauloise, il a résolu d'y mettre un terme. Il veut attaquer le géant en face. Roland a des formes athlétiques, il est grand, adroit et fort; puisse le ciel bénir son audace!

Le preux chevalier a rencontré Ferragu. Le choc des deux ennemis a été comme celui de deux montagnes. Le géant lève son épouvantable massue; Roland en esquive le coup avec la barre de fer dont il s'est armé. Le combat est égal : Ce que Roland perd en grandeur, il le rachète en légèreté et en fougue. Enfin ils ont déposé leurs armes. Un autre espèce de combat s'engage entr'eux. Ils se prennent corps à corps, cherchant mutuellement à se renverser. Roland, de moitié plus petit, mais aussi fort

et plus souple que le géant, lui échappe par sa légèreté, puis le fatigue par ses attaques continuelles. Le combat dure tout un jour. Enfin, la tactique du Gaulois a réussi; le Maure exténué de fatigue succombe; il a ébranlé la terre de sa chute.

Les Turcs sont accourus au secours de leur chef expirant; ils n'ont pas eu la satisfaction de le sauver. « A moi, Francs! a crié Roland? Et l'armée française a culbuté les Turcs et tué le géant.... Un instant après, c'en était fait de la ville de Nadres.

Deux chefs restent encore à l'armée turque : Masuruis et Belingandus. Charlemagne les somme de se rendre. Ils ont répondu avec sympathie aux propositions du prince, et l'empereur est allé recevoir leur soumission, laissant Rolland dans le camp avec une vingtaine de mille hommes....

Mais qui fait retentir ces cris de guerre?.... Quelle armée a envahi tout-à-coup le camp français? Je reconnais le turban et le cimeterre turcs. Il y a eu une affreuse trahison. A l'approche de l'armée ennemie, les Turcs auront fui, sans doute. Trente mille Turco-Sarrasins, commandés par Belingandus, combattent contre les troupes de Roland. La mêlée est affreuse. L'ennemi cherche à se venger de ses pertes dans le sang gaulois. De son côté, Roland de sa large épée laboure l'armée ennemi, et y fait d'affreux ravages. Belingandus a voulu arrêter sa fougue; d'un revers de son épée, il l'a envoyé mordre la poussière.

Où sont donc les champs fertiles, et les prairies émaillées de la vallée de Roncevaux; mon œil cherche en vain cette terre heureuse que caressait le soufle des brises, et que les baisers de Flore embaumaient? Qu'est donc devenu ce gracieux Eden, cette charmante rivale de Tempé?....

Oh! profanation! L'ennemi en a fait son champ de bataille; il foule aux pieds cette terre vierge de pas humains!... Le sang a rempli les ruisseaux... La vallée s'est comblée de cadavres. On n'entend plus que le cri des blessés et les plaintes inachevées des mourants, là où l'oiseau entonnait sa joyeuse romance.............

....

Victoire! L'ennemi faiblit. Courage, chevaliers, courage! Chassez devant vous cette bande de mécréants comme une troupe de gazelles! ... Dieu! Quelle nouvelle armée s'avance en toute hâte vers les combattants! Est-ce un renfort de Charlemagne? Est-ce un autre détachement d'infidèles? Les voilà qui accourent... Mort et désespoir! Ce sont des Turcs! Masurius les commande; ils sont vingt mille. Vingt mille au secours de leurs frères, et pour attaquer une armée épuisée de fatigue.

Mets ton épée indomptable dans son large fourreau, Roland! Que peux-tu faire désormais, presque seul, en face de tant d'ennemis? L'Héroïque chevalier s'élance dans la mêlée le cimeterre au poing... Son panache ondoyant se balance comme la crinière hérissée d'un lion. Masurius lui a enjoint de se rendre. La

réponse de Roland a été la mort de son ennemi. Il a marché sur le corps du général Maure.

Le preux guerrier ne s'aperçoit pas des coups qu'on lui porte. Blessé partout, il soutient seul le choc de trente mille ennemis. Son armure est teinte de son sang. Enfin, il faut céder. Tout est désespéré, perdu! — Rends-toi, Roland! — Roland se rendre! mieux vaudrait dire au fleuve de remonter vers sa source. Le héros se retire du combat, mais il se retire lentement, comme un lion blessé. Où est-il l'infidèle qui osera mettre la main sur le soldat franc; celui-là ne la conserverait pas long-temps attachée à ses épaules...........

....

S'il y a sur la physionomie d'un guerrier quelque chose de menaçant et de terrible, il semble que la mort ajoute encore à ses traits une plus grande expression de dédain et de vengeance. — Roland a résisté aux ennemis, mais il n'a pu résister à ses blessures; le vainqueur de Ferragu gît à quelques pas du champ de bataille. Les Français, arrivés à temps pour chasser les Sarrasins, l'ont trouvé mort! Son effroyable épée ne l'a pas quitté, et son casque ombrage encore sa tête guerrière.

Charlemagne a versé des larmes sur le corps de son intrépide défenseur. L'armée a poussé des cris, les échos les plus lointains ont été troublés dans leurs profondeurs. La mort du comte de Blaye sera vengée. Le sang des Sarrasins coule à larges flots. L'armée a soif de ce sang impur. Trente mille ennemis, entassés dans la vallée de Roncevaux, témoignent de la victoire des Français; c'est là le plus bel hommage rendu à la mémoire du héros!

Le corps de Roland a été transporté en grande pompe dans la ville de Blaye; il a été déposé dans l'église de Saint-Romain. Un magnifique tombeau lui a été élevé; au pied de ce tombeau furent mis son épée et son cor d'ivoire.

GUSTAVE BL.....

LE LION D'AUJOURD'HUI.

Le *lion d'aujourd'hui*, il faut tout d'abord vous en prévenir, chers lecteurs, ne ressemble en rien au portrait du lion de *jadis*, qui avait des droits à la galerie de *la Mode*.

Il n'en est pas moins une variété charmante du monde parisien; son excentricité correspond assez à celle de *dandy*, en Angleterre.

Ce lion parisien n'a pas la crinière poudrée et odorante du lion de *jadis*, mais en revanche, il a les cheveux lustrés, la canne à pomme d'or, les manchettes retroussées, la botte vernie et les gants jaunes. Ses ongles sont taillés artistement en ogives; il porte une barbe moyen-âge, des cravates de chez Boivin, et dans sa bouche un cigarre. Il aime le thé, les paris, le Jockei-Club et toutes les importations britanniques. Il connaît le nom de tous les clubs de Londres, qui en compte plus de mille; il regrette Brummel, et professe une admiration exclusive pour le comte d'Orsay.

Il a pour le moins cinquante-trois gilets, vingt-cinq cravattes et autant de cannes. Parlez-vous de Georges Sand? il *la* connaît; de Duprez? il l'a chuté l'autre jour pour un passe-droit fait à son *rat*. Il joue, il équite, il chasse, il se fleurit, il a peu d'embonpoint jusqu'à trente ans. A cet âge, il se sangle, se répare, s'abstient de vin de Champagne. Il a des conférences de trois heures avec le coupeur de Wirth ou de Blin pour son pantalon; il dessine au bistre tous ses habits. Aux premières représentations, sa crinière ondoie, retombe, se hérisse; il est le point de mire des lorgnettes. Il n'est pas épris de la croix-d'honneur, et lui préfère une rose ou un œillet, ce qui est le signe d'une vanité bien entendue. Ses bagues, ses bijoux, ses chaînes, lui viennent de chez Pradher; son vin de Bordeaux, de chez Lafleur. Il a monté dans le ballon de M. Green; il s'est démis le poignet dans un *steeple-chase*, à la Croix-de-Berny; il a intimé l'ordre de sortir des coulisses à un machiniste qui le gênait. C'est Lepaulle qui est chargé de le peindre avec son cheval, sa maîtresse et ses boules-dogues, dans un lointain bleu. Il mord, il rugit, il écume, il est insolent; avec ces façons, il y a des bourgeois qui le trouvent ridicule. Une fois lancé dans les salons, son caractère s'adoucit, il sourit, il montre des dents assez blanches.

Le lion amoureux est pour lui une fable de Lafontaine; il ne s'empâte pas le cœur de grands sentiments. Il a peu lu, beaucoup voyagé, mais en revanche, il a beaucoup pratiqué le monde. Il sait pourquoi *madame la duchesse* doit aller aux eaux, pour qui *M. le duc* a refusé une invitation à son bal. Il a la main belle, le pied petit; il porte un flacon de sels. Il a vu que dans certaines comédies les audacieux enlevaient les femmes d'assaut; il entre dans leur cœur, à quatre guides, en calèche. Il boit du Laffitte, du Château-Margaux, du Johannisberg, du vin de Champagne frappé de glace.

S'il ne fait pas encore laver ses louis au Portugal, comme le duc de Richelieu, c'est qu'il préfère n'emporter, dans sa poche, que quelques légers billets de banque. Un jour, son tailleur lui déroula une magnifique pièce; il acheta tout le drap afin que seul il fût ainsi habillé; il dit que cela est un *Buckingham*. Il parle ainsi: *je déclare que*; il nomme le plus grand poëte *un crétin*. Il est gourmé, pincé, étriqué, corsé, ce n'est plus un homme, mais une vignette. Il n'a pas lu le *Pelham*, ce délicieux roman de Bulwer, cette fine esquisse de la gentilhommerie ridicule en Angleterre, et cependant il a l'air de suivre à la piste ce grand héros. Il aime les boxeurs, les exercices de chevaux et la poussière. Il dit à un maquignon renommé: *Mon cher*; à son culottier: *Monsieur*. L'autre jour, il allait sortir, habillé, avec une canne ordinaire, son valet de chambre en tira une autre de son cannier, et la lui fit prendre en lui objectant *qu'elle n'était pas de mise*. Son concierge le hait, parce qu'il le fait coucher tard; il se prend à l'aimer quand il le paie. Il va chez Grisier, et casse deux fleurets; de là, au tir au pigeon ou chez Gosses; d'autres fois aux

sermons de l'abbé Cœur. Il a chez lui de belles armes, il est curieux d'épingles. Son cercle habituel obéit à sa loi, il voit par ses yeux. Il répète ses oracles. Il n'est point farouche, inaccessible: prenez-le par son faible et il daignera fumer avec vous deux cigarres. Il a déclaré aux lionnes qu'elles y prissent garde, et qu'il ne les saluerait qu'en voiture. Il fume, il boxe, il boit et il se complaît dans ce monde. N'en dites rien au club, mais on l'a rencontré, l'autre jour, à pied; il sortait de chez sa tante, en plein Marais! Il fronde Napoléon, M. Thiers et les anglais, il dit que Byron n'a jamais porté de chaussettes, et qu'il montait à cheval sans sous-pieds. Si vous n'êtes pas de sa caste, il vous toise, vous lorgne, c'est un fat devenu impertinent. Quand il passe au Palais-Royal, devant le magasin de *Jean Bourgogne*, devant Blanc, *giletier du duc de Brunswick*, il demande comment la police tolère les draps à bon compte. Il dit: *je parie tant, je te gage, je te joue dix mille fr.* Il connaît les écuyères de Franconie, leur nom de baptême, leurs aventures; il cause aux barrières et crie *hop!* aux beaux endroits. Il est entré, l'autre jour, chez un de ses amis, il avait le teint pâle, il voulait se suicider; il ne tenait plus à l'Opéra, à l'existence! il avait monté sa garde en *biset* aux portes du Louvre et son bottier l'avait vu!

Voilà un portrait chargé, direz-vous. Ergaste, que je connais, n'est point ainsi; Polydor est cité pour être charmant; Horace me plaît à cheval. Théophile a de l'esprit; il a joué la comédie chez M. de Castellane. Pourquoi donner aux *lions* la simplicité de l'agneau, pourquoi les faire bêler quand ils rugissent? J'assume, en vérité, bien des colères, mais est-ce ma faute si quelques lions éduqués, peut-être par l'amour, comme celui de la courtisane, ont de l'esprit? Ce fait isolé doit-il amener, pour la généralité de l'espèce, une conclusion favorable? Je laisse ceci à débattre aux princes de la haute fashion, aux rois de la mode, qui se rassemblent en congrès.

Ce qu'il y a de certain, c'est que, de même qu'en Belgique, il y a des contrefacteurs de livres, il y a chez nous des contrefacteurs de *dandysme*. Les lions sont copiés au sein de Paris même, contrefaits, estropiés!

Nous venons de vous dire le *véritable* lion; vous reconnaîtrez le *faux* comme on reconnaît le vin de Champagne frelaté.

Les *faux* lions circulent, s'épanouissent, s'étendent sur le boulevard de Tortoni, de trois heures à six; ils sont ficelés, râpés, misérables; ils ont des cols odieux en crinoline. Visitez ce drap, touchez ce gilet, il sent le tailleur du troisième ordre; ce linge est douteux, cette épingle est en marcassite. Parlez à ces Bohèmes, ils se trahiront par quelque faute de Français contre la langue du dandysme. Ils vous diront, comme certain romancier, qu'ils ont vu Madame la duchesse de.... *aller aux Bouffes en voiture à la Daumont*, que M. Frédérick-Lemaître l'habille bien, et que la mode des bijoux ne peut durer. Ils n'ont pas dîné, mais ils ont un cure-dents à la bouche et trouvent utile à leur

réputation d'encombrer les chaises du Café de Paris, le roi des restaurants, si l'on pouvait obtenir qu'on vous y servit en moins d'une heure. Ils sont à pied, mais ils ont des éperons, un frac de matin et un fouet; ils vous parlent de chevaux, de *hunters* et de *poneys*. Il y en a qui *habitent*, à la lettre, des cabriolets-milord, d'autres un tilbury loué pour un mois dans la rue Basse. Ils ne vous racontent pas moins *le Royal Yacht-Club*, de Londres, qu'ils n'ont pas vu; *l'Oxford Epicuream-Club*, *le royal Navy-Club*, *le Royal Naval-Club*, etc, etc. Au milieu de cette intéressante nomenclature, un *monsieur* en habit noir, qui peut être à la fois un député, un médecin, un poète, a passé sur le boulevart; il s'est approché de votre homme mystérieusement: « Je vous quitte, mon cher, vous crie le faux lion, je vais avec mon notaire. » Ce n'est point un notaire, que ce *monsieur*, c'est un garde du commerce. Le lion a **rencontré** son Carter!

Dirons-nous ici le lion *littéraire* qui ne lit jamais moins de quinze cents vers dans les salons, prend huit verres d'eau sucrée, et reconforte sa muse avec du thé soutenu de mollines? Il a des chevaux, une lyre, un tilbury, il est le soleil de toutes les fêtes; il chante, il valse, il est le convive obligé des grands couverts. On le force à protéger le petit cousin, qui fait des odes, l'artiste qui expose des portraits au salon, le restaurateur qui va ouvrir son établissement. Ne lui parlez pas de ses œuvres, il vous dira qu'il les hait; de ses poèmes, qu'il a fait *cela* comme Mascarille, *pour son libraire, qui le persécute*. Il dévisage les femmes, il plonge dans les plus secrets du cœur; il connaît à fond le fort et le faible, c'est la terreur des colombes aimantes et craintives, c'est un second 93!

Et le lion *politique*! Oh! pour celui-là, approchez-vous, mes dames, il ne mord pas. Il est doux comme une colonne du *Moniteur*. Il se tient droit, cravaté; il a vu, ce matin, quatre ministres et un secrétaire d'ambassade: M. Thiers a daigné lui écrire: *Mon cher*. Quelle crinière ébouriffante, juste Dieu! c'est presque un toupet royal! Voulez-vous connaître la question d'Orient, des sucres, d'Angleterre? il vous dira.... ce que les journaux en ont dit hier soir; mais c'est surtout sur les fonds secrets qu'il est ferré. Il est de tous les banquets, il trinque aux *braves*, aux *lauriers*, à la destruction de *l'hydre de l'anarchie*. Il a fait couper ses habits noirs sur le patron de ceux de M. Canning; Il parle élections, Kabiles, majorité. Il y a des femmes qui le trouvent laid, mais il sait tant de noms, tant de pots de vin, tant de ministres! Le Théâtre-Français est souffrant? Il en parlera à M. de Résumat; ils daigneront protéger tous deux la Comédie. Vous êtes ébloui en le regardant, n'est-ce pas? C'est sa boutonnière, elle ressemble à un véritable arc-en-ciel. Il a mis bas le cabriolet; et a passé au landau, c'est sa conversion.

Le lion *artiste* gratte à la porte, l'y laisserons-nous, mesdames? Il a mille petits talents de société ; il imite les tragédiens, les actrices, les héros du mélodrame ; il joue pour les pauvres, il promène les dames au salon, il a trois médailles romaines chez lui et une esquisse d'un rocher d'après nature. On parle de Rome, son poil se dresse, il ronge ses ongles, il attend le moment propice où il terrassera de son érudition caracallienne, étrusque, florentine, l'imprudent lion qui a parlé. Il est l'ami des arts, il fréquente les ateliers, il est assidu aux ventes des commissaires-priseurs. L'invitez-vous à déjeuner ? Il y parait en lion *artiste*, le col rabattu, à la Benvenuto Cellini, sur une redingote de velours noir qui simule une casaque toscane, les cheveux retombant en grappes lourdes, comme ceux des pages de Charles VII. Il est au courant de tout, des chutes, des triomphes ou des enterrements dramatiques. Il se vante d'avoir reçu la malédiction de son oncle, qui l'a trouvé lisant Walter-Scott. Il peint, il chante, il vous reçoit chez lui en robe de chambre à la Médicis. Son propriétaire dit qu'il est fou ; les peintres le croient un génie.

Au lieu de songer aux invalides, le *vieux lion*, dont nous devons parler en passant, ne songe plus qu'à une chose, à la perruque par laquelle il remplacera sa crinière. Aujourd'hui, il est doucereux, il fait patte de velours avec les femmes ; demain, il sera hargneux, insupportable. Il a renouvelé sa peau de lion, il est tout à neuf et ronge ses griffes avec amour. C'est lui qui raconte, dans les clubs, les conquêtes du temps passé, les brebis mangées, les colombes prises. Il a un râtelier, des sourcils peints et la croix-d'honneur. Dans sa jeunesse, les choses ne se passaient pas ainsi : les lions étaient sur leurs griffes, ils tuaient le premier venu pour un regard lancé mal à propos. On n'invente plus de nœuds de cravates, les hommes sont mal mis, ils ont à peine du linge et ils fument ! La rage de paraître jeune force toutefois le vieux lion à se conformer aux nouveaux usages, il a le Havane à la bouche et se rompt le cou deux fois par mois. Il se croirait ruiné dans l'esprit de la fashion, s'il ne fréquentait pas les coulisses de l'Opéra et ne cultivait pas les dispositions d'une petite Coquillard, élève de Barré. Ils *s'ingurgitent* perpétuellement du vin de Champagne. On en a vu se rendre, à soixante ans, dans les salles d'armes et s'adonner à l'assaut : d'autres jouent à la paume, qu'ils prétendent remettre à la mode. L'un de ces lions émérites, qui fait friser sa crinière par abonnement, se vit obligé de renoncer, le dernier mois, à la perruque pour prendre le faux toupet, comme plus léger et moins chaud. Il y avait foule aux Tuilleries ce jour-là ; beaucoup de lions jeunes et vieux, surtout beaucoup de lionnes. Un jeune homme parie devant le vieux lion qu'il sautera deux chaises, le vieux lion les saute comme lui, trois, il les saute encore, quatre, de même. Les lionnes, émerveillées des tours d'adresse du vieux lion, l'applaudissent comme Van-Amburg ou Carter. Échauffé par le succès : « Parbleu, dit-il, à M. O...., le fils du banquier, voilà un tour que vous ne ferez pas, vous! » Et courageusement devant les dames, il jette en l'air son faux-toupet. Le pari accepté fut perdu par M. O...., le jeune lion, parce qu'il n'osa pas jeter son faux-toupet en l'air, et véritablement il en avait un.

Nous aurions bien voulu vous donner quelques nouvelles du lion *fleuri* et du lion féroce, deux animaux intéressants que la cage de quelque chaise de poste a transportés, sans doute, à l'heure qu'il est, vers l'Italie, la Suisse, les eaux du Mont-d'Or ou les bains de Dieppe, comme députés de la haute fashion. Malheureusement notre cadre est très-rétréci, on nous accorde à peine de quoi préparer les voies à l'historien. Et puis LA MODE a bien assez de ses petits monstres politiques, de ses nains officiels et de ses Napoléons à quatre pattes, pour que nous ne cédions pas la place à d'aussi puissantes bêtes.

Une dernière remarque en finissant.

En attendant que la physiologie du *lion* de 1840 soit un jour proposée comme sujet à l'Académie, nous pouvons constater du moins l'amélioration progressive de la race. Quelques lions parisiens ont appris à vivre, à se défier du ridicule. Ils ont coupé leurs ongles et se sont faits bons enfants. ROGER DE BEAUVOIR.

Nouvelles Théâtrales.

Bordeaux, 12 juillet.

On lit dans *le Miroir* :

Nous ne savons comment entreprendre le douloureux récit de la soirée de mercredi, soirée caractéristique pour quiconque douterait encore des projets bien arrêtés d'une poignée de méchants subalternes et de petits esprits bien étroitement bas, qui, depuis long-temps, ont juré la ruine de notre théâtre. Jamais les mauvaises passions de cette indigne coterie, n'avaient éclaté d'une manière plus fâcheuse et plus anti-française. Une femme était là, jeune fille triturée par les mille et une douleurs de la crainte et de l'anxiété, et, sans repentir pour ce qu'ils lui avaient déjà si injustement fait subir, sans pudeur, comme sans égard pour leur propre dignité, il s'est trouvé une douzaine de rancunes aux moustaches plus ou moins frisées, aux gants jaunes, aux cheveux lissés, des hommes jeunes, et dont l'aspect n'offre que les reliefs d'une éducation soignée, qui pourtant se sont momentanément constitués en distributeurs inflexibles d'une justice de grand chemin, en véritables assassins de toute une existence. Oh ! c'est affreux à raconter, plus encore que cela n'a été cruel à voir ! Et pourquoi cette rage de cannibales, ces vociférations de bourreaux, ces explosions de sales et dégoûtants propos contre la jeune artiste ? Est-ce que son titre d'enfant de Bordeaux entraine avec lui cet ignoble châtiment ? Est-ce que l'emploi qu'elle doit tenir dans la troupe est hors des limites de son talent? Est-ce qu'elle a, enfin, indisposé gravement le public souverain par sa conduite au théâtre ou ailleurs? Qu'on tâche donc d'expliquer ces manœuvres inqualifiables, qu'on donne un motif, s'il y en a. Mais rien, rien que le plaisir de se mettre en hostilité flagrante avec la justice, la raison, le bon sens et l'humanité. Encore une fois, c'est indigne!...

Mademoiselle Néret avait, par pure complaisance, et pour faciliter un début important, consenti à jouer ce soir-là. Elle n'était donc pas justiciable de ces cruautés intolérables, au surplus à quelque titre que ce soit. Les impitoyables ennemis de cette fille n'ont pas même l'excuse d'une épreuve décisive à faire valoir. La honte seule de ce sanglant outrage leur reste tout entière, comme une tache indélébile faite à leur caractère d'homme.

Quoi qu'il en soit, disons que l'autorité, s'armant des droits que lui donnait l'indignation générale des spectateurs, a su se montrer ferme et protectrice de la position d'une faible fille devant ces exécuteurs de hautes œuvres dramatiques. C'est bien ; et si toujours l'intervention de la police était réelle, nous aurions moins souvent à déplorer les scènes scandaleuses dont les habitués du théâtre sont, depuis long-temps, les témoins obligés.

De son côté, le vrai public doit EXIGER, de la manière la plus formelle, que l'acceptation de Mademoiselle Néret lui donne satisfaction de cette tourbe d'estaminet et de synagogue. Son adhésion a été trop éclatante, son scrutin trop vivement unanime, pour qu'on ne lui donne pas une sanction que les intérêts les plus sacrés réclament de toutes parts. Mademoiselle Néret fût-elle sans talent, sans capacité, il y aurait une toute autre question à décider : ce serait celle de l'oppression d'une tyrannique minorité, dont les inconvenantes sorties ont indigné tout le monde.

Nous sommes donc l'écho de l'opinion publique en réclamant au plus tôt de la Mairie la permission authentique et solennelle de ce quatrième début, sollicité depuis long-temps par une jeune artiste qui a droit à la protection de tous les gens de bien, et contre laquelle on ne peut prononcer le fatal arrêt d'ostracisme, que quelques turbulentes têtes lui ont si barbarement infligé. Nous réclamons de toutes nos forces cet acte de justice de l'autorité, à moins pourtant que, considérant comme décisif l'événement de mercredi, elle ne prononce comme officielle l'admission de cette jeune et intéressante artiste, et ne la défende d'une manière efficace contre les insultes et les procédés que quelques brouillons tenteraient de lui infliger à l'avenir.

En Vente chez LÉTÉ,

ZANETTA, le nouvel et délicieux opéra d'Auber. Nous ne saurions trop recommander cet ouvrage à tous les amateurs de musique gracieuse et spirituelle ; c'est au piano surtout qu'on saisit bien tous ces détails qui distinguent l'auteur célèbre de la MUETTE, de la FIANCÉE, de FRA-DIAVOLO, du DOMINO NOIR, et de tant de chefs-d'œuvres, et qui donnent à ses compositions un cachet inimitable. L'ouverture seule de ZANETTA est un brillant morceau de piano que nous entendrons cette année dans tous les salons.

GRAND THÉATRE.

Aujourd'hui DIMANCHE, 19 *juillet* 1840, *On commencera à six heures et demie.*

LOUISE DE LIGNEROLLES,

Drame en 5 actes, par MM. Prosper DINAUX, et Ernest LEGOUVÉ.

Distribution. Henri de Lignerolles, M. Roche ; Lagrange, M. Toutouze ; Le colonel de Givry, M. Oudinot ; Le prince Miré, M. Lavillier ; Un aide-de-camp, M. Cazaubon ; Charles, M. Deplanck ; Etienne, M. Famin ; Antoine, M. Sarrazin ; Un juge-de-paix, M. Ferdinand ; Louise de Lignerolles, Mme Jolly ; Céline de Givry, Mlle Stéphany ; Joséphine, Mme Cochèze ; Marie, La petite Léontine,

LE MAÇON,

Opéra-comique en 2 actes, par M. SCRIBE, musique de M. ADAM.

Distribution. Léon de Mériville, Stéphane ; Roger, M. Damoreau ; Usbeck, M. Lavilliers ; Baptiste, M. Pâris ; Rica, M. Delehel ; Un garçon de la noce, M. Famin ; Irma, Mlle Constance ; Henriette, Mme Olivier ; Mme Bertrand, Mme Foignet ; Zobéide, Mlle Debroux.

UN DIVERTISSEMENT.

IMPRIMERIE D'HÉRAULT, Rédacteur en chef.

Dimanche 26 juillet 1840.   DEUXIÈME ANNÉE.   3e Trimestre. No 82.

PRIX D'ABONNEMENT :

NANTES.
TROIS MOIS .... F. 3
SIX MOIS   6
UN AN   12

DEHORS
TROIS MOIS ..   F. 5
SIX MOIS   10
UN AN   18
AFFRANCHIR..

Prix du numéro, 15 c.

PRIX D'ANNONCES :

30 c. à la page d'avis ; 1 fr. dans
le corps du journal. Remise du
tiers aux abonnés.

LE BUREAU EST SITUÉ
Chez Hérault, Imprimeur, rue
de Guérande, No 3.

ON S'ABONNE :
Au Bureau ;
Chez Guéraud, Libraire, Basse-
Grande-Rue et passage
Bouchaud ;
Plançon, Libraire, place
Graslin.

SE TROUVE CHEZ :
M. Soireau, Lib.re, rue Crébillon,
Et M. Plessier, Relieur, idem.

A PARIS,
Isidore Pesron, rue Pavée-Saint-
André, No 13.

JOURNAL DES SALONS ET DES THEATRES.

GRAND THÉATRE.

CHRONIQUE DRAMATIQUE.

Cette semaine, notre chronique est pauvre, parce qu'il n'y a rien eu de nouveau, rien eu d'extraordinaire, et que nous voulons nous abstenir de toute réflexions sur la scène qui a eu lieu mardi, à l'occasion de Mme Joly, dans la *Seconde Année* : nous ne blâmerons donc point le directeur de s'être laissé aller à un mouvement de vivacité, qui est toujours déplacé, même quand on a raison, puisque quelques spectateurs ne se lassent pas d'outrager les artistes, sans motif, sans les entendre, et pour le bon plaisir de faire de l'opposition, ou de se faire remarquer. S'ils se comptaient, et s'ils recueillaient sur eux l'opinion de l'immense majorité des autres spectateurs, ils seraient confus de l'effet que leurs sifflets produisent.

Les débuts de la gentille Mlle Stéphany devaient se continuer, mais une indisposition de M. Henri a fait faire relâche hier ; ce ne sera donc que pour la prochaine semaine que son admission pourra avoir lieu. Admission qui élargira le répertoire et permettra de le varier un peu plus que jusqu'à ce jour.

Le Barbier de Séville, depuis long-temps, n'avait été représenté et chanté avec autant d'ensemble et de précision que mardi dernier ; espérons qu'il offrira ce soir le même attrait et qu'il produira le même plaisir.

Mlle Lambert, retenue à Nantes pour cause de santé, à la sollicitations des amateurs, s'est décidée à donner un second concert, qui est fixé à vendredi prochain, veille des courses, à huit heures, à la salle de la Mairie.

On trouve des billets, à l'avance, à l'hôtel de France, et chez M. Lété, rue Crébillon.

LE FLANEUR DE VILLE

ET

LE FLANEUR DE CAMPAGNE.

Types Caractéristiques.

Quiconque a habité la ville, n'a pas été long-temps sans rencontrer quelques-uns de ces promeneurs d'habitude, généralement connus sous le nom *flaneurs*. Le flaneur est un être à part, un composé de chair et d'os habillé d'un frac à la française, une espèce d'automate essentiellement mouvante appuyée sur une canne. Le flâneur a besoin de bruit et de multitude. Il aime à glisser en se dandinant au milieu d'un groupe de divinités féminines, armé d'un cigarre. Il se plait à lancer devant les dames les bouffées de son tabac, afin qu'on admire la délicatesse grâcieuse avec laquelle il les pousse. Il fait résonner harmonieusement le pavé sous ses bottes : c'est une manière de faire voir à la foule qu'elles sont vernies.

Le flâneur aime à caresser sa moustache en souriant. Il promène hardiment ses yeux à droite et à gauche, comme pour recueillir de tous côtés les suffrages. Les regards de la multitude lui sont aussi nécessaires que l'air vital aux poumons. Il marche toujours seul. Il veut avoir le triomphe en entier. C'est trop juste. — Du reste, il y a dans ses mouvements une aisance toute aristocratique. Il semble qu'il marche au milieu de son empire ; on dirait un roi recueillant l'admiration de ses sujets.

Qui ne connaît pas le flaneur ? Est-il quelqu'un qui ne l'ait pas vu passer cent fois ? Les jeunes filles en le voyant font leur petite moue, et s'écrient : « Ah ! encore ! » Les jeunes gens disent en riant : « Diable d'habitué ! » lui, passe en prenant un air humble et composé, il croit qu'on vante la beauté de sa physionomie, ou l'élégance de sa tournure.

C'est un être prodigieux et d'une mémoire effrayante. Il connaît par cœur toutes les boutiques, et le nom de leurs propriétaires. Il vous dira combien il y a de jolies épicières dans tel quartier, comment s'appellent toutes les modistes d'un magasin de modes. A l'entendre parler, il n'ignore aucun des secrets du boudoir ; en vous montrant une jeune fille, il vous confiera qu'il a reçu un billet d'elle ; s'il en passe une autre, il vous avouera qu'elle lui a demandé un rendez-vous. — C'est que le flaneur, voyez-vous, est essentiellement *blagueur*.

Auprès de ce type, assez facile à reconnaître par son *chic* et par ses manières, s'en présente un autre, non moins facile à remarquer, mais plus singulier et plus grotesque. Le flaneur de campagne.

Imaginez-vous un dandy de nouveau genre, les pieds emboîtés dans d'énormes souliers de cuir de bœuf, les mains hardiment posées dans les poches, le chef coiffé d'une respectable casquette à la républicaine, le corps entièrement relié en coutil, de la même manière à peu près qu'un livre l'est en peau de veau, le tout habillé d'un air de gravité assez confortable ; tel est le croquis tracé d'après modèle sous les yeux, d'un flaneur villageois. Joignez à cela une physionomie toute pittoresque d'originalité, des narines qui aspirent l'air, un œil qui regarde le ciel *bleu* et l'autre les blés *jaunes*, des lèvres qui fredonnent quelque cavatine, et une tête qui, par ses mouvements, semble en marquer méthodiquement la mesure. Le flaneur de campagne a un air de bonhommie toute patriarchale, un laissé-bourgeois. Vous le voyez souvent un cahier sous le bras, parcourir les champs déserts, puis s'asseoir à l'ombre dans un lieu retiré; vous saurez qu'il est poète; il tourne même assez bien des vers sur le murmure des ruisseaux et sur la fraîcheur du bocage. Le *gazouillement* des oiseaux lui sert de lyre. Aussi tout ce qui sort de sa plume est-il tendre et pastoral. Il s'indigne contre MM. Dumas et Victor Hugo, il prétend que ce sont des anthropophages, et qu'il se croirait un monstre s'il les avait lus. En revanche, il adresse des couplets idylliques aux bonnes grosses paysannes qui passent devant lui conduisant leurs troupeaux; il les appelle des bergères, et s'institue leur Corydon.

Quelquefois aussi, pour varier ses passe-temps, il s'en va dans la campagne, armé d'une énorme boîte de fer-blanc qu'il décore du nom d'*herbier*. Mais le flaneur perd essentiellement son titre, si, au retour d'une expédition champêtre, il n'a pas une couche de boue qui lui prenne depuis les talons et lui aille au moins jusqu'à la rotule. Cela provient, dit-il, de son amour démesuré pour la science. S'il voit une fleur rare, ou qui lui plaise, il ferait l'impossible pour la prendre. Il traverserait la mer pour cueillir une giroflée; il sauterait jusqu'au ciel, si le ciel portait des dalhias roses ou des pervenches. Son plus grand plaisir est de rêver le soir sous un ciel étoilé, et d'aspirer les parfums de la brise, récréation fort innocente, dont personne ne cherche à le priver.

Le flaneur de ville est un animal domestique parfaitement apprivoisé, un lion plus doux, plus caressant que ceux de Carter ou de Van-Amburgh. — Le flaneur de campagne est une nature agreste et sauvage qui a besoin d'air, qui se suspend aux branches, qui grimpe sur les collines, qui s'accroche aux ruines.

Au flaneur de ville les rues étincelantes, les brillants attelages, les femmes parées, le bruit et l'éclat; au flaneur des champs la nature grande et vigoureuse, le chant des oiseaux, le solennel recueillement des bois, le *dolce far niente* du soir.

Gustave Bl......

PROCÈS DE Mᵐᵉ LAFFARGE.

VOL DE DIAMANTS.

COUPLETS ATTRIBUÉS A M. CLAVET.

Je t'aime comme le zéphire
Aime la rose du matin,
Comme le fleuve qui souple,
Les rives de son frais bassin.
Ton souvenir remplit ma veille,
Et je te vois quand je sommeille,
Comme le bel ange qui veille
Du haut des cieux à mon destin.

J'invoque toujours ta présence,
Et je tremble quand je te vois,
Comme devant la Providence
Les saints prophètes d'autrefois.
J'ai la foi que le malheur donne;
Ainsi, quand le sort l'abandonne,
Le nocher devant sa Madone
Espère et frissonne à la fois.

Déjà le vent enfle ma voile,
Et le flot me ravit le port,
Et j'ai déjà perdu l'étoile
Qui me conduisait vers le Nord;
Viens dans ma barque fugitive,
Viens t'asseoir, Madone tardive,
Je crains peu l'écueil de la rive,
Si tu reposes sur mon bord.

J'ai des accords pour la souffrance,
Mais j'en aurai pour le plaisir,
Et déjà même l'espérance
Prête sa grâce à mes soupirs.
Sur ton nom j'accorde ma lyre,
Et je veux que le monde admire
Les sons qu'enfante mon délire
Pour enchanter tes doux loisirs.

C'est pour toi, sous les mers profondes,
Que ma main cueille chaque jour
Le corail, habitant des ondes,
La perle, au gracieux contour;
C'est pour toi qu'en mes longs voyages,
Bravant les flots et les orages,
Je demande aux lointaines plages
Les dons dignes de mon amour.

Je saurais parfumer ta tête
Et les boucles de tes cheveux
Des liqueurs que l'amour aprête
Dans ces climats voluptueux.
Ou, si tu veux que la nature
Te prête une simple parure,
Il est des fleurs sur la verdure,
Nous irons les chercher tous deux.

Quand viendras-tu dans ma nacelle,
Ange de mes derniers soupirs?
La mer t'attend, ma voix t'appelle,
Et tout sourit à mes désirs.
Le soleil brille sur nos têtes,
Les cieux promettent à nos fêtes
Un jour tout entier sans tempêtes:
Viens, c'est si court pour les plaisirs!

━━━━━●◦◦●━━━━━

L'AMATEUR DE MUSIQUE DE PETITE VILLE.

Ne cherchez pas à Paris l'amateur de musique de petite ville, les portraits que vous en traceriez ne seraient que des silhouettes plus ou moins ressemblantes · l'amateur est comme le poisson, qui ne peut vivre sur la paille; il lui faut son élément qu'il ne quitte qu'à regret, *sa petite ville, son public, ses admirateurs...* (j'allais presque dire *et ses claqueurs...*) C'est là seulement qu'il ne se farde pas, qu'il est, *lui*, vrai, naturel, unique dans son espèce, et c'est là que nous le trouverons pour le peindre; puissions-nous réussir à reproduire exactement ses principaux traits.

L'amateur de musique de petite ville renvoie son maître après six mois de leçons et l'appelle vieille perruque... Quelquefois aussi, il le conserve pendant dix ans, et n'est guère plus avancé que le premier jour.

Si le système phrénologique était à l'état de science exacte, nos Gall modernes, en palpant l'occiput de l'amateur, rencontreraient parfaitement développées, les bosses de l'orgueil et de la vanité; mais il est douteux qu'ils pussent sentir celle de la musique.

Qu'il soit doué ou qu'il soit privé de cette protubérance essentielle à celui qui est né musicien, l'amateur n'en est pas moins pétri d'amour-propre, d'orgueil, de vanité; il répond avec suffisance, ne supporte aucune observation, et semble fier et heureux d'être l'inventeur d'un bruit discordant, d'une cacophonie continuelle qu'il ose appeler musique.

L'amateur est jaloux... même de son ombre... il aime à primer et ne se sent parfaitement tranquille que lorsqu'aucune comparaison n'est possible. L'idée d'un rival lui ferait perdre le sommeil.

Demandez, au surplus, aux grands artistes qui parcourent la province ce qu'ils pensent des amateurs, ils vous diront qu'ils préféreraient être condamnés à faire jouir de leurs talents les anthropophages de la Nouvelle-Zélande, plutôt que d'être obligés, ce qui leur arrive trop souvent, d'accorder tant de prétentions contraires dictées par un amour-propre mesquin et hargneux.

Ai-je besoin de dire que l'amateur joue habituellement faux et rarement en mesure.... La mesure est sa bête noire, il ne peut la souffrir.

On le reconnaît, soit à l'orchestre, soit dans la musique militaire, par ses gestes multipliés, son attitude prétentieuse et le tapage infernal de son instrument; il choisit de préférence les *piano, pianissimo* pour faire des *fortissimo;* il est heureux alors, car on ne peut s'empêcher de le remarquer, et lorsqu'à travers le bourdonnement qui arrive à ses oreilles, il entend des voix qui disent : Entends-tu Monsieur un tel, comme il joue fort! comme il joue bien!... il ne se sent pas d'aise, et continue à charmer les oreilles, souvent peu délicates de ses auditeurs.

Si l'amateur de musique descendait à la grosse caisse, cet instrument qu'il dédaigne, il aurait grand soin, d'abord sans intention, puis avec intention, de frapper toujours *la mesure à faux*, afin qu'on le reconnût mieux...

Mais l'amateur grandit d'une coudée lorsqu'il s'élève au *solo; à l'air varié*, il triomphe...

Dans le solo, il a soin de ralentir la mesure, afin que le plaisir qu'il éprouve dure plus long-temps; il s'écoute, s'admire et s'extasie sur chaque note, il enfle précipitamment le son et l'affaiblit sans aucune transition, puis, lorsqu'il veut terminer, il comprend si bien le *Smorzando*, que par un sentiment de pitié généreuse, vous êtes prêt à vous précipiter pour le soutenir, craignant qu'il ne tombe en se pâmant.

Dans l'air varié, il singe l'artiste et se pose avec aplomb sur le piédestal; sa toilette est plus recherchée; l'habit *solo* (style d'amateur) fait ressortir les avantages de sa taille; il retrousse ses manchettes avec dignité, tousse, crache, se mouche, lève les yeux au ciel en lui demandant l'inspiration, puis, les abaissant dans la salle, il les fixe autour de lui, s'assure que tous les regards s'attachent à sa personne et ne perdent aucun de ses mouvements ; alors, sûr de son public, il élève lentement sa flûte à la hauteur de la bouche et siffle à perdre haleine, ou bien, violoniste distingué, il assujétit le bout de l'instrument en ayant soin qu'il ne dérange pas les plis de sa cravate ; et s'étudiant à manier avec grâce son archet, il fait produire à l'instrument des sons aigres, criards, qui ressemblent assez, à ce que prétendent de mauvais plaisants, aux cris d'un chat qu'on écorche... Mais, peu à peu rassuré par un murmure flatteur, il escamote ou barbouille une partie des notes, ou les dit comme l'enfant qui répète une fable apprise par cœur ; enfin, suant sang et eau, il enlève le finale, et, étonné lui-même d'un pareil prodige, il semble s'écouter encore. A peine le dernier coup d'archet a-t-il résonné, que des salves d'applaudissements partent de toutes parts, et l'amateur, gonflé d'orgueil, se rassied, persuadé qu'il égale ou surpasse les Viotti, les Baillot, les de Bériot, etc.

Le lendemain, les journaux du département lui décernent un brevet d'immortalité, et le nom de l'amateur, imprimé en lettres capitales, est entouré d'une auréole de gloire...

« Cet instrument, s'écrie en terminant le » journaliste enthousiaste, lui est si familier, » et il en joue avec tant de facilité et de laisser- » aller qu'on dit proverbialement dans les loges » qu'il est venu au monde *un violon* à la » main. » (Textuel.)

Quelquefois, l'amateur de musique exécute jusqu'à l'avant-dernière variation, sans s'apercevoir que son instrument est d'un demi-quart de ton plus haut que le piano.

L'amateur de musique a les mêmes prétentions que N. S. le pape, il se croit infaillible ; ou bien, nouveau Procuste, il soumet les œuvres du génie à une horrible mutilation ; et lorsqu'il les a défigurées par l'exécution, lorsqu'il les a abaissées au niveau de son étroite intelligence, il se permet alors de les juger.

L'amateur ressemble, pour le goût, pour le jugement, à une partie de ce bon public parisien qui, en fait de musique, ne trouve rien au-dessus de la contredanse et du cornet à piston... Mais nous nous garderons bien de profaner des noms vénérés en nous faisant ici l'interprète des jugements de l'amateur.

Beethowven seul est un demi-dieu à ses yeux, parce qu'il ne le comprend pas et ne le comprendra jamais, parce que les grands journaux le lui ont répété si souvent qu'il le croit, et parce que jamais encore il ne pourra exécuter, ni les quatuors, ni les symphonies de ce grand maître.

Si vous lui demandez : Qu'est-ce qu'Haydn ? qu'est-ce que Mozart ? qu'est-ce Beethowen ?... C'est-à-dire quel est le genre de mérite particulier à chacun d'eux ? quels sont les progrès qu'ils ont fait faire à l'art, à la science ? L'amateur, ce critique si habile, si imperturbable,

baissera la tête... ou plutôt il la redressera fièrement et divaguera....

Et comment pourrait-il analyser les œuvres du génie ; se doute-t-il seulement que la musique, cet art frivole, qui exige dix à douze années d'études approfondies, est une science accessible à un bien petit nombre, et tandis que lui tranche si lestement, l'homme consciencieux, l'artiste véritable, seul juge compétent, ne se contente pas de l'audition, en appelle encore à l'analyse avant d'émettre un jugement.

Mais la musique pour l'amateur est et sera long-temps un hiéroglyphe qu'il ne pourra deviner.

L'amateur de musique de petite ville parvient à l'apogée de la gloire, lorsqu'un triple sceptre couronne ses cheveux noirs, ou bruns, ou blonds, c'est-à-dire lorsqu'il est premier violon d'un quatuor, chef de musique de la garde nationale et président d'une société philharmonique.

C'est sous cette triple face que nous allons l'envisager.

Officier de musique, il emprunte à l'esprit militaire ses commandements brefs, saccadés, qui ne souffrent aucune réplique, et veulent l'obéissance... Il donne ses ordres avec orgueil et jouit avec délices, à la tête de sa compagnie, d'un spectacle qui flatte son amour-propre ; tous les regards sont portés sur lui, et la foule, attirée par les charmes enchanteurs de la musique, ne s'aperçoit que ces charmes enchanteurs ressemblent assez à ceux d'une vieille femme décrépite.

Président d'une société philharmonique, il monte au fauteuil avec majesté, et armé comme un maréchal de France ; il n'ose frapper la mesure pour la déterminer, et se laisse conduire par l'orchestre. Mais, plus habile qu'Habeneck, il dirige *sans la partition*... Il en est même, et nous éprouvons un profond dégoût à le dire, qui rejettent la partition pour conduire sur le violon... Si vous demandez à l'amateur comment il peut connaître l'instant précis où tel instrument doit mêler sa voix à celle de l'orchestre, il vous répondra malicieusement et en vous indiquant par ses gestes certaine partie de la tête : — Mes oreilles, Monsieur ; voilà mon guide ..

L'amateur par excellence, l'amateur type est toujours décemment mis, et n'offre rien de particulier dans son habillement ; mais son langage, ses manières le trahissent ; il siffle ou fredonne presque continuellement quelques vieilles romances. Si vous lui demandez comment il se porte, il vous répond en vous entretenant de Paganini.

L'amateur marche, en outre, avec une certaine gravité, et toute sa personne respire un certain air d'importance, de vanité satisfaite qui semble dire à tous : — Regardez-moi, admirez-moi ! Les enfants le suivent de loin et se le montrent du doigt ; la foule le salue avec respect et lui sourit agréablement ; tout en un mot, sur son passage, vous indique qu'à 50 degrés de latitude nord-est il existe une célé-

brité inconnue à Paris, une célébrité du crû qui se contente de la modeste gloire d'être prônée, vantée, admirée comme on prône, comme on vante, comme on admire les productions du pays : truffes, champignons, vins, poulardes ou dindons.

Nous terminerons en présentant l'amateur comme premier violon d'un quatuor. — Il se montre, sous cette dernière face, grand, imposant, majestueux ; il joue et brille continuellement... et s'il accompagne un instant, il semble mal à son aise, et attend avec une impatience fiévreuse le moment où il doit dominer. S'il chante toujours, il est tellement occupé de sa partie qu'il ne fait attention à rien ; peu lui importe que les parties intermédiaires ne soient plus avec lui...

L'anecdote suivante achèvera de le peindre : Trois amateurs qui accompagnaient notre premier violon s'étaient entendus ensemble, et dans le moment où, échauffé par les difficultés, il n'écoutait et ne s'occupait que de lui seul, l'un des amateurs partit, puis un second, puis un troisième... et le premier violon, se démenant comme un diable dans un bénitier, ne s'aperçut que long-temps après qu'il *râclait* dans le désert.

L'amateur de musique s'est résumé lui-même en deux mots. De retour d'un voyage à Paris, il avait exécuté avec éclat la première partie d'un quatuor ; content de lui-même, étourdi par le succès, et ne pouvant maîtriser un juste mouvement d'orgueil, il se lève enthousiasmé et s'écrie en brandissant son violon : « Messieurs, » messieurs... certainement, messieurs, l'on » fait de bonne musique à Paris, mais elle ne » vaut pas nos quatuors... »

Que pourrions-nous ajouter... et cependant, il faut que nous ajoutions quelque chose.

Si l'amateur vulgaire fourmille par millier, par centaine de mille, l'amateur véritable est plus difficile à rencontrer et se reconnaît facilement ; aussi modeste que l'autre est vain et prétentieux, il écoute, observe et se tait, tandis que l'autre pérore continuellement ; il supporte toutes les observations, tandis que l'autre n'en supporte aucune, aimant l'art pour l'art, par goût, par conviction, par un entraînement irrésistible, et non par vanité ; il emploie en études le temps que l'autre perd en frivolités ; enfin, il se montre l'un des plus fervents soutiens de la bonne musique, tandis que l'autre est partisan déclaré de la mauvaise.

Autant l'amateur véritable qui possède un talent réel nous inspire de respect, d'admiration, autant l'amateur vulgaire dont le talent (si l'on peut se servir de ce mot) est superficiel, nous inspire de dégoût, parce que, soutenu quelquefois par d'indignes coteries et adopté par le mauvais goût, il arriverait insensiblement à faire douter qu'il existe quelque chose de *grand*, de *noble*, de *sublime*, et que ce quelque chose s'appelle... la musique.　　　P. D.

(*France Musicale.*)

Nouvelles Théâtrales.

TAGLIONI.

Nous l'avons revue enfin avec ses ailes si légères, si légères, qu'en les voyant passer, nos yeux ne pouvaient suivre leurs mille mouvements muets. On nous disait : quand vous la reverrez, cette fée amoureuse de l'air, vous pleurerez de tristesse ; elle a tant vieilli sous le ciel brumeux du nord, elle dépensé tant de grâce et de poésie pour retenir dans l'extase de l'illusion tout un pays qui l'a enlevée à notre admiration, que ses pieds ne peuvent plus rien inventer, que ses bras sont impuissants pour créer des contours d'harmonie corégraphique, que sa taille ne sait plus se ployer ou se grandir avec des charmes nouveaux, que son regard a perdu son esprit et sa flamme au milieu des glaces de la Russie !

Enfants que nous étions ! nous avons répété ce qu'on nous écrivait, ce qu'on nous disait : comme si quelqu'un en ce monde pouvait surpasser encore en génie, la reine de toutes les sylphides.

Voyez ! c'est elle qui se balance amoureusement autour de son amant endormi ; à un geste, à un mouvement imperceptible des pieds, des bras, de la taille ou des yeux, vous avez reconnu Taglioni ; voyez-là encore, c'est toujours elle qui s'enlève avec des ailes blanches, comme un cygne joyeux ; ne croiriez-vous pas qu'elle souffre, qu'elle étouffe, qu'elle n'a pas assez d'air pour faire onduler son corps harmonieux, et qu'à chaque instant elle va rester suspendue entre l'air et la terre. Suivez-là, suivez-là maintenant ; elle se dresse avec grâce et majesté, elle marche doucement, puis, elle se penche sans effort, puis elle fait de ses bras adorables une couronne à sa tête riante ; puis elle tourne dans elle-même, elle tourne, et l'on ne sait pas en vérité si Taglioni n'est pas un rêve. Comment voulez-vous analyser la danse de Taglioni ? A quoi donc pourriez-vous la comparer ? Où donc trouver une langue assez poétique pour peindre en tableaux variés l'essence même de la poésie.

Taglioni, c'est une étoile parfumée qui fuit derrière un nuage blanc ; Taglioni, c'est l'amour dans le ciel bleu, l'amour pur, sans passion et sans douleur ; Taglioni, c'est un ange et une femme, on la cherche, on la voit, on la suit, et lorsque son ombre a disparu, on voudrait la chercher, la voir, la suivre encore et toujours.

Vous tous qui êtes venus, comme nous, saluer la sylphide, vous avez pris en pitié, n'est-ce pas, cette danse éhontée qui, depuis quelques années, a envahi le ballet de notre Opéra. La danse, avec tous ses prestiges, avec sa décence, avec sa pureté, avec toute sa perfection, vous l'avez vue dans Taglioni : La danse, avec tous ces bonds voluptueux, avec ses attraits de mauvais goût, avec ses mouvements déréglés, vous l'avez vue dans Fanny Elssler. La réapparition de Taglioni à Paris, et son immense succès, sont la manifestation la plus formelle du public français contre ce système de danse sans principes, sans frein et sans pudeur, que Fanny Elssler a colporté sur notre première scène nationale.

Quelle éclatante ovation on a faite à Taglioni ! Les mains n'ont pas cessé de battre un seul instant ; les fleurs tombaient sur la scène comme des nuages, à ce point, qu'à la fin du ballet, la sylphide dansait dans un magnifique parterre.

Taglioni a ajouté au premier acte un pas de trois qui n'est autre chose qu'un chef-d'œuvre de poésie.

Mlle Taglioni ne paraîtra que quatre fois sur la scène de l'Opéra ; la dernière représentation, qui aura lieu samedi prochain, sera donnée à son bénéfice. Elle se composera de scènes diverses prises dans les meilleurs ballets du répertoire de la célèbre danseuse. Mlle Taglioni dansera, pour la première fois à Paris, la GITANA, sur une musique composée tout exprès par Auber.

Paris. — Opéra.

— Duprez, à peine de retour de Bordeaux, est reparti pour Rouen, où il doit donner quelques représentations. Hier, il a dû jouer dans *Lucie*.

— Mme Damoreau a paru pour la dernière fois dans *Zanetta*, mardi dernier ; elle est partie immédiatement pour les eaux des Pyrénées où elle va se reposer de ses fatigues et de ses succès. Mme Damoreau sera de retour vers la fin de septembre, et elle nous rendra *Zanetta*, dont la vogue sera aussi longue que celle du *Domino noir*.

— Très-prochainement, les débuts de Mme Thillon dans la *Neige*, délicieux opéra d'Auber. Enfin, l'Opéra-Comique songe sérieusement à utiliser le magnifique talent de Mme Eugénie Garcia. Plusieurs compositeurs travaillent pour elle en ce moment. Elle paraîtra d'abord dans un ouvrage de MM. Monpou et Bordhèse, libretto de MM. Leuven et Brunzwick ; le second sera de MM. Halevy et Scribe.

— L'ouvrage religieux que M. Berlioz a été chargé de composer pour la translation des cendres de Juillet, est en pleines répétitions. Deux cents exécutants ont été mis à sa disposition. On disait que M. Berlioz en avait demandé un plus grand nombre, mais cette nouvelle était sans fondement.

— Le célèbre hautboïste, Vogt, professeur au Conservatoire, artiste de la musique du roi, vient de recevoir de Prusse une lettre accompagnée d'une très-belle tabatière en or. M. Vogt avait dédié au roi qui vient de mourir son quatrième concerto. Le nouveau monarque qui a hérité des nobles qualités de son père, a voulu donner ce témoignage de reconnaissance à notre célèbre compatriote.

— M. Ghys, le violoniste, qui a obtenu tout récemment de très-grands succès à Madrid, où on lui a fait promettre de revenir, est dans ce moment aux eaux de Vichy. Il se propose, dit-on, de faire un voyage en Russie.

LONDRES. — Mlle Bertuccat, cette jeune harpiste que tout Paris a applaudie, est maintenant à Londres, où elle obtient de très-grands succès. On nous écrit que depuis le départ de Labarre, aucun artiste jouant de la harpe, n'avait excité autant de sympathies.

GRAND THÉATRE.

Aujourd'hui DIMANCHE, 26 *juillet* 1840, *On commencera à six heures.*

PAULINE OU SAIT-ON QUI GOUVERNE ?

Comédie-vaudeville en deux actes, par MM. MÉLESVILLE et CARMOUCHE.

Acteurs : MM. Toudouse, Stéphane, Blanchard, Deplanck, Famin, Sarrazin ; Mmes Cochèse, Debroux et Famin.

LE BARBIER DE SÉVILLE,

Opéra comique en 4 actes, par Beaumarchais, musique de M. Rossini.

Distribution. Le comte Almaviva, M. Lafeuillade ; Bartholo, M. Lavilliers ; Figaro, M. Abadie ; Bazile, M. Hermann-Léon ; Pédrille, M. Deplanck ; un officier, M. Salanson ; un notaire, M. Quillet ; un alcade, M. Famin ; Rosine, Mlle Saint-charles, Marceline, Mme Hess.

LES RENDEZ-VOUS BOURGEOIS,

Opéra-comique en 1 acte.

Distribution. Dugravier, M. Pâris ; César, M. Oudinot, Charles, M. Stéphane ; Jasmin, M. Deplanck ; Bertrand, M. Blanchard ; Reine, Mme Hess ; Louis, Mlle Debroux ; Julie, Mme Olivier.

Ordre du spectacle : 1° Pauline, 2° Le Barbier ; 3° Les Rendez-vous-Bourgeois.

IMPRIMERIE D'HÉRAULT, *Rédacteur en chef.*

Dimanche 2 Août 1840.   DEUXIÈME ANNÉE.   3ᵉ Trimestre. Nᵒ 83.

PRIX D'ABONNEMENT :

NANTES.
TROIS MOIS .... F. 3
SIX MOIS   6
UN AN........   12

DEHORS
TROIS MOIS.. F. 5
SIX MOIS....   10
UN AN.......   18
AFFRANCHIR..

Prix du numéro, 15 c.

PRIX D'ANNONCES :

30 c. à la page d'avis ; 1 fr. dans
le corps du journal. Remise du
tiers aux abonnés.

LE BUREAU EST SITUÉ
Chez HÉRAULT, Imprimeur, rᵉ
de Guérande, Nᵒ 3.

—

ON S'ABONNE :
Au Bureau;
Chez GUÉRAUD, Libraire, Basse-
Grande-Rue et passage
Bouchaud;
PLANÇON, Libraire, place
Graslin.

—

SE TROUVE CHEZ :
M. SCIBEAU, Lib.ʳᵉ, rue Crébillon,
Et M. PLESSIER, Relieur, idem.

—

A PARIS,
ISIDORE PESRON, rue Pavée-Saint-
André, Nᵒ 13.

VERT-VERT.

JOURNAL DES SALONS ET DES THEATRES.

Courses de Nantes. — 1840.

LISTE DES CHEVAUX INSCRITS.

BÉDOUINE, jument de 5 ans, par Bedouin, à M. le Leleu, de Corlay.

BRIGITTE, jument de 3 ans, par Trance, à MM. Boitard de Foucault.

BRIQUETTE, jument hors d'âge, par Marcellus et Fanny, à M. Sautebourse d'Andeville fils.

COQUETTE, jument hors d'âge, à M. de Lempérière.

DERMID, cheval anglais, hors d'âge, à M. le vicomte de Romans.

ECARLATE, jument hors d'âge, à MM. Fouquet et Boët.

EGBERT, cheval hors d'âge, par Trance et Rebecca, à M. de Pierre.

FANTÔME, cheval hors d'âge, à M. de Jasson.

FIDELA, jument de 6 ans, à M. A. des Jammonières.

GEORGETTE, jument de 4 ans, par Défence et Effie Deans, à MM. Wollaston et Gudin.

GEORGINA, jument de 5 ans, par Captive, à M. Duchesne.

HORTENSE, jument de 7 ans, par Gaberluzzi et Gutty, à M. le comte de Becdelièvre.

JANNINETTE, jument de 5 ans, par Marcellus et Jeannette, à M. L. Sorin.

LA FIANCÉE, jument de 6 ans, par Royal Oack et Eglé, à M. le prince de la Moskowa.

LUCIFER, cheval de 4 ans, par Carbon et Félicia, à M. le vicomte de Rosmorduc.

MINARA, jument de 8 ans, par Minara et Chillaby, à MM. Foucault.

MISS UNIQUE, jument de 3 ans, par Moselle et Colwick, à M. Bouton-Levêque.

MISS LOTT, jument de 3 ans, par Lottery Eastham, à M. Carié.

MISS RAINBOW, jument de 5 ans, par Rainbow et Young-Urganda, à M. A. de Jourdan.

NADEGDA, jument de 4 ans, par Félix et Georgina, à M. le vicomte de Romans.

OTHELLO, cheval de 5 ans, par Deucalion et Calypso, à M. Chabosseau.

PRINCE, cheval de 3 ans, par Buzzard et Mathilda, à M. le comte Walsh.

RACHEL, jument à M. Louis de Cornulier.

TRANSINA, jument de 4 ans, à M. le baron de Rascas.

TURQUOISE, jument de 3 ans, par Cadland et Eglé, à MM. de Baracé et P. Lavech.

UNIQUE, jument de 3 ans, par Lottery et Fatime, à M. Bouton-Lévêque.

YOUNG-COLWICK, jument de 3 ans, par Colwick et Frantick, à M. Bouton-Levêque.

COURSES DU SAMEDI 1ᵉʳ AOUT.

Prix de la Société des Courses de Nantes.

1ᵒ *Prix de* 500 *francs*, pour les poulains et pouliches de trois ans, nés dans le département de la Loire-Infé-

rieure, et appartenant à des souscripteurs de la Société des Courses. — 2 kilomètres en une seule épreuve, avec deux concurrents au moins. — Maximum du temps de la course, 2 minutes 50 secondes.

Les chevaux inscrits sont :

1ᵒ BRIGITTE, jument bai, à MM. E. Boitard et Foucault, monté par Tom Jones (casaque rouge et toque rouge).

2ᵒ MISS LOTT, jument bai, à M. Carié, montée par James (casaque rouge et toque noire).

2ᵒ *Prix de* 1000 *francs*, pour les chevaux et juments de tout âge, nés dans le département de la Loire-Inférieure, et appartenant à des membres de la Société des Courses. — 2 kilomètres en partie liée. — 2 minutes 50 secondes pour chaque épreuve. — Poids d'âge. Les poulains et pouliches de trois ans portant un kilogramme et demi de moins que le poids fixé pour leur âge. — Deux concurrents au moins.

1ᵒ GEORGINA, jument alezan, de 5 ans, à M. Duchesne, montée par Tom Jones (casaque cerise et toque cerise).

2ᵒ MISS LOTT, jument bai, de 3 ans, à M. Carié, montée par James (casaque rouge et toque noire).

3ᵒ MARCINE, jument de 5 ans à M. Foucault, montée par Richard Jordan (casaque rose et toque noire).

4ᵒ RACHEL, jument hors d'âge, à M. Louis de Cornulier, montée par Stanislas (casaque bleue et blanche, toque noire).

5ᵒ TRANSINA, jument de 4 ans, à M. le baron de Rascas, montée par....

COURSES DU DIMANCHE, 2 AOUT.

1 *Prix spécial (ou Prix remis) du gouvernement*, de 1000 fr. affecté aux chevaux et juments de quatre ans et au-dessus, nés et élevés en France. — Deux kilomètres en partie liée.

Les chevaux inscrits sont :

1ᵒ COQUETTE, jument hors d'âge, à M. de Lempcrière, et montée par lui (casaque rouge et toque noire).

2ᵒ YOUNG COLWICK, cheval de 3 ans, à M. Bouton-Levêque, monté par Curtis (casaque jaune et toque noire).

3ᵒ JANNINETTE, jument de 5 ans, à M. Eugène Sorin, montée par Richard Jordan (casaque rose et toque noire).

4ᵒ NADEGDA, jument de 4 ans, à M. de Romans, montée par Henri Jordan (casaque blanche et verte, et toque noire).

5ᵒ PRINCE, cheval de 3 ans, à M. le comte Walsh, monté par Stanislas (casaque bleue et blanche, toque noire).

6ᵒ MISS RAINBOW, jument de 5 ans, à M. A. de Jourdan, montée par Abraham.

7ᵒ OTHELLO, cheval de 5 ans, à M. Chabosseau, monté par J. Maillerou (casaque bleu-ciel et toque blanche).

8ᵒ TURQUOISE, jument de 3 ans, à MM. de Baracé et Lavech, montée par Tom Webb (casaque citron et toque blanche).

2ᵒ *Prix départemental de* 300 *fr.*, *augmenté de* 300 *fr.*, *donnés par la Société des Courses de Nantes.* — Pour les poulains et pouliches de trois ans, nés dans le département. Deux kilomètres en une seule épreuve. — Maximum du temps accordé, trois minutes.

Dans le cas où une troisième épreuve, pour le *prix remis,* serait nécessaire, la course pour le prix départemental aurait lieu entre la seconde et la troisième épreuve.

Les chevaux inscrits sont :

1° Brigitte, jument bai de 3 ans, à MM. E. Boitard et Foucault, montée par Tom Jones (casaque rouge et toque rouge).

2° Miss Lott's, jument bai, à M. Carié, montée par James (casaque rouge et toque noire).

3° *Prix principal du gouvernement,* 2,000 fr., affecté aux chevaux et juments de quatre ans et au-dessus, nés et élevés en France. — Quatre kilomètres en partie liée.

Les chevaux inscrits sont :

1° Bédouine, jument de 5 ans, à M. Leleu, de Corlay, montée par Cadoret.

2° Miss Unique, jument de 3 ans, à M. Bouton-Levêque, montée par James, (casaque rouge et toque noire).

3° La Fiancée, jument de 6 ans, à M. le prince de la Moskowa, montée par Curtis (casaque bleue et jaune, toque jaune).

4° Georgette, jument de 4 ans, à MM. Wollaston et Gudin, montée par Ch. Roots (casaque noire et toque noire).

5° Lucifer, cheval de 4 ans, à M. le vicomte de Rosmorduc, monté par Raoul (casaque bleu-ciel et toque noire).

6° Minara, jument de 7 ans, à MM. Foucault, montée par Tom Jones (casaque cerise et toque cerise).

4° *Prix départemental de* 400 *fr., augmenté de* 400 *fr., donnés par la Société des Courses de Nantes.* — Pour les chevaux et juments de 4 ans et au-dessus, nés et élevés dans le département. — Deux kilomètres en une seule épreuve. — Maximum du temps accordé, deux minutes cinquante secondes. — Ce prix sera couru après la seconde épreuve du prix principal, lors même que celui-ci donnerait lieu à une troisième épreuve.

Les chevaux inscrits sont :

1° Georgina, jument alezan de 5 ans, à M. Duchesne, montée par Tom Jones (casaque cerise et toque cerise).

2° Miss Lott's, jument bai de 3 ans, à M. Carié, montée par James (casaque rouge et toque rouge).

3° Marcine, jument de 5 ans, à M. Foucault, montée par Richard Jordan (casaque rose et toque noire).

4° Rachel, jument hors d'âge, à M. Louis de Cornulier, montée par Stanislas (casaque bleue et blanche, toque noire).

5° Transina, jument de 4 ans, à M. le baron de Rascas, montée par....

5° *Prix municipaux.* — Deux prix de barrières, de 100 francs et une cravache d'argent, plus 100 francs ajoutés par la Société des Courses, à la condition d'un poids de 70 kilogrammes. — 25 francs d'entrée, payables en s'inscrivant. — Les jockeys ne seront pas admis à courir ces deux prix. — Un tour d'hippodrôme. Avec plusieurs concurrents, il n'y aura aucune exigence de temps; mais, s'il ne se présente qu'un seul cavalier, la course devra être fournie en 4 minutes. Toutefois, le même cavalier ne pourra courir seul les deux prix.

Le 1er prix est affecté aux chevaux nés dans la circonscription des courses de Nantes, Angers et Saint-Brieuc, ou résidant depuis plus d'an an dans la Loire-Inférieure.

Les chevaux inscrits sont :

1° Brunette, jument bai, à M. Sarrebourse d'Audeville fils.

2° Egbert, cheval alezan, à M. de Pierre.

3° Fantôme, cheval à M. de Jasson.

4° Madegda, jument bai, à M. le vicomte des Romans.

Second Prix, aux chevaux de toute origine, ayant cependant une résidence en France de plus d'une année.

Les chevaux inscrits sont :

1° Dermid, cheval hors d'âge, à M. le vicomte des Romans.

2° Fantôme, cheval à M. de Jasson.

3° Hortense, jument à M. le comte de Becdelièvre.

COURSES DU LUNDI 3 AOUT.

1° *Prix départemental de* 1200 *fr.* — Pour les chevaux de tout âge, nés et élevés ou résidant depuis plus de six mois dans la circonscription du dépôt d'étalons d'Angers. — Deux kilomètres en partie liée. — Maximum du temps de la course, deux minutes cinquante secondes pour la première épreuve, et trois minutes pour la seconde.

Ces deux épreuves auront lieu immédiatement et sans

que les jockeis descendent de cheval. La demie-heure de repos ne sera accordée qu'en la deuxième et la troisième épreuve, si cette dernière devient nécessaire.

Les chevaux engagés sont :

1° Coquette, jument d'âge, à M. de Lamperrière, montée par lui (casaque rouge et toque noire.)

2° Ecarlate, jument hors d'âge, à MM. Fouquet et Boëts, montée par Usereau (casaque rose et toque verte).

3° Georgina, jument bai de 5 ans, à M. Duchesne, montée par ....

4° Janninette, jument bai de 5 ans, à M. E. Sorin, montée par Richard Jordan (casaque rose et toque noire).

5° Minara, jument de 7 ans, à MM. Foucault, montée par Tom Jones (casaque cerise et toque cerise.

6° Nadegda, jument de 4 ans, à M. le vicomte des Romans, montée par Henri Jordan (casaque blanche et verte, et toque noire).

7° Othello, cheval de 5 ans, à M. Chabosseau, monté par J. Nailleron (casaque bleu-ciel et toque blanche).

8° Prince, cheval de 3 ans, à M. le vicomte Walsh, monté par Stanislas (casaque bleue et blanche, toque noire).

9° Miss Rainbow, jument de 5 ans, à M. A. de Jourdan, montée par Abraham.

10 Unique, jument de 3 ans, à M. Bouton-Levêque, montée par Curtis (casaque jaune et toque noire).

2° *Prix départemental de* 600 *fr.* — Pour les poulains et pouliches de trois ans, nés ou résidant depuis six mois dans le département. — Deux kilomètres en une épreuve. — Maximum du temps de la course, trois minutes.

Les chevaux inscrits sont :

1° Brigitte, jument de 3 ans, à MM. E. Boitard et Foucault, montée par Tom Jones (casaque rouge et toque rouge).

2° Miss Lott, jument à M. Carié, montée par James (casaque rouge et toque noire).

3° *Prix municipal de* 800 *fr.* — Pour les poulains et pouliches de trois ans, nés et élevés dans l'arrondissement des courses de Nantes, Angers et Saint-Brieuc. — Deux kilomètres. — Une seule épreuve en deux minutes 50 secondes.

Les chevaux inscrits sont :

1° Brigitte, jument à MM. Boitard et Foucault, montée par Tom Jones (casaque rouge et toque rouge).

2° Miss Unique, jument à M. Bouton-Levêque, montée par James (casaque rouge et toque noire).

3° Young Colwick, cheval à M. Bouton-Levêque, monté par Curtis (casaque jaune et toque noire).

4° Prince, cheval à M. le comte Walsh, monté par Stanislas (casaque bleue et blanche et toque noire).

4° *Prix de Nantes : cravache à garniture en vermeil, plus* 300 *fr. donnés par la Société des Courses de Nantes.* — Deux kilomètres en partie liée. — Chevaux nés et élevés en France. — Les jockeys ne seront pas admis à courir à ce prix.

Les chevaux inscrits sont :

1° Fantôme, cheval hors d'âge, à M. de Jasson.

2° Lucifer, cheval de 4 ans, à M. le comte de Rosmorduc.

3° Minara, jument de 7 ans, à M. Eugène Foucault.

4° Nadegda, jument de 4 ans, à M. le vicomte des Romans.

5° Othello, cheval de 5 ans, à M. Chabosseau.

6° Prince, cheval de 3 ans, à M. le comte Walsh.

7° Miss Rainbow, jument de 5 ans, à M. A. de Jourdan.

5° *Prix départemental de* 1000 *fr.* — Pour les chevaux de tout âge, nés ou résidant depuis plus de six mois dans le département. — Quatre kilomètres. — Une seule épreuve. — Maximum du temps accordé pour la Course, cinq minutes cinquante secondes.

Les chevaux inscrits sont :

1° Brunette, jument hors d'âge, à M. Sarrebourse d'Audeville fils, montée par Tom Webb (casaque verte et noire, et toque bleue).

2° Ecarlate, jument hors d'âge, à MM. Fouquet et Boëts, montée par Usereau (casaque rose et toque verte).

3° Georgina, jument de 5 ans, à M. Duchesne, montée par Tom Jones (casaque cerise et toque cerise).

4° Minara, jument de 7 ans, à MM. Foucault, montée par Tom Jones (casaque cerise et toque cerise).

5° Rachel, jument hors d'âge, à M. Louis de Cornulier, montée par Stanislas (casaque bleue et blanche, et toque noire).

6° Othello, cheval de 5 ans, à M. Chabosseau, monté par J. Mailleron (casaque bleu-ciel et toque bleu-ciel).

7° Miss Rainbow, jument de 5 ans, à M. A. de Jourdan, montée par Abraham.

GRAND THÉÂTRE.

CHRONIQUE DRAMATIQUE.

Pourquoi faut-il que la réserve que nous nous sommes imposée, nous close encore la bouche? nous dirions la gentillesse de Mlle Stéphany; sa vivacité son intelligence et son jeu, si plein de verve et de finesse qui rappelle souvent la manière de Mme Taigny. Mais quoi! Mlle Stéphany n'a pas encore achevé ses débuts et nous devons nous interdire le droit pourtant si naturel d'exprimer tout le plaisir qu'elle nous a fait.

Mais il n'en sera pas de même à l'égard de M. Lafeuillade, nous pouvons dire son immense succès dans *Lucie*, succès si remarquable, qu'il ferait certainement époque, si M. Lafeuillade ne nous avait pas accoutumés d'ailleurs aux plus délicieuses émotions. A l'œuvre contradicteurs quand même, à l'œuvre siffleurs passionnés! harpies qui salissez tous les triomphes! poussez poussez vos vaines clameurs, dans ces triples salves d'applaudissements, votre voix faible et perdue, votre murmure de pygmée, insensibles comme le blasphème de l'athée dans le bruit solennel de l'orage; mais vous vous taisez, car l'impression qui naît du beau, a quelque chose d'irrésistible et de puissant qui commande la conviction aux plus injustes préventions elles-mêmes. Ecoutez cet Edgar tour à tour si tendre et si énergique, voyez sa noble et belle physionomie, tantôt s'illuminer de joie et de bonheur, et tantôt s'assombrir de haine! comme il sait parler d'amour, à Lucie! comme ses adieux sont pathétiques et touchants! de quelle voix il soupire les regrets de l'absence et l'espérance du retour! Mais le voici, il revient l'âme ulcérée, il n'y a plus dans ce cœur, autrefois si aimant, que du mépris et de la haine. *Lucie*, parjure à la foi sainte, appartient à un autre. Nous regrettons vivement que toute la ville n'ait pas été témoin comme nous, de l'admirable talent avec lequel M. Lafeuillade a rendu cette belle scène, goût exquis, délicatesse infinie, sensibilité profonde, énergie saisissante, il a tout prodigué avec une habileté et une mesure parfaites, et s'est montré éminemment dramatique : avec qu'elle douce inspiration de mélancolie et de regret n'a-t-il pas dit encore le gracieux morceau du dernier acte : *Bel ange, ma Lucie.*

En résumé, nous n'hésitons pas à le dire, et nous le disons avec orgueil, on ne joue point en province *Lucie de Lamermoor*, comme nous l'avons vu jouer mercredi, M. Lafeuillade peut revendiquer la plus belle part d'un si beau triomphe, plus d'une fois nous avons vu à ses accents, de douces larmes couler de bien des jolis yeux, et pour que l'apologie de M. Lafeuillade soit complète, terminons par cette réflexion d'un matelot du parterre, qui en se tournant vers son voisin, disait d'une voix tremblante d'émotion et avec des yeux humides, S. B. d'homme! ou diable va-t-il chercher tout cela?.. Il va chercher tout cela dans la nature ; il joue et chante d'inspiration et sans chercher à imiter personne, voilà tout le secret.

M. Hermann Léon, avec son beau talent et sa magnifique voix a parfaitement secondé M. Lafeuillade, ces deux artistes sont faits pour s'entendre et pour s'associer aux mêmes succès. Mme Bulthel paraissait intimidée et encore souffrante de son indisposition; aussi a-t-elle laissé à désirer dans la scène de la folie, où elle ne s'est pas assez livrée : espérons qu'à une seconde représentation elle reprendra sa revanche. Quant aux artistes, ils ont bien secondé les principaux personnages ; chacun y a apporté du sien. La mise en scène et les costumes étaient parfaitement exacts, on n'a que des éloges à donner.

Mlle de Saint-Charles est si jolie, et elle a chanté avec tant de charmes le rôle de Rosine du *Barbier de Séville*, dimanche, que nous ne pouvons résister au plaisir de lui décerner ici une mention honorable; nous avions dit, lors des débuts de cette aimable jeune fille : « que Mlle Saint-Charles surmonte sa timidité, et nous lui promettons qu'elle sera bientôt l'idole du public. » En effet, au fur et à mesure que Mlle Saint-Charles acquiert de l'assurance, nous voyons grandir, avec son talent, la faveur que nous avions osé lui prédire : témoins, ces applaudissements, ces bravos, ces fleurs qu'on lui a prodigués à si juste titre, dimanche. C'est qu'aussi il n'est guère possible de chanter avec plus de goût, de gentillesse, et de brillante méthode que Mlle Saint-Charles ; les couplets *Oui, Lindor a su me plaire*, etc. N'oublions pas M. Abadie, qui s'est montré comédien de bon goût dans le rôle du Barbier.

N'ayant rien de nouveau à signaler dans le répertoire du théâtre, si ce n'est le renvoi définitif du comique d'opéra, et un changement de spectacle occasionné par une grave indisposition survenue à notre première chanteuse; passons maintenant au concert d'hier.

Samedi donc a été un jour de fête, car, après les premières courses, nous avons eu un concert charmant. Si l'on se demande lequel des morceaux a eu les honneurs de la soirée, il faut citer tous ceux que nous a joués la jolie Mlle Lambert. Car, comment décider entre les grandes variations sur *Di tanti palpiti*, jouées avec une telle perfection qu'il n'y a qu'une voix humaine qui puisse rivaliser avec les doigts si souples et le goût si pur de Mlle Lambert? avec *la dernière pensée* de Weber? Connaissez-vous rien de plus suave, rien de plus enivrant que cette *invitation à la walse*? Si l'auteur vivait, ne serait-il pas surpris, charmé, qu'une jeune personne l'ait si parfaitement compris? Joue-t-on avec plus d'âme, plus d'élégance, plus de légèreté que Mlle Lambert?.... Donnerons-nous la préférence à ce morceau qui a si bien terminé le concert? Cette *fantaisie* si originale du pianiste Thalberg, dont tout Paris raffole? Après l'avoir entendue si parfaitement exécutée par notre aimable voyageuse, est-il possible de croire que l'auteur lui-même la joue mieux? Non ; soit qu'on se rappelle la grâce avec laquelle *Di tanti palpiti* a été exécuté, soit qu'on s'arrête un moment sur la pensée de Weber, si délicieusement rendue ; ou qu'on soit ébloui de la prodigieuse facilité avec laquelle la *fantaisie* de Thalberg qui terminait la soirée a été jouée, il est impossible d'accorder une préférence à l'un de ces trois brillants morceaux, dont chacun peut passer à bon droit pour un chef-d'œuvre de grâce, de sentiment et d'originalité. Comme les sons secs du piano deviennent moelleux sous vos doigts agiles! comme vous chantez, Mlle Lambert! Oh! vous méritez bien la brillante réputation que vous vous êtes acquise ! et que ceux qui n'ont pas eu le bonheur de vous entendre hier se regardent comme malheureux, car ils ont perdu une bien délicieuse soirée !!....

M. Herman a bien chanté un air du *Cheval de Bronze*, et d'autres morceaux plus ou moins dans la voix de basse. Mlle Pouzol a chanté en écolière un air beaucoup trop fort pour son talent naissant, sa prononciation n'a pas encore toute la correction désirable ; mais, avec de la persévérance et du travail, elle surmontera ces imperfections, et deviendra artiste. M. Hugot a parfaitement joué un pot-pourri, et pour finir par le commencement, le grand *sextuor de Bertini* est fort beau, et a été exécuté avec un ensemble satisfaisant ; tous les artistes ont fait leurs efforts pour seconder dignement la charmante pianiste que nous voudrions encore entendre et que nul ne se lassera jamais d'admirer et d'applaudir.

LA FIANCÉE DU CROISIC.

CHRONIQUE DE TRENTE-MOULT.

Il y a à peine deux cents ans, on voyait encore, dans la partie méridionale de l'île de Trente-Moult, une vaste étendue de terrain, parsemée de vieilles ruines et de murailles grisâtres, parmi lesquelles les pâtres de Rezé avaient coutume de conduire leurs troupeaux. Les nestors du pays prétendaient qu'il y avait eu autrefois dans ce lieu, un manoir considérable, dont l'origine se perdait dans la nuit des temps. Mais tout le monde ignorait quels en avaient pu être les suzerains et quels épisodes se rattachaient à cette construction féodale, lorsqu'en faisant l'inventaire chez un vieux pêcheur de l'île, j'ai découvert, parmi des liasses poudreuses et à demi rongées par les vers, un manuscrit de 1260, qui a dû être écrit par un ménestrel contemporain, et qui jette un grand jour sur l'obscurité qui a toujours environné ces ruines. C'est une sorte de petit poëme, dont j'ai rajeuni le langage, en conservant autant que possible la naïveté primitive, qui fait le plus grand charme du récit.

Il y avait un an que le vieux sire de Longuevue avait rendu son âme à Dieu, laissant pour soutenir la splendeur de sa maison, Raymond et Oscar de Longuevue, ses deux fils. C'était ce jour-là grande fête au manoir, tous les vassaux des domaines de Longuevue étaient venus rendre hommage au sire Raymond, proclamé suzerain, par droit d'aînesse, et unique possesseur des biens et des titres de son père ; des valets criant largesses allaient et venaient dans les cours, portant des brocs de vin qu'ils distribuaient aux paysans. Les jeunes garçons et les jeunes filles, ornés de rubans et de fleurs, dansaient au son du tambourin et de la cornemuse, sur la vaste pelouse qui avoisine la Loire et le jeune suzerain, appuyé sur les créneaux, souriait à la franche gaîté de ses serfs et applaudissait à leurs jeux, lorsqu'il aperçut tout-à-coup un groupe nombreux au pied de la tourelle du nord, et au milieu de ce groupe, trois bohémiennes qui, profitant de ce jour de liesse pour gagner quelques pièces de monnaie, étaient venues se mêler à la fête, et tiraient l'horoscope aux paysans. Oscar, qui se trouvait alors près de Raymond, le pria de les faire monter; celui-ci s'en défendit d'abord en souriant, mais vaincu par les sollicitations de son frère, il y consentit. Les bohémiennes furent introduites dans la grande salle. Filles de Beelzébuth, cria Oscar, dites-nous quels destins nous sont réservés! Alors, la plus vieille des prophétesses s'approcha de Raymond, qu'elle n'avait jamais vu : nous commencerons par vous, beau sire, suzerain de Longuevue. Puis, après avoir interrogé pendant quelques minutes, les lignes de la main droite du jeune seigneur, elle se recueillit un instant et lui dit, d'une voix solennelle : sire Raymond, vous n'avez point encore aimé ; heureux si vous pouvez n'aimer jamais, car votre amour doit vous perdre et causer le trépas de celle qui en sera l'objet, mais tout est écrit, c'est en vain que l'homme cherche à éviter sa destinée ! Quand sept hivers auront passé sur ces créneaux, il ne restera pas pierre sur pierre du superbe manoir de Longuevue !!! Puis se tournant vers Oscar, la bohémienne jeta un coup-d'œil rapide sur sa main : pour vous, dit-elle, vous portez la tête de Caïn, sur le corps d'un beau jeune homme. Sorcière du diable, dit Oscar en riant, est-ce tout? Tout. Et les bohémiennes disparurent. Les deux frères n'attachèrent pas grande importance à la prédiction de la vieille, ils en rirent pendant quelque temps, puis ils n'y pensèrent plus.

Un jour que Raymond se promenait sur ses domaines, il aperçut un faucon qui poursuivait une allouette dans les airs, et qui la saisit à quelques pas de lui. Désireux de connaître qui chassait ainsi sur ses terres, sans sa permission, il se dirigea du côté d'où venait le faucon, et ne tarda pas à voir plusieurs cavaliers ; celui qui les précédait fut bientôt près de Raymond ; c'était un vieillard à l'air noble, aux manières dignes : beau sire, dit-il, je viens au devant des reproches que vous avez sans doute le droit de me faire, si vous êtes le suzerain des domaines de Longuevue. Raymond s'inclina, le vieillard poursuivit : je suis le comte Bérenger, sire de Rezé, mes gens, emportés par l'ardeur de la chasse, ont lancé le faucon de ce côté, malgré ma défense, et je serais désespéré que leur faute m'attirât le ressentiment du jeune seigneur de Longuevue, mon très-honoré voisin, avec lequel je désire entretenir les relations amicales que j'eus toujours avec le noble homme son père. Mon seigneur, répondit Raymond, j'excuse très-volontiers vos gens et les remercie même de m'avoir donné l'occasion de connaître le comte Bérenger, dont j'ai beaucoup ouï parler, il ne tiendra pas à moi que les relations de bon voisinage ne subsistent toujours entre nous, et pour commencer, daignez me suivre au manoir de Longuevue, où vous pourrez vous reposer quelques instants. Je n'accepte point cet honneur, sire Raymond, ma fille, sans doute inquiète d'une absence trop prolongée, m'attend avec impatience, mais si vous voulez me prouver que vous ne me gardez point rancune, et que vous attachez quelque prix à mon amitié, venez demain au manoir de Rezé, j'y réunis quelques seigneurs, mes voisins, pour fêter l'anniversaire de la naissance de ma fille, et nous ferons une plus ample connaissance. Raymond s'inclina de nouveau, le vieux comte le salua avec courtoisie, et ils se quittèrent.

C'est ici le lieu de dire un mot sur les seigneurs de Longuevue. Raymond venait d'avoir vingt ans, un noble et beau visage, une taille élevée, une tournure pleine de grâce et de majesté, en faisaient un damoisel accompli; il joignait à ces avantages une grande élévation dans le caractère, un cœur généreux et compatissant, une sensibilité profonde et une extrême affabilité avec ses inférieurs Aussi était-il adoré de ses vassaux. Chaque jour, il allait de cabane en cabane, distribuant l'aumône et la consolation et ne laissant point de larmes à essuyer partout où il avait passé. Quant à Oscar, son frère, qui était plus jeune que lui de deux années, il était en tout différent de son aîné, sa figure commune, ses manières ignobles, ne décelaient point en lui le sang des Longuevue; il était dur et hautain, et se montrait dans toutes les occasions extrêmement jaloux de son frère. Il n'avait point vu sans peine la suzeraineté passer aux mains de Raymond, mais il avait dissimulé son ressentiment pour conserver la protection de ce frère, dont il sentait qu'il n'avait que trop besoin.

Le sire Raymond n'eut garde de manquer à l'invitation du comte Bérenger, et le lendemain, avant la dixième heure du jour, suivi de son page, il poussait son destrier vers Rezé; le vieux comte l'attendait avec impatience, et aussitôt qu'il l'aperçut : Soyez le bien-venu, mon cher voisin, lui dit-il, et il s'empressa de le présenter aux seigneurs du voinage, qui étaient déjà réunis. Cependant Raymond se souvint que le comte lui avait parlé de sa fille, et il s'étonnait de ne point la voir paraître. Lorsque deux jolis pages qui la précédaient, annoncèrent la reine de la fête. Ageline parut. A l'aspect des nombreux convives de son père, une aimable rougeur colora le visage satiné de la jeune fille, toutefois, malgré sa timidité naturelle, elle salua tous les chevaliers avec une grâce charmante ; mais aussitôt qu'elle vit le bel étranger, sa rougeur augmenta visiblement, et elle baissa ses longs yeux bleus vers la terre. Raymond s'aperçut de l'effet que sa vue avait produit sur la jeune fille, et en éprouva une extrême joie, car il venait de sentir pour la première fois en présence de la douce vierge une émotion délicieuse dont il ne se rendait pas compte, la bohémienne avait dit vrai. Le noble Raymond n'avait pas encore aimé jusque-là, mais lorsqu'il eut vu Ageline il aima avec idolâtrie, sans comprendre encore pourtant ce que c'était que l'amour. Ageline avait à peine seize ans, elle était blonde, rien n'égalait sa merveilleuse beauté, ses yeux étaient si doux, sa bouche si rose, sa taille si bien prise, sa démarche si légère, si noble, si gracieuse, son pied si mignon, et sa petite

main si blanche, qu'on aurait vainement cherché dans tous les états du duc de Bretagne une femme qui pût lui être comparée. Cependant, en faisant les honneurs de la fête, la belle jeune fille avait plus d'une fois tourné à la dérobée ses jolis yeux sur Raymond, et elle avait vu avec un ineffable sentiment de plaisir et d'orgueil qu'elle était l'unique objet des regards du damoisel. Après le banquet, on alla se promener dans le parc, et le jeune sire de Longuevue eut soin de se trouver près d'Ageline, il lui offrit son bras qu'elle accepta en rougissant beaucoup, et en conversant avec elle, Raymond fut frappé de l'étendue de ses connaissances, de l'élévation de ses idées, et de la tournure en même temps naïve et spirituelle qu'elle donnait aux choses les plus vulgaires. Dieu ! combien la journée parut s'écouler rapidement pour Raymond ! peut-être avait-elle paru aussi courte à Ageline, car lorsque le jeune sire prit congé d'elle, elle soupira, et fut prête de pleurer.

Quand le gentil Raymond fut de retour, on s'étonna de le trouver rêveur, il ne caressa point, comme de coutume, son beau lévrier noir, qui était accouru à sa rencontre, et s'enferma de bonne heure dans ses appartements. Là, plongé dans des réflexions profondes, il chercha à analyser le sentiment qui l'absorbait déjà tout entier. Raymond avait vingt-un ans, nous l'avons dit, et il n'avait point encore aimé ; mais à cet âge où les passions bouillonnent, où il y a dans l'âme comme une surabondance de vie, et dans le cœur, un vide qu'on voudrait remplir; ou l'imagination ardente et folle poursuit un bien qu'elle ignore, et dont pourtant elle éprouve le besoin, Raymond aussi avait cherché quelqu'objet idéal, quelque douce chimère sur laquelle il pût épancher ses trésors de tendresse, et plus d'une fois le son d'une voix de femme l'avait fait tressaillir, plus d'une fois il avait frémi en écoutant sur la bruyère le frôlement d'une robe de femme, et lorsqu'il demanda encore le nom de ce rêve qu'il poursuivait sans cesse, la nature, en lui montrant une femme, lui avait dit : le voici. Alors son âme tendre en avait imaginé une telle qu'il la concevait, il l'avait dotée de tous les charmes et de toutes les vertus, et, l'associant à sa vie, c'est elle qui embellirait son existence, c'est à elle qu'il communiquerait ses impressions, qu'il ferait partager ses transports; c'est elle qui lui donnerait de doux gages d'amour, elle qu'il verrait, bonne épouse et tendre mère, bercer avec sollicitude le nouveau né en souriant doucement à son père; c'est avec elle enfin qu'il irait visiter le pauvre, consoler la veuve et recueillir l'orphelin; avec cet ange, sa vie serait doublée comme son bonheur. Pauvre Raymond! il avait souvent rêvé ainsi tout éveillé, mais aujourd'hui, cette illusion si tendrement nourrie peut devenir une réalité, car

il y a au monde une femme qui réunit à elle seule tous les charmes et toutes les vertus qu'il avait prodigués à ce doux fantôme de sa pensée, et cette femme, c'est la fille du comte Bérenger!

Plus d'une fois Raymond, toujours accueilli avec amitié par le vieux comte, avait revu la douce Ageline, et, timide comme les âmes pures, il n'avait point encore osé lui parler de sa passion. (*La suite au prochain numéro.*)

<hr>

Academie Royale de Musique.

Depuis l'arrivée de Mlle Taglioni , l'Opéra est beau à voir. Toutes ces femmes qui avaient disparu de leur loges parfumées pour aller dans les châteaux rêver des plaisirs de l'hiver prochaine nous sont revenues tout-à-coup avec leur tendre sourire, avec leurs belles couronnes ; couronnes faites de bleuets et de marguerites, cueillis au milieu des fraiches prairies. Toutes ces marguerites, ces bleuets, Taglioni les emporte avec elle; et ce souvenir en vaut bien un autre. Et demain, nous ne verrons plus Taglioni, nous n'entendrons plus ces mille battements de mains qui la suivaient dans sa danse aérienne. Taglioni est partie, et après elle sont parties aussi, dans leurs riches équipages, toutes ces femmes qui voulaient montrer à la reine des danseuses qu'elles n'avaient rien perdu de leur admiration pour la belle poésie. Mon Dieu ! comme Taglioni a dansé cette nuit! comme elle a été légère et gracieuse ! comme elle a su aimer tendrement avec ses mains carressantes et son front si calme! comme elle a été flexible avec sa taille de roseau ! comme elle a été vive et calme à la fois avec son sourire si doux et ses yeux pétillants d'esprit. Jamais Taglioni n'avait été si complètement belle. Elle a dansé un pas nouveau , la *Gitana*, sur de la musique ravissante que M. Auber avait composée tout exprès. Le pas, la danseuse et le compositeur ont eu le plus éclatant triomphe. Le pas de la *Gitana* laisse bien loin derrière lui toutes les danses effrontées de Fanny-Elssler, y compris la *Cachucha*. C'est une danse espagnole, mais retenue, mais sans efforts de volupté, mais joyeuse sans libertinage, mais coquette sans trop d'agacerie ; c'est une danse espagnole véritable, avec toute la souplesse merveilleuse de Taglioni.

Maintenant , adieu à la voyageuse qui est venue nous saluer à son passage. Les ovations qu'on lui a faites lui prouveront suffisamment que Paris n'oublie pas de sitôt les enfants qu'il adopte. Qu'elle reparaisse encore parmi nous, et les fêtes recommenceront, et nous reviendrons tous battre des pieds et des mains', et nous couvrirons encore de couronnes et de fleurs l'insaisissable Sylphide, l'agaçante Bayadère, la vaporeuse Naïde et la joyeuse Gitana.

Taglioni a quitté Paris ; elle est attendue le 4 août à Doberane , dans le Mecklembourg Schwerin , le 11 à Berlin et le 22 à Saint-Pétersbourg.

On a commencé à restaurer la salle. On affectera aux travaux de réparation plus de 70,000 fr. La réouverture aura propablement lieu le 15 août. (*France Muiscale.*)

<hr>

GRAND THÉATRE.

Aujourd'hui DIMANCHE, 2 *août* 1840, *On commencera à six heures.*

ANTONY,

Drame en cinq actes, par M. Alexandre Dumas.

Distribution. — Antony, M. Roche; Eugène d'Herville, jeune poète, M. Cazaubon; Olivier Delaunay, médécin , M. Deplanck; Le baron de Marsanne, M. Pâris; Frédéric Lussan, M. Duchâteau; Le colonel d'Hervey, M. Ferdinand ; Louis, domestique d'Antony, M. Quillet; Un domestique d'Adèle , M. Famin; Un domestique de la vicomtesse, de Lancy, M. Sarrazain; Adéle d'Hervey, Mme Jolly; La vicomtesse de Lancy, Mme Neuville; Madame de Camp, Mme Hess; Clara, sœur d'Adèle, Mlle Debroux; L'hôtesse, Mme Cochèze; Un femme de chambre, Mme Famin.

FRA-DIAVOLO ou L'HOTELLERIE DE TERRACINE,

Opéra-comique en 3 actes , par M. Scribe , musique de M. Adam.

Pour faciliter cette représentation , M. BLANCHARD a bien voulu se charger de remplir le rôle de *Milord Kockbourg.*

Distribution. — Fra-diavolo, M. Lafeuillade ; Milord Kockbourg, M. Blanchard ; Lereço, M. Stéphane ; Matéo, M. Deplanck; Giacomo, M. Pâris; Beppo, M. Duchâteau; Un carabinier, M. Delehel ; Un paysan , M. Despioux; Zerline, Mlle Saint-Charles; Pamela, Mme Olivier.

IMPRIMERIE D'HÉRAULT , *Rédacteur en chef.*

Dimanche 9 Août 1840.　　DEUXIÈME ANNÉE.　　3ᵉ Trimestre. Nᵒ 8

PRIX D'ABONNEMENT :

NANTES. { TROIS MOIS .... f. 3
         { SIX MOIS 6
         { UN AN 12

DEHORS { TROIS MOIS.. f. 5
        { SIX MOIS.... 10
        { UN AN........ 18
        { AFFRANCHIR..

Prix du numéro, 15 c.

PRIX D'ANNONCES :

30 c. à la page d'avis ; 1 fr. dans le corps du journal. Remise du tiers aux abonnés.

LE BUREAU EST SITUÉ

Chez Hérault , Imprimeur, ru
de Guérande , Nᵒ 3.

ON S'ABONNE :

Au Bureau;
Chez Guéraud , Libraire,
Grande-Rue et pa
Bouchaud;
Plançon , Libraire , plac
Grasliu.

SE TROUVE CHEZ :

M. Suireau, Lib.re , rue Crébillon,
Et M. Plessier, Relieur, idem.

A PARIS,

Isidore Pesron, rue Pavée-Saint-
André , Nᵒ 13.

VERT-VERT.

JOURNAL DES SALONS ET DES THEATRES.

GRAND THÉATRE.

CHRONIQUE DRAMATIQUE.
M. BOUFFÉ.

E N entrant dans la salle du grand théâtre , mardi dernier , en voyant la foule refluer jusque dans les corridors, les galeries, parés de jolies femmes , comme d'une broderie de fleurs, le parterre si nombreux, l'orchestre même envahi, la salle enfin remplie, comble, nous nous sommes écrié : que l'artiste qui inspire un tel enthousiasme doit être fier, de son talent! L'heureux privilége que le sien! c'est pour l'admirer que ces milliers de spectateurs sont accourus pour lui sourire, que tant de jolies bouches s'entrouvrent pour l'applaudir, que tant de petites mains blanches se rapprochent. A lui ces bravos , à lui ces couronnes et ces fleurs, à lui le plus doux de tous les triomphes , celui qui est consacré par les grâces et la beauté? Mais aussi quel acteur que Bouffé ! quelle verve! quel sentiment ! quel profonde sensibilité , dans sa voix, dans son geste, dans son regard! Qui mieux que lui sut jamais réunir à un plus haut degré des qualités si variées, si hétérogènes, et, comme lui, *passer du grave au doux , du plaisant au sévère.* Diriez-vous que ce *Pauvre Jacques*, si touchant dans son infortune, si pathétique dans ses regrets, avec ses souvenirs d'amour, avec sa religion de fidelité; ce pauvre Jacques, qui a blanchi en attendant toujours sa Marianna bien aimée, qui doit revenir puisqu'elle le lui a juré; diriez-vous que celui-là qui a su créer ce rôle avec une vérité si parfaite, et y répandre cette

mélancolie qui fait couler les larmes, est le même que ce *Trim*, l'*Enfant de Troupe*, si gai , si comique, si farceur, qui fait avec tant d'originalité des niches à ses supérieurs et à son tambour-major? Toutefois, dans cette nature si insoucieuse et si folle, un sentiment grave fleurit encore, une affection sainte domine, l'amitié! c'est là surtout qu'on retrouve toute l'âme de Bouffé ; c'est dans cette nuance, où le sourire est toujours près des larmes, qu'il se grandit de tout son talent. C'est là qu'il faut voir sa flexibilité prodigieuse.

Ici, c'est un pauvre vieillard, brisé par la souffrance et la misère, qui a usé sa vie dans un espoir toujours trompé et pourtant toujours nourri : quoi, de plus propre à émouvoir et de plus dramatique? Là , c'est un enfant de troupe, le vrai Roger-Bontemps, le Figaro du corps de garde : quoi, de plus gai, de plus plaisant? Et cependant, dans ces deux antithèses , dans l'un et l'autre de ces rôles, si bien tranchés, Bouffé est bien près de la perfection : quand il joue *Pauvre Jacques*, on sent que c'est ainsi que le vieux mélomane, le tendre amant de Marianna doit parler ; et dans les *Enfants de Troupe*, l'illusion est si complète, que vous diriez que le *Trim* qui est devant vous, a été élevé à la gamelle, et n'a jamais quitté le corps de garde.

Peut-on jouer aussi avec une plus délicieuse bonhomie que Bouffé, le rôle de *Michel Perrin* ; peut-on en marquer avec plus de naturel toutes les nuances les plus imperceptibles, et y répandre une sensibilité encore plus profonde, un goût plus exquis! C'est là , qu'on reconnaît le grand acteur, le parfait comédien.

Nous enregistrons avec plaisir l'admission de la gentille Mᵐᵉ Clara Stephany et de M. Damoreau. Les deux siffleurs, deux seulement,

remarquez bien ceci, qui se sont trouvés en opposition avec la masse, ont eu le bon esprit de finir par avoir honte de leur rôle et se taire. Ces gens-ci avaient oublié la sage philosophie d'Horace : *Melius est pati quid quid impedire est nefas.*

Nous pensons que ces deux artistes sont une bonne acquisition pour notre scène.

Mᵐᵉ Stéphany a de la verve, de l'intelligence et du goût, et un respect religieux pour les bonnes traditions de l'art. Nous ne dirons pas que Mᵐᵉ Stéphany est une comédienne parfaite, elle est beaucoup trop jeune pour cela, nous savons qu'elle a besoin de travailler encore, mais nous croyons certainement à son avenir.

M. Damoreau, qui porte un nom si éclatant dans le monde musical, est aussi un artiste de talent, il a de la méthode, de la pureté de son et de la flexibilité dans la voix ; son organe d'ailleurs n'a peut-être pas toute la sonorité désirable, et on pourrait peut-être demander à cet acteur plus d'ahitude de la scène, mais quoiqu'il en soit, M. Damoreau est digne de la faveur que le public lui a vouée.

Nota. Nous voudrions bien savoir au juste s'il est vrai qu'un réglement de police empêche de tenir fermée la porte des loges aux secondes, et si, de par la police, on est obligé de s'emrhumer. On sait que l'immense affluence attirée par les représentions de Bouffé, jointe à la chaleur atmosphérique , maintient chaque spectateur dans un état continuel de sueur. Eh bien ! le croiriez-vous? il ne lui est pas permis de se soustraire à la dangereuse influence de l'air, en attirant sur lui la porte de la loge. S'il est vrai qu'une telle prohibition soit sanctionnée par MM. de la police, et s'il faut que, bon gré malgré , nous enrhumions de par eux, nous les vouons à jamais à l'exécration de tous les philanthropes et à la vengeance d'Esculape! Mais à propos, Esculape ne serait-il point d'intelligence avec la police, pour cela?

On pourrait, par la même occasion, rechercher le réglement qui autorise les ouvreuses à être insolentes.

TIRE LA FICELLE, MA FEMME,

*Scène d'opique, paroles de M. E. Bourget,
musique de M. Josse.*

Approchez-tous, c'est magnifique !
Pour vous placer sour le rideau ;
Vous aurez un coup-d'œil magique
En regardant chaque tableau.
  Oui, celui qui paiera,
    Verra,
  Que j'enfonce le diorama !
    Vous allez voir,
    Vous allez voir,
  Ce que vous allez voir.

  Attention, silence !
  Spectacle sans pareil !
  Vous voyez, ou commence
  La lune et le soleil,
  Puis la muraill' de Chine !
  L'obélisq' de Luxor !
  Deux rois de Palestine ;
  Pollux et son Castor !!

Suivez, messieurs et mesdames... Céci vous
réprésente lé Basilic du Saint-Père, à Rome
en Litanie... Vous y voyez lé grand jugément
du roi de Solomon ; à droite est la vraie mère
qui veut son enfant tout entier, à gauche est la
fausse mère, qui n'en veut que la moitié.. C'est lé
moment où le roi ému sé lève de son trône et
s'écrie : Arrête ! arrête ! malheureux ! qué vas-
tu faire ? né réconnais-tu pas la vraie mère !!
Tire la ficelle ma femme ! Cet autre tableau,
messieurs, vous réprésente lé pétit Bébé, pétit
nain du roi de Cologne ; cé pétit vieux, plus
pétit que les lapons de la Laponponie, a eu
l'honneur dé danser sur les génoux dé plusieurs
têtes couronnées. Doué d'une rare intelligence,
on croyait lui faire parler six langues différentes,
lorsque grâce à MM. l'institut de l'Académie,
on découvrit qu'il était sourd et muet de
naissance. Né confondez-pas cé pétit nain avec
un *intrigant* de cinq pieds neuf pouces, qui
se vantait de savoir seize langues, mais qui les
parlait toutes en français, pour la facilité de tout
un chacun..

  Approchez-tous, etc.
  Vous voyez l'oratoire
  Du grand roi Dagobert,
  Lequel, suivant l'histoire,
  Mettait tout à l'envers.
  L'naufrag' de la Méduse ;
  L'festin de Baltazar ;
  La vu' de Syracuse
  Et du Mont-Saint-Bernard.

C'est lé moment où l'armée française esca-
lade cetté montagne avec armes et bagages...
Rémarquez dans lé coin les canons hissés sans
bruit par lé train... A la vue d'un pareil
courage, lé général en chef s'écrie : *Tire la
ficelle, ma femme.* Cet autre tableau, messieurs,
vous réprésente l'entrévue des trois empereurs,
dont vous voyez à droite Sa Majesté Louis XV,
François Ier et lé grand Richelieu... *Tire la
ficelle, ma vieille* Cet attachant tableau, que
vous voyez présentément, vous réprésente lé
vieux Saturne en train de consommer ses
propres enfants... Son épouse, justement indignée dé sé voir enlever ses pétits, lui glisse à
la place une pierre, qu'il dévore aussitôt.... Dé
la vient qué plus tard, on fut obligé dé lui

faire l'opération. On voit encore au cabinet
de l'histoire naturelle cé caillou extrait de
Saturne...

  Approchez-tous, etc.
  L' tableau d' nos batailles ;
  Clovis et Pharaon ;
  Jeanne d'Arc et Xintrailles,
  Le grand Napoléon !
  Remarquez bien sa mise,
  Son glorieux drapeau,
  Sa redingotte grise
  Et son pétit chapeau.

Vous lé voyez sur la colonne Vendôme, il
ne lui a manqué qu'une gloire, c'était l'abolition
dé la lotérie... *Tire la ficelle, ma femme, tire
donc la ficelle, vieille bête !.. et plus vite que
ça...* Cet intéressant tableau, messieurs, vous
réprésente lé fameux Charlemagne', dit le
Grand... père du peuple, il passe ses troupes
en revue... un houzard fend le rangs, porte la
main à son shako, et s'écrie : *Sire, deux mots.
Quatre, répond le prince. 32 blessures, 17
campagnes, et je n'ai pas la croix... Tu l'as
za, lui dit le roi.* A ces mots lé soldat né sé sent
pas dé joie, il ouvre un large bec, et crie : Vive
le roi !... *Tire la ficelle, ma femme...* Cé magnifique et dernier tableau, messieurs, vous
réprésente la superbe forêt de Sénars... C'est
lé moment où lé roi Henri IV, égaré dans la
forêt, rencontre une vieille femme assez âgée,
et lui demande son chemin. *Sire*, lui dit-elle
sans s'émouvoir, *Votre chémin, c'est lé chémin
dé la gloire..* Henri IV, touché jusqu'aux larmes
dé la fermété dé cette réponse, met la main
dans la poche dé son pétit gilet, et lui donne
un Napoléon. *Tire la ficelle, ma femme.*

  Approchez-tous, etc.

———◦∋◄◦———

LA FIANCÉE DU CROISÉ,
CHRONIQUE DE TRENTE-MOULT.
(*Suite.*)

Un jour, que le sire de Rezé était allé à la
chasse, et qu'il avait laissé sa fille seule avec ses
femmes au manoir, Raymond arriva, il était
pâle et paraissait souffrant, il y avait de la
tristesse dans son sourire et une mélancolie
rêveuse semblait voiler son regard. La jeune
fille le remarqua, et lui en demanda la cause
avec une vive sollicitude. Raymond lui offrit
son bras, et lorsqu'ils furent dans la grande
allée du parc, il lui dit avec une émotion profonde : Ma tristesse, Ageline, c'est le secret
de mon cœur. — La jeune fille insista. — Eh
bien ! vous le voulez, j'avais juré de souffrir
en silence et de mourir avec ce secret si doux ;
mais, puisque vous l'ordonnez, Ageline, je
vous dirai tout : Je vous aime ! La naïve damoiselle rougit d'étonnement, de joie, de
pudeur, et sa jolie petite main tressaillit dans
celle de Raymond. Oui, reprit Raymond, je
vous ai aimée avec exaltation le premier jour où
je vous ai vue ; mais si c'est un crime de vous
aimer, Ageline, vous si pure, si belle, si
angélique, Dieu m'est témoin que le hasard
seul m'a rendu coupable ; ma vie s'écoulait
monotone, mais tranquille, lorsque votre père
me rencontra, me montra sa fille, cette idole
dont il doit être si fier, et, dès ce moment,
mon cœur fut tout à vous ; dès ce moment, je
connus les douces sollicitudes, les soupirs brûlants, l'amour enfin. Eh ! comment serais-je
resté froid devant vous ? ô ma beauté ! Qui aurait
pû vous voir sans être ému, sans désirer de
vous appartenir et de vous inspirer un sentiment moins froid que l'indifférence ? Raymond
se tut ; la jeune fille rougissait et pâlissait
alternativement. Cette déclaration à laquelle
elle n'avait point été préparée, la jetait dans
un trouble inexprimable ; enfin, elle se remit
un peu, et relevant sur Raymond ses beaux
yeux bleus, elle lui dit avec un sourire plein
de douceur : Sire Raymond, votre amour
m'honore, mais vous n'eussiez dû vous y livrer
peut-être qu'avec l'aveu de mon père, et craignant d'en avoir trop dit : la charmante enfant
baissa les yeux et se tut. — Mais si j'obtiens
cet aveu, Ageline, hélas ! ne sera-t-il point
stérile, et votre cœur viendra-t-il le consacrer ?
— Raymond, je ne puis vous répondre qu'aux
genoux de mon père, et en disant cela, la
jeune fille entraîna le jeune sir de Longuevue
jusqu'à la grande porte du manoir, où ils trouvèrent le comte Bérenger qui rentrait. Le vieillard serra la main de son jeune ami, et lorsqu'il se fût assis, Raymond prit la parole, et
dit d'un ton solennel : Monseigneur, j'adore
la noble demoiselle votre fille, et je viens vous
demander votre aveu ! Le vieux comte sourit,
puis prenant la main de sa jeune fille, il lui
dit : Ageline, aimez-vous le sire Raymond ?
La jeune fille, toute rouge et toute confuse,
répondit bien bas : Je l'aime, mon père. Alors
le vieillard levant les yeux au ciel, unit la main
de sa fille à celle de Raymond. Raymond, dit-il,
je vous donne Ageline, soyez fiancés, mes
enfants, et que Dieu bénisse votre union comme
le vieillard la bénit. Les jeunes amants étaient
tombés aux genoux du vieux comte, il les releva
et les serra dans ses bras, puis il dit encore à
Raymond : Sire de Longuevue, l'appartement
de votre fiancée vous sera ouvert chaque jour ;
vous vous verrez sans obstacle et sans témoins ;
le gardien le plus sûr de la vertu d'une femme,
c'est l'honneur d'un brave gentilhomme : Le
chapelain du Manoir bénira votre hymen dans.
quinze jours.

Il y eut le lendemain au Manoir de Rezé le
repas des fiançailles, auquel Oscar de Longuevue assista ; c'était la première fois qu'il voyait
Ageline, il fut frappé de son extrême beauté,
et conçut tout-à-coup pour elle une violente
passion. Un mouvement de jalousie contre le
bonheur de son frère vint contracter tout son
visage ; il ne prit point part à la joie universelle. Assis dans un coin obscur de la grande
salle, il jetait des regards farouches sur le
jeune couple qu'on allait bientôt unir, et sa
lèvre entr'ouverte semblait murmurer une malédiction contre Raymond.

Chaque jour, Ageline et Raymond s'aimaient davantage, et ils faisaient des rêves
tout dorés de joie et d'amour.

Raymond disait, ma bien aimée, quand je vous quitte, il me semble que j'ai laissé ma vie près de vous, et que je vais mourir ; mais bientôt, ô mon Agéline adorée, bientôt nous ne nous quitterons plus, bientôt tu viendras pour toujours, mon ange, jeter des torrents de délices sur l'existence de ton époux : qu'il me tarde le jour fortuné de notre hymen ! et en parlant ainsi, il prodiguait des baisers de flamme à la jeune fille dont les beaux yeux se remplissaient de douces larmes, et qui souriait avec amour au noble Raymond.

Huit jours s'écoulèrent ainsi ; le neuvième, Raymond vit arriver le vieux comte Bérenger, il tenait une lettre à la main. Il faut partir, lui dit ce dernier avec enthousiasme. Partir ! reprit Raymond ? Oui, noble gentilhomme, il faut aller arracher la ville sainte aux infidèles ; lisez cette proclamation du très-haut duc de Bretagne : Le roi de France n'attend plus que sa brave noblesse pour porter la guerre en Palestine ; mon gendre ne fera pas défaut à cet appel de l'honneur ; demain, vous partirez avec trente chevaliers ; pour moi, vieillard débile, je dois rester ici : mes forces ne répondent plus à mon courage, mais c'est sur vous que je compte, Raymond, partez, allez délivrer le saint tombeau du Christ, et revenez couvert de gloire. Ne voyez point ma fille avant votre départ, cette entrevue ferait faiblir votre courage, et vous en avez besoin ; je la consolerai et la conserverai digne du brave gentilhomme à qui elle a donné sa foi ! En vain Raymond voulut répliquer, le vieillard fut inflexible ; et le lendemain avant l'aurore, trente chevaliers faisaient résonner leurs lourdes armures dans les longs corridors du manoir de Longuevue.

Raymond s'arma, désespéré ; il connaissait trop le fanatisme du vieux comte pour se flatter de le fléchir, et après avoir confié la gestion de ses affaires à un intendant sûr, il partit avec son frère, pour la Terre-Sainte. Mais en passant devant le castel du vieux comte, il sentit son cœur se serrer de tristesse, et ne put résister au désir de revoir encore une fois sa douce fiancée : il s'apprêtait à frapper légèrement à sa fenêtre, lorsqu'elle s'entrouvrit, et Ageline parut pâle et tout en pleurs. J'ai tout apris, dit-elle ; pars, Raymond, c'est la volonté de mon père, elle est inflexible ; puisque les pleurs de sa fille chérie n'ont pu l'émouvoir, pars, mon fiancé, et en quelque lieu que tu sois, sous quelque ciel que la destinée te pousse, n'oublie jamais ton Ageline ! tiens, prends cette écharpe, je l'ai brodée pour toi cette nuit, nos chiffres y sont enlacés, ce sera peut-être un talisman de bonheur, pars donc maintenant, ô mon tendre Raymond ! et souviens-toi toujours de ton Ageline. En disant cela, elle lui tendit l'écharpe et l'en ceignit ; puis, après avoir reçu les embrassements de son amant, elle lui fit un dernier adieu de la main. Le jaloux Oscar, à qui cette touchante scène avait mis la rage dans le cœur, piqua des deux et entraîna son frère : la douce châtelaine, fixée aux vitraux, suivit long-temps des yeux les destriers qui laissaient après eux un tourbillon de poussière, elle écouta long-temps le bruit de leurs pas, et lorsque tout fut rentré dans le silence, elle fondit en pleurs, et tomba sans sentiment dans les bras de sa nourrice.

Cependant six années s'écoulèrent, et Raymond ne revint pas, et aucune nouvelle du beau croisé ne parvint au manoir. Le vieux comte commençait à s'alarmer et interrogeait ses amis sur le succès de la guerre sainte, tous ignoraient ce qui se passait en Orient. Seulement, de loin en loin quelques bulletins arrivaient à Paris ; mais on avait soin de n'en rien laisser transpirer ; ceux qui se prétendaient le mieux informés, assuraient que la peste décimait l'armée, et que les infidèles avaient fait un horrible carnage des chrétiens ; on disait que c'était une juste represaille pour les crimes que les Croisés commettaient journellement en laissant partout sur leur passage la désolation et l'incendie, massacrant les enfants et les vieillards et violant les femmes et les jeunes filles. Tous ces bruits augmentaient les regrets du comte, cependant il avait soin de les laisser ignorer à sa fille, mais il ne parvenait pas toujours, malgré la violence qu'il se faisait, à lui cacher l'inquiétude poignante qui déchirait son âme. Il affectait devant la pauvre Ageline de paraître tranquille et heureux ; mais lorsqu'elle n'était plus là, des larmes coulaient sur ses joues flétries, et il s'accusait de la mort du jeune sire de Longuevue, ce noble et beau gentilhomme, si aimant et si tendre, qu'il avait sacrifié à son fanatisme en se privant ainsi de l'espoir et de la consolation de sa vieillesse.

Ageline désespérée, pleurait la nuit et le jour, sa jeunesse se flétrissait dans la souffrance, les roses de son teint disparaissaient, et sa santé cruellement altérée commençait à inspirer les plus vives inquiétudes. Ce n'était plus la jeune fille rieuse et folle, qui semblait jouer avec la vie, et qui rêvait une existence toute dorée d'amour avec son fiancé ; aujourd'hui, morne et pensive, elle parcourt en soupirant les longues galeries du manoir, elle se souvient que le bien-aimé a passé là, et semble demander à tout ce qui l'entoure un souvenir du beau Raymond. Quelquefois, attachée aux vitraux qui donnent sur la campagne, la tête appuyée sur sa petite main, elle fixe ses regards humides, sur le chemin poudreux où elle le vit disparaître. Mais la campagne est solitaire, aucun son n'arrive à son oreille ; elle écoute le bruit du vent qui s'engouffre dans la chevelure antique des chênes séculaires du parc, comme si le vent allait murmurer le nom chéri de Raymond, mais la brise n'a qu'une voix profonde et monotone comme un chant funèbre ; la jeune fille s'enfuit épouvantée, et regagne en pleurant ses appartements. Tout l'attriste aujourd'hui dans le sombre castel, tout est pour elle l'objet d'un regret. Ce parc, elle s'y est promenée avec son bien-aimé ; ces bocages, elle s'y est assise près de lui, alors tous ces lieux étaient pleins du charme que leur communiquait son bonheur ; le vent du soir était comme imprégné de vo-lupté ; le ramage des oiseaux était doux comme un chant d'amour. Hélas ! combien ces beaux lieux sont changés ! combien leur solitude est affreuse aujourd'hui ! et combien les soupirs du ramier lui-même attristent la pauvre Ageline ! Heureuse colombe ! tu ne connais point les regrets de l'absence ; réunie à ta jeune famille, tu chantes abritée sous l'aile de ton époux, tu t'enivres avec lui des parfums du printemps, tu bois avec lui la fraîche rosée du matin, le même zéphir vous berce tous deux, et moi, colombe délaissée, j'attends en vain, et je pleure mon bien-aimé !...

Un soir, qu'elle était plus tranquille, la jeune fille, assise dans l'embrasure d'une fenêtre du donjon, répétait sur sa mandoline les airs qui plaisaient à Raymond, puis en s'accompagnant, elle chanta sur un mode mélancolique cette chanson, qu'elle avait composée :

> La nuit enveloppe la terre,
> Voici l'heure sainte du soir
> Où l'infortune solitaire
> Se nourrit de son désespoir :
> Je suis comme une jeune rose
> Qu'un hiver hâtif voit languir,
> Mon fiancé ! d'un jour éclose!
> Ton Ageline va mourir.
>
> Depuis la fatale journée
> Où l'affreux démon des combats,
> Loin d'une amante infortunée
> Sous d'autres cieux guida tes pas,
> Pauvre fleur, je me suis flétrie,
> Et n'ai vécu que pour souffrir,
> Ta présence, c'était ma vie,
> Et vivre sans toi, c'est mourir.
>
> Cette nuit, j'ai vu sur ma couche
> Se pencher un sylphe charmant,
> Et j'ai senti frémir ma bouche
> Sous un baiser long et brûlant.
> Oh ! ce songe est un doux présage,
> Dis, Raymond, mes maux vont finir ;
> Ta nef cingle vers ce rivage,
> Je ne veux pas encor mourir.

A peine elle avait achevé ces vers, qu'elle entendit les pas d'un destrier résonner dans l'avenue qui conduit au manoir. Le cœur de la jeune fille palpite avec une telle violence, qu'il semble prêt à briser sa poitrine, elle retient, son souffle et écoute encore... Elle ne s'est pas trompée, rapide comme l'éclair, elle est déjà dans la cour d'honneur, où le vieux comte l'a suivie. Un chevalier armé de toutes pièces et décoré de l'insigne des Croisés est introduit, il a levé sa visière, hélas ! ce n'est point Raymond, la jeune fille a reconnu dans ce guerrier le frère de son fiancé, c'est Oscar de Longuevue, sa figure est pâle, son maintien abattu. Par pitié, dit Ageline, en joignant les mains, parlez-moi de Raymond ! Oscar hocha la tête en silence, et pour toute réponse, il remit à la châtelaine une écharpe teinte de sang : c'était celle qu'elle avait donnée autrefois à son amant. La pauvre enfant tomba froide et inanimée entre les bras du vieux comte. Après les premiers moments donnés à sa légitime douleur, la jeune fille revint un peu à elle, puis serrant le bras d'Oscar avec un mouvement convulsif, et attachant sur lui ses yeux éteints : je suis calme dit-elle ; parlez, je puis maintenant vous entendre, je sais que vous allez m'annoncer le plus grand des malheurs; mais, au nom du ciel, dites-moi tout. Hélas! madame, répondit Oscar, Dieu m'est témoin que j'aurais voulu vous cacher le trépas de Raymond, mais lorsqu'enveloppé par un parti d'infidèles, il tomba sous les murs d'Antioche, à mes côtés mortellement atteint: frère, me dit-il d'une voix faible, retourne près de ma fiancée, porte-lui cette écharpe qui fut un don de son amour dans un temps plus heureux; dis-lui qu'elle la conserve en mémoire de moi; dis-lui bien que j'emporte dans la tombe son souvenir adoré, et que mon dernier soupir fut pour la pauvre Ageline. A ces mots, il expira, et je suis venu, Madame, pour accomplir sa volonté sacrée et vous rapporter ce legs de votre fiancé!... Ageline tomba de nouveau sans connaissance, on fut obligé de l'emporter dans son appartement; une fièvre brûlante se déclara, accompagnée du délire, et pendant vingt jours la noble fille de Bérenger fut aux portes du tombeau. Enfin sa jeunesse triompha de la maladie, et elle fut sauvée; mais sa convalescence fut longue, et une mélancolie profonde remplaça pour toujours sur son pâle et beau visage sa naïve gaîté d'autrefois. On affectait de ne plus prononcer le nom de Raymond devant elle, elle s'en aperçut, et témoigna au contraire le désir qu'on lui en parlât : elle trouvait une sorte de charme à s'entretenir de tout ce qui pouvait alimenter sa souffrance, et Oscar, toujours possédé pour la belle jeune fille d'une passion qui n'avait fait que s'accroître et qui tenait maintenant du délire, profita habilement de la faiblesse de la convalescente, approuva ses regrets, vanta les vertus de Raymond, sa générosité, sa bienfaisance, surtout sa tendresse, et mêla ses larmes à celles de la pauvre Ageline.

(La fin au prochain numéro.)

Nouvelles Théâtrales.

Paris. — Opéra.

L'Opéra est en pleine réparation; on y fait des changements considérables. Les loges seront d'une couleur uniforme, rouge et or; le parterre sera converti en stalles, et le rideau d'avant-scène COMPLÈTEMENT REFAIT. La nouvelle toile représentera un magnifique appartement où l'on verra Louis XIV signant le PRIVILÉGE de l'Académie royale de Musique. Soixante-dix ou quatre-vingts portraits historiques entreront dans ce tableau. Ce sera l'ouvrage de M. Cambon. On ne peut qu'approuver ces modifications, mais il y en a de plus urgentes à réaliser. L'orchestre et les chœurs doivent être en partie renouvelés; les chœurs principalement, sans lesquels il ne peut pas y avoir d'exécution supportable à l'Opéra. Il faut aussi qu'on renonce désormais à donner des lambeaux d'ouvrages, à moins que ce ne soit pour des représentations à bénéfice, ces mutilations seraient à peine tolérées sur des théâtres de province, elles sont indignes de la première scène lyrique de l'Europe. La direction, qui est en quête de pièces nouvelles, devrait bien s'occuper un peu aussi de celles qui sont au répertoire, de *Moïse* surtout, qui n'a jamais été bien exécuté à l'Opéra. Ce chef-d'œuvre, confié aux premiers sujets du théâtre, à Duprez, à Mme Dorus, à Massol, à Levasseur, à Inchindi, aurait certainement autant de succès que *Guillaume Tell*. Nous aurons encore d'autres réformes à signaler, mais nous les réservons pour un article spécial.

— Voici une plaisanterie que publiait cette semaine un journal : « Il paraît que le magnétisme fait fureur. On cite un exemple curieux de cette frénésie. M. Scribe, l'auteur de tous les vaudevilles et comédies que vous savez, a voulu aussi se faire magnétiser. Quand, après trois heures d'un sommeil agité, il est revenu à son état normal, les assistants lui ont présenté, à sa grande surprise, une comédie entière qu'il venait de faire dans son sommeil magnétique : on avait eu la précaution de poster un sténographe près du lit, et M. Scribe a dicté une pièce dont il a reconnu avoir conçu le plan depuis quelques jours. »

— MARIÉ est allé donner quelques représentations à Metz. On entend d'ici son succès.

— Mlle ELISA HALLEY obtient au Hâvre un juste succès : les journaux de cette ville lui consacrent des éloges vifs, mais mérités; quant à nous, nous en prenons note. — Le rôle de Louise de Lignerolle a été pour elle un triomphe; Mlle Elisa Halley, aura certainement sa place à Paris; aussitôt que les scènes dramatiques, fermées depuis si long-temps, se rouvriront, à la grande joie des amis de l'art, nous espérons bientôt pouvoir y applaudir cette intéressante artiste.

— TILLY et sa fille, cette charmante soubrette que nous espérons applaudir sur la scène de la rue Richelieu, vont partir en tournée, ils sont accompagnés de Teisseire, l'excellent ténor de la Renaissance, et de Mlle Stella, danseuse. Douai est la ville qu'ils ont choisie pour commencer leurs représentations.

— Mlle Pauline Garcia est aussi de retour à Paris de son voyage en Italie. Il est à peu près certain qu'elle sera rendue cet hiver aux nombreux admirateurs de son talent, avec Mlle Grisi et Mme Persiani.

— M. Ghys était à Baden, il y a peu de jours, il en est parti pour se rendre à Varsovie, et de là à Saint-Pétersbourg.

GRAND THÉATRE.

Aujourd'hui SAMEDI, 9 *août* 1840, *On commencera à six heures* 1/4.

Pour la troisième représentation de M. BOUFFÉ.

LES ENFANTS DE TROUPE,

Comédie-vaudeville en deux actes.

M. BOUFFÉ remplira le rôle de *Trim.*

En attendant son deuxième début, Mme FOIGNET remplira le rôle de *Lodoïska*

Distribution. — Douville, colonel, M. Toudouze; de Sévelas capitaine, M. Cazaubon; Louis, sous-lieutenant, M. Gustave Stéphane; Trim, soldat, M. Bouffé, Flamberge, tambour-major, M. Oudinot; un adjudant-major, M. Famin; Mlle Nadège, fille du colonel, Mlle Debroux; Lodoïska, Mme Foignet; Henriette, femme de chambre de Mlle Nadège, Mme Neuville; Titine, ouvrière, Mlle Laure. Ouvriers.

La Jeune Femme Colère,

Comédie en un acte, par M. ETIENNE.

Distribution. — Emile, M. Roche; Volmar, M. Casaubon; Germain, M. Granger; un domestique, M. Duchâteau aîné; Rose, Mlle Stéphany; Thérèse, Mme Cochèze.

MAURICE OU LE MÉDECIN DE CAMPAGNE,

Comédie-vaudeville en deux actes, par MM. Mélesville et Charles Duveyrier.

Distribution. — Le baron de la Brianne, M. V. Henry; Ferdinand, M. Stephane; Maurice, médecin de village, M. Bouffé; Landongué, garde-chasse, M. Blanchard, Un domestique de la marquise, M. Sarrazain; Un paysan, M. Lamotte; La marquise de Villeblanche, Mme Foiguet; Caroline de Brianne, Mme Olivier; Marie, gouvernante de Maurice, Mlle Stephanny.

Ordre du spectacle. — 1° La Jeune Femme Colère; 2° Maurice, 3° Les Enfants de Troupe.

NOTA : *Le public est prévenu que les trois dernières représentations de* M. BOUFFÉ *auront lieu, lundi* 10, *mercredi* 12 *et vendredi* 14 *août!*

IMPRIMERIE D'HÉRAULT, *Rédacteur en chef.*

Dimanche 15 Août 1840.   DEUXIÈME ANNÉE.   3e Trimestre. N° 85.

PRIX D'ABONNEMENT :

NANTES.
  TROIS MOIS.... F. 3
  SIX MOIS....   6
  UN AN........   12

DEHORS
  TROIS MOIS.. F. 5
  SIX MOIS....   10
  UN AN........   18
  AFFRANCHIR..

Prix du numéro, 15 c.

PRIX D'ANNONCES :

30 c. à la page d'avis ; 1 fr. dans
le corps du journal. Remise du
tiers aux abonnés.

LE BUREAU EST SITUÉ
Chez Hérault, Imprimeur,
de Guérande, N° 3.

ON S'ABONNE :

Au Bureau ;
Chez Guéraud, Libraire, Basse-
    Grande-Rue et passage
    Bonchaud ;
Plançon, Libraire, place
    Graslin.

SE TROUVE CHEZ :

M. Scireau, Lib.re, rue Crébillou,
Et M. Plessier, Relieur, idem.

A PARIS,
Isidore-Pesron, rue Pavée-Saint-
André, N° 13.

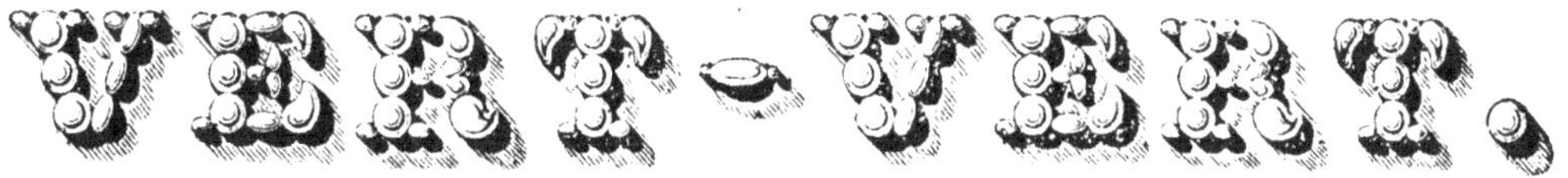

VERT-VERT.

JOURNAL DES SALONS ET DES THEATRES.

GRAND THÉATRE.

CHRONIQUE DRAMATIQUE.

CANDINOT, ROI DE ROUEN.

Qu'est-ce, après tout, qu'un Trône, disait l'empereur Napoléon? Quelques morceaux de bois recouverts d'un peu de velours. Pourquoi donc ce hochet a-t-il été de tout temps le rêve de tous les hommes, le point culminant, l'apogée de toutes les ambitions? que n'a-t-on point fait pour arriver là? quo de devoirs méconnus ! que de serments violés ! que de liens d'amitié et de famille cruellement brisés ! Ici, le frère assassiné par le frère ; là , le général honteux, apostat de la foi militaire , abdiquant et drapeau et patrie, et, là encore, l'ambitieux détournant à son profit le sang du peuple , et décorant son égoïsme du beau nom de dévoûment. Partout, enfin, crimes, déceptions, mensonges, pour conquérir ces quelques morceaux de bois, qu'on appelle Trône. Je sais bien que de tout temps, aussi on a compté des Cincinnatus et des sages que l'appât des grandeurs n'a point séduits ; mais , il faut d'avouer , ce sont de fort rares exceptions : apparent rari !

Il est beau pour la France, et magnifique pour l'intéressante famille des épiciers surtout, qu'on puisse citer dans son sein une de ces très-honorables incorruptibilités. A coup sûr, si les épiciers n'avaient pas d'ailleurs bien mérité du pays, ce serait ici le lieu de les signaler à la reconnaissance de leurs concitoyens, car c'est à ce corps qu'on le doit, estimable Candinot, roi de Rouen ! épicier de père en fils ; c'est à l'ombre du comptoir que tu as grandi ; tes hochets ont été les balances de ton père, et c'est dans les œuvres des Pradon du temps , relégués dans sa boutique pour envelopper la chandelle , que tu as acquis les premières notions de lecture. C'est un homme tout rond, un mari fort débonnaire , que maitre Candinot, sa femme le mène, comme on dit vulgairement, par le bout du nez ; toutefois , il y a du bon sens , voire même de l'esprit naturel dans cette tête d'épicier ; du cœur dans ce corps d'industriel , et dans ce cœur , plus d'un sentiment généreux, tels que l'amour de la patrie , la haine des tyrans, et surtout de l'impôt : or , il arrive qu'un nouvel impôt vient d'être ajouté à tant de nouveaux , il doit grever le cidre. Le cidre, l'amour de Candinot, après son commerce ! le cidre , qu'il préfère peut-être à sa légitime épouse, Bertheline, commère dont l'ambition ne rève rien moins qu'une place d'échevin pour son mari. Je vous ai dit que Candinot n'était pas un sot , or , il a appris que l'édit ne doit être exécutoire qu'à midi, et il songe qu'il n'est encore que onze heures, et qu'il a juste le temps de faire entrer avant l'heure fatale trois barriques d'excellent cidre qu'il réserve à ses amis et connaissances. Mais voici que la police (car il y avait déjà de la police dans ce temps-là) , dresse contre maitre Candinot procès-verbal de contravention , le met en fourrière avec son cidre, et le condamne à l'amende pour avoir voulu frauder le nouvel impôt. Là-dessus , grands débats. D'un côté maitre Candinot prouve matériellement , en présentant sa montre, dont l'aiguille ne marque encore que onze heures et demie, que le nouvel impôt ne peut l'atteindre ; de l'autre, la police qui avait avancé la sienne , l'astucieuse ! et qui répond que toutes les montres de Rouen doivent aller comme celle du grand-prévost, regis ad exemplor. De là, contestations toujours croissantes , rumeur dans le peuple , que tant de vexations ont poussé à bout ; bref , révolte complète , de laquelle il résulte comme toujours , que le peuple est vainqueur ; et , attendu que maitre Candinot a été la cause volontaire ou involontaire , il n'importe, de l'affranchissement de la ville , c'est lui qu'on désigne à grands cris comme souverain. Il a beau s'en défendre , et crier que cela n'a pas le sens commun, on l'entoure, on le presse, on lui jette sur les épaules le manteau d'or, insigne du pouvoir, et, bon gré, malgré, on le traîne, on l'emporte au palais, sans s'inquiéter de ses cris, de ses protestations , de sa colère , jamais homme du monde ne se laissa faire roi de plus mauvaise grâce. Pauvre Candinot ! comme il regrette sa boutique , sous ses lambris dorés ! comme il pense avec amour à son savon et à sa chandelle! heureusement ! (car toutes les choses humaines ont leur retour). L'armée du duc d'Anjou, accourue pour réprimer la révolte et punir les mécontents , vient de reprendre la ville, et Candinot est découronné, et redevient épicier comme devant , trop heureux de n'être pas pendu !

Cette bluette est si faible, le défaut d'intrigue et d'intérêt si absolu, les invraisemblances si choquantes, qu'en vérité, il faut-être Bouffé pour la faire passer ; voire même applaudir comme il l'a été , mardi. Indépendamment de la piquante originalité et de la charmante bonhomie de l'acteur, quelques couplets , qui font allusion aux événements politiques de ce jour, ont aussi contribué au succès de la pièce.

M. Deplanck fera bien de se dépouiller d'une timidité qui lui est toujours funeste, et que le

public prend souvent pour un défaut d'intelligence ; il faut qu'il apprenne à imprimer plus
de nuances à son débit, plus de chaleur à sa
diction et surtout plus d'aisance et de bon goût
à ses gestes. M. Deplanck est encore si jeune,
d'ailleurs, qu'on devrait peut-être avoir pour
lui un peu plus d'indulgence ; mais, la présence
de Bouffé rend le parterre si difficile !

Nous ne parlons du *Gamin de Paris* que
pour répéter après tant d'autres que Bouffé y
est inimitable, et qu'il s'y montre le plus plaisant et à la fois le plus pathétique de tous les
gamins passés, présents et futurs.

Mais nous ne *trouvons* point d'expression
pour dire le talent du grand acteur dans la
Fille de l'Avare ; l'épithète d'*admirable* est
beaucoup trop faible.

On nous communique la triste nouvelle que
Mme Bultel, notre prima Dona, par suite de la
chûte qu'elle a faite en voiture, en venant à
Nantes, est devenue si malade, que la faculté
lui interdit de chanter d'ici plusieurs mois.

C'est très-fâcheux pour cette artiste distinguée, pour M. Lafeuillade et pour le public.
Mme Bultel avait fait un brillant premier début
accueilli par des bravos unanimes, et qui promettait une suite de très-agréables représentations ; son second début, quoique paralysé
par l'indisposition qui commençait déjà à s'accroître, lui avait aussi mérité des succès, et
l'on avait tout lieu de croire que Mme Bultel,
rétablie, eût obtenu son admission d'emblée,
par le charme de sa belle voix, par son talent
dramatique et par la précision de sa méthode ;
mais son mal a tellement empiré, qu'elle est
dans la nécessité de rompre son engagement,
par l'impossibilité où elle se trouve d'en remplir
les conditions. M. Lafeuillade, désireux de
tenir ses promesses, est parti ce matin pour
Paris, afin de se procurer une autre Philomèle.

Madame Bultel quitte Nantes, à petites journées, pour se rendre à Paris, où elle va se
faire traiter : Mme Bultel emporte les regrets
de ses amis et ceux des admirateurs de son
beau talent.

LA JEUNE TOURAINE,

Parmi les journaux littéraires dont le progrès commence à doter chaque département,
nous signalons la *Jeune Touraine*, feuille
Tourangelle, qui vient de faire son apparition.

Depuis long-temps il manquait un journal
littéraire au département d'Indre-et-Loire,
de jeunes écrivains ont eu l'heureuse pensée
de remplir cette lacune, et de laver ainsi la
Touraine du ridicule dont quelques mauvais
plaisants ont cherché à la couvrir, en faisant
remarquer le grand nombre de ses pâtissiers
et le petit nombre de ses libraires, ce qui revenait à peu près à dire qu'on y rencontre
beaucoup plus de gastronomes que de littérateurs. Quelle que soit l'injustice d'une pareille
imputation, puisque, comme le fait très-judi-
cieusement observer la *Jeune Touraine*, Tours
ne compte que cinq pâtissiers contre huit
libraires ; les malins n'auraient pas manqué de
faire leur profit de cette méchante épigramme,
et peut-être les Tourangeaux étaient-ils perdus
dans l'esprit des gens de goût, si les rédacteurs
de la *Jeune Touraine*, relevant courageusement le gant, n'étaient venus solennellement
démentir une pareille calomnie par la fondation
d'une feuille littéraire ; c'est donc la querelle
du pays, l'injure commune qu'ils ont à cœur
de venger, et, sous ce rapport, leurs concitoyens ne peuvent raisonnablement leur refuser
appui et concours, sous peine d'être tenus à
perpétuité pour ennemis des beaux-arts, et
ventrus !

Toutefois, à part l'intérêt local réservé à
cette publication, il nous semble qu'elle renferme aussi des éléments d'intérêt général qui
doivent la faire accueillir favorablement partout
où elle se présentera. Chacun voudra voir
ces productions d'un département connu par
la pureté et l'atticisme de son langage. On sait
que la Touraine est pleine de délicieuses inspirations avec ses campagnes toutes parfumées
de roses et de poésie, avec ses collines brodées
de villas, et ses vallons si prodigues de fruits
et de fleurs qui lui ont fait donner le nom de
jardin de la France, doux pays si propre à la
méditation, si favorable aux aimables rêveries,
où la gracieuse Muse de Béranger est venue se
reposer de sa gloire.

Hâtons-nous de le dire, la *Jeune Touraine*
se ressent de l'influence de son poétique berceau.

Parmi les spirituels articles qui composent
son premier numéro, il faut citer une nouvelle
intitulée *Elmire*, remarquable de style et de
douce philosophie, et une petite pièce de
poésie qui a pour titre l'*Orphelin*, dont les
vers ne manquent pas d'une certaine élégance.

La *Jeune Touraine* nous fait elle-même sa
profession de foi ; elle repoussera les monstruo-
sités du romantisme outré avec ses principes
subversifs de la raison et des mœurs ; mais elle
accueillera les productions dont la morale sera
sage et douce. Elle évitera (et c'est déjà une
garantie de bon goût), le langage barbare de
la nouvelle école, ce dialecte vandale dont les
novateurs ont habillé notre littérature moderne.
Mais, fidèle à ses traditions de purisme, elle
respectera scrupuleusement la syntaxe et la
langue de Racine et de Boileau, elle ouvrira
avec amour ses colonnes aux jeunes écrivains
pleins de courage et d'avenir, dont la plume
timide s'exerçait dans l'ombre, et dont le talent
ignoré promettait peut-être un beau nom au
pays ; enfin elle s'efforcera de faire justice du
monopole de la Capitale, hors de laquelle il
semble qu'il n'y ait plus que médiocrité et
ténèbres !

Courage donc, ô nos concitoyens, car la Touraine est aussi notre berceau. Nous aussi, nous
avons ouvert les yeux sous son doux ciel ! Nous
aussi, nous avons aspiré son atmosphère em-
baumée, et rien de ce qui touche le *dulces
Argos* ne saurait nous être indifférent. Courage !
poursuivez avec opiniâtreté votre tâche, bravez
tous les dégoûts, surmontez les préventions qui
s'attachent à toute œuvre qui commence, et dotez
notre pays d'une institution utile et peut-être
de quelque gloire ! Courage ! Vengez-nous de
l'anglomanie qu'on nous attribue, et prouvez
que, s'il y a des pâtissiers à Tours, il y a aussi
des jeunes hommes d'un beau talent !

Puissent les Muses agréer votre entreprise et
vous protéger ! Puissent les jeunes filles de la
Touraine vous encourage d'un regard et d'un
sourire ! et puissent les gens de goût citer
bientôt votre feuille, parmi les productions
qu'on ne lit pas pour dormir, aujourd'hui que
la lecture de tant d'ouvrages modernes est
devenue le plus puissant des narcotiques.

JULES F...

LA FIANCÉE DU CROISÉ,
Chronique de Trentemoult.

(Suite et fin.)

Un jour, qu'il était seul près de la jeune fille,
après avoir vainement cherché à la consoler,
il lui dit : Lorsque je vins vous apporter la
fatale nouvelle du trépas de mon frère, et son
dernier vœu pour vous, je ne vous ai point dit
qu'il avait ajouté : « Oscar, console la noble
Ageline ; dis lui qu'elle ne doit pas me pleurer
toujours, que si jeune et si belle, elle ne doit
pas fuir le monde, dont elle fait le plus doux
ornement, et si tu parvenais jamais à lui plaire
et à lui faire agréer tes vœux, combien mon
ombre serait heureuse de la voir du haut du
ciel unie à celui que j'aimai le plus après elle,
à mon frère, qui lui rendrait tout ce qu'elle
perd en Raymond, amour profond et fidélité
éternelle ; dis lui que l'espoir d'un pareil hymen
a rendu ma fin moins amère… » Oscar, se tut
alors, et sembla attendre la réponse de la jeune
fille. Tout-à-coup, un pressentiment instinctif et
affreux vint répandre un sombre voile sur la
douce physionomie d'Ageline, indignée, elle
releva sa noble tête et fixa Oscar, avec des yeux
sévères : Oscar pâlit : Monseigneur, dit-elle,
un pareil vœu est inouï, et a lieu de m'étonner ;
à Dieu ne plaise que je mette en doute la
véracité de votre langage ; mais, quoiqu'il puisse
arriver, retenez bien ceci : jamais la fiancée de
Raymond n'appartiendra à une autre homme !
Oscar, frémit de rage et de jalousie, mais il
dissimula son ressentiment et parla de choses
indifférentes. Plusieurs mois se passèrent ainsi,
sans qu'il osât l'entretenir de nouveau de sa
passion. Enfin, un soir, il l'aborde d'un air
sombre, son regard avait quelque chose de si
terrible, que la jeune fille eut peur. Mon Dieu !
dit-elle, en retirant sa main, qu'il serrait à la
briser, qu'avez-vous monseigneur ? Ce que j'ai,
dit-il, avec un sourire amer, je m'en vais vous
le dire : je suis dévoré par la passion la plus
délirante, la plus irrésistible qui fût jamais, je
vous aime, Ageline ! — Vous connaissez mes
sentiments, Oscar, rien ne me fera changer. —
Oh ! si tu savais, Ageline, quel amour

tendre, quel culte profond et sacré je t'ai voué ! si tu savais quelle a été ma vie, depuis que je t'ai vue pour la première fois ; de quels tourments, de quelles inquiétudes, de quels regrets mon âme a été déchirée ; si tu savais combien j'ai souffert, ô tu aurais pitié de moi ! En disant cela, il était tombé aux genoux de la jeune fille, et arrosait ses mains de pleurs brûlants ; tiens, vois, je pleure, fille adorée ; je pleure, moi qui ne pleurai jamais ; je suis à tes genoux, moi qui n'ai pas même fléchi le genoux devant les autels ; tu vois bien que je t'adore ; que tu es mon idole, ma vie, que je suis ton esclave, que je souffre toutes les tortures de l'enfer, que je suis un malheureux, un forcené, un frénétique ; Ageline, aie pitié de moi ! Ageline, ne me laisse pas mourir comme un damné ! Ageline, je me traine à tes pieds ! pitié ! pitié !!!...

— Oscar, je vous en conjure, remettez-vous, vous m'effrayez, relevez-vous, Oscar. — Non, je resterai à tes pieds, jusqu'à ce que tu aies prononcé mon arrêt, dis un seul mot, rien que ce mot : je t'aime. — Jamais.

Alors, il se releva comme un furieux, Ah ! je supplie, et tu me repousses ; je m'humilie, et tu m'écrases de ton dédain, fille orgueilleuse ! Alors je vais commander ; et retiens bien ceci : Je jure, par Dieu, par Satan, par l'Enfer, que tu seras à moi ! Rien ne pourra t'arracher à mon amour, et aucun crime, vois-tu, ne me coûterait pour te posséder ! Après avoir dit ceci, Oscar sortit rapidement, et laissa la jeune fille pâle d'épouvante. A quelque temps de là, le vieux comte Bérenger fut enlevé par quatre hommes masqués, dans le temps qu'il chassait sur ses domaines. On l'attendit vainement pendant plusieurs jours, on parcourut en tous sens le voisinage, sans recueillir aucun indice.

Ce fut le dernier coup pour la pauvre jeune fille, elle aimait tendrement son père, sa perte la réduisit au plus violent désespoir ; elle refusait toute nourriture, et voulait mourir. Un soir qu'elle pleurait à sa fenêtre, elle aperçut au pied des murs un homme enveloppé dans un long manteau, qui lui fit signe de venir, et lui dit à voix basse qu'il avait à lui parler, à elle seule, pour lui communiquer une nouvelle qui l'intéressait vivement, la pauvre enfant espérant toujours recueillir quelqu'indice sur la disparition de son père, surmonta son effroi, et courut à l'étranger. — Voulez-vous voir le comte, lui dit celui-ci à demi voix. — Mon père grand Dieu ! oh ! parlez — Osez me suivre avec confiance, et dans un instant vous serez dans ses bras. — Partons, partons dit-elle, voir mon père... oh ! que Dieu vous rende tout le bien que vous me faites ! — Et ils cheminèrent ensemble pendant une heure, la nuit était obscure, il fallait toute l'exaltation du sentiment qui dominait la frêle jeune fille pour lui faire braver ainsi tous les dangers. Ils arrivèrent bientôt, après une infinité de détours, à la porte antique du manoir. Ageline devina par instinct que c'était celui de Longuevue, et comprit aussitôt l'infâme trahison d'Oscar ; alors, une horrible épouvante la saisit, elle voulut fuir, mais son robuste compagnon saisissant dans ses bras nerveux la débile enfant, l'emporta évanouie et mourante, et lorsqu'elle ouvrit les yeux, elle se retrouva dans les bras de son père, qui l'arrosait de ses larmes. Oscar parut aussitôt suivi de plusieurs hommes masqués.

Ageline, dit-il, vous êtes en ma puissance, et vous voyez, belle inhumaine, que j'ai tenu ma parole ; mais, croyez-le bien, je gémis des moyens odieux que vous m'avez forcé d'employer : Dites un mot, et votre père est libre ; consentez à être à moi, et je rachèterai par l'amour le plus tendre les larmes que je vous ai fait verser. — La jeune fille le regarda avec mépris. — Etre à toi, monstre ! jamais, jamais ! Alors, je vous garde tous deux pour ôtages, et votre père, dit-il, en s'approchant d'elle avec des yeux ardents, votre père est en ma puissance, et, ajouta-t-il, en lui parlant à voix basse, un crime de plus.... Ciel ! n'achevez pas ! je sais que ce sacrifice est au-dessus de mes forces, et que je n'aurai plus qu'à mourir, quand il sera consommé : mais que la volonté de Dieu s'accomplisse ; sauvez mon père, et que je sois la seule victime.... Puis, accablée de tant de secousses, la pauvre jeune fille tomba en sanglottant dans les bras du vieux comte, qui, seul contre tous et sans armes, n'avait plus que ses pleurs pour son enfant. Un éclair de joie illumina l'horrible visage d'Oscar ; j'ai tout prévu, dit-il, l'aumônier attend dans la chapelle pour bénir notre union. En ce moment on entendit dans le silence les coups égaux et solennels de la cloche du Manoir ; deux femmes voilées entrèrent, et, un instant après, la noble fille de Bérenger, entraînée par Oscar et ses complices, s'agenouillait, pâle comme la mort, sur les marches de l'autel. A voir les cierges incertains qui tremblaient dans l'obscurité du saint lieu, la profonde douleur empreinte sur le visage de la jeune femme qui sanglottait au milieu de ce silence lugubre, on aurait dit qu'on célébrait l'office des morts, plutôt qu'un hyménée. Le prêtre commençait les paroles sacrées. — Noble et puissant seigneur Oscar, suzerain de Longuevue, voulez-vous prendre pour épouse la noble damoiselle Ageline, fille du très-haut et très-puissant seigneur comte de Bérenger ? Je le veux. — Et vous, noble damoiselle Ageline, acceptez-vous pour époux le sire Oscar de Longuevue. — Ageline ne répondit pas. En ce moment, la porte de la chapelle violemment heurtée roula sur ses gonds, et, s'ouvrit, et à la clarté tremblottante des cierges de l'autel, un chevalier de haute stature, armé de toutes pièces, parut comme un fantôme.... C'était Raymond !.... Tous les assistants épouvantés crurent voir en effet une apparition surnaturelle ; le chapelain se signa ; mais l'instinct du cœur n'avait point trompé Ageline, et elle était déjà dans les bras de Raymond : celui-ci s'avança jusqu'aux marches de l'autel en soutenant la jeune fille mourante de saisissement et de joie, et dit d'une voix forte : Oui, messieurs, je suis Raymond, suzerain de Longuevue, et cet homme, dit-il en montrant son frère, est un lâche et un félon ! Lâche, parce qu'il a déserté le champ de bataille, abandonnant son frère blessé ; félon, parce qu'au mépris de toutes les lois divines et humaines, il a trahi son frère et seigneur, en lui ravissant son patrimoine, et en voulant lui voler sa femme !! Oscar était attéré. Raymond lui lança un regard de mépris, et pendant qu'il donnait les premiers moments à la tendresse, et recevait les embrassements du vieux comte qui pleurait de joie, Oscar et ses complices avaient disparu. Raymond raconta comment enveloppé, dans une bataille, il avait reçu une grave blessure ; que, laissé pour mort, il avait été secouru par un brave gentilhomme qui avait disputé son corps aux infidèles, et qui l'avait fait transporter dans sa tente ; que, revenu à la vie, il n'avait plus retrouvé son frère, et que son écharpe lui avait été enlevée. L'aumônier de la chapelle, au lieu d'un hymen impie, bénit cette même nuit l'hymen fortuné du beau Raymond et de la charmante Ageline. Cette nuit-là fut une nuit de volupté et d'amours pour les jeunes mariés ; mais, je vous le dis, ce fut en même temps une nuit affreuse, car lorsque Raymond, accablé de fatigues et de douces langueurs, s'endormit sur le sein d'Ageline, un bruit sourd, confus, terrible, se fit entendre, et quand les jeunes amants épouvantés ouvrirent les yeux, ils se trouvèrent au milieu des flammes ; un immense incendie dévorait le vieux castel, et l'infortuné Raymond, emportant son épouse dans ses bras, chercha vainement à fuir, et roula avec elle au milieu des débris et des poutres brûlantes... Puis, lorsque les premiers rayons de l'aube vinrent éclairer à demi cette effroyable scène, on vit un homme interroger des yeux ces ruines avec un sourire de triomphe, et se pencher sur deux cadavres à demi consumés. Lorsqu'il les eût reconnus : Je suis vengé ! dit-il, à demi-voix. Mais il fut entendu par un vieux paysan, dénoncé à la haute justice du duc de Bretagne, et convaincu de fratricide. L'odieux Oscar fut brûlé vif à Nantes avec ses complices.

Ainsi s'accomplit la double prédiction de la Bohémienne.   JULES F.....

Nouvelles Théâtrales.

On se souvient de Wermelen, cet artiste qui débutait il y a quelque temps dans *Robert-le-Diable* ; nous annonçons son engagement à Rouen. Cette ville ne pouvait mieux choisir. Tôt ou tard, la place de cet acteur est à Paris, et il y reviendra.

— Mlle Mars est en ce moment aux eaux de Coterets. Sa santé commence à en éprouver les bons effets qu'on espère.

— Au Conservatoire, le concours de chant, assez faible, quant aux hommes, a été fort brillant pour les dames. On a surtout remarqué mademoiselle Hermance Revilly, qui, pour son coup d'essai, est venue partager le premier prix avec trois élèves déjà couronnées.

Voici le résultat du concours.

Chant (hommes). Six concurrents. — Aucun n'a été trouvé digne du premier prix ; 2e prix, partagé entre MM. Laurent, élève de M. Henry; Carlot, élève de M. Bordogny, et Planque' élève de M. Banderali.

Chant (femmes). Treize concurrents. — 1er prix, partagé entre mesdemoiselles Lavoye, élève de madame Damoreau (second prix de 1839) ; Francis Cournu, élève de M. Blanderali (second prix de 1838) ; Descot, élève de Mme Damoreau (second prix de 1839), et Revilly, élève de M. Ponchard ; 2e prix, partagé entre mesdemoiselles Olivier, élève de M. Banderali, et Demay, élève de M. Panseron.

— M. C..., un de nos peintres les plus distingués, avait eu l'idée assez singulière d'aller prendre un bain de Seine par le temps assez froid de lundi dernier. L'école de natation était déserte. L'intrépide nageur venait à peine de s'habiller, lorsque tout à coup une femme entre à l'improviste, et se jette dans la rivière. M. C... s'y précipite à son tour, et il ramène évanouie, sur les gradins de l'école, une jeune fille d'une grande beauté. La malheureuse avait eu la triste précaution de s'ouvrir les deux veines. Les soins immédiats qu'on lui a prodigués l'ont ramenée à la vie. Le lendemain de ce suicide, attribué à des chagrins de cœur, Marie K... posait pour une charmante tête d'Aurore dans l'atelier de son sauveur.

— Il s'est formé à Berlin une association de dames qui a pour but de combattre le luxe effréné des parures. Le nombre des dames associées augmente chaque jour. Elles tiennent régulièrement des séances, et ont élu un comité avec une présidente, madame Thérèse Borsche.

S'il se formait une semblable société en France, nos fabriques et nos magasins de nouveautés seraient ruinés, ainsi que le commerce.

BORDEAUX. — Malgré les pénibles incidents qui ont surgi au commencement du *Pré aux Clercs*, car peu s'en est fallu que cette représentation, déjà retardée de deux jours, n'éprouvât un nouveau contre-temps. Mme Jenny Colon-Leplus a brillamment marqué son apparition dans le rôle d'*Isabelle*. Nous n'avons pas à dire qu'en comédienne pleine de distinction et d'aisance, Mme Jenny Colon-Leplus a mis en relief les moindres détails de son rôle, mais nous éprouvons le besoin de signaler l'admirable perfection de son chant dans la romance du premier acte, qu'elle a dite avec un charme d'expression délicieux, et dans le grand air du deuxième acte, où elle a exécuté les vocalises les plus brillantes avec une merveilleuse facilité d'organe. D'immenses applaudissements ont interrompu et suivi ces deux morceaux, et trois bouquets sont tombés aux pieds de la divine cantatrice, après son air.

— *L'Avoué et le Normand* et *Ouvrez, Donnez*, *Priez*, ont valu à M. Joseph l'accueil le plus flatteur. *Indiana et Charlemagne*, le *Juif Brocanteur* et les *Remèdes*, chansonnettes, ont fourni à M. André l'occasion de produire la verve charmante et la variété de son talent. Mme Lovendal a également excité de vives sympathies dans le rôle d'*Indiana*.

M. Meunier, notre jeune premier de comédie et de drame, nous quitte au premier jour ; il va rejoindre un engagement qu'il l'attache au théâtre d'Anvers.

— M. Ligier et Mlle Fitz-James nous ont fait jeudi de très-brillants adieux. *Othello* a valu à notre habile compatriote l'accueil le plus enthousiaste et l'ovation du rappel. Dans le *Songe d'Athalie*, scène détachée du second acte de la tragédie de Racine, Mlle Fitz-James a également obtenu les plus flatteuses ovations.

— MM. Joseph Klem et André Hoffmann ont recommencé hier au soir le cours de leurs attrayantes représentations. *Rossignol - Joseph* a beaucoup amusé, et les *Souvenirs d'Alsace* et la *Croix de bois Noir*, ont été très applaudis. M. André a rejoué *Bobèche*, et y a obtenu un nouveau succès d'hilarité et de bravos ; dans le rôle de *Cristophe*, des *Enragés*, il a été d'une bêtise parfaite ; les *Remèdes* et *Tire la Ficelle*, *ma femme*, ont fait beaucoup rire comme toujours.

— Mlle Adèle Martin vient de créer à Bordeaux les rôles de Cornelia de *Jarvis*, et de Fanny du *Secret*. Mlle Adèle Martin est une actrice charmante, qui mérite d'être encouragée.

ROUEN. — La direction des théâtres de Rouen, vient de succomber sous le poids de ses obligations, et les théâtres allaient être fermés. Les artistes, faisant preuve d'abnégation, ont fait le sacrifice de tous leurs droits et réserves sur ce qui leur était dû. A leurs sollicitations, M. Delamare a été nommé directeur, et ils ont souscrit l'obligation de n'exiger de lui le paiement de leurs appointements qu'après l'acquit des autres dépenses de l'administration. Pour réussir dans une entreprise toute d'honneur et de désintéressement, ils ont appelé à leurs aide, comme premier ténor M. Wermelen, qui s'est empressé d'adhérer aux engagements de ses camarades.

Dans quelle autre profession de la société, trouverait-on autant de zèle, de dévoûment que dans ces estimables artistes ? Voilà les comédiens ; voilà leurs œuvres : qu'on les connaisse donc, afin de mieux les apprécier dans le monde.

GRAND THÉATRE.

Aujourd'hui SAMEDI, 15 *août* 1840, *On commencera à six heures* 1/4.

Dernière représentation de M. BOUFFÉ.

PREMIÈRE ET DERNIÈRE REPRÉSENTATION DE

LES MERLUCHONS,

OU

APRÈS DEUX CENTS ANS,

Comédie-vaudeville en un acte, par MM. THÉOLON, FOURNIER et STEPHEN.

Distribution. — M. Dupré, M. Pâris ; Emile, M. Stéphane ; le vicomte de la Ratinière, M. Granger; Desroches, M. Cazaubon ; Merluchon, M. Toudouze ; Saint-Félix, M. Bouffé ; la vicomtesse de la Ratinière, Mme Hess, Juliette, Mlle Debroux ; Mme du Cornet, Mme Cochèze ; Un petit clerc, Mlle Laure.

LE BOLERO DE CADIX,

Exécuté par M. Marius Petipa et Mlle Armande Ferdinand.

LA FILLE DE L'AVARE,

Comédie-vaudeville en 2 acte, par MM. Bayard et Paul Duport.

Distribution. — Grandet, M. Bouffé ; Charles, M. Gustave Stéphane ; M. Menu, M. Pâris ; Isidore, M. Blanchard ; Eugénie Grandet, Mlle Stéphany ; Nanon, Mme Cochèze.

LA PENSIONNAIRE MARIÉE,

Comédie-vaudeville en un acte, par MM SCRIBE et VARNER.

Distribution. M. de Boismorin, M. Toudouse ; Anatole, M. Stéphane ; Tricot, M. V. Henry ; Adèle, Mlle Clara Stéphany ; Marie, Mlle Debroux.

Ordre du spectacle. — 1° La Pensionnaire ; 2° La Fille de l'Avare ; 3° Le Boléro, 4° Les Merluchons.

IMPRIMERIE D'HÉRAULT, *Rédacteur en chef.*

..manche 23 Août 1840.   DEUXIÈME ANNÉE.   3e Trimestre. N° 86.

PRIX D'ABONNEMENT :

	TROIS MOIS	F. 3
NANTES.	SIX MOIS	6
	UN AN.......	12

	TROIS MOIS..	F. 5
DEHORS	SIX MOIS....	10
	UN AN.......	18
	AFFRANCHIR..	

Prix du numéro, 15 c.

PRIX D'ANNONCES :

30 c. à la page d'avis ; 1 fr. dans
le corps du journal. Remise du
tiers aux abonnés.

LE BUREAU EST SITUÉ
Chez Hérault , Imprimeur , rue
de Guérande , N° 3.

ON S'ABONNE
Au Bureau ;
Chez Guéraud , Libraire, Basse-
Grande-Rue et passage
Bouchaud ;
Plançon , Libraire , place
Graslin.

SE TROUVE CHEZ :
M. Scireau , Lib.re , rue Crébillon,
Et M. Plessier , Relieur , *idem.*

A PARIS,
Isidore Pesron , rue Pavée-Saint-
André , N° 13.

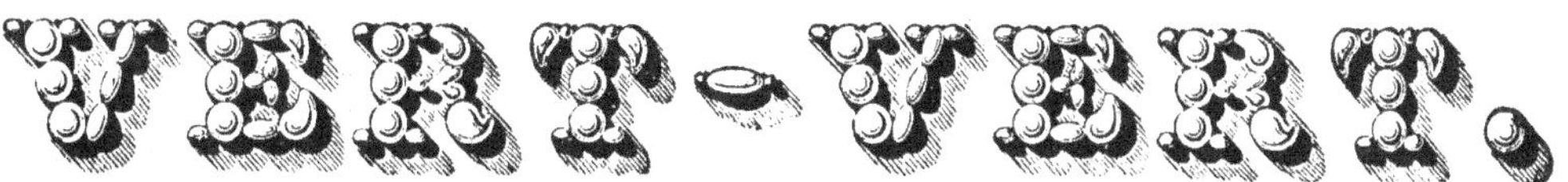

VERT-VERT.

JOURNAL DES SALONS ET DES THEATRES.

GRAND THÉATRE,

CHRONIQUE DRAMATIQUE.

Vous avez vu le *Grand papa Guérin* , Messieurs, et vous avez dit comme nous , que la pièce en elle-même est parfaitement ennuyeuse. Longueurs, détails futiles et oiseux, défaut complet d'intrigue , et en même temps d'intérêt, tout cela concourt à faire du *Grand papa Guérin* un vaudeville insupportable, et un galimatias à faire bâiller les mieux disposés à la patience. Voilà pourtant sur quelles œuvres sont échafaudées le plus souvent nos célébrités dramatiques comtemporaines, mais ne vous en étonnez pas, Messieurs , c'est que Bouffé a prêté son concours à tant de faiseurs, et qu'il les a généreusement associés à sa renommée.

Eh! qui saurait sans moi que Cottin a préché ?

Oui, en vérité , sans lui, le *Grand papa Guérin* serait allé avec tant d'autres , peupler le pays des morts-nés. Mais voyez quel enchantement, Bouffé joue, et non seulement il vous fait écouter la pièce , mais il vous intéresse, il vous remue, vous pleurez... oui, vous pleurez, quand vous croyiez ne devoir que rire de pitié.

Quel charme, quel magie , Bouffé sait jeter surtout ce qu'il touche ! Comme il embellit les choses les plus vulgaires ! comme il met en relief chaque détail! comme il sait créer une foule d'accessoires de riens charmants auxquels l'auteur n'avait pas même pensé ! Ne voyez-vous pas qu'il refait lui-même toute la pièce , selon son génie et son âme , et ainsi refaite , la pièce soyez-en sûrs. ne vous fera pas bâiller , vous

l'écouterez , vous serez ému ; vous aurez beau vous en défendre , Bouffé le veut.

Nous avons été péniblement surpris d'entendre quelques spectateurs rire à toute occasion aux représentions du *Gamin de Paris*. Pauvre gens! ils ne comprenaient pas Bouffé , Bouffé si pathétique et si touchant dans cette pièce , que le sourire qu'il fait naître est toujours près des larmes. Quoi ! vous riez quand il vous raconte , d'une voix brisée par les sanglots , les derniers moments de son père , le vieil invalide qui lui a recommandé en mourant , à lui pauvre enfant , de veiller sur sa sœur , sa sœur, tant aimée , qu'un lâche vient de suborner ?

Vous riez ? que je vous plains ! Vous n'avez donc point d'âme ? ou vous n'avez pas entendu cette voix si vraie , ou vous n'avez pas vu la physionomie, si pleine de regrets et de douleurs, du *Gamin* qui vient de se souvenir qu'il est temps qu'il soit homme pour venger sa sœur? C'est que vous aviez cru , en lisant le titre de la pièce , que vous deviez rire quand même. Le *Gamin de Paris*, quoi de plus plaisant ! Eh bien ! tachez de comprendre Bouffé , et vous direz : Quoi de plus pathétique !

Nous recommandons à M. Blanchard d'être un peu moins prodigue de l'adverbe c'est-à-dire ; *c'est-à-dire* est un mot comme un autre sans doute , mais comme un autre, aussi , il faut qu'on ne le retrouve qu'à sa place , et non pas à tout propos ; surtout quand il n'est pas dans la pièce.

On connaît la réponse de Diogène à Alexandre-le-Grand , qui lui offrait des honneurs et des titres : je ne te demande qu'une grâce, c'est de te retirer de mon soleil! Si la police, ou plutôt MM. les sergents-de-ville , nous avaient fait les mêmes offres , jeudi , nous leur aurions dit

aussi : merci, messieurs , pour le moment nous ne vous demandons qu'une faveur , c'est d'ôter vos tricornes qui nous cachent toute la scène. C'est qu'en vérité il n'y a rien de plus malencontreux que ces diables de tricornes, aux représentations de Bouffé , où la foule est pressée , entassée , amoncelée , comme vous savez et où chaque pouce d'échappée sur la scène , est d'un prix inestimable ; lorsqu'après avoir diné à la hâte pour être bien placé , après avoir parcouru vainement toutes les galeries , après avoir sué sang et eau , vous êtes parvenu à prendre possession de tro s pouces carrés , qu'il vous faut défendre comme une conquête à chaque instant menacée ; à la faveur d'un léger interstice et en vous haussant sur la pointe des pieds , vous croyiez jouir tant bien que mal de la vue du spectacle par-dessus l'épaule de vos voisins ; pas du tout , un sergent-de-ville se présente , et voilà votre horizon visuel borné par l'inévitable feutre de la police, qui se dresse insultant et railleur, devant vous qui, bien qu'au dernier rang, n'avez pas le droit de rester couvert !!! O égalité devant la loi, tu n'es rien devant la police ! Parole d'honneur! si je n'étais pas *Vert-Vert* , je voudrais être sergent-de-ville.... pour avoir des priviléges !

Henri Wagner, jeune pianiste , encouragé par les applaudissements qu'il a obtenus , l'hiver dernier, au Grand-Théâtre et à la Société des Beaux-Arts , fait des progrès extraordinaires sur le piano , en suivant les leçons de son père , qui a reçu de M. Prudent et des amateurs de notre ville les éloges les plus flateurs sur le développement des heureuses dispositions de son fils. On promet de le faire entendre dans plusieurs soirées , dans la saison des concerts , et de faire ainsi juger des progrès étonnants du petit pianiste de six ans.

UN AMOUR D'ÉTUDIANT.

I.

La Mansarde.

C'était le 11 mai de l'année dernière. — Si nous nous fussions transportés alors dans une mansarde de la rue.., un spectacle assez bizarre se fût présenté à nos regards. Sur une table presqu'entièrement couverte d'ossements humains, était déposé un chapeau d'homme. Plus loin, auprès d'un squelette adossé à la muraille, pendaient des vêtements de femme, et, sur une commode assez propre, un bonnet qui ne pouvait appartenir qu'à une jeune fille, recouvrait les stériles ouvrages de Gavard ou de Cruveilhier. Je ne sais quel contraste étrange vous frappait devant ce mélange de poésie et de positif, devant tant d'indices d'une vie joyeuse et efféminée, confondus avec tout ce qui pouvait donner davantage des idées de tristesse et de mort : c'était évidemment la chambre d'un étudiant en médecine.

Dans un coin de l'appartement, étaient assis, côte à côte, un jeune homme et une jeune fille, également heureux, également contents. Le jeune homme, d'une taille moyenne, mais d'une physionomie belle et distinguée, tenait dans ses mains les plus jolies mains de femme qu'il fût capable de rencontrer. Du reste, tous les traits de la jeune fille étaient d'une beauté aussi parfaite : impossible de trouver une plus jolie coupe de figure, des contours plus purs et plus réguliers, une bouche petite et rosée, un front large, des cheveux de jais, des joues fraîches et légèrement pourprées, une peau fine et blanche comme le satin, joignez à cela un air candide et pudique qui rehaussait encore la délicatesse de ses traits. Mais quand ses grands yeux noirs se relevaient et venaient à se fixer sur la figure du jeune homme, oh ! alors la pauvre fille paraissait tout autre. Son corps semblait s'électriser, sa robe trahissait les mouvements violents de son sein, ses yeux paraissaient être de flamme ;... on eût dit que ce n'était plus la jeune fille de toute à l'heure, si réservée et si timide !!

Mon bon Alfred, disait elle, cette mansarde me plaît mieux avec toi que les plus jolies chambres sans toi...

Puis, lui pressant la main et la couvrant de baisers :

Il faut avouer pourtant que je t'aime bien, Alfred, reprit-elle, pour t'avoir sacrifié, comme je l'ai fait, parents, famille, fortune, honneur... l'honneur surtout ! Alfred, qui est un si grand bien, et pour avoir accepté en place... le mépris !! Oui, le mépris!!

Elle me sembla un instant vouloir pleurer, puis s'exaltant tout d'un coup :

Eh ! que me fait à moi le mépris de tous, s'écria-t-elle, pourvu que j'aie l'amour de mon Alfred !

Le jeune homme était profondément ému ; il la pressa avec effusion dans ses bras :

Oh ! oui, je t'aime, Emma! lui dit-il ; je t'aime de cœur, vois-tu, parce que toi, au moins, tu es capable de sentir... Je t'aime, parce que je comprends la grandeur de ton sacrifice, et que mon amour doit y être proportionné. Et puis tu es si belle, Emma! il y a tant d'expression dans tes traits, qu'il est impossible de résister à tant de séductions, à tant de charmes !!

Il se tut un instant, et la pressant sur son cœur ;

Ecoute, Emma, il faut que je réponde noblement à tout ce que tu as fait pour moi. Je te jure par ton amour, la main sur ces ossements qui sont nos seuls témoins, que tout le temps que je resterai à Nantes, je n'aimerai jamais d'autre que toi ; nous vivrons ensemble; à toi seule, Emma, appartiennent toutes mes pensées, tout mon cœur !!

La jeune fille lui sauta au cou.

Oh ! tu as l'âme grande et noble, Alfred, et mon amour, ne pouvait pas être mieux placé !

II.

Un Hôpital,

Envisagé physiquement, c'est une chose affreuse que ce réceptacle de toutes les maladies, de toutes les infirmités, de toutes les immondices humaines, que ce rendez-vous général de tout ce qui souffre, de tout ce qui est misère ou vice, et auquel on a donné le nom d'hôpital. Mais sous le rapport moral, l'hôpital, au contraire, prend un autre aspect, et s'élève au rang des institutions philanthropiques les plus belles. Tirer le pauvre de son grabat où il est gisant, pour lui prodiguer tous les soins que réclame sa position maladive, cela en effet n'est-il pas noble et sublime ?...

Dix mois se sont écoulés sur la scène que nous nous sommes efforcés de peindre en notre premier chapitre. Par une matinée de mars, froide et rhumatismale, Alfred, bien enveloppé de son manteau, se rend à l'hôpital faire les pansements qui lui sont prescrits. Son service consiste en une salle de femme; cette salle est consacrée aux fièvres violentes. Il fait sa tâche comme à l'ordinaire, et il était occupé à donner ses soins à une femme assez âgée, quand une jeune fille couchée dans le lit voisin, se levant à moitié sur son séant, autant que lui permettaient ses forces, se penchant à l'oreille du jeune étudiant : « Monsieur Alfred, lui dit-elle, vous êtes un homme de parole ! » Alfred se détourna à cette voix connue, un tremblement convulsif s'empara de lui, l'appareil de guérison qu'il tenait lui tomba des mains ! Dans la jeune malade de l'hôpital, il avait reconnu Emma !!

Dès-lors, Alfred ne reparut plus faire ses pansements, malgré les observations réitérées des professeurs. Il craignait par-dessus tout les reproches d'Emma; il craignait qu'elle ne vînt à se dresser sur son lit et ne lui reprochât hautement son crime ! Et puis, le remord qui le poursuivait partout en face de la jeune fille fut devenu bien plus brisant encore, et l'eût rongé comme une vipère !

C'est qu'il avait été bien coupable ! Il avait violé ses serments, ses belles promesses d'être fidèle, il était parjure, il en aimait une autre ! Et la pauvre Emma, qui avait tout sacrifié pour lui, était sacrifiée elle-même la première à un amour d'un instant, à un amour indigne d'un cœur noble !... La malheureuse jeune fille en fut tellement affectée que, quinze jours après, une fièvre cérébrale s'était déclarée chez elle, et qu'on l'avait transportée à l'hôpital dans un état à peu-près désespéré.

Dès-lors, nous remarquâmes dans Alfred une tristesse invincible, et que toutes nos plaisanteries ne pouvaient distraire ; il était sombre et taciturne. Quelquefois fois même nous vîmes que ses yeux étaient humides et remplis de larmes. Un jour, comme nous sortions des cours, nous entrâmes dans la salle de dissection, suivant l'habitude. Alfred y entra le premier. Parmi plusieurs sujets, il y en avait un plus jeune que les autres...

Voilà un beau corps de femme! dit Alfred, Il s'approcha davantage, mais sitôt qu'il eut aperçu les traits de la jeune fille, il poussa un cri et tomba comme mort à la renverse. Nous nous empressâmes autour de lui, il était sans connaissance, et pâle à faire peur. Nous lui prodiguâmes tous nos soins ; bientôt il revint à lui, mais il était désespéré, et ne parlait que d'homicide et de parjure. Nous le conduisîmes chez lui, où nous le fîmes coucher. L'un de ses amis passa à ses côtés le reste du jour.

Le lendemain, j'allai avec un autre étudiant en médecine m'informer des nouvelles d'Alfred. Une scène affreuse nous attendait : le malheureux jeune homme était étendu mort au milieu de sa chambre, baigné dans son sang !!! Il avait le crâne fracassé, une balle lui avait traversé la tête. Près de lui, par terre, était un pistolet déchargé. Nous ne pûmes trouver des larmes devant un spectacle aussi triste. Cela n'était malheureusement que trop vrai ; le pauvre Alfred, en se suicidant, avait mis fin à une vie qui lui était devenue désormais insupportable.

GUSTAVE B.*

SCÈNES DE LA VIE CRIMINELLE.

L'AMOUR D'UN ASSASSIN.

Il faisait un temps très-froid, Paris était couvert de glace, et toute sa population, ordinairement si vagabonde, s'était réfugiée au coin du feu et dans les théâtres. Celui des *Variétés* regorgeait de monde... Vernet, le naïf et délicieux comique, jouait dans la *Prima dona*, et le vaudeville en vogue, *Deux de moins*, attirait les spectateurs qui aiment les caustiques tableaux des tribulations conjugales.

Au milieu des mille têtes du parterre, l'œil de l'observateur eût pu distinguer ce jour-là, 11 décembre 1854, deux hommes qui semblaient prendre un grand intérêt aux péripéties de la scène. L'un, d'une taille colossale, dont les traits étaient fortement prononcés, promenait pourtant de temps en temps un œil attentif sur toute la salle ; mais son compagnon, joli cavalier, aux traits délicats, à la tournure élegante, prêtait une attention soutenue aux effets comiques de Madame Vautrin, la duègne de la troupe, et aux délicieux éclats de voix de la gentille Jenny-Colon.

Après que la première pièce fut finie, les deux amis se promenèrent ensemble dans les couloirs, en causant à voix basse.

« Eh bien! dit le petit à son compagnon, as-tu toujours la fièvre?... crains-tu toujours de voir *la rousse* nous donner des contre-marques?

— Ah! ça, vieux, répondit l'autre, si *la blaffarde* te plaît, tu es libre de te laisser raser comme tu voudras... pour moi, vois-tu, je ne suis pas pressé.

— A propos, reprit le premier interlocuteur, et l'argenterie... as-tu hasardé *les louches*?... tu ne m'as pas donné ma part... tu l'auras peut-être portée à la caisse d'épargnes?

— Non, dit l'autre, j'les ai lavées... mais le grigou n'avait pas assez de bulle pour tout payer... il m'a remis vingt francs pour arrhes .. il paiera demain. Et toi, as-tu été du côté du faubourg Martin?

— Peste! dit le jeune homme, comme tu y vas... fourrer mon cou dans la bouteille sans savoir comment le sortir... Non, mais j'ai envoyé demander une adresse au portier, il a répondu très-poliment, très-tranquillement; il ne se doute de rien... Il n'y avait pas de sang sur le carré... C'est égal, la vieille s'est joliment débattue; elle mordait le matelas, de rage de ne pouvoir crier... Elle avait la vie d'un chat... »

En ce moment, l'ouverture de la seconde pièce commença; le plus grand de nos deux personnages se dirigea vers le parterre; son camarade allait le suivre, lorsqu'il fut arrêté par une petite main qui se posa sur son épaule.

Il se retourna en sursaut!....

C'était une femme charmante, de vingt-cinq à vingt-six ans, au doux regard, à l'enivrant sourire, des boucles de magnifiques cheveux noirs enlaçaient son visage d'une éblouissante blancheur; ses yeux, en regardant le jeune homme, avaient pris une expression divine de douceur et de bonté....

« Pierre!... lui dit-elle, ne me reconnaissez vous pas?....

— Je cherche, lui dit Pierre, en passant la main sur son front, je cherche dans quel rêve, dans quel ciel imaginaire j'ai vu un ange!...

— Vous êtes donc toujours poète, répartit la jeune femme en l'interrompant? Vous avez oublié Nelly, la petite Nelly, de Lyon?...

— Est-ce possible! dit Pierre; vous, Nelly, vous ici... et mariée, sans doute.

— Veuve depuis deux ans, répondit Nelly, en baissant les yeux. Ah ça! monsieur l'enfant prodigue, c'est bien mal à vous d'avoir fui votre pays depuis si long-temps; j'espère que vous viendrez me voir... c'est pourtant dangereux... un ancien amoureux.... Mais je vous quitte, ma tante est là qui m'attend; demain, vous vien-

drez? rue de Provence, 12, nous dînerons en semble.

— A demain, Nelly, dit mélancoliquement le jeune homme, en baisant la main qu'elle lui tendait. »

La charmante enfant s'enfuit, légère comme une gazelle, et rentra dans une loge d'avant-scène.

« Ah ça! dit le compagnon de Pierre, qui sortait en ce moment du parterre, que fais-tu à rêver dans les couloirs! Est-ce que tu courtises les ouvreuses, ou bien fais-tu sécher ton gilet aux becs du gaz?... »

A ces mots, prononcés à haute voix, les promeneurs jetèrent involontairement les yeux sur le jeune homme qui sortait en ce moment du théâtre avec son compagnon. Son gilet était en effet mouillé du haut en bas... il y avait eu dessus quelques **heures** auparavant!.....

Le lendemain, on pouvait voir de bonne heure la gentille Nelly préparant tout pour la réception de son convive. La joie brillait sur son regard, la coquetterie dans son maintien... c'est que Pierre était son premier, son unique amour... Mariée par la volonté de ses inflexibles parents, elle avait dû, par convenance, réprimer ses affections;... mais le cœur des femmes est comme l'esprit des peuples, on a beau en comprimer les élans, le volcan, tôt ou tard, doit se faire un passage.

Quand cinq heures sonnèrent, la nuit était venue; un froid rigoureux avait couvert Paris d'un voile de glace, et les vitres du riche appartement étaient ornées de dessins fantastiques qu'avait tracés la gelée... Un coup retentit à la porte; on ouvrit: c'était Pierre, le convive attendu.

Le jeune homme entra, le sourire sur ses lèvres; il tendit la main à sa belle hôtesse, puis se débarrassant d'un grand manteau brun qui couvrait ses épaules, il le jeta négligemment sur une chaise de l'antichambre, et se mit à table, car le dîner était servi.

Il y avait ce soir-là, chez madame Nelly de Val..., bonne et nombreuse compagnie... Un avocat-général, célèbre par l'éclat de sa parole et l'intégrité de ses opinions; un riche banquier, dont le nom est resté pur de tout esprit de parti; un officier de la garde municipale et deux hommes de lettres fort connus du public.

Pendant le repas, la conversation fut ce qu'elle est toujours quand l'appétit commande, c'est-à-dire saccadée, décousue, distraite; mais quand vint le champagne, chacun portant sa part dans l'argumentation générale, les idées et les verres s'entrechoquèrent.

Tout-à-coup la cuisinière Pascaline, celle à qui l'on devait les richesses gastronomiques auxquelles les convives avaient fait si cordialement honneur, Pascaline entra en pleurant.

« Qu'avez-vous, enfant, dit madame de Val..?

— C'est affreux! c'est épouvantable! répondit la fille, ma marraine, madame Chardon et son fils assassinés! trouvés baignés dans leur sang!

étouffés sous les matelas!... ma pauvre vieille marraine !...

Un mouvement d'horreur parcourut l'assemblée.

« Le diable soit de ce récit, dit l'avocat-général, en sablant un verre de Madère; il fallait nous dire cela avant dîner; vous n'auriez pas troublé la digestion publique.

— Et connaît-on les assassins, dit Pierre négligemment, en jouant avec le manche d'un couteau d'argent destiné au dessert?

— On les reconnaîtra, répondit Pascaline; ils sont deux, ils sont: l'un, grand, l'autre, petit; ils ont des redingotes bleues.... comme la vôtre...

— Messieurs, observa gaiement le jeune homme, un plaisant de beaucoup de bon sens prétendait qu'il se sauverait si on l'accusait d'avoir volé les tours de Notre-Dame...Je porte une redingote bleue, c'est Pascaline qui le reconnaît!... Ne m'engagez-vous pas à passer la frontière?...

Un rire général accueillit cette grotesque proposition; il suffit pour dissiper la tristesse causée par le récit du cordon bleu... Le repas s'acheva gaîment, au milieu de toasts joyeux et de plaisanteries de bon goût:

Pendant ce temps, Pierre et Nelly, assis l'un près de l'autre, avaient beaucoup causé... madame de Val... riche et indépendante, voulait aller au-devant des vœux du jeune homme, et faire enfin son bonheur et sa fortune,... mais Pierre répondait toujours : « *Il est bien tard...* Bien des malheurs sont survenus *depuis notre séparation* !

— Ce sont ces malheurs-là que je veux réparer... Écoutez, M. le misanthrope, je pars demain pour Londres, où m'appellent des affaires de succession... tant il est vrai qu'on ne peut jamais hériter sans se déranger. Mais je serai ici bientôt, dans un mois au plus tard... et alors, Pierre, nous verrons bien si vos scrupules sont insurmontables! »

L'entrain était alors arrivé à son apogée; chacun des invités fut engagé, comme cela se fait alors dans les réunions intimes, à chanter quelques couplets.

« Messieurs, dit la belle hôtesse, nous avons un barde parmi nous; il fait de charmantes poésies, et je ne désespère pas de voir voler à la postérité le nom de...

— Ne me nommez pas, murmura Pierre, j'ai des raisons.

— Allons, monsieur, exécutez-vous de bonne grâce; chantez-nous quelques couplets sur notre aimable amphytrion; le sujet est riche, l'inspiration ne doit pas vous manquer, lui dit chacun des assistants.

Le jeune inconnu chanta ce qui suit :

Être divin, beauté touchante et pure,
Que je rêvais dans mes plus jeunes ans,
Qui que tu sois, esprit ou créature,
Prête l'oreille à ces derniers accents,
Sur les recifs d'une mer agitée,
Tu m'as guidé, phare mystérieux;
Je vois le port, et mon âme enchantée,
Ira bientôt te chercher dans les cieux.

Je te cherchais sous les brillants portiques,
Où vont ramper les séides des rois;
Je te cherchais sous les chaumes rustiques,
Ton ombre seule apparut à ma voix.
Peut-être, hélas! mon œil trop faible encore,
Soutiendrait mal ton éclat radieux;
Veille sur moi, Sylphide que j'adore,
Vierge immortelle, attends-moi dans les cieux.

— Bravo! bravo! crièrent les auditeurs.

Minuit retentit à la pendule, chaque invité se couvrit de son manteau pour regagner sa demeure... Pierre demanda le sien... Pascaline le prit sur la chaise sur laquelle il était posé pour le donner au jeune homme, mais, en le regardant, elle poussa un cri terrible !

Chacun se hâta d'accourir. Pierre lui dit :

« Si tu dis un mot, si tu fais un seul geste, d'ici à un mois, qui puisse me compromettre, *je te saigne au blanc*, moi ou les miens. »

La cuisinière resta muette et atterrée !

« C'est l'effet des nerfs, dit l'officier; la mort

violente de sa marraine l'a vivement émue.

— Venez-vous, monsieur, dit l'avocat-général à Pierre, je vous conduirai dans ma voiture !

— Je vous suis, répondit celui-ci. »

Puis, s'approchant de la pauvre Pascaline, il lui dit : « Comment as-tu reconnu ce manteau ?

— C'est celui de Chardon et, tenez, en bas, voyez cette reprise, elle a été faite par moi !

— Écoute, que t'importe à toi d'où me vient ce manteau ? ce que je te commande, c'est le secret ; jure-le moi sur ta vie.

— Je le jure ; mais à une condition, c'est que si vous êtes l'assassin ou son complice, vous n'épouserez pas madame.

— Ça, je te le promets ; mais en revanche, j'ai un autre service à te demander : ce manteau, tu l'as reconnu, d'autres le reconnaîtraient peut-être... je ne sais comment m'en défaire, garde-le... je te dirai quoi en faire en temps et lieu.... »

En prononçant ces mots, Pierre jeta sur Pascaline le lourd vêtement, et s'élança dans la voiture du magistrat.

Arrivé à la rue Montorgueil, le carrosse s'arrêta et l'organe du ministère public dit au jeune homme : « Vous voici chez vous, monsieur.... je ne connais pas encore votre nom ?

— Mahossier, répondit celui-ci.

— Eh bien ! dit l'avocat-général, en lui serrant la main, Mahossier, au plaisir de vous revoir. »

—

Le 21 octobre suivant, dans cette même rue, un garçon de recette faillit être assassiné, au moment où il venait y toucher un effet de 4,005 fr., signé Mahossier.

Quelques jours après, Mahossier et son complice, le même qui riait tant aux lazzis de Vernet, aux Variétés, comparaissaient devant la cour d'assises de la Seine, prévenus d'avoir assassiné la femme Chardon et son fils, dans le passage de la Boule-Rouge. Ils furent condamnés à mort.

Deux mois après son départ de Paris pour Londres, où elle accompagnait sa maîtresse, Pascaline reçut la lettre suivante :

« Tout est dit maintenant... Vous avez tenu
» parole ; mais mon sort est fixé ; car, quand
» vous recevrez cette lettre, je serai dans le
» néant.... Faites ce qu'il vous plaira du man-
» teau que je vous ai remis... Mais, sur le salut
» de votre âme, à l'existence de laquelle vous
» avez foi, jamais un mot à Nelly.... quand
» même elle découvrirait ma triste fin... Qu'elle
» ne sache jamais que je me suis assis près
» d'elle le lendemain d'un meurtre.... que j'ai
» pressé ses mains dans les miennes, encore
» rouges de sang... Adieu !
« Pierre François Lacenaire. »

Pascaline, comme tous les gens du peuple, était esclave de sa parole ; elle garda constamment le secret sur le sort de l'ancien prétendu de sa maîtresse. Celle-ci, après avoir écrit à Pierre plusieurs lettres, qui restèrent sans réponse, revint enfin de Londres à Paris, après six mois d'absence.

Elle envoya alors Pascaline pour savoir des nouvelles de son ami d'enfance ; mais, comme on peut le croire, cette fille se gardera bien de dire la triste vérité... Elle prétendit qu'il avait quitté la France.

Un jour, l'avocat-général, que nous connaissons déjà, entra chez madame de Val.... et lui dit en riant : « Eh bien ! votre poète, l'autre soir, avait oublié un couplet !

— Pierre ? demanda avec intérêt Nelly.

Oui, reprit l'impitoyable magistrat. Tenez le voilà, et il lui tendit une feuille judiciaire où elle lut, à la suite des couplets chantés chez elle, celui qui suit :

Je te rêvais, au printemps de ma vie,
Le front paré des riantes couleurs ;
Pauvre et souffrant dans ma longue insomnie,
Je te rêvais plus belle dans les pleurs.

Mais de la mort j'entends la voix sévère ;
Elle a brisé le prisme gracieux....
Je n'ai plus rien qui m'attache à la terre ,
Vierge immortelle, attends-moi dans les cieux.

En tête, se trouvait en gros caractères : EXÉCUTION DES ASSASSINS PIERRE LACENAIRE ET VICTOR AVRIL.

Nelly tomba mourante sur le plancher.

(*L'Audience.*)

—————

Nouvelles Théâtrales.

———

— Un ancien comédien d'Italie vient de fonder à Bologne un journal des théâtres, d'un genre aussi original que piquant, et auquel on peut hardiment promettre du succès. L'inventeur, réfléchissant combien les spectateurs devraient être aises de tromper l'ennui des entr'actes en savourant quelque friandise, s'est avisé de créer un journal qui donne le programme des pièces, et d'employer à la place du papier, une pâte délicieuse qui, par un procédé de l'art du pâtissier, se transforme en autant de feuillettes, sur lesquelles sont imprimés des articles très-spirituels, non pas à l'encre, mais au jus de chocolat. Et s'est ainsi que ce journal, après avoir servi de programme, devient gâteau. Certes, on ne pouvait pas mieux réaliser l'adage d'Horace : *utile dulci.* — Puff !

— Marié est de retour à Paris avec des couronnes et bon espoir.

— M⁽ᵐᵉ⁾ Maire, première chanteuse, et son mari, deuxième basse-taille, se décideront peut-être à quitter Lyon, où ils sont engagés conditionnellement, si une autre administration leur faisait des propositions avantageuses.

— Une commission vient de s'organiser à Lyon pour obtenir des souscriptions, dont le produit sera employé à l'achat d'une couronne d'or du prix, dit-on, de 1,500 fr. Cette couronne sera offerte à Mᶫᶫᵉ Rachel.

— On écrit de Londres que la grande fête musicale de cette année, à Birmingham, est fixée au 24 septembre, et durera trois jours. Il y aura deux mille cinq cents exécutants. Mᵐᵉ Dorus, de l'Opéra, est engagée pour chanter dans cette fête.

— Mᶫᶫᵉ Annette Lebrun, de l'Académie royale de Musique, vient de contracter plusieurs engagements pour donner des représentations en province, pendant le congé de deux mois qui lui est accordé par l'Opéra. Cette jeune artiste se rend d'abord au Hàvre, où elle doit jouer successivement *les Huguenots, la Juive, la Pie Voleuse, le Domino Noir,* etc, etc. — Nous sommes assurés d'avance de son succès.

OPÉRA. — La réouverture a eu lieu par les *Martyrs,* comme on l'avait annoncé, et la solennité, accompagnée de la rentrée de Duprez, donnait à la pièce un attrait tout nouveau. Jamais la musique de Donizetti n'avait été mieux interprétée que lundi. Duprez a chanté avec supériorité, et a déployé toutes les ressources de son admirable talent. Mᵐᵉ Dorus-Gras, rivalisant avec l'illustre ténor, a donné la juste mesure de l'enthousiasme qu'elle vient d'exciter à l'étranger aussi bien qu'à Paris. Dérivis, chanteur plein de goût et de puissance, et comédien de talent, et à côte de lui Wartel et Serda dans leurs rôles, complétaient un magnifique ensemble, auquel Massol ne gâte certainement rien, quand il use sagement de sa belle voix, et ne crie pas au lieu de chanter.

Mᶫᶫᵉˢ Fitzjames et Blangy ont fait les honneurs de la danse, et montré que le repos ne leur avait rien fait perdre de leur grâce et de leur légèreté.

Petitpas est indisposé, mais son état n'offre rien d'alarmant.

———

GRAND THÉATRE.

Aujourd'hui DIMANCHE, 23 *août* 1840, *On commencera à six heures.*

CLOTURE DES REPRÉSENTATIONS DE

M. BOUFFÉ.

LES ENFANTS DE TROUPE,

Comédie-vaudeville en deux actes.

Distribution. — Douville, colonel, M. Toudouze ; de Sévelas, capitaine, M. Cazaubon ; Louis, sous-lieutenant, M. Gustave Stéphane ; Trim, soldat, M. Bouffé ; Flamberge, tambour-major, M. Oudinot ; un adjudant-major, M. Famin ; Mᶫᶫᵉ Nadège, fille du colonel, Mᶫᶫᵉ Debroux ; Lodoïska, Mᵐᵉ Foignet ; Henriette, femme de chambre de Nadège, Mᵐᵉ Neuville ; Titine, ouvrière, Mᶫᶫᵉ Laure.

Le Bouffon du Prince,

Comédie-vaudeville en deux actes, par MM. MÉLESVILLE et XAVIER SAINTINE.

Distribution. — Le duc de Ferrare, M. Stéphane ; le marquis de Castelli ; M. Cazaubon, Marini, M. V. Henry ; Maitre Hugo Bambetto, M. Bouffé ; Diavolini, M. Blanchard ; Puccineilo, M. Duchâteau ; Premier conseiller, M. Famin ; Deuxième conseiller, M. Payen ; Troisième conseiller, M. Victor ; Quatrième conseiller, M. Delehel ; Un huissier de la cour, M. Lamotte ; Un officier, M. Sarrazain ; Un postillon, M. Despioux ; Un autre postillon, M. Durand ; Paola, Mᶫᶫᵉ Clara Stéphany ; Suzanne, Mᵐᵉ Cochèze.

UNE NOUVELLE TYROLIENNE,

De M. Constant Telle ; exécutée par MM. Marius Petipa, Constant Telle ; Mademoiselles Armaude et Thérèse Ferdinand.

LES RENDEZ-VOUS BOURGEOIS,

Opéra-comique en un acte.

Distribution. — Dugravier, M. Pàris ; César, M. Oudinot ; Charles, M. Stéphane ; Jasmin, M. V. Deplanck ; Bertrand, M. Blanchard ; Reine, Mᵐᵉ Hess ; Louise, Mᶫᶫᵉ Debroux ; Julie, Mᵐᵉ Olivier.

Ordre du Spectacle : 1° *Les Rendez-Vous Bourgeois* ; 2° *Le Bouffon du Prince* ; 3° *La Tyrolienne* ; 4° *Les Enfants de troupe.*

—————

Imprimerie d'Hérault. — Rédacteur en chef.

PRIX D'ABONNEMENT :

NANTES. { TROIS MOIS .... F. 3
SIX MOIS 6
UN AN....... 12

DEHORS { TROIS MOIS.. F. 5
SIX MOIS.... 10
UN AN....... 18
AFFRANCHIR..

Prix du numéro, 15 c.

PRIX D'ANNONCES :

30 c. à la page d'avis ; 1 fr. dans le corps du journal. Remise du tiers aux abonnés.

LE BUREAU EST SITUÉ
Chez HÉRAULT, Imprimeur, rue de Guérande, No 3.

ON S'ABONNE :

Au Bureau ;
Chez GUÉRAUD, Libraire, Basse-Grande-Rue et passage Bouchaud ;
PLANÇON, Libraire, place Graslin.

SE TROUVE CHEZ :
M. SCIREAU, Lib.re, rue Crébillon,
Et M. PLESSIER, Relieur, *idem*.

A PARIS,
ISIDORE PESRON, rue Pavée-Saint-André, No 13.

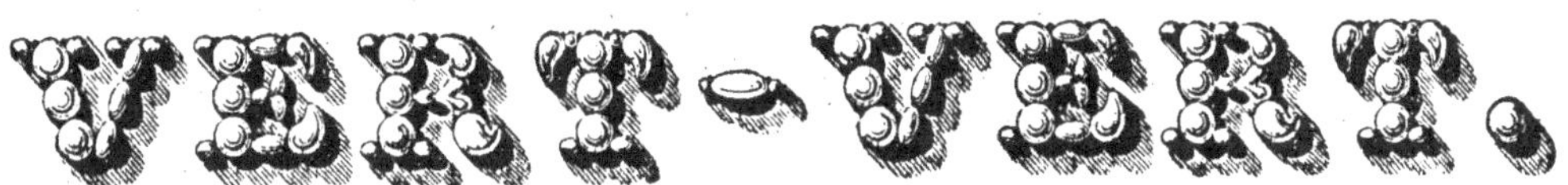

VERT-VERT.

JOURNAL DES SALONS ET DES THEATRES.

GRAND THÉATRE.

CHRONIQUE DRAMATIQUE.

OUFFÉ nous a quittés, laissant après lui un souvenir qui ne s'effacera pas de sitôt. Sa dernière représentation a été une véritable solennité où le grand comédien semblait avoir pris à tâche de se surpasser lui-même. Jamais peut-être il n'avait été si beau, si vrai, si admirable que dans son rôle de *l'Avare* ; on dirait qu'il a pris la nature sur le fait, pour en rendre la peinture si énergique et si frappante ; c'est surtout dans ce rôle qu'il rappelle le plus souvent l'immortel Talma.

Plus heureux que nous, à qui il ne reste plus qu'un souvenir, vous allez jouir de sa présence, fortunés Rennais ! Préprarez-lui donc vos plus riches offrandes ; et vous, jeunes filles, qui pleurerez avec l'amant de *Marianna*, qui sourirez au *Gamin de Paris* et à *l'Enfant de Troupe*, qui vous attendrirez sur le sort de *Clermont* ! Jeunes beautés, dont les suffrages sont la plus douce récompense du talent, préparez à Bouffé vos couronnes ! dépouillez pour lui vos parterres des fleurs que le brûlant soleil d'été a éparguées ! Embellissez le triomphe du grand acteur qui vous apprendra comme on aime avec sentiment, avec âme, surtout avec fidélité, qui vous fera tour-à-tour et pleurer et sourire, et qui remuera délicieusement dans vos jeunes cœurs ces trésors de sensibilité et de tendresse, que le ciel a pris plaisir à prodiguer à la femme.

Bouffé n'a pas dû être mécontent de la manière intelligente dont nos acteurs l'ont secondé. Cependant nous dirons :

A Mᵉ Debroux, qui est une charmante petite personne, que sa diction n'est pas toujours naturelle : il faut être avare de déclamation et d'emphâse dans la comédie, et savoir distinguer la nuance assez bien prononcée d'ailleurs qui existe entre le style familier et le style sublime ; on sent que ces vers : *Pour qui sont ces serpens*, etc., doivent être prononcés d'une toute autre façon que les mots : *J'ai l'honneur de vous saluer*. A cela près, Mᵉ Debroux est intelligente et sensible, ces deux qualités essentielles sont une garantie pour son avenir dramatique.

A M. Pâris, de se défier de son goût pour les pasquinades, dont il assaisonne ses rôles les plus graves, et de se débarrasser du ton emphatique dont il débite les choses les plus simples.

L'amour de la déclamation et l'emphâse, sont aussi les défauts de M. Toudouze ; chaque chose à sa place. L'uniformité engendre toujours la monotonie.

A M. Stéphane d'être plus sensible, s'il y a lieu.

A M. Oudinot, qu'il est presque toujours irréprochable.

Et à Mᵉ Clara Stéphany, qu'elle a une belle place marquée à la scène.

Réjouissez-vous, dilettanti ! M. Lafeuillade et l'opéra nous revienne.

Le Philtre a été chanté jeudi d'une manière très-satisfaisante ; il est superflu de dire que MM. Lafeuillade et Hermann-Léon ont rempli leur rôle avec âme, expression, enfin avec talent : C'est leur habitude.

Mᵉ Saint-Charles est aussi charmante et chante toujours avec autant de goût que vous savez.

M. Abadie nous semble devoir réussir ; il a comme comédien et comme chanteur des qualités précieuses et incontestables.

Mᵉ Constance s'est acquittée très-convenablement du rôle d'ailleurs peu important qu'elle avait à remplir, et pourtant elle paraissait souffrante. Nous avons cru remarquer aussi que Mᵉ Constance s'intimide un peu trop devant le public ; cette timidité lui donne un air de contrainte et d'embarras qu'on pourrait prendre pour de la froideur, et la prive d'une grande partie de ses moyens. Que Mᵉ Constance se rassure, le public n'est pas si diablo qu'il est noir, et les jolies personnes trouvent presque toujours grâce devant lui, surtout quand elles ne sont pas au-dessous de leur emploi ; c'est le cas de Mᵉ Constance.

Incessamment les débuts de la première chanteuse, engagée par M. Lafeuillade, qui a fait tout exprès le voyage de Paris. Les journaux de la capitale parlent avec conviction du talent distingué de cette artiste. Tout nous porte à croire que l'acquisition de notre nouvelle prima-dona est une bonne fortune pour notre scène lyrique.

Mardi donc, le premier début de Mᵐᵉ du Champi, dans *Lucie de Lammermoor*.

BOUFFÉ.

Au nom magique de Bouffé, à ce nom qui porte avec lui un certain prestige, est-il quelqu'un qui ait résisté au désir d'aller voir l'homme au talent incomparable et sans rival ? l'artiste qui, arrivé à la perfection, peut dire avec droit qu'il tient en ses mains le sceptre de l'art auquel il s'est consacré avec une vocation si franche, si naturelle, et dans lequel il a obtenu de si prodigieux succès? Ne pas être allé voir celui qui tient le premier rang de son époque, serait une faute impardonnable; ce serait faire injure à la scène; oui, ce serait fouler aux pieds, avec la plus profonde indifférence, la reconnaissance qu'on doit à l'artiste qui a étudié ses personnages avec autant de pénétration d'esprit, pour identifier avec lui ses auditeurs d'une manière irrésistible. En effet, quel naturel! quelle naïveté! comme tous les sentiments de l'âme, comme toutes ces diverses nuances qui décèlent le comédien consommé, sont rendus par Bouffé, avec une finesse et un tact inimitables! Combien n'excelle-t-il pas surtout, quand il s'agit de ces douces émotions du cœur! Comme dans *Pauvre Jacques*, où il faut, pour ainsi dire, faire sympathyser les yeux avec l'âme. Peut-on, en effet, retenir ses larmes? Ne se sent-on pas malgré soi, la paupière remplie de ces pleurs consolantes que la sensibilité vous fait verser avec un certain charme, et qui sont un remède à votre pauvre cœur navré de peines; car, comme l'artiste, vous souffrez ou vous êtes heureux. Quelle est donc la cause d'une semblable électricité? C'est, voyez-vous, que Bouffé est naturel et naïf, comme la nature et la naïveté elles-mêmes; c'est qu'avec ce talent il vous captive et met votre âme au niveau de la sienne; aussi, avec quelle avidité vous suivez toutes ses inspirations! Aucune de ses nuances, rendues avec tant de justesse, ne vous échappe; aucun de ses regards, qui veulent tous dire tant de choses, n'est perdu pour vous; vous êtes, en un mot, sa victime.

C'est un grand talent que d'émouvoir un auditoire tout entier, où il y a tant d'êtres aux caractères différents et aux passions si variées. Ce talent, Bouffé ne le possède-t-il pas au suprême degré? Mais sa tâche n'est qu'à moitié remplie; car son auditoire, qui a été touché jusqu'aux larmes, il y a un instant, ou qui a été sous le coup d'inspirations plus ou moins dramatiques, n'est pas, selon lui, entièrement satisfait: il lui faut maintenant des émotions toutes différentes. C'est donc à la plaisanterie la plus fine et la plus enjouée que Bouffé aura recours. Oui, maintenant, il va dilater l'âme de joie et de plaisir. Quelle verve infaillible dans cette nouvelle diction! Est-il un mot, un geste, un coup-d'œil qui ne soit régulièrement rendu? Peu importe la pièce dont il est le héros; que ce soit dans *Trim*, *le Gamin de Paris*, *Phœbus*, ou toute autre, c'est toujours le même homme qui a pour but de vous faire rire; oui, rire aux larmes.

Quoique nous soyons privés de l'artiste qui a su si bien mériter nos affections, qu'il nous soit permis néanmoins de lui adresser les éloges que nous aurions désiré lui donner pendant son séjour parmi nous.

Nous ne te dirons pas courage, ô Bouffé, car ton talent n'a plus besoin d'être encouragé. Te jeter des couronnes serait sans doute le plus beau tribut de notre reconnaissance; mais ton front, déjà chargé de celles qu'il a reçues, ne pourrait que s'affaisser sous le poids de celles que nous devrions te prodiguer. Seulement, pour en finir, nous t'offrirons nos cœurs et notre sympathie, ce qui vaut bien des lauriers; et, en échange, nous te demanderons un souvenir, pour, plus tard, parmi nous, exciter nos bravos et notre admiration.   A. A.

(*Article communiqué.*)

CAUSERIES D'ENTR'ACTES.

Il y a tel négociant à qui il faudrait buriner dans la tête et surtout dans le cœur ces vers de Voltaire:

> Les hommes sont égaux; ce n'est point la naissance,
> Mais la seule vertu qui fait leur différence.

Quel est le plus ridicule d'un négociant bouffi d'orgueil, où d'un honnête conducteur de diligence?

M. ***…. a eu une attaque de nerfs, l'autre soir, en sortant du spectacle; on l'attribue au contact trop immédiat d'un conducteur de diligence qui est resté assis toute la soirée sur la même banquette que le malade: le médecin a conseillé l'application d'une bonne épigramme.

Deux spectateurs se battant à coups de poing aux premières galeries des secondes, la police, appelée à grands cris, aurait répondu: *Laissez-les faire, c'est un exercice préparatoire pour la guerre contre les Anglais.*

MUSÉES.

A dater du 1er septembre, jusqu'au 30 inclusivement, le Musée d'Histoire Naturelle et celui de Peinture, seront fermés au public, à l'exception des étrangers munis de leurs passeports.

HISTOIRE D'UNE MODISTE.

ÉTUDES DES MŒURS.

I.

Taille svelte, pied mignon, jambe rondelette, minois égrillard et cœur sensible, tels sont les agréments que présente Mlle Céline Beaujour, jeune modiste de la rue Vivienne. *Veuve* en cinquième noce d'un officier de hussards, elle se trouvait provisoirement unie à un étudiant en droit. — Quelle est la modiste qui n'a pas au moins un étudiant en droit dans sa manche? — Malgré la multiplicité de ses hyménées, Céline est sur le point de se *réunir* à un jeune épicier du quai des Morfondus.

Mais, allez-vous sans doute vous écrier, estimables lecteurs, cette modiste est une *Barbe-bleue* femelle! — Chers lecteurs, permettez-moi de vous dire que vous êtes peu spirituels dans vos observations. Mlle Céline n'est pas une *Barbe-bleue*: loin d'être féroce, son âme est tendre et généreuse; le trépas du plus petit oiseau la désespère et la rend malheureuse, tant elle comprend tout ce que la vie a de charmes et de douces illusions. — Si l'on en croit le bon Pérault, M. *Barbe-bleue* d'épouvantable mémoire, avait l'habitude fatiguante de décapiter ses femmes. — Si vous voulez m'en croire, vous saurez que Mlle Céline n'a jamais coupé la moindre des choses aux heureux mortels qui sont parvenus à captiver son cœur: seulement, en qualité de modiste, elle était amateur de nouveautés, et cédait volontiers à la violence de ses caprices. Jules l'avait séduite par ses moustaches blondes systématiquement frisées; Ernest, par son habit à la française et ses gants beurre-frais; Edouard, par son chapeau-Giben. Les amants de Mlle Céline étaient à la mode; chacun d'eux avait sa spécialité.

Céline avait atteint sa vingt-quatrième année; elle commençait à comprendre que la jeunesse n'était pas éternelle, et que bientôt la redoutable *patte-d'oie* viendrait exercer ses ravages sur sa figure fraîche et rosée, et comme l'ont dit MM. Bayard et Dumanoir, transformer sa douce peau de satin en désastreux cuir de Russie; elle se prit à réfléchir sérieusement sur sa position future, et un matin, seule dans sa chambre, elle se livra au monologue suivant:

« Céline, depuis dix ans, tu as donné des preuves irrécusables de folle sensibilité; il est temps de devenir raisonnable et mariée: je sais qu'il t'en coûtera de renoncer au cancan perfectionné de la *Chaumière*, aux poses librement voluptueuses de la *Chartreuse*, mais ces jeunes gens d'aujourd'hui sont si monstres! ils oublient si facilement tous les sacrifices que nous autres jeunes grisettes au cœur vaporeux faisons à leurs désirs et à leurs caprices; j'ai vingt-quatre ans bien sonnés, c'est l'âge où l'entrechat éploré n'ébranle que rarement les jambes engourdies; j'ai avisé de par le quai des Morfondus, un jeune homme aussi laid qu'épicier, qui plusieurs fois m'a fait des propositions moralement matrimoniales; hier, il était là, à mes pieds, me suppliant d'accepter; je lui ai promis une réponse pour ce matin; allons, adieu la vie de célibataire!……»

Et elle se prit à fredonner:

> Oui, c'en est fait, je me marie.

Puis elle se mit à une table, et écrivit la lettre suivante:

« Meusieu Paullicarp,

» Vous zavé l'er haunéte ome; vou mavé
» hiair praupozé le mariage, jé raiflaichi et je
» vou zaicri la praisante pour vou dir que
» jasaipte; je sui lase daitre file, et daicide-
» man le conjongau me va. Vené don chai moa
» pour tout aranjai, parse que les voasins
» son ci maichan et fon tan de quanquen!
» avec léquél j'ai loneur daitre,

> » Votre futur femme,

> Céline Baujour. »

Avant de plier la lettre et de mettre l'adresse, Céline sembla hésiter un instant: Mais Edmond, dit-elle, mais Edouard, Alphonse, Henri!…… Ah! je tâcherai de les oublier….

Elle fut déposer sa lettre à la petite poste.

II.

Il était huit heures du matin; Céline attendait avec impatience l'arrivée de son prétendu; tout-à-coup, on frappa à la porte; elle s'empressa d'aller ouvrir; mais grande fut sa surprise d'apercevoir, au lieu du prétendu, Edmond, son dernier mari.

— Adieu, ma petite Céline, dit celui-ci en courant l'embrasser.

— Edmond! répondit-elle, que je suis aise de te voir! tu devrais bien me faire un plaisir.

— Lequel? parle.

— Celui de t'en aller.

— Ah! madame attend quelqu'un? Est-ce le hussard ou le banquier?

— J'attends mon prétendu.

— Oh! la plaisanterie est bonne! dit Edmond, en partant d'un grand éclat de rire.

Céline ne put s'empêcher de partager ce moment de gaieté, puis elle reprit un peu sérieusement :

— Ecoute-moi, Edmond, depuis six mois, tu étais chargé du bonheur de ma vie, tu t'es acquitté de ta mission en galant homme, je t'en remercie bien sincèrement; mais songe que je ne puis te prendre pour époux légitime; je t'aime trop pour cela. — Il y a quelques jours, j'ai fait la connaissance d'un jeune homme qui m'a offert son cœur et sa main.

— C'est un épicier, s'écria Edmond.

— Tout juste, répliqua Céline en riant, mon prétendu travaille dans les pruneaux et les cornichons. Je vais donc l'épouser; mais cela ne m'empêchera pas de me souvenir de toi : d'ailleurs, je te présenterai à mon mari, en qualité de cousin; toutes les femmes mariées ont droit à un petit cousin : les parents, c'est très-moral ça, mon cher.

— Ah! Céline, dit Edmond en jouant le pathétique, tu viens de me perforer le cœur! Toi, si belle et si rieuse dans ton boudoir que l'amour embellissait, tu vas te placer au comptoir d'un épicier, au sein des denrées coloniales, n'ayant pour confident de ta pensée, pour épancher ton sentiment d'affection, pour baiser ta blonde chevelure qui se déroule voluptueusement sur tes blanches épaules, qu'un homme abruti par le savon et le mélasse! Ah! malheureuse enfant!....

Et il laissa découler de ses yeux trois larmes de désespoir.

— Allons, mon petit chat! dit Céline, en le baisant au front, que c'est bête de s'attendrir comme ça! on ne se marie pas pour ne plus se revoir... Ah! j'y pense, j'ai dans ma chambre à coucher quelque chose qui t'appartient, et que tu dois reprendre; un faux-col, un tire-bottes et une pipe culottée : il faut faire disparaître toute trace de ton séjour en ces lieux.

Au même instant on frappa à la porte de la chambre, et une voix bien connue de Céline, s'écria du dehors :

— Mademoiselle Céline, c'est moi, Polycarpe, ouvrez.

— O ciel! s'écria Céline, mon prétendu!

— Où diable me fourrer?

— Là, dans cet appartement; — et après avoir enfermé Edmond dans son cabinet de toilette, elle fut ouvrir la porte au nouveau visiteur.

C'était en effet M. Polycarpe, le futur époux de Mlle Céline.

Quelques mots pour vous dépeindre ce prétendu :

Vous n'êtes pas, cher lecteur, sans avoir dans le ciel, un patron quelconque qui s'appelle Jean, Pierre ou Paul; vous avez sans doute aussi quelques parents ou amis qui, la veille de votre fête, vous gratifient d'un petit bouquet renfermé dans un énorme cornet de papier. Eh bien! ce petit bouquet vous donnera l'idée de la tête de M. Polycarpe, et le cornet de papier vous représentera fidèlement l'ébouriffant col de chemise qui entoure la susdite tête; les oreilles sont d'une longueur à rendre jaloux les quadrupèdes chantés par M. Viennet; quand M. Polycarpe va détourner le coin d'une rue, son nez apparaît cinq minutes avant le reste du corps, tellement sa dimension est démesurée. Il portait sur ses épaules voûtées un mètre de drap noir, calomnieusement appelé *habit*; joignez à cela un gilet qui avait joui, en 1815, d'une réputation de cachemire, un pantalon nankin descendant un peu plus bas que le genou, de manière à laisser exposés au grand jour, deux jambes grêles et desséchées, et une paire de bas bleus éplorés, puis, vous aurez une connaissance parfaite de l'extérieur de M. Polycarpe. — Le portrait que je viens d'en faire, n'est pas exagéré : du reste, s'il se trouve quelque incrédule, j'offre de faire voir l'original.

— Mademoiselle Céline, s'écria M. Polycarpe, après s'être recueilli quelques instants, vous daignez donc exaucer ma plus vive prière?

— Je n'ose vous en faire l'aveu, dit Céline en rougissant fort.

— Oh! assez! innocente créature, reprit l'épicier enthousiaste; que c'est mal à moi de vous faire rougir ainsi!.... Dès que j'ai eu pris connaissance de votre lettre, j'ai cru devoir tomber en pâmoison : que je suis donc heureux de posséder seul votre cœur; car je le possède seul, n'est-ce pas bel ange?

— Oh! oui, monsieur Polycarpe, je n'ai jamais eu d'inclination; vous êtes mon premier amour.

— Reine de candeur et de beauté, permettez-moi de déposer sur votre front le premier baiser d'amour qui va briser la virginité de votre âme.

Céline se mordait les lèvres pour ne pas rire : l'épicier délirait.

— Quand ferons-nous publier nos bans? demanda Céline, d'un ton modeste.

— Le plus tôt possible, répondit Polycarpe, avec feu : un long retard me serait fatal; mon cœur est un brasier ardent; et, comme le dit M. Arnal, l'Etna et le Vésuve ne sont que des lampions en comparaison... Allons de ce pas à la municipalité du deuxième arrondissement.

— Volontiers, monsieur Polycarpe, laissez-moi mettre mon bonnet. — Et elle passa dans le cabinet de toilette où elle avait enfermé Edmond.

Le bruit d'un long baiser fit arrêter l'élan d'enthousiasme de Polycarpe :

— D'où provient ce bruissement amoureux? demanda l'épicier intrigué.

Au même instant, Céline sortant du cabinet, lui répondit en jouant l'ingénuité :

— C'est un baiser que ma bouche vous adressait.

— Aimable et pudique enfant! Laisse-moi abreuver un instant mes yeux de ta séduisante image..... à charge de revanche, puis il se mit à chanter :

Mire dans mes yeux, tes yeux,
Gentille brunette.

— Que vous êtes drôle; monsieur Polycarpe! dit Céline en riant.

Elle prit son bras, et tous deux quittèrent l'appartement.

III.

Il y a trois mois, que M. Polycarpe a épousé Mlle Céline; il fait partie de la milice citoyenne, et depuis son mariage, ses tours de garde deviennent plus fréquents; il se plaint à son sergent-major qui, lui répond que le gouvernement est en danger.

Edmond est très-bien vu de M. Polycarpe, qui l'appelle son cher cousin. — Tout, en un mot, chez l'épicier du quai des Morfondus, justifie le dicton populaire :

« Très-souvent dans un ménage, un et un font trois. »

EUGÈNE DIGNAC.

LES PREMIERS ARTISTES FRANÇAIS A LONDRES.

Quelques personnes se rappellent le ballet des *Fêtes chinoises*, qui eut un succès si brillant à Paris. Le célèbre Garrick, acteur et directeur d'un des théâtres de Londres, invita le sieur Noverre à le faire représenter sur son théâtre. Le roi était dans sa loge, et sa présence contint pendant quelque temps les turbulents du parterre qui avaient juré de ne pas laisser finir le ballet. Les applaudissements partirent d'abord, mais ils furent mêlés de trois ou quatre coups de sifflets, et d'autant de voix glapissantes, qui répétaient par échos « Point de danseurs français. » La noblesse et tous les honnêtes gens redoublaient leur approbation, pour étouffer le bruit des cabaleurs. Le roi sortit fort satisfait du ballet, et très-mécontent du manque de respect de son peuple.

Un autre jour, on donna la seconde représentation. La salle fut pleine à trois heures. Toute la noblesse s'y trouva pour contenir la cabale devenue plus nombreuse. A la levée de la toile, les gens payés pour siffler firent un tapage affreux. Les lords sautèrent dans le parterre, et fondirent sur eux le bâton à la main; les dames, loin d'être effrayées de cette horrible batterie, montraient du doigt ceux qu'il fallait assommer. Le sang coulait partout; la danse cessa, et la noblesse chassa tous les estropiés. On recommença le ballet. Les battements de mains furent universels, et surtout, plus de siffleurs : ils étaient chez le chirurgien.

A la troisième représentation, qui était le jour de la première séance du parlement, le peuple, furieux, profita de l'absence des pairs, et siffla tout à son aise. Il arracha les bancs, les jeta dans le parterre, sur les gens du parti opposé, cassa les glaces et les lustres, et tenta de monter sur le théâtre, pour massacrer tous les acteurs; mais, par l'ordre qui règne dans l'intérieur de ce spectacle, en trois minutes les décorations furent enlevées, et les trappes prêtes à jouer pour engloutir les mutins.

Cette scène, qui dura une partie de la nuit, recommença plus vivement le surlendemain. La noblesse entra dans le parterre l'épée à la main, et chassa les plus factieux. Elle s'était saisie d'un des chefs de la cabale, et le tenait suspendu en l'air pour l'étrangler; mais Garrick s'éleva de l'orchestre, et cria, pour le sauver, quoiqu'il ne le connût pas : Messieurs, ne lui faites pas de mal; c'est mon ami. » Il fut lâché sur le champ, ce qui prouve également, et la façon de penser de cet acteur, et la déférence qu'on a pour lui en Angleterre.

On écouta la pièce avec assez de tranquillité; mais, à l'ouverture du ballet, le bruit et le tumulte recommencèrent. Les lords descendent des balcons au théâtre, dont les planches étaient hérissées de fers. L'un d'eux défie le peuple; on lui jette une pomme pourrie au visage; il s'élance avec fureur dans l'assemblée; les autres le suivent; des bras, des jambes, des têtes cassés, des gens à demi-écrasés sous les bancs, les danseurs cachés dans des coins; tel est le spectacle qui s'offre en un instant. Les mutins sont chassés; le parterre se vide; les lords remontent sur le théâtre, et présentent la main aux gens de leur parti, pour les faire monter avec eux. Mais tandis qu'ils rallient les acteurs dispersés, de nouveaux combattants descendent des troisièmes loges : le ballet commence; le théâtre est couvert de plusieurs boisseaux de pois mêlés de petits clous : les lords les balayent avec leurs chapeaux; on en jette d'autres. Une troupe de bouchers force les portes du parterre, se déclare pour la noblesse, et frappe à droite et à gauche sur les tapageurs, qui sont enfin obligés de céder. Mais on cessa, pour la conservation des habitants de cette capitale, de donner le ballet qui avait divisé toute la ville pendant quinze jours, et fait répandre des torrents de sang.

Plusieurs années avant que Noverre vînt à Londres, le sieur Monnet avait déjà essayé d'y établir une comédie française, et essuyé les mêmes disgrâces. D'abord, on inonda ses acteurs d'un déluge d'écrits satyriques, avant-coureurs de l'orage terrible qui se préparait. C'est d'un Français, le sieur Desormes, qui était alors lui-même comédien de cette troupe, que l'on tient les détails dont on va lire le récit.

« La toile se lève; et dans l'instant nous sommes accablés d'une grêle de pommes, de pierres, d'oranges, de chandelles. Étourdies d'un bruit affreux de sifflets, quelques unes de nos actrices s'évanouissent; les autres, en tournant leurs regards vers la France, laissent échapper leurs brillantes idées de fortune. Notre succès dépendait de la première représentation; et nous nous étions promis que, quelque chose qui arrivât, nous ne quitterions point la partie. Ainsi, malgré cet horrible tintamarre, nous avançons, une actrice et moi, sur le bord de la scène, et nous nous mettons en devoir de commencer. Le tumulte redouble; des loges on descend dans le parterre, du parterre on monte dans les galeries. Le gentilhomme est confondu avec le savetier; mille épées brillent et se croisent au milieu des cris, des gémissements. On se bat à coups de canne, on s'arrache les cheveux, les perruques, les cravates. La noblesse et la garnison font, pour nous soutenir, des exploits qu'on ne connaît qu'à Londres. Figurez-vous voir un duc se colleter avec un portefaix, l'assommer à coups de poings, et celui-ci ne se rendre que quand les forces et la voix lui manquent.

» Cependant nous continuâmes de jouer, ou plutôt de gesticuler à tort et à travers. Il y eut un moment de silence; et nous crûmes les mutins apaisés. Chacun allait s'asseoir et se disposait à nous écouter, quand tout-à-coup on aperçoit un spectre hideux ou qui paraît tel à son visage déchiré et aux ruisseaux de sang qui coulent sur ses habits. Il monte sur un banc au milieu du parterre, montre ses plaies et excite le peuple. Le combat se renouvelle avec plus de fureur; on prend pour armes tout ce qui s'offre sous la main. Les chandelles, les souliers, les canifs, les perruques trempées de sueur et de sang, tombent à côté de nous et sur nous.

» Nos partisans craignaient avec raison, que les ennemis ne songeassent à nous envelopper par derrière : pour prévenir cet accident, cinq ou six milords, suivis bientôt de cent autres gentilshommes, s'élancent l'épée à la main, du fond du parterre sur la scène, et forment un rempart pour nous garantir de toute insulte. Au même instant, un des chefs du parti contraire demande audience; on l'écoute; une voix tremblante fait entendre ces mots : « Nous sommes vaincus par la force; cédons, mes amis, c'est moi qui vous en prie. » A peine a-t-il fini de parler, que l'orage se dissipe; on achève la grande pièce; la petite est écoutée avec attention, et l'on nous reconduit dans nos maisons avec une escorte.

» Le lendemain, comme on craignait le même désordre, les officiers et la noblesse se rendirent de bonne heure au spectacle, et s'emparèrent du milieu du parterre. Ils étaient sans épées, mais avec de forts et courts bâtons. Ils entourèrent un juge de paix qui arriva, et lut un acte du parlement, par lequel on défendait les épées et le tumulte, sous peine de la vie. On cria : vive le roi, et la pièce commença; mais malgré le juge de paix et son acte, nous fûmes salués des sifflets et des hurlements de la populace. Nos protecteurs tombèrent aussitôt sur nos ennemis, sans leur donner le temps de respirer; l'action dura peu, mais fut vive. Représentez-vous une troupe de cyclopes, frappant à coups redoublés sur des enclumes. On cria de nouveau : vive le roi! et les deux pièces furent entendues et applaudies.

» Quelques séditieux voulurent encore troubler les représentations suivantes; mais nos partisans avaient si bien pris leurs mesures, qu'en moins de deux minutes on s'empara des mutins. Un de ces tapageurs, armé d'un énorme sifflet, qu'il avait fait faire exprès pour se distinguer, était tapi dans un coin du parterre, où il se croyait bien caché; mais malheureusement il avait été trahi. On le guettait, et dans l'instant qu'il embouchait l'instrument, il reçut sur le visage un coup de poing qui lui fit entrer le sifflet jusqu'au milieu du gosier. Au moyen de ces petites exécutions, les acteurs jouèrent tranquillement, et nous avions tout lieu de nous flatter que nous aurions désormais le succès le plus paisible, lorsqu'un incident nous obligea de discontinuer.

» Il fut question de l'élection d'un membre du parlement pour la ville de Westminster. Mylord Trent..., d'une des meilleures maisons d'Angleterre, était sûr de presque tous les suffrages. On lui demanda en pleine assemblée s'il n'était pas du nombre de ceux qui avaient souscrit pour l'établissement d'une Comédie-Française à Londres. Il protesta qu'il n'en était rien; on exigea son serment; il le fit et le répéta même pour plus grande notoriété. Un apothicaire prit la parole, et jura que non-seulement mylord était un des souscripteurs, mais encore qu'il l'avait vu mettre l'épée à la main contre ses compatriotes, et s'était lui-même trouvé dans la mêlée. Il n'en fallut pas davantage pour irriter tous les esprits : un murmure insultant s'éleva dans l'assemblée; le bruit de l'action de mylord et de son prétendu faux serment se répandit dans toute la ville. Le peuple remplissait les rues, criant à haute voix : « Point de parjure, point de comédiens français. » Ces mots devinrent le refrain de mille chansons : on inséra dans les papiers publics la copie d'un acte du parlement, qui condamne les parjures au pilori. Cet acte fut affiché dans tous les carrefours, et à la porte de mylord Trent....

» Enfin, on lui suscita un concurrent; et le peuple se rendit en foule à la maison d'un homme qui ne s'attendait pas à l'honneur qu'on voulait lui faire. Aussi fut-il surpris de la proposition, qu'il rejeta d'abord, fondant son refus sur la médiocrité de sa fortune, qui ne lui permettait pas de régaler ceux qui donnent leur voix au candidat. Tout le monde battit des mains, et l'air retentit de mille cris de joie. Les chefs de cette populace assurèrent qu'il ne lui en coûterait pas une obole; qu'ils ouvriraient les tavernes à leurs frais, et faisaient voir par là leur désintéressement. Ils se répandirent par toute la ville, et se mirent à crier : « Point de milord Trent... » Les spectacles publics étaient interrompus par les mêmes clameurs, et l'on ne souffrait point que l'on commençât une comédie qu'auparavant les spectateurs n'eussent répété ces mêmes cris. On jetait des loges dans le parterre une foule d'imprimés qu'on s'arrachait, et qui faisaient rire aux dépens de Milord. Son rival, au contraire, qui ne manquait pas de se faire voir dans la loge la plus distinguée, était reçu au bruit des applaudissements. La tempête cessa enfin; les flots se calmèrent, et Milord, par ses largesses, vint à bout de regagner les voix, et fut élu unanimement. Le peuple se contenta de la chute de notre théâtre, et nous nous fûmes seuls les victimes de l'antipathie nationale. »

Mais aujourd'hui la revanche est prise.

(*Revue et Gazette des Théâtres.*)

GRAND THÉÂTRE DE NANTES.

Aujourd'hui DIMANCHE, 30 août 1840, On commencera à six heures et demie.

LE PHILTRE OU LE CHARLATAN,

Grand-opéra en deux actes.

Distribution. —Guillaume, M. Lafeuillade; Jolicœur, sergent, M. Abadie; Fontanarose, charlatan, M. Hermann-Léon; Thérésina, Mlle Saint-Charles; Jeannette, Mlle Constance Lyon.

Danse, au deuxième acte :

CONTREDANSE,

Par MM. Marius Petipa, Constant Telle, Duchâteau, Famin; Mlles Armande, Thérèse, Santi, et Eulalie.

PAS DE TROIS,

Par M. Marius Petipa, Mlles Armande et Thérèse Ferdinand.

Le Spectacle commencera par

CLOTILDE.

Drame en 5 actes, par MM. Frédéric Soulié et Adolphe Bollange.

En attendant les débuts du jeune premier, M. CAZAUBON remplira rôle de *Bissy.*

Distribution. — Christian, M. Roche; de Lespinois, M. Toudouze; Bissy, M. Cazaubon; Raphaël Bazas, M. Pâris; Joseph, M. Henry; Vincent, M. Famin; Le directeur de la prison, M. Ferdinand; Un valet, M. Lamotte; Un commissaire de police, M. Sarrazain; Clotilde, Mme Jolly; Madame Darmely, Mme Roche.

Le Rédacteur en chef, HÉRAULT.

Imprimerie d'HÉRAULT, rue de Guérande, près la place Royale, à Nantes.

Dimanche 6 Septembre 1840.   DEUXIÈME ANNÉE.   3e Trimestre.   N° 88.

PRIX D'ABONNEMENT :

NANTES. { TROIS MOIS .... F. 3
          SIX MOIS   6
          UN AN.......   12

DEHORS { TROIS MOIS.. F. 5
          SIX MOIS....   10
          UN AN.......   18
          AFFRANCHIR..

Prix du numéro, 15 c.

PRIX D'ANNONCES :

30 c. à la page d'avis ; 1 fr. dans le corps du journal. Remise du tiers aux abonnés.

LE BUREAU EST SITUÉ
Chez Hérault, Imprimeur, rue de Guérande, N° 3.

ON S'ABONNE :
Au Bureau ;
Chez Guéraud, Libraire, Basse-Grande-Rue et passage Bouchaud ;
Plançon, Libraire, place Graslin.

SE TROUVE CHEZ :
M. Scireau, Lib.re, rue Crébillon, Et M. Plessier, Relieur, idem.

A PARIS,
Isidore Pesron, rue Pavée-Saint-André, N° 13.

VERT-VERT.

JOURNAL DES SALONS ET DES THEATRES.

GRAND THÉATRE.

CHRONIQUE DRAMATIQUE.

Cette semaine s'est écoulée sans nouveautés ; mais, en revanche, nous avons eu les deux premiers débuts de notre nouvelle Prima Dona. Mme Duchampy est cantatrice habile et bonne comédienne ; elle nuance aussi bien son chant que son jeu, et son intelligence se manifeste également dans la partie vocale que dans la partie dramatique. Nous pouvons affirmer qu'elle seule, ici, a compris et rendu avec vérité le personnage de *Lucie de Lammermoor* ; que c'est bien ainsi qu'à Paris l'ont joué Mesdames Persiani et Thillon ; qu'elle y a mis cette candeur, cette naïveté qu'on aurait cherchée vainement, l'année dernière ; nous sommes heureux de pouvoir signaler ce fait avec justice ; la pièce marche infiniment mieux aujourd'hui que lors de sa création. Mme Duchampy est la première qui ait rétabli le chant de Donizetti, et qui l'ait exécuté dans le ton écrit par l'auteur ; elle n'a rien coupé ni baissé, et elle a parfaitement joué et chanté la scène de folie du troisième acte. Aussi, le public, juste appréciateur, l'a-t-il saluée de vifs et honorables applaudissements.

Il en a été de même du duo de MM. Lafeuillade et Hermann : il est impossible de chanter et de jouer avec plus de chaleur et d'entrain ce beau morceau, qui est si bien approprié aux moyens de ces deux artistes. MM. Lafeuillade et Hermann sont des talents hors ligne pour la province, et déjà nous pouvons affirmer qu'aucune ville ne possède un ensemble tel que celui que l'on a remarqué dans les principaux opé-

ras : cela nous présage de délicieuses soirées, quand les débuts seront enfin terminés. Si nous sommes bien renseignés, nous dirons que l'administration met à l'étude *Guillaume-Tell*, le *siége de Corinthe* et *Moise*, trois chefs-d'œuvre de Rossini, qui vont enrichir le répertoire et seront une bonne fortune pour nos dilettanti. Si nous ajoutons à cela *Anne de Boulen* (grand opéra), la reprise de *la Vestale* et de *Fernand Cortès* : voilà, certes, de quoi satisfaire les exigences les plus rigoureuses.

Le second début de Mme Duchampy dans la *Juive*, nous a confirmés dans l'opinion avantageuse que nous avions de son talent. Il est impossible de rendre avec plus d'âme, de sensibilité, le caractère de *Rachel*. La romance *Il va venir*, a été chantée avec une singularité d'expression qui fait honneur à l'école d'où cette artiste est sortie. La scène de malédiction de la fin du second acte, a été rendue par *Éléazar* et *Rachel* avec une énergique indignation, et, dans le cinquième acte, Mme Duchampy a été parfaite. Nous nous contenterons d'ajouter que cette représentation est une de celles qui ont laissé le moins à désirer.

Le Philtre a été joué pour la seconde fois dimanche avec plus d'entrain que le jeudi précédent, M. Lafeuillade y a déployé toutes les ressources de son talent éminemment dramatique. Il s'y est montré d'une grande naïveté et d'une simplicité naturelle. M. Hermann y a été très-drôle sans charge, cet artiste est aussi recommandable par le soin qu'il apporte à se grimer et à bien prendre le caractère de ses rôles. Enfin, voilà l'opéra au grand complet, grâce à l'admission propable de M. Abadie, qui, tout en laissant à désirer sous le rapport de la voix, possède

d'assez grandes qualités pour compenser celles qui lui manquent ; en somme, la troupe commence à prendre de l'ensemble, et le public à l'apprécier.

L'orchestre a bien quelques reproches à se faire pour vouloir toujours couvrir la voix des chanteurs ; ainsi dans deux duos de *Lucie*, le sextuor du deuxième acte, et dans la *Juive*, il y avait des moments où le chant était entièrement perdu, notamment au duo du quatrième acte de cette pièce, lorsque *Rachel et Eudoxie* sont en scène, les cuivres attaquent souvent faux et pressent la mesure, tandis que la grosse caisse cherche à la maintenir, ce qui produit sur les spectateurs un effet très-désagréable, et cependant M. Hasselman est un chef soigneux, habile, qui comprend bien sa mission ! mais à l'impossible nul n'est tenu ; à moins que Messieurs les musiciens, se fatiguant trop en continuant à jouer de la sorte, n'en sentent à la fin tous les inconvénients : c'est ce que nous désirons, dans leur intérêt comme dans celui de l'art.

ENCORE UNE PASSION !

Depuis plusieurs mois, les beaux yeux noirs d'une actrice du Gymnase, Mme Nathalie, avaient, à leur insu, allumé dans le cœur d'un jeune homme une de ces passions exagérées, qui tiennent de la folie, et conduisent aux plus coupables extravagances, quand elles rencontrent d'insurmontables obstacles. Comme ces pauvres fous qu'on appelle en Angleterre les amoureux de la reine, l'adorateur de la jeune actrice se trouvait partout et toujours sur le passage de sa divinité.

L'amoureux écrivit plusieurs lettres brûlantes et suppliantes, on n'y répondit pas.

Toutefois, il ne se découragea pas, et se présenta un jour au domicile de Mlle Nathalie, rue de Provence. Il venait réclamer, disait-il, une lettre dans laquelle il se vengeait des rigueurs de l'actrice par des mots durs et tant soit peu grossiers ; mais il fut reçu et congédié par la mère de Mlle Nathalie.

Dimanche dernier, le malheureux jeune homme se rendit de nouveau chez Mlle Nathalie ; ce fut encore la mère de l'actrice qui le reçut. « Ma fille n'y est pas, lui dit-elle, retirez-vous. — Je suis sûr qu'elle est chez elle, répondit-il ; il faut absolument que je lui parle.

Pendant que le jeune homme s'efforçait de pénétrer dans la chambre de Mlle Nathalie, la mère aperçut des armes dans la poche de la redingotte du visiteur ; elle entendit en même temps sa fille qui, attirée par le bruit, ouvrit la porte de la chambre. « Retire-toi ! s'écria la mère avec effroi, retire-toi ! il veut te tuer. » Mlle Nathalie, malgré cet avis, s'approcha pour calmer le jeune homme ; mais celui-ci, saisissant un pistolet, tendit le bras, et lâcha la détente. Heureusement, le coup, mal dirigé, n'atteignit pas la jeune femme ; mais la balle passa par la porte, et alla briser une glace dans la pièce voisine. Aussitôt, la mère de Mlle Nathalie saisit le jeune homme au collet, le poussa sur l'escalier et ferma vivement la porte au verrou. On entendit sur l'escalier les menaces du furieux, et bientôt un second coup de feu vint ajouter aux terreurs des deux malheureuses femmes.

Les habitants de la maison, attirés par cette double explosion, accoururent précipitamment ; ils trouvèrent le jeune homme sur le palier ; il avait une blessure au bras, et cherchait, dit-on, à recharger son pistolet. Le commissaire de police et quelques hommes du poste voisin se rendirent sur les lieux, et arrêtèrent le jeune fou, qui fut conduit en prison. *Puff !!!*

LE MONSIEUR EN LUNETTES.

Ce monsieur est un type oublié par M. Curmer, dans sa collection des *Français peints par eux-mêmes*. On ne s'avise jamais de tout.

Le monsieur en lunettes est âgé de trente-huit à cinquante ans. Il porte la tête haute, est de moyenne taille, marche avec dignité, parle avec emphase ; il est ventripotent, suivant les belles expressions de M. de Balzac, lequel serait lui-même un modèle parfait du monsieur en lunettes, s'il portait les moindres besicles.

Le monsieur en lunettes est exposé à une foule de contrariétés inconnues aux autres mortels. C'est à lui qu'on s'adresse dans la rue pour demander son chemin ou l'heure qu'il est. C'est lui que l'on prend pour arbitre dans toutes les querelles de carrefour. Deux hommes se disputent ; tous deux veulent avoir raison, et

ils arrêtent le monsieur en lunettes, en l'adjurant de vouloir bien être juge entre eux. Le monsieur en lunettes inspire une telle confiance à tout le monde, que si la dispute s'est changée en coups de poings, qu'il faille aller chez le commissaire de police, et qu'une personne de la foule dise : « Il y avait là un monsieur en lunettes », les sergents de ville s'emparent aussitôt du premier monsieur en lunettes qui passe, et le prient de vouloir bien les suivre chez le commissaire de police pour y faire sa déposition. Le monsieur en lunettes est une autorité de coin de rue ; il est aussi la providence des grisettes délaissées. Dès qu'une brunisseuse ou une fleuriste a perdu son amant, elle se met en course pour trouver un monsieur en lunettes.

Dans sa maison, où il jouit d'une popularité désespérante, on ne le désigne jamais par son nom, ni même par la forme de ces vêtements, il semble que le malheureux ne possède ni chapeau, ni habit, ni bottes, et qu'il ne soit vêtu que de ses lunettes. Pour comble d'infortune, si le mari de la petite dame du second est jaloux, il soupçonne toujours le monsieur en lunettes, si la blanchisseuse du cinquième a égaré les foulards du propriétaire, celui-ci l'accuse de les avoir laissés exprès chez le monsieur en lunettes ; si quelqu'un vient demander au portier une personne inconnue dans la maison, le portier dit à ce quelqu'un : « Nous avons ici un monsieur en lunettes ; c'est sans doute lui que vous demandez. » L'autre répond : « Je ne suis pas sûr que la personne que je cherche ait des lunettes. » — C'est égal, reprend le portier, montez toujours au premier, la seconde porte à main gauche ; vous demanderez le monsieur en lunettes ; je serais bien étonné si ce n'est pas à lui que vous avez affaire. »

Dès que l'on prend du ventre et que les cheveux grisonnent, il faut bien se garder de porter même un lorgnon ; autrement, on risque d'être pris pour un monsieur en lunettes.

MODE.

Bien que trois ou quatre demi-journées de soleil soient venues interrompre la monotone série des jours humides et froids qui se succédaient depuis long-temps, bien que la chaleur ait fait mine de remonter jusqu'à 28 degrés, c'est un caprice de thermomètre auquel on ne se laisse pas prendre. On sait trop bien que l'automne est à nos portes, et que les étoffes d'été en sont à leurs derniers moments. Aussi la soie, la laine et le velours attendent-ils avec confiance l'instant de prendre leur revanche. La soie même et la mousseline-laine ont déjà commencé à se montrer ; c'est une tendance que la *Mode*, toujours parfaitement informée, n'a pas manqué de signaler.

« Le poult de soie, les taffetas écossais, la mousseline-laine ont pris une grand vogue avant leur saison habituelle ; le blanc aurait dû régner jusqu'à la fin d'octobre, et déjà la

défaveur l'a atteint. Ce qui reste de blanc aujourd'hui dans la toilette d'une femme, c'est le canezou : il est vrai que la grâce de leur coupe, que leurs enjolivements, leurs froncés, leurs bandes plates et leurs dentelles, les rendent bien jolis !

« Parmi les nouveautés, il faut citer les écharpes en foulard blanc damassées et terminées par de hautes franges vertes, ou bouton d'or. Sur des roses blanches, les écharpes gros violet ont une grande distinction. Il y en a beaucoup bordées d'un froncé courant tout autour. On voit aussi sur des robes de couleur des mantelets de lévantine blanche, bordée de dantelle. Les écharpes de mousseline blanche brodées ou unies, garnies de dentelle, sont d'une simplicité qui convient aux jeunes femmes. Les fichus *grand-mère* garnis de hautes dentelles plates, sont aussi d'une grande élégance pour négligé du matin.

« Les chapeaux *à la Lorraine* sont d'une grande simplicité ; une torsade de paille avec des glands de paille remplace sur ces chapeaux la soie et les fleurs.

« Pour les négligés de ville, on porte beaucoup de redingotes à dessins chinés, violets et rouges sur fond blanc, sablé de noir, avec deux garnitures tout autour. Avec ces redingotes, les cols de Valenciennes à trois rangs presque plats. Les robes de pékin, à corsage plat, ouvert en cœur et montant sur les épaules, manches plates, boutonnées, conviennent pour les promenades. Pour le soir, les robes de taffetas rayé gris, bleu et rose, glacé. Manches à bouillons, tombant au coude. Corsage ouvert en cœur. Collerette d'Angleterre. On fait aussi des robes de mousseline turque, à colonnes de cachemire, brodées en plein soie rouge et or, orange et argent. Au lieu de ceinture, une cordelière en soie et or. Corsage ouvert au milieu et laissant voir un corsage dessous en satin blanc.

« Les chapeaux de crêpe de palestine tendu, garnis autour de la forme, d'une couronne d'Angleterre, avec trois dahlias différents sur un des côtés de la passe, sont très-bien portés. Ce que nous avons annoncé avec joie, il y a six semaines, est généralement établi. Les chapeaux qui ne coiffaient que le derrière de la tête sont tombés dans le domaine du mauvais goût. »

La *Sylphide* signale également cette invasion prématurée de la soie. Son bulletin, se borne à constater la chute accomplie du corail, et à prophétiser dans un avenir très rapproché, celle des dessins écossais : nous verrons bien.

Quant aux chapeaux *paillassons*, à plumes plates, dont elle continue à célébrer le triomphe, nous sommes loin de partager son avis. Ces chapeaux, auxquels leur originalité même a prêté un moment une certaine distinction, n'ont eu, auprès des femmes comme il faut, qu'un éclair de succès. Les voilà déjà, depuis quelque temps, tombés dans le domaine public, c'est-à-dire dans le discrédit.

« On porte toujours, dis le *Bon ton*, des volants pour garnitures de robes habillé : tantôt on en place un seul d'un demi-mètre de hauteur, tantôt deux, trois ou cinq, et alors ils sont petits. On garnit quelques robes avec de la mousseline froncée, à petits tuyaux séparés, par trois petits volants formant demi-chicorée ou bien des ruches. Ces ruches prennent de plus en plus faveur; elles bordent l'ouverture des robes, garnissent des pelisses, couvrent des chapeaux; elles entourent aussi les écharpes de taffetas. Nous avons vu des écharpes garnies par devant de trois falbalas de dentelle noire.

On porte des fichus canezous en gros de Naples blancs, de larges plis, garnis de maline et de point. Les noirs sont encore portés.

Nous ajouterons que les spencers, surtout ceux de velours avec passementerie ou boutons d'or obtiennent toujours beaucoup de succès.

Le *Follet* recommande, comme transition entre les modes d'été et d'automne, les chapeaux de crêpe à coulisses.

Quant au *Petit Courrier*, il se contente de recommander ses marchands, et en particulier M. Mayer.

UN BRIGAND COMME IL FAUT.

Vers le milieu du XVIIIe siècle, en 1754, Mandrin se présenta aux portes de Montbrison. Il était si bien accompagné, que l'on ne songea pas même à lui opposer la moindre résistance. Il occupa donc la capitale du Forez, comme le duc de Nemours avait pu le faire au XVIe siècle, avec cette différence toutefois, en faveur du brigand, qu'il n'exigea pas la moindre chose des habitants, fit observer la plus rigoureuse discipline, et ordonna même qu'un de ses compagnons fût fusillé sur le boulevard, pour avoir dérobé, dans une maison, un objet de mince valeur.

Après diverses dispositions, dans lesquelles sa sûreté personnelle, et celle de sa bande n'avaient pas été plus négligées, comme on le pense bien, que l'inviolabilité des propriétés particulières, Louis Mandrin, élégamment mis, portant même un habit de cour richement brodé, disent quelques narrateurs, se rendit, suivi seulement de deux hommes en livrée, chez M. de Palmaroux, receveur de la gabelle.

— M. le receveur, je viens vous demander à souper, dit Mandrin, après avoir salué profondément le financier, et en jetant sous son bras gauche un chapeau à plumes, avec toute l'aisance d'un habitué du grand lever.

— Puis-je savoir, monsieur, à qui je suis redevable d'une visite à laquelle je suis très-sensible assurément, balbutia M. de Palmaroux, flottant entre la crainte et la surprise, quoiqu'il ignorât encore le nom du terrible hôte qu'il recevait.

— Rien de plus simple que cette demande, monsieur le receveur, on me nomme Louis Mandrin.

Louis Mandrin !!...

— Ne vous récriez pas; il est imprudent, mon cher financier, de juger les gens de loin,

c'est de près qu'il faut les voir. Voilà précisément pourquoi je viens vous rendre ma visite, et traiter avec vous, le verre à la main...

— Traiter? je ne comprends pas quel genre de relations nous pouvons avoir ensemble, répondit le receveur, tremblant de la tête aux pieds.

— Je conçois à merveille ce que vous me dites là, mais discuter l'espèce d'affaire que nous avons à traiter, me paraît complètement inutile; il s'agira purement et simplement de conclure, et vous verrez, je suis bon prince... Où sont donc les dames? elles se cachent, je parie? Qu'elle injure! il me semble que je sais vivre?.... On m'a dit que Madame de Palmaroux était musicienne; je serais enchanté de l'entendre. Un des désagréments de ma' carrière, c'est d'être privé de musique, je n'entends guère que les cornemuses des pâtres de la montagne, et ce n'est pas harmonieux.

— Monsieur.... certainement.... Je crois bien que.... Je crains que Madame ne soit indisposée....

— Contre moi, peut-être.... Ces diables de réputations..... Je veux la rassurer moi-même.

Les dames, il y a long-temps qu'on l'a dit, ne sont jamais tellement effrayées, qu'une petite démangeaison curieuse ne puisse se mêler à leur effroi; ce fut sans doute cette velléité qui, nonobstant la présence d'un homme que l'on se peignait comme un brigand, poussa Madame de Palmaroux dans le salon; Mandrin remarqua même que sa frayeur, si elle en avait éprouvé, s'était passablement combinée ici avec cette coquetterie qui rarement fait éclipse totale dans le caractère des femmes.....

Louis Mandrin présenta bientôt à madame de Palmaroux une main assez blanche et ornée d'un beau solitaire; on passa dans la salle à manger, où, par précaution, l'aventurier célèbre fit tenir derrière son siége ses deux prétendus laquais! qui du reste servaient à table avec beaucoup d'empressement le financier et sa femme.

Pendant le repas, on parla de la cour, des spectacles, du roman à la mode, du favoritisme de madame de Pompadour; et pas un mot touchant le motif de la visite intéressée ne se mêla à l'entretien. Mais, au dessert, la conversation changea d'objet; madame, prévoyant le *conclusum* de Mandrin, demanda à rester, quoique le contrebandier l'eût priée de se retirer, ne voulant pas, disait-il, attrister la soirée par des détails d'affaires.

— Ça, terminons notre affaire, dit enfin l'ennemi du fisc, après avoir avalé une dernière gorgée de vin de Champagne.... Combien, M. le receveur, *avons-nous* en caisse?

— Fort peu de chose, M. Mandrin; les perceptions ont été presque nulles ce mois-ci; les contribuables se montrent récalcitrants; ils se révoltent et battent nos préposés.

— En vérité! braves gens, je vois qu'ils se forment; je finirai par les mettre dans la bonne

voie; alors je prendrai ma retraite; justice sera rendue. Mais ne perdons pas de vue notre objet: à combien s'élève l'*avoir* en caisse?

— Peut-être à sept ou huit cents livres.... tout au plus.

— Prenez bien garde à ce que vous me dites-là, cher receveur; vous savez qu'en bonne comptabilité, il n'y a pas de liquidation sans contrôle. Et puis, ne croyez pas que je veuille agir en conquérant: j'entends bien, parbleu, mettre dans votre coffre, à la place de l'argent, un reçu comptable en bonne forme. Allons, papa Palmaroux, de la franchise, dans un homme du fisc, ce sera beau; quelle somme avez-vous à la fermé générale?

La main sur la conscience, 6,000 livres.

A ces mots, Louis Mandrin, tirant de son parement brodé un tout petit papier, jeta les yeux dessus, et répondit:

— Six mille 790 livres.... Vous voyez, cher receveur; qu'on est bien informé.... mais 790 livres vont et viennent dans la conscience d'un financier... Puis se tournant vers ces deux acolytes, le brigand ajouta: Accompagnez monsieur à sa caisse; faites-vous remettre 6,790 livres; vous savez que je ne touche qu'à l'or: l'argent me noircit les mains. Je vais, pendant ce temps, expédier ma quittance ici, pour ne pas laisser madame seule.... Je porte toujours sur moi du papier timbré: la régularité dans les actes, je ne connais que cela.

A ces paroles, Mandrin tira de sa poche un encrier portatif, et libella ainsi sa quittance, après avoir relevé un coin de la nappe, de peur de la tacher: « Je soussigné, Louis Mandrin, négociant, reconnais *avoir perçu* dans la caisse de M. Palmaroux, receveur des gabelles, la somme de 6790 livres, violemment enlevée aux contribuables; déclarant ledit receveur dûment libéré de ladite somme et exempt de tout recours de la part de tous les fermiers-généraux ou leurs suppôts; en foi de quoi j'ai laissé au susdit comptable la présente quittance, pour lui servir de valable décharge. »

Après cet exploit, Mandrin prit congé de ses hôtes, peu flattés d'une pareille visite, mais ne pouvant toutefois s'empêcher de rendre hommage à l'urbanité exquise du célèbre voleur.

(*Loire Historique.*)

Etats-Unis. — Scènes patriotique.

Dans la nuit du 16 août, une scène désastreuse avait eu lieu devant l'hôtel qu'habite Mlle Elssler. Un grand nombre d'admirateurs de son talent s'étaient réunis pour lui donner une sérénade; la foule des curieux était nombreuse. A peine la sérénade était-elle commencée, qu'une bande considérable de radicaux, ou Locofocos, se sont précipités sur les exécutants, au cri de: « Etats-Unis! » et ont brisé tous les instruments et brûlé la musique.

CONSEIL DE DISCIPLINE

DE

LA GARDE NATIONALE.

LE MORT VIVANT.

1° Le garde national meurt et ne se rend pas... au poste.

2° Le garde national ressuscite et se rend en prison, comme on va le voir.

Le chef de bataillon président, les juges et le rapporteur prennent place à leurs sièges. Le greffier du conseil, après avoir entendu ouvrir la séance, appelle à haute et intelligible voix M. Lourdin, imprimeur. L'assigné ne répond pas.

Une femme en noir. — Ah! pauvre cher homme! que le ciel le préserve de tout inconvénient.

Le président. — On appelle M. Lourdin; qui est-ce qui se présente?

La femme en noir. — Ah! il lui serait difficile de *s'exprimer* dans la position dans laquelle il se trouve...

Le président. — Comment donc est-il?

La femme en noir. — Il est couché sur le dos sans pouvoir remuer... Éclipse totale de force physique.

Le président. — Apportez-vous un certificat de son médecin?

La femme en noir. — Ça n'est pas nécessaire, puisqu'il est mort, le médecin a fini son ouvrage.

Le rapporteur. — Comment, M. Lourdin est mort?

La femme en noir. — Ah! mon Dieu, oui, Messieurs : que la terre lui soit légère! il m'a souvent fait enrager.

Le président. — Mais de quoi donc est-il mort?

La femme en noir — D'un rhumatisme rentré...... C'est malheureux, messieurs, il ne pourra pas monter sa garde par suite de cet accident. *De profundis, s'il vous plaît.*

Le président. — Mais je ne puis croire que ce bon M. Lourdin soit décédé; il était gras comme un maître-d'hôtel.

La femme en noir. — C'est ce qui l'a perdu. Je lui disais toujours : Boniface, t'as trop de santé, mon fils, ça t'étouffera. Du reste, messieurs, il m'a exprimé un regret à son dernier soupir : c'est d'être obligé de décéder sans prévenir son sergent-major. (Rire général.)

Le président. — Vous dites que votre mari est mort, justifiez le fait.

La femme en noir. — C'est très-juste. Quand on est mort, c'est comme quand on est vivant... faut montrer ses papiers.

Ici, la veuve déploie une énorme pancarte où on voit :

MONSIEUR,

Vous êtes prié d'assister à l'enterrement de défunt LOUIS-JEAN-BONIFACE LOURDIN, imprimeur, passage du Caire, décédé le 21 mars 1840.

De la part de Mme Lourdin, sa veuve, de MM. Jean et Louis Bourdin, Ballot, Carl, Bizet, ses père, mère, fils, neveux et serviteurs.

Le service funèbre aura lieu à onze heures, dans l'église de sa paroisse.

De Profundis s'il vous plaît.

Le président, d'un air convaincu. — Madame, il n'y a rien à dire... le décès est constaté... Nous ferons rayer feu M. Lourdin des contrôles.

Un juge. — Permettez, monsieur le président : par l'effet du hasard, j'ai aussi un billet sur moi provenant de M. Lourdin, et ce n'est pas un billet d'enterrement; je crois qu'il serait de nature à faire ressusciter le défunt.

La femme en noir. — Que dites-vous là, monsieur? (Rires prolongés.)

Le même juge. — Je dis que je pense que le billet que voici est équivalant à un certificat de vie. Voici quel en est le texte :

Au quinze décembre prochain, je paierai à monsieur Bernard ou à son ordre, la somme de soixante francs, valeur reçue en pains de six livres.

BON POUR 60 FR.

Paris, ce 21 *août* 1840.

Signé LOURDIN, imprimeur, passage du Caire.

(Un rire fou succède à cette lecture.)

Le président. — Vous conviendrez, madame, que les personnes qui mangent pour 60 francs de pains de six livres n'ont pas l'air d'être morts :

Les gens que vous tuez se portent assez bien !

Le rapporteur. — Je savais depuis long-temps que le prévenu envoyait sa femme en deuil pour payer ses contributions, afin de faire croire à un veuvage, dont elle serait sans doute affligée. (On rit.) Je savais aussi qu'il s'est fait passer pour mort dans plusieurs arrondissements, en faisant distribuer des circulaires semblables à celle que madame a voulu faire valoir.

La femme en noir. — C'est mon mari qui l'a voulu.

Le conseil condamne le défunt à 48 heures de prison.

Le juge au billet. — Sans rancune, madame, et ne dites plus que vous êtes veuve.

La femme en noir. — Au fait, c'est ennuyeux, Boniface mourrait *pour de bon* qu'on ne le croirait pas... Je ne trouverais peut-être plus à me remarier.

Nouvelles Théâtrales.

— Une scène affligeante s'est passée, la semaine dernière, aux Menus-Plaisirs, où les acteurs du Théâtre-Français s'étaient réunis pour répéter *Latréaumont*. Monrose, veuf et séparé par les événements de toute sa famille, dont il s'occupait beaucoup, a encore eu, ces jours derniers, le chagrin de voir partir pour le théâtre d'Anvers le dernier fils qui était resté près de lui. L'isolement qu'il en éprouve, à un âge où l'on a plus que jamais besoin d'entours, lui a d'abord causé une sérieuse maladie. La guérison paraissait à peu près complète, lorsqu'hier, au moment de répéter un rôle très-important dans *Latréaumont*, les idées noires ayant pris le dessus, Monrose s'est mis à verser des torrents de larmes, en se plaignant des rigueurs de son sort. Il a d'abord demandé aux auteurs la permission de suspendre la séance ; puis, s'abandonnant à sa douleur, il a fini par les prier de disposer de ce rôle, dont ses forces ne lui permettent plus de se charger.

Les personnes présentes à cette scène en ont été profondément émues; on a quitté la répétition, et maintenant les auteurs vont aviser au remplacement de Monrose dans leur ouvrage.

FRANÇAIS. — On annonçait pour le 6 l'ouverture du Théâtre-Français, mais elle sera probablement ajournée à lundi.

Le ton des papiers qui garniront le fond des loges sera, dit-on, favorable à l'éclat des toilettes : ce sera un vert tendre, relevé par du velours cramoisi. — Il n'est pas probable, comme quelques journaux l'ont dit, qu'on r'ouvrira par *Cinna*; on fera d'abord voir la salle, puis Mlle Rachel, de retour à Paris, et que l'on réservera à dessein, fera sa rentrée dans le rôle d'Émilie, le moins fatiguant de son répertoire. — Mlle Mars a dû quitter Orléans lundi dernier, et peut-être est-elle déjà en ce moment à Paris. Sa santé est, dit-on, entièrement rétablie. — Rien de nouveau, d'ailleurs, pour le drame de *Latréaumont*. Beauvallet reste chargé du rôle principal.

GYMNASE. — Hier, Bouffé, l'excellent comédien, a fait sa rentrée, après deux mois de congé, dans les *Enfants de Troupe* et les *Merluchons*. L'accueil du public a été une véritable ovation. M. et Mme Volnys sont de retour, et leur rentrée doit avoir lieu ces jours-ci. De pareils artistes, qu'on revoit après deux mois d'absence, suffisent pour faire attendre patiemment les nouveautés.

GRAND THÉÂTRE DE NANTES.

Aujourd'hui DIMANCHE, 6 Septembre 1840. On commencera à six heures et demie.

SANS DÉBUTS,

ROBERT LE DIABLE,

DANSES.

AU DEUXIÈME ACTE,

PAS DE TROIS,

Exécuté par M. Marius Petipa, Mlles Armande et Thérèse Ferdinand.

AU TROISIÈME ACTE,

SCÈNE DES NONNES,

Exécutée par Mlles Armande, et Thérèse Ferdinand, Santi et Mesdames des Chœurs.

Grand opéra en 5 actes, paroles de M. Scribe, musique de M. Meyerbeer.
Distribution. — Robert, M. Lafeuillade ; Bertram, M. Hermann-Léon ; Raimbaut, M. Damoreau neveu ; Albert, M. Victor Deplanck, Un chevalier, M. Salanson ; Le roi de Sicile, M. Ferdinand, Le prince de Grenade, M. Roche ; Le chapelain de Robert, M. Granger ; Isabelle, Mme Duchampy, Alice, Mlle Victorine Saint-Charles ; Hélène, Armande Ferdinand.

Le Rédacteur en chef, HÉRAULT.

Imprimerie D'HÉRAULT, *rue de Guérande, près la place Royale, à Nantes.*

PRIX D'ABONNEMENT :

NANTES.
TROIS MOIS .... F. 3
SIX MOIS   6
UN AN.......   12

DEHORS
TROIS MOIS .   F. 5
SIX MOIS....   10
UN AN.......   18
AFFRANCHIR..

—

Prix du numéro, 15 c.

—

PRIX D'ANNONCES :

30 c. à la page d'avis; 1 fr. dans le corps du journal. Remise du tiers aux abonnés.

LE BUREAU EST SITUÉ
Chez HÉRAULT, Imprimeur, rue de Guérande, No 3.

—

ON S'ABONNE :
Au Bureau;
Chez GUÉRAUD, Libraire, Basse-Grande-Rue et passage Bouchaud;
PLANÇON, Libraire, place Graslin.

—

SE TROUVE CHEZ :
M. SUIREAU, Lib.re, rue Crébillon,
Et M. PLESSIER, Relieur, idem.

—

A PARIS,
ISIDORE PESRON, rue Pavée-Saint-André, No 13.

VERT-VERT.

JOURNAL DES SALONS ET DES THEATRES.

GRAND THÉATRE.

CHRONIQUE DRAMATIQUE.

A représentation de jeudi valait à elle seule toutes celles de la semaine, tant par l'importance des débuts, que par le mérite du compositeur qui en faisait les frais. En effet, le *Barbier de Séville* est, de tous les opéras de Rossini, le plus spirituellement écrit, le plus gai, le plus comique, le plus original, comme *Guillaume Tell* en est le plus sublime. Ce chef-d'œuvre est parfait de dramatique, de déclamation et de prosodie; riche de mélodies, profond d'harmonies simples et admirablement appropriées au sujet. Qu'un étranger ait pu comprendre la langue française, ses beautés, ses exigences, ses difficultés, c'est ce qui n'était réservé qu'au vaste génie du maëstro. Quelle couleur patriarcale il a su donner au père d'Arnold, dans ces beaux récits du premier acte! avec quelle noblesse il fait parler ce jeune pâtre amant d'une princesse! quelle fierté sauvage dans les mâles accents de *Guillaume Tell!* Que ces chœurs sont larges, puissants! que chaque morceau est bien varié dans chaque acte! chaque situation! que c'est beau! que c'est admirable! Voilà ce qu'on se répète d'un bout à l'autre, en écoutant cette étonnante production. Il faudrait écrire des volumes pour essayer d'analyser toutes les sensations que vous font éprouver les beautés de cette sublime partition, depuis l'ouverture jusqu'à l'air *Asile héréditaire*, qui termine la pièce.

Guillaume Tell a été aussi bien rendu que le permettent les ressources d'un théâtre de province, qui ne peut posséder ces masses de voix et ces 80 musiciens dont dispose l'Académie royale de Paris. En l'absence de ces puissants auxiliaires, disons que nos acteurs, les chœurs et l'orchestre ont fait de leur mieux, et qu'ils ont réussi à faire comprendre cette belle œuvre aussi difficile qu'admirable. M. Lafeuillade a parfaitement dit son récitatif, il a chanté et joué son rôle comme nous devions nous y attendre, d'après ses antécédents. M. Abadie saisit parfaitement le personnage de *Guillaume*; il l'a joué en bon comédien. Mme Duchampy a chanté d'une manière ravissante la délicieuse romance du second acte si pleine de poésie. L'ouverture a été jouée avec verve; les cuivres se sont distingués; les échos des cors placés sur le théâtre ont produit le meilleur effet; les trompettes ont attaqué avec précision leurs rentrées, et les solos, entre la flutte, le cor anglais et la clarinette, ont été joués parfaitement par MM. Urso, Reinhard et Hugot. Quel plaisir d'entendre ces artistes dans l'ouverture, le duo du second acte, et dans la tyrolienne du troisième! Pendant la danse, y a-t-il rien de plus frais, de plus suave, que ce joli morceau où les trois instruments groupés ensemble forment un concert entre le rossignol, le pinson et la fauvette? Ne se croirait-on pas transporté à la campagne au lever de l'aurore? Cette parfaite exécution fait un honneur à l'orchestre et à son chef, M. Hasselmans, qui le dirige avec tant de soin.

Nous reviendrons sur ce magnifique opéra chaque fois qu'on le donnera, car on ne peut pas plus se lasser d'en parler que de l'entendre.

Revenons à la débutante pour laquelle on avait fait précéder *Guillaume Tell* de deux actes du *Barbier*. Dans notre opinion, quoique Mme Duchampy n'eût pas compté pour début le rôle d'*Isabelle*, qu'elle a parfaitement chanté dimanche, nous avions jugé cette troisième épreuve suffisante, et le public semblait être de notre avis; cependant il n'en a pas été ainsi, et notre prima dona a voulu tenir ce qu'elle avait promis. Nous n'avons donc qu'à nous féliciter, car nous avons entendu l'air du *serment*, exécuté comme jamais il ne l'a été sur le théâtre de Nantes. Avec quelle flexibilité n'a-t-elle pas rendu le passage de ce joli air! Quel goût! Quelle ravissante méthode! comme ces échos étaient bien faits! Quelle vitesse dans l'allegro, sans qu'aucun des passages en harpèges, en triolets ou en gammes, aient fléchi le moindrement. Bravo! mille fois bravo! Mme Duchampy, vous nous avez déployé dans cet air un beau, un vrai talent; il est rare d'unir à la puissance des sons cette légèreté si fine, si flexible des voix les plus souples. Vous avez bien mérité les quatre ou cinq salves d'applaudissements que toute la salle vous a données spontanément; c'est un beau triomphe, un jour de fête, pour vous et pour nous. Espérons qu'il sera le présage d'une prospérité que nous souhaitons de tout notre cœur à l'habile chef qui fait tant et si bien pour les plaisirs du public nantais.

Dans cette soirée, M. Abadie, baryton, ainsi que Mlle Constance Lyon, deuxième dugazon, ont terminé leurs débuts par une admission générale et méritée.

M. Blanchard nous reste comme second comique d'opéra et de vaudeville. M. Blanchard a beaucoup fait pour le public et pour la direction. Celle-ci vient de l'en récompenser; nous pensons que le public, non moins reconnaissant, lui saura gré de sa bonne volonté et de son zèle, qui ne se sont point démentis dans les mauvais jours, c'est-à-dire dans les jours d'épreuve.

On assure qu'un drame historique, aussi attachant par son sujet que remarquable par ses détails, sera bientôt monté sur notre théâtre. Il est attribué à un réfugié polonais, un des auteurs dont les pièces ont fait, avant la révolution, la vogue du *théâtre des Variétés*, à Varsovie, et qui a continué dans les veilles de l'exil, à cultiver les lettres. L'intérêt qu'inspirent, à si juste titre, tous ses compatriotes, est un nouveau présage de succès pour son œuvre.

PREMIÈRE REPRÉSENTATION

DES PREMIÈRES ARMES DE RICHELIEU,

Vaudeville en deux actes, par MM. Bayard et Roger de Beauvoir.

Nous terminerons notre revue hebdomadaire par les réflexions suivantes, sur les *Premières armes de Richelieu*, et sur la manière dont ce vaudeville a été joué par nos principaux artistes.

Ceux qui voudront perdre leur temps à continuer les essais *faciles* de M. J. J. sur l'histoire du vaudeville, auront une chose importante à consigner sans rire : les quatre phases bien distinctes, bien curieuses, parcourues jusqu'à ce jour, par cet enfant gâté et malin de Favart et de Désaugiers, par ce guerrier couronné de lauriers de l'empire, par cet amoureux millionnaire de M. Scribe, par ce grand seigneur musqué, poudré de M. Ancelot. Ils ne devront pas omettre, pour conclusion, ce fait assez singulier à savoir que le genre *le plus éminemment national*, comme disait autrefois feu le *Constitutionnel*, a presque toujours été le genre le plus infidèlement national.

Néanmoins, depuis quelque temps, la poudre, les mouches et les perruques de M. Ancelot semblent vouloir nous dire adieu. L'auteur de Fiesque, de Padilla *revient à ses premiers amours*, et, nous l'en félicitons, car les premiers amours de M. Ancelot, valent bien ceux de ses roués, de ses comtesses et de ses marquises. La démission de M. Ancelot est acceptée. Enfin, le vaudeville va peut-être se *nationaliser*.

Bien que la pièce de MM. Roger de Beauvoir et Bayard soit un dernier cri de cette école parfumée et à talons rouges, hâtons-nous de dire pourtant que, sous le triple rapport du style, du dialogue et de l'intrigue, elle ne ressemble guère à ses nobles devancières. En effet, l'expression y est toujours facile, l'esprit moins rare et plus vrai, la tradition historique plus exactement rendue, sans pour cela cesser d'être digne d'un public qui veut rire ou pleurer, et non applaudir aux faits et gestes, aux orgies de messieurs de la cour, de l'épée, de la robe et de la mitre. Cette pièce est, en un mot, un véritable vaudeville, et, en même temps, le symptôme heureux d'une réaction dans la plus spirituelle partie de l'art.

Aussi voyez, depuis sa charmante apparition au *Palais-Royal*, sous l'égide de Déjazet, — non de Déjazet l'égrillarde, non de cette fille

qui frétille, non de cette vivante et railleuse traduction de tout ce que le regard a de plus agaçant, de tout ce que la désinvolture a de plus abandonné, de tout ce que la voix a de plus libre et de plus joyeux ; — mais de Déjazet corrigée, marchant avec l'art et le public, se soumettant, *le grand artiste !* aux exigences de l'un et de l'autre ; voyez, dis-je, avec quel succès cette pièce a été montée sur la plupart de nos scènes secondaires ! Beau succès, ma foi ! puisque, partout il en est résulté des bravos pour les auteurs, de l'argent pour les théâtres et des couronnes pour les Déjazet de nos provinces.

Après cela, nous croyons qu'il est inutile de donner à nos lecteurs une analyse des *Premières Armes de Richelieu*. Tout le monde voudra voir, nous n'en doutons pas, ce joli vaudeville dont les rôles sont si bien distribués, compris et nuancés.

Il est, dans ce remarquable tableau des mœurs du siècle expirant du grand roi, des scènes qui échapperaient à notre examen, d'autres que leur originalité dramatique nous fait une obligation de taire. D'ailleurs, qui ignore aujourd'hui, par les mémoires et les exhumations historiques qui pullulent et nous inondent les galantes aventures du petit neveu du Cardinal, *La vie amoureuse de M. de Fronsac*, *Les enfantillages* du protégé de Mme de Maintenon, et *La Poupée* des dames d'honneur de Versailles? Certes, ce n'est pas tout cela que MM. Roger et Bayard ont reproduit dans leur ouvrage, mais c'est quelque chose de cela, comme disait le duc de Richelieu lui-même. — Allez, et jugez.

Maintenant faisons la part des artistes.

Trois rôles principaux dominent l'ensemble de cette composition : Richelieu, le Chevalier de ***, la duchesse de Noailles; puis viennent se joindre à ces personnages le baron et la baronne de Bellechasse, Diane de Noailles, Mademoiselle de Nocé; et, comme accessoires obligés, mais de quelque importance, Dubois et Merlac.

Toute l'action de ce petit drame repose sur Richelieu ; de telle sorte que ce dernier occupe, durant deux longs actes, presque continuellement la scène. Grande et rude tâche à remplir pour l'artiste chargée d'interpréter ce brillant rôle ! Et nous pouvons le dire, en nous rendant l'écho de tous les jugements portés dans la soirée d'hier, cette tâche a été remplie avec toutes les ressources d'un beau talent, avec toute l'application de consciencieuses études, avec toute l'amabilité d'un esprit élégant et facile, par Mlle Clara Stéphany. Après la création de Déjazet, Mlle Stéphany a su se montrer, elle aussi, originale, en revêtant des couleurs et des formes qui lui sont propres, qui constituent son individualité, sans s'écarter cependant des règles de l'art, des intentions de l'auteur, et des données historiques. Heureux privilège de quelques organisations dramatiques qui, comme celle de notre première amoureuse, semblent être nées pour les plaisirs d'un public éclairé! — Ainsi le petit *Fronsac* n'a point failli à

Pauline; à *la Jeune Femme colère*, à *la Pensionnaire mariée*, et à *la Fille de l'Avare.* Ainsi Mlle Stéphany peut, dès ce jour, glorieusement comprendre dans ses beaux souvenirs des *Variétés*, du *Vaudeville* et de la *Porte-Saint-Martin*, celui qu'elle a laissé, hier, dans l'esprit et dans l'âme des spectateurs. — Et en serait-il autrement, quand elle sait si bien traduire sur la scène tous ces riens pleins de charmes, toutes ces nuances infinies et délicates, tous ces mille détails qui, pareils à des rayons incessants et douteux, se réflètent sur les traits d'une femme, en animant tantôt son sourire d'une ineffable douceur, tantôt ses gestes d'un délicieux abandon, toujours son langage d'une pénétrante accentuation? Avec quelle pureté elle dit le mot ! avec quelle finesse elle le jette ou le laisse tomber ! comme elle le fait comprendre ! — Or, nous maintenons, plus que jamais, notre dire : Mlle Clara Stéphany a, devant elle, une belle carrière à parcourir.

M. Oudinot, dans le rôle du *Chevalier*, ne pouvait que seconder dignement cette charmante actrice. Il y a long-temps que le public de nos premières scènes a décerné à M. Oudinot les éloges que son talent de comédien mérite. C'est une de ces réputations établies par de nombreux et légitimes succès, par des jugements sans appel.

Mmes Foignet, Neuville, Olivier et Debroux se sont acquittés convenablement de leur tâche, cette dernière surtout qui, à l'aide de sa précoce intelligence, a su répandre quelque intérêt sur un caractère difficile à saisir. Enfin, MM. Granger, Pâris et Blanchard ont complété, d'une manière satisfaisante, l'ensemble de cette représentation. Cependant il serait à désirer peut-être que le premier ne chargeât pas tant un rôle qui est déjà si chargé, et que son costume soit un peu plus exact.

Somme toute, c'est un vaudeville bien joué, et que la foule viendra long-temps applaudir. Plaisir pour le public, recettes pour l'administration.

LA PLUIE.

Mélodie.

I.

Oh ! qu'il est triste et doux
D'écouter près de vous,
Ma mie !
Gémir la voix des vents,
Et tomber par torrents,
La pluie !

Ducs, seigneurs d'autrefois,
De nos jours pauvres rois,
Qu'on leurre !
N'ont rien vu de pareil,
Car nous voyons le ciel,
Qui pleure.

II.

Car vos longs rideaux blancs,
Avec leurs plis tremblants,
Mon ange,
Comme un ombre qui fuit,
Font à cet heure un bruit
Étrange.

Si bien que votre cœur,
Et d'amour et de peur,
S'agite;
Et que tout près de moi,
Vous vous glissez ma foi,
Bien vîte.

III.

Ainsi font les oiseaux,
Couchés dans les roseaux,
Ma belle!
Quand l'orage du soir,
A leurs chansons d'espoir,
Se mêle.

Ainsi les frais jasmins,
Que souvent dans tes mains
Tu brises,
Livrent en frémissant,
Leurs étoiles d'argent
Aux brises.

IV.

Sur la terre et dans l'air,
Comme un divin concert,
La pluie,
Endort, avec ses pleurs,
Les oiseaux et les fleurs,
La vie!

Les songes sont plus beaux,
Plus doux est le repos
De l'âme;
Et l'âme à son reveil,
Aux rayons du soleil,
S'enflamme!

J. F. L.

UNE SECONDE MORT.

C'est le récit d'un événement bien simple que je vais vous faire. Je voudrais que mes expressions fussent aussi simples que lui; mais la traduction de nos pensées est si infidèle, la peinture des faits qui se sont passés sous nos yeux est si pâle, les mots qui sont dans notre langue sont si peu en rapport avec nos émotions! — Raconter avec simplicité un événement ordinaire et touchant, voilà le comble de l'art. C'est parce que peut-être, pour atteindre le comble de l'art, il faut atteindre la nature, point vers lequel nous devrions tous tourner nos regards, afin d'être compris de tout le monde.

Enfin n'importe, je vais laisser courir ma plume et parler ma mémoire. Si l'une et l'autre vous font doucement pleurer, je vous donnerai, au printemps prochain, un bouquet de cerises et quelques roses bien fraîches, bien parfumées par les brises de juin et par les rayons de son doux soleil; pourvu, néanmoins, que les fleurs des cerisiers et les églantines de nos bois ne se flétrissent pas aux haleines froides de l'hiver.

C'était au mois d'octobre dernier, vers la fin de ce mois où tout est triste : les arbres qui se dépouillent, les oiseaux qui n'ont plus de voix, le ciel dont les nuages sont gris et lourds, les torrents qui grondent, les marguerites qui ne rient plus, comme Obermann, sur les pelouses désertes de la forêt. Je me rendais au château de Mme de R***, situé à quelques lieues de Bordeaux. L'invitation de Mme de R*** était pressante; la lettre qu'elle m'avait écrite finissait par ces mots : « Venez, venez de » suite, l'isolement dans lequel vient de me

» jeter un malheur inoui fera peut-être que le » temps ne vous sera pas donné de me revoir. »

En entrant dans la cour du château, je vis aussitôt un domestique qui se dirigeait vers moi. Sa démarche était lente, son visage entièrement défait. La vue de cet homme me glaça; on eût dit une apparition.

— Morte! monsieur, s'écria-t-il.

— Qui, morte? lui répondis-je, plus étourdi de sa présence que de son exclamation, qui déjà me devenait, hélas! inutile.

— La pauvre Mme de R***; elle n'a pu supporter, cette fois, la nouvelle perte qu'elle a éprouvée hier. Mais entrez donc, Monsieur entrez vite; Mademoiselle Louise vous contera cela.

Je suivis machinalement le domestique. Il me conduisit dans une chambre occupée par Mlle Louise. Cette ancienne amie de Mme de R*** était en proie au plus violent chagrin; cependant, en m'apercevant, elle se leva, vint à moi, et me fit asseoir silencieusement à ses côtés.

— Vous arrivez trop tard, mon ami, me dit Louise, avec un profond soupir et une religieuse expression dans la voix, l'ange est remonté aux cieux! — Et soudain sa poitrine et ses yeux se remplirent de sanglots et de larmes.

— Pauvre mère! répondit Louise, en me serrant la main et en se tournant vers la chambre de Mme de R***, quelle âme pure et belle que celle qui vient de quitter ce corps, et de nous dire adieu!

La promptitude de la mort de Mme de R***, le chagrin que cette mort me causait, la douleur de Louise, le souvenir des jours heureux que j'avais passés, autrefois, dans le lieu où je me trouvais; tout cela me jetta dans un abattement si profond, que je restai long-temps sans pouvoir prononcer un seul mot. Et il arriva alors ce qui arrive toujours dans des crises pareilles : la femme fut plus forte que l'homme. Louise continua :

— Vous connaissez, mon ami, la cause de la mort de Mme de R***; mais vous ignorez l'événement qui a hâté cette mort. Depuis la perte de sa pauvre enfant, son cœur était bien triste, l'amertume de ses regrets bien grande! mais, elle vivait de ces regrets, de cette tristesse; et pour elle c'était vivre encore. On disait bien quelquefois au château : elle n'ira pas loin; elle ne verra peut-être pas les fleurs de ses dhalias; mais ses craintes ne se réalisaient pas, car nous avions le bonheur de voir les rayons des beaux jours s'épanouir sur elle et sur ses fleurs. Un matin même, nous surprimes sur ses lèvres décolorées un de ces sourires ineffables qui nous rendaient si heureux autrefois. Un sourire d'elle! mon ami, ce fut pour nous comme une espérance, comme une douce promesse tombée de là-haut. — Hélas! ce sourire n'était qu'une réponse faite aux anges qui l'appelaient aussi.

Hier, quelques heures avant de vous tracer les dernières lignes que vous avez reçues, elle

avait perdu sans retour le lien qui la retenait encore au monde. Le portrait de sa fille, de cette petite Léontine que vous aimiez comme nous, eh bien! ce portrait si ressemblant, si joli, qui ne la quittait pas, qu'elle caressait nuit et jour, qu'elle dévorait de ses regards, que la mort ne pouvait frapper et ravir aux épanchements amers de son amour; cette seule et fidèle image de tout ce qu'elle avait aimé parmi les hommes s'était effacée dans un instant et à tout jamais! Un hasard, une imprudence, une manifestation cruelle et mystérieuse du sort, que sais-je, moi! peut-être un de ces coups que la providence nous envoie pour compléter les douleurs qui nous ouvrent le ciel, avait anéanti ce portrait. Quel coup, mon Dieu! plus de Léontine, plus de fille pour cette mère! plus d'image, plus de rêves, plus rien !!! Et cette seconde mort, produite par quelques gouttes d'eau tombées, je ne sais pourquoi, sur la fragile et consolante reproduction de notre Léontine!

Oh! mon ami, concevez-vous bien cette nouvelle et dernière perte! cet anéantissement définitif, éternel, de tout ce que l'âme d'une mère rêve, caresse et chérit toujours?

Après une pareille mort, il faut mourir, mon ami, mourir comme Mme de R***, et aller rejoindre, comme elle aussi, ceux que nous aimions et dont les traces disparaissent ici plus vite encore que le portrait de Léontine!

Dans quelques jours, je vous dirai la vie de *Jacques Duplan*, mon maître d'école. Cette vie vous fera rire.

J. F. LAROCHE.

Nouvelles Théâtrales.

THÉATRE FRANÇAIS. — 10 *Septembre*.

Le voyage de Mlle Rachel ne lui a rien fait perdre de ses inspirations et de son talent. Au contraire, elle a gagné en habileté et en métier. Son extérieur tragique, dans Camille, était fort bien composé; les plis de sa draperie étaient ajustés d'une manière fort intelligente. Elle nous a étonnés au premier acte; ce que nous lui reprochions, en général, c'était l'absence de ce sentiment affectueux, cette sensibilité communicative, qui l'empêchaient de rendre tout ce qu'il y avait de doux et de tendre dans les rôles qu'elle a abordés. Eh bien! cette dureté, disons le mot, s'est adoucie, cette raideur s'est assouplie, et la jeune tragédienne a fait preuve de tendresse et de sensibilité dans son grand couplet du premier acte, changement dont nous ne l'avions pas crue susceptible, et qui nous a démontré que ce talent était loin d'être stationnaire, et n'en avait pas fini avec les progrès qu'il fera faire, nous n'en doutons pas, à l'art dramatique. La scène des imprécations du quatrième acte a été dite et jouée par Mlle Rachel comme aux plus beaux jours. Il est difficile, en effet, d'avoir plus d'élan et de déployer plus d'énergie dans cette scène, formidable pour l'acteur qui ose l'affronter. Mlle Rachel a été accueillie avec plaisir, nous nous garderons bien de dire avec indulgence; l'indulgence, en face de tant d'efforts et d'études, eût été presque une insulte. Mlle Rachel jouera ce soir Monime dans *Mithridate*; c'est un rôle tout de composition, où son talent se montre sous une face toute différente.

Folies-Dramatiques. — Il n'y a pas d'interruption dans le succès de rire de *l'Homme qui tue sa Femme*. Le meurtre, à la scène, est ordinairement un objet de terreur et de répulsion, celui que promet chaque soir Potier-Poupinel ne produit que de joyeuses impressions sur les spectateurs, qu'il tient dans de continuels accès de gaité folle. Quelques scènes de cette pièce suffiraient pour chasser la mélancolie la plus sombre, pour guérir radicalement le spleen le plus invétéré. Encore plusieurs ouvrages de ce genre, et le boulevart du crime sera forcé de renoncer à son titre. — Les *Marins d'eau douce* vont naviguer incessamment sur la scène.... des Folies-Dramatiques. C'est un vaudeville en un acte.

Rouen, 4 septembre. — Notre grand théâtre se repose un peu et chôme de nouveautés ; à quoi cela tient-il ! Nous présumons que cet état de choses ne va pas durer, mais encore estce agir bien peu dans les intérêts que de ne pas monter de jolis vaudevilles et quelques comédies qui permettraient d'attendre patiemment l'arrivée d'une deuxième chanteuse. — Le fait capital de la semaine est l'apparition de Mme Hébert dans le rôle d'Alice de *Robert*. Le 28 août on a joué 3 actes du grand œuvre de Meyerbeer, ceux où la princesse ne paraît pas. Mme Hébert, dans le rôle d'Alice, nous a prouvé une grande complaisance et beaucoup de bonne volonté ; mais nous engageons notre première chanteuse à rester dans sa sphère : car sa voix, toute jolie et toute gracieuse qu'elle est, perd dans cet emploi; ce n'est plus le même genre, et il vaut mieux briller au premier rang que de pâlir au second. Cette critique n'a certainement pas pour but de dire à Mme Hébert qu'elle a mal chanté, ceci est impossible ; mais nous voulons la prémunir contre les dangers d'une complaisance que le public n'interprète pas toujours comme il devrait le faire. M. Hébert, rôle de Bertram, a eu de fort jolis moments, l'invocation des nones et le duo entre lui et Wermelen au 5e acte, nous ont prouvé que la méthode de notre basse-taille est excellente. Wermelen a toujours ses notes puissantes qui font tant d'effet sur les masses, mais ce qu'il y a encore de mieux, c'est la sagesse qu'il a acquise depuis son voyage à Paris, il conduit sa voix maintenant en chanteur habile et plein d'avenir. — Heiman, rôle de Raimbaut, s'est fait applaudir dans son duo avec Hébert : *Ah! l'honnête homme!* qu'il a chanté avec goût et vigueur.

Bordeaux. — C'est sous les auspices les plus encourageants qu'a commencé, mardi, la série des amusantes soirées que nous promet

M. Levassor. La salle était comble, et cet empressement flatteur, que sur le bruit de sa renommée l'artiste avait fait naître, et que le brillant succès de sa première apparition a pleinement justifié, sont d'excellents augures pour l'avenir.

L'impatience de voir et d'entendre M. Levassor était telle, que les trois actes de *la Grand'Mère*, comédie de M. Scribe, n'ont pas été écoutés. Enfin, l'artiste parisien a paru et a séduit son auditoire dès les premières scènes de sa création de *Guillaume*, de *la Meunière de Marly*, en déployant la verve, la tenue et la diction les plus naturellement comiques. Cette pièce, où les rôles de *Denise* et de *la Marquise* sont si bien remplis par MM^{mes} Fleury et Lovendal, a du reste offert un ensemble des plus satisfaisants. *Les Misères d'un Timbalier*, bluette sans conséquence, dont c'était la première apparition, et qui n'a de mérite que par le rôle du fataliste *Léonard*, que M. Levassor joue avec une verve charmante, lui a valu un second succès; mais ce sont surtout ses deux scènes comiques du *Galopin Industriel* et de *l'Entr'acte au Paradis* qui ont donné la mesure de son talent parfait d'imitation et d'originalité spirituelle.

A la fin du spectacle, M. Levassor a été rappelé, et les applaudissements ont éclaté de toutes parts avec une nouvelle spontanéité.

Le Rédacteur en chef, HÉRAULT.
Imprimerie d'HÉRAULT, rue de Guérande, près la place Royale, à Nantes.

Dimanche 20 Septembre 1840.　　DEUXIÈME ANNÉE.　　3e Trimestre. No 90.

PRIX D'ABONNEMENT :

NANTES. { TROIS MOIS .... F. 3
{ SIX MOIS 6
{ UN AN....... 12

DEHORS. { TROIS MOIS.. F. 5
{ SIX MOIS.... 10
{ UN AN....... 18
{ AFFRANCHIR..

Prix du numéro, 15 c.

PRIX D'ANNONCES :

30 c. à la page d'avis ; 1 fr. dans
le corps du journal. Remise du
tiers aux abonnés.

LE BUREAU EST SITUÉ
Chez HÉRAULT, Imprimeur, rue
de Guérande, No 3.

ON S'ABONNE :
Au Bureau;
Chez GUÉRAUD, Libraire, Basse-
Grande-Rue et passage
Bouchaud;
PLANÇON, Libraire, place
Grasliu.

SE TROUVE CHEZ :
M. SCIREAU, Lib.re, rue Crébillon,
Et M. PLESSIER, Relieur, idem.

A PARIS,
ISIDORE PESRON, rue Pavée-Saint-
André, No 13.

VERT-VERT.

JOURNAL DES SALONS ET DES THEATRES.

GRAND THÉATRE.

CHRONIQUE DRAMATIQUE.

LES débuts de M. Alfred Harmant sont terminés. Un des meilleurs vaudevilles de M. Scribe, *Philippe*, a fourni à notre premier amoureux l'occasion de nous montrer un talent incontestable. Le rôle de *Frédéric* a été joué par lui avec sensibilité et avec un respect bien entendu des traditions scéniques. M. Alfred Harmand complète d'une manière satisfaisante le nombreux personnel de notre comédie et de notre vaudeville.

M. Duchampy a paru, pour la première fois, jeudi dernier, dans le chef-d'œuvre de Hérold, *Zampa* : mais, il faut le dire, malgré l'originalité suave et parfois savante de cette composition musicale ; malgré son exécution presque irréprochable, de la part de nos artistes et de nos musiciens, le public est resté un peu froid, et semblait attendre avec quelque impatience la deuxième représentation des *Premières Armes de Richelieu*, qui devait clore la soirée. Bien qu'il ne nous soit pas permis encore de nous prononcer sur M. Duchampy, mentionnons pourtant le succès qu'il a obtenu dans le rôle de *Daniel*.

Le charmant vaudeville de MM. Roger de de Beauvoir et Bayard, est venu exciter de nouveau les rires et les bravos de la foule. Mlle Clara Stéphany - *Richelieu* a été reçue, dès son entrée en scène, par une salve d'applaudissements. Nous ne reviendrons pas sur la avec laquelle notre première amoureuse

interprète le personnage principal de la pièce. Toujours même esprit, même grâce, même entente profonde de l'art, même pureté dans l'accentuation et dans la voix ! — Mlle Stéphany, après une pareille création, et après *toutes celles qui, comme autant de fleurs*, forment sa couronne dramatique, peut hardiment aborder avec le même succès la comédie et le vaudeville. C'est, du reste, sous ce double rapport qu'elle a, depuis long-temps, habitué le public à la juger : *ce jugement en vaut bien un autre.*

Dans notre dernier compte rendu, nous avions omis de dire quelques mots sur la fraicheur, l'exactitude, l'élégance des costumes des artistes qui apparaissent dans cet ouvrage : nous allons réparer cet oubli.

Et d'abord, revenons sur notre première observation. M. Granger est on ne peut plus risible dans son accoutrement.

Nous savons que M. Granger est un comédien habile, et c'est une raison pour que nous persistions davantage dans notre opinion. Le *baron de Belle-Chasse* n'est pas une caricature ; c'est un personnage risible, sans doute, comme il en est encore aujourd'hui ; mais c'est un personnage qui, certes, ne voudrait pas que l'on rît à ses dépens, qui ne saurait se trouver lui-même ridicule. Alors, pourquoi ces gestes outrés, ces vêtements si peu convenables?

Les costumes de Mlle Stéphany sont aussi riches, brillants, que fidèlement historiques. Il est à remarquer que pour les siens, le *Richelieu du Palais-Royal* s'est montré moins scrupuleux que son digne *frère* de Nantes.

Mesdames Olivier, Foignet, Neuville et Debroux, ont eu presqu'autant de respect pour la *couleur du temps*, et leur rôles ainsi que les accessoires se distinguent autant par le

choix éclairé des étoffes que par la manière dont ces habillements ont été traités.

Nous ne terminerons pas sans consigner ici l'expression d'un sentiment douloureux éprouvé par tout le public, jeudi dernier.

Peu d'instants après son entrée en scène, entrée qui avait été accueillie par de sympathiques applaudissements, Mlle Clara Stéphany, qui, sans doute était indisposée déjà, s'est évanouie au commencement d'un rôle qui lui promettait de nouvelles marque d'intérêt.

Aux cris réitérés de la salle, on a baissé le rideau, et le régisseur est venu quelques moments après annoncer que l'état de Mlle Stéphany, quoique moins alarmant, ne lui permettait pas de continuer.

Ainsi, ce n'est pas sans un plaisir bien senti que le public a vu reparaitre, hier au soir, dans les *Premières Armes de Richelieu*, sa charmante actrice ; et ce plaisir a eu une manifestation des plus éclatantes.

Constatons le nouveau succès obtenu hier par M. Duchampy, dans un *Bal du grand monde*, et l'admission de Mme Foignet, qui terminait ses débuts dans *la Dame blanche*.

ENLÈVEMENT D'UNE GUÉRITE,

OU

COMME QUOI LA JUSTICE EST TOUJOURS JUSTE.

I.

RÉFLEXIONS GÉNÉRALES.

Après les cheveux blancs et l'institution de la garde nationale, rien au monde, suivant nous, n'est plus digne de respect que la Justice.

La Justice ! que l'on s'incline devant ce

nom auguste! Chapeau bas! à genoux! voici la Justice qui passe, la Justice en robe noire, en robe rouge, en culotte de peau de daim, au tricorne galonné, en sergent-de-ville, en garde-champêtre.

— Le garde-champêtre est un être essentiellement utile à la société. La morale et la politique n'existeraient bientôt plus, si le garde-champêtre était supprimé. — Dieu protège la France et cet aimable gardien de nos champs et de nos forêts! — Honneur à cette subdivision vivante et crotée de la Justice!

Après l'infaillibilité du Pape, nous ne connaissons rien de plus infaillible que l'infaillibilité de la Justice.

Après la Justice divine, nous ne voyons rien de plus juste que la Justice humaine.

II.

L'AUBERGE DU LION D'OR.

Si jamais il vous prend envie d'oublier, pour un jour, le bruit et les tracas incessants de la ville, la fidélité et les exigences de vos femmes, les concerts harmonieux de vos marmots, je vous recommande l'auberge du *Lion-d'Or*. C'est une petite auberge très-confortable, ma foi, située à peu de distance de la grande cité, et bâtie sur le versant d'un riant coteau semé de maisons blanches et vertes. Vous trouverez dans cette auberge des mets aussi fins que variés, des yeux noirs plus appétissants que les mets; sur le coteau, des bois et des champs, où la caille, la perdrix et le lièvre viendront à votre rencontre, et au bas du coteau, une rivière où le brochet et l'anguille vivent, pour le pêcheur, en très-bonne intelligence. L'auberge, le coteau, les maisonnettes et la rivière, forment un ensemble charmant. Figurez-vous un de ces sites si jolis, si frais, si verdoyants, répandus dans la campagne de Naples, où, si comme moi vous n'avez vu la campagne de Naples que sur les toiles de nos *grands maîtres*, figurez-vous un de ces points de vue que les côtes de la Californie offraient à M. Dumont d'Urville. Enfin si, comme moi, vous n'avez point eu la curiosité de lire le *Voyage curieux et pittoresque autour du monde*, de *l'émule* de M. Arago, figurez-vous alors tout ce qui vous plaira.

Vienne bientôt la Saint-Mathieu, et il y aura juste un an que c'était fête à l'auberge du Lion-d'Or. Dès le matin, les villages des environs étaient déserts. Femmes, hommes, enfants, en habit de dimanche, joyeux comme un troupeau de chèvres, avaient quitté leurs demeures et s'étaient élancés dans les alentours de l'auberge du Lion-d'Or. Les jeunes dansaient au dehors dans les prairies, les vieux mangeaient au dedans force poulets et salades, buvaient plus encore, parlaient du curé et du maire, de la pluie et du beau temps, de Bonaparte et de Louis-Philippe, à leur entière satisfaction et à celle, non moins grande, des maîtres de l'auberge. Les bras et les jambes de ces derniers n'étaient pas assez longs, assez nombreux pour

répondre à toutes les demandes, pour obéir à toutes les volontés. Les bouteilles, les plats et les fourchettes qui s'entre choquaient, la diversité des voix qui se croisaient, les tables qui se renversaient, tout cela présentait un spectacle fort divertissant; mais, tout cela aussi n'arrivait qu'une fois l'an, à l'époque de la célébration du Saint de l'endroit. — Le Saint de l'endroit était saint Mathieu, le Saint des oiseleurs, des écoliers et de l'auberge du Lion-d'Or.

Le Saint de l'auberge du Lion-d'Or rapportait à celle-ci, ce que probablement votre patron ne vous rapporte pas. Noble habitant du paradis!

— La révolution, qui démolit tout, n'a pas encore jugé à propos de supprimer les fêtes patronales de nos communes de France. C'est fort heureux! car depuis que cette grande faucheuse est venue *égaliser* l'humanité, vendre à la livre le fer, le plomb, le cuivre de nos églises et de nos châteaux; renverser, gratter ou badigeonner toutes les traces fidèles, inimitables des mœurs et croyances d'autrefois, il ne nous resterait plus alors que les yeux pour pleurer, pour pleurer la perte de toute cette histoire nationale enfouie sous le plâtras de nos hommes célèbres, mutilée par le marteau de leurs stupides ouvriers. Cependant, patience! espérons que la révolution décrétera un jour la suppression de ces charmantes et religieuses fêtes.

En attendant cette suppression, qui nous arrivera plus tôt que la réalisation du programme de l'Hôtel-de-Ville, revenons à l'auberge du Lion-d'Or.

Bien qu'il fît nuit depuis plusieurs heures, le nombre des mangeurs et des buveurs ne diminuait pas. L'éloquence de la plupart éclatait même plus vive que jamais, et si l'on se fût trouvé au milieu de cette foule aussi heureuse que bruyante, on aurait pu remarquer quelques-uns de ses orateurs qui, parfois et comme par enchantement, disparaissaient sous les tables. C'était le moment où les plus sages se retirent, où le Maire, ceint de l'écharpe tricolore, usant de son autorité paternelle, se hâte de haranguer la multitude, et ce pour le salut de l'ordre public, des verres et des bouteilles.

Or, M. le maire, suivi de son adjoint, ne tarda pas à se montrer. Son discours eut un pouvoir plus grand encore que son écharpe tricolore. Les orateurs pâlirent devant cette tartine municipale; les improvisations cessèrent peu à peu, et bientôt tout rentra dans l'ordre... public. Les uns, ceux que les vapeurs enivrantes du vin blanc ne chauffaient qu'à demi, regagnèrent en chancelant leur logis; les autres restèrent au pied de leurs tribunes, ou furent transportés dans les chambres hautes de l'auberge.

III.

LE MAIRE DE CAMPAGNE.

Un mot sur ce singulier bipède oublié par Cuvier, et que l'on appelle Maire.

Il y a deux espèces de Maires: — Le Maire qui *administre* une ville, le Maire qui *administre* une petite commune, le *Maire de ville*, le *Maire de campagne*. Nous ne nous occuperons pas de la première espèce, cela nous engagerait dans un travail physiologique trop long et trop risible peut-être....

Le *Maire de campagne*, tel que nous l'a fait le *système actuel*, ne sait ni lire ni écrire, ou bien ne se donne pas la peine de lire et d'écrire.

Le *Maire de campagne* est le plus souvent un honnête paysan qui toujours s'occupe de son champ, et presque jamais de la commune.

Le *Maire de campagne* a quelquefois son domicile en ville, et s'il lui arrive de quitter la ville, c'est pour aller inspecter ses propriétés situées dans la commune qu'il *administre* avec une longue-vue.

Le *Maire de campagne* est bien ou mal avec le curé.

Il est bien avec le curé, lorsque celui-ci est vieux, laid, paralytique; lorsque celui-ci n'a pas de sœur ou de servante jolie; lorsque celui-ci peut, sans inspirer aucune crainte, sans donner la chair de poule, confesser la femme du magistrat.

Le *Maire de campagne* fait les gros yeux au curé, lorsque le curé, jeune, a de larges épaules, parle latin et chante faux à l'endroit du *Domine salvum fac Philippum*.

Le *Maire de campagne* a toujours en réserve une abondante provision de *vin vieux*, de *piquette* et d'*eau-de-vie*.

Le *vin vieux* est pour les membre de son conseil.

La piquette est pour ses administrés.

L'eau-de-vie, pour lui-même.

Le *Maire de campagne* éprouve ordinairement une passion désordonnée pour le *cognac*.

Le *Maire de campagne* a trois éléments principaux pour diriger, tant bien que mal, la machine municipale; Savoir:

Une écharpe tricolore, deux ou trois harangues, une autorité paternelle.

Le *maire de campagne* n'est point rétribué. Il lui arrive souvent de *rétribuer* quelques-uns de ses administrés, et c'est là tout le bénéfice qu'il retire de ses fonctions fort honorables et de sa *paternelle* sollicitude pour sa commune.

Le *Maire de campagne* a continuellement sur la poitrine deux énormes cauchemars:

Le préfet du département,

L'archevêque ou l'évêque du diocèse.

Enfin, le *Maire de campagne*, après deux ans d'administration *paternelle*, prie à deux genoux, nuit et jour, tous les saints, et même le diable, de vouloir bien le délivrer de sa *paternelle* administration.

IV.

ENLÈVEMENT D'UNE GUÉRITE.

Parmi les hôtes de l'auberge du Lion-d'Or, nous avons omis de comprendre nombre de jeunes gens de la ville qui, attirés par l'attrait d'une fête villageoise, étaient accourus, eux aussi, pleins d'une gaîté folle et d'un espoir heureux. `

Ces jeune gens composaient deux sociétés bien distinctes. La première se faisait remarquer par l'élégance, le bon ton, le *comme il faut* de ses membres. La dernière était criarde, tapageuse et ne se distinguait guère autrement.

Bref, comme on dit dans quelques-unes de nos provinces, c'étaient des *messieurs* et des *ouvriers*.

Mais *messieurs* et *ouvriers* se confondirent bientôt dans une fraternité charmante, lorsque le vin commença à couler, lorsque les yeux des jeunes filles répondirent aux compliments nouveaux des uns, aux agaceries de bon goût des autres. Cependant cette association ne dura pas long-temps, et malgré l'ivresse produite par *la bouteille* et *par l'amour*, elle fut dissoute d'un commun accord à l'arrivée de M. le Maire. Les deux sociétés reprirent séparément le chemin de la ville.

Et il arriva ce qui arrive toujours en pareille occurence, quand des têtes de vingt ans se trouvent réunies, quand elles se sentent doublement excitées par l'âge et des libations un peu trop raisonnables. Il arriva donc que les reverbères, les vitres, les enseignes, les écritaux furent plus ou moins endommagés, et se ressentirent, partant, de la fête de St-Mathieu.

Encore, si leurs méfaits se fussent bornés là ! car, après tout, on peut bien se donner une fois dans la vie le délirant plaisir d'éteindre les chandelles municipales, d'anéantir, dans l'intérêt des belles-lettres, le style de nos épiciers, et dans celui de l'art, les détestables produits de nos verreries. Mais point. En longeant une place, ils aperçurent, à l'une de ses extrémités, une vieille guérite ; une guérite, ma foi ! une guérite abandonnée, sans sentinelle aucune, une guérite qui, probablement, était échue en partage à quelque tailleur de régiment. Et vîte de la secouer, de la renverser, de l'enlever, de la transporter, la pauvre, dans un quartier éloigné. L'enlèvement se consomma au clair de lune, en quelques minutes et au milieu de rires et de bravos universels. Crime affreux ! auquel ne voudront point croire nos neveux et petits-neveux.

Les auteurs de ce crime s'en allèrent paisiblement se coucher, et dormirent profondément.

Ceux qui l'ignoraient, — *les ouvriers* — furent arrêtés par une patrouille et conduits en prison.

— Ah ! vous enlevez les guérites, vous ! s'écria le commandant du poste, en voyant entrer les coupables.

Minuit venait de sonner à l'horloge de l'hôtel-de-ville.

V.

COMME QUOI LA JUSTICE EST TOUJOURS JUSTE.

A quelques jours de là, huit jeunes gens comparaissaient sur les bancs de la police correctionnelle.

L'acte d'accusation était accablant de preuves *matérielles* et *morales*. Le ministère public soutint la prévention avec talent et impartialité, et, sur ses conclusions, les défenseurs entendus, le tribunal rendit un jugement par lequel, *usant d'indulgence*, il condamna nos huit jeunes gens à 2 fr. d'amende et 3 jours de prison.

Le jugement commençait ainsi :

« Attendu que l'enlèvement nocturne d'une » guérite constitue, etc., et finissait par ces » mots : *qu'il est suffisamment prouvé que les* » *prévenus sont les auteurs de ce délit*, le » tribunal etc. »

Et les autres ?

Les autres, par un singulier hasard, s'étaient trouvés à l'audience et avaient entendu, sans rire, le prononcé du jugement. Trois d'entre eux, en leur qualité d'avocats, avaient même prêté aux *prévenus* l'appui de leur parole.

J. F. LAROCHE

MORT D'UN FORÇAT.

Un homme-génie, un forçat nommé Sutter, a été trouvé ce matin paisiblement endormi du sommeil de la mort, côte à côte avec ses pareils, et tenant sa chaîne étroitement embrassée dans sa main gauche. Sutter était un homme beau de formes et de manières ; et, d'après la remarque d'un professeur qui s'occupe de la crânéologie, au bagne de Toulon, il possédait à un très-haut degré les organes de l'imitation, de la circonspection et du vol. Sa vie a été une mimerie et une chiperie sans fin. Voici quelques traits de son étonnante carrière : On l'a vu dans un magnifique carrosse traîné par quatre chevaux et en compagnie d'une belle femme, jouer en place publique un charlatan fameux, et faire croire à l'excellence de sa drogue. Ses crimes de faux en écriture sont innombrables ; il avait le secret d'une encre sympathique que nul procédé chimique ne pouvait vérifier. Avec un fil d'archal Sutter ouvrait les serrures les plus compliquées. C'est lui qui, au bagne de Toulon, frappait, il y a quelques mois, les petites monnaies de deux sous avec l'appareil le plus simple et le plus ingénieux.

Las d'être forçat, il s'était promis sa grâce, et voici les moyens qu'il avait employés : Il était parvenu à imiter la signature de grâce du ministre de la justice en faveur d'un autre forçat ; si cet expédient réussissait, il devait l'employer pour lui. Ce certificat de grâce revêtu de toutes les signatures secondaires, est venu à Toulon, et la mise en liberté de son ami devait s'effectuer, lorsqu'on s'avisa de demander à Paris par le télégraphe, si la lettre de grâce était valable ; on répondit que nulle lettre n'avait été expédiée. Il paraît que Sutter, ayant vu cette dernière planche lui manquer, s'est laissé mourir par un procédé à lui : car hier au soir et même à minuit, il était, selon son ordinaire, calme, patient et de bonne humeur.

On gardera sa tête comme une affirmation de la doctrine de Gall.

UN COLOSSE.

Modeste Mailhoit, natif de Saint-Jean, près de Quebec, est un homme âgé de soixante-quatre ans ; il pèse 619 livres ; il est haut de six pieds quatre pouces et demi ; la circonférence de sa taille est de sept pieds, ses cuisses ont trois pieds dix pouces chacune, et ses mollets sont de trois pieds quatre pouces et demi.

Malgré sa corpulence et un âge déjà avancé, Mailhoit a beaucoup de vivacité dans ses mouvements, et sa démarche est majestueuse.

S'il traverse une salle, son pas est facile et sûr, mais le parquet semble plier sous ce poids immense. Lorsqu'il est assis sur un large sopha, et qu'il laisse tomber sur ses épaules les boucles de ses cheveux blancs, on songe involontairement aux anciens patriarches.

Malhoit respire sans difficulté, et il fait un quart de lieue sans se fatiguer ; il mange beaucoup.

Son père, qui est un descendant des colons français, était fermier à St-Jean ; il avait cinq pieds onze pouces, mais il était beaucoup plus maigre que son fils ; sa femme était très-forte et très-puissante.

Mailhoit a quatre enfants, dont une fille âgée de vingt ans, au Canada. Cette jeune femme, qui a déjà donné le jour à cinq enfants, pèse 300 livres.

Nouvelles Théâtrales.

Tesseire, après avoir brillamment terminé ses représentations à Douai, est maintenant à Saint-Quentin, où le succès l'a suivi. Sept représentations n'ont pas épuisé la curiosité du public de cette ville, et cet artiste distingué y trouve dans ce moment encore des bravos et des recettes fructueuses. — La réputation de Tesseire est faite.

— C'est le 10 du mois prochain que Dérivis part. Lyon est sans doute la première ville qui l'applaudira. La direction de M. Adam est décidément prédestinée aux bonnes fortunes cette année.

— Bardou est à Toulouse, il y joue, et chaque soir la salle est comble. Les Toulousains qui sont bons juges ne s'y trompent pas, ils ont reconnu dans Bardou l'un des meilleurs comédiens de la capitale.

— La troupe de la Nouvelle-Orléans s'est embarquée. — Gare la fièvre jaune !

— On nous écrit de Bordeaux que M. Saint-Denis, baryton, a débuté avec succès dans Guillaume Tell, la Muette et la Lucie.

— Mlle Inès Garcia, après une rupture amiable avec le théâtre de Toulouse, est à Paris, libre d'engagement.

— On écrit de Dieppe :

« Jarousseau, premier rôle, a débuté par le

chevalier de Saint-Georges. Nous avons profité de la présence de M. Roger de Beauvoir, à Dieppe pour faire jouer cet ouvrage, auquel il a bien voulu donner quelques soins. Le soir de cette représentation, tous les lions et lionnes des bains s'étaient donné rendez-vous au théâtre, et pièce et acteurs ont obtenu un véritable succès. L'auteur, qu'on avait découvert dans un coin obscur de la salle a été vivement rappelé, et a eu toutes les peines du monde à se soustraire à une ovation.

» Dimanche dernier, seconde représentation du *Chevalier de Saint-Georges*, et première de *Nanon*, *Ninon et Maintenon*. La jolie salle de Dieppe était comble et offrait un aspect charmant. Le succès du *Chevalier de Saint-Georges* a été confirmé sans restriction ; celui de la pièce nouvelle, enlevé par Mlle Mincé, notre charmante Déjazet, et par notre jeune directeur Dermy, qui a fait ressortir toutes les nuances du rôle de Daubigné avec un véritable talent. M. Dermy ne joue pas assez pour nos plaisirs. »

— Mlle Alphonsine Stéphany, sœur de notre première amoureuse, et qui, dans cet emploi, obtient des succès mérités sur la scène de Dieppe, a également dans le *Chevalier de St-Georges*, rôle de la marquise, conquis d'unanimes suffrages. Cette jeune actrice est appelée à jouer sur une plus grande scène.

— Le jardin des Tuileries a beaucoup souffert de l'ouragan qui a régné pendant plusieurs heures sur la capitale. Un grand nombre d'arbres ont été abattus, la femme qui loue les journaux a failli être écrasée dans sa cabanne ; enfin la statue thermale du *Printemps*, chef-d'œuvre de Coustou, qui s'élevait près du grand bassin, a été renversée de sa base par un éclat d'arbre et brisée en morceaux.

SUR LA TRANSLATION DES CENDRES DE NAPOLÉON.

SONNET.

D'autres, mieux inspirés, diront toute ta gloire,
Tes malheurs solennels, dont on n'est plus jaloux ;
Et la France, en ce jour de fête expiatoire,
Devant ton grand cercueil, pliera les genoux !

Norvins, Tissot, Bignon, Dumas à ton histoire
Ajouteront les mots que nous réclamons tous ;
Puis viendront tes soldats, tes soldats de la Loire,
« Qui, vaincus par les rois, bravèrent leur courroux »

Les poètes suivront tes belles funérailles,
Comme aux temps fabuleux de tes mille batailles,
Leurs voix retentiront en sublimes concerts ;

Mais si pur que sera ce témoignage immense,
Il ne sera jamais, grande ombre que j'encense,
Plus pur que le regret qui me dicte ces vers

CHARADE.

Bien des gens roulent en voiture,
Qui devraient traîner mon premier,
Et n'avoir d'autre nourriture
Qu'une botte de mon entier,
Dont il faudrait que la nature,
Conservant toujours sa verdure,
Leur fît tous les jour mon dernier.

GRAND THÉATRE DE NANTES.

Aujourd'hui DIMANCHE, 20 Septembre 1840. On commencera à six heures et demie.

LUCIE DE LAMMERMOOR,

Grand opéra en 4 actes, paroles de MM. Alphonse Royer et Gustave Vaez, musique de Donizetti.

Distribution. — Henri Asthon, M. Hermann-Léon ; Edgar Ravenswood, M. Lafeuillade ; Lord Arthur Buckaw, M. Damoreau neveu ; Gilbert, M. Gustave Stéphan ; Raimond, ministre protestant, M. Lavillier ; Lucie, sœur d'Asthon, Mme Duchampy.

UNE POSITION DÉLICATE,

Comédie-vaudeville en 1 acte, par MM. Léonce et Bernard.

Distribution. — M. de Treneuil, M. Oudinot ; M. de Marancey, M. Alfred Harmant ; Fritz, M. Duchâteau ; Amélie, femme de Treneuil, Mlle Clara Stéphany ; Mme de Marancey, Mme Olivier.

UNE NOUVELLE TYROLIENNE,

Composée par M. CONSTANT TELL.

Exécutée par MM. Marius Petipa, Constant Tell, Mlles Armande et Thérèse Ferdinand.

Ordre du Spectacle : 1° Une Position Délicate — 2° Lucie de Lammermoor. — 3° Nouvelle Tyrolienne.

THÉATRE DES VARIÉTES.

Aujourd'hui DIMANCHE, 20 Septembre 1840, On commencera à six heures et demie.

Pour l'Ouverture :

LES GANTS JAUNES,

Vaudeville en un acte, par M. Bayard.

Distribution. — Anatole, M. Blanchard ; Rémy, M. Pâris ; M. Isidore, M. Cazaubon ; Madame Rémy, Mme Hess ; Madame Durand, Mme Cochèze ; Baptisine, Mlle Debroux.

ANTONY,

Drame en cinq actes, par M. Alexandre Dumas.

Distribution. — Antony, M. Roche ; Eugène d'Herville, jeune poète, M. Cazaubon ; Olivier Delaunay, médecin, M. Deplanck ; Le Baron de Marenne, M. Pâris ; Frédéric de Lussan, M. Duchâteau ; Le colonel d'Hervey, M. Ferdinand ; Louis, domestique d'Antony, M. Famin ; Un domestique de la vicomtesse de Lancy M. Sarrazain ; Adèle d'Hervey, Mme Jolly ; La vicomtesse de Lancy, Mme Neuville ; Madame de Camp, Mme Hess ; Clara, sœur d'Adèle, Mlle Debroux ; L'hôtesse, Mme Cochèze ; Une femme de chambre d'Adèle, Mme Famin.

LES DEUX DIVORCES,

Vaudeville en un acte, par MM. Coignard frères.

Acteurs. — MM. Oudinot, Duchampy, Deplanck, Mmes Cochèze, Neuville.

Ordre du Spectacle. — 1° Les Gants jaunes ; 2° Antony ; 3° Deux Divorces.

Le Rédacteur en chef, HÉRAULT.

IMPRIMERIE D'HÉRAULT, A NANTES.

Dimanche 27 Septembre 1840. DEUXIÈME ANNÉE. 3ᵉ Trimestre. Nᵒ 91.

PRIX D'ABONNEMENT :

NANTES.
TROIS MOIS .... F. 3
SIX MOIS 6
UN AN 12

DEHORS.
TROIS MOIS .. F. 5
SIX MOIS 10
UN AN 18
AFFRANCHIR..

Prix du numéro, 15 c.

PRIX D'ANNONCES :

30 c. à la page d'avis ; 1 fr. dans le corps du journal. Remise du tiers aux abonnés.

LE BUREAU EST SITUÉ
Chez Hérault, Imprimeur, rue de Guérande, Nᵒ 3.

ON S'ABONNE :
Au Bureau ;
Chez Guéraud, Libraire, Basse-Grande-Rue et passage Bouchaud ;
Plançon, Libraire, place Graslin.

SE TROUVE CHEZ :
M. Suireau, Lib.ʳᵉ, rue Crébillon,
Et M. Plessier, Relieur, idem.

A PARIS,
Isidore Pesron, rue Pavée-Saint-André, Nᵒ 13.

VERT-VERT.

JOURNAL DES SALONS ET DES THEATRES.

GRAND THÉATRE.

CHRONIQUE DRAMATIQUE.

La reprise des *Huguenots*, la première représentation d'un vaudeville nouveau... pour nous, pauvres provinciaux, et la réouverture du Théâtre des *Variétés*, tel sont les événements qui ont marqué la semaine dramatique qui vient de s'écouler.

Procédons par ordre :

Comme disent les auteurs d'une *Position délicate*, ce vaudeville est sans *conséquence*. On peut donc, sans conséquence aucune, le comprendre dans le nombre de ces pièces qui complètent l'ensemble d'un spectacle, et qui, faiblement, attirent l'attention du public.

Cette nouveauté a été soutenue complaisamment par le jeu charmant de Mˡˡᵉ Clara Stéphany, par la coquetterie aimable de Mᵐᵉ Olivier, par le talent de MM. Oudinot et Harmant.

La salle des *Variétés* a été r'ouverte sous la protection du chef-d'œuvre d'Alexandre Dumas, et de deux vaudevilles aussi connus que divertissants : les douleurs élégiaques, les tirades *philosophiques* et *romantiques d'Antony*, ont attiré peu de monde à ce théâtre. Autres temps, autres mœurs ; quand tout s'engloutit dans le gouffre de l'oubli, de l'indifférence de la mobilité du goût et des mœurs ; quand, comme à Rome, les dieux prennent le même chemin que les statues de plâtre, comment voulez-vous que l'une des expressions de la société résiste seule à ce torrent ? La chaire, la tribune, et le théâtre constituent une vaste unité qui tous les jours se détraque par la tête et par la queue.

triste vérité que nous constatons avec peine, mais avec courage....

Ensuite si, d'accord avec les besoins du public et les intérêts de votre direction, vous ouvrez une scène secondaire, représentez donc sur cette scène ce que le public de votre grand théâtre ne vient pas applaudir. Soyez éclairés dans le choix de vos pièces.

Point d'antiquité mélodramatiques ; Messieurs de Pixerécourt et Daubigny sont aussi bien morts que les Jocrisse et les héros terribles, féroces de leurs drames.

A notre Grand-Théâtre, la comédie, le drame, le véritable drame, les inspirations lyriques des Rossini, des Meyerbeer, des rois de l'Italie et de l'Allemagne ; à notre Grand-Théâtre, les esquisses délicates, spirituelles, de Scribe, de Mélesville, et de leurs trop rares imitateurs ; esquisses charmantes qui, sous le nom de vaudeville, ont malheureusement remplacé la comédie.

Mais ce n'est pas sans quelque appréhension fâcheuse, que nous vous adressons cette question : serait-il vrai que les habitués du Grand-Théâtre fussent les mêmes que ceux de la Salle-des-Variétés ? Question importante que nous soumettons à l'intelligence de notre directeur. — *Videbimus infrà*.

La reprise des *Huguenots* a eu un beau succès. Mᵐᵉ Duchampy, MM. Lafeuillade et Hermann ont recueilli des applaudissements nombreux et mérités. M. Damoreau s'est montré parfois faible ; et le public, à son égard, s'est montré un peu rigoureux. Cependant M. Damoreau, nous le croyons, ne travaille pas assez. Qu'il y songe !

Mᵐᵉˢ Saint-Charles et Olivier ont joué convenablement leurs rôles.

Mardi et samedi, troisième et quatrième représentation des *Premières armes de Richelieu*. Même foule ; même succès de la part de Mˡˡᵉ Clara Stéphany, qui, dans son brillant rôle, vous apparaît aussi charmante, aussi pleine de talent.

JACQUES DUPLAN.

I.

LA RUE DU LOUP.

La rue du Loup, à Bordeaux, est une longue et tortueuse rue, mal bâtie, vieille comme le quartier dans lequel elle est située : nous ignorons l'origine de son nom. Elle aboutit, en serpentant, à la cathédrale, édifice gothique qui n'est pas d'un style bien pur ; mais qui se distingue pourtant par deux flèches brodées, percées à jour, montant dans le ciel comme une prière vers Dieu. Non loin de cette église, il existait, il n'y a pas long-temps encore, de vastes marais, des bois de saules blancs, des champs de vigne et de blé. Marais, bois et champs ont entièrement disparu, pour faire place à de petites maisons bien blanches, bien coquettes, bien alignées ; à des allées de peupliers larges et d'un charmant aspect. Sans vouloir remplir sérieusement la lacune que nous venons de remarquer à l'endroit de l'origine du nom de la rue du Loup, nous sera-t-il permis de présumer que ce nom a été imposé à cette rue à cause des loups nombreux qui, parfois et selon les chroniques du temps, venaient dans les sombres nuits d'hiver désoler cette partie de la ville ? Pasquier et Fauchet se sont montrés souvent moins raisonnables que nous, dans leurs affirmations historiques. Du reste, nous ne tenons nullement à la nôtre, et dussent nos savants en rire, cela ne nous empêchera pas de manger bientôt , au coin de notre feu, des marrons rôtis, et d'entendre la pluie et le vent tomber sur nos toits et sur nos vitres.

On voit encore aujourd'hui, dans la rue du *Loup*, un ancien hôtel qui , sous le nom de ses propriétaires, a successivement servi de demeure à quelques membres du parlement de Bordeaux, à une réunion de Francs-Maçons et au héros de notre histoire. Cet hôtel est vaste; mais les divisions de ses chambres , de ses salles, sont faites contre toutes les règles de l'art et du bon sens.

Cependant, comme les magistrats d'autrefois, malgré leurs parchemins et leurs profondes lumières, n'étaient pas aussi exigents et aussi fiers que ceux d'aprésent , cette demeure pouvait bien leur convenir. Quant aux mystiques compagnons d'Hiram, il est à présumer qu'ils s'en accommodaient aussi , puisqu'ils y avaient établi leur *loge*. Nous en dirons autant de Jacques Duplan ; ce qui ne prouve pas qu'aujourd'hui comme alors cette noble et vaste maison ne soit une habitation absurde, n'en déplaise à ses possesseurs actuels qui , je crois , sont d'honnêtes et bien riches épiciers.

En 1852, Jacques Duplan occupait depuis long-temps ledit hôtel, et ce au grand mécontement des voisins qui , trois fois le jour, se voyaient obligés de faire une ample consommation de coton afin de supporter un bruit insupportable. Et les voisins étaient vraiment à plaindre, car Jacques Duplan, sous leurs yeux, dans leurs oreilles exerçait paisiblement la plus détestable de toutes les industries.

II.

UN MOT SUR QUELQUES INDUSTRIES.

Je ne suis ni clerc d'avoué , ni clerc de notaire, ni clerc d'huissier ; je ne suis pas même avocat ou agent de police.

Je n'ai jamais *fait mon droit*, comme on dit. Or , il m'est permis d'ignorer complètement les *coutumes* de nos provinces, les articles de nos codes, les réglements locaux, les ordonnances royales, les *doctrines* de la cour suprême.

Cela ne m'empêchera pas de dire ce que je sais, ce que je pense sur des abus intolérables que l'on tolère tous les jours.

Ces abus sont nombreux. Je vais vous en signaler quelques-uns, les voici :

Les chaudronniers et les forgerons ;

Les raffineurs ;

Les fabricants de produits chimiques ;

Les cabaretiers ;

Les maîtres d'école ;

Tous ces honnêtes et honorables industriels demeurent au milieu de nos villes, y exercent tranquillement leur profession.

Les chaudronniers et les forgerons, depuis cinq heures du matin , jusqu'à dix heures du soir, font harmonieusement résonner leurs fers et leurs cuivres sans pitié pour notre sommeil, pour les douleurs de nos malades, pour le silencieux travail du cabinet, pour l'irritabilité des nerfs de nos jolies femmes.

Les fabricants de produits chimiques parfument asiatiquement nos rues , nos maisons avec la vapeur de leurs fournaux, les exhalaisons de leurs *produits*, et se ne font pas faute de déclarer ainsi une guerre à mort aux *orfèvres de nuit* et aux *confiseurs*, aux odeurs embaumées des des chats et chiens qui pourrissent sur la voie publique.

Les raffineurs avec la fumée noire , qui s'échappe épaisse et lourde de leur chaudière et de leurs étuves *blanchissent* la façade de nos édifices, purifient notre atmosphère et sont les alliés naturels du choléra.

Les cabaretiers peuvent-être mis au rang des chaudronniers et des forgerons. Seulement ceux-ci jouent tandis que les autres chantent : concert vocal et instrumental. Enfin , viennent les les maîtres d'école, les maîtres d'école !

Si les maîtres d'école ne se reposaient pas de leur longs travaux cent trente-deux fois dans l'année, les maîtres d'école seraient à pendre.

Entendez-vous la cloche du maître d'école sonner l'heure de la prière, du déjeûner, du diner , de la *collation*, du souper , du coucher? Entendez-vous les cris aigus , les voix confuses des *chers élèves*, de ces deux ou trois cents enfants ,marmots et moutards , gamins et ballaous qui, comme un torrent furieux, débordent dans la rue, et se divisent bientôt pour casser nos vitres, frapper à nos portes , briser le cordon de nos sonnettes ?

D'où je conclus que :

Les maîtres d'école ,

Les chaudronniers et les forgerons ,

Les fabricants de produits chimiques ,

Les raffineurs ,

Les cabaretiers ,

Devraient être expulsés, sans plus de retard , pour le repos public, et déportés à une lieue au moins de nos villes.

III.

ERUDITION DE JACQUES DUPLAN.

Ainsi qu'un marchand de vin ou de fagots, ainsi qu'un dentiste ou un fabricant de noir animal, Jacques Duplan avait appendu son enseigne à la porte de l'hôtel. Et quoique, par modestie ou par oubli, il eût fait mettre en grosses lettres jaunes sur cette enseigne : *Jacques Duplan*, professeur de *belles-lettres*, au dire des ses écoliers, de ses *confrères* et *concitoyens*, il méritait l'estime et les suffrages de ces derniers.

Jacques Duplan était un maître d'école ; cependant, de la grammaire latine, il savait par cœur le *que retranché*, du dictionnaire de notre langue, il avait retenu le verbe *quœyre* (chercher) et le substantif masculin *catéchisme*.

Il connaissait parfaitement les trois règles ; quant à la division, il ne la comprenait pas. Il comprenait suffisamment l'orthographe. Ses facultés s'embrouillaient quelquefois à l'endroit des participes passés. Mais , comme Napoléon , il escamotait ces difficultés redoutables. En géographie, il était moralement persuadé que Lisbonne se trouvait en Portugal, que la Guadalquivir coulait en Espagne, que Christophe-

Colomb avait découvert un Nouveau-Monde.

Ses connaissances mythologiques étaient aussi étendues qu'exactes. Vénus , Jupiter, Flore. Proserpine , Pluton, ne lui étaient pas étrangers. Il improvisait une heure sur la foudre du du roi des dieux, sur les belles formes de la mère des amours, sur l'incombustibilité des divinités infernales, sur les roses de la jardinière des jardinières. Il professait le plus profond mépris pour la langue grecque.

Il récitait , sans se tromper le *catéchime* et quelques vers de *Vergile*.

Le père Loriquet, M. Leragois, le chevalier de Propriac, étant ses historiens chéris, il les donnait à la fin de chaque année, comme prix à ses *chers élèves*.　　　J. F. LAROCHE.

(La suite au prochain numéro.)

UN TYPE DE BRIGANDS.

Dans le courant de l'année 1354, le Croisic était devenu le théâtre de crimes atroces et de brigandages inouïs, chaque jour on s'entretenait avec terreur de nouveaux meurtres; à chaque instant, de nouveaux récits venaient ajouter à l'effroi des précédents. On parlait d'un certain Mac-Ivan, comme l'auteur de ces crimes. Ce Mac-Ivan était , disait-on , un Anglais échappé de l'armée du duc de Lancastre ; c'était là tout ce qu'on pouvait savoir de ce personnage. Un mystère l'entourait de son ombre, et toutes les poursuites, toutes les investigations exercées contre lui avaient été jusque-là inutiles. La superstition ne tarda pas à s'en mêler. Dans ces siècles d'ignorance, tout ce qui sortait des règles ordinaires était expliqué par la magie. Aussi, Mac-Ivan fut-il regardé bientôt comme un nécromancien invisible, en rapport immédiat avec le démon, et ayant besoin de sang humain pour lancer ses sortiléges, et jeter pendans la nuit ses maléfices.

Au nombre des personnes qu'avait fait périr le Brigand, se trouvait le noble chevalier Guillaume de Lescot, depuis peu demeurant au Croisic. Moins crédule que le vulgaire, Olivier de Lescot, le plus jeune des deux fils du chevalier, et qui habitait seul alors chez son père, ne vit dans ce crime qu'un assassinat, et jura d'en punir l'auteur. Il se mit donc à la tête de tous ses gens, et battit le pays sans relâche, décidé à ne s'arrêter qu'après avoir tué le meurtrier de sa propre main.

Ses recherches n'avaient encore eu aucun résultat quand un bruit étrange vint à circuler. Tout le monde répétait que le célèbre brigand Mac-Ivan avait fui les poursuites du brave jeune homme, et qu'il s'était réfugié dans l'île de Her (à présent Noirmoutiers). Quelques-uns assuraient même l'avoir vu mettre à la voile, et citaient sur son accoutrement et sur sa personne les particularités les plus singulières.

Olivier avait un frère qui combattait dans l'armée de Montfort (¹), servant ce parti dès sa plus

(¹) On sait qu'à l'époque dont il s'agit, les comtes de Montfort et de Blois se disputaient le duché de Bretagne

grande jeunesse en qualité de volontaire ; Arthur (c'était le nom du jeune homme), n'avait jamais vu son frère depuis que son père et lui étaient établis au Croisic. Olivier lui écrivit. Il lui annonçait la perte irréparable qu'ils venaient de faire, et lui exprimait sa résolution d'aller trouver le brigand dans l'île de Her, et de le tuer, ou de périr de sa main. — Il faisait ensuite un appel au courage de son frère ; lui demandait s'il ne se sentait pas le même désir, et si le sang de Guillaume de Lescot n'était pas assez noble pour être vengé. Il lui promettait, dans le cas où il accepterait, de lui envoyer sous deux jours un guide qui le conduirait au Croisic, d'où ils partiraient ensemble à la poursuite de Mac-Ivan.

Olivier trouva dans son frère un cœur digne du sien. Arthur de Lescot accepta avec enthousiasme cette proposition.

Quatre jours après, le chevalier, en compagnie de son guide, traversait les terrains incultes et les falaises immenses qui ont toujours orné le voisinage du Croisic. Le guide allait devant. A toutes les questions que lui adressait Arthur sur Mac-Ivan, il se signait avec rapidité, paraissait glacé de frayeur, et regardait timidement à droite et à gauche, comme s'il eût toujours craint de le voir apparaître devant lui.

Enfin, en chevauchant toujours, ils arrivèrent à une maison de faible apparence, bâtie près de la ville, et dont la porte principale était fermée. Le guide tira une clé de sa poche et ils entrèrent. Le silence le plus profond y régnait. Arthur commença à craindre qu'il ne fût trompé. Il se tourna brusquement vers son guide :

Tu m'as promis de me le montrer, mais où est-il ?

Le guide ouvrit une espèce de caveau creusé sous le plancher, et, versant un torrent de larmes, lui montra du doigt le cadavre qui y était déposé.

— Monseigneur, lui dit-il, le voilà !

Arthur recula d'horreur ; puis, saisissant le collet de son guide, de la main gauche, et mettant sa droite sur la poignée de son épée, il s'écria :

— Oh ! par Saint-Ives ! manant, tu me diras qui a causé sa mort, ou tu me la paieras cher...

— Hélas, monseigneur, reprit le guide en sanglotant, celui-là seul, qui a tué votre père, pouvait faire périr messire Olivier.... Il l'a assassiné ! ! !

— Quoi ! c'est encore ce brigand de Mac-Ivan ?

— Oui, monseigneur.

— Mais il n'était donc pas parti, comme on le disait ?

— Hélas ! non ; monseigneur !.. L'infâme a trouvé plus simple de rester ici, quand on allait le chercher ailleurs.

— Oh ! par le corps du diable ! tu vas me dire dans quel lieu il est, où tu mourras à sa place....

Et Arthur secouait son guide, qui ne lui opposait aucune résistance.

— Dam ! monseigneur, on dit qu'il est.....

En même temps il se signa avec effroi.

— Mais dis-donc vite, malheureux !

Le guide se recula de quelques pas comme pour regarder si on l'entendait, puis se rapprochant, il se pencha à l'oreille du chevalier.

— Monseigneur, il est...

— Où donc ?

— Devant toi ! ! ! hurla tout-à-coup le guide d'une voix de tonnerre. — En même temps, un large poignard traversa la poitrine d'Arthur, qui alla rouler ensanglanté aux pieds du cadavre.

Gustave B.....

L'ŒIL D'UNE JEUNE FILLE.

Non, le ciel vaste et pur, tout scintillant d'étoiles,
La mer avec ses mâts et ses flottantes voiles,
La nature étalant ses parfums et ses fleurs ;
Ce qui rit, ce qui plaît, ce qui chante ou qui brille,
Rien n'approche des yeux d'une innocente fille
    Que l'amour a rendus rêveurs !

Le bonheur dans ces yeux s'est créé tout un monde,
Le ciel qui leur sourit, l'amour qui les inonde,
Leur prête un éclat pur dont la clarté séduit ;
On se plaît aux rayons de leur douce lumière :
C'est un nouveau soleil envoyé sur la terre
    Fait pour éclairer notre nuit !

Pauvre marins perdus sur l'Océan du monde,
Voyageurs égarés fuyant la nuit profonde,
Oh ! que la jeune fille apparaisse en nos cieux,
Et nos mâts déploiront leur invincible voile
Et son œil bienveillant sera pour nous l'étoile
    Qui marchera devant nos yeux.

Si le chagrin sur nous vient étendre son aile ;
Un seul de ses regards le dissipe. — Si belle,
Qui pourrait résister à son charme vainqueur ? —
Qui ne subirait pas la loi de votre empire,
Et quand vous souriez, pourrait ne pas sourire,
    Enfant magique et séducteur ?

Et le cœur fasciné sous ce regard de flamme,
Se demande, étonné, si ce n'est pas une âme
Qui soupire et qui brille en chacun de ces yeux ;
Car un œil aussi beau ne peut être de fange,
C'est un esprit d'amour que peut-être, quelqu'ange
    A pour elle apporté des cieux.

Gustave B.....

QUESTION PHILOSOPHIQUE.

C'est une question maintenant résolue, que la nécessité d'entretenir des théâtres dans les grandes villes, où la corruption invente des plaisirs beaucoup plus dangereux que ceux qu'on trouve dans la représentation du plus mauvais comme du meilleur drame. Cette vérité une fois reconnue, qu'il faut des spectacles aux Français, l'autorité devrait, ce me semble, diriger ce moyen d'amusement de manière à le tourner au profit des bonnes mœurs et de l'éducation nationale. Molière disait à Louis XIV qu'une bonne comédie qui faisait rire aux dépens d'un vice, tel que l'avarice ou l'hypocrisie, valait un bon sermon ; et Louis XIV, a qui l'on ne peut refuser la science du pouvoir et le mérite d'employer les grands génies de son siècle à l'amélioration de ses sujets, protégeait Molière et son art. Mais comme il savait ce que le talent obtient de l'émulation, il s'était bien gardé de sacrifier à son auteur favori le premier théâtre, rival de celui de Molière ; et c'est à la ferveur jalouse de ces deux troupes que nous devons tant de chefs-d'œuvre. Aujourd'hui, que les faits l'emportent sur les idées, on affecte un profond dédain pour ce qui fait penser, et cependant ce sont les pensées qui font les actions. Le soin de porter les esprits sur des idées nobles, de les intéresser à des traits d'héroïsme, de les amuser par la peinture de la sottise ou du vice bafoués, ne serait pas indigne d'un gouvernement éclairé, et si le nôtre voulait en prendre la peine, on verrait bientôt succéder aux procès criminels et à la farce qui envahissent aujourd'hui notre scène, la tragédie et la comédie qui peuvent s'adapter à nos mœurs actuelles. Pourquoi les théâtres n'auraient-ils pas autant d'influence sur les opinions que les journaux ? Toutes les fois que M. Scribe a tenté de mettre en scène quelque ridicule politique, il l'a fait avec succès ; mais pour obtenir quelque résultat des leçons de ce genre, il ne faut pas être obligé d'attendre une année entière pour être joué. Il faut pouvoir confier à un second théâtre l'ouvrage que le premier n'a pas le temps ou la volonté d'apprendre. Il faut surtout encourager les auteurs à consacrer leur talent à la gloire de la scène française, plutôt que de le placer en romans, en nouvelles qui n'enrichissent que les revues ou les feuilletons. Ces encouragements sont si faciles au pouvoir ! Le génie est comme les enfants, toujours dupe des caresses, on en fait tout ce qu'on veut, en lui offrant l'appât d'un succès ; et de tous les instruments dont les forts puissent se servir pour gouverner les faibles, ceux dont les ressorts ont le plus de vigueur et d'adresse sont bien certainement les esprits supérieurs. Voilà ce que savait Louis XIV, et ce qui a remplacé ce qui lui manquait pour être à la hauteur de son siècle.

Nouvelles Théâtrales.

GYMNASE. — Depuis son retour, Bouffé a jusqu'à ce jour repris les rôles de son répertoire. Avec un comédien comme Bouffé, les ouvrages les plus anciens sont toujours des nouveautés, car dans son jeu si fin, si délicat, si naturel et si complet, on trouve toujours quelque chose de nouveau. Pourquoi de tels artistes sont-ils si rares maintenant ?

— Au cirque de M. Colombier, lors de ses exercices dans la ville de Pau, l'amphithéâtre des secondes galeries, où se trouvaient placés un très-grand nombre de spectateurs, s'est tout à coup affaissé sous leur poids, et, par un bonheur inouï, tous ont été déposés à terre assez doucement pour que personne n'ait pu recevoir de blessures graves.

— Un sieur Claës, directeur de théâtre dans le département des Vosges, a trouvé à propos de laisser ses pensionnaires, qu'il trouvait trop cher à payer sans doute. — Fâcheux exemple.

— M. Bosco, escamoteur, vient d'avoir l'honneur de travailler devant le grand seigneur à Constantinople. Ce prince en a été fort satisfait. — Passez muscade.

— Le 2 septembre, à une heure de l'après-midi, un fort orage s'était formé sur la ville de Perpignan. Le tonnerre est tombé sur le théâtre avec un fracas épouvantable. Le fluide électrique est passé par l'une des fenêtres de cet édifice, qui donne sur la place de la Liberté ; il a pénétré dans l'enceinte du théâtre, et il est tombé à l'endroit même où se trouvaient réunis tous les artistes, qui venaient de terminer une répétition.

Le jeune Barrière, choriste, a été asphyxié sur place. Sa botte a été ouverte par la foudre et son chapeau enlevé et jeté sur un décor. Barrière est mort quelques instants après, malgré les soins les plus empressés qui lui ont été prodigués. Toutes les dames artistes ont été renversées. La première chanteuse a eu sa chaîne et sa montre enlevées ; le second ténor les cheveux brûlés ; enfin, le directeur et les autres artistes ont reçu des commotions plus ou moins fortes, mais sans éprouver aucun mal.

La foudre est sortie par le toit après avoir fendu une énorme poutre.

Le factionnaire placé à la porte du théâtre a eu son pantalon déchiré et brûlé, et a ressenti une forte commotion.

— Le 11 septembre, à l'issue de la représentation du *Pré aux Clercs*, les musiciens de l'orchestre du théâtre de Brest, auxquels s'étaient joints quelques amateurs de la ville, ont eu l'heureuse idée de donner une sérénade à M**me** Hérold, veuve de l'auteur de ce gracieux ouvrage, qui est à Brest depuis plusieurs jours. Cette sérénade, composée entièrement des morceaux du savant compositeur, et exécutée avec une rare précision, a vivement ému cette dame, qui a répondu de la manière la plus touchante, en témoignant ses remercîments à MM. de l'orchestre. C'est un hommage que les Brestois ont été jaloux de rendre à la mémoire de l'un de nos artistes les plus distingués, et qui a été arrêté par une mort précoce dans le cours de ses triomphes. L'auteur de *Zampa*, de *Ludovic* et du *Pré aux Clercs* s'est acquis un nom qui ne périra jamais.

— On jouait la comédie bourgeoise dans une maison particulière où se trouvait Talma ; comme on voulait organiser une représentation impromptue, il demanda à s'y rendre utile et à jouer un rôle. « Nous fûmes tous embarrassés, dit le narrateur de l'anecdote, attendu que nous ne nous sentions pas de force pour la tragédie, et que d'ailleurs ce genre est assez déplacé en société ; cependant, on ne voulut pas désobliger le grand acteur, et nous lui demandâmes quel rôle il désirait jouer. « Si personne n'y prétend, je vous demanderai le rôle de Pierrot dans la pantomime-arlequinade. » — Quoi, s'écria-t-on, ce n'est pas une plaisanterie ? — Non, dit-il ; j'ai beaucoup vu les Clowns en Angleterre, les Pierrots enfarinés à la foire, chez Nicolet et chez Lazari, je veux m'essayer dans ce genre. » Il fallait trouver pour Arle-

quin un compère qui sût les traditions ; moi, qui avais joué à la campagne les Pierrots avec Delaporte, l'Arlequin au Vaudeville, je m'offris à faire l'Arlequin avec Talma. Je ne m'attendais pas à lui trouver beaucoup de comique, et je ne croyais guère que l'homme qui était si admirable dans *Manlius*, dans *Hamlet* et dans *Cinna*, pût se plier aux exigences bouffonnes d'un rôle de Pierrot dans *Arlequin mort et vivant*. Le vrai talent se plie à tous les genres ; le vrai talent dramatique, c'est la vérité, c'est le naturel, c'est l'abnégation de soi-même pour s'identifier au personnage que l'on re-

présente ; Talma ne fut pas bouffon, il fut sublime dans Pierrot. Ce n'était pas la lourde stupidité du Pierrot de Lazari, ce n'était pas le sang-froid grimacier de Debureau, c'était la verve entraînante de Préville, rappelant les rôles enfarinés de Turlupin et de Gros-Guillaume. Tout en faisant les lazzis d'Arlequin, j'admirais le talent de Pierrot, et je riais sous mon masque de ses jeux de physionomie, lorsqu'il exprimait par la mobilité de ses traits, la poltronnerie ou la gourmandise. »

Le mot de la dernière Charade est CHARDON.

GRAND THÉATRE DE NANTES.

Aujourd'hui DIMANCHE, 27 Septembre 1840. On commencera à six heures.

Opéra comique en deux actes, paroles de Saint-Juste, musique de Boïeldieu.

Distribution. — Jean de Paris, M. Lafeuillade ; Le sénéchal, M. Abadie ; Pédrigo, M. Paris, Un valet d'auberge, M. Sarrazin ; La princesse de Navarre ; M**me** Duchampy ; Olivier, page de Jean de Paris, M**me** Olivier ; Lorezza, fille de Pédrigo, M**lle** Constance Lyon.

CET OPÉRA SERA TERMINÉ PAR

UN DIVERTISSEMENT ESPAGNOL composé de :
UN PAS DE TROIS,

Exécuté par M. Constant Tell, M**lles** Thérèse Ferdinand et Santi.

LA CACHUCHA,

Exécuté par M. Marius Petipa et M**lle** Armande Ferdinand.

LE MAITRE DE CHAPELLE,

Opéra comique en un acte, paroles de M**me** Sophie Gay, musique de Paër.

Distribution. — Barnabé, M. Abadie ; Benetto, M. Blanchard ; Gertrude, M**me** Duchampy.

LES PREMIÈRES ARMES DE RICHELIEU,

Comédie-vaudeville en deux actes, par MM. Bayard et Dumanoir.

Distribution. — Le chevalier Martignou, M. Oudinot ; Le baron de Belle-Chasse, M. Granger ; Dubois, valet de chambre de Richelieu, M. Päris ; Merlac, perruquier, M. Blanchard ; Michelin, tapissier, M. Duchâteau ; Un carossier, M. Famin ; Un Huissier de la chambre, M. Delehel ; Un laquais de Richelieu, M. Payen ; Le duc de Richelieu, M**lle** Clara Stéphany ; La duchesse de Noailles, M**me** Foignet ; La baronne de Belle-Chasse, M**me** Neuville ; Daine de Noailles, M**lle** Debroux ; M**lle** Nocé, fille d'honneur M**me** Olivier.

Ordre du Spectacle. — 1° Le Maître de Chapelle. 2° Les Premières Armes de Richelieu. 3° Jean de Paris.

THÉATRE DES VARIÉTÉS.

Aujourd'hui DIMANCHE, 27 Septembre 1840, On commencera à six heures et demie.

UN BAL DU GRAND MONDE,

Vaudeville en un acte, par MM. Varin et Desvergers.

Distribution. — Narcisse Bichonneau, M. Duchampy ; Blaveau, Lavillier ; Tokembourg, M. Blanchard ; Adolphe, M. Cazanbon ; Germain, M. Famin ; un domestique, M. Sarrazain ; la baronne, M**me** Neuville ; Camille, M**lle** Debroux.

Le Spectacle sera terminé par

CLOTILDE,

Drame en cinq actes par MM. Frédéric Soulié et Adolphe Bossange.

Distribution. — Christian, M. Roche ; De Lespinois, M. Toudouze ; Le Bissy, M. Alfred Harmant ; Raphaël Bazas, M. Päris ; Joseph, M. V. Henry ; Vincens, M. Famin ; Le directeur de la prison, M. Ferdinand ; Un valet, M. Lamotte ; Un commissaire de police, M. Sarrazain ; Clotilde M**me** Jolly ; Madame Darmely, M**me** Roche.

Le Rédacteur en chef, HÉRAULT.

IMPRIMERIE D'HÉRAULT, A NANTES.

Dimanche 4 Octobre 1840.   DEUXIÈME ANNÉE.   3e Trimestre. No 92.

PRIX D'ABONNEMENT :

NANTES. { TROIS MOIS .... F. 3
          SIX MOIS   6
          UN AN.......   12

DEHORS. { TROIS MOIS.. F. 5
          SIX MOIS....   10
          UN AN.......   18
          AFFRANCHIR..

—

Prix du numéro, 15 c.

PRIX D'ANNONCES :

30 c. à la page d'avis ; 1 fr. dans
le corps du journal. Remise du
tiers aux abonnés.

LE BUREAU EST SITUÉ
Chez HÉRAULT, Imprimeur, rue
de Guérande, No 3.

—

ON S'ABONNE :
Au Bureau ;
Chez GUÉRAUD, Libraire, Basse-
Grande-Rue et passage
Bouchaud ;
PLANÇON, Libraire, place
Graslin.

—

SE TROUVE CHEZ :
M. SUIREAU, Lib.re, rue Crébillon,
Et M. PLESSIER, Relieur, idem.

—

A PARIS,
ISIDORE PESRON, rue Pavée-Saint-
André, No 13.

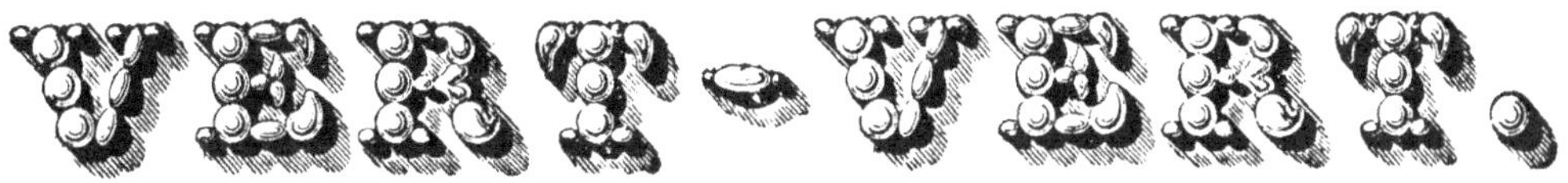

VERT-VERT.

JOURNAL DES SALONS ET DES THEATRES.

GRAND THÉATRE.

CHRONIQUE DRAMATIQUE.

lotilde et *Les premières armes de Richelieu* ont occupé, dimanche dernier, nos deux théâtres.

La salle des Variétés, où l'on jouait le mauvais drame de M. Frédérick Soulié, présentait un aspect vraiment triste ! On croyait assister aux sermons de Cotin, d'ennuyeuse mémoire. Les artistes ont prêché dans le désert. Nous le répétons, que notre habile directeur y songe ! Le goût et les besoins du public sont faciles à connaître et à satisfaire. Plus de vieilleries, plus de pièces, surtout, dont l'interprétation soit impossible, avec des sujets qui, nous le croyons, n'ont pas le vouloir de méconnaître la nature et la portée de leurs talents.

On dit que M. Bertin, le régisseur en chef, et nous sommes loin de le contester, est homme de sens et de métier, qu'il a l'expérience des choses qu'il dirige, que les preuves de son intelligence, en matière de théâtre, sont nombreuses et datent de loin ; eh bien ! que M. Bertin donne signe de vie dans les circonstances actuelles ; que, par ses soins éclairés, cette pauvre salle des Variétés se relève et soit moins dédaignée par une foule qui veut pleurer et rire, et non se donner des tours de mâchoire en forme de bâillements contagieux et unanimes.

Aussi tous les honneurs ont-ils été pour notre première scène. C'était comme à une représentation de Bouffé. De telle sorte que les tricornes des sergents de ville ont été trouvés, parfois, par les retardataires, un peu trop élevés. Disons en passant que les chapiteaux de ces colonnes de l'ordre public sont du plus gênant aspect, et qu'ils devraient être définitivement supprimés. On comprendra du reste cet empressement du public, quand on saura que ce soir-là on jouait, pour la sixième fois, le vaudeville de MM. Bayard et Duma-

noir, ce *Richelieu* qui, sous les traits de notre habile et charmante comédienne, M**lle** Stéphany, fait courir tout Nantes. Mentionnons cependant, pour mémoire, les deux autres pièces qui complétaient la composition du spectacle, le *Maître de Chapelle* et *Jean de Paris*, autres vieilleries que l'on devrait laisser dormir en paix. Nous ne voulons pas, certes ! déprécier la musique des auteurs de ces deux pièces ; il serait même à souhaiter que des modèles aussi purs fussent souvent imités, mais enfin, qui ne connaît pas, qui n'a pas chanté au moins mille fois dans sa vie : *Toujours à la gloire fidèle ; C'est la princesse de Navarre* ; qui n'a entendu la partition de Paër ? — Que diable ! quand les nouveautés lyriques, grandes et petites, françaises, italiennes, allemandes, risibles, sentimentales, sublimes, vous pleuvent de toutes parts, pourquoi donc aller exhumer d'anciens instruments, très harmonieux sans doute, mais plus connus encore ? Vous ne contesterez pas le mérite de *Richard Cœur-de-Lion*, de *la belle Arsène*, du *Diable à quatre* ; que ne montez-vous alors ces *délices* de nos pères ? — Quoique le *Maître de Chapelle* et *les deux Nuits*, que nous avons donnés également, soient deux pièces de fraîche date, comparées à l'extrait de naissance de *Jean de Paris* et des autres, notre opinion reste la même, car, au train dont vont les choses, les pièces vieillissent vite aujourd'hui. Le public veut avant tout du nouveau. C'est une vérité *bien vraie* contre laquelle il ne faut pas se cabrer. — Il est des vérités qui tuent lorsqu'on ne les respecte pas, et celle-là ce n'est pas nous qui protesterons contre ces manifestations aussi bruyantes que souvent méritées.

Dans les *Deux Nuits*, notre directeur vient de nouveau nous prouver que le public et la presse ont raison. Le même opéra nous a fait

voir M. Stéphane, chanteur aimable, plein d'avenir dans l'emploi qu'il veut tenir exclusivement un jour sur la scène. M. Blanchard s'acquitte fort bien de sa tâche peu importante. Mesdames Saint-Charles et Olivier ont dignement compris et rempli la leur ; et c'est vraiment dommage que, dans quelques-uns de leurs rôles où leurs moyens faiblissent un peu, peut-être, des marques d'improbation viennent parfois les remercier de leurs efforts.

Nous voudrions maintenant parler des *Huguenots* ; tout a été dit à cet égard. La seconde représentation de la reprise avait attiré beaucoup de monde, et elle nous a paru encore mieux rendue que la première.

Il nous est arrivé, ces jours derniers, une jolie et gracieuse petite fille qui, sous le nom de Maria Kenebel, a dansé la *Cachucha* comme une nymphe de la Bébis. Essler ne la désavouerait pas et applaudirait, j'en suis sûr, aux mouvements coquets, andaloux de cet *extrait* charmant d'elle-même.

A propos de danse, nous croyons que nos journaux ne se sont pas occupés assez jusqu'ici des sujets qui composent le ballet. Remplissons cette lacune, ou plutôt réparons cette injustice, car nos danseurs et nos danseuses, en nous montrant leurs jambes, nous montrent aussi des talents réels.

M**lle** Armande sœurs, M**lle** Santi, MM. Petipa et Tell, voilà, je crois, nos nombreux sujets. On le voit, avec un personnel aussi considérable, on ne peut guère aborder les esquisses chorégraphiques des Taglioni et des Blache ; mais pas espagnols, styriens, russes, tyroliens, divertissements, sont exécutés par cette petite troupe, avec une exactitude, une légèreté, une grâce parfaites. Dans ce genre, on chercherait vainement mieux ailleurs. Du reste, nous croyons fermement que si l'occasion était donnée à ces messieurs et à ces dames de se développer dans un plus vaste cadre, les bravos du public leur seraient également acquis.

— On dit que notre directeur, voyant le grand succès des *Premières armes de Richelieu*, va très-incessamment monter plusieurs nouveautés importantes, dont les premiers rôles sont déjà confiés au talent de M**lle** Clara Stéphany et de M. Harmant.

C'est faire preuve d'habileté que de répondre ainsi aux sympathies du public.

————

On a tant controversé sur la prééminence de l'école allemande et de l'école italienne sur l'école française, qui participe des deux également, qu'il serait superflu d'entrer ici dans de nouvelles discussions, que nous ne serions pas de force à approfondir complètement. D'ailleurs, c'est un sujet trop grave et trop sérieux pour l'aborder dans un simple feuilleton, qui ne nous permettrait pas de développer toutes nos idées. Contentons-nous donc de signaler les faits existants, et d'en tirer les conséquences qui nous paraîtront le plus rationnelles. Prenons pour point de départ notre modeste théâtre de province, où tous les chefs-d'œuvre lyriques, à quelque école qu'ils appartiennent, ont été plus ou moins goûtés par notre public breton.

Commençant par l'école allemande, nous voyons apparaître *Robert*, qui a eu la vogue pendant plusieurs années; *les Huguenots* n'auront pas tant de durée, car déjà l'on commence à sentir qu'il existe une grande différence entre ces deux opéras. Dira-t-on que c'est le poème qui en est cause? Mais, en bonne conscience, en quoi le libretto de *Robert* est-il supérieur à celui de *la Saint-Barthélemy?* L'un est aussi nul que l'autre, et fourmille d'autant de non sens, d'invraisemblances. Nous croyons en avoir trouvé la raison : Elle consiste dans l'uniformité des moyens, des effets d'orchestre, des combinaisons harmoniques, qui sont absolument les mêmes dans ces deux ouvrages. Or, la nouveauté a séduit, mais les réminiscences ne produisent plus le même enthousiasme. Le compositeur, pour se tenir à la même élévation, devait faire mieux et d'une manière différente. S'il ne l'a pas fait, c'est qu'il ne le pouvait pas; c'est que, lorsqu'on est monté trop haut, il faut de toute nécessité descendre; c'est ce qui est arrivé. Mais passons, car nous ne finirions pas, si nous voulions tout dire.

L'école italienne se présente avec les plus séduisantes mélodies brillantées par l'imagination des compositeurs-chanteurs, avec ses tournures gracieuses, ses *stretta* et leurs tons éclatants, armés de trois, quatre et cinq dièzes. Mais du scénique, du dramatique, de la profondeur dans la science, vous n'en trouvez que rarement; du sublime, jamais. Sous ce rapport seul, la musique allemande est supérieure à la musique italienne, et remarquez que, lorsqu'un compositeur étranger est parvenu à faire une vive impression sur les spectateurs, lorsqu'il s'est tellement identifié avec son drame, qu'il complète l'illusion d'un parterre, c'est qu'alors il n'est plus étranger; il est Français, il a composé selon les règles de l'école française. Cette vérité est si palpable, qu'il suffira de citer *Guillaume Tell*, qui ne ressemble en rien aux autres opéras de Rossini; et comment pourrait-il en être autrement, si le compositeur ne s'inspire pas de son sujet, s'il ne cherche pas à rendre l'expression du langage de ses personnages, s'il ne connaît ni l'unité d'action, ni la prosodie, s'il fait sa musique avant le poème. Comment voulez-vous qu'il y ait ensemble, accord avec les paroles? Ce qui devrait se débiter, il le fera chanter; ce qui serait mieux chanté, il le mettra en récitatif; et ainsi de suite : vous voyez d'ici les contre-sens, les mauvaises syllabes, sur lesquelles il placera un point d'orgue; des longues, il en fait des brèves; et des brèves, il en fait des longues; l'action ne marchera pas, la scène languira; il aura fait de bonne musique, mais un mauvais drame lyrique; il aura composé d'admirables morceaux qui ne s'associeront point à la marche d'une pièce, aux caractères des personnages qu'il fera parler.

Dans notre école, nous voulons, car le bon sens le dit assez, qu'un acteur n'arrive pas exprès pour chanter une cavatine ou un duo;

qu'un individu ne se promène pas sur la scène pendant qu'un autre chante un solo; nous voulons que la nécessité seule amène tel ou tel héros du drame; qu'il entre et sorte, parce que l'action le commande; enfin, que toute démarche soit motivée par l'intrigue du poème. C'est ce que nous voyions dans nos bons opéras français, lorsque la poésie était comptée pour quelque chose, lorsqu'il n'était pas permis de blesser le bon sens ni les convenances théâtrales. Sans remonter au temps où furent représentés *la Vestale*, *Joseph*, *les deux Journées*, *les Bayadères*, *Sémiramis*, *Montano et Stéphany*, *Fernand-Cortez*, ne voyons-nous pas, en redescendant à l'opéra comique, la musique identifiée au poème? Prenant entre mille autres un seul ouvrage de Boïeldieu : *les Deux-Nuits*, par exemple, ne sont-elles pas la preuve évidente qu'une musique vive et sémillante comme le sujet, qui n'est cependant pas sans défaut, ne voyons-nous pas, disons-nous, qu'une telle musique laisse aux spectateurs plus d'agréables souvenirs que tous les motifs bruyamment accompagnés de nos modernes opéras? Au sortir du spectacle, on n'était point étourdi, fatigué comme aujourd'hui.

Est-ce à dire qu'il aurait fallu rester constamment dans le même cercle, repousser les découvertes du génie, les heureuses inventions des artistes de nos jours? Non, sans doute; mais ne pourrait-on pas user modérément de ces cuivres, qui maintenant vous fendent la tête, quand ils jouent justes, à plus forte raison quand ils jouent faux; de cette grosse caisse et de ce tambour qu'on emploie à tout propos. Qu'il s'agisse d'une orgie, d'une scène d'amour, d'une querelle, c'est toujours avec accompagnement de trompette, d'ophicléide et de cimbales. Bientôt on se servira d'une pièce de canon....

Les amateurs qui aiment les émotions douces ont dû être satisfaits jeudi dernier, car, après l'opéra des *Huguenots*, qu'ils ont entendu cette semaine (et cette fois l'opéra a encore mieux marché qu'à la première représentation, à l'exception d'un chœur qui a été entamé trop haut), ils ont goûté avec délices la jolie musique des *Deux-Nuits*. Cette pièce a été rendue parfaitement. M. Abadie, qui en avait le principal rôle, l'a chanté et joué d'une manière supérieure. Son air a été rendu avec un ensemble parfait de comique, de chaleur et d'entrain; c'est un beau triomphe pour lui, aussi les bravos lui ont prouvé qu'il avait conquis l'estime de tous ceux qui se plaisent à rendre justice au vrai talent. Si l'on voulait citer les plus jolis motifs de ce charmant opéra, il faudrait nommer tous les morceaux. La mise en scène et les décors étaient parfaits. Gloire à M. Lafeuillade, il montre chaque jour qu'il est aussi habile directeur qu'excellent acteur; bravo, M. Hasselman, pour les nuances que vous avez si bien fait observer dans l'orchestre et sur le théâtre. Nous pouvons nous flatter d'avoir un opéra comme jamais nous n'en avions eu : Fasse le ciel que nous conservions longtemps des artistes comme ceux que nous possédons à quelques exceptions près.

————

JACQUES DUPLAN.

(Suite.)

IV.

RECTIFICATION IMPORTANTE.

Ce n'est pas en 1852, mais en 1822, que Jacques Duplan occupait l'hôtel de la rue du Loup.

En 1852, Jacques Duplan était mort.

Comme on le voit, cette rectification était très-importante.

Aussi, pourquoi les imprimeurs, protes, compositeurs, etc., nous font-ils commettre, à nous autres *historiens*, de pareilles erreurs!

Pourtant notre copie est toujours bien nette, bien lisible!

Qui nous délivrera, mon Dieu, des *coquilles*, des *bourdons*, etc. etc., qui vraiment déparent notre style, calomnient nos intentions, et nous montrent quelquefois plus ignorants que Jacques Duplan?

Car Jacques Duplan possédait la *bosse des dates*. Ce n'est certes pas lui qui se fût trompé de dix ans!

Attention donc, protes et compositeurs! — S'il le faut, prenez vos bésicles, et, surtout, ne parlez pas trop sur l'emploi de votre dernière *banque*.

V.

Les maîtres d'école, les professeurs, les instituteurs enseignent souvent ce qu'ils ne *savent pas*.

Dans notre troisième chapitre, nous avons dit que Jacques Duplan savait par cœur le *quæ retranché*. Jacques Duplan pouvait donc hardiment inculquer dans l'esprit de ses *chers élèves*, les déclinaisons et les conjugaisons de la grammaire latine. Et, hâtons-nous de le déclarer, c'était là le côté brillant de son *affaire*.

Cependant, l'amour de sa spécialité ne l'emportait pas tous les jours. Comme cet homme de génie qui, malgré la belle part que la nature lui avait faite, voulait sérieusement passer pour un homme d'esprit. Jacques Duplan dédaignait souvent ses profondes études sur les noms et les verbes; et, sans crainte aucune, on le voyait aborder le discours, l'histoire et la philosophie.

Il lui arriva même, nous a-t-on dit, de vouloir donner à une jolie petite femme des leçons de littérature française! Il parait que la charmante et malicieuse élève se prêta de fort bonne grâce aux prétentions du plaisant professeur, et qu'elle rit encore, l'irrévérentieuse, de l'éloquence et du savoir du Villemain de la rue du Loup. Pauvre Jacques!...

En vérité! les jolies petites femmes sont bien méchantes, celle-là surtout!

Jacques Duplan, en enseignant à ses *chères élèves* la rhétorique, la philosophie et l'histoire, enseignait donc ce qu'il ne savait pas.

Il enseignait *l'art de bien dire*. Quand, avant de commencer sa leçon, il s'adressait à l'un de ses écoliers, il s'écriait :

Trémoun, va me queyre ma mountre, quil est sur le chambrale de ma cheyminée. Trémoun, prends garde à la grazale qui va mettre le feu à la cloison de bois.

Jacques Duplan enseignait la philosophie quand, à l'endroit *du témoignage des hommes*, il déclarait gravement que la colonne du XII mars témoignait de l'intrépidité des Bordelais, et de la fidélité de M. Lynch.

Jacques Duplan enseignait l'histoire quand, d'après M. Leragois, il affirmait à ses écoliers que Buonaparte, au nom de Louis XVIII, gouvernait la France.

Jacques Duplan était, à la fois historien, philosophe et littérateur. Historien, comme Thierry; philosophe, comme Cousin; littérateur, comme Tissot ou Villemain, au dire de *Marianne* et de madame *Bourillon*. Nous consacrerons un chapitre à madame *Bourillon* et à *Marianne;* deux têtes dignes de Gall et de Lavater.

J'ai connu quelques professeurs, instituteurs ou maîtres d'école, qui ressemblaient beaucoup à Jacques Duplan.

J'ai connu, à Bordeaux, un irlandais qui, ne pouvant prononcer un seul mot français, démontrait la langue française et sa *prononciation* à de nombreux élèves, et ce par autorisation de MM. de l'Université.

J'ai connu, à Paris, un bachelier ès-lettres, dont les connaissances étaient si étendues, qu'il se mit à fabriquer des briquets phosphoriques, espérant, par ce moyen, apprendre un jour l'orthographe, qu'il n'avait pas eu le temps d'apprendre durant le cours de ses *humanités*.

J'ai connu, à Sainte-Lucie, trois instituteurs :

Le premier, vendait du beurre et des feuillards, comme un négociant de la *Grande-Rue* ou un épicier du *bord de la mer*.

Le second, quoique français, parlait la langue espagnole et ne parlait pas sa langue.

Le troisième, oh! le troisième! contrefaçon de Robert-Macaire, se fit recevoir chevalier de l'Aigle, s'incrusta dans une négresse, *expliqua Perse et Juvénal*, et, après quelques années, s'en revint en France jouir en paix de la dot de sa femme.

Le premier, était aussi éloquent que Jacques Duplan;

Le second, l'était plus encore;

Le troisième, terminait par ces mots toutes ces leçons : *Tout absolument et pas davantage*.

On raconte, à ce sujet, l'anecdote suivante :

Un jour ce professeur exotique parlait, parlait, parlait beaucoup. C'était devant de nombreux auditeurs qui, le voyant pour la première fois, ne prenaient nullement garde aux *toute absolument et pas davantage* de son discours. Il passait en revue toute sa vie d'outre-mer; la belle vie, en vérité, pour un professeur de qualité! Il en était sur l'étourderie d'un de ses écoliers, qui s'était brisé un bras et une jambe, *sans le vouloir, sans doute,* lorsqu'il s'avisa de terminer ainsi le récit de cet événement :

Enfin, figurez-vous, Messieurs, que ce malheureux enfant tombe, se démet le poignet, se tord le cou, et se casse le bras et une jambe, tout absolument et pas davantage.

— C'est fichtre bien assez! répondit un des auditeurs.

UN REVENANT.

(Extrait du porte-feuille de M. V..... docteur-médecin)

Il y a quelques années, mon ami Eugène D. étudiait en médecine à la faculté de Montpellier. C'était un de ces *carabins* fanatiques qui se livrent corps et âme aux travaux de l'amphithéâtre se font, avec une parfaite aisance, un cure-dent de leur scapel Mon ami Eugène D... eût pris sans la moindre difficulté un crâne humain pour une écuelle, et ne se fût pas fait le moindre scrupule de jouer aux osselets avec l'épine dorsale de son prochain. Il joignait du reste à cet *amour de son art*, comme il avait coutume de le dire, les plus excellentes qualités de cœur et d'esprit. Bien qu'il fût presque continuellement dans la société des morts et que sa chambre ressemblât à un ossuaire, il n'était pas moins bon vivant, rieur, fumeur, joueur, buveur, s'abandonnant avec la franchise d'un épicurien à toutes les douceurs du bien-vivre, et tempérant par la plus intrépide jovialité ce que ses études pouvaient avoir de lugubre.

Comme la plupart des étudiants, Eugène D.. était en pension pour la table et le logement, chez un vieux célibataire qui l'avait pris en belle amitié et qui, dans les épanchements de son affection, lui faisait pressentir qu'il ne l'oublierait pas dans ses dispositions testamentaires; mais lorsque la conversation tombait sur ce sujet, Eugène D... avait toujours soin d'en détourner le cours, tant son exquise délicatesse redoutait les suppositions peu bienveillantes qu'aurait pu faire sur ses intentions, une parenté inquiète et jalouse. Le vieillard avait un tempérament goutteux, apoplectique et catharreux; tout annonçait pour lui l'approche d'un terme fatal, et ce n'est qu'à force de ménagements qu'il parvenait à prolonger une vie dont la source était à chaque instants près de tarir. Il tomba bientôt dangereusement malade. L'étudiant veilla à son chevet avec une sollicitude toute filiale et lui prodigua les soins les plus empressés. C'est lui qui exécutait avec le plus tendre zèle les ordonnances des médecins, et lorsque l'état désespéré du pauvre homme eut mis en défaut toutes les ressources de la science c'est encore lui qui appliqua ces remèdes violents et extrêmes auxquels on n'a recours que pour raviver l'étincelle d'une existence qui s'éteint.

Tout fut inutile, et après quelques jours d'une cruelle agonie, le malade rendit le dernier soupir. Eugène D... ne l'avait pas quitté un seul instant; il voulut aussi fermer ses paupières; mais il ne put voir sans un douloureux effroi les hideuses contorsions de ce visage luttant contre le râle, et lorsque la mort eut immobilisé sur cette face glacée une convulsive grimace, l'étudiant ne put se défendre d'un secret mouvement d'horreur.

Eugène D... était un esprit fort par excellence, traitant de sotte puérillité ce sentiment de répugnance instinctive qui nous éloigne d'un cadavre, riant comme un fou aux scènes les plus terrifiantes d'Anne Radcliffe et de Lewis, et n'ayant pas de plus doux passe-temps que de placer, la nuit, dans un des coins les plus obscurs de son escalier, un squelette dans le crâne duquel il plaçait une bougie, à la grande frayeur des locataires; mais quelque fût son imperturbable assurance, il lui était impossible de se défendre d'une vague appréhension, en songeant à l'affreuse grimace de son hôte, dont la pensée lui retraçait incessamment le souvenir.

Le soir même de la mort du vieillard, il faisait un rude temps d'hiver, froid et neigeux, l'acquilon sifflait à l'extérieur avec une violence inaccoutumée; et ses plaintifs gémissements imprimaient à l'âme je ne sais quelle indéfinissable tristesse. Après avoir présidé toute la soirée aux préparatifs des funérailles, lorsque l'ensevelisseuse eut procédé sous ses yeux à la dernière toilette du trépassé, que le cadavre eut été bien et dûment emmaillotté dans la bière, et que plusieurs cierges eurent été allumés à ses côtés selon l'usage, Eugène D.... passa dans son appartement, qui n'était séparé de la chambre mortuaire que par une simple cloison au centre de laquelle se trouvait une porte mal assujétie. Il fuma gravement deux ou trois pipes, tant pour chasser le mauvais air, que pour se donner une assurance qui commençait à lui manquer; puis il se coucha et ronfla bientôt à l'unisson de la bise.

Son cerveau, troublé par les impressions de la journée et par la fumée du tabac, lui offrit les plus terribles images : il rêva spectre et cadavres, râlant d'une manière effrayante sous l'étreinte du plus affreux cauchemar.

Tout-à-coup, les boiseries de la chambre craquèrent, les fenêtres grincèrent, s'ouvrirent bruyamment, et la raffale s'engouffrant avec furie dans l'asyle qui lui était ouvert, vint secouer la porte qui conduisait à l'appartement du mort et dont les deux battans se heurtèrent avec fracas.

Eugène D... se réveilla en sursaut et poussa un cri horrible; il ne douta point qu'il ne fût sur le point d'être témoin de quelque spectacle surnaturel; ses cheveux soulevèrent son bonnet de nuit; il eut froid jusque dans la moëlle des os, et ses dents claquèrent avec violence lorsqu'il aperçut la tremblante lueur d'une lampe qui se projetait sur ses rideaux, courant le long des murs, s'éteignant par intervalles selon le caprice du vent. L'étudiant rappela tout son courage, et se roulant résolument dans ses couvertures, il se blottit dans la ruelle et attendit ainsi l'issue de cette étrange scène.

Le bruit d'un pas léger annonça que quelqu'un approchait; on s'arrêta tout près du lit, et une voix sépulchrale fit entendre ces mots : — Monsieur, monsieur!

Eugène ne répondit pas et chercha à s'incruster plus profondément entre le matelas et le mur. Il sentit alors une main qui s'appuya sur son épaule, et qui le secouait rudement; cette main lui sembla singulièrement froide et osseuse, et tout son corps frissonna sous ce contact.

— Monsieur, monsieur! répéta la voix avec une inflexion toute gutturale.

Soulevant un peu la couverture, Eugène hasarda la moitié d'un œil, et découvrit à l'extrémité de son regard visuel une face maigre, sèche et crochue, qui le regardait fixement. La figure n'avait pas le moins du monde l'accoutrement obligé d'un spectre, elle portait une sorte de chaperon gris flottant sur les épaules, et faisait luire un regard fauve sous la rousse dentelle d'une coiffe fumée. Ce costume tout féminin, l'absence complète de suaire, commencèrent à rassurer l'étudiant, qui se dit avec une intrépidité logique qu'à moins qu'on ne fût mardi-gras dans l'autre monde, il ne serait pas raisonnable de supposer que son hôte pût revenir avec des habits de femme. Il regarda donc de ses deux yeux, et reconnut l'ensevelisseuse armée d'une lampe à bec et récidivant pour la troisième fois son éternel : *Monsieur, Monsieur!*

— Qu'est-ce que c'est? fit Eugène, en se dressant sur son séant.

— C'est le mort qui s'est réveillé et qui m'a demandé ses lunettes.

— Ah ça! vous êtes donc somnambule, bonne femme, que vous rêvez en marchant?

— Non, Monsieur, écoutez plutôt.

Un soupir se fit entendre dans l'appartement voisin.

L'étudiant sauta du lit, ferma vivement ses fenêtres, et courut vers le cercueil. Le mort s'était en effet soulevé dans sa bière, et cherchait à mettre une paire de bésicles bleues, car la clarté du luminaire placé près de lui semblait l'incommoder gravement. Eugène D... resta béant de terreur et de surprise, attendant, pour croire à sa résurrection, que le cadavre parlât.

— Ouvrez mon secrétaire, murmura le revenant.

Eugène ouvrit machinalement le secrétaire.

— Dans le premier tiroir à gauche, vous trouverez un papier plié en quatre, donnez-le moi.

L'étudiant prit le papier et ne put s'empêcher de frissonner lorsque la main du vieillard s'étendit vers la sienne.

— C'est bien. Maintenant une plume et de l'encre, reprit le mort, dont la voix parut s'affaiblir.

L'ensevelisseuse apporta l'écritoire : le cadavre déplia le papier, et s'efforça de tracer au bas quelques caractères, en l'appuyant sur le rebord du cercueil; à un dernier trait de plume, plus vigoureux que les autres, ses doigts se crispèrent, et il retomba tout d'une pièce, pour ne plus se relever.

Eugène D... tout ému de cette effrayante aventure, employa vainement toutes les ressources de la médecine pour rappeler un reste de chaleur sur ces membres désormais glacés; cette fois, la mort véritable avait succédé à la léthargie.

Mon ami prit le papier que la main du cadavre tenait encore, et vit une écriture jaunie par le temps, et au bas de laquelle figurait une signature humide encore, ce papier n'était autre chose qu'un testament olographe qui instituait l'étudiant légataire universel du défunt.

Celui-ci s'était sans doute souvenu dans l'autre monde qu'il avait oublié de signer cet acte, et il avait voulu revenir un instant à la vie pour accomplir son bienfait inachevé.

(*Sylphide.*)

Nouvelles Théâtrales.

FRANÇAIS. — Mlle Mars a écrit au comité qu'elle ne voulait pas renouveler son engagement au mois d'avril prochain. Ceux mêmes qui ont le plus désiré cette retraite ne s'en consoleront pas. Le talent de Mlle Mars est de ceux dont on se souvient toujours, mais qu'on ne remplace jamais. C'est en jouant les *Fausses Confidences* avec Menjaud, pour sa rentrée, que Mlle Mars fera mieux encore apprécier que tous nos regrets, ce qu'on perd en elle.

OPÉRA-COMIQUE. — Mme Damoreau est de retour; et l'on attend *Jeanne de Naples*.

PALAIS-ROYAL. — Aujourd'hui, reprise de *Ninon*, par Mlle Déjazet. Mlle Quaisin continuera ses débuts dans le rôle de *Ninon*. Incessamment, première représentation de *Toby*, vaudeville en un acte, attribué à M. Anicet-Bourgeois.

Ravel, qui quitte le Vaudeville, vient d'être engagé à des conditions brillantes. C'est un acteur de plus pour ce théâtre, qui en compte trop peu. Ravel est remplacé au Vaudeville par l'un des meilleurs comiques de province.

STRASBOURG. — C'est dans *Théophile ou ma Vocation* que Mortreuil a fait son troisième début. Il a été applaudi par le public, comme il le sera toujours, malgré la pauvreté de la pièce et celle du rôle de *Théophile*, parce Mortreuil sera toujours lui, c'est-à-dire acteur original; parce que Mortreuil met de la chaleur, de l'intention, dans ce qu'il fait comme dans ce qu'il débite; parce que ses gestes s'harmonient parfaitement avec ses paroles, et qu'enfin à lui tout seul, il met de la chaleur, de l'entrain sur la scène, fût-il au milieu des glaçons de la Sibérie.

Mortreuil a obtenu un succès complet dans le *Fumiste* et les *Merluchons*. La *Dame Blanche* et le *Pré-aux-Clercs* lui ont fourni l'occasion de nous faire apprécier une voix rare chez un trial. Nous devons aussi le remercier de s'être chargé du rôle ingrat de *Gilbert*, dans *Lucie*, opéra qui vient d'être repris avec éclat, et chanté d'une manière irréprochable par Mme Teisseire.

— Bardou a terminé ses représentations à Toulouse avec un immense succès. Celui-là ne nous étonne pas, Bardou le retrouvera à Paris.

— Il y a quelques jours, un monsieur et une dame qui tiennent de très-près à l'ambassade d'Autriche, assistaient à une représentation de *Gulliver*, au théâtre du Passage de l'Opéra. Ils furent tellement enthousiasmés du pas dansé par la petite Élisa Nehr, dans le ballet du quatrième acte, qu'ils en parlèrent à Mme l'ambassadrice, qui voulut voir cette petite merveille, et l'invita à une soirée qui avait lieu avant-hier à l'hôtel de l'ambassade. La petite Éliza Nehr se rendit à cette invitation dont elle ne pouvait comprendre la cause ni le motif. Elle fut reçue par une société aussi nombreuse que brillante et distinguée. Pendant un certain temps, elle ne put maîtriser une timidité bien naturelle en pareille circonstance; enfin, quand elle parut bien rassurée, on la pria de danser un des jolis pas qu'elle exécute si bien et qui lui ont valu tant de succès. M. le comte de Saint-Félix se mit au piano, et la gracieuse petite Taglioni se mit à danser le *pas anglais de la Caravane*, et le *pas du Miroir*. A chaque instant, des applaudissements et des bravos venaient frapper ses oreilles et l'encourager. Quand elle eut fini, toutes les dames se pressèrent autour de cette charmante enfant, pour la couvrir de baisers, de fleurs et de couronnes. Elle ne se retira qu'à la fin de la soirée, chargée de bijoux, de bonbons et de cadeaux de toute espèce. Cet enfant, qui n'a pas encore onze ans, est réellement douée de dispositions extraordinaires pour la danse. Mais nous croyons que, dans son intérêt, elle doit s'abstenir de ces ovations, de ces succès de salon, et ses parents, plus sages que ceux de Mlle Rachel, comprendront la justesse de notre observation.

BRUXELLES. — Mme Chambéry est tenue éloignée de la scène par un cas assez grave!... Dieu des arts! fais que notre théâtre ne tourne pas à l'hôpital!...

GRAND THÉÂTRE DE NANTES.

Aujourd'hui DIMANCHE, 4 Octobre 1840. On commencera à six heures.

ROBERT LE DIABLE,

Grand opéra en cinq actes, paroles de M. Scribe, musique de M. Meyerbeer.

Distribution. — Robert, M. Lafeuillade; Bertram, M. Hermann-Léon; Raimbaut, M. Damoreau neveu; Albert, M. Victor Deplanck; Un chevalier, M. Salanson; Le roi de Sicile, M. Ferdinand; Le prince de Grenade, M. Roche; Le chapelain de Robert, M. Granger; Isabelle, Mme Duchampy; Alice, Mlle Victorine Saint-Charles; Héléna, Mlle Armamand Ferdinand.

DANSES.

AU DEUXIÈME ACTE :

UN PAS DE TROIS,

Exécuté par M. Marius Petipa, Mlles Thérèse Ferdinand et Santi.

AU TROISIÈME ACTE :

SCÈNE DES NONES,

Exécutée par Mlles Armande et Thérèse Ferdinand, Santi et Mesdames de Chœurs.

THÉÂTRE DES VARIÉTÉS.

Aujourd'hui DIMANCHE, 4 Octobre 1840, On commencera à six heures et demie.

LES PREMIÈRES ARMES DE RICHELIEU,

Comédie-vaudeville en deux actes, par MM. Bayard et Dumanoir.

Distribution. — Le chevalier Martignou, M. Oudinot; Le baron de Belle-Chasse, M. Granger; Dubois, valet de chambre de Richelieu, M. Pâris; Merlac, perruquier, M. Blanchard; Michelin, tapissier, M. Duchâteau; Un carossier, M. Famin; Un Huissier de la chambre, M. Delchel; Un laquais de Richelieu, M. Payen; Le duc de Richelieu, Mlle Clara Stéphany; La duchesse de Noailles, Mme Foignet; La baronne de Belle-Chasse, Mme Neuville; Dame de Noailles, Mlle Debroux; Mlle Nocé, fille d'honneur, Mme Olivier.

LA CACHUCHA,

Exécuté par la petite Maria Kénebel.

LE LÉGATAIRE UNIVERSEL,

Comédie en cinq actes, en vers, de Régnard.

Distribution. — Géronte, M. Charles; Éraste, M. Roche; Crispin, M. V. Henry; Scrupule, M. Duchâteau; Gaspard, M. Quillet; Clistorel, la petite Famin; Un valet de Géronte, M. Famin; Un valet de Mme Argante, M. Sarrazain; Mme Argante, Mme Cochéze; Isabelle, Mlle Debroux; Lisette, Mme Neuville.

LA PENSIONNAIRE MARIÉE,

Comédie-vaudeville en un acte, par MM. Scribe et Varner.

Distribution. — M. de Boismorin, M. Toudouze; Anatole, M. Gustave Stéphane; Tricot, M. V. Henry; Adèle, Mlle Clara Stéphany; Marie, Mlle Debroux.

Ordre du Spectacle. — 1° La Pensionnaire Mariée. — 2° Le Légataire Universel. — 3° La Cachuca. — 5° Les Premières Armes de Richelieu.

Le Rédacteur en chef, HÉRAULT.

IMPRIMERIE D'HÉRAULT, A NANTES.

Dimanche 11 Octobre 1840.   DEUXIÈME ANNÉE.   4e Trimestre. No 93.

PRIX D'ABONNEMENT :

NANTES. { TROIS MOIS .... F. 3
          SIX MOIS 6
          UN AN 12

DEHORS { TROIS MOIS .. F. 5
         SIX MOIS.... 10
         UN AN 18
         AFFRANCHIR..

Prix du numéro, 15 c.

PRIX D'ANNONCES :

30 c. à la page d'avis ; 1 fr. dans le corps du journal. Remise du tiers aux abonnés.

LE BUREAU EST SITUÉ
Chez HÉRAULT, Imprimeur, rue de Guérande, No 3.
—
ON S'ABONNE :
Au Bureau;
Chez GUÉRAUD, Libraire, Basse Grande-Rue et passage Bouchaud;
PLANÇON, Libraire, place Graslin.
—
SE TROUVE CHEZ :
M. SCIBEAU, Lib.re, rue Crébillon,
Et M. PLESSIER, Relieur, idem.
—
A PARIS,
ISIDORE PESROX, rue Pavée-Saint-André, No 13.

VERT-VERT.

JOURNAL DES SALONS ET DES THEATRES.

GRAND THÉATRE.

CHRONIQUE DRAMATIQUE.

ous signalons la réapparition des *Deux Nuits*, l'une des plus gracieuses productions de Boïeldieu, le sublime maëstro dont les Muses seront long-temps en deuil. Nous ne dirons pas la richesse d'harmonie, la délicieuse légèreté de style, la perfection de détails, avec lesquelles toute cette partition est écrite ; ce charmant ouvrage n'est-il pas dans toutes les mémoires ? Mais ce que nous ne devons pas oublier, c'est l'accueil d'enthousiasme que lui a fait notre public, il a prouvé sa fidélité au culte de Boïeldieu, c'est-à-dire à ce qu'il y a de véritablement beau et bon.

Le soin avec lequel cet ouvrage est monté fait honneur à notre direction.

M. Lafeuillade-*Sir Édouard* est toujours aussi notre habile comédien et gracieux chanteur, que vous savez.

M. Abadie a mérité et obtenu de nombreux et légitimes applaudissements, auxquels nous nous associons avec le plus grand plaisir. M. Abadie a un véritable talent, que le public ordinairement si bon juge, n'a pas, nous le croyons, consciencieusement apprécié dans l'origine. M. Abadie justifie de jour en jour notre assertion.

Un incident a signalé la deuxième représentation des *Deux Nuits* ; la *Marseillaise*, demandée à grands cris, a été chantée par M. Hermann Léon, entre le premier et le deuxième

acte. Si nous disions l'enthousiasme, la frénésie qui ont accueilli l'hymne républicain, nous tomberions bien vite dans le domaine de la politique, où *Vert-Vert* ne doit point glaner ; car il faudrait dire alors que cette manifestation impatiente de honte, appelle la guerre, la guerre à mort contre les imprudents alliés qui ont jeté l'ignominie à la face de la reine du monde ! Mais ce ne sont point les affaires d'un perroquet, assez de nobles cœurs, assez de voix puissantes vont s'élever pour venger notre injure, sans que nous, misérable pygmée, nous venions jeter notre murmure perdu dans ce grondement solennel qui annonce la tempête. Disons seulement que les manifestations de ce genre sont générales dans tous les théâtres de France. Il y a toujours du sang français dans nos veines ! ! !...

Avez-vous vu un petit chef-d'œuvre de grâce, la plus charmante petite fille du monde, avec une délicieuse tête de lutin ou d'ange, je ne sais trop lequel, poupée intelligente qui danse la *Cachucha* presqu'aussi gentiment que Fanny Essler ? Si vous n'avez pas vu Mlle Maria Kenebel, cette bayadère de deux coudées, avec son joli visage, ses beaux cheveux bruns et la voluptueuse finesse de ses grands yeux noirs, vous n'avez rien vu en fait de merveilles ; un grand moraliste a dit que la coquetterie était innée dans la femme, qui oserait nier cette maxime, après avoir vu la jolie petite fille de cinq ans dans ses poses de schall, surtout dans son agaçante désinvolture de la *Cachucha* ? Mais aussi en admirant cette intelligence si précoce, et beaucoup trop précoce, ne serait-t-on pas tenté de croire que la femme est essentiellement fascinée, c'est ce qu'il ne nous appartient pas de décider, mais ce que nous pouvons dire, c'est qu'un sentiment pénible s'est mêlé en nous

au plaisir que nous a fait éprouver le joli petit démon. Nous traduirons plus tard notre pensée.

Il paraît que la plus louable activité règne dans la direction de nos théâtres. M. Lafeuillade, dans l'intérêt de l'art, du public, dans les siens propres, nous prépare pour cet hiver de belles et charmantes soirées. Nos deux scènes seront également en faveur, et si la première se distingue par des représentations sérieuses et bien entendues, la salle des *Variétés* ne restera pas en arrière et ne sera pas moins courue, par suite de l'attrayant répertoire qu'elle se propose d'offrir à ses amateurs.

Comme ville de théâtre, Nantes a toujours été une des premières villes de France. Les artistes sont jaloux de venir se soumettre au jugement de cette *capitale* de la Bretagne ; et ce n'est pas sans éprouver quelque sentiment d'orgueil que les aînés dans la carrière, les illustrations parisiennes parlent de l'accueil éclairé qu'ils y reçoivent tous les jours. Nous voyons donc avec plaisir que notre directeur, imbu de cette vérité, réunit tous ses efforts pour donner à la marche de son administration une impulsion plus grande, pour obéir au goût de la population nantaise, et pour conserver ainsi à notre ville la vieille et bonne réputation qu'elle s'est acquise légitimement aux yeux des étrangers.

Ainsi les *Variétés* ne présenteront plus cette désolante solitude que nous avons signalée ; Ainsi, nos vœux seront heureusement réalisés. Et déjà, voyez la représentation de dimanche dernier. Comme la composition de votre spectacle a été comprise et a attiré la foule ! Comme cette triste salle s'est peuplée vite et joyeusement ! Quel air de fête elle respirait !

Et pourtant vous pouvez mieux faire encore. Le *Légataire Universel* est un *peu* connu ; les espiégleries de *Lisette* n'excitent plus le fou rire. La *Pensionnaire Mariée* nous semble un tableau bien délicat, bien intime pour les robustes intelligences de votre public. Reste *Richelieu* qui, à l'endroit de ses grivoises réparties, sera vu toujours avec plaisir. Mais, pour Dieu ! ne soyez plus aussi prodigue de cette spirituelle pièce. Ménagez mieux vos ressources, et que ces ressources soient nombreuses surtout. Vous êtes heureux de pouvoir compter parmi les sujets de votre troupe des artistes de talent, de conscience, nourris de bonnes études, rompus à la flexibilité des exigences de province ; vous êtes heureux de pouvoir trouver des artistes qui, par exemple, ne reculent pas, devant une rude et belle tâche, celle d'aborder, avec un égal succès deux genres opposés, les *jeunes premières* et les *Déjazet* ; de jouer aussi bien dans le vaudeville que dans la comédie et le drame.

Fouillez donc, nous vous le répétons, fouillez dans les riches répertoires du *Palais-Royal*, des *Variétés*, du *Gymnase*, de *l'Ambigu*, etc. Distribuez *avec justice* vos rôles ; que chacun soit à sa place, *dans son emploi*, et nous vous promettons de bonnes recettes.

On dit que, il y a environ quinze jours, une assemblée aurait eu lieu au foyer du Grand-Théâtre, entre les artistes du vaudeville et de la comédie. Cette réunion aurait eu pour but la distribution de divers rôles appartenant à d'anciennes pièces et à des nouveautés. On ajoute que dans cette délibération que nous ne comprenons guère, des amours-propres auraient été mis en présence, et que, partant, les artistes se seraient retirés sans avoir rien conclu.

Pour notre part, nous ne croyons pas à ce bruit de coulisse, tel, du moins, qu'il est parvenu à nos oreilles. En effet, les emplois de chaque pensionnaire doivent être arrêtés, formulés sans ambiguïté dans les engagements. Ni le directeur, ni les artistes n'ont le droit de franchir ces limites de genre, de spécialité, de talent, qui, pour le public, sont une véritable garantie. A chacun son rôle, comme à chacun l'obligation, le devoir de réclamer contre une infraction injuste, illégale qui sûrement entraînerait, si elle était soufferte une seule fois, des suites fâcheuses, soit pour l'avenir de l'artiste ; soit pour les intérêts de la direction.

Maintenant que, par bienveillance, pour assurer le succès d'une pièce, un acteur veuille se charger d'un rôle qui ne lui *revient pas*, libre à lui. Nous concevons une pareille concession entre gens qui rivalisent de zèle et de bons procédés, entre membres d'une société qui, avant tout, marche pour l'art et pour le public. Mais qu'on ne dise pas que les prétentions des acteurs qui veulent rester dans leur emploi sont mal fondées, singulières, révèlent un appétit démesuré. Ce langage, tout nouveau, nous étonnerait, et il nous serait facile d'en faire bonne justice en quelques mots.

UNE SIMPLE HISTOIRE.

I.

L'Orgie.

Il était deux heures du matin, le bal donné par M. le baron X.... pour l'anniversaire de la naissance de son fils Arthur, venait de finir ; l'hôtel somptueux résonnait du bruit des voitures et du piétinement des chevaux qui emportaient après la fête ces heureux du monde, fatigués de plaisirs, et dans une chambre à coucher, du même hôtel, ou plutôt dans un boudoir richement meublé. Arthur, assis avec cinq de ses amis les plus intimes autour d'une Athénienne en marbre blanc, alimentait les flammèches bleuâtres d'un immense bol de punch. Le sommeil n'aurait osé approcher de ces jeunes fous, qui déjà gorgés de vins fins et de liqueurs, le cerveau troublé par la vapeur alcoolique et le souvenir encore récent des danses folâtres, surtout des valses enivrantes, s'étaient réunis, pour terminer dignement la fête, et criaient d'une voix vibrante : *Finis coronat opus !* et c'étaient des ris, des exclamations, des hourras à faire damner toutes les dévotes du quartier.

Arthur se leva ; Messieurs, dit-il, en remplissant tous les verres : je propose un toast à la beauté !

— Bravo ! vive le punch et la beauté !

— Et la vie de garçon ! ajouta une voix de Stentor.

— Chut ! silence ! Gustave, reprit Arthur, avec inquiétude, mon père pourrait entendre !

— Qu'importe ?

— Beaucoup plus que vous ne pensez ; mon père est ennemi du célibat, et pousse même si loin ce principe, qu'il prétend qu'il n'est guère possible qu'un célibataire reste homme d'honneur toute sa vie. Vous pensez bien que je suis loin de partager de pareilles idées ; mais je les respecte, je le dois. D'ailleurs, j'ai su concilier ses exigences sur ce point avec mon plaisir, et le mettre dans l'impossibilité de me faire renoncer à notre chère vie de garçon, et voici comment :

Toutes les fois qu'il me parle de mariage (et il m'en parle souvent), je détruis tous ses arguments, toutes ses espérances, par ce simple raisonnement : j'entends par le mariage cette union intime de deux âmes, cette conformité si parfaite de goûts, d'humeurs, de penchants ; cette harmonie si complète, qui font que deux époux ne forment plus moralement qu'une seule personne. Vous flattez-vous de me trouver une femme qui soit belle, bonne, vertueuse, qui m'aime sans ostentation, sans arrière-pensée, pour moi même ; qui ait mes goûts, mon humeur, mes penchants ; en un mot, tous ces éléments essentiels qui constituent le lien sacré dans lequel vous voulez m'engager ? Oh ! si vous me trouvez une pareille femme, je suis prêt à lui sacrifier ma vie ; car avec cet ange, le mariage serait un paradis sur la terre, mais où la trouverez-vous ? Est-ce Mlle de C.., avec sa coquetterie de courtisane ? Mme N...

avec sa fierté dédaigneuse ? La superbe Octavie, dont l'ambition ne rêve dans le mariage que la fortune et les titres d'un époux ? Ou bien encore, la vive Stéphany de B....., qui, pour un bon mot, perdrait vingt réputations, véritable harpie qui salirait de ses calomnies la vertu la plus pure, et qui ne sait pas que deux lèvres de rose ne doivent jamais s'ouvrir que pour prononcer des paroles de douceur et d'indulgence ?

Voilà pourtant les femmes auxquelles vous vouliez unir mon sort, comme s'il y avait eu entr'elles et moi la moindre sympathie, comme si nos âmes avaient jamais pu s'entendre.

Alors mon père se tait et devient soucieux ; car il comprend que j'ai raison, et des larmes furtives coulent quelquefois sur sa joue, en pensant qu'un jour je serai seul sur la terre, qu'une jeune épouse n'embellira point ma vie, et que, célibataire isolé, je vivrai et mourrai sans famille, sans laisser après moi des fils pour relever notre écusson. Hier encore, je lui disais : vous voulez me marier, je ne demande pas mieux, trouvez donc une femme à qui vous puissiez, sans trembler, confier le bonheur et la vie de votre fils unique, et dès demain je l'épouse ; mais jurez-moi, de votre côté, que si je découvre moi-même ce phénix, dans quelque condition que ce puisse être, vous consentirez à notre union. Il l'a juré ! Mais quoi qu'il en soit, cela revient à peu près à dire que je ne me marierai jamais, à moins que...

— Et tu as raison, crièrent toutes les voix en chœur, vivent le punch ! et la beauté ! et la vie de garçon !

(Une voix un peu moins avinée que les autres) :

— Eh Messieurs ! le mariage a son bon côté, une jeune et jolie femme, bien timide, bien douce, bien aimante...

— Que nous chante ce matrimoniomane, interrompit une autre voix ? Est-ce que tu ne sais pas que le phénix dont tu parles, correspond parfaitement au nombre X en algèbre. Je t'en souhaite !

— Et quand même il serait vrai, qu'on pût découvrir cette pierre philosophale reprit une autre voix, le mariage est toujours le tombeau de la liberté. Et que sert la bonne chère, quand on n'a pas la liberté ? comme dit le bonhomme.

Arthur ! un verre de punch, mon garçon ; un un verre de punch, crièrent à la fois toutes les voix, et l'immense bol fut encore vidé pour la troisième fois,

La même voix (en fausset).

> Chantons le vin et la beauté,
> Tout le reste est folie,
> Voyez comme...

Quel âge as-tu Arthur ? — Vingt-cinq ans. Vingt-cinq ans ! et ils veulent te marier, les profanes, jeter aux enfers de l'hymen cet âge heureux où la vie est toute de joies et d'amour ! quand on n'a ni bras, ni jambes cassés, qu'on a bon pied, bon œil : mais c'est à faire frémir, profanation ! *scelerata profanatio !*

Croyez-moi, Messieurs, il ne faut songer au

mariage que quand on ne peut plus jouir, que quand on n'a plus rien à faire ici-bas, et pour se reposer de la volupté et du plaisir de la vie, car le mariage est un premier linceul dans lequel il ne faut pas s'envelopper quand on sent encore son existence ; mais nous, qui sommes pleins de sève et de jours, plein d'espérances et d'avenir, et qui sommes loin d'avoir épuisé la coupe d'ambroisie ! nous buvons, or, nous existons, donc, arrière le mariage !

> Chantons le vin et la beauté,
> Tout le reste est folie...
> . . . .
> La tombe est noire,
> Les ans sont courts,
> Il faut sans croire...

Et la langue épaissie de l'épicurien se refusa absolument au service, et ne forma plus que des sons inarticulés.

Bravi, bravo ! crièrent tous les autres, le voilà qui s'endort. En effet ses paupières appesanties par l'ivresse et le sommeil, se fermèrent malgré lui, et il ne souffla plus. Dix minutes après, tous nos joyeux buveurs reprenaient en chancelant le chemin de leur chambre garnie, et Arthur ronflait sur son canapé.

II.

Le Cimetière de la Miséricorde.

Si vous aimez à vous attendrir, si vous éprouvez parfois le besoin de ces sensations, de mélancolie rêveuse qui impriment à l'âme une tristesse qui n'a rien de douloureux, un sentiment vague, indécis, ineffable, qui est un mélange de terreur et de douce volupté, et qui vous fait du bien au cœur en faisant couler vos larmes. Suivez-moi au jardin funèbre qu'on appelle le cimetière de la Miséricorde. Le temps est un peu orageux, le ciel à demi-voilé, la brise semble plus harmonieuse et plus mélancolique que de coutume, toute la nature est empreinte de tristesse ; assis sur la tombe d'une jeune fille, nous soupirons avec Malherbe : Pauvre Emma ! *Elle a vécu ce que vivent les roses...* et nous laissons flotter notre pensée au hasard, mille sentiments confus nous agitent, ô vanité des choses humaines ! Voilà ce qui reste de ces grands noms, de ces puissants du monde, ainsi que de l'humble prolétaire ; de la superbe héritière des nobles familles du cours, ainsi que de l'humble grisette, de la mansarde... un peu de cendre !!!

Mais tandis que nous méditons sur les hauts enseignements de la tombe, quel est ce jeune homme qui est venu s'asseoir, tout rêveur, près de cette simple colonnette en marbre blanc, qui ne porte pour inscription qu'un nom, un nom de jeune fille, sans doute *Caroline ?* Eh parbleu, c'est Arthur de X., c'est celui qui présidait à l'orgie, il y a un an à pareil jour ; c'est cet aimable fou, ce roué de bonne famille, jeune homme charmant, qui avait pris Épicure pour patron, avec cette épigraphe : *Courte et bonne.* — Lui ? — Allons donc ! — Lui-même, je vous jure, vous auriez peine à le reconnaître, tant il est changé depuis un an ; ce n'est plus cet apôtre du célibat, ce Roger-bon temps, bravant

les fous, narguant les sages, et s'endormant sur la foi de l'avenir, un bol de punch à la main. Oh ! non ; Arthur est devenu rangé, sage, rêveur, mélancolique même ; dieu, comme il a vieilli en une année ! comme son visage est pâle, ses traits souffrants, sa physionomie abattue ! C'est que voyez-vous, le pauvre jeune homme de vingt-six ans est déjà fatigué de la vie, c'est qu'un jour, la satiété et le dégoût sont venus le trouver au milieu des joies du monde, et son cœur s'est desséché et flétri, et il n'a plus trouvé au monde qu'ennui et tristesse ; pourtant il n'a point fait comme ces petits Catons qui se suicident en criant qu'ils n'étaient point faits pour ce monde, et que notre misérable sphère n'était pas leur élément ; il a fait plus ou mieux, si vous voulez, il a vécu, il s'est réfugié dans son âme impressionnable et tendre, et il y a trouvé une existence morale, préférable à cette existence matérielle, qui n'est qu'amertume et que vide.

Souvent, depuis lors, Arthur avait compris qu'il n'est pas bon que l'homme soit seul, et il s'était mis à rêver une jeune femme qui fût la compagne de sa vie, et il l'avait cherchée longtemps, bien long-temps sans la trouver, telle qu'il l'avait imaginée, créée dans son rêve, avec tant d'amour et de poésie.

Arthur se leva et, s'appuyant sur la colonnette, il lut ce mot : *Caroline*, et il pencha doucement son front sur sa main : Caroline, dit-il, à demi voix ! C'était une jeune fille sans doute ; elle était belle et bonne peut-être ? A-t-elle aimé ? Fut-elle aimée ? Etait-elle digne de l'être ? Caroline ! tu étais peut-être celle que je cherche ici-bas..... et le jeune homme se tut, en poussant un long soupir.

En cet instant, une jeune femme tout en deuil et voilée traversa le cimetière à quelque distance, et disparut derrière les cyprès d'un monument. Arthur fut indiscret, car il la suivit ; il est vrai que sa taille était si ravissante, son maintien si noble et si gracieux, ses petits pieds si légers, que le plus grave jeune homme du monde en eût fait autant. Toutefois, respectant le deuil de l'inconnue, il s'arrêta à quelques pas d'elle ; caché par un rideau d'arbustes plantés autour d'un tombeau, il vit la jeune femme s'agenouiller sur une fosse fraîchement fermée et marquée par une pauvre croix de bois peinte en noir, qui portait en lettres blanches cette simple inscription : *Ici repose Henri L...., ancien capitaine retraité, membre de la Légion d'Honneur.* La jeune étrangère releva son voile, et Arthur vit une tête d'ange, un modèle, se dessiner sous le voile noir ; il y avait tant de douleur sur cette pâle et belle figure, tant de regrets dans ces longs yeux bleus, et une telle expression de tristesse sur toute cette délicieuse apparition, que vous l'eussiez prise pour l'ange qui veille sur les tombeaux ; mais en même temps vous eussiez pleuré de la voir, si jeune et si belle, accablée déjà, la frêle enfant, sous le poids de la souffrance, elle venait apporter quelques fleurs à la chère ombre dont la dépouille était là, et elle attacha aux bras de la croix cette

offrande du pauvre, puis elle se retourna avec inquiétude pour voir si elle n'était point observée, et quand elle crut être sûre qu'elle était bien seule, elle pria : Pauvre père ! tu as laissé derrière toi, au monde, une épouse et une fille qui ne doivent plus se consoler, puisque tu n'es plus. Nous étions si heureuses avec toi ! tu nous aimais tant, pauvre père ! Oh ! que la terre te soit légère ! et si les songes habitent les tombeaux, que les tiens ne soient jamais troublés par le sentiment de notre misère, car nous souffrons bien, va ; nous sommes bien malheureuses, nous deux, pauvres femmes, qui t'avons survécu ! Oh ! si tu pouvais apprendre que le besoin nous menace, que bientôt peut-être nous n'aurons pas de pain !... Mais non, dors en paix, pauvre père ! d'ailleurs, n'ai-je pas des bras, du courage, je travaillerai, je serai forte pour donner du pain à ma mère... j'espère ! Et, en disant cela, la jeune fille pleurait amèrement, puis elle essuya ses beaux yeux, se releva, et disparut avant qu'Arthur, qui l'écoutait encore, ait eu la pensée de voler sur ses traces.

J. F...

(La suite au prochain numéro.)

MON AMI JULES.

C'est un beau jeune homme, ma foi, que mon ami Jules. Figurez-vous un front des mieux dessinés, de grands yeux noirs fendus en amandes, un nez des plus lutins, une petite bouche avec de belles moustaches, et puis un visage d'un ovale parfait, coquettement encadré dans une riche chevelure blonde, séparée et bouclée. Jules est en outre d'une taille de cinq pieds quatre pouces (ancienne mesure) sa tournure est bien prise et ses manières trahissent une certaine aisance artistique. Avec de pareils avantages physiques, une mise élégante, vingt-trois ans et une santé de fer, on doit nécessairement faire son chemin. Jules ne l'ignore pas, Dieu merci ! Oh ! oh ! ce n'est pas que je veuille dire par là que mon ami Jules soit un mauvais sujet ; bien au contraire. Jules à des mœurs, mais les mœurs n'excluant pas le sentiment, Jules se complaît à rendre les siens sous la poésie de son pinceau. Cela, que je sache, n'a rien que de très-innocent. Aussi Jules est-il connu de toutes les jolies femmes ; c'est leur artiste de prédilection ; et, ne vous en déplaise, ceci prouve en faveur de leur goût, car mon ami Jules est un artiste de talent.

Si Jules est artiste par état, je dois ajouter qu'il est flâneur par tempérament. On le trouve partout : à la promenade, au spectacle, au café, dans la rue ; on dirait qu'il se multiplie. Que voulez-vous ! Jules est ainsi fait que le mouvement et l'air, comme il dit, lui sont indispensables pour vivre, non compris bien entendu, les deux repas traditionnels, le déjeûner et le dîner, pour lesquels il ne professe aucun mépris, je vous le jure. C'est sans doute à ce besoin d'air et de mouvement qu'il faut attribuer le choix qu'il a fait d'une chambre au cinquième, sur la place des Quinconces, où il se rend toujours en passant par la rivière quoiqu'il demeure au milieu de la place. Cette préférence vient tout simplement de ce que mon ami Jules n'a jamais voulu reconnaître la loi du chemin le plus court. Il prétend qu'il a ses raisons pour cela.

La chambre ou plutôt l'atelier de mon ami Jules est petit comme la maison de Socrate ; les amis, la petite blanchisseuse et les jolis modèles y ont seuls leur droit d'entrée. En sont exclus sans distinction aucune les bambocheurs de profession, les maris jaloux, les huissiers et autres ennemis de la plus noble partie du genre humain, modestement représentée par messieurs les artistes. Les citations, les avis d'échéance ou de protêt ne sont reçus qu'en les faisant passer sous la porte, par exemple, n'importe à quelle heure que ce soit. Avis aux porteurs.

La principale pièce de l'ameublement de mon ami Jules est une espèce de divan-crinoline, passablement usé, qui sert de couche pendant la nuit, et sur lequel, pendant le jour, il est permis à chacun de s'asseoir en faisant toutefois place à son voisin ou à sa voisine qui ne peut honnêtement rester debout. Des pipes de toutes les dimensions, des gravures, des yatagans, des toiles-copies, des hallebardes, des plâtres, des portraits à demi-peints, des insectes, des peaux de serpents, des palettes, etc., illustrent pêle-mêle, en guise de tapisserie, les quatre murailles vermoulues ou décrépites. Ce qui ajoute encore aux décors des lieux, c'est que mon ami fait les honneurs de chez lui avec une courtoisie sans égale. Il pousse même la complaisance jusqu'à vous narrer de la manière la plus pittoresque et le sang-froid le plus imperturbable, les événements remarquables auxquels s'attache la valeur de chacune de ses vieilleries appendues qui, selon lui, sont sans prix. Je le crois sur parole.

Mon ami Jules n'appartient à aucun parti politique, ce qui ne l'empêche pas d'avoir ses opinions à lui. Ainsi l'emprunt lui a toujours paru le seul soutien des états, et il a la ferme croyance que si l'on ne se hâte d'étendre le crédit, la fin du monde doit inévitablement arriver avec toute ses horreurs. Il affirme encore que la charte-vérité ne sera possible, qu'après l'abolition des huissiers, recors et compagnie, attendu que la charte assure la liberté individuelle, que compromet tant soit peu cette classe de citoyens. Tous les raisonnements imaginables ne peuvent le tirer de là. Respectons sa foi politique.

Présentement, mon ami Jules vit au jour le jour, comme tous les jeunes artistes ; mais l'avenir s'offre à lui tout rayonnant d'espérances. En attendant, je lui conseille de se mettre en mesure d'aller au salon de 1841, s'il ne veut pas prendre le chemin, de Saint-Bruno. Ceci est l'avis d'un ami qui préfère avoir un triomphe artistique de plus à enregistrer dans les journaux de la capitale, que d'y insérer une élégie en cent et une strophes sur un génie qui s'est éteint dans l'ombre.　　　　L. ROUX

LÉTÉ, marchand de musique rue Crébillon, a l'honneur de prévenir Messieurs les amateurs qu'il vient d'arriver de Paris avec un grand nombre de pianos neufs et d'occasion, des principaux facteurs, tels que Pape, Pleyel, Pelzol, etc., etc., qu'il vendra à très-bon marché.

Grande quantité de musique nouvelle.

Les airs de l'opéra du *Cent Suisse*, musique de M. le prince de la Moscowa.

Une *Pièce du procès de Madame Lafarge*, romance, paroles de M. Clavet, musique de M. Graziani, ornée du portrait de Madame Lafarge, prix 1 franc.

Le portrait seul, sur papier de Chine, 50 centimes.

GRAND THÉÂTRE DE NANTES.

Aujourd'hui DIMANCHE, 11 Octobre 1840, On commencera à six heures et demie.

LA MUETTE

DE

PORTICI,

Grand opéra en cinq actes, de M. Scribe, musique de M. Auber.

Distribution. Mazaniello, M. Lafeuillade ; Alphonse, M. Stéphane ; Piétro, M. Hermann Léon ; Torella, M. Deplanck ; Lorenzo, M. Salanson ; Selva, M. Deléhel ; Un pêcheur, M. Lamotte ; Elvire, Mme Duchampy ; Fenella, Mlle Armande Ferdinand ; Une dame d'honneur, Mme Hess.

DANSES.

AU PREMIÈRE ACTE :

PAS DE DEUX,

Exécuté par M. Marius Petipa et Mlle Thérèse Ferdinand.

AU TROISIÈME ACTE :

LA TARENTELLE,

Exécutée par MM. Marius Petipa et Constant Telle ; Mlles Thérèse Ferdinand et Santi.

Le spectacle commencera par

LE CONCERT A LA COUR,

OU LA DÉBUTANTE,

Opéra-comique en un acte.

Distribution. — Victor. M. Damoreau neveu ; le Prince, M. Stéphane ; Astuccio, M. Pâris ; Rodolphe, M. Sarrazain ; Adèle, Mlle Saint-Charles ; Carline, Mme Olivier.

THÉÂTRE DES VARIÉTÉS.

Aujourd'hui DIMANCHE, 11 Octobre 1840. On commencera à six heures.

LES PREMIÈRES ARMES DE RICHELIEU,

Comédie-vaudeville en deux actes, par MM. Bayard et Dumanoir.

Distribution. — Le chevalier Martignon, M. Oudinot ; Le baron de Belle-Chasse, M. Granger ; Dubois, valet de chambre de Richelieu, M. Pâris ; Merlac, perruquier, M. Blanchard ; Michelin, tapissier, M. Duchâteau ; Un carrossier, M. Famin ; Un Huissier de la chambre, M. Deléhel ; Un laquais de Richelieu, M. Payen ; Le duc de Richelieu, Mlle Clara Stéphany ; La duchesse de Noailles, Mme Foignet ; La baronne de Belle-Chasse, Mme Neuville ; Dame de Noailles, Mlle Debroux ; Mlle Nocé, fille d'honneur, Mme Olivier.

MONTBAILLY,

OU

LA CALOMNIE,

Drame en cinq actes, tiré des *Causes célèbre*, par M. Charles Desnoyers.

Distribution. Duval, greffier du conseil de Saint-Omer, M. Toudouze ; Georges, ouvrier charpentier, M. Roche ; Michel, ouvrier serrurier, M. V. Henry ; Olivier, écolier en jurisprudence, M. Cazaubon ; Un notaire, M. Famin ; Un magistrat, M. Ferdinand ; Madame de Montbailly, Mme Roche ; Suzanne, orpheline, Mme Jolly ; Thérèse, sa sœur, Mlle Debroux.

Le Rédacteur en chef, HÉRAULT.

IMPRIMERIE D'HÉRAULT, A NANTES.

PRIX D'ABONNEMENT :

NANTES.
{ TROIS MOIS .... F. 3
  SIX MOIS 6
  UN AN 12

DEHORS
{ TROIS MOIS.. F. 5
  SIX MOIS.... 10
  UN AN....... 18
  AFFRANCHIR..

—

Prix du numéro, 15 c.

—

PRIX D'ANNONCES :

30 c. à la page d'avis ; 1 fr. dans le corps du journal. Remise du tiers aux abonnés.

LE BUREAU EST SITUÉ
Chez HÉRAULT, Imprimeur, rue de Guérande, No 3.

—

ON S'ABONNE :

Au Bureau ;
Chez GUÉRAUD, Libraire, Basse-Grande-Rue et passage Bouchaud ;
PLANÇON, Libraire, place Graslin.

—

SE TROUVE CHEZ :

M. SCIREAU, Lib.re, rue Crébillon
Et M. PLESSIER, Relieur, *idem*

—

A PARIS,
ISIDORE PESRON, rue Pavée-Saint-André, No 13.

VERT-VERT.

JOURNAL DES SALONS ET DES THEATRES.

GRAND THÉATRE.

CHRONIQUE DRAMATIQUE.

BOCQUET PÈRE ET FILS.

UN vieux lord anglais, profond observateur, comme ils le sont presque tous, écrivait ces jours-ci à un de ses compatriotes : Ce qui constitue le vaudeville en France, c'est toujours un thème convenu de tout temps, une action inévitable tournée et retournée, doublée et redoublée en cent façons plus ou moins ridicules, plus ou moins invraisemblables, mais jamais neuves, ni originales surtout.

C'est en vain que vous y chercheriez autre chose que ceci, à savoir : qu'une jeune fille bien née est courtisée par un joli garçon (tous les garçons sont jolis, au vaudeville) ; les jeunes gens brûlent de s'unir, et s'uniraient de fait, si ce n'était l'opposition d'un père noble, avare, entêté ou imbécile, l'un ou l'autre, à votre choix, et souvent tous les trois ensemble, qui se trouve toujours en travers des amoureux ; intraitable cerbère, qui finit pourtant d'ordinaire par transiger avec son vilain naturel. Ce thème invariablement posé, ajoutez-y quelques hors-d'œuvre d'apropos, quelques accessoires plus ou moins spirituels ou comiques, et vous aurez une idée assez exacte de ce qu'on nomme vaudeville en France.

Hélas ! pourquoi faut-il qu'un anglais ait en raison une fois en parlant de nous ? C'est qu'il disait vrai, le lord ; et je vous défierais bien de trouver parmi les annales du vaudeville, une exception à jeter à la face de *notre ami* d'outre-mer.

Bocquet Père et Fils, l'œuvre de *quatre* Littérateurs associés en participation *ad hoc !* quatre hommes d'esprit pour une niaiserie ! *tanto moris erat !!! Bocquet Père et Fils*, enfin, n'est-il pas lui-même une de ces nouveautés taillées sur l'antique patron de rigueur ! Excepté pourtant que, pour rajeunir le thème, les auteurs l'ont mis à l'envers ; ainsi leur père-noble est l'homme le plus accommodant du monde, il jete sa fille à la tête de la maison Bocquet de Bordeaux, et la petite, c'est la fille que je dis, qui a de l'entêtement, trouvant fort mauvais qu'on dispose ainsi d'elle sans son aveu, commence par regimber contre la volonté paternelle (on s'en doutait bien), mais, en définitive, la jeune fille se raccommode avec la maison Bocquet et l'épouse (cela devait être).

Quoi qu'il en soit, et à part les fastidieuses longueurs du 1er acte, cette pièce a eu un succès de fou-rire qui se soutiendra, grâce à quelques saillies assez gaies et au comique des époux Berthelot.

Mademoiselle Debroux est fort intelligente, mais son organe est un peu disgracieux. Avec quelques efforts, elle corrigera ce défaut de la nature.

M. Pàris nous semble n'avoir point du tout entendu l'esprit de son rôle : nous avons bien peur pour M. Pàris qu'à force d'assaisonner son débit de pasquinades et d'emphase, il ne finisse par cesser de plaire.

On nous promet une intéressante soirée dramatique au profit de M. Bertin père, régisseur : la composition du spectacle nous fait bien augurer du succès et de la recette, que nous souhaitons opime au bénéficiaire. Ainsi soit-il !

On dit que Mlle Maria Kenebel doit donner des soirées dans le salon des glaces de M. Guillet, confiseur, de vis-à-vis la Bourse. C'est là que les amateurs seront à même de voir de près cette charmante enfant déployer ses jeunes talents dans l'art de la danse, et les grâces dont la nature l'a si richement dotée. Mlle Maria Kenebel commence à être connue à Nantes, où elle fait, comme partout, les délices de la haute société, qui l'accueille avec bonté dans ses salons.

UNE SIMPLE HISTOIRE.

III.

La petite Croix d'or.

(Suite.)

Arthur, sorti de son extase, crut un instant avoir rêvé ; il passa la main sur son front, pensant que cette forme de femme qui venait de s'évanouir devant lui, était l'effet de quelque hallucination ; cependant, se dit-il, voici bien la fosse où elle s'est agenouillée, voilà la trace de ses petits pieds sur la terre et dans l'herbe ; voilà la guirlande d'immortelles qu'elle a attachée à l'humble croix, et qui semble toute pleine du parfum qu'y a laissé cette main de jeune fille, si blanche et si bien faite. Il prit un instant cette couronne, touchant emblème d'une éternelle douleur, et la considérant avec amour, il semblait lui demander le nom de la belle inconnue. Puis il s'assit à côté de la fosse, il attendit long-temps comme s'il eût espéré de revoir la fugitive apparition. Mais ce fut envain, le jour allait finir, et le gardien se préparait à fermer la porte du cimetière, il sortit. Long-temps, long-temps, il y revint à la même heure, passant où elle avait passé, s'agenouillant où elle s'était agenouillée, pleurant sur cette fosse où elle avait pleuré, mais il ne revit plus la jeune femme.

Depuis ce temps, le souvenir de l'inconnue poursuivait toujours le pauvre Arthur, il ne l'avait entrevue qu'une seule fois, et pourtant ses traits étaient restés pour toujours gravés dans son âme ; le son de cette voix si douce résonnait encore à son oreille, et il se disait par fois : si cette femme existait, il me semble que je l'aimerais avec frénésie, c'est bien ainsi que j'en ai rêvé une, c'est celle-là que j'ai vue tant de fois se dresser dans mes songes, mon Dieu ! mon Dieu, si cette femme existe, rendez-la moi !

Un soir, Arthur se promenait mélancoliquement sur le Boulevard :

— Bonjour Arthur ! lui dit une voix bien connue.

— C'est toi, Gustave, répondit tristement

le jeune homme, en serrant la main de son ami.

— Moi-même, parbleu!... Eh! qu'a-t-il donc, ce garçon-là, avec sa mine de Caton? Enfant gâté d'Épicure : as-tu si vite oublié ton patron? dis-donc Arthur, sais-tu que tu n'es pas du tout gentil? Quoi! trois mois entiers sans venir voir tes amis; serais-tu malade? aurais-tu quelque chagrin? serais-tu fâché contre nous? On dit ce qu'on a, que diable, au lieu de commencer par bouder!

— Bon Gustave! je t'aime toujours, mon ami, mais depuis quelque temps, je ne sais... je suis triste, je...

— Parbleu! je le vois bien, que tu es triste, depuis long-temps je m'en suis aperçu, mais la cause de ta tristesse? Joli garçon, un beau nom, une grande fortune, et triste avec cela; le Diable m'emporte si j'y conçois rien! n'importe, je suis pressé, je te quitte; mais je t'attends demain chez moi pour déjeûner, un déjeûner de garçon, tu sais? C'est te dire qu'il y aura du champagne et de la gaîté, et morbleu nous verrons si ton humeur noire tiendra contre notre jovialité accoutumée. Vive le vin, l'amour et le tabac! Adieu Arthur, à demain, et l'aimable fou était déjà loin; il revint précipitamment : À propos, j'ai déménagé, mon cher, voici mon adresse, rue... numéro... au quatrième. C'est un peu haut, que veux-tu, et il disparut en fredonnant :

Dans un grenier, qu'on est bien à vingt-ans!...

Arthur sourit tristement, et un moment il se surprit à envier l'heureuse insouciance de son ami; il pensa qu'il eut mieux valu se faire comme lui un hochet de la vie, que de la prendre au sérieux, et il maudit le don malheureux que la nature lui avait fait, en le dotant d'une âme trop sensible.

Le lendemain, Arthur se dit : irai-je déjeûner chez Gustave? Non, je n'irai pas, le plaisir n'est pas fait pour moi, il m'obsède, il m'accable. Mon Dieu que je suis malheureux! pourtant, ces pauvres amis croiront que je les néglige, et parce que je suis triste, faut-il que l'amitié en souffre? Non, j'irai, au contraire; d'ailleurs ces fous me distrairont, le sentiment de leur gaîté dissipera peut-être cette mélancolie qui me tue, et j'oublierai cette image fantastique, cette forme que j'ai entrevue je ne sais plus trop dans quel rêve. L'oublier! qu'ai-je dit, oh! non, je veux qu'elle soit toujours présente à ma pensée, car je ne vis plus que par son souvenir; et en parlant ainsi Arthur se dirigeait rue... numéro..., chez son ami Gustave, qui l'attendait depuis quelques minutes. Il montait lentement l'escalier, sans s'apercevoir qu'il avait passé le quatrième, lorsque le bruit confus de deux voix qui partaient d'une mansarde dont la porte était entr'ouverte le tira soudain de sa rêverie.

— Oui, je ferai vendre toutes vos guenilles, et je vous chasserai, je suis las de loger des gens qui ne me paient pas.

— Au nom du ciel! plus bas, monsieur Durand, dit une voix flûtée de jeune fille, qui semblait toute pleine de larmes, ma mère dort, elle pourrait entendre, et....

— Eh! qu'est-ce que cela me fait à moi qu'elle entende, est-ce que je dois avoir des égards pour les gens qui ne me paient pas?

— Je vous paierai, monsieur, Oh! je vous paierai bientôt, je vous le jure; les temps ont été si mauvais, l'ouvrage va si lentement....

— Oui, oui, l'ouvrage! toujours vos bonnes raisons, c'est dommage, belle demoiselle, que je n'y croie plus à vos raisons, et aujourd'hui même, les huissiers.....

— O mon bon monsieur Durand! dit la jeune fille, d'une voix toute brisée de sanglots, attendez quelques jours encore, demain peut-être, je pourrai...... Oh! ne faites pas cela, monsieur Durand, ma pauvre mère en mourrait! elle est malade et souffrante, vous savez, et cela la tuerait, et je serais orpheline, et... les sanglots empêchèrent la jeune fille de continuer.

— Relevez-vous donc, mademoiselle, les

gens qui ne me paient pas ne m'attendrissent point, de l'argent, ou...

— De l'argent!... mais j'y pense.... attendez.... La jeune fille courut précipitamment au fond de la chambre, et revint sur la pointe des pieds :

— Monsieur Durand, nous vous devons deux termes, prenez ceci en paiement.

— Qu'est-ce que c'est? une croix d'or?

— Oui, monsieur Durand, c'est une croix d'or, dit la jeune fille en baissant la voix et en sanglottant, c'est un don de mon père, du vieux soldat qui est mort..... Si j'avais pu vous payer de mon sang, je l'aurais plutôt donné que cette croix.... comprenez-vous monsieur Durand.... un don de mon père, qui est mort..... et la jeune fille versait des torrents de larmes.

— À la bonne heure, mademoiselle, dit le propriétaire, qui parut un peu radouci, mais cette croix vaut à peine vingt francs et vous m'en devez trente.....

— Eh bien! monsieur, je vous paierai le surplus, dans quelques jours, demain peut-être, aussitôt que j'aurai de l'ouvrage et j'en aurai bientôt; allez, monsieur, je vais prier Dieu avec tant d'amour qu'il m'en enverra; sans doute, il sait que c'est pour ma pauvre!...

L'avare propriétaire sortit en grommelant, emportant avec lui la croix d'or de la pauvre jeune fille, et en descendant, il la tournait et retournait dans sa main, comme pour en reconnaître la valeur intrinsèque. Il était à peine au milieu de l'escalier, lorsqu'il se sent tout-à-coup pris au collet et secoué rudement; ses petits yeux gris expriment l'épouvante, car ce jeune homme qui le tient ainsi est un beau et vigoureux garçon, dont les yeux enflammés, les cheveux épars, la bouche contractée, semblent indiquer un aliéné.

— Tu ne l'emporteras pas, lâche, cria-t-il au vieillard, d'une voix étouffée par la colère; je te dis que tu ne l'emporteras pas; rends-la moi vite, ou je te.....

— Qu'est-ce que c'est? Qui êtes-vous? Que voulez-vous, Monsieur?

— Qui je suis? Un jeune homme indigné de votre lâcheté, de votre cruauté, Monsieur, et ce que je veux, c'est cette croix d'or, ce bijou, que, dans votre infâme avarice, vous n'avez pas eu honte d'accepter d'une pauvre enfant.... qui la conservait religieusement en mémoire de son père.

— Monsieur, je suis propriétaire, et vous comprenez..... les gens qui ne paient pas....

— Assez, monsieur, combien vous doivent ces dames?

— Mais, monsieur...., trente francs pour deux trimestres échus d'hier.

— Eh bien! monsieur, prenez cette bourse, je ne compte pas, moi, et rendez-moi ce bijou que vous n'étiez pas digne de toucher.

L'avare propriétaire sourit en palpant la bourse. — Très-volontiers, monsieur, la voici.

Arthur disparut comme l'éclair, emportant la précieuse croix d'or, et monsieur Durand qui est un homme de beaucoup d'ordre, écrivait en rentrant la mention suivante à la suite du compte de Madame veuve B.... Le ... 1840, reçu d'un inconnu la somme de 330 francs, dont 30 francs pour deux trimestres, échus d'hier, et 300 francs pour 3 années à échoir.

Vous avez dit tout de suite : Bon! c'était la jeune fille du cimetière! Eh bien! oui, c'était elle; est-ce ma faute à moi, si le hasard tient du roman?

(La suite au prochain numéro.)

MADAME LAFARGE AU PALAIS ROYAL.

Une scène étrange, qui a eu des conséquences déplorables, a occasionné, dans la soirée du 15 courant, dans la galerie d'Orléans au Palais-Royal, un rassemblement considé-

rable, qui n'a pu être dissipé que par l'intervention du poste du péristyle du Théâtre-Français, occupé par la ligne et par les gardes municipaux du poste du Château d'Eau. Voici le fait :

La foule des oisifs était déjà fort compacte dans cette galerie lorsque vint à passer une jeune dame dont l'air et la démarche pouvaient faire penser qu'elle appartenait à une classe distinguée de la société. Tout-à-coup, un jeune homme qui paraissait la suivre depuis quelques instants, s'écrie en la montrant du doigt : La voilà, cette empoisonneuse!... Comment! vous ne la reconnaissez pas? C'est Mme Lafarge qui, grâce à sa fortune, et malgré sa condamnation, a été mise en liberté!... Aussitôt cet individu se répand en invectives contre la jeune dame, qu'il soutient effrontément être Mme Lafarge.

La dame est bientôt entourée de tous côtés; elle proteste contre ce fâcheux quiproquo et affirme qu'elle ne connait même pas la personne dont on parle. Mais la foule qui l'entoure persiste à ne pas croire à ses dénégations : ni les larmes, ni les sanglots de la malheureuse ne peuvent lui faire comprendre son erreur. Cependant le désespoir de la jeune femme augmente; aux sanglots succède une crise nerveuse des plus violentes, elle se roule sur le carreau; mais la foule est tellement serrée, qu'il est impossible de lui porter secours.

C'est en vain que la troupe de ligne du poste du péristyle, accourue à la première réquisition, cherche à se frayer un passage, elle est obligée d'envoyer chercher du renfort au Château-d'Eau; ce n'est qu'avec l'aide de la garde municipale qu'elle parvient à disperser les curieux et à protéger la malheureuse, qui est transportée sans connaissance au poste, où les secours empressés qui lui sont prodigués parviennent à la rappeler à la vie. Aussitôt qu'elle a recouvré ses sens, le chef du poste la fait reconduire chez elle. Là, s'est terminée cette scène dont le but n'a pas tardé à être connu.

En effet, une demi-heure s'était à peine écoulée, qu'une dizaine de personnes qui faisaient partie de la foule étaient revenues dans la galerie d'Orléans et se promenaient chacune de son côté l'une cherchant une épingle d'or perdue, l'autre un diamant, celle-ci sa bourse, celle-là son foulard et sa tabatière. Il ne fut plus possible de douter alors que ce quiproquo n'eût été provoqué volontairement par des filous dans le but de dévaliser les badauds qui donneraient dans le piège, en profitant du rassemblement et du tumulte qu'il devait nécessairement occasionner.

LA SŒUR DE BON SECOURS.

I.

Une fièvre ardente me dévorait. Ma famille, qui habite une de nos provinces les plus reculées, n'avait pas été prévenue. J'étais seul dans un hôtel garni, abandonné à des soins mercenaires. Un jour, au sortir d'un accès qui avait été plus long et plus inquiétant que les autres, j'aperçus, au pied de mon lit, une femme encore jeune, tout habillée de noir, avec un rosaire qui lui pendait à la ceinture et une grande coiffe blanche qui enveloppait son visage. C'était une sœur de *Bon Secours*, que le maître d'hôtel (grâces lui soient rendues de cette idée!) avait fait venir pour me soigner. Elle marchait dans ma chambre d'un pas léger que j'entendais à peine. Elle se multipliait autour de moi, et, lorsque, dans le transport de la fièvre, j'écartais sa main qui me présentait des potions salutaires, elle me priait d'une voix si douce, que je finissais toujours par céder.

Mon esprit était encore plus malade que mon corps. Un amour indignement trahi m'avait jeté dans un désespoir qui ne voulait point être consolé. Il fallait effacer peu-à-peu les tristes images où je me complaisais, et calmer ce ressentiment que j'irritais sans cesse. Après Dieu, ce fut la sœur de *Bon Secours* qui me sauva. Sa contenance, l'expression rêveuse de ses traits, je ne sais quel charme douloureux répandu en elle, tout révélait une existence cruellement éprouvée, et rien n'est plus doux aux malheureux que la compassion de ceux qui ont beaucoup souffert.

C'était une femme de vingt-cinq ans, petite et délicate, avec des pieds et des mains d'enfant, avec des yeux bleus et une physionomie mobile qui s'altérait à chaque plainte poussée devant elle. On comprenait tout de suite, à la voir, que son âme était faite pour la pitié. Son visage manquait sans doute de cette régularité et de cet ensemble qui constituent la beauté chez une femme; mais elle était belle par la grâce, par la distinction des manières, par le timbre séduisant de la voix, qui charmait l'oreille comme une musique harmonieuse.

Elle s'appelait sœur Sainte-Geneviève. Depuis quinze jours qu'elle me tenait lieu de famille et d'amis, c'était tout ce que je savais d'elle. Quels que fussent les événements qui l'avaient jetée dans une profession si humble, elle en remplissait les devoirs avec une angélique résignation. Jamais un regret, jamais un murmure, jamais la moindre allusion à des jours plus heureux. Elle s'était accoutumée à souffrir comme on s'accoutume à vivre.

Un soir que je m'abandonnais à mes sombres rêveries :

— C'est affreux, m'écriai-je involontairement!

— Qu'avez-vous? me demanda sœur Sainte-Geneviève.

— Je pense à la perfidie dont j'ai été victime : quelle ingratitude!

— Oh! répondit-elle, le nombre des ingrats est si grand! êtes-vous le seul qui ayez à vous plaindre?

— Comme j'ai été trahi! trahi lâchement!

— D'autres l'ont été comme vous.... plus que vous.

— Non, ma sœur, Non. Je n'oublierai jamais....

— On n'oublie pas; mais l'on pardonne. On cherche, ailleurs, ailleurs que sur la terre, un amour qui soit fidèle. On se tourne vers des espérances qui ne trompent pas. L'épreuve de cette vie est souvent bien dure. Heureusement, elle est courte... Voulez-vous, ajouta-t-elle après une pause, que je vous raconte, pour vous distraire, l'histoire d'une amie de ma jeunesse?...

Elle s'appelait Clémence. Son père était un capitaine de la garde Royale, qui fut tué en 1830. Sa mère, devenue veuve, s'expatria avec sa fille, et alla remplir en Russie, dans la riche famille des Kisoloff, un emploi de gouvernante qui lui avait été offert. Elles y vivaient tranquilles, sinon heureuse, lorsque le jeune comte Alexis Kisoloff revint de ses voyages. Il vit Clémence, et il s'éprit pour elle d'une violente passion. Clémence avait dix-huit ans. Dans la retraite où elle était élevée, la présence d'un jeune homme, beau, élégant, empressé, était un grand événement. Sa vie, jusque-là si terne, commença à se colorer. Ses journées, qui se traînaient lentement, lui parurent trop courtes, et ne suffirent plus aux rêveries qui occupaient son âme. Que vous dirai-je? sa mère en devina la cause, et les timides révélations de la jeune fille ne lui laissèrent aucun doute, elle annonça leur départ; mais, à cette nouvelle, Alexis Kisoloff éclata. Les différences de rang et de fortune, les projets que son père avait fondés sur lui, il n'écouta rien, et il demanda avec larmes et supplications la main de Clémence. Vous jugez avec quelle indignation le dessein d'une telle alliance fut rejeté par cette famille hautaine. La gouvernante et sa fille durent s'éloigner. Elles revinrent à Paris.

Peu de temps après, Alexis Kisoloff prit du service dans l'armée que le czar envoyait contre les peuples toujours révoltés du Caucase; mais les dangers de la guerre ne pouvaient le distraire de sa douleur. De sourdes conspirations menaçaient l'autorité du nouvel empereur; Alexis s'y jeta avec une ardeur désespérée. Il fut dénoncé, condamné aux mines de la Sibérie à perpétuité, dégradé de sa noblesse, dépouillé de tous ses biens et réduit à la condition du serf le plus pauvre et le plus misérable.

Lorsque Clémence apprit cette nouvelle, un affreux malheur venait aussi de l'atteindre. Sa mère était morte, la laissant sur la terre sans famille, sans amis, seule.... Quelle position, ô mon Dieu! Elle regarda autour d'elle, et elle ne vit personne pour la plaindre, personne pour la guider. Alors elle pensa à celui qui l'avait tant aimée, à celui qui était malheureux et abandonné comme elle. Les différences qui les avaient séparés n'existaient plus. Ils étaient égaux par l'infortune. Ce fut une inspiration du ciel; elle partit pour la Russie; elle sacrifia ses dernières ressources, et, un jour, elle se présenta aux parents d'Alexis Kisoloff. Leur orgueil était brisé, ils pleuraient peut-être leur endurcissement.

— Maintenant que votre fils est perdu pour vous, leur dit-elle, voulez-vous que je lui consacre ma vie, que je l'accompagne dans les déserts où on l'envoie, et que je sois sa femme dans l'exil?

Les Kisoloff, étonnés, accueillirent cette offre avec empressement. La mère et la jeune sœur d'Alexis versèrent des larmes de joie et serrèrent Clémence dans leurs bras. Pauvre Clémence! elle rendait grâce au Ciel; elle avait conquis une famille!

Que de démarches, que de supplications ne fallut-il pas pour obtenir qu'elle suivît le convoi qui transportait les condamnés en Sibérie! Cette permission fut accordée enfin. La joie, la reconnaissance d'Alexis, il faut renoncer à les décrire. Je ne vous dirai pas non plus les fatigues de ce long voyage, telles que Clémence me les a racontées.

— Je les conçois, interrompis-je : comment une faible femme a-t-elle pu y suffire? Où a-t-elle trouvé assez de forces pour surmonter tant d'obstacles?

— Oui, reprit sœur Sainte-Geneviève : des rivières débordées à franchir, de hautes montagnes, de vastes forêts de sapins à traverser, des steppes arides, des déserts salés à parcourir. Ce que Clémence eut à souffrir, Dieu le sait; mais ce qui soutenait son courage, ce qui ranimait ses forces, c'était la vue d'Alexis Kisoloff, enchaîné sur une de ces voitures nommées kibicks. Alexis, consolé par elle, oubliait ce qu'il était et ce qu'il avait été. Il l'appelait sa providence, son ange protecteur. Il lui baisait les mains, il lui promettait un amour sans bornes, sans partage... Mon Dieu! les déserts qu'ils traversaient avaient aussi leur magnificence; la nature est belle, partout où le cœur est joyeux!

F. COQUILLE.

(La suite au prochain numéro.)

L'ÉPICIER DROGUISTE ET BARBARE.

Qui ne se rappelle cette admirable complainte :

> Vous avez tous connu Trumeau,
> Épicier droguiste et barbare.....

Eh bien! M. Groslichard est non moins épicier. Écoutez et jugez :

Au mois de décembre dernier, entre six et sept heures du soir, M. Groslichard se présente chez madame Sureau, blanchisseuse de fin. Laissant de côté les plus simples formules de la politesse, il entre dans l'atelier comme un boulet de quatre, en s'écriant : «Madame, voilà ma facture! — Ah! c'est vous, M. Groslichard, dit la blanchisseuse; comment donc que ça va, M. Groslichard? — Madame, voilà

ma facture! — Et madame Groslichard, comment gouverne-t-elle cette petite santé? —

— Voilà ma facture! — Donnez-vous donc la peine de vous asseoir, M. Groslichard. — Ma facture!.... 57 francs 80 centimes. — C'est bien, M. Groslichard, je vous paierai cela dans quelques jours. — De quoi! de quoi!... Pas de ça, mignonne! Je suis venu ici pour palper de l'argent, et je palperai!

— Vous palperez la porte, si vous n'êtes pas plus poli, s'écrie madame Sureau. En attendant, ne touchez pas un mot de plus, ou c'est moi qui vous touche. «Furieux de voir qu'on lui tenait ainsi tête, le farouche détaillant saisit une chaise que madame Sureau avait placée près de lui lorsqu'il était entré, il la lança au beau milieu de la poitrine de la pauvre blanchisseuse, et sortit en fulminant les imprécations les plus furibondes.

Rudement atteinte par la violence du coup, madame Sureau venait demander compte devant la police correctionnelle des façons peu courtoises de son fournisseur de savon.

À peine l'audiencier a-t-il appelé la cause qu'une voix se fait entendre au fond de l'auditoire, et s'écrie bien avant qu'on aperçoive l'individu auquel elle appartient : «À la fin de tout ça, il faut que ça finisse!... Je me dois à mes pratiques et à la société.

Quelques secondes se passent, et l'on voit paraître devant le tribunal une grosse maman rouge comme une coquelicot; ce qui fait encore mieux ressortir l'éblouissante blancheur d'un ample bonnet, dont les plis, artistement alignés, font honneur au goût et à l'habileté de la blanchisseuse. C'est madame Sureau, partie civile.

Elle raconte au long les faits que nous avons relatés sommairement, puis elle répète sa phrase d'entrée : « À la fin de tout ça, il faut que ça finisse! je me dois à mes pratiques et à la société.»

M. le Président. Êtes-vous restée long-temps malade et hors d'état de travailler?

La Plaignante. Malade? mais je *la* suis encore malade? j'ai sur le creux de l'estomac un emplâtre *d'empois de Bourgogne*, qui me scie le dos comme il n'est pas possible...... À la fin de tout ça.

M. le Président. Combien demandez-vous de dommages-intérêts.

La Plaignante. Le plus que vous pourrez... Ça ne sera jamais assez... C'est bigrement cher, l'empois de Bourgogne.

M. Groslichard. Cher! Laissez donc, farceuse! j'en vends, moi, aussi je sais bien ce que ça coûte.

La Plaignante. Je vous dis que c'est cher, moi, c'est l'empois-là... Je me connais bien en empois, peut-être... j'en fais assez de consommé pour les chemises et les cravates.

M. le Président. Enfin, dites la somme que vous réclamez.

La Plaignante. Des mille et des cents... Allez toujours!.. ajoutez des zéros, ferme! ferme!... j'ai besoin d'argent, à la fin de tout ça... Il m'en faut pour rachever de me guérir... C'est l'empois de Bourgogne m'entête, à la fin de tout ça!

Le Tribunal condamne l'épicier Groslichard à 50 francs d'amende et 150 francs de dommages-intérêts.

Madame Sureau, en s'en allant. Qu'est-ce qu'on veut que je fiche avec cinquante écus, à la fin de tout ça?... C'est tout au plus si ça paiera mon empois de Bourgogne et le carabin!

Nouvelles Théâtrales.

OPÉRA. — On a entendu de nouveau avec plaisir la scène de M. Bazin, dont Dérivis, Marié et M⁽ᵉ⁾ Stelz font les honneurs avec un grand succès.

M. Toussaint, le jeune danseur dont nous avons annoncé les débuts, s'est montré dimanche. Il a de la grâce, de la légèreté, et accuse une bonne école. Il a été fort encouragé.

L'incroyable lenteur de MM. Cambon et Philastre, peintres de l'Opéra, promet de retarder la mise en scène de la *Favorite*. Pour faire moins bien que Cicéri, est-il nécessaire de faire moins vite.

FRANÇAIS. — On nous envoie de Saint-Étienne une nouvelle qui surprendra bien des gens à Paris. Il ne s'agit rien moins que du mariage probable, dit-on, de Mlle Rachel avec un Stéphanois (vulgairement on dit *gaga*), dont la jeune tragédienne a fait la connaissance pendant son voyage. On va jusqu'à nous nommer le futur, qui serait un certain M. Mayer, maître tailleur, juif, jeune, riche et de très-bonne tournure. C'est, nous dit notre correspondant, d'une manière assez romanesque que les premiers rapports auraient eu lieu entre la fille de M. Rachel et l'élégant tailleur de Saint-Étienne. Mlle Rachel voulant se faire confectionner un habit d'homme, se serait adressée à M. Mayer, et au lieu de trouver tout simplement un habit dans sa boutique, elle y aurait trouvé un mari. Il y aurait déjà eu, ajoute-t-on, une entrevue sérieuse, à propos de mariage, entre les parents de la demoiselle et le jeune tailleur, et ladite entrevue aurait eu lieu à Fontainebleau, terrain neutre, où l'on se serait rendu exprès, de part et d'autre, afin d'éviter que les curieux de Paris et de Saint-Étienne s'occupassent de la chose.

Un avenir prochain nous fera savoir si notre correspondant est bien informé.

OPÉRA-COMIQUE. — Parfaitement servie par les acteurs, la seconde représentation de *Jeanne de Montfort* a très-bien marché, et la musique, on peut l'espérer, sauvera le poëme. Pauvres compositeurs! ils sont deux, et il faut encore qu'ils réussissent pour quatre.

Mme Damoreau est indisposée.

— La *Marseillaise* continue à charmer les entr'actes des théâtres de Paris. Dimanche, pour répondre aux cris patriotiques du parterre, Roger est venu en chanter le premier couplet. Et l'on peut deviner comme il a été applaudi.

GYMNASE. — Depuis la rentrée de M. et Mme Volnys, on a repris les pièces de l'ancien répertoire de M. Scribe, et toutes ont reçu le plus favorable accueil; grâce à la manière distinguée dont elles ont été représentées. Nous sommes heureux de pouvoir annoncer que la santé de Bouffé est de plus en plus rassurante, et que bientôt nous pourrons annoncer sa rentrée. Cette nouvelle fera plaisir aux nombreux amis du comédien, et aux admirateurs de son talent.

--- On annonce la réouverture prochaine du théâtre de la Renaissance, sous la direction de M. Anténor Joly. Frédérick Lemaître est engagé, et même, dit-on, intéressé dans l'entreprise. Serres fera aussi partie de la troupe que le directeur s'occupe d'organiser. On jouera le drame, la comédie et le vaudeville à spectacle. M. Anténor Joly a renoncé au chant. La réouverture aura lieu dans la première semaine de novembre.

Le privilège de la Porte-Saint-Martin vient d'être accordé aux frères Coignard. Des ouvriers ont déjà commencé à restaurer la salle. La réouverture est, dit-on, très prochaine.

Presque tous les artistes parisiens sont de retour. Il ne reste plus en province que Mme Dorval, qui poursuit avec éclat le cours de ses succès; Mmes Albert, Guyon et Francisque aîné. Ce dernier est en ce moment à Arras, où il a renoncé au mélodrame pour la tragédie. Il s'est essayé avec succès dans le rôle d'Othello de la tragédie de Ducis.

— On écrit d'Amiens : Le gros sel des plaisanteries, le langage épais des personnage de *l'Homme qui tue sa Femme* ont valu à ce vaudeville le plus beau concert de sifflets qu'il soit possible d'entendre. Encore un d'enterré : que cette symphonie lui soit légère!

— Mme Jenny Colon-Leplus vient de contracter un engagement de huit mois avec le théâtre de Bruxelles, à raison de 3,500 fr. par mois.

GRAND THÉÂTRE DE NANTES.

Aujourd'hui DIMANCHE, 18 Octobre 1840, On commencera à six heures.

LA TOUR DE NESLE,

Drame en 5 actes et 9 tableaux, par MM. Alexandre DUMAS et BERNADET.

Distribution. Buridan, M. Oudinot; Gautier d'Aulnay, M. Roche; Philippe d'Aulnay, M. Stéphane; Orsini, M. Ferdinand; Savoisy, M. Cazaubon; Louis X, M. Cressant; Pierrefonds, M. Victor Deplanch; Enguerrand de Marigny, M. Toudouze; Landry, M. Lavillier; Raoul, M. Duchâteau jeune; un officier du Palais, M. Sarrazain; Simon, M. Quillet; Richard, M. Famin; Un garde, M. Victor; Marguerite de Bourgogne, Mme Roche; Une dame voilée, Mme Famin; Seigneurs, pages, gardes, manants; etc.

Le deuxième acte de

GUILLAUME-TELL,

Distribution. Guillaume Tell, M. Abadie; Arnold, M. Lafeuillade; Walter, M. Hermann Léon; un chasseur, M. Délchel; Mathilde, Mme Duchampy.

Un divertissement composé de :

PAS DE DEUX,

par M. Constant Telle et Mlle Santi.

EL JALÉO DE JÉRÈS,

Par M. Marius Petipa, Mlle Armande et Thérèse.

Ordre du Spectacle : — 1. La Tour de Nesles. 2. Guillaume-Tell. 3. Un Divertissement.

THÉÂTRE DES VARIÉTÉS.

Aujourd'hui DIMANCHE, 18 Octobre 1840. On commencera à six heures.

LA LISTE DE MES MAITRESSES,

Comédie mêlée de couplets, par MM. Léon et Régnault.

Distribution. Le comte d'Armay, M. Alfred Harmant; Le duc d'Ervilly, M. V. Henry; Un domestique, M. Famin; La marquise de Marigny, Mme Olivier.

BOCQUET PÈRE ET FILS,

OU LE CHEMIN LE PLUS LONG,

Comédie-vaudeville en 2 actes, (*du théâtre du Gymnase*), par MM. Laurenci, Marc, Michel et Labiche.

Distribution. — Gustave Bocquet, M. Alfred Harmant; Berthelot, M. V. Henry; M. Colombin, M. Pâris; Pierre, garçon de l'hôtel, M. Blanchard; Virginie Berthelot, Mme Foignet; Julie, fille de M. Colombin, Mlle Debroux.

UN BAL DU GRAND MONDE,

Vaudeville en un acte, par MM. Varin et Desvergers.

Distribution. — Narcisse Bichonneau, M. Duchampy; Blaveau, M. Lavillier; Tokembourg, M. Blanchard; Adolphe, M. Cazaubon; Germain, M. Famin; Un domestique, M. Sarrazain; La baronne, Mme Neuville; Camille, Mlle Debroux.

Ordre du Spectacle : — 1. La Liste de mes Maitresses. 2. Bocquet. 3. Un Bal du Grand Monde.

Le Rédacteur en chef, HÉRAULT.

IMPRIMERIE D'HÉRAULT, A NANTES.

Dimanche 25 Octobre 1840.   DEUXIÈME ANNÉE.   4ᵉ Trimestre. Nᵒ 95.

PRIX D'ABONNEMENT :

NANTES. { TROIS MOIS .... F. 3
         { SIX MOIS   6
         { UN AN   12

DEHORS { TROIS MOIS .. F. 5
        { SIX MOIS   10
        { UN AN   18
        { AFFRANCHIR..

Prix du numéro, 15 c.

PRIX D'ANNONCES :

30 c. à la page d'avis ; 1 fr. dans
le corps du journal. Remise du
tiers aux abonnés.

LE BUREAU EST SITUÉ
Chez HÉRAULT, Imprimeur, rue
de Guérande, Nᵒ 3.

ON S'ABONNE :
Au Bureau;
Chez GUÉRAUD, Libraire, Basse-
   Grande-Rue et passage
   Bouchaud;
PLANÇON, Libraire, place
   Graslin.

SE TROUVE CHEZ :
M. SUIREAU, Lib.re, rue Crébillon
Et M. PLESSIER, Relieur, idem

A PARIS,
ISIDORE PESBON, rue Pavée-Saint-
   André, Nᵒ 13.

VERT-VERT,

JOURNAL DES SALONS ET DES THEATRES.

GRAND THÉATRE.

CHRONIQUE DRAMATIQUE.

MONTBAILLY OU LA CALOMNIE.

Après avoir épuisé les fastes du crime, après
avoir évoqué du moyen-âge les époques les
plus riches d'horreurs, le drame n'ayant plus
rien à glaner, allait infailliblement perdre son
procès, lorsque M. Charles Desnoyers est venu
lui ouvrir une mine nouvelle à exploiter, et
lui fournir les aliments de plusieurs années
d'existence encore.

M. Desnoyers a eu l'idée de fouiller dans les
Causes célèbres pour y trouver des émotions.
C'est une pensée dont les romantiques lui
sauront gré. En effet, si le drame était banni
du reste de la terre, c'est dans les *Causes
célèbres* qu'il faudrait l'aller chercher, on doit
donc un beau cierge à M. Desnoyers pour sa
découverte ! Voulez-vous un échantillon des
effets qu'on peut tirer des *Causes célèbres*?
Allez seulement voir la veuve Montbailly.

La veuve Montbailly a eu un fils, que des
circonstances l'ont empêchée d'avouer publi-
quement; n'allez pas vous récrier, pourtant,
car Georges est bien le fils légitime de la veuve
et de feu son mari ; avant que le secret de la
filiation de Georges soit devenu de notoriété
publique, la calomnie a eu beau jeu, et n'a pas
manqué d'exercer sa langue de vipère sur
l'amour de la veuve Montbailly, pour Georges
le beau charpentier. La Calomnie est représentée ici par l'honnête M. Michel qui professe

de père en fils l'état de serrurier ; mais tout se
découvre, et la Calomnie va crever de dépit,
car cet amour de la veuve Montbailly pour
Georges, c'était l'amour pur et saint d'une
mère ! Georges est reconnu à la face de tous par
la veuve Montbailly, comme fils légitime et de
plus comme unique héritier d'une fortune de
15,000 livres de rente, rien ne s'oppose plus
au bonheur du bon Georges ni à son union avec
Suzanne. Cette union, si long-temps désirée, a
eu lieu, et tout semble promettre aux époux
des jours longs et fortunés. Hélas ! pauvre
Suzanne, tes beaux yeux ont donné de l'amour
à Duval, le lâche ! le cafard ! d'autant plus
dangereux qu'il le semble moins; il t'a aimée,
il t'aime encore, et quand il t'a vue lui échapper pour toujours, il a juré de se venger de tes
mépris ! A l'aide de l'honnête Michel, Il n'a
pas eu de peine à souffler la discorde dans la
famille Montbailly, si tendrement unie, et la
veuve, faible comme toutes les vieilles femmes,
s'est courbée sous cette influence maligne : bref
les choses en sont au point que les jeunes époux
ne pouvant plus vivre sous le même toit que
leur mère, ont pris le parti d'abandonner pour
toujours la maison paternelle; demain, avant
l'aurore, ils auront fui pour ne plus la revoir,
cette mère autrefois si bonne et si tendre. Cependant la veuve Montbailly s'est ressouvenue
du bon Georges, la nuit est pour elle une longue
insomnie, n'est-ce pas demain qu'elle aura
perdu son fils, elle se lève, parcourt ces chambres, cette maison, qui seront si vastes, si soli-
taires .. demain, et elle remarque la valise de
Georges déjà disposée pour son départ; il va
partir pauvre, mon Georges, dit en pleurant la
veuve, que loin de moi du moins il soit encore
à l'abri du besoin, et toi, pauvre Suzanne,

voici des bijoux qui te pareront aux bons jours,
qui te rendront plus belle encore s'il est possible aux yeux de ton Georges. Enfants, soyez
heureux loin de moi, et que je sois seule malheureuse, comme j'ai été la seule injuste envers
vous !!! En disant cela, la veuve Montbailly
a glissé dans la valise un rouleau de pièces
d'or et des bijoux. Mais George et Suzanne
prêts à partir, ont aussi voulu aller pieusement, et malgré ses torts, dire un dernier
adieu à leur mère, ils se trouvent en présence,
la veuve tombe au genoux de ses enfants, tout
est pardonné, tout s'arrange au mieux, et voilà
la bonne harmonie plus que jamais rétablie
entre la mère et les enfants, mais une trop
vive émotion de joie a brisé les organes délicats
de la pauvre veuve, et elle tombe inanimée,
morte, dans les bras de Georges et de Suzanne,
qui lui prodiguent leurs embrassements...
Georges crie en vain au secours, les voisins sont
accourus, mais trop tard, la veuve Montbailly
n'est plus. Le premier moment de stupeur occasionné par une telle catastrophe passé, la Calomnie commence à relever la tête, elle argu-
mente, recherche les causes, suppose,
invente, et finit par insinuer que Georges et
Suzanne pourraient bien être.... les assassins
de leur mère ; que dis-je, il n'y a plus à en
douter, ne vient-on pas de découvrir dans la
valise des rouleaux de pièces d'or et des bijoux?
Il est évident que Georges a tué sa mère pour
avoir son or. En vain Georges et Suzanne pro-
testent de leur innocence, on instruit, on les
juge, et ils sont condamnés avant d'avoir été
entendus. Mais la providence qui s'élève toujours contre l'iniquité des hommes, n'a pas
voulu que Georges et Suzanne périssent, et pour
faire éclater leur innocence, elle s'est servie

en quelque sorte d'un miracle elle a rendu la vie à la veuve Montbailly, ou si vous l'aimez mieux, sans recourir au merveilleux, elle a voulu que la veuve Montbailly ne fût point morte en effet, mais seulement tombée dans une profonde léthargie, que lorsqu'elle reviendrait à la vie, tout fût découvert. C'est ce qui a lieu; Georges et Suzanne sont sauvés, et le traître et méchant Duval est livré à la colère du peuple, et avoue ses calomnies.

Voici pour le fonds; quant à la forme, M. Desnoyers n'a pas manqué de le revêtir des plus horribles incidents. Ainsi, au quatrième acte, Georges est mis à la question : on entend sur la scène ses cris de douleur, ses plaintes déchirantes, et Suzanne est là qui écoute.... et nous savons que Georges est innocent. En vérité, nous devons savoir gré à l'auteur de ne pas avoir *mis en scène* le hideux spectacle de la question; il n'aurait plus manqué que cela.

Ce drame a eu du succès à sa première apparition, parce que l'horrible a toujours pour le peuple quelque chose de saisissant qui le glace et l'intéresse malgré lui. Mais connu, on ne saurait aimer long-temps à être remué par de pareilles horreurs. Nous prédisons que Montbailly aura bientôt rejoint ses aînés, *ad patres*. Quant à ce qui touche l'art, nous ne pourrions donner de grands éloges à l'auteur, puisque le sujet même, l'invention ne lui appartiennent pas, et que trouvant un thème tout fait dans les Causes Célèbres, il n'a fait que le mettre en action et y broder les plus lugubres incidents. Nous croyons d'ailleurs qu'on aurait pu en tirer un plus habile parti et jeter dans ce drame plus d'action, un pathé-thique qui ressemblât un peu moins au cauchemar, en un mot un intérêt beaucoup mieux entendu.

La manière intelligente et profondément sensible dont M. Roche et Mme Roché et Jolly ont créé leurs rôles, leur font le plus grand honneur.

Si l'espace ne nous manquait, nous ferions une belle dissertation sur les jugements des hommes à propos de Montbailly, et nous dirions avec les philanthropes, plus d'échafauds ! Hélas ! combien à cette époque n'a-t-on pas vu de victimes de l'erreur sacrifiées et flétries, réhabilitées plus tard, sans doute, mais quand il n'était plus temps. Ah ! pour l'honneur de l'humanité, ne vaudrait-il pas mieux laisser échapper cent coupables, que d'assassiner juridiquement un innocent? Nous convions les jurés de la prochaine session à aller voir Montbailly.

M. Artot, le célèbre violoniste, est à Nantes; il se propose de se faire entendre avant de s'embarquer pour l'Amérique, où va il cueillir de nouveaux lauriers. Le talent de M. Artot est assez connu des amateurs et du public de Nantes pour que nous nous dispensions d'en faire l'éloge, et chacun s'empressera de venir applaudir un mérite si brillant et si incontestable.

C'est le 11 du mois prochain que Mme Picard donnera son concert, où elle se fera entendre sur la harpe, qu'elle fait résonner avec tant d'art et de volupté. Mme Picard jouira du concours de tous nos premiers instrumentistes, ce qui, sans contredit, nous promet une délicieuse soirée musicale : nous donnerons le programme dès qu'il nous sera connu.

UNE SIMPLE HISTOIRE.

(Suite.)

IV.

Aussitôt qu'Arthur fut de retour, il courut s'enfermer dans sa chambre, et baisa vingt fois de suite pour le moins la petite croix d'or, de la pauvre jeune fille. Et en la couvrant de baisers et de larmes d'attendrissement, il eût peur de la profaner, comme s'il fût resté à ce bijou quelque partie de l'ange à qui il avait appartenu; puis, contemplant la petite croix avec une sorte de piété, il semblait lui dire : parle moi d'elle, toi qu'elle a portée, toi qui as reposé sur sa blanche poitrine, toi sous laquelle son cœur a palpité ! Mais bientôt, le front du jeune homme se rembrunit; car il pensa qu'il devait se séparer de ce bijou si cher, et le rendre sur l'heure à la jeune fille, qui le pleurait sans doute dans ce moment, son premier mouvement fut de le lui reporter lui-même, puis il se ravisa; il reprit la petite croix d'or, l'enveloppa soigneusement, et sortit. Il avait remarqué que les mansardes voisines de celle de Mme B. et de sa fille étaient habitées, il retourna rue.... monta lestement les cinq étages, et frappa au hasard à une porte entr'ouverte : Entrez, dit une voix de vieille ! Bonjour, ma bonne femme ! — Votre servante, Monsieur. — Et comme Arthur restait là, devant elle, distrait et pensif, sans rien dire..... La vieille reprit : — Monsieur a peut-être quelque chose à blanchir? Où demeure monsieur? J'irai chercher son linge? Monsieur sera content.... La mère Belette est connue dans le quartier, et je me flatte..—Ah! vous êtes blanchisseuse, bonne femme? Bien, mais ce n'est pas pour cela que je viens. Connaissez-vous les dames qui habitent la mansarde voisine... — Si je les connais! je le crois bien, Mme B.... et sa fille, un ange, et jolie !.. dam, faut voir... Les femmes sont bavardes en général et les blanchisseuses en particulier. Arthur n'eût donc pas de peine à apprendre de la vieille, tout ce qu'il voulait savoir : Mme B... était veuve d'un vieux capitaine de l'empire, décoré au passage de la Bérésina; tant que le vieux soldat avait vécu, la pension avait suffi à l'existence de la pauvre famille; mais, M. B... venait de mourir, laissant dans une position bien près de l'indigence, sa veuve désespérée et son unique enfant, sa fille Julie, que nous connaissons déjà. Mlle B... avait dix-sep ans; elle avait été élevée à la maison de Saint-Denis, comme fille d'officier en re-

traite, légionnaire, où elle avait reçu une éducation distinguée; la pauvre veuve avait été obligée de la faire revenir près d'elle, lors de la mort de son mari. — Et c'était la jeune fille qui nourrissait sa mère du fruit de son travail. Mais les travaux à l'aiguille sont si peu lucratifs, qu'il fallait que la pauvre Julie passât les jours et les nuits pour y suffire : heureuse encore, quand l'ouvrage ne lui manquait pas. Ah ! Monsieur, continua la vieille femme en essuyant ses yeux du coin de son tablier, qu'une mère doit être fière d'avoir une pareille enfant ! Si vous voyez avec quelle douceur, quelle patience, quelle tendresse, elle soigne sa mère, qui est malade, la pauvre femme ! Si vous saviez comme elle est bonne pour tout le monde! Elle n'est pas fière, allez, Mlle Julie; elle a pourtant été élevée dans la grandeur, les voisins disent que M. B... avait été autrefois très-riche, et qu'un banquier qui s'est sauvé aux Etats-Unis, lui a emporté des sommes considérables, c'est égal, elle ne passerait jamais près de moi, sans me dire une parole agréable; bonjour, la mère Blette; eh bien ma bonne femme, êtes-vous toujours contente! heureuse ! mille autres choses semblables. Ah! Monsieur, je l'aime autant que si c'était mon enfant !

— Vous faites bien, bonne femme, car elle le mérite, voulez-vous lui faire un grand plaisir?

— Si je le veux? de tout mon cœur.

— Alors remettez-lui ce petit paquet de la part de M. Durand, le propriétaire de cette maison.

— Que je lui remette.... ah dam! Monsieur, vous me paraissez un bon jeune homme, mais... si je savais que vous eussiez des intentions... que vous voulussiez compromettre Mlle Julie.... nous ne serions plus amis, d'abord.

— Soyez tranquille, bonne femme, je respecte et j'admire Mlle Julie autant que vous; remettez-lui ceci, vous dis-je, à elle seule. Et tenez, voici pour votre commission.

— Oh le bon Monsieur! dit la vieille en regardant de toute la capacité de ses petits yeux, la belle pièce de cinq francs, toute neuve, qu'Arthur lui mettait dans la main; merci, Monsieur, je n'y manquerai pas !

A propos, pas un mot sur moi ! vous saurez plus tard... d'ailleurs, je vous jure par tout ce qu'il y a de plus sacré, que je respecte Mlle Julie, à l'égal des anges! ainsi, entendez-vous, bouche close, sur tout ceci ! adieu.

La vieille avait à peine fermé la porte, qu'Arthur revint, il jeta sur la table une bourse pleine ; tenez, dit-il, à la vieille, prenez ceci, et achetez-en aujourd'hui même quatre robes, je vous en fais cadeau, vous les ferez faire par Mlle Julie B..., et vous lui en paierez de suite la façon. La vieille ouvrant des yeux tout étonnés ne savait que dire ni que faire, mais son étonnement fut au comble, lorsqu'Arthur ajouta : voulez-vous me céder votre chambre? — Ma chambre, quoi, Monsieur voudrait?.. — Vous me rendrez service. Voilà pour louer un autre logement, dit-il, en lui présentant encore deux pièces d'or, vous sortirez aujourd'ui même, et je coucherai ce soir, est-ce dit ? — Al- lons, décidément Monsieur veut rire, comment penser... — Rien n'est plus sérieux, voulez- vous, oui, ou non ? — De grand cœur, balbutia la bonne femme, puisque cela peut obliger Monsieur, et que ses intentions... dam, sans cela, point de marché... — Allez, ma bonne femme, soyez tranquille, ainsi à l'instant vous allez déménager ; mais non. D'abord vous allez acheter les robes, les donner à faire à Mlle B... que vous paierez par avance, puis vous démé- nagerez, et dans quatre heures, je serai installé ici. — C'est convenu. — Et surtout, bouche close, je l'exige absolument, pas un mot, pas une réponse à toutes les questions qu'on pourrait vous faire. Puis Arthur descendit aussi joyeux, que s'il venait de conclure la plus belle affaire du monde... Tout s'exécuta fidèlement, et comme la vieille l'avait promis, Julie eut beau faire, elle ne put rien en tirer, si non qu'on l'avait priée de remettre ce paquet à Mlle B... de la part du propriétaire, la jeune fille pensa que peut-être M. Durand, touché de ses larmes et de sa douleur, s'était ravisé, et avait consenti à attendre, et dans la joie de revoir sa petite croix, elle bénit une fois le nom de l'avare Durand, se promettant bien de le remercier à la première occasion. Arthur s'installa le soir même dans la mansarde qu'il meubla, comme un galetas d'étudiant du quartier latin, c'est- à-dire, d'un lit, une table, une mauvaise commode, quatre chaises et un petit miroir ! et dans cette mansarde si pauvre, le noble fils de famille, se trouva plus heureux que dans les riches appartements de son père, et dans ce lit misérable, il dormit d'un plus profond sur- tout d'un plus doux sommeil, que sur le duvet moelleux de l'opulence ; je le crois bien, il était près de Julie, une simple cloison l'en séparait ! Cependant bien des jours se passèrent sans qu'il pût entre-voir ses voisines, leur mansarde était toujours silencieuse, aucun bruit n'y révélait même l'existence de ses habitants, et la porte toujours close, semblait, comme celle d'un tom- beau, ne devoir jamais se r'ouvrir ; une fois, il entendit le frôlement d'une robe de femme, et une ombre indécise, vaporeuse, qui entrait chez Mme B... disparut comme un éclair ; c'était Julie, une autre fois la porte était entr'ouverte, il entendit quelqu'un qui pleurait tout bas. Pauvre Julie ! combien Arthur aurait été heureux de pouvoir te consoler ! mais le moyen de s'in- troduire ? A quel titre ? sous quel prétexte ? Le malheur rend si défiant, qu'il n'est guère possi- ble que le jeune homme parvienne à inspirer de la confiance. Pourtant il faudra bien qu'il la voie cette femme angélique, qu'il lui parle, qu'il la console ; car il l'aime, non plus celle-là comme il a aimé tant d'autres femmes, il l'aime avec idolâtrie, mais d'un amour pur et saint, comme sa vertu ! Comment fera-t-il, mon dieu, le pauvre Arthur?... Le hasard ou plutôt le ciel fit enfin naître cette occasion.

Une nuit, Arthur s'était endormi en rêvant de Julie, il la revoyait, mais comme un doux fan- tôme, comme un archange avec deux ailes blan- ches et dorées, voltigeant autour de son chevet, et lui parlant d'amour, et ses lèvres roses, effleuraient les siennes, et il sentait comme un feu liquide lui courir par tout le corps, c'était l'effet de la fièvre. Tout-à-coup, il est réveillé en sursaut, on vient de frapper à sa porte, il écoute : une voix de femme, de jeune fille, une voix flûtée et mélodieuse, qu'il reconnaî- trait entre mille par instinct, crie à travers la serrure, Mme Blette ! ouvrez, je vous en prie, au nom du ciel, ouvrez ! Se lever à la hâte, passer un pantalon, et s'envelopper dans sa robe de chambre, tout cela est pour Arthur, l'affaire d'une seconde, il ouvre, et à la clarté d'une lumière qui l'éblouit un peu, il voit Julie, Julie, pâle et tout en pleurs ! La jeune fille rougit et baisse timidement ses grands yeux bleus. — Pardon, monsieur, dit-elle en bal- butiant, j'avais cru... je pensais... que Mme Blette.. C'est moi qui l'ai remplacée dans cette chambre, mademoiselle, et si j'étais assez heureux pour

vous être utile..... La jeune fille se mit à pleurer à chaudes larmes, et à travers ses san- glots, Arthur distingua ces mots : *Ma mère qui va mourir...* Un médecin... Il comprit aus- sitôt, et sans demander d'autres explications, il descendait ou plutôt il volait dans l'escalier, à peine vêtu, la tête et les pieds nuds ; deux minutes après, le médecin était près de la mou- rante, et Arthur, troublé, agité, ne pouvant plus retrouver le sommeil, se promenait avec anxiété dans sa chambre, espérant qu'on aurait besoin de lui, mais heureusement, une prompte saignée, que pratiqua le médecin, conjura l'ap- poplexie dont Mme B... était menacée, et la sauva ; le docteur se retira bientôt, en annon- çant à la jeune fille, qu'il n'y avait plus rien à craindre, et en attendant qu'il fût jour, Arthur fatigué de tant d'émotions, se jeta un instant sur son lit, et s'endormit, en se pro- mettant bien de profiter de cette occasion, et de faire une visite à la malade et à la fille dès le lendemain. Lorsqu'Arthur s'éveilla, il était déjà tard, il prêta attentivement l'oreille ; la mansarde était tranquille, si tranquille, qu'il frissonna involontairement, en pensant que la mort pouvait avoir passé là... Il fit avec soin sa toilette, Arthur, est très-joli garçon, il songea à faire valoir tous ses avantages, et lorsqu'il fut sûr qu'il ne lui manquait rien, il alla frapper légèrement à la porte de ses voisines : Julie vint ouvrir ! Pauvre Julie, qu'elle était pâle ! et pourtant qu'elle était belle encore ! La jeune fille, rougit ici regardant avec étonnement le beau jeune homme, elle l'avait si peu vu cette nuit ; elle avait été tellement troublée par ses larmes, son désespoir, sa timidité, qu'elle avait à peine osé lever les yeux sur Arthur ; elle ne le reconnut pas, Mademoiselle, je suis votre voisin... je venais... savoir... comment se porte, ce matin, madame votre mère ? — Vous êtes bien bon, monsieur, je vous remercie du service que vous avez bien voulu me rendre, cette nuit, grâce à vous, maman va bien mieux. — Tant mieux, mademoiselle, je suis heureux d'y avoir un peu contribué, et en disant cela, Arthur s'avançait dans la chambre, qui pre- cédait celle de la malade. Il me semble que vous feriez bien d'entr'ouvrir un peu la croisée, il faut donner de l'air, la chaleur est si grande ; encore un peu, bien ! J'ai fait quelques études preparatoires pour la médecine, et je m'y connais un peu. Qu'elle est l'affection de madame votre mère ? — Une attaque d'apoplexie, mon- sieur. — Cela est grave ; mais pris à temps, cela n'est pas dangereux. — Oh ! vous croyez vous êtes sûr, monsieur, dit la jeune fille en joignant les mains devant Arthur? — Certaine- ment, mademoiselle, et tout en causant, Arthur s'était assis, d'une façon très-naturelle, avec cette aisance qu'on acquiert dans le monde, et qui n'a rien de prétentieux ni de hautain. La jeune fille n'avait point paru lui savoir mau- vais gré de cette familiarité, Arthur avait un visage si doux, il était si joli garçon, il s'expri- mait avec tant de grâce, et puis, la pauvre enfant était si isolée, elle avait tant besoin de sympathie! Cependant Arthur n'avait pas encore osé regarder en face la belle jeune fille, il s'y hasarda, et il perdit alors son aplomb et sa contenance, il balbutia inintelligiblement, enfin il devint tout-à-fait gauche ; je le crois bien, car la beauté impose singulièrement à tous les hommes, et Arthur dut être troublé, je vous en fais juge : figurez-vous, une de ces délicieu- ses figures de Raphaël, un peu pâle, avec deux grands yeux bleus, mélancoliques et rêveurs, encadrée dans une magnifique chevelure blonde cendrée dont les boucles, roulaient autour d'un cou de neige, une taille que vous eussiez prise sans effort dans vos dix doigts, un pied tout petit, et une petite main d'une blancheur et d'une forme ravissantes ; joignez à cela, une expression angélique, répandue sur toute cette physionomie charmante, une tournure pleine d'élégance et de noblesse, et vous aurez une faible idée de la belle jeune fille, vous voyez

qu'on serait troublé à moins, l'effet de son aspect a été tel, qu'Arthur baisse les yeux, rougit et ne souffle pas ; la jolie enfant à qui ce changement soudain n'a point échappé, est presque obligée de rassurer le jeune homme. Pauvre petite ! il fait avouer, cependant, qu'elle n'est pas moins troublée ; comme elle rougit lorsque ses yeux rencontrent ceux du beau jeune homme ! comme elle tremble quand il lui parle ! comme elle est émue ! comme son cœur bat ! Prends garde, mon ange, prends garde, d'ai- mer, toi, pauvre fille, noble héritier des barons X... La barrière est infranchissable, prends garde, pauvre enfant !

Bientôt Arthur se remet, il reprend peu à peu son assurance, la conversation ne languit plus, jamais Arthur n'a eu plus d'esprit, Julie qui en a beaucoup, n'est pas fâchée de se mon trer, et le jeune homme ne peut assez s'étonner, de la variété et de l'étendue de ses connais- sances, de la solidité de ses raisonnements, et de la finesse dont elle empreint, en quelque sorte, chaque parole qu'elle dit. En ce moment, la malade s'éveilla, et la jeune fille sans s'ap- percevoir qu'Arthur se retirait, courut préci- pitamment au lit de sa mère.

JULES F...

(La suite au prochain numéro.)

LA SŒUR DE BON SECOURS.

II.

Le convoi était destiné aux mines de Nert- chinsk, où plusieurs milliers d'ouvriers travail- laient nuit et jour. Dès leur arrivée, Alexis et Clémence furent mariés suivant les rites reli- gieux du pays. On assigna aux deux époux une espèce de hutte grossièrement construite en terre et couverte d'écorces de bouleau. Clémence fut chargée de préparer la nourriture de son mari et de vaquer à tous les soins du ménage. C'était elle qui, au retour du printemps, lorsque la terre n'est pas encore entièrement dégelée, plantait, semait des légumes et du blé qui avaient à peine le temps de mûrir. Les travaux de l'été, les provisions de l'hiver lui coûtaient de rudes fatigues. L'hiver est si long et si rigoureux dans ces climats ! Pendant huit mois de l'année, des neiges continuelles, un vent glacial, d'horribles tempêtes ; puis viennent les pluies qui inondent la plaine. La végétation se presse. On dirait que l'œil et l'oreille en suivent les progrès. Les ardeurs de l'été sont aussi intolérables qu'elles durent peu. Elles cessent avant le mois de septembre, et, alors le ciel se ferme de nou- veau et l'hiver reprend son empire.

Eh bien ! Clémence se trouvait presque heu- reuse. Elle supportait gaîment les privations de cette vie, à laquelle rien ne l'avait préparée ; du moins elle avait quelqu'un auprès d'elle pour l'aimer, quelqu'un qui était tout pour elle, et à qui elle tenait lieu de tout. Alexis se repro- chait-il parfois de l'avoir associée à ses misères, elle lui souriait et lui montrait un visage joyeux. Revenait-il épuisé, haletant, découragé? elle essuyait la sueur qui dégouttait de son front, et elle réveillait son énergie. Se prenait-il à regretter le pays natal, les joies de la famille, les plaisirs de l'opulence et de la grandeur? elle pleurait avec lui, et bientôt ses caresses lui faisaient oublier ce qu'ils avaient perdu, et lui rendaient une patrie. Elle mettait son bonheur à soulager le pauvre exilé. Pour lui plaire, elle devenait curieuse de parure. Quelque désolés qu'ils fussent, ces déserts lui fournissaient encore des fleurs à entrelacer dans ses cheveux ; innocente coquetterie dont Dieu ne s'offensait pas.

Cinq années s'écoulèrent ainsi. Alexis et Clémence n'avaient point d'enfants de leur union. Ils n'osaient pas s'en plaindre, ou plutôt ils s'en félicitaient ; même avant de naître, leurs enfants étaient condamnés à l'exil. Vous savez peut-être que tous les déportés sont soumis à la surveillance active, et que l'empereur reçoit des rapports détaillés sur chacun d'eux. Le dévoûment de Clémence l'intéressa, et le disposa favorablement pour Alexis Kisoloff. La famille de celui-ci redoubla d'efforts, et, à la fin, on arracha la grâce du proscrit. Le czar le rappela en Europe ; il lui rendit son rang et ses biens, se contentant de lui interdire le séjour de Saint-Pétersbourg et Moscou. Vous représentez-vous la joie, l'ivresse de Clémence ? Toutefois elle jouissait avec quelqu'inquiétude des transports de son mari. Il souffrait donc bien cruellement de l'exil. Pensait-elle, puisque la nouvelle de ce retour inespéré le jetait dans un tel délire. Elle quitta presque à regret cette lutte misérable où elle avait vécu cinq ans, aimée et heureuse. Elle s'attristait à l'idée que d'autres joies que son amour feraient désormais le bonheur d'Alexis. Hélas ! faut-il donc que, dans le cœur le plus dévoué, dans l'abnégation la plus grande, il entre encore un peu d'égoisme !

Le comte et la comtesse Kisoloff l'accueillirent comme leur fille. Ils lui en donnaient même quelquefois le nom quand ils étaient seuls, et qu'ils lui rappelaient ses souffrances de toute sorte. On eût dit qu'ils lui pardonnaient ce titre, en songeant à ce qu'il lui avait coûté. Pauvre Clémence ! le terme de ses peines n'était pas encore venu ! Alexis, fêté par les riches familles du voisinage, la négligeait. Lorsque la première curiosité et la première admiration furent épuisées, elle se vit peu-à-peu reléguée dans son appartement. On l'avait acceptée pour femme du proscrit, mais non pas pour femme du noble comte. On commençait à rougir d'elle. Elle devenait une gêne et un embarras.

Elle s'en aperçut, et cette découverte la révolta. D'abord elle chercha un soutien dans l'amour d'Alexis. Elle se réfugia dans ce cœur qui devait lui appartenir tout entier. Malheureuse ! elle le trouva fermé. La tendresse, la reconnaissance en étaient sorties, et l'ambition occupait leur place. Cependant Alexis dépensa encore quelques protestations, quelques promesses, vaines paroles qui eurent la vertu d'endormir les alarmes de Clémence. Un coup de tonnerre allait la réveiller. Un jour, on lui signifia qu'elle n'était pas la femme d'Alexis Kisoloff, que son mariage avait été déclaré nul, et qu'elle eût à quitter un titre qui ne lui appartenait pas.

— Les lâches ! m'écriai-je, en interrompant.

— N'est-ce pas, Monsieur, reprit sœur Sainte-Geneviève avec émotion, n'est-ce pas qu'ils étaient lâches et qu'ils se montraient plus cruels que l'exil et les supplices de la Sibérie ? Oui, ils étaient lâches d'abuser de leur crédit et de la faiblesse d'une pauvre étrangère. Ses larmes, son désespoir. rien ne put les fléchir. Alexis lui-même, Alexis l'objet d'un amour si profond et si vrai, s'était éloigné pour s'épargner de pénibles combats. Il craignait tant de se laisser vaincre et de n'être pas plus fort que sa conscience ! C'est qu'il s'agissait pour lui d'un riche mariage. La femme qu'on lui proposait lui apportait en dot je ne sais quels immenses domaines sur les bords de la mer Noire. Qu'était, en comparaison de ces titres, la malheureuse Clémence ? Les services qu'elle avait rendus, ses soins, son amour ne pouvaient-ils pas se payer avec de l'or ? On le crut sans doute, et l'on fut généreux. On lui proposa une somme considérable, mais on exigea en même temps qu'elle retournât en son pays ! Son pays ! En avait-elle un ?... Eh bien ! dites, Monsieur, qu'auriez-vous fait à sa place ?

— Ce que j'aurais fait ! j'aurais rejeté ces offres honteuses ; j'en aurais appelé aux lois, et même au tribunal de l'empereur. J'aurais couvert de confusion et de honte cette race de lâches et d'ingrats.

— Elle le pouvait sans doute ; et si sa voix était parvenue jusqu'au czar, celui-ci, dans son indignation, aurait peut-être révoqué la grâce qu'il avait accordée avec tant de peine. Mais elle demandait justice et non pas vengeance. Elle s'adressait au cœur de son mari, et non

pas aux tribunaux. Fatiguer les juges de plaintes inutiles, disputer à l'iniquité et à la corruption un titre qui lui appartenait devant Dieu, s'obstiner à garder sa place dans une famille qui la repoussait, voilà ce qu'elle ne voulut pas. Que lui importaient les jugements des hommes ? Tout était fini pour elle. Sa vie, c'était l'amour d'Alexis !

Elle sortit donc du château de Kisoloff, plus pauvre qu'elle n'y était venue six ans auparavant ; elle se réfugia dans une cabane des environs, et, de là, elle entendit le bruit des fêtes et des réjouissances qui célébraient le mariage du jeune comte. Dieu lui donna la force de ne pas murmurer contre sa providence ; elle pria même pour le bonheur de celui à qui elle s'était consacrée, et qui l'abandonnait ; mais c'en était trop pour une faible créature. Ce spectacle l'aurait tuée, et d'ailleurs on lui aurait disputé jusqu'à l'asile qui la recevait. Une nuit, elle s'approcha furtivement du château, et elle dit adieu, en versant bien des larmes, à ce séjour qui n'aurait pas dû lui être fermé ; elle revint

en France. Dieu, qui l'avait soutenue parmi tant d'épreuves, la reçut à son service. Ses souvenirs perdent chaque jour de leur amertume, et, comme je vous le disais en commençant, elle n'a pas oublié, mais elle pardonne.

La sœur Sainte-Geneviève baissa la tête, et je vis une larme trembler au bord de sa paupière.

— Ma sœur, lui dis - je avec un regard expressif, cette Clémence dont vous me racontez les malheurs, qu'est-elle devenue ? Ne porte-t-elle pas l'habit que vous portez ? n'est-elle pas vouée comme vous à ceux qui souffrent ? ne la connais-je point ?

Elle se détourna sans me répondre. Mon cœur était ému d'une douce pitié.... Une telle infortune jointe à une telle résignation !

— Pauvre Clémence ! murmurai-je d'une voix attendrie.

Elle répéta faiblement :

— Pauvre Clémence !

F . COQUILLE.

GRAND THÉATRE DE NANTES.

Aujourd'hui DIMANCHE , 25 Octobre 1840 , On commencera à six heures.

MASANIELLO, OU LE PÊCHEUR NAPOLITAIN,

Opéra-comique en 4 actes, paroles MM. de Moreau et Lafortelle, musique de M. Caraffa.

Distribution. — Mazaniello, M. Lafeuillade ; Ruffino, M. Hermann-Léon ; Torellas, M. Stéphane ; Le gouverneur, M. Oudinot ; Matéo, M. Blanchard ; Jacôme, M. Pâris ; Calatravion, M. Deplanck ; Un charlatan, M. Salanson ; Léona, Mlle Saint-Charles ; Thérésia, Mlle Hortense Vilier.

LE MAITRE DE CHAPELLE,

Opéra-comique en un acte, paroles de Mme Sophie Gay, musique de Paër.

Distribution. — Barnabé, M. Abadie ; Benetto, M. Blanchard, Gertrude, Mme Duchampy.

Un Divertissement composé de **PAS DE TROIS,**
Par M. Constant-Tell , Mlles Thérèse et Santi.

PAS DE DEUX,
Par M. Marius Petipa et Mlle Armande Ferdinand.

UNE POSITION DÉLICATE,

Comédie-vaudeville en un acte, par MM. Léonce et Bernard.

Distrition. — M. de Treneuil, M. Oudinot ; M. de Marancey, M. Alfred Hermann, Fritz, M. Duchâteau ; Amélie, femme de Treneuil, Mlle Clara Stephany ; Mme de Marancey, Mme Olivier.

Ordre du Spectacle : 1. Une Position. 2. Mazaniello. 3. Le Maître de Chapelle. 4. Un Divertissement.

THÉATRE DES VARIÉTÉS.

Aujourd'hui DIMANCHE , 25 Octobre 1840. On commencera à six heures.

LA CHANOINESSE,

Vaudeville en un acte, par MM. Scribe et Francis Cornu.

Distribution — Le général Bourgachard, M. Toudouze ; Henri, M. Alfred Hermann ; Anastase, M. Famin ; Mlle Héloïse, Mme Foignet ; Gabrielle, Mme Olivier.

MONTBAILLY, OU LA CALOMNIE,

Drame en 5 actes, tiré des Causes Célèbres, par M. Charles Desnoyers.

Distribution. — Duval, greffier du conseil de Saint-Omer, M. Toudouze ; Georges, ouvrier charpentier, M. Roche ; Michel maître serrurier, M. V. Henry ; Olivier, écolier en jurisprudence, M. Cauzaubon ; Un notaire, M. Famin ; Un magistrat, M. Ferdinand ; Madame de Montbailly, Mme Roche ; Suzanne, orpheline, Mme Jolly ; Thérèse, sa sœur, Mlle Debroux.

LA PENSIONNAIRE MARIÉE,

Comédie-vaudeville en un acte, par MM. Scribe et Varney.

Distribution. — M. de Boismorin. M. Toudouze ; Anatole, M. Stéphane ; Tricot, M. Henry ; Adèle, Mlle Clara Stéphany ; Marie, Mlle Debroux.

ON NE PASSE PAS.

Vaudeville en un acte, par MM. Villeneuve et Masson.

Distribution. — Frédéric-Guillaume II, roi de Prusse, M. Toudouze ; Charles-Frédéric, prince royal, M. Cazaubon ; Le comte d'Hartmannel, M. Pâris ; Ulric, grenadier de la garde, M. V. Henry ; Un caporal, M. Famin ; Edith, jeune ouvrière, madame Olivier.

Le Rédacteur en chef, HÉRAULT.

IMPRIMERIE D'HÉRAULT, A NANTES.

Dimanche 1er Novembre 1840.   DEUXIÈME ANNÉE.   4e Trimestre. No 96.

PRIX D'ABONNEMENT :

NANTES. TROIS MOIS .... F. 3
         SIX MOIS   6
         UN AN........   12

DEHORS   TROIS MOIS.. F. 5
         SIX MOIS....   10
         UN AN.......   18
         AFFRANCHIR..

Prix du numéro, 15 c.

PRIX D'ANNONCES :

30 c. à la page d'avis; 1 fr. dans
le corps du journal. Remise du
tiers aux abonnés.

LE BUREAU EST SITUÉ
Chez HÉRAULT, Imprimeur, rue
de Guérande, No 3.

ON S'ABONNE :
Au Bureau;
Chez GUÉRAUD, Libraire, Basse-
Grande-Rue et passage
Bouchaud;
PLANÇON, Libraire, place
Graslin.

SE TROUVE CHEZ ;
M. SCIREAU, Lib.re, rue Crébillon
Et M. PLESSIER, Relieur, idem

A PARIS,
ISIDORE PESRON, rue Pavée-Saint
André, No 13.

VERT-VERT.

JOURNAL DES SALONS ET DES THEATRES.

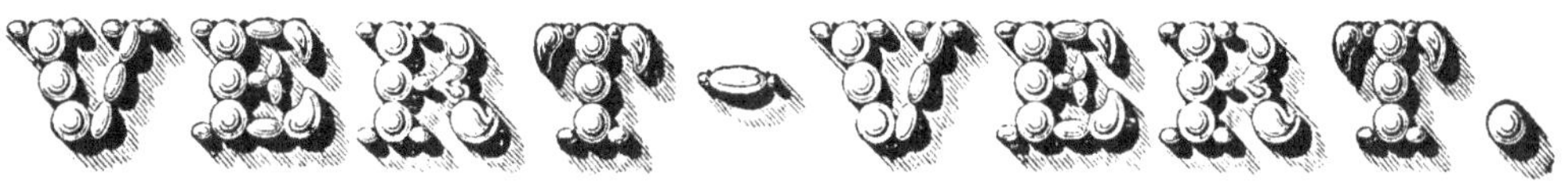

GRAND THÉÂTRE.

CHRONIQUE DRAMATIQUE.

La chronique de cette semaine n'est ni gaie,
ni d'un haut intérêt. Les *Variétés* ont joué
dimanche et lundi avec assez de succès.

Le *Grand-Théâtre* offrait, mardi, le troisième début de M. Duchampy, dans *Cantarelli*
du *Pré-aux-Clercs*. Cet artiste avait été reçu,
malgré quelques marques d'opposition , et
l'autorité le considérait ainsi. Jeudi, nous avons
eu la *Pie voleuse*, bien jouée et bien chantée,
qui a fait plaisir ; mais samedi, que M. Duchampy
reparaissait dans *Dikson de la Dame Blanche*,
un orage s'est élevé, et est venu fondre sur
notre trial, et l'a enfoncé à tout jamais. Cependant, ce n'a pas été sans une vive opposition
d'une partie du public, et de l'autorité de la
police ; mais une fois que l'autorité intervient
dans ces sortes de débats , seuls droits qui
restent au public, de tant d'autres qu'il a
perdus , en cherchant *la liberté ;* une fois ,
disons-nous, que l'autorité intervient dans ces
espèces de luttes , sa protection nuit plus
qu'elle ne protège celui qui en est l'objet.
M. Duchampy n'a été si rudement traité du
public , que parce que le public a cru qu'on
voulait le lui imposer.

Revenons à penser que Mlle Clara Stéphany
étudie plusieurs rôles de pièces qui n'ont
pas encore été données à Nantes, et que cette
sémillante artiste va très-incessamment nous
faire oublier les mauvais jours, en ramenant les
jeux et les ris par sa présence.

Le Concert de Mme Picard , qui était annoncé
pour le 11 novembre courant, aura lieu sûrement.
le 13. Des airs et duos pour soprano et basse-
taille ; des morceaux de harpe , de violon,
flûte, piano et violoncelle composeront cette
brillante soirée , dont nous donnerons le programme dans notre prochain numéro.

A commencer du 1er novembre 1840 , Exposition de :

LA VÉNUS

DE

MÉDICIS

ANATOMISÉE,

Travail le plus parfait qui ait paru jusqu'à
ce jour, non seulement par la multiplicité des
pièces qui la composent , mais encore par
l'exactitude avec laquelle elles sont modelées.

La plus grande décence existe dans l'exposition de cette figure.

*Elle est visible Place Royale , près le bureau
des Messageries , depuis midi jusqu'à 10
heures du soir.*

LE PRIX D'ENTRÉE EST DE 50 CENT.

La baronne de P.... était depuis quelque
temps détenue pour dettes dans la maison de
Clichy, lorsqu'une instruction fut dirigée contre
elle sur une plainte en abus de confiance , et la
renvoya devant les juges correctionnels. Dès-
lors, la position de la baronne P.... était
changée : la détenue pour dettes devenait prévenue d'un délit emportant la peine de l'em-

prisonnement. La place de la baronne n'était
donc plus à Clichy , mais à Saint-Lazare , et un
huissier fut commis par le parquet pour opérer
le transfert de la noble dame dans les prisons
des femmes détenues préventivement. L'huissier
se présente donc à la maison de Clichy ; il
signifie à la baronne le mandat dont il est
porteur, et l'invite à monter en voiture avec lui
pour se rendre à son nouveau domicile. Mais
la baronne déclare résolument qu'elle ne quit-
tera pas la maison de Clichy.

« Je suis désolé d'une pareille résolution ,
madame , lui dit l'huissier , je suis obligé
d'exécuter mon mandat , et j'aurais le regret de
vous faire porter dans ma voiture , si vous
n'êtes assez bonne pour y monter de bon gré.
— Vous ne m'y porterez pas ! s'écrie la baronne , vous n'oseriez pas user de violence à
l'égard d'une femme. — C'est vous qui me
forcerez à ce manque de galanterie , et je vous
prie , madame , de ne point m'en faire subir la
responsabilité. » Et l'huissier appela deux
gardiens , forts gaillards , qui s'apprêtèrent ,
sans brusquerie pourtant , à enlever la récal-
citrante baronne. « Un instant , messieurs ,
s'écrie la dame d'une voix altérée , je demande
à faire une déclaration confidentielle à M.
l'huissier... Veuillez, monsieur, renvoyer ces
hommes, et demeurer seul avec moi. » L'huissier
congédia les deux gardiens.

« Madame , dit alors le complaisant huissier,
nous voici en tête-à-tête, et je vous écoute. —
Apprenez donc, homme insensible! reprit la
dame d'une voix de plus en plus défaillante ,
apprenez que je vais mourir. — Mourir !..
rassurez-vous , madame ; vous paraissez , au
contraire, jouir d'une fort belle santé... ce matin,
surtout, vous êtes d'une fraîcheur à faire envie

à une rose. — Point de madrigal, monsieur, je vous prie... Sachez qu'un quart d'heure avant votre arrivée, connaissant le mandat que vous venez exécuter, je me suis empoisonnée. — Empoisonnée? — Oui, monsieur; le poison n'a pas encore fait son effet... mais bientôt... — Eh ! madame, quelle a été votre intention en vous empoisonnant? — De mourir ! »

A ce mot, lancé comme le *qu'il mourût* du vieil Horace, l'incrédule huissier réprima un sourire et reprit avec courtoisie :

« Eh bien ! madame, l'on peut mourir à Clichy aussi bien qu'en fiacre ou à Saint-Lazare; ainsi daignez accepter ma main et me permettre de vous conduire à la voiture. — Vous n'avez donc pas d'entrailles, monsieur? — Mais je crois que si, madame. — Vous attendrez alors que mon médecin, que j'ai envoyé chercher, soit venu. — Un médecin !... vous ne voulez donc plus mourir? — Vous êtes un barbare ! — Pour vous prouver le contraire, je ferai, si vous voulez, monter avec nous en voiture le médecin de la maison de Clichy. — Allez, monsieur, partons ! appelez vos sbires, homme cruel ! »

A un signal de l'huissier, deux filles de service entrèrent, la baronne leur prit le bras en poussant de profonds soupirs, et s'appuyant sur elles, elle se traîna jusqu'au fiacre, dans lequel elle monta avec l'huissier. « Eh bien ! madame la baronne, disait l'impitoyable huissier durant le trajet, le poison fait-il son effet? — Pas encore, soupirait la dame. — Tant mieux ! tant mieux ! il faut espérer que cela ne sera rien.

En arrivant à Saint-Lazare, l'huissier, s'adressant au greffier de la prison, l'invita à faire administrer à la dame plusieurs contre-poisons. « Je ne les prendrai pas, dit la baronne furieuse; nous ne sommes plus au temps où l'on appliquait aux patients la question ordinaire et extraordinaire. — Il en sera ce que vous voudrez, madame; j'ai rempli mon devoir, et j'ai l'honneur de vous saluer. »

L'huissier salua profondément la dame empoisonnée, et huit jours plus tard, il la revit sur le banc de la police correctionnelle, où elle demandait la remise de son affaire « Madame, lui dit-il poliment, me serait-il permis de m'informer de l'état de votre santé? — Vous êtes un monstre ! répliqua la dame. — Je vois avec plaisir, reprit l'huissier, que le poison n'a pas encore opéré; mais ne craignez-vous pas que d'ici à la huitaine que vous venez d'obtenir... — Eh ! monsieur, dit la dame impatientée, le poison que j'ai pris est un poison lent. »

LE MÉDAILLON.

PAR M. L. XAVIER EYMA.

Au temps de Tibère, on entendit retentir cette voix lamentable : « Les dieux s'en vont; » et le monde romain eut peur. Au dix-neuvième siècle, nous ne tremblons pas pour si peu. Nous avons vu partir les dieux, et nous avons ri avec Voltaire. Après les dieux, nous avons vu fuir les poètes, et insoucieux de leur céleste langage, nous avons jeté un regard indifférent sur la poésie en exil, pour accueillir triomphalement la toute-puissante invasion de la prose. Maintenant sa souveraineté est incontestable; du haut du journal, son tribunal quotidien, elle lance à nos oreilles béotiennes ses implacables arrêts sur les poètes dédaignés.

Nous avons réalisé la fiction antique. De notre Olympe littéraire, nous avons chassé Apollon. Reviendra-t-il jamais des bords de l'Amphryse : nous le lui souhaitons, nous osons à peine l'espérer.

M. Eyma, auteur du *Médaillon*, a compris son époque. Il pouvait faire de beaux vers, il nous l'a prouvé plus d'une fois; mais à quoi bon prodiguer son encens sur ces autels de Muses oubliées. L'homme de talent cherche à agir sur la foule; mais, avant de l'amener violemment à lui, il doit nécessairement s'avancer vers elle. En vain, pour pénétrer dans ce temple, ou plutôt dans cet enfer de la gloire, le génie porte-t-il en main son rameau d'or : le public ressemble au Cerbère antique; il veut, il exige impérieusement que, pour désarmer son humeur hargneuse, on jette dans sa gueule béante le gâteau qui charme son goût du jour. Or, à notre époque, son gâteau, c'est le Roman. Nos plus grands écrivains se sont courbés devant ces nécessités de son insatiable appétit, et *Notre-Dame de Paris*, en attestant la souplesse de talent du poète, montre aussi sa merveilleuse habileté à suivre l'instinct populaire. Il y a une curieuse remarque à faire sur le Roman : c'est qu'il convient aux peuples enfants, comme aux peuples vieillis.

Qu'aux époques primitives, où l'imagination s'éveille avec toute sa puissance, l'homme se laisse séduire aux longs romans de ces rhapsodes voyageurs; que, les yeux fixes et la bouche béante, il écoute avec avidité ces grands coups d'épée de l'*Illiade*, ou la romanesque *Odyssée* de l'aventure d'Ithaque, on le conçoit : comme on conçoit, au milieu des mers de sables, aux feux du soleil couchant, ces arabes abrités aux murs de quelques vieilles pyramides, fumant gravement leur pipe, tandis qu'ils dévorent du regard le vieux chef de la caravane, qui conte une de ces merveilleuses histoires de la sultane Sheherazade ou du grand magicien Salomon. C'est un homme plein de foi qui parle à des hommes de foi naïve et crédule. Mais, qu'à une époque vieillie, blasée, desséchée à toute croyance, morte à toute illusion, le Roman, cet âge d'or de la pensée, exerce encore toute sa puissance, c'est une vérité littéraire qui, au premier abord, semble paradoxale. On dirait que les peuples sont comme ces vieillards, qui, désabusés sur tout ce qui les entoure, se transportent avec joie loin d'un présent amer, vers les riantes rêveries de leur jeunesse. C'est ainsi qu'à l'époque alexandrine, à ces temps de science froide et analytique, Théocrite chantait les bois, les bergers et leurs amours, au milieu de ces citadins qui l'écoutaient avec ravissement ; c'est ainsi que tout couvers du sang des proscriptions, les Romains accablaient de leurs applaudissements Virgile récitant les tendres poésies de ses Daphné et de ses Mélibée. Des *Bucoliques* admirées par de tels hommes ! Est-ce donc que le contraste en littérature est une des premières lois de l'art? et que peut-être est-ce cette loi qui fait secrètement le succès de tant d'œuvres, si disparates avec leur époque. Remarquons seulement la différence du Roman dans sa forme, aux phases de son existence. Il est long comme un récit de jeune homme dans une littérature en décadence.

Dans le premier cas, l'homme n'est qu'un grand enfant qui se laisse ravir à ces poétiques échafaudages de la pensée, à ces longs enchevêtrements de récits, qui le promènent à travers un labyrinthe d'événements. Il croit tout et ne devine rien.

Dans l'autre époque, au contraire, l'homme ne croit rien et devine tout. Au milieu de ces longs ébranlements, de ces vives révolutions, qui sont la loi nécessaire de tous les peuples vieillissant, le doute arrive, le doute appliqué à tout; c'est-à-dire le specticisme. Les hommes alors ont tant vu, tant senti, tant agi, que, blasés par la réalité, ils ne veulent dans le monde de la fiction, qu'une sorte de brusque impétuosité qui les saisisse, les frappe, les enlève un instant à la contemplation de qui les entoure.

M. Eyma a parfaitement compris ces nécessités de notre époque. Aussi, ne s'est-il pas lancé dans ces romans dont la pensée seule excite mon effroi, qui me rappellent ces écrasants in-folios que prodiguait la veine féconde des Calprenède et des Scudéri. Sous le titre modeste du *Médaillon*, il a enchâssé quatre gracieux souvenirs; il s'est réduit au simple genre de la nouvelle, mais d'une nouvelle claire, brève, facile : c'est une marque exquise de bon goût.

La simplicité de son plan mérite d'abord tous nos éloges. La simplicité dans l'art est une loi que, de nos jours, l'on méconnaît si étrangement !.... Non pas que par simplicité j'entende dans notre auteur faiblesse d'intrigue : la première nouvelle, *un Méchant Homme*, donnerait un éclatant démenti à notre assertion; le portrait de Duraner, qui me semble fort bien tracé, rappelle un peu le faire de M. de Balzac : c'est un trop bon maître pour que j'en blâme M. Eyma. Une critique impartiale me force seulement à trouver dans le caractère de la femme, d'Amélie Duraner, le reflet de ces passions vaporeuses, exceptionnelles et fausses que Mme Dorval a fait revivre un instant dans le drame actuel, et qui de là ont infesté le roman. Du reste, action vive et bien graduée, péripéties, fortes, telles sont les qualités que fait valoir un style clair et chaleureux. Nos lecteurs pourront s'en convaincre, sans que nous déflorions leur intérêt par une sèche et précoce analyse.

La seconde nouvelle, l'*Histoire d'un Sonnet*, repose agréablement l'esprit des émotions tristes qu'a laissées la première. C'est un récit simple, mais pétillant d'esprit; une de ces bonnes causeries épigrammatiques, à la manière du dix-huitième siècle; c'est une satire fine des femmes qui n'aiment dans le poète que le bruit stérile du grelot de sa gloire poétique. Peut-être accuserions-nous M. Eyma, malgré toute la force, tout l'intérêt, toute la charpente dramatique de la troisième nouvelle, d'avoir fixé notre attention sur un spectacle bien horrible, je dirai presque immoral, s'il ne se disculpait aussitôt lui-même, en nous racontant l'attendrissante histoire de *la Mèche de Cheveux*, histoire que je crois vraie, car elle est touchante, car elle est pleine de cette franchise d'impression, de cette odeur de réalité, si je puis m'exprimer ainsi, qui ne permettent point de douter qu'elle a été racontée en pleine mer, à la suite d'une horrible tempête.

Une Idée d'Oncle, qui termine le volume, est un récit intéressant et bien conduit. L'auteur aurait pu enlacer ce récit dans une plus forte intrigue; mais, en somme, les rares qualités qu'on rencontre dans ce volume sont une intrigue claire, une imagination facile, un style tantôt vif et gracieux, tantôt plein de force et d'énergie.

Peut-être pourrait-on désirer dans les caractères un dessin plus mâle et plus arrêté, mais souvenons-nous que ce n'est qu'un premier ouvrage. Nous l'acceptons comme une espérance que M. Eyma saura bientôt convertir en réalité.

EUGÈNE RIGAUD.

UN HOMME SANS TACHE.

(Justice-de-paix du 2ᵉ arrondissement.)

Vieuxtemps, à Boulency : Eh bien ! nous y voilà devant la justice...... commencez vos doléances.

Boulency : Craignez rien, vieux cancre, on va vous river vot' clou, allez, ce n'est pas ici comme sur le Pont-Neuf.... vous n'ameuterez pas la populace.

Vieuxtemps : Bon à c't' heure.... voilà qu'il va me faire passer pour un perturbateur; dirait-on pas que je chante la *Marseillaise?*

Le juge : Cessons ce verbiage, et expliquons-nous.... M. Vieuxtemps, votre partie adverse, vous réclame six francs.

Vieuxtemps, vivement : Six francs, bon Dieu ! six francs ! me prenez-vous par hasard pour le baron de Rotschild?....

Boulency : Il m'importe peu de ce millionnaire... c'est vous qui me devez, je vous ai détaché pendant quinze jours.

Vieuxtemps : Tiens ! je ne vous l'ai pas demandé, moi.

Le juge, à Vieuxtemps : Expliquez comment vous niez la dette?

Vieuxtemps : C'est tout simple. Il y a un mois, c'était un dimanche, je flâne sur le Pont-Neuf, d'une manière inoffensive, quand un homme me saisit par le collet; c'était le demandeur. Je crus d'abord que ce ne pouvait être qu'un hydrophobe.... ou un sergent de ville. Je fus détrompé. Mon homme me dit : « Monsieur, si c'était un effet de votre bonté, je vous prierais de me prêter le collet de votre habit. »

Le juge, souriant : Qu'avez-vous répondu?

Vieuxtemps : Je n'ai pas eu le temps de lui répondre ; il me tenait par la cravate.... Quand il m'eut passé la main entre l'habit et le gilet, il se mit à dire à plus de cinquante personnes rassemblées autour de lui : « Vous voyez, je prends monsieur, monsieur est sale, monsieur est malpropre, monsieur est dégoûtant.... on aurait des scrupules de le toucher avec des pincettes.... Eh bien ! je vais le dégraisser de fond en comble; quand il sortira de mes mains, vous mangerez sans répugnance une salade de cresson sur ses vêtements. » (Hilarité prolongée.)

Le juge : Comment cela finit-il?

Vieuxtemps : Cela ne finit pas de sitôt ; je disais toujours à cet homme : « Mon ami, on m'attend pour diner, je manquerai l'heure. — Monsieur, qu'il me répondait, ce savon enlève tout : taches de graisse, taches d'huile, taches de cambouis, taches d'encre, taches de peinture, cela ne coûte que trois francs le rouleau. »

Boulency : Eh bien, j'en ai usé deux après vous.... vous vous faisiez détacher tous les jours.

Vieuxtemps : C'est-à-dire que c'était vous qui m'empoisonniez tous les jours... je ne vous ai jamais dit que je vous paierais, je vous servais d'enseigne pour attirer les chalands.

Le juge : Voyons, M. Vieuxtemps, si pourtant cet homme a perdu son temps, si en effet il vous a rendu service.

Vieuxtemps, vivement : Oui , mon juge, je suis de votre avis, mais il a toujours travaillé à la même tache pour faire mousser son savon.... celle du collet.

Le juge : Enfin il l'a enlevée. — *Vieuxtemps* : C'est vrai, mais il a mis quelque chose à la place.

Le juge : Quoi donc? — *Vieuxtemps*, montrant son collet d'habit : Un trou!..... (Rires prolongés.)

Le marchand de savon à détacher est déclaré mal fondé dans sa demande, et se retire au milieu de l'hilarité de l'assemblée.

Nouvelles Théâtrales.

LA

MARSEILLAISE,

Pas guerrier créé et dansé par le célèbre

THÉLEUR.

« Nous possédons aujourd'hui en France, sans nous en douter, un homme qui est l'un des plus grands danseurs du monde. Qui n'a entendu retentir à son oreille un nom devant lequel les plus grands artistes se découvrent avec respect, le grand nom de Théleur? De temps à autre, au milieu de nos foyers de théâtres, le nom de Théleur venait tout à coup : Théleur est à Londres ! Théleur est en Hollande ! Théleur est en Allemagne ! mais hélas ! Théleur n'était jamais en France ! Seulement l'écho lointain et fantastique de ses triomphes venait jeter une curiosité avide et une noble jalousie chez les plus heureux de nos princes du théâtre. Oh ! combien de fois ce nom de Théleur et le bruit de ses succès les a empêchés de dormir ! Théleur est le maître de tout ce que nous possédons de danseurs en renom ; le maître de Perrot, de Petitpas, de Corey, de Mabille, de Finart ! qui a dernièrement débuté ; à tous, soit en Italie, soit en Prusse, soit en Russie, soit en Angleterre, soit dans tous les coins du monde où il a promené sa gloire et rencontré leur jeuesse, il leur a généreusement prodigué l'exemple et le conseil ; oui , généreusement, car pas un ne pourrait dire que le maître spécule sur un misérable salaire ! ! ! Théleur est comme les montagnards écossais , il ne vend pas ses leçons , il les donne.

Quel exemple pour Masillier !

Mais ce brillant soleil éclipse les étoiles qui rayonnent autour de lui ! Théleur est le seul, LE SEUL ! qui fasse les trois tours en l'air ! et même s'il n'en fait que trois en public, ses admirateurs assurent qu'il en fait quatre en particulier. — Quatre tours en l'air ! chef-d'œuvre inouï !

Aussi plus d'une fois Théleur a écrasé Taglioni. Un jour, dans une ville d'Angleterre où Théleur était engagé, Taglioni, avec une présomption imprudente, se fait afficher. Théleur, toujours galant, et surtout avec une personne du sexe et d'une grande réputation, offre à Taglioni de se joindre à elle et de partager la recette. Taglioni refuse et persiste à jouer seule. Théleur justement blessé se fait immédiatement afficher pour le lendemain. Taglioni joue le soir, la salle est vide. Le lendemain vingt mille livres sterlings entraient dans la caisse du théâtre ! ! ! Taglioni jura qu'on ne l'y prendrait plus. Elle connaissait Théleur à ses dépens.

Eh bien ! tel est le grand artiste dont le nom était venu bruire à nos oreilles, mais qui semblait nous dédaigner. — Cependant Théleur est né de parents français. Cependant la France est sa véritable patrie ! Et bien plus, Théleur, qui ne s'était jamais montré sur la scène parisienne, Théleur est venu se retirer dans une délicieuse villa, à Saint-Germain lès Paris. Nous l'avons près de nous. Mais au milieu de sa gloire, plein de jeunesse et de force, Théleur a fait comme le roi de Hollande , il a abdiqué ; et ce n'est plus l'illustre artiste, c'est l'aimable citoyen qui réside à notre porte. — Cela ne pouvait se passer ainsi. Il fallait arracher ce grand danseur à son repos et à sa douce oisiveté (*Deus nobis hæc otia fecit !*)

Alors un pélérinage a commencé. Alors tous les artistes, tour-à-tour, sont allés frapper à la porte de l'Eldorado de Saint-Germain. Jeunes, vieux , élèves et maîtres se sont succédé. — Théleur, vous danserez ; nous voulons vous voir, maître ! Vous danserez, il le faut, Paris le veut ! — Et enfin on l'a enlevé presque de force, l'artiste, et on l'a conduit au théâtre Saint-Atoine, samedi dernier , jour de la représentation à bénéfice. — Le nom de Théleur avait été affiché, les théâtres de Paris étaient presque déserts, mais une foule immense encombrait la petite salle Saint-Antoine. L'élite du monde parisien s'y était donné rendez-vous. Les places avaient été achetées à prix d'or. (Trois francs des parterre qui ne coûtent ordinairement que huit sols.) Des députés, des pairs de France emplissaient les loges. M. Cavé, chef des beaux-arts, le commissaire royal de l'Opéra, M. Monnais, directeur, M. Pillet, étaient aux avant-scènes , puis tout l'Opéra. Mesdames Noblet, ces deux danseuses qui ont pu voir déjà plusieurs générations de danseurs, mais qui n'ont rien vu de semblable à M. Théleur, puis la foule des jeunes sylphides de l'Opéra, Mᵐᵉˢ Fitzjames ; Mˡˡᵉˢ Maria, Blangy , Pauline Leroux, toutes élèves de M. Théleur.

Enfin le rideau s'est levé, M. Théleur a paru en scène. Au premier coup-d'œil, tout a été expliqué. — C'est la perfection inimitable ! — Pointes légères , grâce, force, esprit, mimique, il a tout ! — Thérèse Elssler qui était là, a laissé échapper un grand cri. Quant au public, peindre son enthousiasme est impossible; et ne sachant plus quels bravos trouver, il a demandé la *Marseillaise* avec fureur. Au même instant, les couronnes pleuvaient sur la scène et l'encombraient. Théleur en était inondé. Tout autre que lui en eût été troublé. Mais un éclair de génie le saisit, son œil brille, et ne pouvant chanter le refrain patriotique, que fait-il? Il s'élance, et improvisant un pas guerrier, il le danse sur l'air électrique de la *Marseillaise*. — Oh! alors la salle a manqué de crouler, et nous renonçons à peindre l'enthousiasme. C'était du délire. Le rideau était baissé depuis une heure qu'on applaudissait encore. Théleur possède chez lui un magnifique aigle vivant ; on dit que l'aigle contemple le soleil, mais nous le défierions bien de contempler son maître dans une pareille soirée ! ! !

P. S. On nous assurait hier soir à l'Opéra que, pour consacrer le souvenir de ce triomphe, M. Théleur voulait réunir à sa villa de Saint-Germain, dans une délicieuse fête de nuit , l'élite des artistes de la capitale. Mais la plus belle fête qu'il puisse donner c'est de danser encore.

Le Théâtre Français va reprendre *Marie Stuart*, tragédie de M. Lebrun, de l'Académie Française ; les répétitions ont commencé aujourd'hui ; Mˡˡᵉ Rachel jouera le rôle de Marie Stuart.

— On dit que Duprez va aborder le rôle de Robert. On va remettre à l'Opéra le ballet des *Noces de Ganache* ; Elle représentera Don Quichotte et Barrez Sancho Pança. Dérivis vient de partir en congé ; il va jouer à Lyon et à Montpellier. On annonce pour la fin du mois le retour de Mˡˡᵉ Fanny Elssler. Mˡˡᵉ Thérèse Elssler est arrivée depuis quelques jours. Albert, le danseur, est engagé.

— La dernière recette de Mˡˡᵉ Rachel était de 2,400 fr. — Retirez de ce chiffre 1,000 fr. environ pour papa Rachel, plus 1,500 au moins pour les frais de Théâtre. — Restent en bénéfice... cent francs de perte pour la caisse de la Comédie. — Allons ! allons ! il faut rechauffer l'enthousiasme. — C'est pourquoi papa Rachel a mené sa fille à la première représentation de la pièce de Bouffé au Gymnase. Et puis, quand sa fille a été placée aux premières loges, il est monté, lui, au cintre, et de là il lui a jeté un gros bouquet à la figure. — Le parterre ne comprenant pas l'ovation, a demandé la *Marseillaise*. C'est alors que le père Rachel, confus comme un chat sans queue, est redescendu dans la loge de sa famille, et a dit avec naïveté : Décidément *j'ai fait four*.

— Tous les journaux ont exprimé leurs regrets de ce que M. Meyerbeer s'obstinait à refuser son nouvel opéra à l'Académie-Royale de musique. Nous tenons de la meilleure source que le vrai motif c'est que la nouvelle pièce dont on a déjà tant parlé, n'existe que nominalement. Une personne venant d'Allemagne et ayant eu occasion d'en parler à M. Meyerbeer, assure que le célèbre compositeur n'a écrit que l'ouverture des *Anabaptistes*, opéra dont il s'agit.

— Par suite de difficultés qu'elle n'a point provoquées, Mme Cinti Damoreau a dû réclamer avec instance, et après de longs débats elle a obtenu la résiliation au 1er mai prochain, de l'engagement qui la retenait encore à l'Opéra-Comique jusqu'au 1er mai 1843.

— Mlle Rossi, de l'Opéra-Comique de Paris, vient d'être engagée par l'entreprise des théâtres royaux de Milan, où elle chantera sur la scène de la Scala pendant la saison de l'automne. Elle débutera par le rôle d'Imogène dans le *Pirate* de Bellini. Ce début, écrit-on de Milan, pique au plus haut point la curiosité des Milanais.

— La troupe de la Renaissance se ferme avec soin, et le théâtre de la Porte-St-Martin promet toujours sa réouverture pour le 15 novembre, et par une pièce de M. Paul Foucher.

— Un jeune organiste, M. Desjardins, dont les débuts ont été accueillis aux concerts Saint-Honoré avec une grande faveur justement méritée, se fera entendre aujourd'hui dans une fantaisie sur la prière de la *Muette*. Le concertino de Mayseder, pour violon, sera exécuté par M. Aumingaud; enfin, la symphonie en *ut mineur* terminera la soirée.

— On disait au père Rachel, — Eh bien ! mais ça laisse, ça baisse. — *Monchir*, répondit père Rachel, c'est le pacha d'Egypte qui en fait exprès pour nous prendre nos recettes ! *Monchir*, il en veut à mon fille, à cause des *Paufres* juifs de Damas. — Sapristi, voilà qui est bien fâcheux, s'écria l'interlocuteur. — Mais si ça continue, ajouta papa Rachel, je sais un bon moyen, je fais chanter la *Parisienne* à mon fille dans les entr'actes... Ah ! Ah !

— Mme Bizot, dont nous avons annoncé la rupture avec Bordeaux, vient d'être engagée à Gand, au moment même où elle recevait des propositions de Lyon. Aussi n'était-ce pas de cette artiste distinguée, mais du théâtre qui l'a perdue que nous étions inquiets.

— L'autorité municipale de Lyon a défendu la *Muette*. Cette défense est un peu tardive.

— En même temps on nous écrit de Bologne qu'on va représenter *Guillaume Tell*. Seulement l'autorité n'a donné l'autorisation qu'autant qu'on changerait le titre de cet opéra, et qu'il serait intitulé : *Rodolpho de Sterlinga*, que les costumes ne seraient pas Suisses et que les paroles de liberté seraient supprimées. En Allemagne on avait déjà donné l'exemple de ces heureuses transformations; ainsi, la *Muette*, dans plusieurs villes, a pris le nom de *Fenella*; les *Huguenots* se jouent sous le titre de *Gibbelins*; *Guillaume Tell*, dans plusieurs principautés, s'appelle *Andréas Hofer*; dans d'autres, *Rodolphe*. Pour peu que cela continue, nos opéras auront bientôt autant de titres qu'il y a de villes.

— Dans un théâtre de province, un acteur sortant de scène et tourmenté par la pituite se met à cracher dans les coulisses. Le régisseur, qui l'aperçoit, vient à lui, et, d'un ton piteux : — Lambert, monsieur Lambert, lui dit-il, mais ne crachez donc pas comme ça; l'administration ne fait déjà pas tant d'argent. Excellent régisseur, va !

GRAND THÉATRE DE NANTES.

Aujourd'hui DIMANCHE, 1er Novembre 1840. On commencera à six heures.

LESTOCQ,

ou

L'INTRIGUE ET L'AMOUR,

Opéra-comique, *remis en 3 actes*, par MM. Scribe et Aubert.

Distribution. — Lestocq, M. Lafeuillade ; Gotofkin, M. Hermann-Léon ; Dimitri, M. Damoreau ; Strolof, M. Gustave Stéphane ; Voref, M. Etienne ; Samoïef, M. Victor Deplanck ; Elisabeth, Mme Olivier ; Eudoxie, Mme Duchampy ; Catherine, Mlle Victorine Saint-Charles.

L'OUVERTURE DU JEUNE HENRI,

par MÉHUL.

UNE FOLIE,

Opéra comique en deux actes, de M. Bouilly, musique de Méhul.

Distribution. — Cerberti, peintre d'histoire, M. Lavillier ; Florival, aide-de-camp, M. Lafeuillade ; Carlin, son valet, M. Abadie ; Francisque, broyeur, M. Pâris ; Jacquinet, son filleul, M. Blanchard ; Un hussard, M. Famin ; Armantine, pupille de Cerberti, Mlle Victorine Saint-Charles.

UNE TYROLIENNE,

Exécutée par MM. Marius Petipa, Constant Tell, Mlles Armande et Thérèse Ferdinand.

Ordre du Spectacle : 1. Lestocq. 2. Une Tyrolienne. 3. L'ouverture du jeune Henri. Une Folie.

THÉATRE DES VARIÉTÉS.

Aujourd'hui DIMANCHE, 1er Novembre 1840. On commencera à six heures.

LE FILS DE LA FOLLE,

Drame en cinq actes, par M. Frédéric Soulié.

Distribution — Fabius, M. Roche, Le comte de Matta, M. Toudouze ; Achille de Matta, M. Cazaubon ; Grand-Louis, fermier du comte, M. V. Henry ; Georges, domestique du comte, M. Duchâteau jeune ; la Fosse, Mme Roche ; Célestine, sa fille, Mme Neuville ; Fanny, nièce du comte, Mlle Debroux.

LES VIEUX PÉCHÉS,

Comédie-vaudeville en 1 acte, par MM. Mélesville et Philippe.

Distribution. — Girard, M. Blanchard ; Hilarion, Duchâteau ; Phrabi, notaire, M. Sarazain, Oscar, Mlle Debroux ; Madame de Champagnolles, Mme Foignet ; Ninette, Mlle Clarr Stéphany

LES GANTS JAUNES,

Vaudeville en un acte, par M. Bayard.

Distribution. — M. Remy, M. Pâris ; Anatole, M. Blanchard ; Isidore, M. Cazaubon ; Madame Remy, Mme Hess ; Madame Durand, Mme Cochèze ; Baptistine, Mlle Debroux.

Ordre du Spectacle : 1. Les Gants Jaunes. 2. Les Vieux Péchées. 3. Le Fils de la Folle.

Le Rédacteur en chef, HÉRAULT.

IMPRIMERIE D'HÉRAULT, A NANTES.

Dimanche 8 Novembre 1840.   DEUXIÈME ANNÉE.   4ᵉ Trimestre. Nᵒ 97.

PRIX D'ABONNEMENT :

NANTES. { TROIS MOIS.... F. 3 / SIX MOIS.... 6 / UN AN....... 12 }

DEHORS { TROIS MOIS.. F. 5 / SIX MOIS.... 10 / UN AN....... 18 / AFFRANCHIR.. }

Prix du numéro, 15 c.

PRIX D'ANNONCES :

30 c. à la page d'avis; 1 fr. dans le corps du journal. Remise du tiers aux abonnés.

LE BUREAU EST RUE Chez Hérault, Imprimeur, rue de Guérande, Nᵒ 3.

ON S'ABONNE :

Au Bureau;
Chez Guéraud, Libraire, Basse-Grande-Rue et passage Bouchaud,
Pinson, Libraire, place Graslin.

SE TROUVE CHEZ :

M. Suireau, Libraire, rue Crébillon
Et M. Peissier, Relieur, idem.

A PARIS,
Isidore Pesron, rue Pavée-Saint-André, Nᵒ 13.

VERT-VERT.

JOURNAL DES SALONS ET DES THEATRES.

GRAND THÉATRE.

CHRONIQUE DRAMATIQUE.

ORSQUE, dans un de nos précédents articles, nous avons avancé qu'un compositeur étranger, quand il veut produire un chef-d'œuvre dramatique, doit d'abord s'inspirer de notre belle langue, de notre école, nous ne pensions pas voir si tôt se réaliser nos preuves. *La Vestale*, que la jeunesse actuelle ne connaissait pas, que les seuls amateurs, les vrais artistes savent par cœur, a été représentée jeudi dernier, de la manière la plus brillante et la plus complète, car, à très-peu d'exceptions, elle n'a rien laissé à désirer. Or, nous ne voulons, pour preuve de ce que nous avons avancé naguère, que ce que tout le monde a pu remarquer comme nous : à savoir, que Rossini, Meyerbeer, Aubert et tant d'autres, ont pris pour modèles de leurs plus belles productions cette riche partition de *la Vestale;* ces récitatifs larges et nobles de *Guillaume Tell;* vous en retrouvez ici le type, la coupe, la manière; *la Muette, la Juive,* fourmillent de réminiscences qui toutes proviennent de l'opéra de Spontini; et, ne nous y trompons pas, Spontini, italien, n'est devenu grand compositeur qu'en France! Ainsi que le célèbre Chérubini, il ne comptait que des chûtes dans sa patrie; son génie ne pouvait s'inspirer du libretto italien; il lui fallait de beaux vers, de belles pensées, des sujets qui élèvent l'âme, qui l'électrisent; il les a trouvés dans *la Vestale,*

le meilleur de nos poèmes lyriques, après ceux de Quinault. Il avait besoin de guide, il en trouva un zélé et sûr dans Persuis, l'ancien chef d'orchestre de l'Opéra, compositeur de beaucoup de talent, mais qui manquait de ce feu sacré qui n'est donné qu'à un petit nombre d'élus. Enfin *la Vestale* eut la vogue pendant près de vingt ans, elle eut les honneurs du prix décennal, et sert encore de modèle aux célébrités comme aux jeunes élèves de l'école française. Maintenant, que nous servirait de détailler ici toutes les beautés de ce chef-d'œuvre? Irons-nous dire que cette ouverture est riche de mélodies, saisissante d'harmonie, qu'elle plaît, attache, comme un tableau qui représente une action animée? Dirons-nous ces larges récitatifs parfaitement déclamés, ces duos, ces trios, ces chœurs remplis de sentiments, d'actualité, d'énergie, de terreur? Non, car tout a été dit sur cette admirable production, qui honore l'école française. Admirons ce que les autres ont de bon, mais soyons fiers de la nôtre, parce qu'elle s'approche le plus de la perfection, parce qu'elle se renferme le plus possible dans l'unité, le goût, les convenances, la vérité.

M. Lafeuillade nous a prouvé que tous les rôles lui sont familiers, car, après Eléazar de *la Juive,* Raoul des *Huguenots,* et d'autres rôles, écrits pour la voix de Nourrit, *Licinius,* noté constamment dans le medium, et plutôt pour un baryton que pour un ténor, ne nous semblait pas devoir lui convenir. Eh bien! il l'a chanté et déclamé en vrai tragédien; on s'aperçoit qu'il a connu Talma, qu'il a dû jouer ce rôle avec madame Branchu, dont *Julia* était l'un des plus beaux triomphes. Mᵐᵉ Duc'amy, qui s'essayait pour la première fois dans *la Vestale,* a prouvé une grande intelligence, en chantant comme elle l'a fait la scène du second acte, la plus difficile et la plus fatigante du rôle. M. Hermann-Léon a été calme et digne dans le sien, ce qui ne lui arrive pas toujours, quand il représente de tels personnages. Les trois chœurs de femmes ont été chantés fort justes, et le final du premier, ainsi que celui du second acte, ont été parfaits, le dernier surtout a été dit avec une chaleur, une verve qui méritaient plusieurs salves d'applaudissements. Nos trois danseuses étaient charmantes en Romaines, et ces deux pas, sur de la belle musique, nous ont fait le plus grand plaisir; rien n'a été négligé pour rendre à ce bel ouvrage toute la pompe qu'il exige; décors et accessoires, rien ne manquait, rien n'a cloché, comme on dit, et les plus rigoristes, c'est-à-dire ceux qui ne sont jamais satisfaits, n'avaient pas lieu de se plaindre. La soirée, qui n'a fini qu'après minuit, ne nous a pas semblé trop longue. Il est vrai que le spectacle a été agréablement varié. M. Bertin père nous a prouvé qu'il possédait au plus haut degré un talent de vérité, il nous a rappelé notre excellent Pothier, d'heureuse mémoire : c'est le plus bel éloge qu'on puisse lui adresser, et son fils, après les excellents souvenirs de l'admirable Boaffé, a su nous émouvoir dans des scènes pathétiques (ce qui est le plus difficile), et nous faire rire par sa naïveté. Ce début est d'un heureux augure pour l'avenir de ce jeune homme; nous croyons qu'avec les conseils d'un tel père, M. Bertin fils ne peut manquer de parcourir une honorable carrière. Les *Enfants de Troupe* ont produit le plus grand effet, et la soirée s'est terminée à la satisfaction de tout le monde, et la recette a été ce que nous désirions qu'elle fût, opime.

Mercredi, 11 *novembre* 1840,

M. LAFONTAINE donnera une seconde séance publique de ses expériences de magnétisme animal, dans la grande salle de l'Hôtel-de-Ville.

La nombreuse assemblée qu'avait attirée la curiosité publique, a manifesté le désir de revoir les effets surprenants obtenus par M. Lafontaine, et ce physicien-magnétiseur s'est rendu au vœu général. Ceux qui n'ont pas pu assister à la première séance, auront donc l'occasion de se satisfaire, et beaucoup de personnes qui ont vu les premières expériences, sont curieuses de les voir répéter, pour en apprécier mieux les causes et les effets. Ainsi, M. Lafontaine peut compter encore sur une nombreuse assemblée.

Prix d'entrée : 2 fr. 50 cent.

Vendredi, 13 *novembre* 1840.

GRAND CONCERT VOCAL ET INSTRUMENTAL,

donné par Mme PICARD.

Cette soirée sera des plus brillantes, car on y entendra, indépendamment de Mme Picard, toutes nos célébrités lyriques : MM. Urso, Poulain, Ghys et Bressler, comme instrumentistes; Mmes Duchampy et Pouzole, et M. Hermann-Léon, pour le chant. Les amateurs de bonne musique ne feront pas faute, et répondront avec empressement à l'appel de Mme Picard.

M. ARTOT, récemment arrivé à Nantes, se propose de donner un Concert le mercredi 18 courant. M. Artot, dont le talent est Européen, est bien connu à Nantes, et il n'est personne qui ne se rappelle les délicieuses sensations que son archet lui a fait éprouver.

LA VÉNUS

DE

MÉDICIS

ANATOMISÉE,

La statue en cire que M. Cajani offre aujourd'hui à l'admiration du public est de grandeur naturelle. Fruit de huit années de travail et d'études, cette figure, exécutée à Naples, a coûté 14,000 francs, et peut se comparer aux œuvres les plus remarquables que la statuaire antique nous ait léguées.

L'auteur de cette merveilleuse création n'a point voulu que l'être qu'il avait ainsi créé offrit seulement aux yeux tout le séduisant des formes extérieures : réalisant en quelque sorte l'ingénieuse fiction de Pygmalion, sous cette gracieuse enveloppe, sous l'élastique et vivante blancheur de ce corps, il a su distribuer tous les mystérieux organes de la vie, avec une exactitude et une perfection qui rivalisent avec la nature elle-même. Les mystères de la circulation du sang, ceux plus étonnants encore de la génération; le mécanisme du cœur, celui du cerveau s'y dévoilent aux yeux de l'observateur. Puis, lorsque l'œil a bien sondé toutes ces profondeurs, lorsqu'il a analysé ces merveilles, que le créateur a cachées au sein du corps humain, comme dans un sanctuaire qu'aucun œil profane ne dût violer, la Vénus de M. Cajani redevient une belle et séduisante créature que l'on contemple avec amour et respect, et à laquelle il ne semble plus manquer que le souffle divin, pour lui donner le mouvement et la vie.

Elle est visible Place Royale, *près le bureau des Messageries*, *depuis midi jusqu'à 10 heures du soir.*

LE PRIX D'ENTRÉE EST DE 50 CENT.

PRODIGE DE LA CHIMIE!!!

M. Pellerin, coiffeur, est traîné devant la justice de paix, par un homme très-chauve, qui décline le nom de Verdinet, la profession de musicien et l'âge de 36 ans.

M. Verdinet. — M. Pellerin, je ne vous en veux pas. Je vous appelle en justice, mais cela ne veut pas dire que je sois votre ennemi. Nous sommes d'avis différents sur un point, nous nous en référons au magistrat, voilà tout. Moi, d'abord, en ma qualité de musicien, je suis partisan de l'harmonie. Hi ! hi ! le jeu de mots n'est pas neuf, mais cela ne fait rien.

M. Pellerin. — Finissons-en, Mossieur, mes clients m'attendent.

— Ils n'en sont que plus heureux... Heu! heu!... Ce n'est pas pour vous molester que je dis cela.

— Terminons, Mossieur, terminons, je vous en prie, vous abusez de mes instants.

— Je n'en abuserai jamais autant que vous avez abusé de ma crédulité. Ce n'est pas un reproche que je vous fais.

— Enfin, Mossieur!

— Ne vous fâchez pas, m'y voici. Je vais exposer le sujet de notre contestation à M. le juge de paix. Je suis garçon, Monsieur, j'entre dans ma trente-septième année, j'aurais envie de me marier ; mais, ainsi que vous pouvez le voir, j'ai eu le malheur de perdre mes cheveux; je suis chauve, mais chauve comme un œuf. Je pensais, non sans quelque raison, qu'un front dépouillé aussi complétement pourrait présenter quelques inconvénients, tant à moi, comme mari, qu'à l'épouse dont j'aurais fait choix. Ceci posé, vous comprendrez pourquoi j'entrai un jour chez M. Pellerin, coiffeur distingué, et lui achetai un pot de graisse d'ours, moyennant 6 francs.

— Véritable graisse d'ours, Mossieur, d'ours blanc de la Sibérie, rapportée par un vieux débris de la campagne de 1812, qui avait été exilé vingt-cinq ans dans ces parages.

— Je ne veux pas vous blesser, mon cher Monsieur Pellerin, mais voici tout ce que je désire vous dire en présence de M. le juge de paix. J'ai payé votre pot de graisse d'ours 6 fr. pour avoir des cheveux; qu'on regarde mon crâne, et qu'on me dise si j'en ai... Personne ne répond?... Vous le voyez, mon estimable Monsieur Pellerin, je ne lui fais pas dire.

— Eh! Mossieur!...

— Je crois bien que ce n'est pas votre faute, mais c'est la faute de votre graisse... (Se reprenant) Je veux dire de votre graisse d'ours. Elle n'a pas de vertu. Ce n'est pas à dire que vous n'ayez pas vous-même. Mais il est de fait qu'elle n'a pas tenu, à mon égard, les promesses du programme. C'est pourquoi, il est tout naturel que je réclame mon argent.

— Vous n'aurez rien.

— Je crois être raisonnable. Je paie 6 fr. un pot qui doit me procurer des cheveux. Les cheveux ne viennent pas. Donnez-moi donc des cheveux, ou rendez-moi mes 6 francs.

— M. le juge de paix voit bien que tout ceci est une mauvaise chicane qui m'est intentée par des envieux, dont ce Mossieur est l'émissaire, dans le but unique de nuire à ma graisse d'ours. M. Verdinet, cela n'est pas beau.

— Je vous laisse dire, je ne veux pas me fâcher avec vous. Vous faites votre métier de marchand en vantant votre graisse. Non, celle de votre ours. Mais moi, je fais mon métier d'acheteur en réclamant le prix de votre drogue inefficace.

— Inefficace! prenez garde à ce que vous dites, Mossieur.

— Dam! voyez votre prospectus, et voyez mon crâne!...

— Eh bien! Mossieur, je le veux bien. Que dit mon prospectus? Que ma graisse d'ours... empêche les cheveux de tomber... Elle n'a pas fait tomber les vôtres.

— Non! puisque je n'en ai pas.

— De plus! qu'elle les empêche de blanchir; elle n'a pas fait blanchir les vôtres.

— Non, puisque j'en suis privé.

— Enfin, mon prospectus annonce qu'elle fait pousser les cheveux...

— Voilà! voilà! je me suis oint de votre pommade, et j'ai la tête dans un état de nudité parfaite, j'ai le crâne luisant comme un appartement frotté à neuf... Et pourtant je me suis oint de votre pommade.

— Eh bien?

— Eh bien.

— Qu'est-ce que ça prouve?

— Comment, ce que ça prouve? Mais cela prouve que votre graisse... celle de votre ours...

— Cela ne prouve rien du tout... Ma graisse a la vertu de faire pousser les cheveux... Où sont les vôtres?

— Je n'en ai pas.

— Alors, elle est en règle... Il est évident que pour les faire pousser, il faut qu'ils y soient...

M. Verdinet, stupéfait. — Bah ! vraiment?

— Sans doute... Je ne suis point un charlatan; je ne prétends point que ma graisse ait la vertu de *créer* des cheveux sur un crâne aride comme le vôtre... Elle les fait *pousser*, dit le prospectus... Ayez les cheveux courts, elle vous les allongera ; mais n'en ayez pas du tout, que diable! elle n'a rien à faire pousser!

— Au fait, vous avez raison, je vous demande pardon de vous avoir fait un procès. c'est moi qui suis un sot.

— Cela arrive à tout le monde... Voulez-vous absolument avoir des cheveux?

— Oui...

— Eh bien! venez chez moi, je vous vendrai...

— Encore une pommade ?

— Non, une perruque.

Les deux plaideurs saluent M. le juge, et sortent les meilleurs amis du monde.

(Le Droit.)

Nouvelles Théâtrales.

Académie Royale de Musique.

GRAND FESTIVAL (1er *novembre*).

C'était un appareil grandiose, imposant, formidable, que celui d'une masse de 450 musiciens, instrumentistes ou chanteurs, disposés sur un plan incliné qui partait du fond du théâtre et semblait se précipiter comme une avalanche sur les vallons paisibles du parterre de l'Opéra; cette fois surtout, M. Méry aurait reconnu ses cascades d'harmonie ; ou bien, si vous l'aimez mieux, vous auriez songé à l'inclinaison immobile de ces mers glacées qui descendent, sinueuses, dans les gorges des Alpes et s'arrêtent à l'entrée d'une prairie dont elles respectent les fleurs et la verdure. Pour compléter cette seconde comparaison (qui n'est pas encore irréprochable), l'extrémité inférieure se composait de deux immenses groupes de femmes toutes vêtues de blanc, et qui présentaient avec la neige la ressemblance que vous jugerez à propos de leur accorder. A vrai dire, la salle elle-même de l'Opéra ne semblait que la moitié très-secondaire de l'ensemble, envahie qu'elle était par l'énormité insolite de cette masse compacte de timbales, de grosses caisses, de contrebasses, de musiciens de toute sorte, de groupes sonores divisés en pelotons, comme les fractions d'une grande armée où l'on veut faire régner l'ordre, la discipline et la régularité. Enfin les instruments se sont accordés, chacun est à son poste ; le bras de M. Berlioz se lève, et ses mouvements sont répétés par les gestes télégraphiques de deux maîtres de chœurs, chargés de transmettre à diverses masses les oscillations ponctuelles de la mesure ; le signal est donné, attendez-vous aux détonations d'un Wagram musical.... Par une surprise qui n'est pas sans charme, l'orchestre commence par des accords doux et suaves dans leur toute-puissance. Gluck vous dépeint le calme d'une belle matinée sur les bords de la Chersonèse Taurique, puis le déchaînement d'une tempête qui va jeter sur la côte Pylade et Oreste. Vous ne verrez ni Oreste ni Pylade ; mais madame Stolz vous chante d'une voix expressive et accentuée un récitatif et un air de la grande Prêtresse. Les chœurs de prêtresses n'ont produit qu'un médiocre effet ; mais ceux des Scythes ont excité un franc enthousiasme : la voix sonore de Massol dominait cet ensemble formidable d'accompagnement, et l'auditoire a paru goûter vivement cette première partie du concert.

Les fragments du Requiem de M. Berlioz renferment de beaux traits, notamment un dessin dialogué entre les basses et les voix aiguës ; l'entrée des trompettes, dont les échos partent de points divers, dans Te tuba mirum, est d'un grand effet et a provoqué d'unanimes applaudissements. Quant au reste de ce que M. Berlioz faisait entendre de ses œuvres, nous allons y revenir, quand nous aurons dit un mot des deux fragments de Handel et de Palestrina. Le morceau d'Athalie, de Handel, a paru trop court, et le motet sans accompagnement, de Palestrina, d'un choix peu judicieux. Choron, dans ses séances de musique sacrée, avait la main plus heureuse ; et l'auditoire a regretté que M. Berlioz, qui avait à sa disposition un si bel appareil de voix, n'en ait pas profité pour faire connaître de ces morceaux de belle musique antique, où le rhythme et la mélodie sont mieux marqués, où le sentiment religieux et les effets d'une harmonie simple et grandiose se font sentir avec plus de puissance. Si l'on voulait faire à M. Berlioz une mauvaise chicane, on serait tenté de croire qu'il a songé uniquement à mettre des noms célèbres sur son programme, sans admettre franchement leur concurrence. Nous rendrons plus de justice à ses intentions qui n'ont trouvé que peu de latitude pour accorder une place convenable à ces grands maîtres, dans une solennité où naturellement il voulait faire entendre ses œuvres. Il est permis de songer à soi, c'est même un devoir que M. Berlioz a parfaitement compris.

Maintenant, revenons à l'impression générale qu'a produite cet immense concert, et la musique de M. Berlioz en général.

Nous professons une sincère estime pour ce jeune compositeur, plein de ferveur et d'enthousiasme, et même une sincère admiration pour certaines parties de son talent. La mélodie n'est pas, on le sait, l'élément ordinaire auquel M. Berlioz emprunte ses moyens d'action, soit par système, soit par la nature de ses instincts harmoniques. La mélodie est cependant une des

conditions premières, essentielles en musique ; eh bien ! nous en faisons bon marché avec lui. Nous admettons que, surtout dans des œuvres de haute portée, une phrase médiocre, prise isolément, un motif écourté même, peut servir de support à une période, et habilement enchâssé dans un tissu nerveux et savant, fournir un ensemble dramatique, capable d'émouvoir, de satisfaire la pensée et de produire de grandes beautés. Le tissu musical est tout aujourd'hui, j'en conviens ; la moindre bribe d'un chant qui ferait la vingtième partie d'une romance, un soupir de mélodie jeté dans un morceau de haut style, quand il est bien employé, quand il revient à propos, nous sert de fanal au milieu d'un formidable appareil harmonique, et suffit à ce que le cœur demande d'âme et d'inspiration. Je ne saurais définir au juste ce qui doit constituer un fragment de symphonie, un chœur, etc., mais ce que je sais, c'est que j'y veux voir clair, écouter sans fatigue, me sentir satisfait par certains retours appréciables ; en un mot, ne pas me perdre avec le compositeur dans un dédale dont je n'aperçois l'issue que quand l'orchestre cesse de se faire entendre. Que d'exemples on pourrait citer de belle musique, sobre de mélodie proprement dite, sublime et intelligible dans sa gradation et son ensemble !! Ouvrez les partitions de Weber et de Meyerbeer, vous verrez comment une muse un peu anguleuse s'arrondit, se grandit autour de trois mesures de mélodie, forme un tissu qui n'est pas sans unité, et quand elle s'arrête, vous laisse sous le coup d'une impression forte, pénétrante, que l'esprit ne désavoue pas. Et ces qualités, M. Berlioz n'en est pas dépourvu : M. Berlioz a prouvé qu'il sait se servir d'une idée, dans sa symphonie fantastique, dans la marche des pèlerins de la symphonie de Child-Harold, dans la dernière partie de sa symphonie militaire, etc.... Pourquoi donc se livre-t-il si souvent à une fougue instrumentale irréfléchie ? Pourquoi semble-t-il s'inspirer par mesure, tandis qu'il se précipite à l'aventure, et cherche-t-il chemin faisant à saisir des fantômes qu'il n'a pas prévus, qu'il sollicite au passage, demandant à l'instrumentation les effets les plus bizarres, et qui souvent, par malheur, ne sont qu'incohérents ?

Il faut que M. Berlioz ait beaucoup de vrai talent pour s'être élevé déjà si haut, malgré tout ce qu'il a fait pour comprimer son essor. Peut-être reviendrons-nous plus tard sur l'opinion que nous avons conçue de sa symphonie de Roméo et Juliette, et cela ne nous coûtera nullement ; mais, jusqu'à présent, nous avons ne pas la comprendre. Durant toute une partie de cette symphonie, nous avons écouté dans une stupeur naïve, ne comprenant rien, ne distinguant rien, et privé de la dernière satisfaction de démêler dans quelle mesure le morceau était écrit. Jeune compositeur, calmez votre -fougue, combinez vos inspirations, ne permettez pas aux ouragans du caprice de souffler dans votre épaisse chevelure, tandis que vous créez ; et, n'en doutez pas, cette puissance instrumentale dont vous êtes doué, cette grandeur dont vous avez l'instinct, sans pouvoir la réaliser encore pleinement, produiront des œuvres où le bon sens n'aura pas à quereller trop souvent les velléités du génie.

FR. G.

THÉÂTRE DE BORDEAUX.

Nous n'avons aujourd'hui que des choses fort tristes à vous dire ; mais de ces choses qui rendent notre tâche de narrateur aussi pénible que difficile.

On sait la fâcheuse existence d'une opposition systématique contre les trois directeurs de nos théâtres. Cette opposition qui semblait s'être un peu effacée depuis quelque temps, puisant une nouvelle vie à la source jalousée de la prospérité incontestable de la direction, vient de renaître, et c'est encore par des attaques, d'autant plus inconvenantes, qu'elles sont

dirigées sur des artistes de talent et de conscience étrangers à l'administration, qu'elle a signalé son pernicieux réveil. Nous avons dit les murmures qui ont éclaté mercredi pendant la représentation du premier acte du Barbier, il nous faut maintenant vous entretenir des scènes scandaleusement affligeantes des deux soirées suivantes.

Jeudi, on donnait Lucie de Lammermoor. M. Saint-Denis-Asthon avait très-bien chanté son air du premier acte, les applaudissements retentissaient dans la salle, lorsque quelques Chuts surgirent fort injustement. Ce jeune artiste, à sa seconde année de théâtre, modeste, parce que ses nouvelles études ne lui ont pas encore donné cette confiance qui discerne les tracasseries, en rentrant dans la coulisse, s'accuse d'indisposition et ne veut reparaître qu'après avoir fait réclamer l'indulgence ; ce que le régisseur obtient facilement au commencement du deuxième acte. Le rideau allait se lever pour le troisième, le régisseur revient, et cette fois c'est M. Raguenot, atteint depuis le matin d'un violent mal de gorge, et qui, par suite, s'étant senti saisi (l'expression du régisseur était aussi vraie que technique), et nous ne savons pourquoi elle a excité de dérisoires réclamations) d'un enrouement, demandait la même indulgence, et priait qu'on voulût bien lui permettre de ne pas chanter son air du 4me acte. Tout cela fut accordé. M. Raguenot débarrassé de l'inquiétude que lui causait le quatrième acte, déploya dans son duo toute l'énergie dont il était susceptible, et parvint à s'en tirer avec avantage. Cependant, un sifflet dominant les applaudissements, M. Raguenot en témoigna sa juste indignation en quittant la scène. Ce qui s'est passé ensuite, malgré les conciliantes exhortations de M. Panel, commissaire de police, l'irritation croissante de quelques spectateurs, traduite par des cris, des sifflets, des injures ; les chaises des galeries à gauche voltigeant sur la scène, dans l'orchestre, au parterre, les portes ébranlées, les banquettes et les vitres cassées, tout ce scandale enfin, nous nous plaisons à le croire, n'a été que le résultat de la plus fatale préoccupation. En effet, on avait permis à M. Raguenot de passer son air du quatrième acte, or, comme cet air est positivement tout l'acte, la pièce devait nécessairement finir ce soir-là au troisième : malheureusement, une inconcevable surexcitation a empêché la raison de se faire entendre, et, après une demi-heure des plus déplorables débats, la salle n'a été vidée que lorsque tout le mal possible était fait, et que l'obscurité a forcé ces messieurs à la retraite.

Au milieu de cette tendance à l'injustice de quelques spectateurs, que pouvaient nos artistes démoralisés ? Pas beaucoup de bien, c'est ce qui a eu lieu. Que pouvait encore Mlle de Roissy, s'asseyant pour la première fois dans le rôle long et difficile de Lucie ? Pourtant, nous le disons avec plaisir, cette jeune personne qu'attend un bel avenir, a déployé beaucoup de science musicale. Elle a surtout chanté délicieusement son air du premier acte, et dans le reste du rôle elle a eu d'heureuses inspirations très-applaudies.

— Vendredi la représentation du Domino Noir a été troublée aux premières scènes, par un billet jeté sur le théâtre. Le régisseur appelé au commencement du second acte, est venu dire que le billet demandait qu'une première chanteuse, ex-artiste de l'Opéra-comique, récemment engagée, débuterait très-incessamment. Ce premier point accordé, on s'est ravisé. Ce n'est pas seulement une première chanteuse, il nous en faut deux, a-t-on dit. Et là-dessus des sifflets, des cris, des moqueries démoralisaient les artistes en scène surgissant à intervalles, jusqu'à ce qu'enfin une interpellation injurieuse adressée à Mme Pouilles qui chantait l'Aragonaise, a forcé cette artiste à quitter la scène, et M. Andrieu de s'écrier qu'il était impossible de jouer ainsi la comédie. La majorité a alors applaudi avec chaleur et Mme Pouilley est rentrée au bruit des bravos de toute la salle. Le régisseur ayant ajouté à sa première déclaration que Mlle Clara Margueron est non seulement engagée pour remplacer Mme Bizot, mais encore pour remplir les rôles de *Valentine*, des *Huguenots*; d'*Alice*, de *Robert-le-Diable*, etc., les interrupteurs ont paru satisfaits de cette nouvelle explication, et la pièce a pu continuer sans autre contrariété. C'était bien assez néanmoins de ces funestes démonstrations pour paralyser nos artistes. Cependant M. Jouard, qui a fait avec succès son troisième début dans le rôle de *Gil-Pérez*, a prouvé qu'il est pour notre opéra une très-bonne acquisition. M. Andrieu a détaillé en comédien le rôle de *Juliano*; M. Cornélis est fort bien dans celui d'*Horace*, ainsi que M. Patrat-*Elfort*. Malgré son trouble, Mme Pouilley-*Angèle*, a chanté de manière à se faire beaucoup applaudir; Mlle Weiss-*Brigite* et Mme Thénard-*Jacinthe* ont été bien accueillies. Le spectacle avait commencé par les *Femmes savantes*. M. Dévéria mérite nos plus sincères félicitations pour sa tenue et sa diction dans le rôle de *Clitandre*; nous devons également de justes éloges à M. Leclère et Mme Thénard. Mlle Escousse ne fait pas de progrès et Mlle Halbedel encore moins.

— Hier au soir les choses se sont passées avec plus de convenance : on a à peine *chutté*. Aussi *Masaniello* a été une seconde occasion de succès pour MM. Andrieu, Boucher, Cornélis, Gustave et Mme Pouilley.

AURILLAC. — La troupe dramatique qui a donné, dans le mois dernier et au commencement de celui-ci, plusieurs représentations sur le théâtre de Rodez, et qui s'est rendue à Aurillac en nous quittant, a perdu dans cette ville son principal acteur. M. Soyer est mort à Aurillac, mardi dernier, victime, dit-on, d'une déplorable erreur commise par un pharmacien.

On représentait *Pierre-le-Rouge*. Pour ne pas faire usage de vin, qui, au premier acte, s'y boit en grande quantité et à plusieurs reprises, on fit demander chez un pharmacien d'Aurillac du sirop de mûres qui, mélangé avec de l'eau, produit aux yeux du public la couleur du vin. Mais le pharmacien délivra, sous l'étiquette de *Sirop de mûres*, une petite taupette de *Sirop de Nerprun*.

L'artiste Soyer, après en avoir bu en remplissant le rôle de *Pierre-le-Rouge*, éprouva des vomissements qui faillirent l'empêcher de continuer à jouer jusqu'à la fin de la pièce, et il paraît que la maladie causée par cette boisson, augmentant les jours suivants, aurait enfin causé sa mort.

L'artiste Vouthier, qui prit de cette même boisson, mais en plus petite quantité, en fut quitte pour une indisposition de vingt-quatre heures.

Le directeur de la troupe s'est plaint de cette grave imprudence, dans une lettre qui a été publiée dans l'*Écho du Cantal*. Le pharmacien, tout en avouant sa méprise, a prétendu que le sirop de Nerprun, bien que pouvant donner de violentes nausées, n'était pas une substance malfaisante.

BRUXELLES. — L'indisposition de M. Jansenne continue et menace de l'éloigner de la scène pour trop long-temps. L'administration a donc dû s'adresser à un autre artiste, qui doublerait M. Laborde et M. Jansenne. Elle a engagé à cet effet M. Teissère qui débutera demain dans *Mazaniello*, et ensuite dans la *Dame Blanche*. À cette occasion, nous avons une excellente nouvelle à annoncer, c'est que Mme Baltet reparaîtra le même jour dans le rôle d'*Anna*; Mme Baltet que nous avons tant regrettée et qui nous est enfin rendue, va reprendre une partie des rôles de Mlle Guichard; par contre-coup, le bruit court que cette dernière reprendra une partie de ceux de Mlle Lovie dont le répertoire se trouvera alors bien restreint.

LA COMMUNE

ET

La Milice de Nantes,

PAR

Camille Mellinet, Imprimeur.

CONDITIONS DE LA SOUSCRIPTION.

Cet ouvrage formera plusieurs volumes in-8°, imprimés en caractères neufs, sur papier grand-raisin, au prix de 6 fr. le volume. — On pourra cesser sa souscription après la 1re série, qui formera un ouvrage complet en 4 ou 5 volumes, la publication ne devant ensuite continuer qu'annuellement.

On souscrit à Nantes,

Chez CAMILLE MELLINET, Imprimeur, place du Pilori; chez SUIREAU, Libraire-Éditeur, rues Crébillon et Contrescarpe, et chez tous les Libraires de Nantes.

GRAND THÉÂTRE DE NANTES.

Aujourd'hui DIMANCHE, 8 Novembre 1840. On commencera à six heures.

ROBERT LE DIABLE,

Grand opéra en 5 actes, paroles M. Scribe, musique de M. Meyerbeer.

Distribution — Robert, M. Lafeuillade; Bertram, M. Hermann Léon; Raimbaut, M. Damoreau neveu; Alberti, M. Victor Deplanck; Un chevalier, M. Salanson; Le roi de Sicile, M. Ferdinand; Le prince de Grénade, M. Roche; Le chapelain de Robert, M. Granger; Isabelle, Mme Duchampy; Alice, Mlle Victorine Saint-Charles; Héléna, Mlle Armande Ferdinand.

DANSES.

AU DEUXIÈME ACTE :

PAS DE TROIS,

Exécuté par MM. Marius Petipa, Mlles Armande et Thérèse Ferdinand.

AU TROISIÈME ACTE :

SCÈNE DES NONES,

Exécutée par Mlles Armande et Thérèse Ferdinand, Santi et Mesdames des Chœurs.

THÉATRE DES VARIÉTÉS.

Aujourd'hui DIMANCHE, 8 Novembre 1840. On commencera à six heures.

LE GAMIN DE PARIS,

Comédie-vaudeville en 2 actes, par MM. Gayard et Émile Vanderburck.

Distribution. — Le général Morin, M. Toudouze; Amédée, son fils; M. Cazaubon; Joseph, M. Bertin fils; M. Bizot, M. Pàris; Hilaire, M. Famin; Victor, M. Sarrazain; Henri, M. Lamotte; Madame de Morin, Mme Hess; Madame Meunier, Mme Cochèze; Elisa, Mme Olivier.

TITI LE TALOCHEUR ou LA TIRELIRE,

Vaudeville en un acte, par MM. Coignard frères et J'aime.

Distribution. — Georget, M. Toudouze; Justin, M. Cazaubon; Titi le talocheur, M. Blanchard; Jean Cabillot, M. Famin; Marie, Mlle Constance Lyon; Phrosine, Mme Neuville.

LES PREMIÈRES ARMES DE RICHELIEU,

Comédie-vaudeville en 2 actes, par MM. Bayard et Dumanoir.

Le chevalier Martignou, M. Oudinot; le baron de Belle-Chasse, M. Granger; Dubois, valet de chambre de Richelieu, M. Pàris; Merlac, perruquier, M. Blanchard; Michelin, tapissier, M. Duchâteau jeune; Un carossier, M. Famin; Un huissier de la chambre, M. Delehel; Un laquais de Richelieu, M. Payen; Le duc de Richelieu, Mlle Clara Stéphany; La duchesse de Noailles, Mme Foignet; Diane de Noailles, Mlle Debroux; La baronne de Belle-Chasse, Mme Neuville, Mlle de Noce, fille d'honneur, Mme Olivier; Gentilshommes et dames de la cour.

Ordre du Spectacle : 1. Les Premières Armes de Richelieu. 2. Le Gamin de Paris. 5. Titi le Talocheur ou la Tirelire.

Le Rédacteur en chef, HÉRAULT.

IMPRIMERIE D'HÉRAULT, A NANTES.

Dimanche 15 Novembre 1840.   DEUXIÈME ANNÉE.   4e Trimestre. No 97.

PRIX D'ABONNEMENT :

NANTES.
{ TROIS MOIS .... F. 3
  SIX MOIS 6
  UN AN........ 12

DEHORS
{ TROIS MOIS.. F. 5
  SIX MOIS.... 10
  UN AN....... 18
  AFFRANCHIR..

Prix du numéro, 15 c.

PRIX D'ANNONCES :

30 c. à la page d'avis ; 1 fr. dans le corps du journal. Remise du tiers aux abonnés.

LE BUREAU EST SITUÉ
Chez Hérault, Imprimeur, rue de Guérande, No 3.

ON S'ABONNE :
Au Bureau ;
Chez Glebaud, Libraire, Bosse, Grande-Rue et passage Bouchaud,
Plançon, Libraire, place Graslin.

SE TROUVE CHEZ :
M. Suireau, Lib.re, rue Crébillon
Et M. Plessier, Relieur, idem

A PARIS,
Isidore Pesron, rue Pavée-Saint-André, No 13.

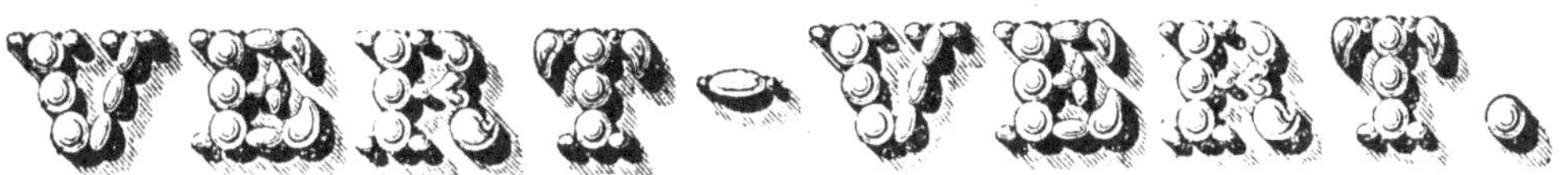

VERT-VERT.

JOURNAL DES SALONS ET DES THEATRES.

GRAND THÉATRE.

CHRONIQUE DRAMATIQUE.

M. BERTIN FILS. — LA VESTALE.

OURAGE M. Bertin fils, courage, morbleu ! le public vous a fait chevalier de l'ordre dramatique ; vous voilà, pour nous servir de votre vaudeville final de circonstance dans les *Enfants de Troupe*, classé dans un régiment dont vous ne serez pas le plus médiocre soldat. Courage, en vérité ! vos essais promettent un bon acteur ! Quoi ! de la sensibilité, de l'intelligence, une aisance déjà remarquable à la scène ! Mais voilà tout ce qu'il faut pour aller loin dans la carrière. Nous avions hésité à nous prononcer au premier début ; la soirée de jeudi nous a prouvé qu'il y avait dans ce jeune adepte plus qu'un imitateur vulgaire. Il faut pourtant qu'il s'accoutume à soigner un peu plus sa diction, à nuancer d'une manière plus tranchée son débit souvent trop précipité, et à se laisser aller plus complétement encore à l'exquise sensibilité dont il nous semble doué.

Nous dirons aussi, en passant, qu'il était pour le moins imprudent à un débutant d'attaquer les rôles de Bouffé, de Bouffé l'inimitable, l'excellent, le parfait comédien, dont le souvenir est encore tout palpitant dans ce public qui était appelé aux essais de M. Bertin fils. Toutefois, hâtons-nous de le dire, M. Bertin fils s'est fait pardonner son imprudence, et, abstraction faite de toute comparaison entre les deux *Trim*, le dernier a fait plaisir même après Bouffé, le type, le véritable *Trim*.

Nous avons dit que M. Bertin fils n'était pas un imitateur vulgaire ; mais il est incontestable qu'il a imité ; à coup-sûr, Bouffé est le meilleur modèle, et pourtant nous conseillons à M. Bertin de ne chercher à imiter personne, pas même Bouffé. C'est ainsi qu'on devient acteur original, en ne suivant que ses propres inspirations, en se laissant aller aux impressions de son âme, en créant, selon son génie, des rôles qui deviennent votre propriété. Une excellente copie est une bonne chose, mais tout le vrai mérite est dans l'original.

Nous avons déjà parlé de la *Vestale* ; nous ne pouvons pourtant résister au plaisir de dire quelques mots de la seconde représentation. Voilà de ces ouvrages qui attireront toujours la foule, surtout quand des acteurs comme les nôtres sauront mettre en relief avec autant de délicatesse et de talent tous les détails de cette délicieuse composition. Nous avons considéré la *Vestale* sous le point de vue de l'art, et nous avons fait une belle part de triomphe au maëstro Spontini ; mais nous n'avons pas encore dit à satiété l'intelligence, la dignité, la noblesse, le beau talent avec lesquels MM. Lafeuillade et Hermann-Léon, et Mme Duchampy, ont rendu les hautes inspirations du poète et du musicien.

M. Lafeuillade et Mme Duchampy sont éminenment pathétiques dans le duo du second acte, et M. Hermann-Léon est véritablement beau et terrible dans la scène de l'anathème. Ces trois artistes ont remarquablement compris l'esprit de leurs rôles ; c'est toute une histoire des mœurs de l'ancienne Rome qu'ils nous ont déroulée avec une fidélité parfaite. Les décors et les costumes ne laissent rien à désirer, il y a, en quelque sorte, sur la scène, un parfum d'antiquité dont on aime s'enivrer, et qui vous plonge dans une complète illusion : il faudra que tous les nantais aillent voir la *Vestale*.

Jamais directeur de spectacle n'a mieux mérité la sympathie du public que M. Lafeuillade ; jamais aussi la scène n'a été dirigée avec plus d'habileté que cette année, et cependant malgré le nombre d'abonnés, malgré l'affluence qui se porte chaque soir à la salle Graslin, un déficit dans la balance des dépenses avec les recettes, force notre excellent administrateur à se retirer ! Quel remède apporter à une telle situation ? Faut-il augmenter la subvention ? Mais nos conseillers municipaux ont tranché négativement la question, par leur dernier vote ; faut-il augmenter l'abonnement ? Mais alors le nombre des abonnés diminuerait, et le mécontentement de ceux qui se retireraient deviendrait funeste au directeur. On pourrait bien réaliser quelques économies sur le personnel des théâtres ; mais seraient-elles de nature à satisfaire le public et le directeur ? Il y aurait encore un autre moyen qui nous semblerait le plus sûr, le plus efficace, mais qu'on ne peut tenter qu'avec un homme qui inspire et justifie si bien la confiance de tout le monde, ce serait que les abonnés se réunissent en nombre, qu'ils nommassent des délégués auprès de l'administration théâtrale, afin que, de concert avec le directeur, ils s'entendissent sur les sujets à garder, ceux à remplacer ; qu'ils fissent le budget des recettes et dépenses approximatives, qu'ils établissent l'équilibre ; alors un directeur loyal, intègre, pourrait marcher avec sécurité, et le Théâtre continuerait d'être dirigé à la satisfaction de tous ; ceci n'est que l'ébauche d'un plan que nous voudrions voir se réaliser dans l'intérêt de l'art dramatique et des plaisirs du public. Mais il faudrait qu'on se hâtât, car l'époque des engagements est arrivée.

⸺

Le concert de Mme Picard a eu vendredi un beau succès. Nos dilettanti qui n'ont pas eu le courage de braver la pluie pour entendre cette artiste distinguée, devront bien regretter leur indolence ; il se sont privés de plus d'une délicieuse émotion.

⸺

SPECTACLE

AU BÉNÉFICE DES INDIGENTS.

Le maire de Nantes a l'honneur de prévenir ses administrés que la représentation annuelle au *bénéfice des indigents* aura lieu jeudi prochain, 19 novembre, au Grand-Théâtre.

Le spectacle se composera de la *Vestale*, grand-opéra en 3 actes, musique de Spontini ; du *Bourgmestre de Saardam*, vaudeville, et du *Pas Styrien*, dansé entre les deux pièces.

Le maire se joint à MM. les administrateurs du bureau de Bienfaisance pour faire, dans cette circonstance, un appel à la générosité de ses concitoyens en faveur de la classe si nombreuse et si intéressante des pauvres, dont les besoins se multiplient à l'approche de l'hiver.

Il ose espérer que cette représentation sera productive, et procurera les ressources précieuses sur lesquelles l'administration a cru pouvoir compter.

Les personnes qui ne pourraient assister au spectacle, sont priées d'envoyer leurs offrandes au bureau de Bienfaisance, où elles seront reçues avec une vive reconnaissance.

Le public ne sera admis qu'avec des billets particuliers, revêtus du cachet de l'administration, que l'on peut se procurer, avant le jour de la représentation, à la direction du Théâtre, au bureau de Bienfaisance, à la Mairie et au salon littéraire de M. Planson, place Graslin.

En Mairie à Nantes, le 12 novembre 1840.

FERDINAND FAVRE.

⸺

SALON DES GLACES,

Vis-à-vis de la Bourse, chez M. GUILLET, Confiseur.

SOIRÉES
DE
Mlle Maria Kenebel.

Aujourd'hui DIMANCHE, 15 Novembre 1840 :

Mlle MARIA KENEBEL, reconnaissante de l'accueil flatteur dont elle a été honorée pendant ses représentations au Grand Théâtre, et voulant de plus en plus mériter la bienveillance que le Public nantais lui a accordée, a fait venir de Paris des TABLEAUX du même procédé que ceux de M. DAGUERRE, afin de prolonger ses Soirées, et de leur donner un nouvel attrait. Ces Tableaux, vus à l'œil nu, changent de coloris par gradation, et produisent tous les effets de la Nature, tels que l'aube, l'aurore, le plein jour, le coucher du soleil, la nuit la

plus profonde, où s'élève un beau clair de lune. Tous ces effets sur le même Tableau.

Ce genre, peu connu en province, doit fixer l'attention des connaisseurs, et obtenir le même succès qu'il a eu à Paris.

Ces Soirées se composeront de plusieurs danses de Mlle MARIA, et de l'exposition de trois Tableaux. Elles seront divisés ainsi : De 7 à 8 heures, Mlle MARIA dansera deux Pas. Le prix est fixé à 2 francs par personne ; de 8 à 10 heures, l'exposition des Tableaux se continuera, et l'entrée ne sera plus que de moitié prix, d'un franc par personne.

L'ouverture des Bureaux est à 6 heures. Les Enfants ne paieront que demi-place.

Il y aura deux expositions de Tableaux par semaines ; les trois premiers sont :

La Tour de Nesle,
LA MAISON INCENDIÉE,
ET LA MESSE DE MINUIT.

Ces Soirées auront lieu les Dimanche, Lundi, Mercredi et Vendredi de chaque semaine.

⸺

M. ARTOT, récemment arrivé à Nantes, se propose de donner un Concert le mercredi 18 courant. M. Artot, dont le talent est Européen, est bien connu à Nantes, et il n'est personne qui ne se rappelle les délicieuses sensations que son archet lui a fait éprouver.

⸺

UNE SIMPLE HISTOIRE,

(Suite et fin.)

V.

Amour.

L'occasion une fois trouvée, Arthur en profita habilement ; il eut l'esprit de renouveller fréquemment ses visites, sans se rendre importun, ce qui de nos jours n'est pas un mince avantage. Pauvre jeune homme ! il s'enivrait à longs traits de volupté dans les jolis yeux de Julie, sans songer qu'il est bien dangereux de regarder de si près une belle jeune fille, quand on a vingt-cinq ans, et qu'on est sensible. Il s'aperçut pourtant du danger, mais trop tard, et lorsqu'il n'y eut plus de remède ; car il aimait déjà la jolie fille avec passion. Elle aussi, mon dieu ! elle avait été séduite, pauvre enfant ! qui ne savait pas encore ce que c'était que l'amour, avant d'avoir vu un beau jeune homme soupirer à ses pieds. Long-temps, elle avait écouté Arthur sans le comprendre. Étonnée, interdite, elle avait plus d'une fois demandé à tout ce qui l'entourait le secret de ces transports qui consument, le mystère de ce langage étrange, de cet idiome charmant, où tout est délire, confusion, désordre, comme dans le cœur, dont il est l'organe. Plus d'une fois, elle avait eu peur en voyant Arthur la regarder avec des yeux enflammés, et, plus d'une fois, elle avait frémi en sentant le bras

du jeune homme se replier autour de sa taille, ou sa petite main comprimée dans celle de son amant, comme dans un étau de fer, et souvent elle s'était enfuie épouvantée, des bras d'Arthur, qu'elle prenait pour un aliéné ; puis, voyant qu'il souffrait, elle lui demandait la cause de son mal, elle pleurait en le voyant pleurer, et cherchait dans sa voix de syrène les tons les plus voluptueux et les plus tendres pour le consoler, sans savoir que le remède était tout contraire, et que sa douce voix ne faisait qu'attiser le feu dont Arthur était dévoré. Mais un jour elle comprit que tout cela était de l'amour, et elle se sentit frissonner d'effroi en pensant qu'elle le partageait.... Que faire, mon dieu ? Elle ne peut avouer à sa pauvre mère malade un secret qui la tuerait peut-être, et pourtant il lui en coûte de dissimuler avec cette amie si tendre, et elle aurait si grand besoin des conseils de son expérience, pour combattre cette passion fatale dont elle est déjà possédée.

Arthur avait eu soin d'entretenir toujours Julie en cachette et loin des regards de sa mère ; il savait que Mme B... l'aurait gêné, surveillé, peut-être même prié de ne plus renouveller ses visites, et il voulait éviter ce malheur ; cela d'ailleurs lui avait été facile, la pauvre veuve, constamment alitée, dans un état continuel de somnolence fébrile, l'avait à peine entrevu une seule fois, et elle était loin de se douter des dangers que courait sa fille.

Un jour, Arthur en entrant chez Julie s'aperçut qu'elle avait pleuré, il le lui dit, elle nia ; elle qui n'avait jamais menti savait déjà dissimuler depuis qu'elle aimait, l'amour est un si grand maître. Cependant comme Arthur insistait, elle avoua. Votre mère serait-elle plus mal, Julie ? — Ma mère... vous avez raison ; oui, ma mère n'est pas bien. — Julie, vous me trompez, vous avez du chagrin, et vous m'en cachez la cause. — Eh bien ! puisque vous voulez le savoir, en effet, je suis triste, abattue, souffrante depuis quelques jours. En achevant ces mots, prononcés lentement et d'une voix saccadée, la jeune fille ne put retenir une larme qui roula sur sa joue. Arthur vit cette larme, et alors il perdit toute retenue, toute bienséance, il devint fou, forcené, frénétique. Il prit Julie dans ses bras, la couvrit de baisers et de pleurs, et d'une voix sourde et brisée par les sanglots qu'il cherchait en vain à comprimer, il dit : Julie, je t'aime ! La jeune fille épouvantée se dégagea violemment de ses bras, et courut se mettre à genoux sur le seuil de la chambre de sa mère, et là, comme dans un asile inviolable, elle se retourna vers son amant : vous ne viendrez pas m'atteindre ici, sous la protection sainte de ma mère, pauvre et malade, qui n'a que moi pour soutien, que mon amour pour fortune, et que mon honneur pour orgueil. Oh ! c'est quelque chose de sacré, allez, que la fille unique de la veuve ! En disant cela, la tête de la jeune fille était si belle de majesté et de noblesse, il y avait une si haute inspiration dans son regard, qu'Arthur tomba spontanément à genoux devant cette femme angélique.

VI.

Une explication.

Le lendemain, aussitôt qu'Arthur entra, Julie le prit par la main, le conduisit en silence dans l'embrâsure d'une croisée, et après l'avoir fait asseoir auprès d'elle, elle lui dit : Arthur, je chercherais vainement à vous cacher un mystère qui, depuis long-temps sans doute, n'en est plus un pour vous ; car faible et malheureuse femme que je suis, vingt fois, mon trouble, mon émotion m'ont trahie ; je vous aime…. En disant cela, la jeune fille rougit et baissa la tête en pleurant, puis après quelques instants de silence, elle reprit : J'ai donc acquis le droit de savoir qui vous êtes ; il est bien tard sans doute, aujourd'hui que j'ai perdu par vous repos et bonheur, et qu'il n'y a plus dans ma vie, que vous remplissez tout entière, qu'un sentiment, qu'un rêve, qu'un espoir, votre amour ! Mais il en est temps encore pourtant, puisque je n'ai point à rougir devant vous. Vous le voyez, je ne vous ai rien dissimulé, moi, j'attends de vous la même franchise ; dites-moi le mystère de cette obscurité, dont vous semblez vous entourer, votre nom, votre rang dans le monde ; tout cela vous me l'avez caché, il est temps que vous m'éclairiez.

Arthur, étonné, balbutia quelques mots inintelligibles, puis, comme s'il eût pris une résolution pénible, il répondit :

Julie ! je serai sincère, vous n'êtes pas de ces femmes qu'on abuse ; ange, le mensonge n'oserait approcher de vous. Je l'avoue ; je ne suis pas ce que je vous semble être, je ne vous ai point trompée, et pourtant j'ai désiré de vous rester inconnu. Mais, qui que je sois, Julie, souvenez-vous que mon amour est pur comme votre vertu. Julie fronça le sourcil, et un indicible sentiment de douleur vint contrister tout son visage. Arthur continua : Je suis le fils unique du lieutenant-général de l'empire, baron de X…. Julie recula en pâlissant. Ainsi vous me trompiez, monsieur, ou du moins vous vouliez me tromper. Mais, retenez bien ceci : Jamais Julie ne sera la maitresse d'aucun homme, fût-ce même du noble héritier des barons !!! La jeune fille avait dit cela avec tant de fierté, avec une expression de dédain et d'amertume si marquée, qu'Artur fut anéanti ; envain il protesta de la pureté de ses sentiments. Julie lui montra impérieusement la porte, et, lorsqu'il fut sorti, elle tomba évanouie sur le carreau.

Le lendemain, elle trouva une lettre dans la serrure, elle était d'Arthur.

« Julie, pourquoi m'avez-vous condamné
› sans m'entendre, vous si bonne et si juste
› autrefois ? Faut-il vous le répéter encore,
› je vous aime avec passion, mais je veux que
› vous soyez à moi, pure et digne de vous et de
› moi ; je vous l'avouerai, séduit par votre
› beauté, la première fois que je vous vis, je
› désirai de vous posséder à un titre qui vous
› ferait rougir et dont j'ai honte moi-même ;
› mais cet aveu est déjà un commencement
› de punition. Puis, je vous connus, ô Julie,
› je compris ce qu'il y avait de noble, de bon
› en vous, ce qu'il y avait d'élévation et de
› pureté dans votre âme, je compris que vous
› étiez un ange du ciel, en un mot que Julie
› était l'objet le plus parfait ; dès-lors ma
› pensée s'épura à votre amour, dès-lors, vous
› fûtes une idole que j'adorai à l'égal de Dieu,
› et dès-lors, Julie, le noble fils des barons
› n'eut plus qu'un désir, celui d'être uni pour
› toujours, par un lien légitime et sacré à la
› pauvre fille du soldat. Julie, je vous demande
› votre main à genoux, je sais que c'est un
› trésor dont je suis loin d'être digne, et
› qu'aucune chose de ce monde, honneurs,
› fortune, grand nom, ne peuvent entrer en
› comparaison avec lui ; mais, s'il doit être
› accordé à celui qui aimera avec le plus de
› fidélité et d'idolatrie, c'est moi qui l'aurai
› mérité.   ARTHUR.

Julie répondit :

Monsieur,

‹ Vous m'avez abusée une fois en me
› cachant votre nom et votre rang ; vous m'avez
› abusée en me laissant croire à votre amour,
› dont j'étais si heureuse, et vous avez été
› cruel en m'inspirant le mien, car vous saviez
› bien que nous ne pouvions jamais être l'un à
› l'autre ; peut-être votre lettre est-elle une
› nouvelle perfidie, et cela serait infâme ;
› mais, si elle est l'expression libre et
› franche de votre volonté et de votre conviction, alors, Arthur, je vous répondrai que je
› ne puis être à vous. Je vous ai dit que je
› vous aimais, et c'est pour cela que je ne
› veux pas compromettre votre bonheur en
› vous donnant ma main. Vous voulez m'épouser ! y pensez-vous, Arthur ? Vous n'avez
› donc pas réfléchi aux suites d'une mésalliance ! et quand il serait vrai que vous
› fussiez assez au-dessus des préjugés vulgaires
› pour cela, vous n'avez donc pas craint de
› m'exposer, moi, si fière, aux sacarsmes, aux
› railleries amères des gens de votre rang.
› Pauvre enfant ! mais ils vous feraient rougir
› à chaque instant, mais ils vous blesseraient
› continuellement dans vos plus chères affections, mais ils seraient toujours entre vous
› et moi ! Est-ce qu'on vous pardonnerait
› jamais de vous être uni à *une fille de rien*,
› comme ils appellent cela ? Ne vous repentiriez-vous pas vous même d'avoir sacrifié
› votre avenir si brillant à un sentiment éphémère, à une de ces mille amourettes de votre
› jeunesse ? Non, je ne vous exposerai point à
› un pareil malheur, je vous aime trop pour
› cela ; puisqu'il faut qu'il y ait une victime,
› que ce soit donc moi seule, pauvre jeune
› fille obscure, sans fortune et sans avenir,
› qui suis venue follement aimer un noble et
› riche héritier. Soyez heureux, Arthur, et
› oubliez-moi, cela vous sera facile encore,
› vous trouverez dans votre rang des femmes
› qui vaudront mieux que moi à tous égards,
› et qui surtout auront sur moi l'immense
› avantage de pouvoir joindre une particule à
› leur nom. ›   JULIE.

VII.

Simple dénouement d'une simple Histoire.

Trois jours après qu'Artur eut reçu cette lettre, un équipage brillant s'arrêta rue de…. n°…. et un laquais à la livrée du baron X… annonçait sa visite à Julie : c'était un noble vieillard que le vieux baron, il courut à Julie avec une émotion profonde, et, avant de s'être fait connaître, il la serrait dans ses bras en la nommant sa fille. Puis, d'une voix solennelle, il lui dit : Julie, je viens vous demander votre main pour mon fils, il tâchera de s'en rendre digne ; je sais tout ce que vous valez, et en vous associant à sa vie, en vous alliant avec notre famille, vous nous laisserez encore en reste avec vous : Julie pleurait et résistait encore ; le vieillard ajouta : Vous avez encore des scrupules ? Sachez donc tout ce que je dois à votre père : il m'a sauvé la vie au passage de la Bérésina, et j'ai juré que si je découvrais sa famille, elle serait désormais la mienne. Soyez donc ma fille, ô Julie, pour que je vous rende un peu de tout le bien que j'ai reçu de votre père.

Depuis un mois, Julie B… est devenue Mme la baronne Arthur de X… et on assure que les jeunes époux sont parfaitement heureux et que leur union promet d'être éternellement fortunée, malgré l'inégalité des conditions. Le monde a jasé d'abord, cela devait être ainsi ; mais il a fini par reconnaître que la vertu vaut bien un blason. Il y a pourtant encore quelques contradicteurs blasonnés qui contestent la proposition ; on s'en doutait.   JULES F.

CATASTROPHE DRAMATIQUE.

Les journaux ont plus ou mois exactement rapporté le tragique incident qui troubla, le 2 novembre, la répétition des Variétés, à Bordeaux. Il importe de rectifier les circonstances de ce malheureux événement.

Depuis long-temps, Mlle Inèz Gonzalez était *en froid* avec presque tous les pensionnaires de la troupe des Variétés. Ce défaut de sympathies, que nous ne chercherons pas expliquer, donnait une teinte péniblement mélancolique aux idées de cette jeune actrice, dont les penchants et les habitudes sensibles exagéraient toujours chaque chose. Depuis le commencement de la foire d'Octobre, Mlle Inez avait cherché à rentrer en bonne amitié avec ses camarades ; et, pour cela, elle avait imaginé quelques plaisanteries qui n'étaient pas toujours de très-bon aloi : c'est ainsi qu'elle avait personnalisé, selon elle, le caractère de chacun des artistes, en leur faisant des cadeaux significatifs. A celui-ci, un miroir pour la complaisance de sa figure ; à celle-là, un perroquet, emblème de son babil ; à cet autre, un peigne, symbole de la propreté de ses cheveux ; à un cinquième, priseur infatigable, une tabatière en miniature, etc. Personne n'avait cru devoir se formaliser de ces épigrammes plus ou moins innocentes, lorsque Félicien, qui avait reçu de la donneuse de présents un baudet allégorique, crut devoir lui envoyer une vache. Nous aimons mieux désigner les choses par leur nom que de nous entourer, à l'instar de nos grands confrères, de ce vernis soi-disant poétique qui défigure les objets en les définissant mal.

Donc, la vache de Félicien fut mal accueillie par Mlle Inèz; elle reprocha, en termes vifs, la riposte dont elle était provocatrice; et après un entretien chaleureux d'un côté et passablement brutal de l'autre; après une scène où la malice féminine de Mlle Inèz essaya de jeter le trouble dans le ménage de celui qui la rudoyait en termes peu cavaliers, mais qui ne s'oublia jamais jusqu'à la souffleter, quoiqu'en ait dit le judicieux *Courrier de Bordeaux*, un serment terrible fut prononcé par Mlle Inèz, Et ce serment fut hautement confié à M. le commissaire de service et à son appariteur, qui, selon nous, ont eu la grave imprudence de n'y attacher aucune valeur : Mlle Inèz promit donc la veille, sur *sa foi d'espagnole* et *sur l'image de la Sainte Vierge*, de poignarder M. Félicien, s'il continuait à l'outrager comme il venait de le faire.

Tout ceci s'était passé le dimanche soir. Le lundi, on venait de répéter *Philippe;* Mlle Inèz, qui avait fini sa tâche, au lieu de quitter le théâtre, s'assit sur un banc dans la coulisse, pour voir répéter le *Naufrage de la Méduse*. Bientôt Félicien, en compagnie de Clément, ayant aperçu celle qui, la veille, avait cherché à semer au cœur de sa jeune épouse des germes de jalousie, s'emporta de nouveau, et lui jeta des injures; aussitôt, Mlle Inèz, prompte comme l'éclair, et prononçant quelques mots inarticulés, se précipite sur Félicien et lui porte un coup de couteau-poignard, que quelques personnes de l'orchestre lui avaient vu dans la main quelques instants auparavant. Félicien, saisi par ce mouvement rapide, chercha à parer ce qu'il croyait n'être qu'un coup de poing, en portant son bras droit en avant et en haut; mais le coup était lancé avec une telle force, que l'instrument traversa l'avant-bras de part en part et alla atteindre la redingote du blessé. Le sang jaillit en abondance ; tous les spectateurs furent consternés; Mlle Inèz, seule calme, essuya le couteau et le referma sans émotion apparente. « Je l'avais juré, dit-elle, et j'ai tenu mon serment. »

Voilà l'exacte historique de ce fâcheux événement. Mlle Inèz fut immédiatement mise en état d'arrestation, et Félicien, pansé avec soin, a le bonheur inouï d'être en ce moment en très-rassurante position; l'instrument ayant glissé entre les nerfs et les muscles si importants de cette partie du bras droit.

On assure que la haine que Mlle Inèz portait à Félicien était déjà ancienne. Cette actrice se trouvait, dit-on, déprimée dans son emploi de seconde amoureuse, tantôt au profit de Mlle Irma, tantôt au profit de Mme Félicien, qui, dans la distribution de plusieurs ouvrages, de *la Grand'Mère* entr'autres, avait eu les rôles que Mlle Inèz disait lui appartenir, et dont on `· dépouillait sans façon.

Le Rédacteur en chef, Hérault.

IMPRIMERIE D'HÉRAULT, A NANTES.

Samedi 21 Novembre 1840. **DEUXIÈME ANNÉE.** 4e Trimestre. N° 96.

PRIX D'ABONNEMENT :

NANTES.
  TROIS MOIS .... F. 3
  SIX MOIS 6
  UN AN...... 12

DEHORS
  TROIS MOIS.. F. 5
  SIX MOIS.... 10
  UN AN....... 18
  AFFRANCHIR..

Prix du numéro, 15 c.

PRIX D'ANNONCES :

30 c. à la page d'avis ; 1 fr. dans le corps du journal. Remise du tiers aux abonnés.

LE BUREAU EST SITUÉ
Chez HÉRAULT, Imprimeur, rue de Guérande, N° 3.

ON S'ABONNE
  Au Bureau ;
Chez GUÉRAUD, Libraire, Basse-Grande-Rue, et passage Bouchaud ;
PLANÇON, Libraire, place Graslin.

SE TROUVE CHEZ :
M. SUIREAU, Lib.re, rue Crébillon
Et M. PLESSIER, Relieur, *idem*.

A PARIS,
ISIDORE PESRON, rue Pavée-Saint-André, N° 13.

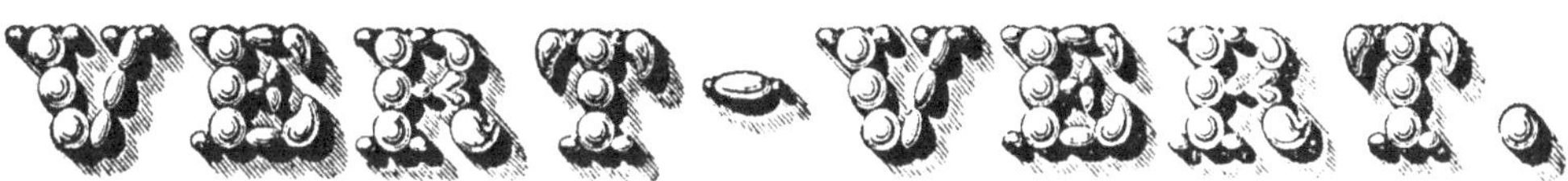

VERT-VERT.

JOURNAL DES SALONS ET DES THEATRES.

GRAND THÉATRE.

CHRONIQUE DRAMATIQUE.

UE nous sommes fiers de pouvoir le redire souvent : les Nantais assez indifférents d'ailleurs en matière de beaux arts, ne sont jamais sourds à l'appel de la bienfaisance ! Nous professons sans doute une haute estime pour les muses ; mais nous sommes forcés d'avouer que la bienfaisance vaut bien l'amour des arts.

Avec quel zèle tous étaient accourus payer leur dette à l'indigence, et s'associer au plaisir d'un bonne action !

Bravant la pluie et la froide brume d'automne, les dames s'étaient arrachées à la douce température des salons, le négociant au rêve de ses spéculations, le financier au culte de son or, le dandy à l'atmosphère des cafés, son élément naturel ; l'épicier à son comptoir, la grisette... à l'amour, pour ne former tous qu'une même pensée, celle de venir en aide aux malheureux.

Venez ! venez ! Mesdames, Mesdemoiselles, jeunes ou vieilles, brunes ou blondes, venez Messieurs, négociants, financiers, épiciers, dandys ! venez apporter votre offrande. C'est un bienfait que Dieu vous rendra au centuple, car, combien de pleurs n'aurez-vous point séchés ; ainsi, combien d'amères douleurs, combien d'affreux désespoirs n'aurez-vous point consolés ! L'hiver accourt, l'hiver avec ses fléaux,

l'hiver qui étreint si cruellement le pauvre, et quand vous verrez tomber ses neiges et ses pluies, et bondir sa grêle sur vos vitres : quand vous entendrez souffler ses brises glacées, quand vous plaindrez sans doute la pauvre famille de l'ouvrier sans travail, vous direz : du moins ils ont du pain ! Et vous tressaillerez de bonheur, en songeant que vous aurez contribué à l'aumône qui leur en donnera ! ! !

S'amuser et faire une bonne action ; joindre ainsi l'agréable à l'utile, c'est un double plaisir qui devait sourire à tout le monde.

La composition du spectacle était de nature à piquer vivement la curiosité, et nos acteurs se sont pieusement associés à la philanthropie des spectateurs, en cherchant en quelque sorte à se surpasser eux-mêmes.

M. Bertin fils a justifié les espérances que ses essais ont fait concevoir ; il a joué avec un talent vraiment remarquable pour un débutant. Quant à M. Bertin père, il est encore au niveau de sa vieille réputation, c'est tout dire.

Le chef-d'œuvre de Spontini est toujours parfaitement joué et chanté par MM. Lafeuillade et Hermann-Léon et Mme Duchampy.

Nous avons plus d'une fois cité Mlle Ferdinand comme type de gràces, sans nommer une charmante petite danseuse que le public commence à distinguer, et dont il ne tardera pas à raffoler aussi, c'est Mlle Santi que nous voulons dire. Pour nous, nous prenons l'initiative, et sans parler de ses jolis yeux, de son minois piquant, de son corsage mignon et de sa manière gràcieuse, nous trouvons que le talent de cette jeune artiste fait des progrès sensibles.

Quand il est question de gentillesse et de gràce, le nom de Mlle Clara Stéphany se présente tout naturellement à la pensée, et à propos

de cette actrice, nous voudrions bien savoir quelle fatalité ou quel dieu jaloux de nos plaisirs la retiennent depuis long-temps loin de la scène où l'appellent tant de vœux ?

..... Spes ô fidelissima tenerûm
Quæ tantæ tenuere moræ ?

Produit de la recette faite au bénéfice des Pauvres.

Locations et bureaux 1643 75
Frais du directeur . . . . 300 ,
                                  ____
                                  1343 75
Les bassins ont produit. 915
                                  ____
Total net. 2257 75

Elle est d'environ mille francs moins forte que l'année dernière.

CONCERT DE M. ARTOT.

Nous l'avons dit, ailleurs, le talent est une royauté, royauté sublime dont l'existence n'a besoin ni de la force des baïonnettes, ni de l'appui du canon ; cet *ultima ratio regum* des potentats vulgaires ; royauté sans tyrannie, devant laquelle tous les genoux fléchissent, au joug de laquelle tous les hommes viennent spontanément s'offrir ! Cet axiôme tant de fois proclamé, nous avons dû le reconnaître encore mercredi dernier, en voyant la foule se presser, s'entasser dans la grande salle de la Mairie, pour entendre de nouveau ce jeune virtuose, qui avait, l'année passée, laissé une si vive impression sur l'âme des spectateurs que son beau talent avait attirés trois fois au Grand-Théâtre. Nous avons pensé, l'hiver dernier, que M. Artôt avait atteint l'apogée de sa réputation, vaine idée, opinion téméraire ; qui voudrait poser des bornes au génie? M. Artôt, jeune, égale déjà les plus grands talents; que sera-ce donc dans quelques années?....

Le concert a commencé par une ouverture de la *Muette*, exécutée avec beaucoup d'ensemble, quoique l'orchestre fût incomplet; l'air qui l'a suivie, et du même opéra, a été fort bien chanté par Mlle Saint-Charles, qui n'avait été priée que la veille; cette charmante cantatrice fait de sensibles progrès depuis qu'elle travaille avec un professeur de notre ville, que nous n'avons pas besoin de nommer, sa voix flexible est mieux conduite, plus égale; sa prononciation moins affectée, enfin elle est en bonne voie, et nous sommes heureux de pouvoir dire que notre opinion était partagée par la plus grande partie des auditeurs de cette belle soirée; encore quelques mois d'études, et nous sommes persuadés que Mlle Saint-Charles sera la plus agréable seconde chanteuse que le théâtre de Nantes ait jamais possédé.

Une *Fantaisie sur l'air du 4e acte de Lucie*, où nous avions tant applaudi déjà M. Artôt a été écoutée avec un religieux silence par l'assemblée, c'est qu'on se souvenait des impressions qu'il avait produites sur nos âmes, c'est qu'on ne voulait pas perdre un seul accent de ce chant si suave, si expressif, de cette mélodie si pleine de sentiment; c'est qu'en écoutant M. Artôt, on croyait entendre la voix d'Edgard, ses adieux à sa bienaimée; on se sentait ému, attendri, tant l'habile artiste nous rendait l'illusion complète! Pourquoi faut-il qu'après un morceau aussi intéressant, aussi admirablement bien joué, nous ayons eu à écouter la *Complainte du Juif-Errant*, production burlesque, d'un cerveau qui s'est bien amendé depuis, car il a fait *les Deux Reines* et *le Luthier de Vienne*, où certes l'on ne trouve pas d'idées aussi incohérentes! Nous plaignons M. Hermann-Léon d'avoir employé sa belle voix à de la musique aussi plate; mais en revanche Mlle Lambert nous a fait entendre une des plus jolies mélodies de Mozart, *la ci darem la mano*, petit duo de Don Giovani, qu'elle a joué avec une grâce, une légèreté admirables, Mlle Lambert nous a prouvé qu'elle comprenait parfaitement le grand compositeur, il est impossible de mieux exécuter Mozart, le modèle par excellence!.. Elle a joué avec cette même supériorité, dans la seconde partie, l'étude *Le trille*, c'était ravissant!

Le morceau qui terminait la première partie du concert est un *Hommage rendu à Rubini*, le plus parfait chanteur, par M. Artôt, qui a choisi la cavatine de la *Niobé* comme étant le triomphe *del primo tenore italiano*: il est impossible d'être plus à la hauteur de son sujet que ne l'a été notre célèbre violoniste, et son nom peut avec orgueil se placer désormais à côté de celui qui depuis près de dix ans fait la gloire du Théâtre-Italien de Paris. Dans cette composition aussi brillante que gracieuse, on reste stupéfait de la prodigieuse facilité avec laquelle M. Artôt se joue des difficultés qu'il s'est créées lui-même, quelle légèreté dans son coup d'archet, comme il le fait voltiger avec grâce sur ses quatre cordes, quelle netteté dans ses traits, ses harpèges, ses staccati; c'est parfait, vous n'avez rien entendu de mieux.

M. Artôt se retirait au milieu des bravos d'enthousiasme, lorsque, suffoqué par la force de l'émotion et par un excès de sensibilité, il est tombé violemment en syncope. Pendant la longue interruption qui en est résultée, toute la salle s'inquiétait de la nature de cet accident; mais M. Artôt est venu lui-même calmer l'anxiété générale. Et malgré cet incident attendez encore quelques minutes. et vous serez plus étonnés en écoutant cette *Grande fantaisie sur Robert-le-Diable*, où les plus jolis motifs ont été réunis de la manière la plus ingénieuse. Avec quelle simplicité touchante M. Artôt vous joue cette romance d'Alice *Va, dit-elle*, et quelle naïveté il peint dans cette ballade de Raimbaud: *Jadis régnait en Normandie*. Mais où il nous semble le plus admirable, c'est lorsqu'il prend l'air de *Grâce*, et qu'il fait passer son âme dans son violon, oh! c'est alors qu'il s'empare de vous, vous subjugue, vous entraîne, vous saisit; vous ne respirez plus, c'est un délire, une fièvre qui ne cesse qu'avec le morceau et pour crier bravo! Voilà ce que nous a fait éprouver mercredi soir un artiste de vingt-cinq ans! Voilà la la puissance du talent, du génie, voilà la royauté sublime.

Nous avons voulu tout dire sur M. Artôt; parlons maintenant d'une valse à grand grand orchestre de M. Hasselmans, qui a fait le plus grand plaisir, et de deux mélodies de M. le prince de la Moscowa, chantées avec beaucoup d'expression et de goût par M. Hermann-Léon.

On nous apprend à l'instant que M. Artôt se fera entendre encore deux fois sur notre Grand-Théâtre, mardi et jeudi; s'il en est ainsi, ce sont deux triomphes de plus, et un bonheur pour les amateurs d'un si grand talent.

Encouragée par les manifestations de sympathie qu'elle a reçues à son concert du 15 de ce mois, Mme Picard en organise un autre pour les premiers jours de décembre, *au profit des victimes des récentes inondations*. Une aussi heureuse inspiration assure un succès complet à ce nouveau concert, dans lequel se feront entendre des artistes dignes de seconder le talent délicat et distingué de Mme Picard.

SALON DES GLACES,

Vis-à-vis de la Bourse, chez M. GUILLET, Confiseur.

CONTINUATION DE L'EXPOSITION DE

LA MESSE DE MINUIT,

LA MAISON INCENDIÉE,

LA FORÊT NOIRE

Et la Tour de Nesle.

On se procure des Billets chez M. GUILLET.

Le prix d'entrée par personne, sans abonnement, est ainsi fixé: premières, 1 fr.; secondes, 50 cent.

Les portes seront ouvertes, les Dimanches, de 5 à 9 heures du soir, et les Mercredis, Jeudis et Vendredis, de 7 à 9 heures du soir; l'exposition se succédera sans intermède.

Nota. Les Soirées, où Mlle MARIA KENEBEL dansera, n'auront lieu que le Jeudi seulement, à 8 heures, et alors on paiera 2 francs, moitié pour les enfants.

PHYSIOLOGIE DE LA CHAMBRE GARNIE.

J'entends tous les jours, de par le monde, vanter les délices de la vie de garçon; la vie de garçon a son bon côté, je ne dis pas non: exempte du souci des affaires, à l'abri des tribulations du ménage, indépendante, parsemée de joies et d'amourettes. Cette vie, dont on ne doit compte à personne, si ce n'est parfois...... au commissaire de police, est sans doute une douce, une fortunée, une délicieuse vie, et pourtant ces arguments ne sont pas sans réplique, non, vraiment, tout n'est pas rose, allez!

Je ne vous parle pas du vide d'une pareille existence, de son uniformité, de sa monotonie, de l'isolement d'esprit et de cœur du garçon, de tout le poids de ce loisir continuel qui l'accable; je ne ferais que répéter ici ce que mille autres ont dit avant moi, et ce que la plus puissante autorité a proclamé dans l'origine des temps: *Il n'est pas bon que l'homme soit seul!*

Mais, sans parler de tout cela, il est une calamité inévitable qu'on doit compter au premier rang dans les plaies de la vie de garçon, je veux parler de la chambre garnie: on comprend que je ne prends point pour type le célibataire opulent, qui possède hôtels et équipages, dîne chez Tortoni et couche sur le duvet. Celui-là est une exception de laquelle on ne peut rien induire; un être privilégié, d'après lequel on ne saurait apprécier l'intéressante famille des garçons; je dis de ceux-là (et ils sont nombreux), dont le revenu annuel n'excède jamais quinze cents francs, et dont les moyens exigus ne leur permettent que la pension bourgeoise à cinquante francs par mois et la chambre garnie.

La chambre garnie est d'ordinaire sous-louée par un locataire principal, qui répond envers le propriétaire et les sergents-de-ville de la moralité de ses locataires.

Le prix varie de 12 à 20 francs par mois.

Elle consiste en général en une seule pièce plus ou moins spacieuse.

On y trouve le plus souvent un mauvais lit, avec des rideaux dont la blancheur est plus ou moins douteuse, une commode, un secrétaire, six chaises et une petite table; le traineau et le miroir à barbe y sont de rigueur; mais le canapé y est absolument interdit. Après avoir visité chaque objet en détail, vous convenez du prix, et votre amphitrion vous laisse, en vous assurant de ses services empressés, et en vous disant que vous serez parfaitement libre et tranquille. Jusques là, tout est bien ; mais, ò déception ! vous voulez essayer de cette liberté si chère, et vous voilà à faire comme chez vous, vous fumez, vous chantez, vous recevez.... vos amies ; mais le lendemain, une vieille dévote de votre carré va se plaindre au locataire que vous troublez son repos par des chants obcènes ; mais une jeune dame, qui fait la prude parce qu'elle n'a plus d'amants, assure avoir vu une femme se glisser dans votre chambre ; mais un vieil épicier retiré des affaires, se plaint de ne pouvoir dormir depuis que vous êtes son voisin, parce que vous ne rentrez qu'à onze heures, et qu'il se couche régulièrement à huit ; bref, vous voilà devenu la bête noire de votre carré. Votre amphitrion, qui est presque toujours une dame qui sait vivre, vient poliment vous faire part des plaintes articulées contre vous, et vous prie de ne plus fumer, parce que la fumée de pipe noircit les rideaux, de ne plus chanter les chansons de Béranger, parce qu'elles sont immorales, en ce sens qu'elles ridiculisent le clergé et les Jésuites en général ; enfin, et surtout condition *siné quâ non*, de ne plus recevoir de femmes au-dessous de cinquante ans, vu le respect qui est dû à une maison bien famée ; elle vous quitte en vous demandant pardon de la petite importunité qu'elle vous cause, et en vous répétant que d'ailleurs vous êtes parfaitement libre chez vous. Mais vos voisins, et surtout la dévote, ne vous ont point pardonné, et chaque soir, ils vous donnent à tous les diables, la jeune prude vous épie, c'est comme un Argus dont les yeux sont continuellement braqués sur vous ; vous ne pouvez faire un pas sans qu'elle ne soit informée ; elle sait le soir qui vous avez reçu dans la journée ; elle croit toujours avoir entendu chez vous le frôlement d'une robe, l'accent flûté d'une voix féminine, ou avoir vu une silhouette de femme se glisser dans votre chambre ; en un mot, vous êtes sous l'empire de la plus minutieuse inquisition qui fût jamais, et pourtant on vous assure chaque jour que vous êtes parfaitement libre chez vous.

Un jour, il arrive que votre lingère, qui n'y entend pas plus de mal, vous rapporte votre linge, et, parce que c'est une brunette assez gentille, à l'œil vif, au corsage mignon et qui est loin d'avoir atteint les dix lustres de rigueur, voilà tout une émeute sur votre carré, chacun crie au scandale, il n'y a pas assez d'eau dans la Loire pour vous laver. La portière s'en mêle, c'est à qui viendra vous donner le coup de pied de l'âne, heureux si la police elle-même.... Le lendemain on vous prie de chercher un gîte ailleurs, pour la plus grande gloire des mœurs et l'édification de vos voisins. Ceci se renouvelle à peu près douze fois par an.

D'honneur, n'y eût-il dans la vie de garçon que l'inconvénient des chambres garnies, ce serait assez pour y faire renoncer !

Jules F....

Tartufe Garde National.

Un individu à la mine béate, à l'air contrit se présente et répond au nom de Bernardeau.

Le président. — Vous êtes prévenu d'avoir manqué deux gardes consécutives. Qu'avez-vous à répondre ?

Bernardeau, d'un ton piteux. — Je suis forcé d'avouer que mes principes m'ont empêché d'aller au corps de garde.... il s'y passe des choses inconvenantes.

Le président. — Que s'y fait-il donc ?

Bernardeau. — On y jure à tout bout de champ, on y parle de choses déplacées ; je ne peux pas m'y trouver dans certaines occasions.

Le président. — Pourquoi !

Bernardeau. — Parce que je craindrais de perdre le fruit de mes dévotions.

Le président — C'est pour ne pas vous corrompre que vous manquez au service ?

Bernardeau. — Oui ; j'avais reçu l'absolution le matin, de mon confesseur, je devais communier le lendemain, vous concevez que c'était m'exposer que d'aller passer ma journée au poste.

Le président — Je ne vois pas cela.

Bernardeau. — C'est pourtant clair : des gens qui font des blasphèmes à chaque instant, en allumant leur pipe, en parlant politique, en demandant l'heure qu'il est ; des gens qui jouent aux cartes, qui mangent indifféremment le vendredi et le samedi des biftecks aux pommes et des rognons sautés.....

Le président. — Ce ne sont pas de si grands crimes.... il y a des dispenses pour le soldat, et tout citoyen de garde est considéré, d'après le droit canonique, comme militaire.

Bernardeau. — Si c'était tout encore ! mais on a offensé ma pudeur..... on m'a fait arrêter une femme, à ma dernière patrouille..... une malheureuse sans honneur, qui n'avait ni foi ni tartan, une créature sans châle et sans religion... j'ai souillé mes mains en la touchant.

Le président. — Vous êtes intolérant, Monsieur : le réglement qui enjoint aux agents de la force nationale de recueillir ces créatures, dont en doit avoir pitié, est aussi charitable que juste. Au reste, comme vous pouviez avertir le sergent-major que vous alliez communier et vous faire ainsi remplacer, et que vous ne l'avez pas fait, votre excuse ne me paraît pas admissible.

Le rapporteur. — Le prévenu se confesse toujours la veille de sa garde ; c'est un moment mal choisi. Pourtant, comme il faut protéger l'exercice de la religion, je propose au conseil d'acquitter le prévenu.

Bernardeau. — A la bonne heure ! voilà un pieux homme.

Le rapporteur. — A une condition, c'est qu'il justifiera son excuse par la présentation d'un billet de confession.

Bernardeau, à cette demande, reste tout interdit.

Le président. — Voyons, Monsieur, montrez-en un au moins ; si vous l'avez chez vous,

envoyez-le chercher, le conseil surseoira quelques instants.

Bernardeau, déconcerté, sort sans dire un mot.

Le conseil rend immédiatement un jugement qui condamne l'hypocrite récalcitrant à vingt-quatre heures de prison.

Nouvelles Théâtrales.

Marseille, 16 novembre.

Le Gymnase, qu'une crise financière a tenu fermé pendant quelques jours, vient de rouvrir avec une nouvelle administration et sous les auspices d'un artiste du Théâtre - Français. M. David, qui a rempli avec talent les premiers emplois tragiques sur la scène de Talma, et qui a été en partage de rôle avec Ligier, cet acteur si populaire, a donné hier soir au Gymnase sa première représentation. En attendant que nous consacrions un article plus étendu à l'appréciation du mérite de cet artiste, nous félicitons le public éclairé d'avoir trouvé pour quelques jours un interprète habile de nos anciennes œuvres dramatiques. Il sera certainement facile à M. David, par ses études comme par son expérience, de nous rappeler les traditions de la scène française. De telles représentation sont trop rares en province pour qu'elles n'attirent pas la foule.

— Mme Clara Margueron, qui avait échoué à Toulouse, paraît avoir réussi à Bordeaux. Voici en quels termes la *Guienne* parle de son premier début.

» Mme Clara Margueron a fait mardi son premier début dans le rôle de Rachel, de la *Juive*. On doit louer dans la débutante une voix agréable et facile, quoique le volume en soit un peu faible ; un jeu qui ne manque ni d'intelligence, ni d'expression dramatique, une excellente tenue. Cette première épreuve, loin d'avoir été défavorable à Mme Clara Margueron, nous permet d'espérer que son admission ne souffrira point de difficulté.

Bordeaux. — Il y a peu de jours, notre charmante danseuse, Mlle Elisa Bellon, fut victime, de la part de quelques personnes, d'exigences cruelles qu'accompagnèrent d'injurieuses manifestations. Très-probablement Paris nous enlèvera bientôt Mlle Bellon ; des rigueurs aussi révoltantes pourraient faire croire que l'on veut hâter le moment d'une perte dont l'étendue immense sera trop tard sentie.

Dans un siècle où une révolution s'est accomplie pour relever, dit-on, la dignité de la nature humaine que les anciennes institutions du pays ne tenaient pas assez en grand honneur, nous avons peine à comprendre que l'on oublie ainsi les égards toujours dûs aux artistes qui se recommandent à l'estime publique par leur caractère non moins que par leurs talents.

Des façons d'agir aussi affligeantes que celles employées envers Mme Bizot et Mlle Bellon, jettent d'amères pensées, il faut qu'on le sache, au cœur des artistes vraiment dignes de ce nom.

Lorsque les droits du public nous paraissent recevoir quelque atteinte, nous ne sommes pas les derniers à les défendre ; mais nous considérons aussi comme un devoir de blâmer hautement ce parti pris de manifestations inconvenantes, ce système de vexations despotiques à l'usage de quelques personnes. L'autorité, première gardienne de l'ordre, ne penserait-elle pas qu'il est temps de mettre un terme à des abus qui finiront par rendre le spectacle impossible ?

La distribution inintelligente de certains rôles a plus d'une fois provoqué les observations de la presse. La chose est assez grave pour qu'il nous soit permis d'y revenir avec quelque insistance. Il nous semble que l'on se méprend sur la spécialité d'un artiste dont nous ne songeons d'ailleurs à contester ni le talent, ni le zèle. Nous voulons parler du tenor comique, M. Gustave d'Hérou.

C'est une grave erreur de penser que tout rôle *comique* écrit pour voix de tenor, doive tomber dans l'emploi de cet artiste. A ce compte, les rôles créés autrefois par Elleviou, et depuis joués par Ponchard, dans *le Tableau Parlant*, dans *Picaros et Diego*; dans *Lulli et Quinault*, devraient lui appartenir. Ces rôles en effet, loin d'avoir rien de sérieux, sont du comique le plus divertissant, et rentrent tout-à-fait dans le genre bouffe. Jamais cependant Féréol, à l'Opéra-Comique, n'a eu la prétention de les jouer, et nous ne croyons pas qu'il soit jamais entré dans la pensée de Gustave d'Hérou de les réclamer comme appartenant à son emploi.

ANGERS. — Tous les jours, M. Becquet mérite davantage les éloges que nous nous sommes empressés de lui donner après ses deux premières représentations. Sa voix juste, étendue, flexible, sa bonne méthode de chant, sa précision musicale, son jeu intelligent, dramatique donnent à la troupe d'Opéra de MM. Alfred et Lagrange, comme à l'orchestre, une bonne et utile impulsion. Hier, *Zampa* a été très-convenablement représenté, et M. Becquet a toujours mérité de vifs et sincères applaudissements. Incessamment nous espérons pouvoir parler avec détail de la troupe de MM. Alfred et Lagrange.

— Les arts viennent de perdre à un âge fort avancé M. Gardel, ancien maitre de ballets sous l'empire, à l'Opéra. M. Gardel avait conservé l'estime et l'amitié de tous les hommes qui l'avaient connu ; on lui doit la mise en scène du ballet de Psyché et de toutes les pièces qui ont fait de l'Académie royale de musique le premier théâtre lyrique de l'Europe.

— On écrit d'Anvers, le 7 novembre :

» Un acte de vandalisme inouï s'est passé cette nuit. La sentinelle placée devant la statue de Rubens, s'est amusée à briser à coups de baïonnette les pieds des génies qui ornent le piédestal. Ce n'est que ce matin que l'on s'est aperçu des dégâts occasionnés par ce soldat, que l'on a relevé de faction dans un état complet d'ivresse. Les coups ont été portés avec tant de violence, que la baïonnette s'en est fendue. Ce factionnaire a été immédiatement arrêté.

GRAND THÉATRE DE NANTES.

Aujourd'hui SAMEDI, 21 Novembre 1840. On commencera à sept heures.

SOIRÉE MUSICALE,

DONNÉ PAR

M. J. ARTOT.

PROGRAMME.

UNE WALSE A GRAND ORCHESTRE,

Composée par M. HASSELMANS.

L'ANGE DÉCHU.

Mélodie de Vogel, chantée par M. HEMANN LÉON.

SOUVENIRS DE BELLINI,

Caprice brillant pour Violon, composé et exécuté par M. J. ARTOT.

AIR DU COMTE ORY,

Musique de Rossini, chanté par Mme Duchampy.

1. LE COR DES ALPES, 2. MES PLAINTES,

Mélodies de l'auteur du *Cent-Suisse*, chantées par M. Hermann-Léon.

HOMMAGE A RUBINI,

Morceau de concert pour violon, composé et exécuté par M. J. ARTOT.

LE CALIFE DE BAGDAD,

Opéra-comique en un acte, paroles de Saint-Just, musique de Boïeldieu.

Distribution. — Isaun, M. Lafcuillade ; Yémaldin, Gustave Stéphane ; Le cadi, M. Pàris ; Un juge, M. Dubosc ; Lémaïde, Mme Foignet ; Zétulbé, Mlle Constance-Lyon ; Késie, Mlle Victorine Saint-Lharles ; Suite du calife, gardes, hommes de justice, etc.

L'OPÉRA SERA TERMINÉ PAR

UN DIVERTISSEMENT composé de :

PAS DE TROIS,

Exécuté par M. Constant Tell, Mlles Thérèse Ferdinand et Santi.

PAS DE DEUX,

Exécué par M. Marius Petipas et Mlle Armande Ferdinand.

CHACUN DE SON COTÉ,

Comédie en trois acte, en prose, de Mazères.

Distribution. — Le général Derbou, M. Toudouze ; M. de Vallière, M. Roche ; Le comte Alexis Balcoff, Alfred Harmant ; M. Bargeot, M. V. Henry ; La baronne de Vallière, Mme Joly : Mme Bargeot, Mme Neuville ; Juliette, Mlle Debroux.

ORDRE DU SPECTACLE :

1. *Chacun de son Côté.* 2. *Soirée Musicale.* 3. *Le Calife.* 4. *Un divertissement.*

Le Rédacteur en chef, HÉRAULT.

IMPRIMERIE D'HÉRAULT, A NANTES.

Dimanche 29 Novembre 1840.　　DEUXIÈME ANNÉE.　　4ᵉ Trimestre. Nº 9

PRIX D'ABONNEMENT :

NANTES.
TROIS MOIS....: F. 3
SIX MOIS.... 6
UN AN....... 12

DEHORS
TROIS MOIS.. F. 5
SIX MOIS.... 10
UN AN....... 18
AFFRANCHIR..

—

Prix du numéro, 15 c.

—

PRIX D'ANNONCES :

30 c. à la page d'avis ; 1 fr. dans le corps du journal. Remise du tiers aux abonnés.

LE BUREAU EST SITUÉ
Chez HÉRAULT, Imprimeur de Guérande, Nº 3.

—

ON S'ABONNE :

Au Bureau ;
Chez GUÉRAUD, Libraire, Basse-Grande Rue et passage Bouchaud ;
PLANÇON, Libraire, place Grasliu.

—

SE TROUVE CHEZ :

M. SUIREAU, Lib.re, rue Crébillon
Et M. PLESSIER, Relieur, idem.

—

A PARIS,
ISIDORE PESRON, rue Pavée-Saint-André, Nº 13.

VERT-VERT.

JOURNAL DES SALONS ET DES THEATRES.

GRAND THÉATRE.

CHRONIQUE DRAMATIQUE.

Tout a été dit sur le brillant talent de M. Artot, quatre concerts consécutifs, où l'affluence n'a pas cessé un seul instant, témoignent assez du plaisir que nous a fait éprouver cet excellent violoniste. Nous ne recommencerons donc pas les justes éloges que nous lui avons donnés, nous le remercierons de nous avoir répété les morceaux qui nous ont le plus séduits, et d'avoir si bien clôturé la série de soirées délicieuses dont le souvenir ne s'effacera jamais de notre mémoire. Il ne serait pas équitable de consacrer un second article sur d'aussi bons concerts, sans que nos artistes du théâtre, qui y ont figuré si avantageusement n'en eussent une bonne part. Or, procédons par ordre et commençons par le 1ᵉʳ concert donné au théâtre samedi dernier. Nous n'avons pu en parler dans notre numéro de dimanche, et disons qu'après la comédie Chacun de son Côté, fort bien jouée en général, et surtout par Mᵐᵉ Joly et par M. Roche ; ce premier concert a ouvert par une walse à grand orchestre, de M. Hasselmans, dont nous avons déjà parlé, qui a été beaucoup mieux rendue au théâtre qu'à la grande salle de la Mairie, le mercredi précédent ; puis un caprice pour violon sur des motifs du Pirate, joué dans la perfection, par M. Artot qui en est l'auteur ;

venait ensuite un air du Comte Ory, chanté avec autant de goût que de facilité, par notre prima dona. Voilà tout ce qu'il y a de nouveau à dire sur la première soirée.

La seconde, de mardi dernier, offrait un attrait plus piquant, en ce qu'elle réunissait dans un même morceau (le beau duo sur les motifs de Guillaume Tell) Mᴸˡᵉ Lambert et M. Artot, deux talents de première ligne ; mais elle a été peut-être plus remarquable, s'il est possible, par le triomphe qu'a obtenu Mᵐᵉ Duchampy dans l'air du Serment, qu'elle a chanté avec une telle supériorité, qu'il semblait vraiment qu'elle fût l'héroïne de la fête. C'est qu'aussi on ne met pas plus de goût, plus de charme, on ne se joue pas des difficultés avec autant d'aisance et de grâce que cette charmante cantatrice n'en a déployé dans cette longue sène ; aussi, les bravos, les trépignements ne lui ont-ils pas fait faute : Jamais succès pareil n'avait retenti dans la salle Graslin ; c'était presqu'une ovation. Nous serions injustes si nous passions sous le silence des variations sur Di tanti palpiti, parfaitement exécutées par Mᴸˡᵉ Lambert, dont nous sommes les admirateurs sincères. M. Hermann Léon, bien que sur l'affiche, s'est fait remplacer ce soir là par une basse que nous avions écoutée avec plaisir dans plusieurs solos de nos opéras ; mais nous ne supposions pas encore tant de beaux moyens dans un coryphée ; nous avouons avoir été surpris agréablement en entendant l'air du Chalet, chanté, malgré une émotion très-visible, avec autant d'intelligence, de justesse que de goût. Nous conseillons à M. Dubosq de travailler sa belle voix, qui a toutes les qualités désirables pour faire un bon chanteur : beau timbre, belle vocalisation, force et douceur,

étendue suffisante, enfin, avec l'étude, la réussite est certaine.

Nous voici arrivés au concert de jeudi, le dernier où M. Artot nous a fait ses adieux ; en terminant, comme il avait commencé par Lucie et la Niobé, deux charmants morceaux dont nous avons rendu compte. Dans ce concert, nous avons entendu une jeune et jolie voix qui promet beaucoup, si elle est bien dirigée ; mais qui se perdra infailliblement, si elle est abandonnée à elle-même. Ainsi, par exemple, dans l'intérêt de cette jeune personne, nous devons dire qu'elle ne sait pas poser sa voix, que ses intonations ne sont pas justes, que ses notes élevées sont criées, qu'entre la voix de poitrine et la voix aiguë il n'y a aucune liaison, qu'elle manque de médium parce qu'elle veut trop sombrer ses notes graves et les conduire trop haut dans le premier registre, lequel doit s'arrêter au sol de la seconde ligne de la portée. Quant à ses intentions, à son expression, qui est nulle dans l'emploi qu'elle en fait sans mesure, nous n'en parlerions pas, si nous n'y voyions une affectation qui gâtera un bon naturel. Dans une enfant, nous ne désirons pas trouver plus qu'elle ne peut donner ; nous préférons la naïveté, la simplicité du jeune âge aux sentiments qui ne sont compréhensibles que de l'âge mûr. Que Mᴸˡᵉ Foignet fasse des gammes, rien que des gammes et toujours des gammes, qu'elle se confie à la cantatrice qui a chanté si parfaitement l'air du Comte Ory, du Serment et de l'Ambassadrice, et nous lui prédisons une réussite complète. Ces conseils sont une preuve du vif intérêt que nous portons à Mᴸˡᵉ Foignet.

M. Hermann-Léon, oh ! vous allez nous en vouloir, nous n'aimons pas encore le Giaour.

Nous avons le malheur de trouver cette scène monotone, ennuyeuse; l'allegro est un exercice de vocalise. Sur les paroles les plus graves, les plus furibondes, on a placé des roulades qui se ressemblent toutes, et que nous avons déjà entendues dans *Lucie* et les *Huguenots*, le récitatif est soporifique; il se peut que vous le trouviez beau; mais il n'a pas le don de nous plaire, et malheureusement encore nous ne sommes pas les seuls de notre avis : demandez plutôt à tous ceux qui bâillaient, ils étaient en grand nombre. Le cantabile ressemble à tout ce qu'on a entendu. Pas une phrase neuve, pas deux mesures originales. Sans doute M. Fanna écrit correctement, mais cela ne suffit pas; il faut du chant qui soit agréable, s'il n'est pas nouveau, et on en chercherait vainement dans *le Giaour*.

M. Bressler, notre excellent professeur, dont les nombreux élèves témoignent de sa bonne méthode, a bien voulu, malgré une timidité qu'il a peine à vaincre, concourir aux plaisirs de cette dernière soirée. Son morceau de Weber, d'une beauté incontestable, n'est cependant pas de nature à charmer tous ses auditeurs. Il faut des oreilles exercées et musicales pour apprécier le mérite d'une musique sévère; mais le rondo, qu'il a rendu avec âme, verve et netteté, a été du goût de tout le monde, et nous a prouvé toute la supériorité de son talent lorsque la confiance ne l'abandonne pas. Qu'il surmonte donc cette frayeur, et désormais il ne devra plus craindre aucune comparaison.

Nous apprenons, par un avis de M. le maire, que la direction des théâtres de Nantes va être vacante pour la campagne prochaine. C'est un malheur, car, pour cette fois, l'administration, le public et le directeur étaient d'accord; il n'y a que les recettes qui ne viennent pas couvrir entièrement les dépenses, et un entrepreneur n'étant pas absolument obligé de se ruiner pour amuser le public, glorifier les arts, et faire prospérer une grande cité, il a toujours la faculté de s'abstenir : c'est ce que fait aujourd'hui M. Lafeuillade, parce que le conseil municipal n'a pas cru devoir accéder à une juste et modeste demande qu'il lui a faite... Ainsi donc, si rien ne vient modifier l'état actuel, l'existence du théâtre, c'est-à-dire celle de beaucoup de personnes de différents états, est une fois encore mise en question.

JUANNA.

Les maris ne sont pas plus trompés en France qu'ils ne le sont en Angleterre, en Allemagne, en Russie, au Congo, ou au Tonkin, en d'autres termes, ils sont trompés partout; c'est leur destin à ces pauvres maris, que voulez-vous! Au point qu'un misanthrope de nos jours disait effrontément, en parodiant un vieil adage : montrez-moi un mari, je vous montrerai un.... suffit. Les maris sont dupes; je ne dis pas non, mais ils ne sont pas toujours comme celui de Lafontaine..... battus et contents, j'en ai même connu, de très mécontents, et qui se vengeaient de la belle manière, témoin le fait que je vais raconter :

C'était au Brésil, en 1828; parmi les jolies filles de San Salvador, on citait particulièrement M⁰⁰ ⁰⁰⁰. Vous n'eussiez pas facilement rencontré dans tous les états de l'empereur une plus charmante personne, avec deux grands yeux noirs plus doux, avec un plus délicieux visage, une taille plus mignonne et plus de grâce dans la tournure, aussi fut-elle recherchée par tout ce qu'il y avait alors de jeunes hommes distingués à San-Salvador. Parmi tous ses adorateurs, Juanna n'en remarqua qu'un seul; de tous ces hommages elle n'en accueillit qu'un, celui du beau Raymondo. Mais Raymondo était pauvre et Juanna était riche, et Juanna fut unie à un autre. Or, voici ce qui arriva : l'époux de cette jeune femme était un négociant constamment occupé de ses spéculations et nullement d'autre chose, qui ne vit dans son mariage qu'un moyen honnête d'augmenter sa fortune déjà considérable, sans reconnaître tout ce que valait Juanna, sans idolâtrer cette femme angélique, et sans chercher à se faire pardonner le bonheur de l'avoir emporté sur ses rivaux; en un mot, il négligea sa femme, et cela est fort dangereux, car il arrive presque toujours qu'elle s'en venge, et Juanna se vengea; mais, je me trompe, Juanna était vertueuse, plus vertueuse, je l'affirme, que beaucoup de prudes qui la mépriseront peut-être; ce ne fut pas pour se venger qu'elle devint infidèle, la seule force des choses l'entraîna. D'abord la pauvre jeune femme pleura sur l'abandon de son époux, et sur cet isolement continuel dans lequel il la laissait chaque jour; puis, ne trouvant point autour d'elle d'objet sur lequel elle pût déverser, les trésors de tendresse dont son cœur débordait, elle jeta les regards au-delà du toit conjugal, et se ressouvint de Raymondo, et, comparant Raymondo avec son mari, la tournure élégante et la pâle et noble figure du premier, avec la physionomie et les manières communes de l'autre, l'âme poétique et rêveuse de l'un avec l'âme sèche et avare de l'autre, la voix si douce de Raymondo avec le ton brusque et froid de son époux, elle trouva que le premier l'emportait incomparablement sur le second. Hélas, pensait-elle, celui-là du moins m'aurait comprise et aimée! et la jeune femme poussa un profond soupir et réfléchit long-temps... Raymondo se souvenait aussi de l'aimable Juanna; la médisance n'avait pas manqué de lui apprendre qu'elle n'était point heureuse avec son mari, et il se promit bien de la consoler à la première occasion. Cette occasion ne tarda guère; un bal les réunit chez le gouverneur : Raymondo ne parla point à Juanna des torts de son époux, mais il lui parla d'amour, ce qui valait beaucoup mieux, et il lui peignit sa passion avec tant d'expression et d'énergie, que déjà Juanna vaincue devint mentalement infidèle.

Des affaires de commerce appelèrent sur ces entrefaites le mari de Juanna en France; il partit sans trop s'occuper du charmant trésor qu'il laissait derrière lui; mais, pendant son absence, Raymondo vint souvent consoler la jolie délaissée, et bientôt Juanna parjure à la fo

sainte, oublia ses serments dans les bras de Raymondo.... et le temps passait rapide comme un songe, car Juanna et Raymondo ne se quittaient que pour s'écrire de longues lettres remplies de passion, et la nuit qui les réunissait, était toute pleine de baisers et d'amours. Cependant le moment du retour de l'époux approchait, et Juanna, l'adultère se sentit tressaillir d'épouvante, car elle avait oublié qu'un lien indissoluble l'unissait toujours à cet homme qu'elle haïssait maintenant de toute la puissance de son âme.

Un soir, Juanna, toute pensive, égarait ses jolis doigts dans la chevelure d'ébène de son amant, et elle ne répondait pas à ses caresses brûlantes, et ses lèvres ne s'entr'ouvraient point pour lui sourire. Tout-à-coup elle cacha sa charmante tête dans le sein de Raymondo, comme pour lui demander un asile, et, pâle d'effroi, elle dit : Raymondo! il sera ici demain ! — Qu'importe ? aucune puissance humaine ne me fera renoncer à toi, ma Juanna, car tu es à moi bien plus qu'à lui; à moi, par un lien intime; à moi, par l'amour; à moi, par le cœur et par ton choix; dis, ma vie?

— Oui, mais demain.... il sera ici, et dès demain séparés.... comprends-tu, Raymondo?

— Séparés.... non pas, nous tromperons sa vigilance, et nous serons encore heureux.

Les amants convinrent que chaque soir un palanquin porté par deux noirs affidés rendrait Juanna aux baisers de Raymondo. — Le mari revint, et, dès le lendemain de son retour, Juanna, sous prétexte d'aller à la prière, se fit porter à la maison de Raymondo. Les jours suivants, même prétexte et même succès. Enfin, des voisines remarquèrent ces fréquentes visites et reconnurent le palanquin; là-dessus elles formèrent mille conjectures, et finirent malheureusement par découvrir l'intrigue de Juanna. Bientôt ce fut la fable du quartier, puis de la ville entière, et comme en pareil cas les maris qu'on trompe sont toujours les derniers informés, le nôtre ne l'apprit que lorsqu'on n'en parlait déjà plus. Il fit appeler sur le champ les deux noirs porteurs :

— Où conduisez-vous votre maîtresse tous les soirs?

— Maître, à la prière.

— Vous mentez!!!

— Non, maître, bien vrai.

— Vous mentez! vous dis-je, et en parlant ainsi, il tira de son secrétaire une paire de pistolets. Vous voyez ceci, reprit-il, eh bien! je vous casse la tête à l'instant, si vous ne me dites pas la vérité!

Les nègres se jetèrent à genoux.

— Grâce, maître ! notre maîtresse avait défendu à nous ... grâce !

— Dites donc où vous la conduisez! dites, ou je vous brûle la cervelle !

— Eh bien! maître, chez...... chez don Raymondo!!!

— Raymondo! cria le mari en écumant de rage! bon! je m'en doutais, et après avoir fait raconter aux esclaves toutes les circonstances de ces visites nocturnes, il ajouta : Combien vous a-t-elle donné pour me trahir?

— Maître! cinq cents piastres.

— Eh bien! je vous en promets mille à chacun si vous servez mes projets; mais, si vous dites un mot, vous êtes morts!!!

— Merci! maître, dirent les nègres tout tremblants, nous pas trahir maître à nous, bien sûr!

Le soir, Juanna demanda son palanquin, et au moment où elle allait sortir, le négociant lui dit en dissimulant sa rage.

— Vous sortez, Juanna?

— Je vais à la prière.

— Vous devenez bien dévote depuis quelque temps!

— Mais... vous savez que ma sœur Paquitta est malade, je... fais une quarantaine à Sainte Juanna, ma patronne, pour obtenir sa guérison!

— Bien, mais avant que vous ne sortiez, j'aurais à vous parler, et en disant cela, il lui serra le bras avec force et l'entraîna dans son cabinet. Juanna fut épouvantée et prête à se trouver mal, elle se laissa tomber sur un canapé; lui se mit devant elle, et la considéra quelque temps ainsi: le mépris était sur ses lèvres railleuses, la haine était dans ses yeux, il rompit le silence:

— Vous n'irez pas ce soir chez Raymondo, madame!

— Monsieur!.... je ne sais.... cette interpellation!!! je ne connais nullement....

— Vous me comprenez parfaitement, et j'espère même que nous allons fort bien nous entendre, écoutez: Lorsqu'un mari est trompé comme je le suis, il n'a, pour échapper au ridicule, que deux moyens: le premier de se brûler la cervelle, et le second de tuer la femme et l'amant.

Je ne veux pas me brûler la cervelle, parce que, outre que ce serait une niaiserie de se tuer pour une femme qu'on méprise et qu'on hait, je suis utile à mon pays, en agrandissant ses relations commerciales et en contribuant, par une fortune honorablement acquise, à la prospérité du gouvernement; je ne me tuerai donc pas, et comme il n'y a que deux alternatives, c'est l'autre moyen que je vais employer. Vous allez sonner votre femme de chambre et faire apporter ici un des habillements complets de votre garde-robe; vous allez m'aider à m'en revêtir, et je prendrai votre place dans le palanquin; vous avez eu jusqu'ici tous les bénéfices des rendez-vous, il est temps que ce soit mon tour! Deux minutes après, la jeune femme, pâle comme un cadavre et se soutenant à peine, travestissait son mari qui hâtait sa lenteur par de fréquents mouvements d'impatience et de rage. Puis le négociant prit ses pistolets et un poignard et se fit conduire chez Raymondo. Son absence dura à peine une demi-heure, et cette demi-heure d'attente mortelle fut comme un siècle d'agonie pour Juanna. Quand il rentra, il la trouva à genoux sur le seuil, les cheveux épars et fondant en larmes: — Raymondo? cria-t-elle d'une voix sourde. — Mort! dit tranquillement le négociant, et voici un anneau que je vous apporte

comme souvenir! C'était l'anneau que Juanna avait donné à son amant; elle tomba évanouie aux pieds de son mari, qui la laissa sans secours se tordre et se rouler sur le parquet.... Lorsque Juanna revint à la vie, elle était folle.

JULES F....

PETITES CAUSES CÉLÈBRES.

LA CORRECTIONNELLE A NANTES.

Les deux frères G..... sont perruquiers par une vocation commune, mais non pas également habiles tous deux dans leur *art*, et tant s'en faut. Le premier, vrai bourreau de la pratique, lui fait subir une question continuelle, et s'il n'en écorche entièrement aucune, il en est bien peu du moins parmi ses clients qui se soient tirés de ses mains sans emporter trois ou quatre balafres plus ou moins profondes, comme preuves de la sanglante impéritie de Thomas G..... De là, pénurie de pratiques et vacances souvent prolongées de l'échoppe. Quant à Philippe, son frère, quelle différence! véritable prodige de légèreté et d'adresse, sa main douce et parfumée glisse avec une dextérité parfaite sur les régions barbues de votre visage, et fait courir le rasoir sur toutes les superficies sans que jamais une gouttelette de sang n'ait témoigné de la plus petite écorchure, si bien qu'en deux ou trois secondes, vous voilà rasé net, mais si net, que quelles que soient la dureté et l'épaisseur de votre barbe, on vous prendrait après pour une jeune fille ou tout au moins pour un jouvenceau.

Ne croyez pas cependant que le talent de Philippe se borne au seul exercice du rasoir; coiffeur distingué, il possède encore le grand art de donner à la chevelure toutes les physionomies possibles, soit qu'il la dispose en jolis bandeaux sur les tempes d'albâtre des jeunes filles, soit qu'il la divise en grappes pour les jeunes dames, ou qu'il l'arrondisse en coques sur les fronts ridés des mamans, bref, le talent de l'adroit coiffeur s'harmonie avec tous les goûts, tous les visages, tous les âges. On prétend qu'il est admis dans maints boudoir du quartier, et les méchantes langues vont jusqu'à dire que, sous prétexte de friser les dames, il a coiffé plus d'un mari; ajoutez qu'il manie avec un égal succès le rasoir et la gaudriole, et vous aurez à peu près le profil de Philippe G.... La renommée, qui publie indifféremment les victoires des conquérants et les succès des perruquiers, n'a pas manqué de prôner en tous lieux ce nouveau Figaro; de là, affluence de clients dans sa boutique, on ne se trouvait bien rasé ou bien coiffé que par Philippe, son échoppe ne désemplissait pas. Mais de là aussi, hélas! l'origine de la querelle qui divisa les deux frères, et qui amène Thomas à la correctionnelle. O nature! La jalousie, qui ne respecte pas même les liens de famille, souffla son venin au cœur de ce dernier, et dès-lors il gardait *sub alto corde* un levain de haine contre son frère, lorsqu'une gentille

brunette de dix-sept ans, lingère de son état et coquette par tempérament, vint s'établir entre les échoppes des frères G..... Ses jolis yeux noirs lui attirèrent bientôt de nombreux hommages, et le hasard voulut que les deux frères se trouvassent parmi les soupirants.

Philippe fut préféré. *Amour, qui perdis Troie!* tu rendis Thomas doublement jaloux, et tu attiras sur Philippe un orage qui se traduisit en ce qu'on nomme vulgairement *une volée*, que lui administra son frère, lequel, nouveau Caïn, l'attendit pour cela au détour d'une ruelle. Le prétexte avoué d'un pareil traitement fut la trop facile lingère, mais le véritable prétexte c'était la jalousie de corps. O jalousie de corps!!!

C'est pour ce fait très-inconvenant que Thomas, le frère dénaturé, était traduit en police correctionnelle.

SCÈNE PREMIÈRE.
(*A la barre du tribunal.*)

A l'appel de la cause on voit s'avancer à la barre un individu porteur d'une face rubiconde, à l'œil vif, à la bouche riante, à la tête luisante d'huile antique, surmontée d'un immense toupet. C'est Philippe. Le corps raide, le pied gauche en avant, la tête haute, et la main dans son gilet de cachemire à ramage, il articule sa plainte d'une voix nette et claire.

M. le président. — Les contusions dont vous vous plaignez sont-elles graves?

Philippe. — Je le crois bien, et tenez, vous allez en juger, pour voir.... Philippe se met en devoir d'ôter son habit, pour montrer à la justice l'omoplate contusionnée.

M. le président. — C'est inutile.

Philippe. — Laissez, laissez, mon président, vous allez voir si je me plains à faux, et Philippe tourmente son habit jusqu'à ce que le président lui ait ordonné absolument de n'en rien faire.

M. le président. — Thomas, qu'avez-vous à alléguer pour votre défense?

En ce moment Thomas s'avance:

L'œil farouche, l'air sombre, et le poil hérissé.

Thomas. — J' veux pas être jugé aujourd'hui. J' demande que ça soit retardé.

M. le président. — Sur quelle raison fondez-vous votre demande?

Thomas. — Sur la raison... parce que M. le président, comme dit le proverbe, qui n'entend qu'une cloche, n'entend qu'un son... et j'ai des témoins comme quoi....

M. le président. — Il ne s'agit pas de cela; si vous avez des témoins à décharge, il fallait les faire assigner, qu'avez-vous à répondre à la plainte de votre frère?

Thomas furieux. — Eh bien! rien du tout... cré nom!... puisque vous voulez pas que mes témoins... C'est-à-dire, si... J'ai à répondre que Philippe est un polisson, un mauvais frère, un n'importe quoi....

M. le président. — Votre mission n'est pas d'accuser ici votre frère, mais bien de vous défendre vous-même, si vous n'avez pas de meilleures raisons....

Thomas. — Des raisons, de quoi! mais j'en manque pas de raisons; d'abord, ma boutique va mal, et le soleil n' luit plus pour moi.

M. le président. — Expliquez-vous sans figures, la justice n'entend rien aux allégories.

Thomas. — Allé...... ? connais pas. Mais ce qu'y a de plus clair, c'est que Philippe est un.... suffit; il me décrie, il m'enlève mes pratiques, il m'a soufflé Rose.... il me.... Je demande à faire entendre mes témoins; on peut pas me juger sans les entendre...

Malgré les allégations de Thomas, le tribunal le condamne à 100 francs de dommages-intérêts et aux dépens.

Thomas. — En v'là de la justice! ou j'm'y connais pas! Condamné sans témoins! Mais c'est égal, ma conscience est tranquille. Thomas se retire en murmurant et montrant les poings à Philippe.

SCÈNE II.

(Au bas des marches du Bouffay.)

Philippe sortant de l'audience, et appelant Thomas :

— Ohé! frère, ohé!

Thomas. — Quoi qu'tu veux, dénonciateur, mauvais frère, polisson?

Philippe, lui tendant la main. — Touche-là, frère, je ne t'en veux plus.

Thomas. — Eh ben! moi je t'en veux, et si t'approche, j'te casse la gueule!...

Philippe. — Ah! frère, c'est mal, moi le battu, je fais les avances, et tu me repousses.

Thomas. — Oui, je te repousse, je te renie pour mon frère, tu me fais horreur....

Philippe. — Thomas?

Thomas. — Eh ben?

Philippe. — Tu me dois cent francs de dommages-intérêts, si je t'en faisais remise?

Thomas. — Tu dis?

Philippe. — Que je te fais grâce des cent francs que tu me dois.

Thomas, rayonnant. — Ça va! eh ben! frère, j't'en veux plus, c'est bien, ça, t'as du cœur, frère, touche là.

Philippe. — Eh bien! tu ne paies rien?

Thomas. — Cré nom, je paie du vin, du rhum, du cognac, du vespétro.

Philippe. — Non, rien qu'un verre de cognac.

Ils entrent au *Coq sans plume*, bras dessus, bras dessous....

JULES F.....

— On écrit de Tarascon :

« Notre salle de spectacle, où l'on a abrité une partie des bestiaux, a été tellement submergée, qu'on a été forcé de placer aux premières et aux secondes loges les cochons, les mulets et les brebis. Les barques chargées de fourrages arrivaient, rames déployées, dans le parterre. Toute notre vaste plaine qui est devenue un grand lac est couverte d'une quantité immense de canards sauvages. Les poissons, entraînés par le Rhône, nagent entre nos vignes et nos oliviers. »

GRAND THÉATRE DE NANTES.

Aujourd'hui DIMANCHE, 29 Novembre 1840. On commencera à six heures.

LA VESTALE,

Grand Opéra en 5 actes, paroles de M. Jouy, musique de Spontini.

Distribution. — Licinius, M. Lafeuillade; Cinna, M. Abadie; Le grand Pontife, M. Hermann-Léon; Un Aruspice, M. Victor Deplanck: Un consul, M. Dubosc; Julia, Mme Duchampy; La grande prêtresse, Mme Hess.

DANSES au premier acte, à la scène du Triomphe.

PAS DE DEUX,
par Mlles Armande Ferdinand et Santi.

PAS DE DEUX,
par M. Marius Petipa et Mlle Armande Ferdinand.

La Maitresse de Langues,

Vaudeville en un acte, par MM. de Saint-Georges, de Leuven et Dumanoir.
Distribution. — Vaudoré peintre, M. Bertin fils; Le comte Ostrogoff, seigneur russe, M. Granger; Alexis, son fils, M. Blanchard; Un cosaque, M. Sarrazain; Léonide, Maitresse de Langues, Mme Neuville; Mina, Mlle Laure; Eva, Mme Famin.

LE PREMIER ACTE DE

LA DAME BLANCHE,

Paroles de M. Scribe, musique de Boïeldieu.

Distribution. — Georges Brown, M. Damoreau neveu; Dickson, M. Blanchard; Gabriel, M. Famin; Jenny, Mme Olivier.

Pour le 15 décembre prochain, au bénéfice de M. Hermann-Léon.

1° UN COLONEL D'AUTREFOIS, vaudeville en un acte, de M. Scribe.
2° LE MOINE, scène religieuse, de Meyerbeer, chantée par M. Hermann-Léon, avec accompagnement d'orchestre.
3° LE CHEVALIER DU GUET, vaudeville nouveau en deux actes.
4° LE SIÉGE DE CORINTHE, opéra en 5 actes, de Rossini.

THÉATRE DES VARIÉTÉS.

Aujourd'hui DIMANCHE, 29 novembre 1840. On commencera à cinq heures et demie.

LE FILS DE LA FOLLE,

Drame en cinq actes, par M. Frédéric Soulié.

Distribution. — Fabius, M. Roche; Le comte de Matta, M. Toudouze; Achille de Matta, M. Cazaubon: Grand-Louis, fermier du comte, M. V. Henry; Georges, domestique du comte, M. Duchâteau jeune; Mme la Fosse, Mme Roche; Célestine, sa fille, Mme Neuville; Fanny, nièce du comte, Mlle Debroux.

LES MALHEURS D'UN AMANT HEUREUX,

Comédie-vaudeville en deux actes, par M. Scribe.

Distribution. — M. de Thémine, M. Alfred Harmant; M. Bonneval, M. V. Henry; Edouard Bonneval, M. Gustave Stéphane; M. de Thorigny, M. Toudouze; Un domestique, M. Sarrazain; Henriette, Mlle Debroux; Madame de Thorigny, Mlle Clara Stéphany; Madame de Simianne, Mme Olivier.

LES DEUX DIVORCES,

Vaudeville en un acte.

Acteurs. — MM. Oudinot, Páris, Deplanck, Mmes Cochèze et Neuville.

Le Rédacteur en chef, HÉRAULT.

IMPRIMERIE D'HÉRAULT, A NANTES.

Dimanche 6 Décembre 1840. DEUXIÈME ANNÉE. 4e Trimestre. N° 140.

PRIX D'ABONNEMENT :

NANTES.	TROIS MOIS	F. 3
	SIX MOIS....	6
	UN AN........	12

DEHORS	TROIS MOIS..	F. 5
	SIX MOIS....	10
	UN AN........	18
	AFFRANCHIR..	

Prix du numéro, 15 c.

PRIX D'ANNONCES :

30 c. à la page d'avis : 1 fr. dans le corps du journal. Remise du tiers aux abonnés.

LE BUREAU EST SITUÉ
Chez Hérault, Imprimeur, rue de Guérande, N° 3.

ON S'ABONNE
Au Bureau ;
Chez Guéraud, Libraire, Basse-Grande-Rue et passage Bouchaud ;
Plançon, Libraire, place Graslin.

SE TROUVE CHEZ :
M. Scibeau, Lib.re, rue Crébillon
Et M. Plessier, Relieur, *idem*.

A PARIS,
Isidore Pesron, rue Pavée-Saint-André, N° 13.

VERT-VERT,

JOURNAL DES SALONS ET DES THEATRES.

GRAND THÉATRE.

CHRONIQUE DRAMATIQUE.

RIEN de nouveau cette semaine, à moins qu'il ne vous plaise de considérer comme une nouveauté la reprise du *Sonneur de Saint-Paul*, que vous connaissez peut-être ? Tant mieux pour vous, car nous qui l'avons vu deux fois, nous ne nous chargerions pas de vous en donner une idée bien nette, attendu la multiplicité d'incidents qui se succèdent. Ce drame, selon nous, pèche par trop d'imagination ; différent en cela de tant d'autres, à qui l'on doit souvent reprocher l'excès contraire, il faut cependant reconnaître que tous ces incidents, pour être trop multipliés, ne s'enchaînent pas moins assez naturellement. Nous avons remarqué quelques scènes heureuses ; le caractère du *Sonneur* y est largement tracé et bien conçu, et à part quelques phrases hasardées, le style est généralement correct et même parfois remarquable d'élégance et d'énergie. En résumé, le *Sonneur de Saint-Paul*, malgré sa complication, ne manque pas d'intérêt et fera faire encore plusieurs bonnes recettes à l'administration.

Nous savions que M. Oudinot était un artiste remarquable ; mais nous ne l'avions pas encore vu déployer un aussi grand talent que dans ce drame ; tour-à-tour pathétique et plein de verve et d'énergie, son jeu vous remue et vous entraîne, sans que jamais le naturel en souffre et qu'il y ait chez lui ni affectation, ni enflure. Nous sommes fier de posséder en M. Oudinot l'un des meilleurs acteurs de la province.

La mise en scène du *Calife de Bagdad* est faite avec un luxe vraiment oriental, le changement à vue est d'un très-bel effet, joignez à cela le talent avec lequel M. Lafeuilla le remplit le rôle du *Calife*, et la délicatesse exquise avec laquelle il chante la musique de Boieldieu, et surtout, la gracieuse romance de Zétulbé, et vous aurez le secret du plaisir avec lequel on a accueilli la reprise d'un chef-d'œuvre qui ne vieillit pas.

M.e Lyon ne travaille pas assez ; nous avons le regret de dire qu'aucun progrès ne se manifeste chez elle, nous voudrions aussi qu'elle fit moins de grimaces, cela nuit à l'effet de sa charmante physionomie qui, d'ailleurs, est toujours trop impassible. Cependant M.e Lyon à de l'âme ; qu'elle le prouve donc, et qu'elle s'efforce d'être plus comédienne. Il faut aussi qu'elle soit plus scrupuleuse sur la fidélité des costumes. Zétulbé, élevée dans le culte de l'Alcoran ne doit point porter au cou le signe de la religion du Christ.

Par la même occasion, nous recommandons aux figurants et figurantes, et notamment à M.me Jachmann, de remplir leur emploi avec gravité, et de ne pas se livrer mal à propos, à des rires inconvenants. Il faut respecter le public.

MAIRIE DE NANTES.

La direction du Grand-Théâtre sera vacante le 1er mai 1841.

Les personnes qui seraient dans l'intention de concourir pour obtenir cette Direction, sont invitées à se faire connaître avant le 28 décembre prochain, délai de rigueur.

Le cahier des charges, clauses et conditions de l'entreprise est déposé au Secrétariat-général de la Mairie, où toute personne pourra en prendre connaissance ; en voici au surplus les principales conditions :

1° La ville assure au Directeur une subvention annuelle de CINQUANTE MILLE FRANCS et son logement gratuit dans la salle, à des conditions déterminées ;

2° La salle, le café intérieur qui en dépend, les décors et tous les objets et ustensiles qui en font partie lui sont donnés en jouissance gratuite, à la charge de les entretenir et de les rendre en bon état à la fin de son privilège ;

3° L'année théâtrale ouvrira du 20 au 25 mai 1841, pour finir le 30 avril 1842, et comprendra seize ou dix-huit représentations par mois, selon la saison ;

4° La troupe devra être formée de sujets de talent, ayant déjà été accueillis sur des Théâtres de même ordre que celui de Nantes, et composée de manière à pouvoir jouer l'*Opéra*, le *Vaudeville* et la *Comédie de genre* ;

5° La rétribution due aux pauvres se paie par représentation, à un prix très-modéré, au moyen d'un abonnement avec le bureau de bienfaisance ;

6° Le Directeur doit pourvoir les magasins du Théâtre de tous les objets d'habillement, musique, pièces, et enfin de toutes choses nécessaires à son exploitation, et qui restent sa propriété, ainsi que les décorations qu'il fait confectionner pendant la durée de son privilège.

Il salarie le machiniste, le peintre-décorateur, le concierge et tous ouvriers et garçons de Théâtre nécessaires au service ;

7° L'Administration municipale désire, sans cependant en faire une obligation, que la troupe soit administrée suivant le système de société; elle traiterait de préférence avec un Directeur qui adopterait ce mode d'administration;

8° La troupe devra être formée le 1er mars au plus tard, et le Directeur devra en justifier à cette époque;

9° L'Administration n'admettra comme concurrents, que ceux qui justifieront par pièces authentiques de leur moralité, de leur solvabilité et de leur capacité. Sa proposition pour la nomination du Directeur reste, au surplus, subordonnée à la décision de l'autorité supérieure.

Le présent sera adressé à MM. les Maires des principales villes du royaume, qui sont priés de lui donner la plus grande publicité possible.

En Mairie, à Nantes, le 16 novembre 1840.

Le Maire, FERDINAND FAVRE.

SALLE DE LA MAIRIE.

Mercredi 9 Décembre.

CONCERT

vocal et instrumental

DONNÉ PAR

Mme PICARD ET MM LES ARTISTES,

AU BÉNÉFICE DES INONDÉS.

PREMIÈRE PARTIE.

1. Ouverture à grand Orch. (*Robin des Bois.*) WEBER.
2. Air du *Serment*, chanté par Mme DUCHAMPY. AUBER.
3. Solo de Piano, exécuté par le jeune WAGNER. KALBRENNER.
4. Air varié pour la Harpe (*Joseph*), exécuté par Mme PICARD. Mlle BERTRAND.
5. Romances chantées par Mme URSO, accompagnée par M. URSO. PANSERON.
6. Duo de Piano et Violon, exécuté par MM. BRESSLER et POULAIN. GUYS.

DEUXIÈME PARTIE.

1. Ouverture à grand Orchestre.
2. Air de Ninka (*du Dieu et la Bayadère*), AUBER. La Veille du Mariage, L. St-James. Chantés par Mlle Saint-Charles.
3. Fantaisie sur l'opéra de *Moïse*, pour la Harpe, exécuté par Mme PICARD. LABARRE.
4. Dixième air varié pour le Violon, exécuté par M. POULAIN. GUYS.
5. Cantate pour les Inondés du Midi, composée par MM. LAMARTINE et AUBER, chantée Mme DUCHAMPY. AUBER.
6. Quintetto pour Clarinette, Flûte, Cor, Hautbois et Basson, exécuté par MM. HUGO, LEDUC, URSO, REINHARD et NEUVKIRCHNER. REICHA.

Prix du Billet : Trois Francs.

On peut se procurer des billets à l'avance chez MM. les Marchands de Musique; MM. *Burolleau* et *Laurant*, libraires, et chez le Concierge de la Mairie.

Le Concert commencera à 7 heures.

SOIRÉES

DE

Mlle MARIA KENEBEL,

Salon des Glaces, chez M. Guillet, confiseur, vis-à-vis de la Bourse.

Les tableaux que Mlle Maria a fait venir de Paris et qu'elle expose à ses soirées, sont vraiment dignes de fixer la curiosité des amateurs. Comme dessin, ils méritent les éloges. La fraîcheur, le coloris, les ombres et la délicatesse des teintes annoncent la supériorité. Quant à l'effet, l'illusion est complète, ils sont *nature*; leur vérité est frappante, fascinatrice. On se croirait au diorama de Paris, et les amateurs ne se lasseront pas plus de voir ces tableaux, que d'admirer la gentillesse de la petite Sylphide qui les leur montre.

Prix d'entrée : 1 fr. aux premières; 50 c. aux secondes. On traite avec les pensions, et l'on fait des abonnements avec les grandes familles.

LES OMNIBUS.

Chacun sait qu'un omnibus est une grande voiture où, comme l'indique son nom, tout le monde est admis moyennant 15 cent. la course: et j'en donne ici cette définition (qu'on me pardonne ma naïveté) pour consacrer l'autorité d'un jugement de la police correctionnelle de Nantes, qui vient d'apprendre la valeur des mots à M. M***, lequel avait appliqué cette expression à une demoiselle!!!

Tout le monde, dis-je, sait matériellement ce que c'est qu'un omnibus, mais ce que tout le monde n'a peut-être pas remarqué, c'est la multitude d'incidents qui y surgissent d'heure en heure, de minute en minute; c'est cette diversité de voyageurs, d'habits, de conditions qui s'y succèdent éternellement, et qui font de l'omnibus une école de mœurs ambulante, une véritable lanterne magique, où chaque instant qui passe vous présente un nouvel épisode, un nouveau tableau, un nouveau type à étudier ou à peindre.

Je ne sais plus trop par quelle circonstance j'y roulais ces jours derniers, du pont de la Madeleine, cahoté, moi onzième, entre un charcutier et une marchande d'huîtres, lesquels, comme on dit vulgairement, sentaient merveilleusement leur fruit, et tout en roulant, j'observais mon monde. Vis-à-vis de moi, se trouvait une jolie fille blonde, aux grands yeux bleus, à la mine friponne, que sa toilette encore plus que ses manières me firent reconnaître pour une grisette. De temps à autre, elle tournait la tête, et riait comme une petite folle, en regardant un vieux monsieur placé à sa droite, qu'à son feutre un peu gras, à sa redingote de castorine, veuve de son poil, à la hauteur d'un col de chemise fortement empesé, qui lui tranchait les oreilles, et plus

encore à ce cachet particulier que Dieu imprima sur le front d'un épicier en retraite, on pouvait deviner aisément qu'il appartenait à cette intéressante famille. Ce monsieur était si comique, que vous eussiez pardonné l'indiscrétion de la grisette. Tout près de celle-ci se trouvait une autre femme, jeune aussi, et très-pâle, qu'à l'alliance d'or qui brillait à son annulaire à travers son gant de soie noire, je reconnus pour une femme mariée. Il y avait dans sa physionomie quelque chose de mélancolique et de rêveur qui indiquait que la pauvre jeune femme avait eu de mauvais jours, ce qui excitait pour elle une douce sympathie. Entre mon voisin le charcutier et un grand benêt à la mine béante qui me parut un peu de la famille des Jésuites, je remarquai un petit homme aux habits plus que modestes, aux cheveux roux, aux petits yeux gris pleins de vivacité, dont le regard fauve lorgnait par intervalle un magnifique foulard des Indes, à demi-sorti de la poche du grand benêt que j'ai dit. Enfin, tout à côté de la jeune dame, se trouvait un homme d'un âge mûr, au regard superbe, à la bouche dédaigneuse que, d'après quelques mots qu'il voulut bien échanger avec un de ses clients, placé par hasard en face de lui, je présumais être un armateur de notre ville. Tels étaient à peu près les voyageurs remarquables; *le reste ne vaut pas l'honneur d'être nommé.*

Messieurs et dames, payez vos places, cria le conducteur d'une voix de Stentor, et chacun s'empressa d'exhumer de sa bourse les quinze centimes demandés. Le petit homme aux yeux gris s'offrit galamment pour passer les 15 cent. d'une vieille dévote, placée tout au fond de la machine, et mit par erreur les 15 cent. dans sa poche. — Il me manque une place, dit le conducteur; madame, c'est vous qui n'avez pas payé. — Moi! reprit la vieille dévote, pardon, c'est monsieur qui s'est chargé... — En effet, dit l'homme **aux yeux gris**, je vous affirme que madame a **fort bien** payé, voyez encore, le compte doit y être. Le conducteur recompta. — Il me manque une place, sarpejeu! répéta-t-il, en colère; allons, madame, je vous dis que vous n'avez pas payé. — Mais si. — Mais non, fichtre. — C'est monsieur qui.... — Monsieur, monsieur : ce n'est pas à monsieur que vous deviez payer, c'est à moi, sacrebleu! — Oh! l'affreux homme! murmura la vieille, qui jure comme un damné, et qui fait payer deux fois! alors la dévote ouvrit lentement un immense sac de velours jadis noir, et en tira 15 autres cent. qu'elle donna elle-même au conducteur. — Tenez, voilà! mais vous pouvez bien dire.... — C'est bon, c'est bon, répondit le conducteur. En ce moment, l'omnibus s'arrêta, et un homme de trente à trente-cinq ans apparut sur le marche-pied.

Vous vous rappelez sans doute votre mythologie et cette fatale vertu que la fable attribuait à la tête de Méduse? Eh bien! tel fut l'effet produit sur la jeune femme par l'aspect du nouvel arrivant; elle jeta un petit cri, et ses yeux, ouverts de toute leur capacité, s'attachèrent sur cet homme avec une immobilité étrange, et en même temps un indicible sentiment de joie et de reproche vint animer son pâle et beau visage. L'autre ne parut pas moins surpris, et au petit cri jeté par la jeune dame, il avait répondu par cette exclamation : Ma femme!!!

La jeune femme indiqua avec autorité à celui-ci une place auprès d'elle, et il alla s'y asseoir avec une soumission singulière; là, sans doute, s'acheva la reconnaissance, car je vis rouler dans les yeux de la dame quelques pleurs qu'elle s'efforçait vainement de cacher, et le monsieur lui prendre discrètement la main, et la lui serrer avec une émotion visible; en écoutant quelques mots et en devinant le reste, je sus que le monsieur et la jeune dame étaient mariés, qu'après le premier quartier de la lune de miel, le mari s'ennuyant du ménage et regrettant la vie de garçon, s'en était allé, laissant sa femme enceinte à la garde de Dieu, et que depuis trois ans, il n'avait point reparu; enfin que le hasard, qui protége les pauvres femmes délaissées, avait mis l'infidèle époux face à face avec sa trop constante épouse, en les réunissant dans l'omnibus. Quand j'aurai quelque loisir, je ferai une dissertation sur l'influence morale des omnibus, pour rapprocher deux époux désunis; ô omnibus!!!...

Pendant que je considérais ce couple avec un vif intérêt, l'omnibus s'arrêta encore pour laisser monter un jeune lionceau à la blonde crinière, à la taille de guêpe, aux gants blancs, à la canne à pomme d'or, à la moustache innocente et parfumée; d'un saut, il fut dans l'omnibus, et avec une insolence et une aisance parfaites, heurtant les uns, coudoyant les autres, il parvint à se faire place à coté de la grisette. Mais que devint celle-ci, lorsqu'en levant les yeux sur le jeune homme, elle reconnut, devinez qui? Théophile B..., le plus parjure de tous les amants; le lionceau ne fut guère moins étonné, et ils se regardèrent tous deux pendant une seconde, de la façon la plus comique; puis la gazelle attachant avec sévérité ses grands yeux bleus sur le lionceau :

— Vous voilà, monsieur?

— Eh! mais oui, me voilà.

— Vous avez donc terminé votre long voyage? Alors le jeune lion voyant que l'indiscrète gazelle, abdiquant sa timidité naturelle, allait donner carrière à son dépit, lui dit quelques mots à voix basse, et elle se tut, en murmurant : Des voyages comme cela! c'est du joli, du propre!!!

M. Théophile B..., le lionceau en question, est un jeune homme de famille qui fait participer à ses revenus toutes les jolies grisettes qui ne sont point sauvages : il avait fait connaissance de la blonde Anna la lingère, en présence de laquelle il se trouve actuellement, et après lui avoir juré une fidélité éternelle, comme cela se fait ordinairement, il s'en était lassé bien vite, comme cela arrive toujours, et il lui avait écrit, un matin : « Ma chère Anna, je pars

demain par le navire *la Constance*, pour le Japon, contrée très-lointaine. Les marins appellent cela un voyage au long-cours, et il y a grande apparence que nous ne nous reverrons jamais. Ton fidèle amant, Théophile B... »

D'abord la bergère pleura, car elle aimait beaucoup les promenades sur Barbin et les collations au bois de Barbe-Bleue, puis elle se consola, car on ne peut pas toujours pleurer, et finit par oublier son lionceau, lequel n'était pas plus au Japon que vous ni moi, mais bien à la recherche d'un autre cœur, dans le 5ᵉ arrondissement de Nantes; lorsque le hasard vint encore rapprocher intimement un couple depuis six mois séparé.

Le conducteur tira une troisième fois le cordon, et l'omnibus s'arrêta encore pour recevoir un homme entre deux âges, mis avec recherche et d'une physionomie où la ruse et l'intelligence semblaient dominer, il s'assit en fredonnant un air d'opéra, et jetant les yeux jusqu'au fond de la voiture, il passa en revue chaque visage; mais lorsqu'il fut au gros armateur, il vit le regard de ce dernier fixé sur lui avec une attention extraordinaire, et avant qu'il eut le temps de se ressouvenir où il avait vu cet homme qui le regardait ainsi, l'armateur fit arrêter l'omnibus, appela un gendarme qui passait d'aventure, le fit monter à côté du dernier venu, et le lui indiquant du doigt : Gendarme, dit-il, vous allez veiller sur monsieur, et vous m'en répondez; monsieur est mon débiteur et de plus un fripon condamné par contumace à trois ans de travaux forcés, pour abus de confiance et vol domestique.

Et comme chacun s'étonnait : Messieurs, nous dit l'armateur, vous voyez cet homme! il y a six mois, il était mon caissier, et trompé par l'intérêt apparent qu'il me témoignait j'avais mis en lui toute ma confiance, tellement que je fus sur le point de lui donner ma fille .. Un matin, il est parti pour l'Angleterre avec ma caisse... c'est-ce pas, monsieur? L'autre baissa la tête et ne répondit pas.

Nous arrivâmes enfin au pont de la Poissonnerie; tout le monde descendit, la jeune femme avec son mari, le lionceau avec sa gazelle, et l'infidèle caissier avec le gendarme, qui le conduisit incontinent en prison; et en m'en allant je réfléchissais à tant d'aventures, et je me disais : O influence de l'omnibus!

JULES F.

Cour de Justice Criminelle de Saint Jean-d'Acre.

LE SUPPLICE DU CADAVRE.

Le secrétaire Luidgi. — Femmes du harem battues par leur maitre. — Assassinat. — Amour pour le prix du sang. — Châtiment remplaçant la mort. — Le Mont-Carmel. — Délivrance du condanné.

Vers la fin de 1859, un homme d'une remarquable beauté, à l'œil noir étincelant, à la chevelure frisée comme tous les enfans du midi,

se présenta devant Ben-Kaiffa, riche marchand de Saint-Jean-d'Acre; il déclara s'appeler Luidgi Palestrino, être né à Venise, et demanda à être employé dans le commerce de la maison. Après quelques formalités, le vieux Syrien y consentit, et bientôt Luidgi reçut pour son usage particulier une table en bois de cèdre, un coussin de velours, des encres de couleur et des plumes de paon... Il était nommé secrétaire de Ben-Kaiffa.

Pendant plusieurs mois, le jeune chrétien s'acquitta avec zèle et talent de la tâche qu'il avait sollicitée... Il ne sortait pas des magasins de son maitre une peau de riche maroquin de Konieh, un châle d'Angora, une selle d'Aintabe, ou un flacon des délicieuses essences de Damas, que la sortie ne fût constatée sur les registres ou parchemins commis à sa garde; tout était tenu dans l'ordre le plus parfait, et Ben-Kaiffa dit au jeune homme, en lui posant sa main sur la tête en signe d'amitié : « Enfant de l'Europe!... tout est bien.»

Hélas! ce rigide soin apporté à l'accomplissement de ses devoirs, ne devait pas être de longue durée... Un jour que Luidgi Palestrino était occupé à rédiger une missive destinée à un négociant de Beyrouth, un bruit se fit entendre derrière lui, et derrière les tentures de soie de son cabinet, il vit se glisser, tremblante et consternée, une belle enfant que ses yeux n'avaient pas encore aperçue. Jamais on n'avait allié autant de grâces à aussi peu d'années. Flamina n'avait encore vu que treize printemps, et déjà la nature si précoce de l'Orient en avait fait la femme la plus accomplie et la plus séduisante. Luidgi laissa tomber le sable d'or qu'il répandait alors sur les caractères humides que sa main venait de tracer, et resta interdit, muet, fou de surprise et d'amour.

La jeune fille lui fit entendre qu'elle venait d'être battue, et elle montra à l'appui de son affirmation ses épaules, blanches comme le plumage du cygne, sur lesquelles les lanières du fouet avaient tracé des lignes bleuâtres....

— Toutes les femmes du harem de Ben-Kaiffa, lui dit Flamina, sont ainsi battues....

— Et elles ne cherchent pas, demanda l'italien, à se venger?...

— Elles se donneront toutes à celui qui fera couler tout son sang, qui tranchera d'un coup sa vie infâme... cinquante femmes jeunes et belles pour un coup de poignard.

— Cinquante femmes, rêva Luidgi.... Un océan de bonheur et d'amour... Va-t-en... Demain j'aurai tenu la condition posée; vous, filles d'Orient, souvenez-vous de la vôtre.

Le lendemain, à l'instant où les moucherons dorés quittent l'olivier et le palmier en fleurs, à l'heure où le soleil se plonge dans les eaux du Tigre, Ben-Kaiffa, plongé alors dans les extases occasionnées par l'opium, reçut de la main de son secrétaire trois coups mortels... Le premier lui brisa le front et fit entre les deux yeux une blessure d'où jaillissait le sang .. le second lui perça le cœur... le troisième l'atteignit à la veine jugulaire... Le syrien mourut sur-le-champ.

L'assassinat commis, Luidgi Palestrino se rendit au harem les mains ensanglantées. Toutes les femmes l'entourèrent : brunes et blondes, filles du Nord et du Midi, beautés tendres ou passionnées, emportées ou mélancoliques, toutes se disputèrent son amour, toutes firent disparaître dans des flots d'eau de senteur les traces du forfait qu'elles venaient de faire commettre.

Cette nuit qui suivit le crime fut brûlante d'émotions et de plaisirs ; le coupable, noyé dans les délices, oublia les remords de l'âme... il était heureux... maître... il avait cent femmes comme un pacha.... comme un ministre du sultan !...

Pourtant, au milieu de la nuit, un ange s'avança près de lui et lui dit :

« Maître, voici ta servante. »

C'était la blonde Flamina.

— Ange, lui dit Luidgi, retire-toi, que rien ne souille ta robe d'innocence... je t'aime, toi... je veux te conserver un culte dans mon cœur.

Le jour vint enfin. Toutes les filles du harem s'assemblèrent pour chercher un moyen de sauver la vie à leur libérateur. Les unes proposèrent de faciliter son évasion, les autres de le cacher dans les appartements, mais ces moyens étaient également impossibles.

Tout-à-coup Flamina s'avance pâle comme une morte, et dit :

« Filles de l'Egypte et de la Syrie, fleurs de senteur, étoiles parfumées du ciel !.... écoutez-moi. Une loi existe, elle porte que le criminel aura la vie sauve, si un moribond au lit de la mort demande sa grâce au pacha.

— C'est vrai, dirent les femmes en chœur.

— Eh bien ! reprit la charmante enfant, en prenant une plume, voici la demande en grâce que vous présenterez au nom de Luidgi, notre seigneur.

— Mais, lui observa une de ses compagnes, vous n'êtes pas mourante.

— Je le suis, répondit Flamina, en se portant dans le sein un coup de poignard... je meurs, mais ses jours sont sauvés.

Et pendant que Flamina tombait baignée dans son sang, les janissaires entrèrent et arrêtèrent Luidgi.

La cour criminelle de Saint-Jean-d'Acre, saisie de cette affaire, allait d'après les aveux positifs faits par le meurtrier, le condamner au supplice du pal, quand la supplique de la mourante lui fut remise avec le cachet de Méhémet-Ali, alors pacha de cette ville.

Les juges, modifiant la jurisprudence ordinaire, condamnèrent Luidgi Palestrino, l'assassin, à une détention perpétuelle dans une des grottes du Mont-Carmel (1), et à

porter, toute sa vie, sur ses épaules, sans pouvoir jamais le quitter, le cadavre en putréfaction de Ben-Kaïffa, sa victime. Les mains et les pieds du condamné étaient arrangés de façon à rendre impossible sa séparation du cadavre, qui exhalait sur lui une odeur empestée.

Cette sentence fut rendue et exécutée le 2 juillet.

Il y a un mois à peine que le canon se fit entendre dans les plaines de la Syrie... Saint-Jean-d'Acre en avait retenti ; le feu de la mitraille avait brisé les murs de marbre de la mosquée bâtie par Djezzar et du palais du pacha... des soldats anglais avaient mis pied à terre dans cette ville antique où débarquaient jadis les croisés, ces soldats de l'armée sainte ; Saint-Jean-d'Acre était tombée au pouvoir des puissances alliées

Tout fuyait dans la ville : soldats, fonctionnaires, gardes du pacha, femmes, enfants ; chacun se dirigeait vers Alexandrie, quand un spectacle bizarre vint frapper les yeux des troupes européennes.

Un homme en haillons, portant sur ses épaules un squelette à moitié rongé par les vers, descendit du Mont-Carmel, accompagné par une troupe de femmes qui pinçaient de la lyre et répandaient des roses d'automne sur son passage.

Arrivé sur le bord de la mer, Luidgi Palestrino (car c'était lui) se débarrassa de ce cadavre auquel il avait été si long-temps attaché, puis se tournant vers les femmes de Ben-Kaïffa : « Allez, mes sœurs.... allez, celle que je cherche n'est plus parmi vous ; je vous dégage de tout serment. »

Les beautés s'inclinèrent, et en chantant l'hymne de miséricorde, elles s'enfuirent vers Alexandrie.

Quant à Luidgi, il monta sur un navire autrichien qui faisait voile pour l'Italie, son pays natal.... Mais quand le cri des matelots annonça le départ et lui donna pour toujours la liberté, il ne sourit pas une seule fois... Un regret brûlait son âme ; un tombeau était creusé dans son cœur.

Il pleurait la blanche Flamina, morte pour le sauver.

---

(1) Près de Saint-Jean-d'Acre se trouve le Mont-Carmel, fameux dans les annales de la religion par le séjour qu'y firent les prophètes Elie et Elysée. Une église qui existait au sommet fut détruite lors des guerres de la Grèce. Charles X la fit rebâtir en 1829.

Dimanche 13 Décembre 1840.   DEUXIÈME ANNÉE.   1er Trimestre. N° 101.

PRIX D'ABONNEMENT :

NANTES { TROIS MOIS.... F. 3 / SIX MOIS.... 6 / UN AN....... 12

DEHORS { TROIS MOIS.. F. 5 / SIX MOIS.... 10 / UN AN....... 18 / AFFRANCHIR..

Prix du numéro, 15 c.

PRIX D'ANNONCES :

30 c. à la page d'avis; 1 fr. dans le corps du journal. Remise du tiers aux abonnés.

LE BUREAU EST SITUÉ
Chez HÉRAULT, Imprimeur, rue de Guérande, N° 3.

ON S'ABONNE :
Au Bureau;
Chez GUÉRAUD, Libraire, Basse Grande-Rue et passage Bouchaud,
PLANÇON, Libraire, place Graslin.

SE TROUVE CHEZ :
M. SUIREAU, Lib.re, rue Crébillon
Et M. PLESSIER, Relieur, idem.

A PARIS,
ISIDORE PESRON, rue Pavée-Saint-André, N° 13.

VERT-VERT.

JOURNAL DES SALONS ET DES THEATRES.

GRAND THÉÂTRE.

CHRONIQUE DRAMATIQUE.

Nous nous sommes astreints à donner périodiquement un compte rendu de la semaine ; mais aujourd'hui, toute notre chronique se résume en trois mots : Rien de nouveau. *Le Sonneur de Saint-Paul*, grâce à M. Oudinot, attire toujours la foule ; *Lucie* est constamment un des beaux triomphes de MM. Lafeuillade, Hermann-Léon et Mme Duchampy ; en d'autres termes, MM. Oudinot, Lafeuillade, Hermann-Léon et Mme Duchampy nous révèlent, dans toutes les occasions, un talent dont s'étonne la province, et qui feront crever de dépit les apôtres de la centralisation, mais encore une fois tout cela n'est pas nouveau.

Au foyer, les habitués crient à la monotonie : patience, Messieurs ! voici venir le *Siège de Corinthe*, vous allez voir d'autres merveilles, vienne jeudi prochain ! A jeudi donc !

Mardi 15, la reprise de *Napoléon*, ou *Schœnbrun et Sainte-Hélène*.

Jeudi, au bénéfice de M. HERMANN-LÉON, un *Colonel d'Autrefois*, vaudeville en un acte, de M. Scribe. *Le Moine*, scène religieuse de Meyerbeer, chantée par M. HERMANN-LÉON, avec accompagnement d'orchestre. *Le Chevalier du Guet*, vaudeville nouveau en deux actes. *Le Siège de Corinthe*, opéra en 3 actes, de Rossini.

CONCERT DE Mme PICARD

Le concert annoncé pour le 9 de ce mois, au profit des inondés, est remis définitivement

A Mademoiselle STÉPHANIE de ★★★

O toi qu'on ne voit point sans devenir sensible,
Laisse-moi dans ces vers te tracer mes désirs,
Je te dirai ma flamme, et ton cœur inflexible
   S'attendrira sur mes soupirs !

Ecoute, ô cher objet de mon idolâtrie !
Avant que ton regard n'eût enchanté ma vie,
   Je n'avais point aimé ;
Jamais un doux transport n'avait troublé mon âme,
Et jamais le souris d'une bouche de femme,
   Ne m'avait enflammé.

Froid, soucieux, du temps je hâtais la vitesse,
Ma vie était sans fleurs, sans plaisirs, sans jeunesse.
Un jour, tu m'apparus, ô fille des amours !
Je te vis, et jurai de t'adorer toujours ;
Je te vis, belle encor des grâces de l'enfance,
Belle de modestie et surtout d'innocence ;
Simple, naïve encore, à peine le désir
Commençait à donner des rêves à ta couche,
Jamais un jeune amant n'avait pris sur ta bouche
   Les baisers brûlants du plaisir.

Sitôt que je te vis, étonnée, éperdue,
Pour la première fois mon âme fut émue,
Je compris que j'aimais ; une bouillante ardeur
Embrâsant tout mon sang, passa jusqu'à mon cœur....
Oh ! depuis ce jour là, ta séduisante image
Vient toujours me sourire, et me suit en tous lieux.
Absente, je te vois avec ton doux visage,
Avec tes yeux d'azur, et ton front gracieux.
Je ne vois plus que toi dans toute la nature.
Si la brise gémit, c'est ta voix qui murmure,
   C'est le bruit léger de tes pas ;
C'est toi qui, dans la nuit, sylphide vaporeuse,
Te penches mollement sur ma couche amoureuse,
   C'est vers toi que j'étends les bras.

   Oh ! la nuit, lorsque ma pensée
   Folle, délirante, insensée,
   Me berce d'un songe d'amour,
   Je crois te voir . . . . .
   . . . .

   Femme que j'aime avec délire !
   Ce sentiment qui cause mon martyre,
     Dis-moi, le connais-tu ?
Dis, quand mon œil brûlant a fixé ta prunelle,
Quand mon regard t'a dit que je te trouvais belle.
     Ton cœur a-t-il battu ?

O dis, veux-tu m'aimer ? dis-moi, que puis-je faire
     Pour être aimé de toi ?
Les jours de soie et d'or que ma jeunesse espère,
     Les veux-tu, dis le moi ?
     Veux-tu ma liberté, ma liberté chérie,
     Vierge encor d'un joug abhorré ?
Ma liberté, que j'aime encore plus que ma vie,
     Je te la donnerai....

Si tu voulais m'aimer, ô fille enchanteresse,
   Je passerais ma vie à tes genoux.
Amoureux, empressé, tu me verrais sans cesse
   T'entourer des soins les plus doux,
Un éternel plaisir bercerait notre vie,
Et du destin jaloux défiant le retour,
L'un à l'autre à jamais, nous n'aurions plus d'envie,
   Puisque nous aurions notre amour....

O toi qu'on ne peut voir sans devenir sensible,
Aime-moi, cède enfin à mon tendre désir,
   Ange adoré ! ne sois plus inflexible :
   Je n'aurais plus qu'à mourir !!!...

       JULES F.

— On lit dans *la France musicale* :

FUNÉRAILLES DE NAPOLÉON.

Le gouvernement a mis beaucoup trop de lenteur dans les préparatifs de cette solennité nationale. Aussitôt après le départ du prince de Joinville, il aurait fallu s'occuper du programme de la fête, et ne pas attendre que la pieuse mission du prince fut accomplie pour faire un appel aux artistes. Maintenant il ne reste plus assez de temps pour réfléchir, il n'y a plus qu'à organiser. Il y a quatre mois, on composition religieuse ; aujourd'hui, on est réduit à faire servir pour les funérailles de l'empereur, un œuvre qui a été exécuté pour les funérailles les plus vulgaires : c'est le *Requiem de Mozart*, qui sera chanté dans l'église des Invalides. Nous eussions préféré celui de Chérubini ; mais le moment est passé de donner des conseils, et tous les commentaires auxquels nous pourrions nous livrer seraient parfaitement inutiles ; contentons-nous donc de donner le programme, tel qu'il a été arrêté par M. le ministre de l'intérieur.

La cérémonie des funérailles aura lieu le 15 de ce mois. En peu de temps, toutes les mesures ont été prises pour rendre l'exécution du chef-d'œuvre de Mozart digne de la solennité. Il y aura cent cinquante instrumentistes et cent cinquante chanteurs ; les parties du quatuor solo ont été quadruplées et distribuées ainsi :

Soprani : Mesdames Grisi, Damoreau, Persiani et Dorus-Gras.

Alti : Mesdames Pauline Viardot-Garcia, Eugénie Garcia, Albertazzi, Stoltz.

Tenori : MM. Duprez, Rubini, Alexis Dupont, Massol.

Bassi : MM. Lablache, Tamburini, Levasseur et Alizard.

Comme on le voit, tous les théâtres lyriques ont fourni leur contingent dans cette exécution, qui offrira un concours de talents tels, qu'il serait impossible à l'Europe de présenter une plus belle réunion.

Pendant le dernier convoi par eau, qui se fera de Maison à Courbevoie, le 14, des marches militaires seront exécutées par deux cents musiciens, sur un bateau qui précédera celui qui doit contenir les restes de l'empereur.

Le lendemain, des symphonies militaires accompagneront le cortége de Courbevoie jusqu'aux Invalides. La composition de ces symphonies a été confiée, comme on sait, à MM. Auber, Halévy et Adolphe Adam.

Toute la partie musicale est organisée et dirigée par M. Habeneck ; c'est un hommage qu'on devait au célèbre organisateur des concerts du Conservatoire.

— Les travaux relatifs à la cérémonie de la translation des restes de Napoléon se poursuivent avec activité. Les artistes et les ouvriers travaillent sur tous les points, et sous peu de jours tout sera terminé. Les douze grands mâts qui entoureront l'arc-de-triomphe de l'Étoile sont tout prêts à être dressés. Les supports des lustres ou candélabres gigantesques qui borderont la grande avenue des Champs-Élysés reçoivent en ce moment leur revêtement. Ils formeront, de la place Louis XV à la barrière, une ligne double de trente-quatre colonnes de forme octogone, sur bases ou piédestaux quadrangulaires. Entre chacune de ces colonnes, seront dressées des statues représentant nos principales victoires, et posées sur des piédestaux de près de trois mètres de haut dont la plupart sont déjà terminées.

Aujourd'hui, les ouvriers ont décellé la grille de la barrière de l'Étoile sur toute son étendue ; le mur qui la supportait sera également enlevé, et l'entrée se trouvera ainsi de la largeur de la grande avenue et de ses deux contre-allées. Dans la journée d'aujourd'hui, les lanternes à gaz les plus rapprochées de la barrière ont été coloriées aux couleurs tricolores ; l'essai aura lieu ce soir, et si l'effet est satisfaisant, toutes les autres lanternes qui se trouvent sur la ligne de passage du cortége seront coloriées de la même manière.

On a commencé à enlever les planches qui entouraient les statues placées sur la chaussée de l'esplanade des Invalides. Les numéros 10 et 22 sont entièrement découverts ; les sujets représentent Duguesclin, par M. Husson, et Desaix, par M. Jouffroi. Les statues de l'Immortalité, de la Justice, de la Prudence, de la Force, sont aussi placées sur leurs piédestaux ; la première est élevée sur les degrés du péristyle de la chambre des députés, et les trois autres sur le pont Louis XVI. Celles qui restent à placer sur ce pont sont la Guerre, le Commerce, les Arts, l'Agriculture et l'Éloquence ; la pose en aura lieu demain et après demain.

— Le char qui doit transporter les dépouilles mortelles de Napoléon, de Courbevoie aux Invalides, est terminé. Il est monté sur quatre roues massives et dorées. Il se compose d'un soubassement à panneaux encadrés dans des colonnettes à chapiteau, et est surmonté ensuite d'un mausolée ou sarcophage. Le socle, revêtu jusqu'à terre d'une draperie de velours violet et or, parsemée d'abeilles, d'étoiles, avec des aigles brodés dans des couronnes, et dans lequel se trouvera renfermé le cercueil de Napoléon, est rehaussé d'un aigle à chaque angle de l'entablement. L'avant et l'arrière-train de ce char sont décorés de quatre trophées de drapeaux de toutes les nations. Le mausolée, décoré du manteau impérial, du sceptre, de la couronne, est supporté par quatorze figures représentant nos principales victoires. Le char entier, couvert d'un immense crêpe traînant jusqu'à terre, sera attelé de seize chevaux panachés, et couverts complètement de housses dorées, aux armes de l'empereur. Les cordons seront portés par trois maréchaux et un amiral à cheval.

— On a tiré au sort à l'état-major de la garde nationale le numéro de la légion qui aura l'honneur d'escorter le char triomphal qui transportera les restes de l'empereur aux Invalides. C'est la 5e légion que le sort a désignée. On croit que la 10e légion fera le service aux Invalides, situés dans sa circonscription. Les dix autres légions borderont la haie.

— Les étrangers et les habitants des départements arrivent en grand nombre à Paris pour assister à la solennité du 15 décembre. On pourra se faire une idée de l'empressement avec lequel on s'assure des places sur la ligne du cortége, par le fait qui nous est affirmé qu'un balcon a été loué 3,000 fr. par un spéculateur, et une maison non habitée 5,000 fr. La plus mince croisée dans les étages élevés se paie 50 fr., et une croisée du premier ou du second étage 100 fr.

ACADEMIE ROYALE DE MUSIQUE.

Première représentation de la Favorite *opéra en quatre actes, paroles de MM. Alphonse Royer et Gustave Vaez, musique de M. G. Donizetti. — Début de M. Barroilhet.*

Les embarras du nouveau directeur ont été grands depuis quelque temps ; si les obstacles de tous les genres qu'il a eu à surmonter, n'ont pas été apparents pour le public, ils n'en ont pas été moins réels, et ceux qui, par état, sont obligés, comme nous, d'examiner de près les ressorts de la machine dramatique, et de voir l'opéra ailleurs que de l'orchestre ou de l'amphithéâtre, ont pu apprécier tout ce qu'il a fallu d'efforts, de volonté et de ressource d'intelligence, pour lutter, comme l'a fait M. Léon Pillet pendant six mois, contre des embarras de tous les genres. Les plus grandes difficultés qu'il a fallu vaincre étaient celles de l'insuffisance d'un personnel onéreux et incomplet, d'un répertoire usé et d'un avenir incertain. Après les *Martyrs*, il ne restait dans les cartons que quelques pièces insignifiantes, et des engagemenst pris pour des ouvrages impossibles, des partitions inachevées, et un chef-dœuvre promis depuis deux ans et toujours retardé. Le nouveau directeur se trouvait, pour toute ressource, en présence d'une *Tour de Pise*, qui ne se contentait pas de pencher, et qui à coup sûr serait tombée, et d'un *Duc d'Albe* qui aurait été plus funeste pour l'Opéra qu'il ne le fut aux Pays-Bas, et pour lequel il fallait payer à l'auteur 30 mille francs de dédit. Les positions difficiles qui effraient les imbéciles, donnent de l'énergie aux hommes d'esprit. M. Léon Pillet, avisa un certain *Ange de Nisida*, qui avait dû être joué au théâtre de la Renaissance, et pour lequel Donizetti avait fait une musique dont on disait le plus grand bien. Dès-lors un arrangement fut pris avec les deux auteurs, qui consentirent à livrer leur libretto à M. Scribe, pour qu'il lui donnât les développements nécessaires à un poème destiné à l'honneur de notre première scène lyrique. M. Scribe, au moyen *d'une prime de mille francs par acte et de la moitié des droits d'auteur*, voulut bien se prêter à faire la toilette de *l'Ange de Nisida*, de M. Alph. Royer et Gustave Vaez. Du golfe de Naples, il transporta la scène en Espagne, et *l'Ange de Nisida* devint Léonor de Gusman, la favorite d'Alphonse XI surnommé *le Vengeur*

Une circonstance heureuse vint ajouter une nouvelle chance de succès, à l'opéra nouveau. Un des rôles principaux avait été écrit pour un baryton, sur ces entrefaites M. d'Argout, vint recommander à M. Léon Pillet, un de ses compatriotes, qui revenait d'Italie avec une grande réputation ; en effet, le nom de M. Barroilhet avait franchi les Alpes, on savait les succès qu'il avait obtenus à Naples, et Donizetti considéra son début à l'Opéra comme une bonne fortune pour sa partition; le rôle du roi lui fut destiné. L'événement a prouvé tout ce qu'il y avait d'avantageux dans ce concours de circonstances, et d'intelligent dans toutes ces combinaisons, qui ont valu à l'Opéra un succès qui s'annonce comme devant être un des plus beaux qu'ait obtenus ce théâtre depuis dix ans.

Le sujet, soit que nous en fassions les honneurs à MM. Royer et Vaez, soit que nous en attribuions le mérite à M. Scribe, est bien choisi et bien ajusté à la scène. La fable est d'un grand intérêt et d'un dramatique puissant, l'ensemble a une couleur mélancolique, une teinte sombre et mystérieuse à laquelle une musique bien adaptée, ajoute une touchante expression. Nous en allons donner une idée par une analyse, succincte, mais suffisante.

Un jeune seigneur castillan, Fernand, a quitté la maison paternelle, poussé par un vague instinct religieux vers le couvent des moines de Saint-Jacques de Compostelle; il y a pris l'habit de moine, mais il est poursuivi par le souvenir d'une femme qui lui est apparue sous les traits d'un ange, et depuis ce moment sa vie en est troublée, souvent même

Il jette, malgré lui, vers les biens de la terre
Un regard de douleur, de regret et d'amour.

Il confie sa peine au vénérable Balthazar, le prieur du couvent, qui, après avoir envain essayé de le ramener à ses devoirs pieux, le repousse du couvent, et lui permet d'aller suivre sa destinée au milieu d'un monde où il se trouvera face à face avec la trahison et la perfidie.

Fernand a bientôt repris l'habit de cavalier; le hasard l'a conduit dans le fond de l'Andalousie, vers l'île de Léon. Là, au milieu d'une campagne ravissante, des jeunes filles l'admettent chaque jour à leurs jeux, et parmi elles il retrouve cette femme dont l'image lui est apparue au couvent. Leurs rendez-vous sont enveloppés de tant de mystère, que Fernand est convaincu que la femme qu'il aime est d'un rang si élevé qu'une imprudence pourrait les perdre tous deux. Aussi, quand on annonce l'arrivée du roi, Fernand ne doute plus que sa bien-aimée ne touche de très-près au trône; surtout quand, en le quittant, Léonor (c'est le nom de la mystérieuse inconnue) lui remet un brevet de capitaine dans la garde du roi. Hélas! cette femme n'est rien moins qu'une princesse; c'est Léonor de Guzman, la favorite du roi; objet de scandale et de mépris dans le royaume, et pour qui Alphonse veut répudier sa femme et déshonorer sa couronne. Les désordres d'Alphonse sont si grands, ses folies si honteuses, que le pape lui fait signifier par son légat, le prieur du couvent de Saint-Jacques, qu'il ait à chasser sa maîtresse de son palais, sous peine d'être excommunié; Léonor est abandonnée de tous, mais Alphonse résiste obstinément aux menaces du légat. Cependant il a appris que Léonor en aime un autre, une lettre a été surprise dans les mains d'une sui-

vante, et cette lettre est de Fernand. Il faut une vengeance, le hasard vient la lui offrir, Fernand revient vainqueur, il a mis le Maure en fuite et sauvé le royaume; Alphonse lui doit une récompense, et il jure d'accorder ce qu'il lui demandera; Fernand fait à son roi l'aveu de son amour pour une belle dame; Alphonse veut connaître cette femme; Léonor paraît en ce moment, et Fernand la désigne au roi en lui disant:

Ah! je l'eusse nommée en disant la plus belle.

Alphonse voit le moyen de se venger à la fois de son rival et de sa maîtresse, et, sans autre explication, il lui accorde la main de Léonor; on ne perd pas de temps, le mariage se fait, et Fernand ignore encore que son roi l'a déshonoré en lui faisant épouser sa maîtresse. Léonor, de son côté, recule devant la honte d'un aveu; elle en charge Inès, sa suivante, qui trouve plus simple de laisser Fernand dans l'erreur; ainsi le mariage se fait avec bonne foi de la part de chacun des époux; et sans autre explication.

Déjà dans la chapelle,
Dont la voûte étincelle,
La voix du prêtre appelle
Devant Dieu les époux.

Le mariage vient de s'accomplir, Alphonse veut que rien ne manque à l'éclat de sa vengeance et de sa reconnaissance; aussi décore-t-il Fernand du collier de ses ordres et il le nomme comte de Zamora et marquis de Montréal. Ces faveurs indignent la cour, qui accable de son mépris le nouveau marié. Fernand veut connaître la cause des outrages dont on l'abreuve, il défie tous ceux qui lui reprochent d'avoir forfait à l'honneur, et leur dit:

Comment ai-je souillé mon nom? répondez-moi.

Et de tous côtés on lui répond:

En épousant la maîtresse du roi.

Ici commence une scène d'un dramatique puissant. Fernand, anéanti sous le poids accablant de ces reproches, s'avance vers le roi, qui donne la main à la nouvelle mariée, et la rage au cœur, il lui reproche ses honteux bienfaits et son humiliante faveur:

Ce collier qui paya l'infamie,
Je vous le rends; — cette épée avilie,
Qui de nos ennemis naguères était l'effroi,
Je la brise à vos pieds! car vous êtes le roi.

Léonor est au désespoir d'avoir, sans s'en douter, été complice du déshonneur de Fernand. La cour félicite Fernand, mais Alphonse veut punir l'insolence de son sujet, aussitôt le vénérable père Balthazar vient à son aide, et lui offre la protection du cloître et les consolations de la religion.

Viens, mon fils, dans sa clémence,
Dieu peut seul t'ouvrir un port.

Fernand a repris la haire et le silice; il dévore en silence ses ennuis et ses regrets, et donne un dernier souvenir à ses amours, car il va faire ses vœux. Léonor cependant est tourmentée par le besoin de recevoir le pardon de Guzman; elle a pris l'habit de novice, et

vient chercher son époux au couvent de Saint-Jacques, Fernand la repousse d'abord:

Va-t-en d'ici, de cet asile
Tu troublerais la pureté.

Léonor veut se justifier, elle n'est pas complice de la trahison dont Fernand a été victime, elle était de bonne foi, elle croyait qu'Inez lui avait tout appris. Aussi, au moment de mourir, lui dit-elle:

Pour moi, qui traîne ici ma honte,
La terre, hélas! n'a plus de prix.
Mais que mon âme au ciel remonte
Pure au moins de ton mépris.

Cette prière arrache le pardon de Fernand, et Léonor vient expirer dans ses bras. Quand les moines accourent aux cris de Fernand, ils ne trouvent plus qu'un cadavre sous la robe du novice.

Ce poème, comme on peut en juger, est grave et touchant; il a le grand avantage de sortir des formes ordinaires des livrets d'opéra, et surtout de ces situations banales et vulgaires, de ces *lieux communs de morale lubrique*, dont Boileau se plaignait déjà de son temps. L'amour et l'honneur y sont bien liés entre eux, ils amènent des scènes d'un grand intérêt qui seraient encore plus puissantes d'effets si elles étaient mieux ménagées. Ce qui manque à cet ouvrage, ce sont les préparations; on n'y reconnaît pas l'habileté de M. Scribe dans sa facture scénique, le drame est écourté, et les scènes se heurtent entre elles au lieu de se déduire; mais malgré ces défauts, la pièce attache et touche, parce qu'il y a de l'amour vrai, des sentiments élevés et une pensée mélancolique et religieuse qui émeut profondément, et qui rappelle la vieille légende du comte de Comminges. Cependant nous ne pouvons pas admettre l'abus qu'on fait depuis quelque temps à l'Opéra des choses sacrées. L'intervention des pratiques du culte chrétien dans les jeux de la scène, même prise au sérieux et sans mauvaise pensée philosophique, est toujours une chose fâcheuse, sur laquelle il faudrait être très-réservé. Sans doute, les auteurs qui traitent des sujets du moyen-âge ne manqueront pas de nous dire, qu'à ces époques de foi fervente, la religion entrait si avant dans la vie sociale, qu'il est impossible de toucher aux événements de ces temps-là, sans y rencontrer des prêtres, des églises et des couvents; mais nous passerions volontiers sur l'oubli de la couleur locale, ces objets, en faveur de l'avantage qu'il y aurait à ne pas commettre les choses saintes avec les mœurs du théâtre. On peut aussi reprocher à la fable de cet opéra l'emploi trop abusif des moines, et une sorte de sacrilège de vœux commencés et rompus, repris et abandonnés par Fernand, qui vraiment ne fait qu'aller et venir du cloître à la cour, et de la cour au cloître, comme ce fameux duc de Joyeuse, tour-à-tour général et capucin,

Qui prit, quitta, reprit, la cuirasse et la haire.

Le compositeur s'est élevé à la hauteur des belles situations du poème; ses inspirations sont tour à tour religieuses et chevaleresques, tendres et passionnées. On a applaudi deux ou trois romances qui sont remarquablement gracieuses et touchantes ; les chœurs de moines sont d'une grande beauté et d'une admirable couleur ; il y a aussi deux ou trois beaux duos, celui entre Balthazar et Fernand, celui de Léonor et Fernand, et celui entre le roi et Léonor. Le grand air du roi, à la fin du premier acte, est d'une facture large ; mais le morceau capital de l'ouvrage, c'est le final du troisième acte, qui est plein de force et de sentiment dramatique. Tout le quatrième acte est une touchante élégie musicale, coupée par de graves accents religieux. Cette partition du maestro Donizetti a paru fort supérieure à celle de *Martyrs* ; elle prendra place à côté de celle de la *Lucia*. Nous y avons remarqué une tendance très-prononcée vers les exigences de l'opéra français ; et sans renoncer aux formes du style italien, M. Donizetti nous a paru être dans des conditions musicales très-françaises.

L'exécution d'aucun autre ouvrage, à l'opéra, n'avait été aussi brillante, ni aussi complète ; les quatre rôles de Fernand, d'Alphonse, de Balthazar et de Léonor, ont été joués avec une perfection de talent, que nous n'avions encore rencontrée qu'au Théâtre-Italien. M. Duprez a chanté le rôle de Fernand avec un goût et une modération, que depuis quelque temps nous désespérions de retrouver en lui. M. Levasseur a été d'une grande beauté de chant dans le rôle grave et sévère de Balthazar. Quant à M. Barroilhet, il s'est posé comme un des plus beaux chanteurs de l'époque. Sa voix d'une pureté admirable, et sa méthode d'un goût parfait, ont excité à plusieurs reprises l'enthousiasme général du public. M. Barroilhet est de la grande école de M. Duprez ; ce sont les mêmes moyens de vocalisation et les mêmes procédés d'exécution : la pureté et le calme dans l'expression vocale. Mme Stoltz a dépassé tout ce que nous attendions d'elle, et cependant nous avons toujours eu foi dans son avenir. Sa réputation et son talent ont grandi de cent coudées dans les soirées de mercredi et de vendredi. Le rôle de Léonor, écrit pour les belles notes de sa voix, lui a permis de contenir son chant et de se mettre à l'aise dans tous ses morceaux ; elle a été admirable comme cantatrice, et aussi admirable comme actrice, et, tour à tour aussi expressive dans son chant que dans son jeu. Nous pensons que, dès ce moment, l'Opéra a trouvé la grande artiste qu'il lui fallait, dès à présent, un talent pareil doit suffire à toutes les exigences, même à celles de M. Meyerbeer.

Les divertissements ne sont pas la partie brillante de cet opéra ; les airs de danse même ne sont pas heureux, et il ne fallait rien moins que le talent de Mlle Louise Fitz-James, toujours si merveilleux comme perfection, pour jeter quelque éclat sur un ballet, qui, sans elle, eût paru bien décoloré ; le pas de trois qu'elle a dansé avec Mlle Maria et M. Mabile, qui l'ont fort bien secondée, est la seule chose digne de quelque attention dans le ballet de M. Albert, car nous ne disons rien d'un pas de six beaucoup trop long, ni d'un fandago beaucoup trop commun.

La mise en scène de la *Favorite* est somptueuse et intelligente comme toutes les mises en scène de l'Opéra, depuis quelques années ; les costumes sont d'une grande richesse, et d'une exactitude peut-être trop sévère : on fera bien d'exiger quelques sacrifices de la vérité locale, et de donner un peu plus de grâce aux costumes du XIVe siècle, dût-on faire un léger anachorisme. Les décorations sont d'une grande beauté ; on doit à MM. Philastre et Cambon, et à MM. Séchan, Feuchères, Despleinchein et Dieterle les tableaux dans lesquels on retrouve les sites pittoresques de l'Andalousie et les merveilles de l'architecture moresques. La décoration du quatrième acte qui représente le cloître du couvent de Saint-Jacques de Compostelle est une belle page que ne désavoueraient,

ni comme lignes, ni comme plantation, ni comme effet, Bouton ou Daguerre.

L'opéra la *Favorite* nous paraît réunir toutes les conditions d'un grand succès de vogue et d'argent : intérêt du poème, charme et mérite de la musique, perfection de l'exécution, rien n'y manque, pas même l'ensemble des chœurs et l'habileté de l'orchestre, qui a nuancé ses effets et soutenu ses mouvements avec un goût et un art dignes des plus grands éloges.   J. T.

— Mlle Descot fait apprécier de plus en plus la beauté de sa voix, l'élégance de sa méthode et l'intelligence de son jeu. Cette semaine encore elle a joué le rôle d'*Isabelle* dans le *Pré-aux-Clercs*, et elle a mérité les applaudissements de toute la salle, sans excepter les musiciens de l'orchestre.

— M. Louis Massemaeckes, compositeur distingué, vient d'arranger pour le piano, six gracieuses *Mélodies de Schubert*, qui formeront un charmant album. On dit qu'il a su conserver, avec un soin religieux, le caractère particulier de chaque mélodie, sans y rien ajouter, ni rien retrancher.

MARSEILLE. — Dérivis a donné plusieurs représentations, dans lesquelles il a eu beaucoup de succès ; mais l'opéra où il a été le mieux accueilli, c'est *Guillaume-Tell*. Il doit partir très-prochainement pour Montpellier.

GRAND THÉÂTRE DE NANTES.

Aujourd'hui DIMANCHE, 13 Décembre 1840. On commencera à six heures.

LES HUGUENOTS

OU LE MASSACRE DE LA SAINT-BARTHÉLEMY,

Grand opéra en cinq actes, paroles de M. Scribe, musique de Giaccomo Meyerbeer, danses de M. Constant Tell.

Distribution. — Raoul de Nangis, M. Lafeuillade ; Saint-Bris, M. Lavillier ; Nevers, M. Abadie ; Thoré, M. Damoreau neveu ; Méru, M. Blanchard ; Tavannes, M. Gustave Stéphane ; Deretz, M. VictorDeplanck ; Cossé, M. Oudinot ; Corcy, M. Dubosc ; Marcel, M. Hermann Léon ; Bois-Rosé, M. damoreau ; Maurevert ; M. Pàris ; 1er moine, M. Oudinot ; 2me moine, M. Damoreau, 3me moine, M. Victor Deplanck ; Un crieur de nuit, M. Dubosc ; Marguerite de Navare, Mlle Victorine Saint-Charles ; Valentine, Mme Duchampy ; Urbain, Mme Olivier ; Une dame d'honneur, Mme Hess ; 1re bohémienne, Mlle Constance Lyon ; 2e bohémienne, Mlle Debroux ; 3e bohémienne, Mlle Clara Stéphany ; 4e bohémienne, Mme Neuville.

DANSES.

Au second acte,

PAS DE BAIGNEUSES,

Exécuté par Mlles Armande, Thérèse et Santi.

Au troisième acte,

PAS DE BOHÉMIENS,

Exécuté par MM. Marius Petipa, Constant Tell, Duchâteau ; Mlles Armande, Thérèse et Santi.

Au cinquième acte,

MENUET,

Exécuté par M. Marius Petipa, Constant Tell, Duchâteau ; Mlles Armande, Thérèse et Santi.

SALLE DES VARIÉTÉS.

Aujourd'hui DIMANCHE, 15 Novembre 1840. On commencera à 6. h. 1/2.

CHACUN DE SON COTÉ,

Comédie en 5 actes, en prose, de M. Mazères.

Distribution. — Le général Derbon, M. Toudouze ; M. de Valtière, M. Roche ; Le comte Alexis Belcoff, M. Alfred Harmant ; M. Bargeot, M. V. Henry ; La baronne de Vallière, Mme Jolly ; Madame Bargeot, Mme Neuville ; Julliette, Mlle Debroux.

LES TROIS ÉPICIERS,

Vaudeville en trois actes, de MM. Lockroy, et Anicet Bourgeois.

Distribution — M. Bardou, épicier, M. Pàris ; M. Lapie, épicier, M. Granger ; M. Leture, épicier, M. V. Henry ; Athanase, épicier, M. Blanchard ; Bichelu, M. Duchâteau ; Madame Bardou, Mme Hess ; Madame Lapie, Mme Foignet ; Madame Leture, Mme Neuville ; Rose, Mlle Laure.

Bocquet Père et Fils,

Comédie-vaudeville en deux actes.

Distribution. — Gustave Bocquet, M. Alfred Harmant ; Berthelot, M. V. Henry ; M. Colombin, M. Pàris ; Pierre, garçon de l'hôtel, M. Blanchard ; Virginie Berthelot, Mme Foignet ; Julie, fille de M. Colombin, Mlle Debroux.

Le Rédacteur en chef, HÉRAULT.

IMPRIMERIE D'HÉRAULT, A NANTES.

Dimanche 20 Décembre 1840. DEUXIÈME ANNÉE. 4ᵉ Trimestre. Nᵒ 102.

VERT-VERT.

JOURNAL DES SALONS ET DES THEATRES.

PRIX D'ABONNEMENT :

NANTES.
- TROIS MOIS .... F. 3
- SIX MOIS 6
- UN AN 12

DEHORS
- TROIS MOIS.. F. 5
- SIX MOIS.... 10
- UN AN 18
- AFFRANCHIB..

Prix du numéro, 15 c.

PRIX D'ANNONCES :

30 c. à la page d'avis ; 1 fr. dans le corps du journal. Remise du tiers aux abonnés.

LE BUREAU EST SITUÉ
Chez HÉRAULT, Imprimeur, rue de Guérande, Nᵒ 3.

ON S'ABONNE :
Au Bureau;
Chez GUÉRAUD, Libraire, Basse-Grande-Rue et passage Bouchaud;
PLANÇON, Libraire, place Graslin.

SE TROUVE CHEZ :
M. SUIREAU, Lib.ᵣₑ, rue Crébillon
Et M. PLESSIER, Relieur, *idem.*

A PARIS,
ISIDORE PESRON, rue Pavée-Saint-André, Nᵒ 13.

GRAND THÉATRE.

CHRONIQUE DRAMATIQUE.

Cette semaine a été la plus stérile de l'année ; on n'a joué que deux fois, et le même ouvrage. La première, qui était le jour mémorable de la translation des restes de Napoléon, le public s'y est porté tellement en foule, que la salle n'a pu contenir cette affluence : il a fallu rendre l'argent aux personnes qui ne pouvaient se placer ; mais le surlendemain, *à la demande générale*, on a redonné *Napoléon à Sainte-Hélène*, et la rigueur du temps a empêché le public de se rendre à l'appel de la Direction. Nous pensons que le public d'aujourd'hui bravera l'intempérie et se portera en foule, voir dans M. Roche, l'image d'un héros qu'il aime et admire.

AU BÉNÉFICE DES INONDÉS.

CONCERT VOCAL ET INSTRUMENTAL

Donné par MM. les Artistes, le mercredi 30 décembre 1840, à 7 heures.

Dans la Salle de la Mairie.

PREMIÈRE PARTIE.

1ᵒ Ouverture à grand orchestre

2ᵒ Air du *Serment*, chanté par Mᵐᵉ Du-CHAMPY.................AUBER.

3ᵒ Air varié pour la Harpe (*Joseph*), exécuté par Mᵐᵉ PICARD........
Mˡˡᵉ BERTRAND.

4ᵒ Duo des *Huguenots*, chanté par M. HERMANN-LÉON et Mˡˡᵉ POUZOLLE
MEYERBEER.

5ᵒ Solo de Clarinette, exécuté par M. RICHOU..........YVON MULLER.

6ᵒ Duo de Piano et Violon, exécuté par MM. H. WAGNER et LUCAS fils...
J. MAYSEDER.

7ᵒ Chœur (*Serment de Beniowski*)...
BOÏELDIEU.

DEUXIÈME PARTIE.

1ᵒ Improvisation sur l'Orgue expressif, par............M. AD. WAGNER.

2ᵒ Le *Cri de la Charité*, cantate composée pour les Inondés, par MM. LAMARTINE et AUBER, exécutée par Mᵐᵉ DUCHAMPY.......AUBER.

3ᵒ Air de Ninka (*du Dieu et la Bayadère*) chanté par Mˡˡᵉ St-CHARLES.....
AUBER.

La Veille du Mariage, romance, chantée par Mˡˡᵉ St-CHARLES....
L. SAINT-JAMES.

4ᵒ Fantaisie sur l'opéra de *Moïse*, pour la Harpe, exécutée par Mᵐᵉ PICARD................LABARRE.

5ᵒ Le *Kabyle*, mélodie chantée par M. HERMANN-LÉON........VOGHEL.

6ᵒ Solo de Piano, exécuté par le jeune WAGNER.........CH. CZERNY.

7ᵒ Air varié, pour le Cornet à Piston, composé et exécuté par........
M. BLANCKEMAN.

Le Piano sera tenu par M. Ponchard.

On peut se procurer des billets à l'avance chez MM. les Marchands de Musique; MM. Burolleau et *Laurant*, libraires et chez le Concierge de la Mairie.

Prix du Billet : 3 francs.

SALON DES GLACES.
Chez M. Guillet, vis-à-vis la Bourse.

Le public se porte toujours en foule aux Soirées de Mlle Maria Kénebel, dont les tableaux sont de plus en plus appréciés par les connaisseurs.

UNE VISITE DANS UNE LOGE.

Dans les premiers mois de cette fatale année de 1813, qui vit nos défaites et nos désastres, on n'en continuait pas moins à Paris cette vie de luxe et de plaisirs qui a toujours distingué la capitale.

Mme de Maraigne était alors une des femmes les plus remarquées de Paris ; on citait sa fortune, sa jeunesse et sa beauté ; on parlait beaucoup aussi de l'insistance mise par l'empereur à incorporer dans les gardes d'honneur son mari, homme de trente ans, mais remarquablement laid, fort jaloux, et qui n'était pas aimé de sa femme. La chronique scandaleuse ajoutait encore que Mme de Maraigne, fort en crédit à la cour impériale, avait demandé elle-même à Napoléon le départ de son mari, et qu'elle devait donc la liberté dont elle jouissait à des sollicitations peu flatteuses pour M. de Maraigne. Comme on ne suppose pas un fait pareil sans lui donner un but, la chronique ajoutait qu'il y avait à Paris un homme, M. Despareuil, jeune maître des requêtes, qui contribuait beaucoup à augmenter l'éloignement de la femme pour le mari. On ne disait pas précisément que M. Despareuil fût l'amant de Mme de Maraigne, mais on faisait remarquer qu'il avait vingt-cinq ans, était spirituel, riche, bien placé dans le monde, et d'une figure aussi attrayante que celle de M. de Maraigne l'était peu.

De son côté, Mme de Maraigne se conduisait de manière à accréditer les bruits fâcheux qui commençaient à courir : elle voyait beaucoup le jeune maître des requêtes, qu'on rencontrait plus souvent à l'hôtel de Mme de Maraigne qu'au conseil d'état ; il était son cavalier assidu ; dans les bals, aux promenades, aux spectacles,

M. Despareuil était toujours là; cette assiduité paraissait sans danger à la jeune femme, qui savait que M. Despareuil était inconnu à son mari, et qui cédait d'ailleurs à son penchant avec toute l'imprudence d'un amour qui n'est pas coupable encore. Un soir, elle était seule dans sa loge à l'Opéra, et déjà elle murmurait contre le peu d'empressement du maître des requêtes, qui n'arrivait pas, lorsque, levant les yeux sur les loges du cintre, elle vit une figure qui se retirait précipitamment; je ne sais quel sentiment répulsif la fit frémir, son sang se glaça, c'était son mari! Elle avait reconnu les traits disgracieux de M. de Maraigne, ses petits yeux sombres, son regard louche, et la façon particulière et peu agréable dont il portait sa tête toujours un peu penchée sur l'épaule gauche. Elle était trahie! Une de ses bonnes amies avait sans doute écrit à M. de Maraigne, dont la jalousie s'était réveillée, et qui avait quitté l'armée probablement sans congé, pour venir la surprendre. Au moment même la porte de sa loge s'ouvrit, et M. Despareuil se disposait à entrer, elle le retint sur le seuil :

— N'entrez pas, monsieur, n'entrez pas; je suis mourante d'effroi; on m'espionne, on me surveille, mon mari est ici.

— Ici, madame?

— Oui, ici, à l'Opéra; je l'ai vu.

Comme elle achevait ces mots à voix basse, son œil tremblant se reporta de nouveau vers le cintre, et elle vit encore la figure qui l'avait effrayée déjà; c'était bien son mari, il était là comme le vengeur impitoyable de son amour outragé; il était là avec des desseins sanguinaires, sinon contre elle, du moins contre celui qu'elle aimait plus qu'elle n'osait se l'avouer. Elle réfléchit rapidement que M. de Maraigne serait un adversaire redoutable pour un maître des requêtes : autrefois chasseur habile, le nouveau militaire avait eu une jeunesse orageuse, et s'était malheureusement distingué dans quelques duels, où il avait signalé sa bravoure et son sang-froid. Mme de Maraigne, de plus en plus effrayée, pria, supplia et décida enfin M. Despareuil à remettre sa visite à un moment plus tranquille et moins dangereux pour l'un et pour l'autre.

Elle était à peine remise de sa frayeur, que sa loge se rouvrit de nouveau : cette fois ce n'était plus M. Despareuil, mais M. Ernest de Létang qui se présenta. M. de Létang arrivait à Paris depuis quelques jours seulement; il avait été recommandé à Mme de Maraigne par une de ses amies de Bordeaux, et, l'ayant aperçue à l'Opéra, il venait lui rendre ses devoirs. Dès qu'il entra, Mme de Maraigne respira plus à l'aise; son cœur s'apaisa, le sourire revint sur ses lèvres; elle comprit tout le parti qu'elle pouvait tirer de cette visite, et, sans songer que la jalousie est aveugle, sans se rendre compte du danger auquel elle exposait ce jeune homme, dont la figure était faite cependant pour confirmer les soupçons du témoin vindicatif qui la surveillait, elle accueillit M. de

Létang avec toutes ses grâces, écouta avec complaisance toutes les flatteries gracieuses qu'un jeune homme bien élevé se permet avec une jolie femme, et il lui arriva même de se pencher vers M. de Létang comme une femme qui veut bien écouter quelques-unes de ces paroles secrètes qu'on dit toujours à voix basse. Qui sait, hélas! si l'amour, de tous les sentiments le plus égoïste, n'aveuglait pas cette jeune femme? Qui sait, si, à son insu, peut-être, elle ne cherchait pas à détourner le danger d'une tête chérie, pour la faire tomber sur un indifférent?

La pièce finie, le rideau tomba, et M. de Létang ne dut pas quitter Mme de Maraigne sans dire que, puisqu'elle était seule, il aurait l'honneur d'être son cavalier; elle répondit qu'elle avait sa voiture, et que ses gens l'attendaient probablement sous le péristyle : c'était accepter. M. de Létang lui donna le bras, monta avec elle dans la voiture, et la déposa dans la cour de son hôtel, au pied du grand escalier. Il allait poursuivre, et passer encore probablement quelques moments avec elle, avant de se retirer, quand une main lourdement placée sur son épaule le fit se retourner brusquement.

— Un mot, monsieur, s'il vous plaît, lui dit-on.

Il voulut jeter un regard sur Mme de Maraigne; elle avait franchi les degrés, était entrée dans son vestibule, et la portière s'était refermée sur elle.

— Qu'y a-t-il donc, et que me voulez-vous?

— Vous n'irez pas plus loin, et vous ne reverrez plus cette femme que vous poursuivez et que vous corrompez... Ah! monsieur le séducteur, les choses n'iront pas comme vous le pensiez... Le mari est à l'armée, disiez-vous, un boulet russe en fera l'affaire, à moi la femme! Non, non, monsieur, il n'en sera point ainsi; les maris ont leur bon génie qui les avertit, les boulets russes leur laissent le temps de se venger, sauf à les atteindre plus tard... Allons, marchez, suivez-moi.

— Je ne comprends pas ce que vous voulez dire, monsieur, vous me prenez pour un autre.

— Un autre! je ne sais pas s'il y en a d'autres, mais vous êtes l'un d'eux, et vous allez me faire raison.

— Qui êtes-vous? demanda M. de Létang, dont le sang bordelais commençait à s'échauffer.

— Qui je suis! Je suis M. de Maraigne.

— Je vous en fais mon compliment, monsieur. Vous voulez que je vous fasse raison, très-bien; mais raison de quoi? D'avoir accompagné madame votre femme de l'opéra jusqu'ici?

— Voyez l'ingénu, reprit avec brutalité M. de Maraigne, il va nier! N'aurait-il pas fallu, pour convaincre monsieur, le surprendre dans la chambre à coucher? J'aurais dû vous laisser faire, n'est-il pas vrai? Vous en preniez le chemin...

— En vérité, monsieur, je ne comprends pas...

— Ah! tu ne comprends pas...

L'irascible mari leva la main, et si M. de Létang n'eût arrêté son bras, il allait recevoir un de ces outrages qu'un homme ne supporte pas; il se contint néanmoins, et donnant sa carte à son adversaire, il lui dit :

— Voilà mon nom et mon adresse, je serai à vos ordres quand vous voudrez.

Il se disposait ensuite à quitter la cour de cet hôtel malencontreux et à retourner chez lui; mais M. de Maraigne le prenant par le bras lui dit :

— Quand je voudrai? tout de suite.

— Comment, tout de suite! à onze heures et demie du soir? par une nuit des plus noires de janvier!

— J'ai quitté l'armée pour me venger, lui répondit M. de Maraigne; je suis parti sans congé, au moment d'une bataille; il n'y a pas deux heures que je suis à Paris, et vous voulez que je perde un instant? Non, monsieur, nous allons nous battre sous un reverbère; si vous me tuez, tout est dit; si au contraire, le ciel est juste, si je suis assez heureux pour faire tomber sous mes coups le lâche qui me déshonore, je remonte à cheval et je rejoins l'armée. Je risque plus que vous, monsieur, ajouta le mari offensé, avec un désespoir sombre; car si j'arrive assez tard pour faire suspecter mon courage, je me brûlerai la cervelle, il est vrai, mais je mourrai déshonoré.

— Vous me faites l'effet d'un fort honnête homme, monsieur, disait M. de Létang, d'un brave militaire, mais vous êtes sous l'empire d'une grave erreur, autrement je ne vois pas comment une simple visite dans une loge à l'Opéra...

— Ah! tu cherches encore à nier, lâche!...

A cette dernière insulte, qui avait pour témoin toute la valetaille rassemblée dans la cour, ce fut M. de Létang lui-même qui pressa le combat, quelque ridicule qu'il lui parût, et quelque inusité qu'en fût l'heure. Un officier, ami de M. de Maraigne, se montra alors, et tira de dessous son manteau deux épées; on quitta la cour de l'hôtel, on gagna une rue écartée et déserte, et, après avoir partagé le plus également possible la lumière douteuse d'un reverbère, les deux adversaires se mirent en garde. Le combat était inégal; la colère raisonnée de M. de Maraigne lui laissait tout son sang-froid, tandis que M. de Létang, peu habile au maniement de l'épée, et surpris à l'improviste par un duel dont il voyait bien qu'une erreur seule était la cause, n'avait pour se bien défendre ni l'adresse, ni la colère nécessaires. Il repoussa les premières attaques, mais bientôt M. de Maraigne écarta un fer qui le menaçait à peine, et plongea son épée toute entière dans la poitrine de l'infortuné bordelais.

— Il est mort, dit-il, à son ami l'officier, en voyant tomber M. de Létang; sauvez-vous, cet homme n'avait pas de témoins, et vous seriez poursuivi si on vous surprenait... Adieu, je vais rejoindre mon corps; voilà l'amant puni : après la campagne, je me vengerai de la maîtresse.

Dix jours après, M. Ernest de Létang revint à lui ; il fallut cet espace de temps pour qu'il sentît qu'il vivait encore ; il rouvrit les yeux, il reconnut les rideaux bleus de son lit, et, en reprenant peu à peu la sensation confuse de la vie, il se demanda de quel songe il sortait, l'opéra, Mᵐᵉ de Maraigne, son duel, le froid de l'épée qu'il avait senti dans sa poitrine, tout cela lui paraissait un rêve douloureux, dont le fil se rompait sans qu'il pût se renouer. Le rideau s'entr'ouvrit, une main blanche présenta à ses lèvres quelques goutes d'une liqueur bienfaisante ; il leva les yeux et crut reconnaître les traits de cette belle femme dont la rencontre lui avait été si fatale.

— Toujours le même rêve ! dit-il.

Et il était si faible que ses yeux se fermèrent de nouveau et qu'il se rendormit. Tous les jours son réveil était plus long, et tous les jours il faisait le même rêve. Une fois, il entendit une voix inconnue qui disait au pied de son lit :

— Rassurez-vous, madame, cessez de pleurer, je réponds de lui.

— Dieu soit loué ! répondit-on.

C'était la voix de Mᵐᵉ de Maraigne.

Peu à peu la vie revint, chaque jour plus douce et plus forte, et, avec la vie, revint aussi la mémoire et toutes les sensations perdues depuis trois semaines. Alors cette femme, dont la main blanche essuyait la sueur du front et tâtait les battements du cœur, se montra : c'était Mᵐᵉ de Maraigne ; vêtue de deuil et blanche d'une pâleur qui l'embellissait.

— Écoutez mon histoire, lui dit-elle, je suis un monstre ; mon mari était jaloux d'un homme que je croyais aimer ; je savais M. de Maraigne à l'armée, cependant il était à l'Opéra le jour où je vous y vis : j'écartai l'homme qui me faisait la cour, et je vous reçus dans ma loge, je ne sais... sans doute pour vous perdre, pour détourner le coup qui menaçait un autre. Je n'ai que trop bien réussi ; je vous ai fait tuer, je vous ai fait assassiner. Vous devez la vie, non à moi, mais à quelques paysans de Montreuil, qui vous ont recueilli sanglant et vous ont rapporté chez vous. Voilà ce que j'ai fait... Eh bien ! ne me haïssez-vous pas ? ne me méprisez-vous pas ! Mon mari est arrivé à son corps comme une bataille était engagée ; il a été tué au milieu de son régiment : je suis veuve. Dieu m'est témoin que je n'ai plus revu l'homme pour lequel je vous ai sacrifié si cruellement ; Dieu m'est témoin que je n'ai plus prononcé son nom, et que sa présence me serait plus cruelle que la mort. Je le hais de toute la noirceur de mon crime envers vous. Vous savez tout, monsieur.

M. de Létang tendit sa main à Mᵐᵉ de Maraigne, et il murmura quelques mots qui semblaient dire qu'on était bien heureux de souffrir pour elle.

Un an après, la jolie et belle veuve avait un nouveau mari qu'elle aimait passionnément, et dont elle était tendrement aimée. Elle s'appelait Mᵐᵉ de Létang.

MARIE AYCARD.

LES QUATRE NORMANDS,

Ferdinand. — Tiens ! nous sommes donc devant la justice ? Je ne me la figurais pas comme ça.... sur les almanachs, elle a une balance à la main.

Le père Frimoux. —On les lui aura retirées depuis le changement des poids et mesures...

Le juge. — Voyons, messieurs, vous réclamez 600 fr. à ce maître-d'hôtel ; formulez votre demande.

Le père Frimoux. — Elle est claire comme A, B, C, ma demande... Figurez-vous que Ferdinand et moi nous arrivons à Paris, il y a huit jours... . avec les messageries Laffitte.... V'là que nous allons loger à *l'hôtel du Moineau franc*... A table d'hôte, nous faisons connaissance avec un nommé Boniface, qui était de Caen.... Ça se trouvait drôlement, nous en sommes tous deux aussi ! Dam ! alors, voyez vous, ça été fini, nous fûmes liés par des liens très-étroits... par de fortes sympathies.... et nous passâmes joyeusement la vie entre le gras-double et l'amitié.... Car voyez vous, vous trouveriez plutôt une femme sans langue ou un gigot de mouton sans queue qu'un Normand sans gras-double.... c'est le ragoût national...

Le juge. — Arrivez au fait.

Le père Frimoux. — Voilà donc que nous avons bu et mangé comme si ça ne coûtait rien. Cependant, comme on ne peut pas toujours avaler du gras-double, et que cet exercice infiniment trop prolongé deviendrait indigeste, nous avons cherché à tuer le temps, en attendant que le temps nous tue... Nous nous sommes livrés corps et âme au piquet à écrire.

Le juge. — Cela a-t-il le moindre rapport avec les 600 fr. que vous réclamez ?

Le père Frimoux. —Ça y mène... le piquet à écrire nous conduit naturellement. Figurez-vous que nous avions projeté une partie à Versailles..... histoire de voir le Musée, les eaux, les raffineries de sucre et autres monuments plus ou moins gigantesques... Eh bien ! tout l'argent perdu au piquet était remis à l'aubergiste, et, à la fin de la semaine, il y avait la somme que nous lui réclamons.

L'aubergiste. —Je l'ai rendue à M. Boniface.

Ferdinand. — Mais vous aviez promis de ne la remettre qu'à nous trois ensemble....

Le père Frimoux. — C'est ce Boniface qui était voleur !.... un normand !.... qui aurait jamais cru ça !... Nous descendions tous trois dans la rue... Tout-à-coup, dans la cour, il me dit : « Sapristi ! pays, je n'ai pas de parapluie, et je rentrerai tard, il peut tomber de l'eau... Vous devriez me prêter votre riflard. — Allez le prendre » que je réponds, et il est monté dans l'hôtel.

Le maître d'hôtel. — Oui... pour me demander les 600 francs.... Comme je m'étais engagé à ne les remettre qu'à vous trois réunis, j'ai refusé... C'est alors qu'il vous a crié de la fenêtre : « N'est-ce pas, pays ! que je peux le prendre ?... » Vous avez répondu : « Oui, oui, donnez-le lui...

Le père Frimoux. — Nous parlions du parapluie...

Le maître d'hôtel. — Mais il parlait d'argent, j'ai cru que vous alliez à Versailles faire votre partie de plaisir.... j'ai compté la somme...

Ferdinand. — Ça ne doit pas compter, ce paiement-là, vous êtes responsable.... vous devez supporter les conséquences de votre erreur.

Le père Frimoux. — Vous ne deviez payer qu'à nous trois réunis.

Le maître d'hôtel. — Mais, messieurs, c'est une question de bonne foi !...

Le juge, avec un accent de regret. — Vous êtes parfaitement loyal, monsieur l'hôtelier, mais vous avez commis une erreur...... les résultats en sont à votre charge Croyez-moi, évitez un jugement... payez.

Le maître d'hôtel, après réflexion. — Je paierai !

Les deux Normands. — Ah bon ! bon !... nous sommes prêts à recevoir.

Le maître d'hôtel. — Un instant, je me suis engagé à ne payer qu'à vous trois réunis, vous venez de le répéter.... Je ne vous donne rien que vous ne soyez trois (Rire général.)

Le père Frimoux. — Mais le voleur s'est sauvé... il ne reviendra jamais !...

Le maître d'hôtel. — Ce n'est pas mon affaire.... mes fonds sont prêts, engagez votre camarade fugitif à se joindre à vous, et je les compte à l'instant.

Ferdinand. — Mais Boniface, vous le savez bien, n'irait pas chez vous pour un empire.... vous le feriez arrêter (Nouveaux rires.)

Le juge sanctionne en souriant l'ingénieux système du défendeur, et déboute Ferdinand et son compatriote de leur demande.

Le père Frimoux, piteusement. —Sapristi ! camarade, nous sommes encore joués par ce malin-là (S'adressant au maître d'hôtel) : Ah çà ! mon ami, de quel pays êtes-vous donc ?

Le maître d'hôtel, avec un grand sang-froid. — Je suis Normand (Hilarité prolongée.)

✦

Les deux Hôtels.

Un honnête campagnard, le sieur Chevalier, bas-breton dans toute la force du terme, se présente en blouse devant le juge. Il est assigné à la requête du propriétaire de *l'Hôtel des Ambassades*, l'un des plus délicieux et des plus onéreux séjours qu'un voyageur puisse se procurer, moyennant argent comptant.

Chevalier. — C'est une indignité, quoi !

me faire une note de 345 fr. pour huit jours, couché, logé, et non blanchi!... avec ce prix-là, je voudrais entretenir une compagnie de grenadiers.

Le maître d'hôtel. — Pourquoi avez-vous mangé des faisans, des pâtés de foie gras, des ortolans, du chevreuil aux truffes, si vous vouliez faire des économies ?

Chevalier. — Tiens, à Paris, ça ne coûte pas plus cher; quand il y en a pour deux, il y en a pour trois, on m'a toujours dit ça....

Le maître d'hôtel. — Pourquoi êtes-vous venu loger dans un des premiers hôtels, si vous teniez à l'argent?

Chevalier. — Parce que les hôtels, c'est comme les huîtres, les plus grands sont les moins chers.... j'ai demeuré quinze jours dans une des plus hupées maisons de cette ville, et je n'ai payé que un franc soixante centimes en tout.

Le juge. — C'est impossible.

Le maître d'hôtel. — C'est une plaisanterie.

Chevalier. — Pas du tout. J'arrive à Paris par la barrière de l'Etoile, à pied, avec mon paquet sur le dos; après avoir traversé les Champs-Elysées et cette grande place où il y a des dames dans l'eau, qui lâchent des écluses, je vois un hôtel; il y avait écrit dessus : *Hôtel d'Aymont*. Tiens, que je dis, Chevalier, v'là ton affaire... tu es mouillé comme un barbet, tu vas faire sécher tes guêtres, mon bonhomme.... le fait est qu'il avait tombé de l'eau pendant toute la journée!... j'étais gonflé comme une éponge.

Le président. — Logeâtes-vous à cet hôtel ?

Chevalier. — Oui, mon magistrat, et que l'on était un peu bien! allez!... Il y avait des tapis sur les escaliers qui étaient magnifiques, et des matelas de plume, donc!... trois sur chaque lit... on s'enfonçait comme dans du beurre!!... et le matin, on frappe à ma porte : j'ouvre... je vois un monsieur tout doré, avec des broderies jusqu'aux sous-pieds. Je me dis c'est un sous-préfet ou un suisse de cathédrale. « Monsieur, me dit ce superbe homme, voulez-vous me donner vos bottes? — Mes bottes!... pourquoi faire ?... — Pour les cirer. » C'était un domestique... il avait l'air d'un pair de France?...

Le juge. — Et on ne vous a fait payer qu'un franc soixante centimes pour 8 jours ?

Chevalier. — Oui, monsieur. Voilà ma note :

8 jours de coucher, à 5 cent., . . 40 cent.
8 déjeuners, à 5 cent., ... 40 cent.
8 diners, à 10 cent., ... 80 cent.

1-60 cent.

Le maître d'hôtel. — C'est un miracle, vous deviez être nourri avec de l'eau claire.

Chevalier. — Nourri ? dites-vous, je souhaite que votre cuisinier fasse des *fricots* comme ça... c'était à s'en lécher la barbe... c'était du velours... Ces diners là, voyez-vous, ne sortent jamais de ma mémoire... Mais ce qu'il y a de plus surprenant, c'est que quand j'ai voulu donner la pièce à la fille, elle n'a jamais voulu la recevoir... C'était peut-être une cantatrice qui faisait les chambres pour son plaisir...

Le juge. — Dans tous les cas, votre affirmation relative au bon marché de votre premier gîte n'empêche pas que vous ne deviez 345 fr. à l'*Hôtel des Ambassades*

Chevalier. — Mais j'ai été beaucoup mieux pour 1 franc 60 centimes...

Le juge. — C'est égal! la justice ne peut pas s'arrêter à un conte aussi déraisonnable que celui que vous nous faites.

Chevalier. — Déraisonnable! mais je me suis fait donner un certificat du maître de

l'hôtel en question. Tenez, le voilà, mon juge, lisez-le, car moi je ne lis pas très-bien l'écriture.

Le juge, lisant. — M. le comte.... apprenant que le sieur Chevalier est poursuivi pour une dette contractée par lui à l'*hôtel des Ambassades*, déclare qu'à lui seul revient le soin de l'acquitter. M. Chevalier, prenant l'hôtel de M. le comte pour un hôtel garni, y a demandé l'hospitalité, il y a quelques jours. On a trouvé plaisant de lui faire avoir à un taux peu onéreux. Depuis, il a pensé que les prix étaient partout les mêmes, et la note de l'*hôtel des Ambassades* est venue le tirer de son erreur. M. le comte ne voulant pas laisser supporter à son hôte un erreur dont il a été l'instigateur, déclare qu'il acquittera le montant réclamé dès qu'on se présentera chez lui.

Chevalier. — Comment ? mon maître d'hôtel, c'était un comte! un grand seigneur! Moi qui ai pris sa maison pour une auberge!...

Le juge. — Je vous engage à vous méfier à l'avenir des grands hôtels, ils pourraient vous induire en dépense.

Chevalier. — Jusqu'à présent ça ne m'a pas trop porté malheur pourtant... puisqu'on paie encore mon écot.

Le Rédacteur en chef, HÉRAULT.

IMPRIMERIE D'HÉRAULT, A NANTES.

Dimanche 27 Décembre 1840.   DEUXIÈME ANNÉE.   4e Trimestre. No 10

PRIX D'ABONNEMENT :

NANTES.
TROIS MOIS.... F. 3
SIX MOIS.... 6
UN AN....... 12

DEHORS
TROIS MOIS.. F. 5
SIX MOIS.... 10
UN AN....... 18
AFFRANCHIR..

Prix du numéro, 15 c.

PRIX D'ANNONCES :

30 c. à la page d'avis ; 1 fr. dans
le corps du journal. Remise du
tiers aux abonnés.

LE BUREAU EST SITUÉ
Chez Hérault, Imprimeur, rue
de Guérande, No 3.

ON S'ABONNE :
Au Bureau;
Chez Guéraud, Libraire, Passe
Grande-Rue et
Bouchaud;
Plançon, Librair
Graslin.

SE TROUVE CHEZ
M. Suireau, Lib.ce, rue Crébillon
Et M. Plessier, Relieur, idem.

A PARIS,
Isidore Pesron, rue Pavée-Saint-
André, No 13.

VERT-VERT.

JOURNAL DES SALONS ET DES THEATRES.

GRAND THÉATRE.

CHRONIQUE DRAMATIQUE.

E concert donné mercredi, au profit des inondés, a parfaitement rempli son but : succès complet pour l'excellente exécution, et succès pécuniaire pour ceux qui en étaient l'objet. A la manière dont la partie vocale a été rendue, il était difficile de croire que des amateurs seuls pussent s'en acquitter avec autant de supériorité. Par cette raison, nous croyons pouvoir émettre avec franchise notre opinion, et distribuer l'éloge et le blâme, cependant, avec quelque réserve dans l'intérêt de la justice et de l'art. Nous ne suivrons pas le programme morceau par morceau, nous ne signalerons que ceux qui nous ont le plus frappés, et nous garderons le silence sur les autres. Tout le monde convient que ce qui plaît dans un salon peut ne pas plaire dans une vaste salle de concert, et tout le monde conviendra aussi qu'un bon choix n'est pas chose facile à faire. Hors, nous voici à l'aise, et nous commençons par ce qui nous a le plus frappé. Une belle voix de soprano existait à Nantes, et peu d'élus étaient appelés à l'entendre; ce beau talent n'était connu que de quelques intimes; maintenant 1,800 personnes peuvent attester qu'il existe dans notre cité une personne qui, si sa vocation l'eût portée au théâtre, y eût brillé avec éclat sur les plus grandes scènes de la capitale, à côté des Grisi, des Damoreau, des Persiani; et, en effet, que manquait-il à cette dame pour arriver au rang des premières cantatrices de France et d'Italie! N'a-t-elle pas une voix délicieuse, pleine et sonore? N'a-t-elle pas l'étendue, la souplesse si nécessaires? N'a-t-elle pas ravi tout l'auditoire par l'exécution si parfaite de son air de *Cendrillon*, qu'elle a rajeuni de vingt ans? Ne vous êtes-vous pas sentis émus dans cette prière de la *Vestale, O des infortunés?* D-on le récitatif avec plus de noblesse, plus d'accentuation? Perd-on un seul mot de sa prononciation si pure, si correcte?... De l'expression vraie, une justesse parfaite d'intonation, une facilité exquise, beaucoup d'âme, telles sont les qualités que M. Ponchard a développées dans une élève qui lui fait le plus grand honneur; car nous avons appris que cette dame n'avait jamais eu d'autre professeur que lui, e. puisque nous avons nommé le professeur, disons que deux autres de ses élèves ont également mérité le succès qu'elles ont obtenu: l'une dans les variations de *Rodde* et l'air du *Serment*; l'autre dans un joli duo du *Comte Ory* et une prière à *Sainte Cécile*. Ce qu'on a surtout remarqué dans le thème de *Rodde*, c'est une vocalisation étonnante, une grande netteté dans la troisième variation qui est d'une difficulté extrême, et ce qui a généralement plu dans le duo du *Comte Ory*, c'est la grâce et l'ensemble avec lesquels il a été rendu par la plus jeune des élèves de notre maestro. Nous sommes heureux de trouver une si belle occasion de rendre un hommage dû au talent de M. Ponchard, dont nous n'avons pas encore parlé depuis la fondation de notre journal.

Nous l'avons dit ailleurs, nous nous ferons toujours un devoir de rendre justice à nos artistes, qui souvent s'effacent trop devant les artistes de passage. Nous devons mentionner l'apparition d'une toute jeune personne qui a joué comme un ange l'air du *Philtre*, à quatre mains sur le piano, aidée de son excellent professeur, Mlle Honorine Lambert, dont nous ne disons rien aujourd'hui, pour ne pas nous répéter.

Nous voici arrivés aux chanteurs, ils nous pardonneront de les avoir placés après les dames, la galanterie française nous le commandait. D'abord, c'est un ténor qui a chanté la partie du *Comte Ory* avec infiniment de goût et de convenance; il est impossible de tirer un meilleur avantage d'une voix faible, mais qui n'est pas sans charme. Les solos et le cantabile ont été dits avec beaucoup de grâce et de légèreté; le premier morceau de chant a fait le plus grand plaisir. *Le soleil de ma Bretagne* a été goûté; mais l'air de *Donizetti* a produit un triste effet, malgré tous le talent de l'exécutant, c'est qu'il est des morceaux que tout le monde ne peut comprendre, même ceux qui la plupart du temps en font l'éloge. Pour nous, nous le trouvons médiocre, décousu et indigne de l'auteur de *Lucie*. Qu'il est loin du magnifique morceau qui termine cet opéra, et des cavatines d'*Anna Bolena!* Nous avons la bonhomie d'avouer qu'où nous apercevons de la peine, nous n'éprouvons pas de plaisir : pourquoi tant se tourmenter? Ce qui est fait pour charmer, ne doit jamais fatiguer. Par exemple, nous ne nous lasserons point de répéter que l'introduction de *Moïse* et le final du second acte de la *Vestale*, sont deux chefs-d'œuvres, l'un par la couleur locale de la musique, la fraîcheur des chants, les oppositions si bien ménagées, l'air religieux qu'on y respire; l'autre par la vigueur, le dramatique, les effets de situation, qui deviennent de plus en plus intéressants; ce large récit parfaitement adapté aux deux principaux personnages, un Prêtre rigoureux et une jeune Vestale dévouée à la mort, tout cela est vraiment beau, vraiment sublime, et n'a rien laissé à désirer dans l'exécution : chanteurs et instrumentistes (grâce au jeune chef qui les dirigeait), ont rivalisé de zèle et de talent, aussi est-ce un des plus grands mérites de cette remarquable soirée

Honneur aux dames qui ont bien v lu réunir en commun leur capacité, et la cc c'es, au zèle éclairé de M. Hasselmans, qui nt l· les a parfaitement dirigées! Que les bénédictions des infortunés pour lesquels elles ont fait abnégation de tout amour-propre les récompense! et que nos louanges sincères leur soient agréables! Nous croyons leur offrir l'expression de la salle entière, qui les a tant et si justement applaudies.

Nous terminerons en peu de mots ce compte rendu, très-imparfait, de nos sensations, par les deux ouvertures qui ont été exécutées avec verve et ensemble par l'orchestre du théâtre, auquel s'étaient joints une trentaine de nos amateurs les plus distingués, après Mozart, il était difficile de plaire, et cependant M. Hasselmans, qui commence, a eu sa bonne part des bravos.

La quête, faite par des dames de la société a produit 1,800 francs.

La recette s'est élevée à environ 5,000 fr.

Les frais prélevés laisseront une recette nette de 5,000 francs.

Nous avions souhaité à M. Hermann-Léon une chambrée complète; la rigueur de la saison, qui a fait remettre plusieurs fois le jour de son bénéfice, et le concert au profit des inondés ont en partie empêché notre souhait de s'accomplir. Néanmoins, il y avait une belle assemblée, mais la salle n'était pas pleine. M. Hermann-Léon a reçu un accueil digne de son talent : deux couronnes sont venues lui témoigner l'estime qu'on lui porte. La direction a monté avec soin la reprise du *Siège de Corinthe*, les décorations ne laissent rien à désirer, et les costumes étaient des plus brillants. Cependant, comme nous ne donnons pas des éloges quand même, nous reprocherons à Mahomet de s'être trop armé : il ressemblait plutôt à un trophée d'armes qu'à un prince qui doit pouvoir jouir de toute la plénitude de ses mouvements. En somme, nous craignons que le *Siège de Corinthe* ne rende pas à la direction ce qu'il lui en a coûté pour le remettre en scène, parce que cet ouvrage est froid, à deux morceaux près, et le beau chœur du troisième acte.

Deux vaudevilles complétèrent la soirée : *Un Colonel d'Autrefois* et *Le Chevalier du Guet*, ont donné aux artistes l'occasion de recueillir de nouveaux suffrages.

M. Lafeuillade a autant de courage que de zèle, car, malgré la grave indisposition dont il a été atteint au premier acte, il a continué le reste de la pièce.

La semaine s'est terminée par la reprise de *Marie Tudor*, qui a été jouée avec un ensemble des plus remarquable qui fait honneur à nos artistes.

AU BÉNÉFICE DES INONDÉS.
CONCERT VOCAL ET INSTRUMENTAL
Donné par MM. les Artistes, le mercredi 30 décembre 1840, à 7 heures.

Dans la Salle de la Mairie.

PREMIÈRE PARTIE.

1° Ouverture à grand orchestre

2° Air du *Serment*, chanté par Mme Du-CHAMPY . . . . AUBER.

3° Air varié pour la Harpe (*Joseph*), exécuté par Mme PICARD . . . . Mlle BERTRAND.

4° Duo des *Huguenots*, chanté par M. HERMANN-LÉON et Mlle POUZOLLE MEYERBEER.

5° Solo de Clarinette, exécuté par M. RICHOU . . . . YVON MULLER.

6° Duo de Piano et Violon, exécuté par MM. H. WAGNER et LUCAS fils . . . J. MAYSEDER.

7° Chœur (*Serment de Beniowski*) . . . BOÏELDIEU.

DEUXIÈME PARTIE.

1° Improvisation sur l'Orgue expressif, par . . . . M. AD. WAGNER.

2° Le *Cri de la Charité*, cantate composée pour les Inondés, par MM. LAMARTINE et AUBER, exécutée par Mme DUCHAMPY . . . . AUBER.

3° Air de Ninka (*du Dieu et la Bayadère*) chanté par Mlle St-CHARLES . . . . . AUBER.

La Veille du Mariage, romance, chantée par Mlle St-CHARLES . . . . L. SAINT-JAMES.

4° Fantaisie sur l'opéra de *Moïse*, pour la Harpe, exécutée par Mme PICARD . . . . LABARRE.

5° Le *Kabyle*, mélodie chantée par M. HERMANN-LÉON . . . . VOGHEL.

6° Solo de Piano, exécuté par le jeune WAGNER . . . . CH. CZERNY.

7° Air varié, pour le Cornet à Piston, composé et exécuté par . . . . . . M. BLANCKEMAN.

Le Piano sera tenu par M. Ponchard.

On peut se procurer des billets à l'avance chez MM. les Marchands de Musique; MM. Burolleau et *Laurant*, libraires et chez le Concierge de la Mairie.

Prix du Billet : 3 francs.

LES AMOURS DE L'OPÉRA.

Mademoiselle Florine et M. Narcisse.

Quelle charmante et espiègle personne que Mlle Florine!... Quels yeux étincelants, que de grâces dans cette piquante tournure... comme elle regarde avec colère le jeune Narcisse, commis en bonneterie, qu'elle a assigné devant le juge de paix.

Le juge, à Florine. — Que demandez-vous, mademoiselle ?

Florine. — J'exige que cet homme que... je ne veux pas qualifier, tienne ses promesses... il doit les tenir, puisqu'il s'y est engagé...

Narcisse. — Je m'importe peu de tes allégations, femme charmante, je m'en importe superlativement peu... je me renferme dans les limites de mon devoir.

Florine. — Oui, j' crois bien ! c'est une horreur !... Il s'est engagé sur l'honneur à me laisser tranquille... à ne jamais me faire la cour, et il ne fait que ça.

Le juge. — La prohibition me paraît singulière, ainsi que la réclamation.

Florine. — Dam !... faut tout savoir... Quand je suis venue à Paris, j'ai connu Narcisse.... nous avons été au spectacle ensemble, à Mémorency, à la Chaumière, au bal Montesquieu, ça n'est pas défendu. Mais j' lui ai toujours dit : Petit, quand une occasion se présentera de m'établir, tu t'en iras... Nous ferons comme au billard, nous arrêterons les frais...

Le juge. — Eh bien ?

Florine. — Eh bien ! mon juge, l'occasion est venue. Un jour, que je revenais de mon magasin, je rencontre un gros monsieur qui était garni de fourrures jusqu'au nez... Mon enfant, qu'il me dit, je veux faire ton bonheur... — Ça ne me regarde pas... ça regarde maman, que je lui réponds, rue de la Biche, n° 40, au cinquième, au fond du collidor à gauche; vous prendrez garde à la rampe. (Rire général.)

Le juge. — Vint-il ?

Florine. — Oui, monsieur; il monta le soir même. Il me dit : Vous n'êtes pas faite pour tailler toute la vie des queues de tulipes et des boutons de girofflée; une fleur comme vous n'a pas besoin d'en faire d'autres pour vivre... Venez à moi, et je vous donnerai un hôtel, des robes à volants, un cabriolet à deux places et un emploi dans le personnel de l'Opéra. — Monsieur, que lui fis, vous vous trompez... ce n'est pas à moi qu'il faut dire ces espèces de choses... c'est à maman. (Rire général.)

Le juge. — Et qu'en pensa votre maman ? elle le renvoya....

Florine. — Content !... Elle lui dit : Monsieur, rien qu'à vous voir, on connaît de suite que vous n'êtes pas un rien du tout... Vous me paraissez cossu, et puisqu'il faut que ma fille se serve tôt ou tard de l'inducation que je lui ai donnée, et que vos vues me paraissent honnêtes, je vous permets de nous mettre en chambre. (Rire prolongé.) Seulement, je vous préviens que je tiens à mes anciens préjugés... Je prends toujours mon petit café avec une goutte d'eau-de-vie après dîner.. Vous me ferez donner ça... et la clé de la cave...

Le juge. — Et vous suivîtes votre protecteur ?

Florine. — Oui, monsieur, en faisant promettre à Narcisse de ne plus venir m'ennuyer... Il m'a juré de ne plus me faire l'amour, afin de ne pas me brouiller avec mon homme aux fourrures... Eh bien ! monsieur, il me fait encore les yeux doux !

Narcisse. — Je suis soldé pour ça...

Florine. — Il me dit : Je t'aime !

Narcisse. — Moyennant un franc cinquante centimes.

Florine. — Il me prend la taille...

Narcisse. — Cela m'est expressément recommandé.

Florine. — Il fait mieux... Il m'embrasse !...

Narcisse. — Cet acte rentre dans ma spécialité... dans les limites de mon devoir.... (Hilarité.)

Le juge. — Comment cela?

Narcisse. — J'ai cumulé, je suis devenu danseur à l'Opéra... Mademoiselle est dans le corps du ballet... il en résulte que, placés en vis-à-vis, nous devons nous prodiguer des marques d'une mutuelle tendresse, et nous nous les prodiguons.

Florine. — Il est parfaitement inutile de me dire sans cesse : Je t'aime, je t'aime.

Narcisse. — Ça fait bien pour l'illusion... c'est dans mon rôle... Je ne connais que ça... Je danserais un pas d'ensemble avec ma grand'mère ou mon plus fort créancier, que je l'embrasserais tout de même. Du moment où c'est sur le livret, voyez-vous, je suis comme Gusman, je ne connais plus d'obstacles...

Le juge. — Votre demande, mademoiselle, ne peut être considérée comme sérieuse. Nous ne pouvons pas forcer un homme de se taire quand il joue des scènes d'amour avec vous... La justice n'a pas à s'occuper de la discipline des corps de ballet.

Florine. — Mais ça vexe mon monsieur, car ça me fait tort dans son esprit... il est bête comme une huitre aussi, ce vieux grigou-là. .

— Narcisse. — Si tu voulais, Florine... il y aurait un moyen de faire qu'il ne l'aperçût pas...

Florine, vivement. — Lequel?

Narcisse, un doigt sur la bouche. — Je te le dirai ce soir... au ballet du *Diable amoureux...*

Les Trois Hugo...

Un moderne Bas-Bleu, une femme auteur incompris comparaît devant le juge de paix. Elle a quarante ans, et fait tour à tour dans son ménage des alexandrins et des reprises perdues; elle a assigné à la fois trois grands laquais, Jean, Louis et Jacques qui, dit-elle, ont abusé de sa confiance. Elle répond au nom de Mme Voisin.

Le juge. — Que réclamez-vous, madame?

Mme Voisin. — Je désire que l'on me rende *les Cendres de Napoléon.*

Le juge. — Seraient-elles votre propriété?

Mme Voisin. — Incontestablement... et elles ne manquent ni de feu, ni de chaleur... mes cendres... ce sont ces drôles-là qui me les ont dérobées... ils sont capables d'avoir fait du feu avec...

Le juge. — Expliquez-vous plus clairement.

Mme Voisin. — Vous saurez que lorsque j'eus appris l'arrivée de l'empereur en France, je saisis avec empressement cette occasion d'exprimer ma pensée en vers de douze syllabes... Je fis un poème, intitulé : *Les Cendres de Napoléon...* Comprenez-vous ?

Le juge. — Oui, maintenant... Continuez.

Mme Voisin. — J'avais beaucoup entendu parler dans mon département d'un monsieur Victor Hugo, qui a fait *les Orientales;* j'adorais son genre de versification, et je résolus de lui dédier mon travail... En conséquence, j'allai un soir chez lui : on m'introduisit dans une salle où se trouvaient une trentaine de messieurs à table... J'y laissai *les Cendres*, avec prière de les remettre à l'illustre poète.

Le juge. — Qu'arriva-t-il ?

Mme Voisin. — Le lendemain, je vois venir chez moi un grand joufflu. « Madame, me dit-il, à côté de vous Boileau et Béranger sont de la petite bière... défunt Jean-Baptiste Rousseau était un paltoquet vous étant comparé, et Racine ne vous allait pas à la cheville... je ne vous dis que ça » (Rire général.) — Monsieur, dis-je à cet homme, qui peut me valoir ce compliment? qui êtes-vous?... — Je suis Victor Hugo, madame, et j'ai lu vos *Cendres.* — Vous les avez lues ?... — J'en ai pleuré comme une bête... Dieu ! comme c'était écrit fin !.. (Rire général.) Je pensai qu'il voulait dire que c'était finement conçu... je fis accueil à l'illustre poète ; il daigna accepter une collation... il mangea onze méringues sans boire... Puis il me quitta brusquement, en me promettant sa protection.

Le juge. — Tint-il parole?

Mme Voisin. — Je ne le revis plus. Mais, chose étrange, le lendemain, à la même heure, un individu vêtu d'un habit de cérémonie, poil t, musqué, se présenta, et demanda à me parler. « Qui êtes-vous, lui dis-je? — Je suis M. Victor Hugo, me répondit-il. — Comment, lui dis-je, ce n'est donc pas l'illustre poète qui vint hier manger mes méringues? — Je n'aime pas la pâtisserie, répondit le poète, mais j'aime la beauté, et vous en êtes... de la beauté... considérablement. — Monsieur, lui demandai-je, avez-vous lu mes *Cendres?* Un peu, mon neveu, me répondit le grand homme. (Hilarité prolongée.) Ils sont gentils ; c'est seulement dommage d'une chose. — Laquelle ? fis-je. — C'est qu'ils ne se chantent sur aucun air ; j'en ai essayé 42, sans compter celui de la *Colonne.* — Je comprends, lui dis-je, vous aimez la poésie légère, l'ode, dans laquelle vous excellez. — Ah! oui, me dit mon interlocuteur, l'ode, c'est mon fort... j'en fais des bottes. Ah! mon Dieu, quand j'y suis, voyez-vous, je ferais une ode à un garde-champêtre ou à une omelette au lard. Tenez, je vous apporte un petit échantillon de ma muse. — A moi! lui répondis-je; quel honneur ! —

Ne dites pas un mot de plus, femme charmante, vous n'avez que ce que vous méritez... Après son départ, je lus le petit papier qu'il me donna. Il y avait ceci :

Victor Hugo à Madame Voisin, sur sa pièce de vers, qui est un peu jolie.

J'ai lu ton poème, femme charmante,
Mais il y a une circonstance qui me tourmente
C'est de savoir si tu veux être mon amante,
 Pour mon bonheur.
Comme un gigot mortifié, mon cœur est tendre,
J'espère que tu n'seras pas assez folle pour te défendre,
Sinon prends garde d'ajouter à tes cendres
La cendre de mon cœur.

  (Hilarité prolongée.)

Le juge. — Vos aventures finissent-elles là?

Mme Voisin. — Non, monsieur, le jour suivant, arrive un homme énorme, d'un embonpoint formidable... Il tomba comme un poids de cent kilos sur une chaise de mon salon, en me disant : Victor Hugo. — Monsieur, observai-je, on se fait annoncer quand on vient. Qui êtes-vous? — Victor Hugo... (Nouveaux rires.) — Ah ça, lui dis-je, j'en ai déjà vu deux? — Ça n'a rien d'étonnant, madame, ça prouve seulement que vous avez la vue bonne... Au reste, il y a dans Paris cinquante individus qui vivent de mon nom... Je connais un Alsacien qui a crédit chez son bottier en se faisant passer pour moi... je ne veux pas le traîner devant les tribunaux. — Vous avez lu mes vers, monsieur? — Oui, ils sont drôles... drôlets... Eh ! eh ! ils sont gentils... les longs surtout. — Les vers héroïques ? — Oui, ça convient bien à la situation. — Ne travaillez-vous pas pour la scène, demandai-je encore. — Fichtre ! me fit mon visiteur, être charrié pendant trois mois, merci... Par le temps qui court, on a assez de peine à rompre la glace. — La scène s'est pourtant élevée, grâce à vous, depuis dix ans, à une grande hauteur. — Treize pieds d'eau ce matin, répondit le grand homme, mais ça ne vaut pas le Rhône, qui a servi des bains à domicile à trois départements. (Hilarité prolongée.)

Quand je vis, monsieur le juge, que le prétendu poète parlait de la rivière quand je lui parlais théâtre, j'envoyai chercher un commissaire, et devant lui, ce barde de contrebande avoua qu'il avait voulu me faire une farce ainsi que ses amis, en se faisant passer pour l'auteur de *Notre-Dame-de-Paris.* Aujourd'hui, je réclame mon manuscrit, que ces Messieurs n'ont pas remis à son adresse.

Les trois valets avouent qu'ils se trouvaient rassemblés chez M. Hugo le soir où vint la demanderesse. Il y avait un bal de domestiques; le poète était allé en soirée dans le noble faubourg. Tous ces frontins trouvèrent plaisant de faire une niche à la Muse sur le retour, dont les vers sont assez mauvais. Ils rendent, à l'audience, le manuscrit précieux des *Cendres de Napoléon.* Le juge raye la cause du rôle.

NON PLUS ULTRA.

GRANDE MÉNAGERIE

DE M. PIANET

ÉTABLIE SUR LA PLACE BRETAGNE,

Composée d'un grand nombre d'animaux aussi rares que curieux, qui diffère de toutes celles qui ont été exposées jusqu'à ce jour en France, par les exercices auxquels M. et Mlle Pianet ont su dresser ces animaux, tels que le Lion, la Lionne, les Hyènes et le Loup cervier, que leur naturel féroce et indomptable semblait y rendre les moins propres. Les précautions sont prises pour prévenir toutes espèces d'accidents ; c'est dans l'intérieur de grandes cages en fer que les exercices ont lieu. La familiarité de M. et Mlle Pianet avec leurs animaux est devenue si naturelle, par l'empire étonnant qu'ils ont acquis sur eux, qu'ils éloignent l'idée qu'eux-mêmes puissent courir aucun danger, et le mélange de douceur et de fermeté qu'ils emploient pour s'en faire obéir, fait bientôt partager aux spectateurs leur propre sécurité.

Tous les soirs, spectacle surprenant et extraordinaire

D'ANIMAUX FEROCES,

Dressés de manière à obéir à la voix de leurs maitres.

Le repas et l'épreuve de l'approvisionnement du Lion, de la Lionne, des Hyènes et Loup cervier, etc., tels qu'ils n'ont jamais été vus ici, auront lieu tous les soirs à **6** heures. La séance commencera par le repas de tous les animaux. Dans ce moment renaît la férocité qui leur est naturelle dans les déserts. Le repas sera suivi des *exercices de Mlle Pianet* avec la *Lionne* et le *Loup cervier.* La séance sera terminée par les *exercices de M. Pianet* avec le *Lion* et l'*Hyène.* La Ménagerie sera ouverte au public tous les jours, de 10 heures du matin à 9 heures du soir.

Prix d'entrée : dans la journée, Premières, 50 cent. ; Secondes, 25 cent., et pour la représentation de 6 heures du soir, à laquelle les Animaux prennent leur repas et ont lieu les exercices, Premières, 1 fr. ; Secondes, 50 c.

Nota. M. Pianet a l'honneur de prévenir qu'il donnera tous les soirs de ces représentations, sans interruption.

ENTRÉE

DES

CENDRES DE NAPOLÉON

DANS PARIS.

Lithographie représentant le passage sous l'Arc-de-Triomphe de l'Étoile, dessiné sur les lieux et imprimé à Nantes, chez les éditeurs Charpentier père et Fils et Cie, graveurs, rue de la Fosse, 32.

Prix : Sur papier blanc, demi-feuille grand-raisin . . . . 1 fr. 25 c.

Avec teinte rehaussée 2

Chez les mêmes :

ÉTRENNES DU JEUNE PAYSAGISTE,

Choix de 24 lithographies, sur Nantes et ses environs, imprimées sur papier de Chine, prix : 6 fr.

GRAND THÉATRE DE NANTES.

Aujourd'hui Dimanche, 27 Décembre 1840. — On commencera à 6 heures.

LE SONNEUR

DE

SAINT-PAUL

Drame en quatre actes, par M. Bouchardy, précédé d'un

PROLOGUE.

Distribution. — Lord Richemond, ministre de Chales Ier, M. Lavillier ; Johon, chasseur, M. Oudinot ; Yorick, muletier, M. Pàris ; Wiliam Smith. M. Toudouze ; Clary, Mme Jolly ; Sara ; Mme Neuville.

La scène se passe dans un bois de la frontière d'Ecosse, en 1649.

DRAME.

Distribution.—Charles II, roi d'Angleterre ; M. Alfred Harmant ; Lord Bedford, gouverneur de la tour de Londres, M. Toudouze ; Lord Weston ; chambellan , M. Cazaubon ; Lord, Henry ; Bedford , M. Gustave Stéphane ; Albinus , médecin allemand , M. Roche ; Ludlow , M. V. Henry ; Lord Broghill, médecin du roi , M. Ferdinand ; Le Sonneur de Saint-Paul, M. Oudinot ; Richard, M. Famin ; Un médecin, M. Sarrazain ; Samuel, le geôlier, M. Salanson ; Lady Bedfort ; Mme Jolly ; Marie, Mlle Debroux.

LA VESTALE,

Grand Opéra en 3 actes, paroles de M. Jouy, musique de Spontini.

Distribution. — Licinius, M. Lafeuillade ; Cinna, M. Abadie ; Le grand Pontife , M. Hermann Léon ; un Aruspice , M. Victor Deplanck ; un Consul , M. Dubosc ; Julia , Mme Duchampy ; La grande Prêtresse, Mme Hess ; Consuls, Prêtres, Licteurs, Guerriers, Vestales, Peuple, Esclaves.

DANSES, au premier acte, à la scène de Triomphe :

PAS DE DEUX,

Par Mlles Armande Ferdinand et Santi.

PAS DE DEUX,

Par M. Marius Petipa et Mlle Armande Ferdand.

Le Rédacteur en chef, Hérault.

IMPRIMERIE D'HÉRAULT, A NANTES.